'21 선교사 & 음악목회자 및 찬양리더를 위한

어린이 찬송가학

신 소 섭 지음

2016
아가페 문화사

CHILDREN HYMNOLOGY

BY
SHIN SO-SEOP

2016
Agape Culture Publishing Company
Seoul Korea

♪ 할렐루야 그의 성소에서 하나님을 찬양하며
그의 권능의 궁창에서 그를 찬양할지어다.
그의 능하신 행동을 찬양하며
그의 지극히 위대하심을 따라 찬양할지어다.

나팔 소리로 찬양하며
비파와 수금으로 찬양할지어다.
소고 치며 춤추어 찬양하며
현악과 퉁소로 찬양할지어다.

큰 소리 나는 제금으로 찬양하며
높은 소리 나는 제금으로 찬양할지어다.

호흡이 있는 자마다
여호와를 찬양할지어다. 할렐루야! ♪

(시 150:1-6)

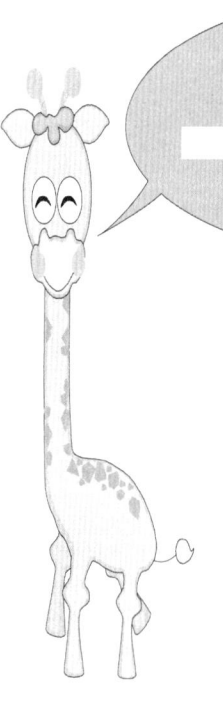

어린 아이들과 젖먹이들의
입으로 권능을 세우심이여
이는 원수들과 보복 자들을
잠잠하게 하려 하심이니이다.
(시편 8:2)

책머리에

　목동이며 시인이었던 다윗은 시편 8편에서 "¹ 여호와 우리 주여 주의 이름이 온 땅에 어찌 그리 아름다운지요. 주의 영광이 하늘을 덮었나이다. ² 주의 대적으로 말미암아 어린 아이들과 젖먹이들의 입으로 권능을 세우심이여! 이는 원수들과 보복자들을 잠잠하게 하려 하심이니 이다."라고 노래하였습니다.

　예수님께서 나귀를 타시고 예루살렘에 입성하실 때에도 "호산나 찬송하리로다. 주의 이름으로 오시는 이여! 찬송하리로다. 오는 우리 조상 다윗의 나라여! 가장 높은 곳에서 호산나!" 막 11:9-10 라고 어린이들의 입에서 먼저 찬송이 터져 나왔습니다.

　하나님은 어린이들의 찬송 받으시기를 기뻐하셔요. 우리 어린이들의 맑은 영혼이 찬양의 은사로 하나님 기뻐하시는 찬송을 드려야 합니다. "이 백성은 내가 나를 위하여 지었나니 나를 찬송하게 하려 함이니라."(사43:21). '해맑은 동심에서 우러나오는 진정한 어린이 찬송'을 가볍게 여기는 세상이지만 빛을 만드신 하나님은 어두움 속에서 샛별 같은 어린이들의 영혼을 일깨워 찬송과 찬양 드리기를 원하십니다.

　일찍이 저자는 그간 출간한 『예배와 찬송가』(1993년)와 『禮拜와 讚頌學』(1997년), 『교회음악학』(2000) 『한국교회음악사』(2001년), 『21실용교회음악학』(2013년)을 저술하고, 주일학교 및 교회학교 교사로 재직하며 찬양대 지휘와 어린이 찬송지도교사로 봉직했던 경험과 지식을 바탕으로, 실종되어가는 '어린이 찬송'을 살리기 위해 『어린이 찬송가학』저술을 계획했습니다. 찬송가학의 이론과 실제적인 면을 함께 묶은 이 책은 신학교에서 다뤄야 될 '찬송가학의 실제'와 '찬송신학'을 함께 다루고 있어 신학생들의 필수 교재요, 목회자들에게 좋은 목회지침서요. 특히 각급 주일학교 찬양대 교육은 물론 신학교에서 다뤄야 될 필수 교재로서 손색이 없을 것입니다.

　끝으로, 이 책이 나오기까지 기획과 진행을 아낌없이 지원해 주신 아가페문화사 김영무 목사님의 헌신적 투자와 '어린이 찬송'에 대한 조언에 심심한 감사를 드립니다.

　어려운 목회생활 중에도 자녀교육을 도맡아 묵묵히 가계를 책임지고 봉사한 내자의 공이 크다. 세 아들 장남 신정일 공인회계사(연세대, 자부 정세정, 지호, 수현), 차남 신재일 구강외과전문의(서울의대 임플란트 전공, 자부 김은미, 수진, 민호, 민하), 삼남 신성일 병원행정실장(한국외대, 자부 이진영, 예준, 하준)과 함께 이 기쁨을 나누고 싶습니다. 끝으로 주일학교나 교회학교마다 기쁘고 즐겁게 '보다 차원 높은 어린이 찬송'을 부름으로 하나님께 영광과 찬송을 드리기를 간절히 기원합니다.

2016년 1월 5일 연구실에서　신 소 섭

추천의 글

총신대학교 전 총장 김의원 박사

오늘날 한국교회는 '어린이 찬송 실종시대'라는 말이 지나친 표현은 아닐 것입니다. 왜냐하면 기쁨의 찬송을 불러야 할 어린이들마저 세속적인 노래에 젖어 하나님 중심의 찬송! 하나님께 대한 찬송! 하나님으로 말미암은 찬송을 등지고 무대에서 쇼show를 좋아하기 때문입니다.

선교현장의 예배는 하나님의 사랑을 감사함으로 받는 것이며, 하나님의 초청과 하나님의 거저주시는 은총이 선행되어져 거기에 대한 응답으로 하나님께 찬양과 존귀와 감사를 '찬송'으로 드려야 하는 것입니다.

그럼에도 불구하고 오늘날 한국교회는 어린이 주일학교마저 어린이 흥미 위주나 교육지상주의로 흘러 '어린이 찬송'의 본질을 무시하고, 인간의 욕구 충족이나 감정 발산을 위해 인기 위주와 자기자랑을 '발표'라는 행태를 '예배'로 착각하고 있는 것을 봅니다. 인간의 감정을 만족시켜 주고 흥분시키기 위해서 온갖 방법과 악기를 다 동원하여 배우처럼 하는 것이 참 예배인 줄 착각하고 있는 것 같습니다.

심지어 요즈음은 세속 팝음악으로 선교를 하며, 그것이 '현대판 선교'라고 주장하는 사람도 있고, 그런 추세는 선교현장에 엄청나게 확산되어 가고 있습니다.

이런 때에 교회음악과 찬송신학을 함께 공부하고 한국에 '바른 어린이 찬송운동'을 위해서 헌신하는 신 목사님의 피땀 어린 노고가 이 책에 담겨져 있습니다.

하나님의 영광과 주권을 위해서 귀한 일을 하시는 신소섭 목사님의 안타까운 마음을 이해합니다. 이미 출간한 『예배와 찬송가』와 『禮拜 讚頌學』, 『교회음악학』, 『한국교회음악사』 21C 『실용교회음악학』의 이론적 바탕과 『시편 찬양곡집 Ⅰ, Ⅱ』, 『찬송·찬양 곡 집』 1권, 『크리스마스 칸타타』 2권, 『부활절 칸타타』 1권 등 찬송과 찬양의 실제와 실기 위에 저술한 책이기에 더욱 돋보입니다.

바라기는 이 책이 신학교 강단, 일선 선교현장과 목회자와 신학도, 각 교회 찬양대, 지휘자들에게 유용하게 쓰일 것을 의심치 않으며, 한국의 교회음악과 어린이 찬송신학 발전에 보탬이 되기를 바라는 마음에서 감히 추천하는 바입니다.

2016년 1월 5일

총신대학교 전 총장 김 의 원

추천의 글

감리교신학대학교, 목원대학교 전 총장 박봉배 박사

오늘날 한국교회는 양적 부흥을 위한 프로그램 개발과 교육에만 치우쳐 어린이예배음악의 부재 내지는 어린이 교회학교음악이 위기에 처해 있다고 진단되어집니다. 예배음악의 본질은 하나님 찬양! 하나님께 찬양! 하나님으로 말미암은 찬양이어야 합니다. 그럼에도 불구하고 오늘날 한국교회는 교회음악의 본질인 하나님 찬양과 기쁨의 노래가 사라진 채, 인간의 욕구충족이나 감정발산을 위한, 자기중심의 찬양행태가 순수한 '어린이 예배찬송'의 주소를 흐리게 하고 있는 것을 봅니다.

신학대학교 찬송가학교수요, 목회자이신 신소섭 목사님은 어린이 주일학교에서 자라 어린이찬송을 지도하면서 어린이찬송가의 중요성을 절실하게 깨닫고, 전직 중고교음악 교사직을 사직하시고, 목회자의 길을 걸으면서 주옥같은 필생의 명저서 『예배와 찬송가』, 『禮拜와 讚頌學』, 『교회음악학』, 『한국교회음악사』, 『'21실용 교회음악학』, 『시편찬양곡집Ⅰ, Ⅱ』, 『성탄절 및 부활절 칸타타』 3권, 『찬송 찬양 곡 집』에 이어 『어린이 찬송가학』을 펴내시게 되었습니다. 복음성가와 C.C.M에 제자리를 잃어 가는 열악한 '찬송가학' 분야에 또 하나의 쾌거요! 어린이찬송가의 역사, 어린이 찬송가지도의 실제와 어린이찬양대 음악행정, 어린이찬양대 지도법과 어린이 찬송가 작곡, 연주 등 광범위하게 다룬 '어린이 찬송가학'이라는 또 하나의 교회음악 전문양서를 출간하게 되었습니다.

우선 신 목사님의 노고를 치하 드리면서 어린이찬송가학 전문분야에 관한 서적이 전무한 한국교회 현실에서 반가운 일이 아닐 수 없습니다. 신 목사님은 중·고등학교 음악교사를 재직 하시고, 성도교회를 담임하시다가 은퇴하신 분이십니다. 21세기 『찬송가』 편집과정에서 음악전문위원으로 많은 수고를 하셨고, 더구나 21세기 '해설찬송가' 집필을 맡으셔서 많은 수고를 하신 분이십니다. 일을 같이 하면서 이분이 어떻게 그렇게 찬송가에 대해서 정확하게 파악하고 계신지 때로는 감탄할 지경이었습니다.

한국교회 예배음악이 지나치게 연주형식에 몰두하여 이론정립이 되어 있지 않은 현실에서 신 목사님의 저서는 '어린이찬송가학'이나 '어린이 교회학교음악'의 실용 면에서 많은 도움이 되리라고 생각합니다. 어린이찬양대 지도자나 교회학교 교사나, 지휘자 및 반주자로 수고하시는 분, 그리고 선교사나 목회자에게도 바른 예배나 어린이교회음악프로그램 운영에 크게 도움이 되리라 생각되어 기쁜 마음으로 추천하는 바입니다.

2016년 1월 5일

전 감리교신학대학교, 목원대학교 총장 박 봉 배

추천사

서울장신대학교 전 총장 문성모 박사

"하나님은 영이시니 예배하는 자가 영과 진리로 예배할지니라."(요 4:24)는 말씀처럼 '영과 진리'란 '성령과 진리'로 예배하라는 말씀으로 받아들일 때, 이 책이 제시하고 있는 '교회음악학의 본질'을 이해하고서 어린이찬송을 지도하고, 올바른 교회음악학과 찬송가학을 가르치고 창작하며, 좋은 '교회음악'의 유산을 남겨주고 발전시켜간다는 것은 참으로 바람직한 일이라 생각되어집니다.

신소섭 목사님은 평생을 중·고등학교 음악교사와 목회에 헌신하신 분으로 이번에 『21 실용 교회음악학』에 이어 『어린이 찬송가학』을 저술하신 것은 이분의 그 동안 모든 강의와 학문을 총 결산하여 어릴 때부터 꿈꾸어 온 올바른 '어린이 찬송가'를 살리기 위한 그 꿈을 이루시려는 일념일 것입니다. 21세기 교회 영역에서 가장 중요한 분야는 '문화'입니다. 이 '문화' 중에서도 '음악'은 '선교와 예배'에 밀접한 관계가 있으므로 더욱 중요합니다. 그러므로 목회자로서 교회음악에 밝으신 신소섭 목사님의 이 저서야말로 음악인들뿐만 아니라 일반 교사와 목회자와 선교사들에게도 아주 중요한 지식을 제공하리라 믿어 의심치 않습니다.

특히 이 책은 서양 교회음악사와 한국 어린이찬송가 역사를 재구성하여 현실에서 예배·교육·선교에 적용시키려 한 것은 놀라운 시도이며 '어린이찬송'의 올바른 지식과 실제 면에서 독보적이며, 이 책이야 말로 『어린이찬송가학』개척서인 것입니다.

아무쪼록 이 저서들을 통하여 한국 교회가 '교회음악 발전'에 더욱 큰 관심과 애정을 보이기를 바라며 인재를 양성하고 바른 지식을 가지고 음악이라는 재료를 잘 활용하여 '어린이 선교와 어린이 예배 찬송'이 활성화되기를 바라마지 않습니다. 좋은 책을 쓰기 위하여 수고하신 신소섭 목사님의 노고를 치하합니다.

2016년 1월 5일
서울장신대학교 전 총장 문성모

추천사

태국화야실국제신학대학교 학장 김희백 박사

하나님은 인간을 예배자로 삼으시고, '예배하는 자가 영과 진리로 예배'하도록 하셨습니다.(요 4:24) 창조주께서 천군천사와 함께 우렁찬 찬송을 부르도록 만물의 영장답게 '아름다운 목소리와 시적, 음악적인 재능'을 주셨습니다.

하나님께서 이런 천부적인 재능을 신목사님에게 주셔서 개복교회 할렐루야 찬양대를 지도하며, 오라토리오 '헨델의 메시야'를 지휘하시고, 매주일 수준 높은 찬양으로 예배를 생동감 있는 예배로 이끄셨습니다.

개복교회에서 안수집사로, 시무장로로, 목사로 임직을 받은 이분의 생애는 『기독음악저널』 표지인물1996년 9월호이신 분처럼 멋있는 "찬송가 인생"을 살았습니다. 평소 회중찬송가를 지도하고 찬양대를 지휘하면서 갈증처럼 느꼈던 찬송가의 문제점을 파헤쳐 분석하고 한국찬송가의 현재와 미래를 조망하여 '21세기 한국찬송가의 방향 설정을 위한 공개세미나'의 발제강연을 맡아 "21세기 한국『찬송가』를 위한 대책 및 시안"을 제시해 주목을 받았습니다. 바로 '21세기 찬송가 편찬을 위한 전문위원'으로 발탁되어 3년 반이나 '음악전문위원, 교독분과위원, 해설분과위원'을 역임하셨습니다.

이분의 저서 찬송가학의 고전인 『禮拜와 讚頌學』은 21세기 『찬송가』편집의 구체적인 대안과 방향을 제시해주었습니다. '찬송가학의 본질'을 이해하고 어린이찬송을 지도하고, 창작하며, '교회음악'의 유산을 발전시켜간다는 것은 소중한 일입니다.

이번에 『21 실용 교회음악학』에 이어 『어린이 찬송가학』을 저술하신 목적은 어릴 때부터 꿈꾸어 온 올바른 '어린이 찬송가'를 살리기 위한 그 꿈을 실현시키려는 일념에서일 것입니다. 음악교사로, 목회자로, 한국문단등단시인으로 동서양음악사를 통달하면서 집필하신 이 저서야말로 일반학교 교사는 물론 교회음악인, 목회자와 선교사에게도 놀라운 지식과 정보를 제공하리라 믿어 의심치 않습니다.

우리나라 최초의 『어린이찬송가학』 개척서 崙를 일독하시도록 추천하면서 한국 강단에 꿈나무들의 '선교와 어린이 예배찬송'이 활성화되기를 바라마지 않습니다. 또 한 권의 명저 名著를 위하여 수고하신 신소섭 목사님의 노고를 치하합니다.

2016년 1월 5일

태국 화야실 국제신학대학교 학장 김 희 백

CONTENTS

● 책머리에
● 추천의 글
● 추천사

제1장 '찬송가'란 무엇인가? 21
제1절 찬송가의 역사적 이해 21
1. 초대교회 찬송 22
2. 동방교회 찬송 22
3. 서방 로마 '가톨릭교회 성가' 23
4. 종교개혁 이후의 찬송 24
5. 한국교회 찬송가 29
제2절 성경적 찬송의 이해 31

제2장 예배란 무엇인가? 38
제1절 예배형식의 역사적 변천 38
1. 족장시대 예배 38
2. 구약 율법시대 예배 39
3. 회당 예배 40
4. 초대 교회 예배 43
5. 중세교회 예배 45
6. 종교개혁시대 예배 46
제2절 예배에서 찬송의 역할 51
제3절 어린이 찬송 저해 요소들 55
제4절 어린이 찬송 지도의 실태 72
제5절 어린이 찬송가의 요소 77
1. 말씀 전달자로서 어린이 찬송 79
2. 전달자로서의 어린이 찬송가 연주자 81
3. 어린이 찬송의 청중 82

VIII

제3장 어린이 찬송과 시편찬송 · 85
　제1절　예배에 있어서 찬송 · 85
　제2절　구약 시대 찬송 · 86
　제3절　찬송시의 보고 시편 · 88
　제4절　신약시대 찬송 · 94

제4장 성경의 악기로 본 찬송의 역사 · 101
　제1절　성경에 나오는 악기 · 101
　　1.　구약시대 악기 · 101
　　2.　이스라엘 왕국시대 악기 · 111
　　3.　포로시대·재건시대 악기 · 112
　제2절　성경 악기이름 다양한 번역 · 113

제5장 『어린이 찬송가』와 시편찬송 · 116
　제1절　어린이 찬송과 시편찬송 · 116
　　1.　프랑스 칼뱅의 『시편찬송가』 · 119
　　2.　미국 『장로교 찬송가』와 시편찬송 · 123
　　3.　미국 『감리교 찬송가』와 시편찬송 · 124
　제2절　장로교 예배음악 시편찬송 · 132
　　1.　음악에 영감이 깃들어 있다 · 136
　　2.　예배음악에 대한 칼뱅의 사상 · 138
　　3.　교회력과 찬송·찬양 · 139
　　4.　예배찬송의 올바른 활용 · 141
　　5.　모범적인 예배는 찬양예배 · 142
　　6.　예배 진행과 찬송 · 146

제6장 어린이 찬송 지도와 행정 · 152
　제1절　어린이 찬송 지도 · 152
　제2절　어린이 찬송 교육방법 · 153
　　1.　생활 중심 찬송 지도 · 153
　　2.　칼 오르프 음악 지도 방법 · 155
　　3.　어린이 음악 지도와 리듬악기 활용 · 158
　제3절　어린이 찬송 지도 실제 · 159

1. 어린이 찬송 지도 기초 ·· 161
   2. 어린이 시창 및 발성 지도 ·· 173
  제4절 찬양위원회 운영과 행정 ··· 189
   1. 찬양위원회 조직 ··· 189
   2. 찬양위원의 역할 ··· 190
   3. 찬양대 역사 및 운영 법 ·· 198
   4. 찬양대 운영 실제 ·· 204
   5. 찬양대 운영 계획 ·· 208
   6. 찬송 및 찬양과 교회력 ·· 208
   7. 절기 찬송 및 선곡의 실제 ·· 216

제7장 초기 기독교 교회음악 역사 ·· 221
 제1절 고대 기독교 역사 ·· 221
 제2절 고대 기독교 예배 ·· 224
 제3절 기독교와 유대교회 ·· 226
   1. 가사 ·· 226
   2. 음악 ·· 226
 제4절 신약성경의 음악 ·· 227
 제5절 신약시대 찬송 ·· 231
   1. 대 송가 ·· 231
   2. 대 송영 ·· 235
   3. 초기 기독교 찬송 ··· 236
   4. 교회 성장과 찬송 ··· 237
 제6절 사도시대와 그레고리 1세 시대 ··· 241
   1. 교부들 교회음악 견해와 찬송 ·· 241
   2. 옥시린쿠스 찬송 ·· 245
   3. 비잔틴 예배 음악 ··· 247
   4. 교회성장과 예배 음악 ·· 249
   5. 초대교회 '공중 예배' 순서 ··· 250
   6. 시편가 집 ·· 252

제8장 중세 기독교 교회음악 역사 ·· 254
 제1절 중세 기독교 교회음악 ··· 254

1. 교양학과로서의 음악의 시작 ································· 255
　　　2. 로만 찬트의 보급 ·· 257
　　　3. 영국의 교회음악 ·· 259
　　　4. 샤를마뉴 대제의 수도사 교육과 사원학교 ············ 260
　제2절　교회선법과 교회음악 ··· 261
　　　1. 기보법과 계명창법 ··· 263
　　　2. 로마 가톨릭교회 미사 ·· 264
　　　3. 다성 음악의 시작 ·· 266

제9장 중세후기 교회음악 역사 ·· 267

　제1절　종교음악과 세속음악 ··· 267
　제2절　비 의식적 종교 단음 가 ······································· 269
　제3절　다성 음악의 발달 ·· 271
　제4절　기 보 법 ··· 273
　제5절　13C 다성 음악 ·· 275
　제6절　악기의 발달 ·· 277

제10장 르네상스 음악과 바로크 음악 ······························ 279

　제1절　르네상스 음악 ·· 279
　제2절　바로크 음악 ·· 282

제11장 종교개혁 시대 교회음악 ······································ 285

　제1절　마르틴 루터의 음악 ··· 286
　제2절　종교개혁 이전 교회음악 ······································ 288
　제3절　중찬가衆贊歌 ··· 289
　제4절　가톨릭 교회음악 ··· 291

제12장 한국 '어린이 찬송가' 역사 및 진로 ····················· 295

　제1절　한국 어린이 찬송가 전기 역사와 분석 ·················· 295
　　　1. 한국 초기 음악교서 『1915년 창가집』 1부 ········· 303
　　　2. 한국 초기 음악교서 『1915년 창가집』 2부 ········· 317
　　　3. 한국 초기 음악교서 『1915년 창가집』 분석 ······· 324

XI

4. 한국 최초 『어린이 찬송가』 ·· 326
5. 장년 『찬송가』와 '어린이 찬송' 및 동요 ······························ 330
6. 한국 『찬송가』의 토착화 ·· 364
제2절 한국 어린이 찬송가 중기 역사 및 분석 ······························ 370
1. 『어린이 찬송가』 ··· 372
2. 『어린이 찬송가』 증보판 ·· 374
3. 『주일학교 찬송가』 ·· 376
4. 『아동 찬송가』 ··· 378
5. 『기쁜 찬미』 ·· 379
6. 『어린이 찬송가』 ··· 380
7. 『어린이 새 찬송가』 ·· 381
8. 『감리교 어린이 찬송가』 ·· 385
9. 『어린이 새 찬송가』 ·· 386
10. 『어린이용 찬송가』 ·· 388
11. 『어린이 통일 찬송가』 ··· 390
제3절 한국 어린이 찬송가 후기 역사 및 분석 ······························ 393
1. 『어린이 찬송가』 ··· 394
2. 『한국 어린이 찬송가』 ·· 397
3. 『어린이 찬송가』 ··· 399
4. 『어린이 새 찬송가』 ·· 401
5. 『표준 어린이 찬송가』 ·· 404
6. 『어린이 찬송가』 ··· 407
7. 『감리교 어린이 찬송가』 ·· 409
8. 『어린이 찬송가』 ··· 415
9. 『표준 어린이 찬송가』 ·· 417
10. 『어린이 찬송가』 ··· 420
11. 『뉴 표준 어린이 찬송가』 ·· 422
제4절 어린이 성장 발달과 『어린이 찬송가』 ································ 434

제13장 한국 어린이 찬송가의 방향 설정 ································ 441
제1절 어린이 찬송가의 예배 기능과 활용방안 ······························ 443
1. 찬송가에서 아멘의 올바른 사용 ··· 444
2. 예배 순서 진행과 '어린이 찬송가' 선곡 ······························ 446

제2절 어린이 찬송가의 교육 기능과 활용방안 ·············· 450
제3절 어린이 찬송가의 선교 기능과 활용방안 ·············· 457

제14장 어린이 찬송가학 결론 및 제언 ············· 460

♪◎ **부 록** ◎♪

[부록 1] 이조악기 조성 기호 대조표 ··············· 466
[부록 2] 한국 초대『찬송가』곡목들 ··············· 467
[부록 3] 관현악기 개요 Instrumentation ··············· 483
[부록 4] 한국『찬송가』서지 목록 ··············· 492
[부록 5] 한국『찬송가』계보도 ··············· 500
[부록 6] 한국 개신교『찬송가』중 복음가 일람 ··············· 501
[부록 7] 시편과 시편 창 ··············· 506
[부록 8] 주일학교의 찬송지도 방안 ··············· 512
[부록 9] 대중음악 속에 나타난 뉴 에이지 운동 비판 ··············· 518
[부록 10] 올바른 찬송지도 실제 ··············· 524
[부록 11] 코드 이름 Chord Name 일람 ··············· 537

♪◎ **악보 차례** ◎♪

< 악보 1 > "주 나의 목자 되시니" ··············· 26
< 악보 2 > "다 나와 찬송 부르세" ··············· 27
< 악보 3 > "내가 깊은 곳에서" ··············· 27
< 악보 4 > 3·1운동 당시 '독립 가' 악보 ··············· 84
< 악보 5 > "한양셔원가" ··············· 84
< 악보 6 > "참 목자 우리 주"(통찬 103장) ··············· 97
< 악보 7 > 13세기 교창 성가 시편 96편 악보 ··············· 115
< 악보 8 > 시편 교송(김의작 작곡) ··············· 118
< 악보 9 > '칼빈 시편가' ··············· 119
< 악보 9-1 > *Genevan Psalter* 시편 134편 ··············· 122
< 악보 10 > 프랑스 찬송가 시편 134편 ··············· 122
< 악보 12 >『칼빈의 시편찬송가』시편 1편(신소섭, 2008) ··············· 127
< 악보 13 >『칼빈의 시편찬송가』시편 1편(Arr. Shin so-seop) ··············· 128

XIII

< 악보 14 > 『칼빈의 시편찬송가』 시편 1편<3부> ·················· 129
< 악보 15 > 『칼빈의 시편찬송가』 시편 84편(Lee, kui ja) ··············· 130
< 악보 16 > 『칼빈의 시편찬송가』 시편 47편(Son Ji-myoung) ············ 131
< 악보 17 > 즉흥 연주 악곡 ·· 156
< 악보 18 > '오스티나토' 반주의 예시 ···································· 157
< 악보 19 > 가온음자리표 ··· 164
< 악보 20 > 장조와 단조의 으뜸음 ······································ 166
< 악보 21 > 변화표와 계명 창 ··· 174
< 악보 22 > 깨끗한 자음 발성을 위한 연습곡 ····························· 179
< 악보 23 > 주기도문 송 ·· 228
< 악보 24 > 15세기 코랄 악보 ··· 230
< 악보 25 > 16세기 후반 코랄 악보 ···································· 230
< 악보 26 > 성모 마리아 송가 ··· 232
< 악보 27 > 성 사가랴 송가 ··· 233
< 악보 28 > 시므온의 찬송 ·· 234
< 악보 29 > 저녁(등과 초를 켤 때의 찬미) ······························ 240
< 악보 30 > 21C 『찬송가』 133장 원곡 악보 ···························· 245
< 악보 31 > 옥시린쿠스 찬송 ·· 247
< 악보 32 > 중세 교회 선법 ·· 253
< 악보 33 > 교회 선법의 주음 ··· 262
< 악보 34 > 평성가의 예 ··· 262
< 악보 35 > 노트르담 악파 작곡 모테트 악보 ···························· 267
< 악보 36 > 호케트 ·· 276
< 악보 37 · 37-1 > [사도신경 주기도문] · <예수사랑> · <우리 쥬 갓까히> / "쥬 예수 아이 워" ·· 299
< 악보 38 > 1. 스절가 · 2. 봄노래 ····································· 303
< 악보 39 > 3. 감은가 · 4. 봄노래 ····································· 303
< 악보 40 > 5. 산슈구경 · 6. 자장 자장 ································ 304
< 악보 41 > 7. 우희지우는 노래 · 8. 쥬의 일하라 ······················· 304
< 악보 42 > 9. 탕즈회기 · 10. 식목가 ·································· 305
< 악보 43 > 11. 비떠나간다 · 12. 작별가 ······························· 305
< 악보 44 > 13. 학도작별가 · 14. 작별가 ······························· 306
< 악보 45 > 15. 리별가 · 16. 나의 어려쓸 때 일을 생각 ················· 306
< 악보 46 > 17. 일장춘몽한 세샹 ······································ 307
< 악보 47 > 18 밋는 쟈 즁 열 가지 모를 것 ··························· 307
< 악보 48 > 19. 신구약셩셔목록찬숑 · 20. 학도 모힐 때 노래 ············· 308
< 악보 49 > 21. 샹학시간 되거든 · 22. 하학 가 ························· 308

< 악보 50 > 23. 하학가 ·· 309
< 악보 51 > 24. 션생의 공덕 ··· 309
< 악보 52·52-1 > 25. 졍신학교 교가·26. 슝실학교가 ········· 310
< 악보 53 > 27. 호슈돈녀슉가·28. 한영셔원가 ················ 311
< 악보 54 > 29. 경신학교교가·30. 슝의녀학교교가 ········· 311
< 악보 55 > 31. 너 흘일 힘써호라·32. 젹은디 쥬의호라 ··· 312
< 악보 56 > 33. 별 노래·34. 아희운동노래 ···················· 312
< 악보 57·57-1 > 35. 모셰 쟝ᄉ 찬미·36. 거믜와 파리 ······ 313
< 악보 58·58-1 > 37. 유치원 운동가·38. 본국생각 39. 행보가 ··········· 314
< 악보 59·59-1 > 40. ᄉ언행가·41. 녀름ᄇᄅᆷ·42. 농부가 ········· 315
< 악보 60·60-1 > 43. 텬국은 내본향·44. 노아 때 홍슈·45. 유치원 운동가 316
< 악보 61·61-1 > 46. 대구신명녀학교가·제1장, 제2장 ········ 317
< 악보 62·62-1 > 제3장 만유쥬찬양 제4장 죄인의찬숑흠·제5장 거룩다 밤이여 · 318
< 악보 63·63-1 > 제6장 텬당 호명ᄒ실 때·제7장 죠물쥬찬숑흠 ········ 319
< 악보 64·64-1 > 제8장 쉬지말고긔도할 것·제9장 그리스도 오신 것 찬숑흠 · 320
< 악보 65 > 제10장 심위를찬숑흠·제11장 쥬대신ᄒ러왓노라 ·············· 321
< 악보 66 > 제12장 예수탄일·제13장 겟세마네동산 ········ 321
< 악보 67·67-1 > 제14장 형뎨여갑세다·제15장 구속ᄒ심 응답흠·제16장 부활· 322
< 악보 68·68-1 > 제17장 탄일찬숑·제18장 여호와를 찬숑흠 제19장 수고롭고 323
< 악보 69·69-1 > "기도노래"·"꽃노래" ······················· 326
< 악보 70 > "보리밭"'금빛 같은 보리밭' ····················· 327
< 악보 71 > "가을"'가을이라 가을바람' ························ 328
< 악보 72 > "가자 어디로"'가자 어디로 들로 산으로' ········ 328
< 악보 73 > 백만 명 구원ᄒ기를ᄂ구함 ························· 331
< 악보 74 > "오빠 생각"'뜸북뜸북 뜸북새' ···················· 332
< 악보 75 > "사우"思友 '봄에 교향악이' ························ 333
< 악보 76 > "고향의 봄"'나의 살던 고향은' ···················· 333
< 악보 77 > "엄지야 엄지야 이리와" ···························· 334
< 악보 78 > "여기서 매아미 맴맴맴" ···························· 334
< 악보 79 > "반달"'푸른 하늘 은하수' ························· 335
< 악보 80 > "개굴 개굴 개구리" ································· 336
< 악보 81 > "예수 세상 생애" ····································· 337
< 악보 82 > "인생 허사가" ·· 337
< 악보 83 > "임마누엘"·"인생 모경가" ························ 338
< 악보 84 > "소유가"'주님 한 분 만으로' ····················· 339
< 악보 85 > "십자가"'구주 예수 의지함이' ···················· 340

< 악보 86 > "주님과 못 바꾸네" ……………………………………………… 341
< 악보 87 > "고향 생각" ……………………………………………………… 342
< 악보 88 > "아이들의 동무" ………………………………………………… 343
< 악보 89 > "가을" '가을이라 가을바람' …………………………………… 343
< 악보 90 > "아침 기도" '날마다 우리에게' ………………………………… 344
< 악보 91 > "서로 사랑하자" '이 풍진 세상을' …………………………… 344
< 악보 92 > "신앙 가"(손양원 목사 작사) …………………………………… 345
< 악보 93 > "꽃노래" '산 넘어서 봄바람' …………………………………… 345
< 악보 94 > "어머님 은혜"(박재훈 곡) '높고 높은 하늘이라' …………… 346
< 악보 95 > "신입생 환영 가" '이 거룩한 주일에' ………………………… 350
< 악보 96 > "새를 보호하심" '저 들에 작은 참새를' ……………………… 351
< 악보 97 > "새벽 기도"(박태준 곡) …………………………………………… 353
< 악보 98 > "성경목록가"(일본 철도창가 곡) ……………………………… 353
< 악보 99 > "천자와 지자" …………………………………………………… 354
< 악보 100 > "축복 기도" …………………………………………………… 354
< 악보 101 > "입은 하나요" ………………………………………………… 355
< 악보 102 > "저 목자여"(장수철 곡) ……………………………………… 355
< 악보 103 > "기도하고 밥 먹고" …………………………………………… 356
< 악보 104 > "도레미파" …………………………………………………… 356
< 악보 105 > "독생자 예수" ………………………………………………… 357
< 악보 106 > "개회가" '화창한 아침 날에나' ……………………………… 357
< 악보 107 > "목장의 저녁"(구왕삼 곡) …………………………………… 358
< 악보 108 > "베드로 가(노래)" …………………………………………… 358
< 악보 109 > "생일 노래" …………………………………………………… 359
< 악보 110 > "우승 가" ……………………………………………………… 359
< 악보 111 > "보리밭" ……………………………………………………… 360
< 악보 112 > "우리나라 지리" ……………………………………………… 360
< 악보 113 > "가을 밤" ……………………………………………………… 361
< 악보 114 > "문자 보급가" ………………………………………………… 361
< 악보 115 > "빨래가" ……………………………………………………… 362
< 악보 116 > "하나님의 보호" ……………………………………………… 362
< 악보 117 > "구국 가" ……………………………………………………… 363
< 악보 118 > "하이킹 구" …………………………………………………… 363
< 악보 119 > "한국인 작사 찬송가" ………………………………………… 366
< 악보 120 > "예수놉흔일흠이" "세샹 사룹 죄악만하" …………………… 367
< 악보 121 > 1900년 『찬미가』에 나타난 찬송가 ………………………… 368

< 악보 122 > "아름다운 꽃 예쁜 눈 떠라" ·················· 373
< 악보 123 > "나는 주의 화원에"(박경호 곡) ············· 373
< 악보 124 > "어느 아침 산새들이" ······················· 381
< 악보 125 > "꽃가지에 내리는"(장수철 곡) ··············· 381
< 악보 126 > "뉴 맨" ·· 428
< 악보 127 > "셋, 둘, 하나, 출발!" ························ 429
< 악보 128 > "가을바람"(김규환 작사 작곡) ··············· 430
< 악보 129 > "어머님 은혜"(박재훈 작곡) ·················· 431
< 악보 130 > "방울 꽃"(이수인 작곡) ························ 431
< 악보 131 > "유관순"(나운영 작곡) ························ 432
< 악보 132 > BEETHVEN Symphony No. 9《합창 붙임》······· 440
< 악보 133 > "사랑의 하나님"(신소섭 곡) ··················· 447
< 악보 134 > "성경목록가" 창세기와 출애굽기(신소섭 곡) ·········· 451
< 악보 135 > "주기도문 송" 하늘에 계신 우리 아버지여 (신소섭 곡) ····· 455
< 악보 136 > "사도신경 송" 전능하사 천지를 만드신 (신소섭 곡) ········ 456
< 악보 137 > "풀피리를 불며"(심군식 작사, 신소섭 작곡) ············ 459

♪ ◎ 도표 차례 ◎ ♪

< 도표 1 > 시대적 음악사용의 예 ···························· 28
< 도표 2 > 세계 음악을 주도하는 아메리칸 팝 뮤직 ············ 71
< 도표 3 > 복음 가 일람 ······································ 78
< 도표 4 > 시편의 저자 별 시편 분류 ·························· 88
< 도표 5 > 주제에 따른 시편 분류 ···························· 89
< 도표 6 > 악기가 언급된 성경 구절 1, 2 ··················· 102-103
< 도표 7 > 성경의 악기 종류 도표 ··························· 115
< 도표 8 > 교회력에 따른 찬송가 주제와 선곡의 예 ············ 140
< 도표 9 > 음표와 쉼표 ····································· 164
< 도표 10 > 점음표와 점쉼표 ································ 165
< 도표 11 > 박자표와 셈여림 ································ 165
< 도표 12 > 5도 권 ·· 168
< 도표 13 > Matheson 조성에 따른 감정 ······················ 171
< 도표 14 > 라뷔낙의 조의 특성 ······························ 171
< 도표 15 > 찬양위원회 조직표 ······························· 189

XVII

< 도표 16 > '대림절' 관련성구 ………………………………………… 209
< 도표 17 > '성탄절' 관련성구 ………………………………………… 210
< 도표 18 > '현현 절' 관련성구 ………………………………………… 210
< 도표 19 > '사순절' 관련성구 ………………………………………… 211
< 도표 20 > '고난주간' 관련성구 ……………………………………… 211
< 도표 21 > '부활절' 관련성구 ………………………………………… 212
< 도표 22 > '오순절' 관련성구 ………………………………………… 213
< 도표 23 > '특별한 행사의 날'들 관련성구 ………………………… 215
< 도표 24 > '교회력 예전 색깔'·'절기 메시지' …………………… 218
< 도표 25·25-1 > 『1915년 챵가집』 분석 1, 2, 3 ……………… 324-325
< 도표 26 > 초기 한국교회 『어린이 찬송가집』 …………………… 332
< 도표 27 > [주일학교 찬송가] 내용 분류 ………………………… 378
< 도표 28 > 『어린이 새찬송가』 내용 분류 ………………………… 387
< 도표 29 > 성경 교독문 및 기도문 차례 ………………………… 387
< 도표 30 > 『어린이 찬송가』 내용 분류 …………………………… 397
< 도표 31 > 『어린이 찬송가』 교독문 차례 ………………………… 409
< 도표 32 > 『표준 어린이 찬송가』 차례 제목 분류 ……………… 418
< 도표 33 > 『어린이 찬송가』 차례 내용 분류 …………………… 421
< 도표 34 > 『뉴 표준 어린이 찬송가』 머리말 차례 제목 분류 …… 424
< 도표 35 > 제7차 교육과정 음악과(3-6학년) …………………… 435
< 도표 36 > 초등학교 교육과정 시간 배당표 …………………… 437-438
< 도표 37·37-1 > 교회음악에서 어린이들에게 가르칠 내용 ……… 453-454

♬ ◎ 그림차례 ◎ ♬

< 그림 1 > 바흐·헨델·하이든 ……………………………………… 58
< 그림 2 > 최후의 날 유적 …………………………………………… 61
< 그림 3 > 성경에 나오는 고대 악기 ……………………………… 104
< 그림 4 > 파르테논 신전 모습 ……………………………………… 105
< 그림 5 > 양각 나팔 ………………………………………………… 105
< 그림 6 > 수금 타는 다윗 …………………………………………… 106
< 그림 7 > 생황 ……………………………………………………… 107
< 그림 8 > 퉁소 ……………………………………………………… 107
< 그림 9 > 피리 ……………………………………………………… 108

< 그림 10 > 자바라 ……………………………………………………… 108
< 그림 11 > 금방울 ……………………………………………………… 108
< 그림 12 > 소고 ………………………………………………………… 109
< 그림 13 > 북 …………………………………………………………… 109
< 그림 14 > 경쇠 ………………………………………………………… 109
< 그림 15 > 비파 ………………………………………………………… 110
< 그림 16 > 하프 ………………………………………………………… 110
< 그림 17 > 두델삭 ……………………………………………………… 114
< 그림 18 > 시스트럼 …………………………………………………… 115
< 그림 19 > 영국 초기 『시편가』 표지 1770년 미국 뉴잉글랜드 시편가집 ……… 126
< 그림 20 > 리라 연주 교습하는 그리스 교사 ……………………… 151
< 그림 21·21-1 > 공명의 초점·성대의 모습 ……………………… 175
< 그림 22 > 호흡과 횡격막 …………………………………………… 177
< 그림 23 > 발성의 그른 자세와 바른 자세 ………………………… 177
< 그림 24 > 발성기관 해부도 ………………………………………… 178
< 그림 25 > 발성기관의 인체 구조도 ………………………………… 179
< 그림 26 > 교회력의 절기도 ………………………………………… 219
< 그림 27 > 알렉산드리아 세계 최대 도서관 ……………………… 222
< 그림 28 > 1066년 『시편가』·1562년 『제네바 시편가』·1697년 『Swenska 시편가』 … 225
< 그림 29 > 보이티우스 ………………………………………………… 256
< 그림 30 > *Musica Enchiriadis & Scolica Enchiriadis* …………… 266
< 그림 31 > 이스라엘 악기 메칠타임·킨노르·하쵸츠라 ………… 278
< 그림 32 > 팔레스트리나 ……………………………………………… 281
< 그림 33 > 조스캥 데 프레 …………………………………………… 282
< 그림 34 > 스카를라티·바흐·헨델 ………………………………… 283
< 그림 35 > 『찬양가』 겉표지·속표지·뒤표지 …………………… 296
< 그림 36 > 『찬성시』 표지 …………………………………………… 298
< 그림 37 > 『챵가집』 표지 …………………………………………… 301
< 그림 38 > 최초 『아동찬송가』 표지 ……………………………… 326
< 그림 39 > 1909 『찬송가』 표지·뒤표지·찬송가 267장 ……… 330

♬ ◎ **참고문헌** ◎ ♬ ……………………………………………………… 543
♬ ◎ **찾아보기** ◎ ♬ ……………………………………………………… 563

제1장 찬송가란 무엇인가?

제1절 찬송가의 역사적 이해

'어린이찬송가학'이란 그리스도를 머리로 삼고, 그의 지체가 된 유형무형의 교회가 그 교회 된 사명을 완수하기 위하여 필요로 하는 '어린이교회학교' 및 '유소년주일학교'의 음악적 활동 일체를 포함하며, 이는 교회음악학 Church's Musicology 의 일부이기도하다. 교회의 사명을 '예배, 선교, 교육, 친교' 등으로 구분할 때 **'찬송'**은 '예배 음악자료'인 것이다. 그러므로 '어린이 찬송가학'이란 실천신학 분야에서 '예배학'에 속하며, 예배학 분야에서 '찬송가학'의 한 분야에 속한다 하겠다.[1]

먼저 '찬송'란 무엇인가를 알아야 한다. '찬송가'란 개신교에서도 이전에는 '성가'라는 용어를 쓴 일이 있었으나 최근에는 **'성가'**라 하면 오로지 가톨릭교회의 용어처럼 되어 있다. 가톨릭교회에서는 원래 라틴어의 휨누스 hymnus 를 찬송가라 하지 않고 '찬가'讚歌로 번역해 왔다.

그러다가 1963년 제2바티칸공의회가 만들어낸 전례헌장 典禮憲章 의 정신에 따라 한국 등지에서는 **기리에** Kyrie, 자비 송 · **글로리아** Gloria, 대영광송 · **상투스** Sanctus, 거룩하시다 · **아뉴스 데이** Agnus Dei, 하나님의 어린 양를 '4개의 찬가'라 하고, **입당송**과 그 밖의 전례적인 노래를 **'전례 성가'**, 종래 가톨릭교회의 성가, 즉 민중적 종교가 cantus popularis 를 '일반성가'라 부르고 있다. 이 때문에 현재는 '찬송가'라 하면 개신교 교회에서 그 신도들이 하나님을 찬양하는 노래를 지칭하는 말이 되었다.

근래에 이르러 **'찬송가'**讚頌歌란 프로테스탄트 교에서 예배 때 부르는 노래를 말하며, **'성가'**聖歌는 로마 가톨릭교회에서 **미사** 때 부르는 노래를 지칭하게 되었다.

고대 교회에서는 구약성경에 있는 시편 150편을 노래로 불렀다. 어린이 찬송가학을 이해하기 위해서 먼저 각 시대 '찬송'의 발전과정을 간략하게 살펴보자.

---

[1] 신소섭, 『禮拜와 讚頌學』(서울: 아가페문화사, 1997), p. 19.

1. 초대교회 '찬송'

예수님은 당시 회당예배를 인정하시고 그 예배에 참석하셔서 구약성경을 읽으시고 강론하셨다. 당시의 찬송은 유대교의 전통 그대로를 따라 '시편 가'詩篇歌를 불렀다. 그러나 신약시대에는 시편가 외에 **대 송영**大頌詠, **소 송영**小頌詠, **삼성 창**三聖唱, **알렐루야** 등이 불려졌다. 초대 교회는 '찬송'을 부르는 교회였다. 신약 성경에는 예수님의 탄생과 관련된 3편의 노래가 나온다.

그 3편 중 마리아의 찬송을 '**마그니피카트**'Magnificat 라 하고, 세례 요한의 아버지 사가랴 찬송을 '**베네딕투스**'Benedictus Deus Israel 라 하며, 시므온의 찬송을 '**눙크 디미티스**'Nunc Dimittis 라 부른다.2) 그 후에 '**테 데움**'Te Deum laudamus 이 추가되었다. 자세한 내용은 다음에 설명할 것이다.

2. 동방교회 '찬송'

콘스탄티누스 대제Emperor Constantine가 A. D. 313년 밀라노 칙령Edict of Milano 을 발표하자 지하교회들이 일제히 공공연하게 예배하며 찬송할 수 있게 되었다. 콘스탄티누스 대제는 로마 제국의 수도를 비잔티움으로 옮기고 콘스탄티노플Constantinople이라 칭하였다. 여기 동 로마 제국 비잔티움을 중심한 '동방 교회'가 남긴 음악이 '**비잔틴 찬송**'이다. 이 음악의 특징은 고대 헬라음악의 기법보다 유대교와 시리아의 전통을 따랐으며, 서방교회 음악인 '그레고리 찬트'Gregorian Chant와 유사점이 많다. 즉 '무반주 단 선율'로 되어 있으며, 주로 **전음계적**diatonic이고, 엄격한 운율이 결여되어 있다는 점이다. 서방 교회 음악을 '**로만 찬트**'Roman Chant 라 하며, 동방 교회 음악을 **비잔틴 음악**Byzantine chant 이라 한다.

로마 통치 아래서 그리스어를 사용하며 헬레니즘 문화의 영향을 받은 지방 아르

---

2) 신소섭, 『禮拜와 讚頌學』(서울: 아가페문화사, 1997), pp. 83-90.

메니아·시리아·알렉산드리아에서는 그리스의 힘노스hymnos; ὕμνος; 그리스의 신·영웅에 대한 찬가가 들어와 많은 '**찬송가**'가 만들어졌다.

그리스 정교회에서 부르는 **루시안**Russian **성가**, 4세기 밀라노 주교 암브로시우스의 **암브로시안 성가**Ambrosian Chant, A. D. 600년 경 그레고리 1세가 창안한 **그레고리 성가** Plain Song; Plain Chant 즉 '**평 성가**', A. D. 800년까지 프랑스에서 번창하던 것이 로마에 흘러들어간 **갈리아 성가**Gallican Chant, 서기 900년에 나타나 스페인에서 성행한 **모사라베 성가**Mozarabic Chant 등이 기독교 성가의 중요한 흐름이었다.[3]

3. 서방 로마 '가톨릭교회 성가'

초기 기독교에 끼친 헬라어의 영향은 4세기가 되면서 점점 쇠퇴해 졌다. 제 1차 니케아공의회(325년) 무렵부터 그리스도교가 로마 제국의 국교로 되고 라틴어가 세계어로 등장하면서 라틴어로 된 찬송가가 성 **힐라리오**Hilarius, 315-367 [4] 이후 많이 만들어졌다. 그 후 교황 그레고리우스 1세Gregorius I, 509-604가 이를 집대성하여 단선율의 《**그레고리오 성가**》를 펴냈는데, 이것이 서방교회 전례 성가의 기초가 되었다. 1963년에 발표된 로마 교황청의 '전례 헌장'에서는 "그레고리 성가를 로마 전례에서 고유한 노래로 인정한다."고 했다. 그레고리 성가는 고대 교부들로부터 계승되어 왔고, 교회가 여러 세기에 걸쳐 오랫동안 계속 지키고 있으며, 최근의 연구에 의하여 그 순수한 모습이 거의 완전히 복원되어 있는바 '**기도**하는 교회의 소리'요, 로마 공교회 고유의 '전례 성가'라고 했다.[5] 온 유럽 교회에 보급된 이 성가는 13세기 무렵부터 복 음악 複音樂, polyphony 으로 작곡되기 시작하였다.

---

3) *Ibid.*, pp. 99-101.
4) 힐라리오 Hilarius, 315c-367c 는 푸아티에의 주교로서 아리우스주의에 맞서 정통교리를 옹호했으며, 그리스 정교회 교리를 서방 그리스도교 세계에 소개한 라틴 작가다. 그는 라틴어 작품 [삼위일체에 대하여]De Trinitate를 썼다. [교회에 대하여]De Synodis 에서는 동방교회의 신자들에게 성부와 다르다고 믿는 사람들에 대항할 것을 촉구했다. 말년을 갈리아에서 아리우스주의와 투쟁하며 보내면서, [시편 주석서]와 [예표론에 대하여]를 썼다.
5) 김두완, 『교회음악의 이해』(서울: 아가페 음악선교회, 1983), p. 18.

4. 종교개혁 이후 찬송

구라파 역사의 전환기인 1517년 **마르틴 루터** Martin Luther, 1483-1546 의 종교개혁운동 이후 독일에서는 자국어 찬송가인 독일 '**코랄**' Choral 이 만들어져 예배음악의 서민화가 이루어졌다. 가장 큰 특징으로 **독일어**로 된 **코랄**의 가사는 전통적인 라틴어 가톨릭성가 가사를 독일어로 번역한 것과 곡조는 이전의 종교적 민요 등을 프로테스탄트용으로 개작한 것 그리고 새로이 창작한 것 등이 섞여 있다.

곡조는 역시 전래의 가톨릭 성가곡과 옛 종교민요와 일반 세속 곡조 등이 모두 사용되었으며 새로이 창작되기도 하였다. **독일 코랄**은 대체로 부르기 쉽고 선율적이다. 이때 **오르간**은 기악 음악으로서보다는 **전주, 간주, 후주** 등 음악과 관련된 부분에 한정되었을 것으로 여겨진다.

프랑스에서 일어난 존 칼뱅의 종교개혁운동은 루터의 개혁운동보다 더욱 강렬하여 로마교회의 전례나 음악을 철저히 거부하고 교회에서 사용하는 '찬송가'조차 시편詩篇을 프랑스어로 부르는 것만 허용하였다. 이 프랑스 찬송가는 스위스 제네바에서 처음 발간되었기 때문에 《**제네바 시편가**》 Genevan Psalter 라고 불리며 곡조는 프랑스 민요, 발라드, 독일 코랄 등에서 차용하여 만들어졌다.

이 『칼빈의 시편찬송가』는 1562년 드디어 클레망 **마로** Clement Marot, 1496-1544 와 **베제** Theodore de Veze, 1519-1605 에 의해 시편가 150편 전체를 불어로 운율 화하여 번역된 가사를 붙여 《**제네바 시편가**》 Genevan Psalter, 1562 가 탄생된 것이다.

이 '시편가'는 칼뱅에 의해 철저하게 감독·편집된 것이었으며, 성경 본문을 기초하여 이루어진 시와 노래가 운율 화된 '**회중찬송**'이었다. 이 '시편가'는 1562년에 25판 이상 발행되었고, 1600-1685년까지 90판을 더 발행하게 되었다. 또한 이 '시편가'는 기독교권 전 국가로 급속히 퍼져나가 20여 개국의 언어로 번역되는데 독일, 네덜란드, 영국 등에서 널리 사용되었다.

이 '제네바 시편가'의 특징은 다음과 같다.

선율은 '**교회 선법**'을 토대로 작곡 되었다. 선율의 음역은 거의 옥타브 안에 있으며, 2분음을 박자 단위로 하였다. 박자표와 세로줄은 없다. 150편의 시편

찬송은 원래 150개의 다른 선율로 작곡할 계획이었으나 126곡만 작곡되었으며, 따라서 동일한 선율에 다른 시편가사를 사용하기도 하였다. 그 동일한 선율에 의한 곡들은 아래와 같다.

시편 5=64 / 시편 46=82 / 시편 14=53 / 시편 51=69 / 시편 17=63=70 / 시편 60=108 / 시편 18=144 / 시편 65=72 / 시편 24=62=95=111 / 시편 66=98=118 / 시편 28=109 / 시편 74=116 / 시편 30=76=139 / 시편 77=86 / 시편 31=71 / 시편 100-1=131=142 / 시편 33=67 / 시편 100-2=134 / 시편 36=68 / 시편117=127

마로의 불어 '**운율 시편 가**'가 영국에도 알려져서 헨리 8세의 궁정내관 스턴홀드는 마로를 본 따 당시 영국의 가장 통속적인 노래 운율인 **발라드**(8, 6, 8, 6)로 번역하기 시작하였다. 1547년경에 스턴홀드의 19편의 영어 운율번역이 수록된 시편집이 출판되었고, 스턴홀드가 죽은 후 그의 동료인 홉킨스가 번역을 이어받아 1557년 스턴홀드의 37편과 홉킨스의 7편의 '영어 **운율시편**'이 실린 시편집이 출간되었다.

1562년 존 데이John Day 편집으로 '스턴홀드와 홉킨스 역' **《구역 시편가》**가 발행되었다. 영국의 계관시인 桂冠詩人이며 극작가인 나훔 테이트 Nahum Tate, 1652-1715와, 아일랜드의 성공회 목사이며 시인인 니콜라스 브래디Nicholas Brady, 1659-1726는 1696년 시편을 운문으로 번역하여 **《새 번역 시편가》** 'New Version of the Psalms'를 출판하였다. 1696년 12월 3일에 총회에서 영국 왕 윌리엄 3세의 정식 인준을 받아, 많은 지역에서 스턴홀드와 홉킨스의 《구역 시편 가》 'Old Version of the Psalms'대신으로 사용하게 되었다. 이 책은 《구역 시편가》와 별다른 게 없음에도 불구하고, 윌리엄 3세의 공인을 받은 런던 출판사가 독점하여 판매하는 바람에 유명해졌고, 1698년에 수정판이 나왔다. 이 《새 번역》은 계속 수정·증보되면서 판을 거듭했는데, 여러 출판사들이 앞을 다투어 출판하였다.

영국 윌리엄 케스William Kethe, ?-4목사는 《앵글로 제네바 시편가》 Anglo-Genevan Psalter를 출판하였는데, 150년간 영국 공인 시편가로 사용되었다.6) 스코틀랜드 교회 총회에서 시편 전

<스코틀랜드 시편가>

150편을 운율 〈시편가〉로 하는 결의의 인도자 구실을 했다. 그 결의에 의해 로버트 폰드, 존 크레이그 등이 공헌하여 개편한 최초의 《**스코틀랜드 시편가**》가 1564년에 완성되었다. 이것은 전체가 아래위 반으로 잘라져 있어 윗부분의 곡과 아랫부분의 운율시편은 별도로 짜 맞추어 펼칠 수 있게 되어 있다.

즉, 음율 적 형태가 같으면 같은 가사를 다른 곡에 맞추어 노래할 수 있도록 한 것이다. 음절의 형태에 의한 시형 종류가 '통상 음절'의 것을 주로 하여, 세 가지 주요한 것으로만 되어 있기 때문에 그것이 가능하게 되어 있다. 이 시편가는 음악적으로 우수하여, **불란서**에 영향을 끼쳤다. 아래 악보를 참고해보자.

한국 찬송가에 실려 있는 "주 나의 목자 되시니"(BELMONT : 8.6.8.6, 통찬 437장), "다 나와 찬송 부르세"(IRISH : 8.6.8.6, 21새찬 131장, 통찬 24장) 등이 이 《스코틀랜드 시편 가》 35장(BELMONT), 73장(IRISH)에서 왔다.7)

The Psalms in Metre, Scottish Metrical Version

〈악보 1〉 "주 나의 목자 되시니", 〈통찬 437장〉 BELMONT: 8.6.8.6. 〈스코틀랜드시편가〉

21C『찬송가』363장 "내가 깊은 곳에서"(ST. PETERSBURG: 77.77.77.)는 작곡자 드미트리 보르트니안스키Dmitri Stepanovich Bortniansky, 1752-1825의 곡조이다. 그러나 맨 처음 **『찬셩시』**(1898년) 데팔십이(82)장에 실릴 때에는 곡명을 쓰지 않고 'Rock of Ages'라는 찬송가 가사의 첫줄을 사용하여 그 곡조에 찾아 부르기 쉽도록 적은 것 같다. 그러나 곡조가 바뀌었다.8)

---

6) 영국 윌리엄 케스William Kethe, ?-1594목사가 작사한 찬송 중 그 첫 절로 된 찬송가가 21C『찬송가』 5장 "이 천지간 만물들아"이다.
7) *The Psalms in Metre*, Scottish Metrical Version, Published for The Reformed Presbyterian Church of Ireland BY Oxford University Press, 1979.
8) *The Hymnal for Worship & Celebration*, WORD MUSIC WACO, TEXAS, 1986. 204장 "만세 반석 열리니" Rock of Ages, cleft for me, 참조.

<악보 2> "다 나와 찬송 부르세", < 21세찬 131장 통찬 24장, > IRISH: 8.6.8.6.

"다 나와 찬송 부르세"의 작사는 피득彼得, Alexander A. Peters, 1872-1958 선교사가 1898년에 시편 130편을 우리말 운문 시로 작사해『찬성시』(1898년) 데팔십이(82)장에 실려 지금까지 불리는 역사 깊은 '시편찬송가'이다.

<악보 3> "내가 깊은 곳에서" < 21세찬 363장 통찬 479장 > ST. PETERSBURG: 77.77.77.

21C『찬송가』548장 "날 구속하신 주께 엎드려"는 존 칼뱅John Calvin, 1509-1564 이 작사한 시편찬송가이다. 곡조 'TOULON'툴론은 1551년에 출판된 『제네바시편가』에 처음 실렸다. 미국 장로교 찬송가 236장 Psalm 124과 같은 곡인 457장 Genevan Psalter, 1551에서 채택하여 실려진 것이다. 한국인 작사 작곡한 21C『찬송가』392장 "주여 어린 사슴이"전영택 작사, 1894-1968, **박재훈** 작곡, 1947 라는 찬송은 한국인이 작사 작곡한 우수한 '시편 찬송가'이다.

"내 눈을 들어 두루 살피니" 21C 새찬 73장는 존 캠벨John Campbell, 1845-1914이 시편 121편을 배경으로 작사하고, 찰스 파디Charles H. Purday, 1799-1885가 작곡한 좋은 시편찬송이다.

"참 놀랍도다! 주 크신 이름" 21C 새찬 34장은 윌리엄 크로프트 William Croft, 1678-1727의 '하노버'HANOVER: 10.10.11.11라는 곡조에 찰스 웨슬리C. Wesley가 1744년에 시편 93:1-4절과 계시록 7:11-12절에 근거해 지은 찬송가이다.

18세기 초엽 조합교회의 아이자크 왓츠Isaac Watts, 1674-1748가 **영국 찬송가**의 기초를 세웠으며, 이어 웨슬리 형제John Wesley & Charles Wesley, J. 뉴턴J. Newton, 1725-1807 등, 비 국교회에 의해 주관적이며 신앙 체험적인 '찬송가'가 탄생되었다. 19세기 이후에는 국교회파의 운동이 활발해지면서 문학적으로 우수한 찬송가가 많이 나타났다.

미국교회에서는 17세기 이후 영국의 《구역 시편가》와 《신역 시편가》를 사용하였으나 독립전쟁 이후 주관적·신앙체험적인 찬송가도 창작되었다. 19세기 후반에 신앙부흥운동의 물결을 타고 많은 **'복음찬송'**들이 창작되었다. 가사나 곡조의 예술성은 높지 않으나 직설적이고 대중적인 표현과 가락 때문에 널리 애창되었다. 20세기에 들어서는 사회구원적인 내용의 찬송가도 많이 등장하였다.

그러면 교회 예배에서 시대적으로 '음악사용'을 어떻게 사용하였는지, 제한 내지는 수용했는지를 살펴보면 다음 표와 같다. <도표 1> 시대적 음악사용의 예

구 분		적극적 사용	제한적 사용	음악의 거부
성경	구약	대상 15:16-; 16:4-; 시 150:	출 19:16,19; 단 3:5, 7,10,15	아모스 5:23-24; 6:4-6
	신약	엡 5:19, 골 3:16, 살전 4:16	고전 13:1, 14:7-8, 15, 26	
초대교회		바실리우스(327-379) 크리소스토무스(345-407)	알렉산드리아의 클레멘티 (220년경 사망)	팜보(4세기)의 기록
종교개혁자		마르틴 루터; 연주가, 작곡가	칼뱅(단성부만 허락), 반주	츠빙글리
현재		신·구교 거의 모든 교회	동방정교회, 러시아 정교회 (성악, 기악 제한적 사용)	

우리나라의 장로교를 예로 들면, 극소수의 교회를 제외하고는 칼뱅 적 시편가는 거의 부르지 않고, 18세기 중엽에 발생한 감리교식의 찬송가와 19세기의 **'복음성가'**를 부르고 있으며, 루터 교 전통에서 자란 **바흐**의 오르간 음악이나

칸타타등도 연주되고 있다. 또한 가톨릭 출신의 **모차르트**와 **하이든**의 미사곡들은 가톨릭교회에서 보다 오히려 신교에서 더 많이 불리어 지고 있다. 이러한 경향은 이 노래의 가사들이 신교의 교리와 배치되지 않고, 친근한 음악이며, 손쉽게 접할 수 있기 때문으로 여겨진다.

5. 한국교회 『찬송가』

우리나라에 로마 가톨릭교회는 개신교보다 100여년 먼저 들어와 많은 핍박을 받았다. 그 후에 들어 온 개신교는 의료기관이나 교육기관들을 세워 교육과 의술을 베풂으로써 선교의 물꼬를 텄다. 주로 사랑방 형태였겠지만 학교교육기관들을 통해서 '**찬송가**'를 보급하면서 '**서양음악**'이 전해 진 것이다.

한국 최초의 찬송가는 감리교회 선교사인 G. H. 존스趙元時 와 L. C. 로스 와일러 L. C. Roth weiler 가 공동 편집한 《**찬미가**(1892)》로서 악보 없이 가사만 적은 것이었다. 서북지방에서는 장로교의 백홍준白鴻俊이 중국어 찬송가를 번역하여 선교활동을 하였다고 하나 그 간행과 보급 시기는 명확히 밝혀져 있지 않다.

1894년 북 장로교 선교사 H. G. 언더우드Underwood, Horace Grant, 1859-1916, 元杜尤, 원한경 가 가사·악보가 함께 들어 있는 『**찬양가**』를 편집, 간행하였는데 이것이 한국 최초의 **곡조 『찬송가』**이다. 언더우드의 『찬양가』전 117장중에는 7장의 한국인 작사 찬송이 들어 있는데 백홍준의 것만 확인되고 있다. 이후 감리교회의 『찬미가』(1895), 북 장로교에서 발행한 『찬성시』(1895), 윤치호 尹致昊 가 편집한 『찬미가』(1905) 등이 불리어지다가 1908년 장로교·감리교 연합공의회가 펴낸 『찬송가』가 나오게 된다.

한편 동양선교회에서는 한국에 성결교단을 창립, 이장하李章夏, 1886-? 가 1907년 11월 『복음가』를 발행하였고, 침례교회에서도 1900년 『복음찬미』를 발행, 독자적인 찬송가를 불렀다. 1931년 예수교 연합공의회는 통일된 『신정찬송가』新訂 讚頌歌 를 발행하였으나 장로교회에서 이를 거부하고, 1935년 단독으로 400장의 『**신편**

『찬송가』를 간행함으로써 찬송가의 연합이 깨지게 되었다.

1931년-1945년까지 14년간 장로교는 『신편찬송가』, 감리교는 『신정찬송가』, 성결교는 『부흥성가』를 서로 다르게 사용하였기 때문에 각각 다른 찬송가로 인하여 다른 교파의 교회에서 예배하기에 여간 불편한 일이 아니었다.

8·15 광복 이후 장로교·감리교·성결교 등 3대 교단은 찬송가의 합동을 결의하여 3개 교단이 각각 사용하던 찬송가나 부흥성가를 하나로 묶어 1948년 『**합동찬송가**』를 발행하였다. 그러나 장로교 일부에서 이를 거부하면서 계속 『신편 찬송가』를 사용하다가 에큐메니칼 Ecumenical 가입교단과 찬송가를 함께 쓸 수 없다하여 고신 측과 합동 측이 연합하여 1962년 『**새 찬송가**』를 펴냈다.

한편 『합동 찬송가』(1948년)를 사용하던 나머지 교파와 교단에서는 **한국찬송가위원회**를 조직하고, 새로이 『**개편 찬송가**』(1967년)를 발행하였다.

1970년대 초교파 대 연합성회가 빈번해 지면서 찬송가의 통일을 염원하는 여론이 많아지자 이에 보수·진보의 양 교파에서는 포괄된 단일 찬송가의 편찬을 위하여 저작권과 판권 50:50으로 '**찬송가 공회**'를 조직하고 프로테스탄트교회 전체가 쓸 수 있는 총 558장의 통일 『찬송가』(1983), 21세기 『찬송가』2006년를 발행하면서 통일된 찬송가를 사용하게 되었다. 그렇지만 아직도 기존의 통일 『찬송가』를 사용하면서 21C 『찬송가』개혁을 바라는 교회들도 있다. 그 중요한 이유 중에 하나가 한국인 작사·작곡한 찬송가의 곡조나 가사의 질적 문제를 이유로 하고 있다는 것은 참 안타까운 일이 아닐 수 없다. 통일 『찬송가』에서 482곡(86.3%)이 선곡 수록되었으며, 76곡이 탈락되었다. 그러나 탈락된 곡 중에서 찬송가학적으로 중요한 곡도 있다는 사실을 염두에 두어야 할 것이다.

한국인 작사 작곡한 찬송가가 110곡인데 박재훈 9곡(17, 301, 319, 392, 515, 527, 561, 578, 592장), 곽상수 4곡(9, 62, 218, 558장), 3곡씩 채택된 이는 구두회(271, 559, 579장), 김정일(57, 76, 506장), 나인용(45, 307, 475장), 문성모(48, 418, 556장), 박정선(178, 555, 596장), 이동훈(345, 574, 582장), 이문승(155, 193, 396장), 하재은(247, 318, 642장과 635장 편곡) 등 8명, 2곡이 채택된 이는 김국진(517, 541장), 김두완(11, 61장), 김성혜(308, 614장), 김성훈(473, 633장), 김순세(296, 389장), 김은석(594, 603장), 나운영(153, 181장),

박영근(444, 613장), 백경환(437, 639장), 백태현(431, 584장), 백효죽(52, 617장), 이보철(464, 632장), 이영조(626, 627장), 이유선(323, 597장), 이천진(98, 203장), 장수철(110, 570장), 주성희(476, 547장), 한태근(448, 576장), 황철익(156, 443장) 등 모두 19명이다. 1곡이 채택된 53명의 한국인 작곡가를 더하면 모두 82명의 한국인 작곡가들이 110곡의 한국인 작사 작곡한 찬송이 21C『찬송가』에 수록되었다.9) 더 많은 작가들의 작품이 다양하게 편집되었으면 한다.

제2절 성경적 찬송의 이해

찬송가의 가사는 당연히 성경 구절에서 나와야 한다. 성경 말씀을 통해 은혜 받은 시인들이 찬송시를 작사하고, '찬송 시'에 감동하여 '찬송 곡'을 작곡해야 하는 것이다. 구원 받은 하나님의 자녀들이 '찬송'讚頌으로 하나님의 사랑, 은혜, 덕을 찬미하고 감사하며 영광을 돌려야하는 것이다. 그러니까 '찬송'은 구원 받은 자녀들의 '**입술의 열매**' 히13:15 이며 '**영혼의 기도**이며 **노래**'인 것이다. 찬송 곡들을 제목차례로 분류하여 책으로 묶어 놓은 책을 보통『**찬송가**』라고 한다.

그러나 보통 '찬송가'讚頌歌라고 하면 '찬송'을 의미한다. '찬송'을 **찬양가** Song of Praise, **찬송가** hymns 또는 성가 sacred music 라고도 부르지만 찬양가나 **성가** 가톨릭 찬양가 는 찬양대가 부르는 찬양 곡들을 지칭하고, '찬송'은 『찬송가집』에 실려진 '찬송가'를 의미한다고 보아야 한다.

하나님께서 인간을 창조하신 목적이 무엇인가? 이사야는 "이 백성은 내가 나를 위하여 지었나니 **나의 찬송**을 부르게 하려 함이니라." 사43:21 고 하였다. 이

---

9) 박상만, 『한국찬송가의 이해』(서울: 중앙아트, 2888), pp. 196-202. 아쉬운 점은 폐기하기로 한 **신작중보판**의 가사나 곡이 그대로 실려진 점이나 한 가족 곡이 실려진 것 등이다. 한사람의 곡이 많이 편집되는 것보다 여러 작가들의 작품이 고르게 편집되는 것이 좋겠다.

말씀을 보면 우리가 필요에 따라 찬송을 불러도 되고 싫어지면 찬송을 부르지 않아도 되는 선택사항이 아니라는 것이다. 우리 인간을 향하여 하시는 말씀이 '나여호와 하나님를 찬송하게 하라'고 우리 인생을 지으셨다는 말이다.

'**찬송**'은 예배의 중요한 부분이었음을 알 수 있다. 성경에 나타난 찬송의 실례를 살펴보면 하나님께 천상天上에서 예배하는 중에 '찬송'으로 하나님께 경배 드렸음을 볼 수 있다.

요한 계시록 4장 '하늘 예배'天上禮拜 에서 밤낮 쉬지 않고 드려지는 찬송이 "거룩하다, 거룩하다, 거룩하다 주 하나님 곧 전능하신 이여 전에도 계셨고 이제도 계시고 장차 오실이시라." 계 4:8 라고 찬송을 부르고 있는 것이다.

이십사 장로들이 보좌에 앉으신 이 앞에 엎드려 세세토록 살아계시는 이에게 경배하고 자기의 관을 보좌 앞에 드리며 "우리 주 하나님이여 영광과 존귀와 권능을 받으시는 것이 합당하오니 주께서 만물을 지으신지라 만물이 주의 뜻대로 있었고 또 지으심을 받았나이다." 계 4:11 라고 찬송을 부른다.

계시록 5장에는 그 유명한 '헨델'의 메시아 중에 53번 합창곡 가사 "죽임을 당하신 어린 양은 능력과 부와 지혜와 힘과 존귀와 영광과 찬송을 받으시기에 합당하도다." 계 5:12 라고 힘차게 찬송을 부르고 있다.

신구약 성경 중에 찬송이 가장 많이 나오는 구약의 '시편'은 이스라엘사람들 신앙고백의 시와 찬송이었으며, 크리스천들이 마땅히 부를 '찬송'인 것이다.

'**찬송**'은 예배의 중요한 요소일 뿐만 아니라 예배의 수단이다. A. D. 633년 스페인의 **톨레도 회의**The Council of Toledo에서 당시 교회의 기본법에 '찬송가'의 정의를 규정지을 때 아우구스티누스의 "찬송가란 3요소 즉 노래Canticle와 찬양Laudem과 하나님Deus이 포함 된다." 즉 "노래로 하나님을 찬양하는 것이다"라는 의미를 그대로 수용하였다. 필 커Phill Kerr는 "찬송이란 기도하는 노래로서 거룩한 하나님이나 그의 삼위 중 일위에게 직접 간구하는 것이다."라고 하였다.[10]

'찬송'을 예배시간의 장식품처럼 여겨서는 안 된다. 다윗은 "[30] 내가 노래로 하나님의 이름을 찬송하며 감사함으로 하나님을 위대하시다 하리니 [31] 이것이

---

10) 신소섭, 『예배와 찬송가』(서울: 아가페문화사, 1993), pp. 22-23.

소 곧 뿔과 굽이 있는 황소를 드림보다 여호와를 더욱 기쁘시게 함이 될 것이라." 시69:30-31고 하였다.

구약 성도들이 값비싼 짐승들을 하나님께 제물로 바쳤는데, 그러한 값비싼 제물보다 '**찬송**'讚頌이란 예물이 더 소중하고 귀하다는 것이다.

히브리서 기자는 "우리는 예수로 말미암아 항상 **찬송의 제사**를 하나님께 드리자 이는 그 이름을 증언하는 입술의 열매니라." 히 13:15라고 '찬송'을 가리켜 '**찬송의 제사**'라고 지칭하고 있음에 주목해야 한다.

로마서 12장 1절에 "너희 몸을 하나님이 기뻐하시는 거룩한 **산 제물**로 드리라 이는 너희가 드릴 영적 예배니라."고 하였다. 여기서 '**산 제물**'이란 본래 제사 드리기 위해 잡은 '희생제물'을 뜻하는 헬라어 '뒤시아'($\theta\upsilon\sigma\iota\alpha$)에 '살아가다'의 뜻인 '자오'($\zeta\alpha\omega$)가 붙어서 '나실 인들 같이 하나님께 바쳐진 자로서 일생을 거룩하게 깨끗하게 살아가는 것을 가리킨다. 고후 7:1 [11]

'거룩하게 산다'는 것은 하나님과의 약속이다. 언약을 믿고 살아가는 하나님의 언약백성들은 자신의 말이나 사상의 표현에 책임을 져야 하는 것이다.

음악을 이야기 할 때 세속적인 이야기에 속하겠지만 인생은 자신이 좋아하든 싫어하든 자신이 입에서 뱉은 말대로 살다가는 것이란다. 대중가요를 불렀던 가수들은 '가사의 굴레'가 시련이 되었던 유명가수가 많다. "찬바람이 싸늘하게 얼굴을 스치면 따스하던 너의 두 뺨이 몹시도 그립구나!" 낙엽 따라 가버린 사랑를 부른 차중락은 낙엽이 지는 11월에 32살 젊은 나이로 생을 마감했단다.

"비에 젖어 한숨짓는 외로운 사나이가 서글피 찾아왔다. 울고 가는 삼각지" '돌아가는 삼각지' 중의 배호는 안타깝게 신장염으로 29살에 요절했다.

애절한 선율 "내 곁을 떠나가던 날 가슴에 품었던 분홍빛의 수많은 추억들이 푸르게 바래졌소." '사랑하기 때문에'를 노래하던 음악가 유재하는 불과 25살에 교통사고로 유명을 달리했다. 이 밖에도 돌연사한 가수 김성재는 "마지막 노래를 들어줘"를 남겼고, "하늘에 편지를 써" 내 눈물 모아를 부른 서지원은 20살 나이에 스스로 세상과 이별했다.

---

[11] 고린도후서 7:1 "그런즉 사랑하는 자들아 이 약속을 가진 우리는 하나님을 두려워하는 가운데서 거룩함을 온전히 이루어 육과 영의 온갖 더러운 것에서 자신을 깨끗하게 하자."는 말씀 참조.

또한 아쉽게도 본명이 권오명인 권혜경1931-2008은 불멸의 가요 '산장의 여인'의 가사처럼 "아무도 날 찾는 이 없는 / 외로운 이 산장에 (중략) 세상에 버림받고 사랑마저 물리친 몸 / 병들어 쓰라린 가슴을 부여안고 / 나 홀로 재생의 길 찾으며 외로이 살아가네." 이 슬픈 노래 가락이나 가사처럼 외롭게 지병인 후두암과 심장판막증 등을 앓으며, 외딴집에서 결혼도 하지 않은 채 홀로 산장의 여인처럼 지내다가 그 후에 교통사고까지 겹쳐 중환자실에서 투병하다 유명을 달리했다.

그러나 성경을 보라! 구약성경이 열리면서 창세기에 나타난 창조 기사에 창조주 하나님께서 엿새 동안 세상을 창조하실 때 첫째 날, "빛이 있으라." 하시니 빛이 있었고, 빛이 '하나님 보시기에 좋았더라.' 둘째 날에 궁창을 만드시고는 하늘이라 부르시고 이 구절에는 '좋았더라.'는 말씀이 생략되어 있다. 셋째 날, 땅과 바다를 만드시고 '하나님이 보시기에 좋았더라.'고 하셨으며, 풀과 씨 맺는 채소와 씨가진 열매 맺는 나무를 지으시고 '하나님이 보시기에 좋았더라.' 고 하셨다. 넷째 날, 해와 달, 별, 낮과 밤, 빛과 어둠을 나뉘게 하시고 '하나님이 보시기에 좋았더라.'고 하셨다. 다섯째 날, 물고기와 새, 곤충들을 종류대로 지으시고 '하나님이 보시기에 좋았더라.'고 하셨다. 여섯째 날, 짐승 곤충 그리고 하나님의 형상대로 사람을 만드시고 바다의 물고기와 새와 가축과 땅에 기는 모든 것을 다스리게 하셨다. 이렇게 창조하신 후 '하나님이 지으신 그 모든 것을 보시니 보시기에 심히 좋았더라.'고 하셨다.

창조주 하나님은 "좋았더라!"를 연발하시면서 세상과 인간을 지으셨다. 우리 인생들은 세상을 긍정적으로 바라보면서 기쁘고 즐겁게 살아가야할 존재들인 것을 암시적으로 가르쳐 주는 말씀인 것을 알아야 한다.

하나님의 백성은 하나님의 백성답게 거룩한 말을 하고 거룩한 삶, **찬송**하는 언어로 살아가야 하는 것이다. 그런데 어린이들의 입에서 유행가를 부르며 욕설과 저주가 난무하고, 찬송이 사라져 가고 있음은 참으로 안타까운 일이다.

어른들이 박수를 쳐주고 좋아하니까 유행가도 부르고, 이런 **대중가요**를 부르며 어린 시절을 살아간다면 그 동심들이 바르게 자라겠는가? 우리 한국민요 중에 어린이들이 마땅히 부를 민요가 적다. 이것은 또한 우리 민족이 유교적인 전통에서 어린이들에 대한 배려가 적었던 것이 한 원인이 되고 있다.

아이들의 존귀성이 무너지고 특히 남존여비 사상에 특별히 여아女兒들은 교육의 기회조차 주지 않았던 불행한 역사를 가지고 있었다는 사실을 인정해야 한다. 마땅하게 부를 동요조차 유행가에 밀려버리고, 복음성가를 부르며 '**찬송**'을 잃은 어린이들이 성인들의 찬송을 따라 부른다면 어렵고 실증을 느낄 수밖에 없다. 청소년들은 그것도 싫어져서 이제는 C. C. M.12)을 불러보지만 더욱 영혼의 갈증을 느끼며 만족함이 없고 허무함마저 느낄 수밖에 없다.

이러한 현실을 바라보면서 먼저는 어린 동심이 서정적이며 예술적인 찬송을 부르며 자라갈 수 있도록 '**어린이 찬송가**'를 다시 살려 부르도록 해야 하겠다.

TV나 방송, 미디어 자료들 중에서 '어린이 찬송'은 희귀하다. 눈만 뜨면 들려오는 노래들이 팝송이나 민요들이며 모두 성인 중심이어서 어린이들의 순수한 '**어린이 찬송**'을 찾아보기 힘들다. 그나마 방송사들이 어린이 노래자랑을 방영하기 위해 공모하여 방영하는 정도다. 요즘은 '어린이 찬송' 작가가 없기 때문에 계절 성경학교 때에 부르던 노래들을 『어린이 찬송가』에 실어 놓아 부르게 하고 있다는 것은 참으로 한심스럽고 부끄러운 일이다.

이런 현실을 보면서 필자는 사명감을 가지고 『**어린이 찬송가학**』을 집필하고 있는 것이다. 요사이 그렇게 전문적이지는 않지만 그래도 계절성성경학교 학생들을 위해서 작사 되어지고, 곡이 창작되니 그나마 반가운 일이다. 그러나 질적인 면에서 찬송가 작가만큼이야 되겠는가? 장년 찬송가도 질적으로 비판이 많은데 할 말이 막혀 버린다.

---

12) C. C. M. 즉 **Contemporary Christian Music**이란 말은, 사전적 의미와 같이 현대적인 (동시대의, 그 당시의, 현대의) 그리스도인의 음악이라 할 수 있다.(혹은 기독교 음악) Contemporary Christian Music이라는 말이 처음 등장한 때는 가스펠 음악이 ① 성스러운 가스펠(Sacred Gospel), ② Inspirational, ③ contemporary Gospel이었다. Sacred Gospel은 교회에서 불리던 음악이었고, Inspirational은 오늘날의 이지-리스닝 Easy Listening: 느긋하게 쉬며 즐길 수 있는 경음악이라고 볼 수 있는 것이었다. 그리고 컨템퍼러리로 분류된 것은 그 당시 남부 가스펠에서 가장 흔했던 4중창단의 노래를 지칭하는 것이었다. 그 당시에는 남성 4중창 스타일이 가장 유행하던 대중적 가스펠이었기 때문에 컨템퍼러리로 구분되어진 것은 남부 가스펠이었다. 이때부터 컨템퍼러리 크리스천 뮤직이라는 말은 동시대적인, **대중적인 기독교음악**이란 의미로 쓰여 지기 시작했다.

하루 속히 수준 높은 '**어린이 예배찬송**'을 창작하고 선별하여 『**어린이 찬송가**』를 새로이 편집하여 보급해야 하겠다. 어린이 찬송가의 중요성이나 필요성을 인식하고 있는 이들이 적다는 사실, 참으로 안타까운 일이 아닐 수 없다.

시편 기자는 다음과 같이 노래하고 있다.

"¹ 여호와 우리 주여!
주의 이름이 온 땅에 어찌 그리 아름다운지요?
주의 영광이 하늘을 덮었나이다.
² 주의 대적으로 말미암아
어린 아이들과 젖먹이들의 입으로 권능을 세우심이여
이는 원수들과 보복 자들을 잠잠하게 하려 하심이니 이다."(시 8:1-2)

신약 성경에 보면 예수께서 성전에 들어가시면서 성전 안에서 매매하는 모든 사람들을 내쫓으시며 돈 바꾸는 사람들의 상과 비둘기 파는 사람들의 의자를 둘러엎으시면서 그들에게 이르신다.

"내 집은 기도하는 집이라 일컬음을 받으리라하였거늘 너희는 강도의 소굴을 만드는 도다!" 맹인과 저는 자들이 성전에서 예수께 나아오매 고쳐주신다. 어린이들은 성전에서 소리 질러 이렇게 노래한다. 마 21:12-17

"호산나! 찬송하리로다.
주의 이름으로 오시는 이여! 찬송하리로다.
우리 조상 다윗의 나라여! 가장 높은 곳에서 호산나!" 마 11:9-10

예수께서 종려주일에 예루살렘을 향하여 '평화의 왕'으로 어린 나귀를 타시고 입성하실 때 어린 아이들이 소리를 높여 부른 '찬송'이 그렇게 적절하고 아름다울 수가 없다.

구약성경에서 할렐(הלל)이란 말은 "당신을 찬양하나이다."라는 말이다.13)
찬양의 노래이다. 이 제목은 전통적으로 유대인들이 중요한 절기들과 일상적인 아침 예배를 위해 정해 놓은 몇몇 시편에 특별히 붙여지고 있다.

---

13) 아가페성경사전편찬위원회, 『아가페 성경사전』(아가페 출판사, 1991), p. 1744

출애굽과 함께 시작된 이스라엘의 역사 가운데서 행하신 하나님의 하신 일을 찬양했기 때문에 붙여진 '애굽 할렐'Egyptian Hallel인 시편 113편-118편은 중요한 연례적인 절기와 월삭 의식 중에 불려졌다.

유월절의 축하연에서 시편 113-114편몇몇 전승에서는 113편만이 두 번째 잔과 본 식사 전에, 그리고 115편-118편은 식사 후 네 번째 잔 들기 전에 각각 불리어 졌다고 한다.

탈무드와 미쉬나는 **시편 136편**을 **대**大 **할렐**Great Hallel로 확인하고 있다. 다른 전승들은 이 명칭을 시편 135-136편 또는 시편 120-136편에 붙이기도 한다. 일상적인 아침 기도 때에 불렸던 이 할렐Hallel은 하나님의 전능하신 행위들을 찬양하고 있다. 특별히 시편 136편은 회중이 교대로 부를 수 있도록 배열되어 있다. 그 밖의 할렐 모음인 시편 146-150편은 아침 예배 때에 불려졌다.

'**할렐루야**'라는 말은 '**여호와를 찬송하라**'는 뜻을 가진 말인데 구약 시편에 23번 시104편-150편, 신약 요한계시록에 4번계 10:1-6 기록되어, 성경에 27번의 '입술의 열매'히13:15로 나타난다. 또한 성경은 음악찬송 포함에 대하여 839번 이상이나 언급하고 있다. 이는 하나님께 드리는 찬송이 얼마나 필요하고 중요한 것인가를 잘 나타내 주고 있음을 보여주고 있다.

하나님은 분명히 시편 기자의 말대로 우리가 부르는 "찬송 중에 거하시는 주"시22:3 이심을 꼭 기억해야 하겠다. 하나님께서 이스라엘의 찬송 중에 계신다 함은 구원의 감격 속에서 하나님을 찬송하는 이스라엘의 그 구별되고 거룩한 찬송 가운데 계신다는 뜻이기도 하다.14)

성경말씀lection과 **찬송**hymn은 예배에서 불가분의 관계이다. 기독교의 제일 의식儀式이 곧 '**예배**'이다. 그래서 이번 장에서는 '예배란 무엇인가?'에 대하여 연구하면서 '예배에 있어서의 찬송'의 위치를 찾아가야 할 것이다.

---

14) 김승교, 『원어설교』 시편 Ⅰ(서울: 목회자료사, 1983), p. 446.

제2장 예배란 무엇인가?

제1절 예배형식의 역사적 변천

'기독교의 예배'는 하나님의 계시와 섭리에 따라서 이루어진 것이고, 하나님께서 그의 백성을 세우시는 기획이며, 그리스도에 의하여 제정되었다. 예배는 죄로 인하여 예배할 수 없는 상태에 놓여져 있던 인간을 부르시는 하나님의 초청하심으로부터 출발하는 것이다. 즉, 하나님에 의한 부름을 의미하는 것이다. **예배**란 하나님 편에서 보면 죄로 인하여 하나님께 영광을 돌릴 수 없고, 하나님을 찬양할 수도 없는 인간을 위하여 존재한다고 할 수 있다. 다시 말해서 인간 편에서 보면 하나님께 영광을 돌리기 위해서 존재하는 것이라고 할 수 있다. 즉, 피조물인 인간은 하나님을 위하여 존재하고 있다. 그러기에 기독교 예배는 여러 가지 관점에서 다른 종교의 예배의식禮拜儀式과 구별되는 특징을 가지고 있다.

이런 예배는 신앙인들이 생활을 하는 데 있어서 가장 중요한 부분으로 예배는 교회의 중심부에 위치하고 있는 것이라고 할 수 있다. 15)

예배禮拜야 말로 하나님을 떠나 죄를 범한 인간이 하나님을 만날 수 있는 길이며, 통로이기에 '예배'를 통하여 하나님을 만날 수 있게 되었다. 그러면 각 시대에 나타난 예배 양식을 살펴보겠다.

1. 족장시대 예배禮拜

하나님께서 이스라엘 족장과 그의 가족과 계약을 맺으셨다. 이 시대의 예배

---

15) 이택희, 「예배 음악의 이해」(서울 : 도서 출판 질그릇, 1991), p. 11-12.

는 주로 개인 제단과 가정 제단이었다.

구약 족장시대에는 레위기에 명한 대로 짐승을 잡아서 규례에 따라 '**번제**' '**소제**' '**화목제**' '**속죄제**' '**속건제**'를 드림으로 하나님께 '**예배**'를 드렸다.16)

그 예배의 제단에는 '희생의 제물'이 드려졌다.창 15:9, 창 22:5-8 이스라엘의 족장들은 예언자창 18:19, 제사장, 왕으로 불렸다. 공적인 예배에는 족장들이 주관하였고, 가족과 더불어 예배를 드린 곳은 '**가정**'이었다. 그 가정이 바로 하나님 백성들의 교회였다. 옛날 이스라엘의 족장들은 그 가족과 더불어 이동할 때 가는 곳마다 제단을 쌓았고 하나님께 제사예배를 드렸다. 아브라함이 가족과 더불어 이동하면서 제단을 쌓은 것은 성경 역사를 통해서 알 수 있다.17)

2. 구약 율법시대 예배

율법시대의 공적예배의 장소는 '**성전**'을 중심하여 예배가 이루어졌다. 율법시대의 공적예배의 특색을 살펴보면 다음과 같다.

1) 이스라엘 백성은 성전 아닌 곳에서는 희생의 제물을 드리는 일은 허락되지 않았고, 성전에서 제물을 드릴 것을 명하셨다.18)
2) 예배의 모든 세부적인 것까지 규정지어져 있었다. 즉 성전을 건축하는 방법, 내용, 제사의 의복(예복), 희생 제물의 종류와 방법 등이었다. 왜 이렇게 세부적인 것까지 규정지어졌는가 하면 이스라엘 백성을 하나님의 어린자녀로 취급했기 때문이라고 하겠다.19)
3) 예배는 대리적이며 위탁 적이었다. 성전의 예배는 레위 인들이 배치되어 있어 예배하러 온 백성들을 대리하여 의식을 집행했으며, 백성들은 다만 간접

---

16) 구약의 5대 제사는 **번제**, **소제**, **화목제**, **속죄제**, **속건제**를 하나님을 만나는 '**회막**'슐롬이라는 면회의 장소에서 드려짐으로 예배했던 것이다.
17) 김수학, 『개혁과 예배학』(대구: 보문출판사), pp. 30-31.
18) Franklin M. Segler, *op. cit.*, pp. 49-51. 에스겔 45:1에 "거룩한 땅으로 삼아 예물"
19) 성막출36:8-38, 제단출38:1-7, 증거궤출 37:1-9, 진설병 상출37:10-16, 제의출28:1-43 들을 규정함.

적인 참여만 하였을 뿐이었다. 그러나 연 3회는 제사장에게 위탁하지 않고 12세 이상의 남자는 누구나 성전에 와서 주의 제단에서 제사를 드리도록 규정했었다. 연중 3회의 절기는 '**무교절**' '**맥추절**' '**수장절**' 장막절 로서, 즉 5대 절기인 '유월절' '무교절' '속죄 일' '장막절' 초막절 '칠칠절' 초실절, **오순절**, 맥추절, 중의 3대 절기이다.20)

4) 예배는 의식적이었다. 말씀보다는 행위의 요소가 더 컸다. 설교는 하지 않고 동물의 희생 제물을 드리면서 기도를 드렸다. 이와 같은 형태를 로마 가톨릭 교회가 본뜬 것으로서 로마 교회의 예배는 율법 시대의 예배를 모방하여 그 '의식'을 제정한 것이다.

3. 회당 예배 會堂禮拜

예루살렘 성전을 중심한 구약예배는 이스라엘이 바벨론 **포로**로 잡혀간 후로는 더 이상 계속할 수 없게 되었다. 그 이유는 바벨론 군대가 예루살렘을 침략하여 성전을 파괴했으며, 또한 이스라엘 백성들을 이국 땅 바벨론 나라에 포로로 잡아갔기 때문에 성전에서 '희생의 제물'을 더 이상 드릴 수가 없게 되었던 것이다. 이리하여 성전에서 드리는 희생의 예물을 대신하여 포로 민들에게 허용된 것이 '**회당예배**'였다. 기독교 교회 '예배의 기초' 또는 원형은 유대교의 '회당예배'였다는 것은 널리 알려진 사실이다. 이 '회당예배'는 A. D. 제 1C 말엽부터 시행되어 고정된 예배형식에 의하여 예배를 드렸다.

그 순서는 다음과 같다

첫째, 쉐마 Shema 낭독이다.

쉐마 낭독은 이스라엘인들의 일종의 '신조'에 해당하는데, '쉐마'(שְׁמַע; 들으라)라는 히브리말은 신명기 6:4-9절의 첫말 '쉐마'라는 말에서 유래한 것이다.

---

20) 김소영, *op. cit.*, p. 13.

그리고 '쉐마'라는 말로부터 시작되지는 않으나 '쉐마'에 포함된 구절은 신명기 11:13-21과 민수기 15:37-41이다. 이 세 곳의 구절들을 낭독하므로 회당예배는 시작된다.

둘째, 열여덟 개 기도문Eighteen Benedictions: 쉬모네 에스레Shmoneh Esray 낭송이다.

이 기도들은 시편과 예언서를 기초로 하여 만들어진 것인데 각 기도의 주제는 다음과 같다.

① 조상들에 관한 것
② 권능에 관한 것
③ 주의 이름의 거룩함에 관한 것
④ 이해 또는 지식에 관한 것
⑤ 회개에 관한 것
⑥ 사죄에 관한 것
⑦ 구원에 관한 것
⑧ 치유에 관한 것
⑨ 풍년을 비는 것
⑩ 흩어진 백성의 귀향을 비는 것
⑪ 올바른 심판의 회복을 위한 것
⑫ 배교자의 심판을 비는 것
⑬ 이방인 개종자에 대한 것
⑭ 예루살렘과 시온에 관한 것
⑮ 기도 응답을 비는 것
⑯ 예배에 관한 것
⑰ 감사에 관한 것
⑱ 평안평강; peace을 비는 것

이 기도들은 모두 "일어서서"드려졌다. 안식일과 축제날에는 앞의 세 기도(①-③)와 뒤의 세 기도(⑯-⑱)가 낭송의 형식으로 드려졌는데, 앞의 세 기도와 뒤의 세 기도 사이에 제 ④기도로부터 제 ⑮기도까지의 기도들 (12개) 중에서 그 날에 맞는 기도 하나를 선택하여 삽입하도록 하였다. 이러한 기도들은 끝날 때 회중의 "아멘"(אָמֵן) 화답으로 끝이 난다.

셋째, 성경 본문의 낭독과 통역이다.

낭독은 "율법"에서부터와 "예언서"로부터 최소한 3절씩 낭독하였고 통역 자가 낭독자 곁에 서서 매절, 매절 아람어와 희랍어₍헬라어₎로 통역을 하였다.

넷째, 설교와 교훈이다.

설교나 교훈은 반드시 성직수임을 받은 사람이 해야 했던 것은 아니었다. 지나가는 방문객에게도 교훈을 줄만한 능력이 있으면 설교의 직능을 부여하기도 하였다. 예수님께서 나사렛의 회당에서 성경낭독과 설교를 맡으셨던 경우 ₍눅 4:16-21₎나 사도 바울이 안디옥 회당에서 설교를 하였던 것 ₍행 13:15-42₎은 그것을 입증해 주는 좋은 예이다.

다섯째, 축도 순서이다.

민수기 6장 24-26절을 선포하는 것이다.

"²⁴ 여호와는 네게 복을 주시고 너를 지키시기를 원하며
²⁵ 여호와는 그의 얼굴을 네게 비추사 은혜 베푸시기를 원하며
²⁶ 여호와는 그 얼굴을 네게로 향하여 드사 평강주시기를 원하노라."

이 축도는 주로 제사장에게 위임되어졌으나 제사장이 출석하지 않았을 경우에는 평신도가 축도를 할 수 있었다. 이 점도 매우 혁명적인 것이라고 할 수 있다.21)

---

21) 김이곤, "회당예배", 제 9회 연신원 목회자 신학세미나 강의 집, 「현대교회의 예배와 설교」 (서울: 연세대학교 유니온 학술 자료원, 1989), pp. 159-161.

4. 초대교회 예배

초대교회 예배는 성전예배와 회당예배의 전통 안에서 이루어졌는데, '성례전'은 희생 제사를 드린 성전예배와 상통하고 '말씀'은 희생제물을 드리지 않고 성경을 낭독하며 교수(教授)한 회당예배와 연결된다.22)

예수님이 활동하시던 시대에는 성전과 회당에서 동시에 예배가 시행되었다. 주님께서는 동물을 희생 제물로 드린 흔적은 없지만, 성전에서 가르치셨고(막 14:49), 안식일에 회당에서 성경을 읽고 예배드리셨다(눅 4:16). 이때의 예배 유형은 기도, 찬송, 성경(율법)낭독, 성경주해로 구성되었고, 율법서를 중심으로 하던 것이 예언서를 더 강조하는 경향을 지니었다.

예수님은 떡을 떼는 성찬식과 세례식의 새로운 예배 식을 수립하셨다. 이러한 전통은 오순절의 경험과 다락방 예배에서 무르익어 갔으며, 마침내 '회당예배'와 '다락방예배'의 내용이 통합되어 **'말씀'**과 **'성례전'**을 주축으로 하는 그리스도교 예배의 윤곽이 생겼다.23) 이러한 전통을 이어 받은 사도시대의 예배 의식은 다음과 같다.

◎ 사도시대 **예배순서**는 다음과 같다.

(1) '**기도**' (감사, 소원, 중재기도, 주기도)
(2) '**찬송**' (시편 송과 성전의 찬송을 사용)
(3) '**교훈**' (성서낭독 및 성서주해)
(4) '**예언**'
(5) '**방언**'
(6) '**축도**'로 구성되었고, 밤에는 '**애찬**'이 뒤따랐다.

신약시대와 사도시대에 이르는 기간 동안에 그리스도인 공동체는 '하나님의

---
22) 박은규, 『예배의 재발견』(서울: 대한 기독교 출판사, 1990), p. 73.
23) Ibid.

백성'으로서 통일성과 '그리스도의 몸'으로서의 하나 됨을 이루려는 정신을 지니었다. 그리하여 그들의 예배는?

(1) 세례를 받고 주님과 연합하여 교회의 한 일원이 되고,
(2) 주의 만찬을 통하여 새 언약을 수립하며,
(3) 찬양, 기도, 성경 읽기, 설교, 친교를 통하여 성령 안에서 한 몸이 됨을 경험하게 하는 모임이었다. 따라서
(4) '영원하시고 불변하신 사랑의 하나님'을 만나고 응답하는 예배생활의 기초가 확립되었다.24)

제 2세기와 제 3세기 동안에 로마 핍박이 절정에 이르면서 기독교인들은 지하로 숨어 카타콤을 중심한 비밀예배를 드리게 되었고 이와 같은 상황 속에서 이들의 예배는 기독교적 순수성을 지닌 예배로서 새로운 결속과 의미를 찾게 되었으며 교회 조직과 예배 형식을 갖추게 되었다.25)

제 2세기 중엽에 이르러서는 '말씀 예전'과 '다락방 예전'이 구성되어서 예배 형식을 어느 정도 갖추기 시작했다.

■ 말씀의 예전 liturgy of the word

1) 예언서, 서신, 복음서의 성경구절 낭독
2) 성경 구절에 기초한 교훈과 권고
3) 공동기도(연도26) Litanies의 형식으로 했을 것임)
4) **시편과 찬송**

---

24) *Ibid.*, p. 74.
25) William D. Maxwell, *A History of Christian Worship* (Grand Rapis: Baker Book House, 1982), p. 81.
26) 청원기도나 탄원기도로 만들어진 대중적인 화답기도. '연도'란 가톨릭교회에서 죽은 사람을 위해서 드려지는 기도.

■ **성만찬 예전** 일명 다락방 예전: liturgy of upper room

1) 평화의 입맞춤
2) 봉헌 : 가난한 자를 위한 헌금, 성물을 들여오는 일
3) 성별기도 (창조, 섭리, 구원에 대한 감사)
4) 주의 고난의 기념(후에 아남네시스$_{anamnesis}$로 알려짐)
5) 자기 봉헌과 함께 헌금함
6) 떡과 포도주의 선물을 하기 위한 말씀과 성령의 기원(후에 에피클레시스 $_{epiclesis}$로 알려짐; 성령임재를 기원하는 기도)
7) 중재기도
8) 회중의 아멘
9) 성체 분할 식
10) 분병과 분잔
11) 집례 자에 의한 해산27)

5. 중세 교회 예배

기독교 역사에 새로운 전환점을 가져온 사건은 로마의 **콘스탄티누스 대제**가 A. D. 313년에 기독교를 공인한 일이었다. 이 사건을 계기로 그 동안 박해를 당하던 교회가 해방되어 자유를 얻게 되었다. "주일이 공휴일이 되었으며 주일마다 공예배가 거행되었다."28)

이 놀라운 사건은 "지금껏 동굴들을 찾아 이십 명 또는 삼십 명씩 분산되어 소집단으로 모이던 크리스천 무리들을 한 곳에 집결시키는 결과를 가져왔으며, 이들의 수용을 위하여 대형화된 교회의 건물을 마련하지 않으면 안 되었다."29)

---

27) 박은규, 『예배의 재발견』(서울: 大韓基督敎出版社, 1976), pp. 76-78.
28) Harry R. Boer, *A Short History of the Early Church* (Grand Rapids: Wm. B. Eerdmans Publishing Company, 1976), p. 143.
29) 정장복, 「예배학 개론」, pp. 43-44.

6. 종교개혁시대 예배

중세시대의 형식적인 예배는 그 의식 자체가 목적이 되었으며 신자들의 욕구를 만족시켜 주지 못했고, 교회 내부에서는 신앙의 갈등이 일어났으며 개혁의 욕구가 싹트게 되었다. 이때의 예배는 사실상 성직자들이 전담 독주하였고 교인들을 구경꾼으로 만들어 놓았다. 그 대표적인 것은 예배의 모든 부분을 라틴어로 진행하므로 일반 교인들은 무슨 말인지 모른 채 참여하는데 뜻을 갖는 선에서 끝나므로 지각이 깨인 신앙인은 소외감과 환멸을 느끼기에 이르렀고 그 소외 감정은 급기야 종교 개혁을 몰고 왔다. 종교개혁은 빠른 속도로 확산되어 예배의 본질을 회복하려고 노력하였고 제사장직 교회운용을 평신도의 깊은 참여로 적극적이고 능동적 예배 참여를 조성하였다. 그래서 오늘날 장로교를 비롯한 일부 교회들이 교회운용에 평신도가 공동으로 참여하게 된 근저에 바로 종교개혁에 그 바탕을 두고 있었던 것이다.30)

◎ 개혁자들이 개혁을 주장했던 예전의 요소들

1) 성만찬 중심의 **미사**를 계속하는 것을 반대하는 이유는 **성례전**이 바로 신비한 사건의 발생만 거듭되는 현장으로 오도되어 버렸기 때문이다.
2) 성만찬의 **화체설**에 대해 거부하고, 성만찬에서 그 성물이 그리스도의 살과 피로 변하는 성체가 되며 그리스도께서 거기 자동적으로 임재 하신다는 것에 대한 반박이다.
3) 하나님의 말씀이 부재된 **미사**를 지적했다.
4) 회중이 알아듣도록 모국어로 집례 하도록 했다.
5) 하나님과 예배 자들의 중간 존재로 설정된 사제의 위치를 부정했다.

---

30) 정성구, 『실천신학 개론』(서울: 총신대학 출판부, 1981), p. 172.

◎ 개혁자들이 주장한 각기 다른 예배형태 문제

예배형태에서 예전을 지속적으로 고수하면서 부분적인 것만 수정하자는 루터 계와 성공회 계열, 미사를 정면으로 부정하는 기본 정신을 가진 개신교의 새로운 예배를 주창했던 **츠빙글리**와 그 계열, 공중 예배의 필요성마저 인정하지 않는 지극히 자유적인 재세례파였는데, 이들은 유아세례까지 반대했다.

마지막으로 정리하면서 **마르틴 루터**나 **츠빙글리**, **부처**와 **스튜라스부르크** 교회, **존 칼뱅**과 그의 교회, **존 녹스**와 스코틀랜드 교회 예배형태를 살펴보자.

교회들이 예전의식을 위해 회합이 열리면서 민감하게 반응하는 부분 즉 결정적으로 결렬이 되었던 점은 "그리스도가 어떻게 성만찬에 임재 하시는가?"라는 문제였다.31) 로마 가톨릭교회는 '**화체설**'만을 수용하였다.

1] 루터와 그의 계열

■ 말씀의 예전 liturgy of the word

입당송 또는 독일어 **찬송** / 자비를 구하는 기도 Kyrie eleison; 주님 자비를 베푸소서. / 인사와 집도 문集禱文 / 서신서 / 독일 **찬송** / 복음서 / **사도신경** 이때 성만찬이 준비된다 / 설교

■ 성만찬 예전 일명 다락방 예전: liturgy of upper room

주기도문 풀이 / 교훈의 말씀 / 성례전 성경 말씀과 분병 분잔 / 성만찬 참여 주로 **삼성창**이 계속됨 / 성만찬 후 기도문 / 아론의 기도32)

---

31) 정장복, *op. cit.*, pp. 93-100.
32) W. Maxwell, John Knox's *Genevan Service Book* (1556), p. 79-80.

2] 츠빙글리와 그의 계열

◼ 말씀의 예전

봉헌 성물의 준비와 배열 / 기원 / 기도문 낭독 / 서신서 / 하나님께 영광 gloria in excelsis **교송** / 복음서 / 사도 신경

◼ 다락방 예전

교훈/ 성찬 단의 정리/ 주님의 기도/ 용서의 기도/ 성찬의 말씀/ 분병 분잔/ **시편 교송** / 기도문 / 폐회

3] 부처와 스튜라스부르크 Straßburg 교회

◼ 말씀의 예전

예전 준비 / 기원 / 죄의 고백 / 사죄의 선언 / **시편 교송** / 인사와 응답 / **입당송** / 자비를 구하는 연도 Kyries / **영광송** / 기도문 낭송 / 서신서 봉독 / 복음서 봉독 / 니케아 신조

◼ 성만찬 예전

봉헌 / 성물의 배열 준비 / 교훈 / 인사와 **서송** 序誦 '주를 우러러볼지어다.' / 성찬의 서문경 序文經 / **성송** 聖誦 (시95편) / 손 씻음과 기도문 / 전문 典文 ; 중보의 기도,

생활을 위한 기도 / 성찬의 말씀 / 회상 / 주님의 기도음률을 첨가한 송영 / 성상 패pax: 목사와 성도들이 입을 맞추는 / **하나님의 어린양을 노래**하는 기도/ 성만찬 기도문 / 성도들의 교제/ 분병 분잔 및 참여 / 성찬 후 기도문 / 인사와 응답/ 강복 선언

4] 칼뱅과 그의 교회

▣ 말씀의 예전

예배의 말씀 / 죄의 고백 / 사함의 말씀 / 용서의 선언 / **운율을 사용한 시편 낭독** / 성령의 임재를 위한 기도문 / 성경 말씀 lection: 성구의 한 구절 / 설교

▣ 만찬의 예전

구제를 위한 헌금/ 중보의 기도/ 주님의 기도(해설을 첨가한)/ 성물의 준비/ **사도 신경** 노래로/ 봉헌의 기도/ 주님의 기도/ 성만찬을 위한 말씀/ 성만찬을 위한 말씀 증거/ 성체 분할 식/ 분병 분잔/ 성만찬 참여/ 성찬 후 기도문/ 시므온의 **찬미** 눅 2:29-32 / 아론 적 기도

<교회 가는 길 Lee.s.r.>

5] 존 녹스 John Knox 와 스코틀랜드 교회

◼ 말씀의 예배

예배의 부름 / 예배기도(경외, **찬양**, 성령의 임재를 기원하는) / 구약의 말씀(한 장을 읽음) / 신약의 말씀(한 장을 읽음) / **운율**을 **사용**한 **시편**(구약 신약 중간에도 사용했음) / 고백과 중보의 기도 / 설교 / 기도(구속, 복음, 설교의 내용 등에 대한 **감사**) / 주님의 기도

◼ 성찬 예배[33]

봉헌(성물을 알맞은 그릇에 넣어 가져다 드리는 것 등)/ 성찬에의 초대/ 성물의 성별/ 성찬의 말씀 고전 11장/ 교훈/ 봉헌의 기도/ 성체 분할/ 분병 분잔/ 성도들의 참여와 명상/ 참된 생활의 강조/ 성찬 후 기도/ **시편 노래**/ 기도

'**성찬식**'이야말로 **미사**(mass)나 **예배**의 중심이며 핵심이라 할 수 있다. 그렇기에 예수 그리스도께서는 마가의 다락방에서 '다락방 예전'을 친히 주재하시면서 모범을 보여 주셨던 것이다.

---

[33] '성만찬'은 본질적으로 하나님께서 성령의 능력을 통하여 그리스도 안에서 우리에게 베풀어주시는 은사의 성례전이다. 그래서 모든 기독교인들은 성만찬에서 그리스도의 몸과 피에 참여함으로 이 구원의 은사를 받게 되는 것이다. 성만찬에서 그리스도께서는 자기 자신과의 영적 교류를 베푸시며, 그리스도의 약속에 따라서 그리스도의 몸의 지체가 된 모든 세례 받은 자들은 성만찬 가운데서 죄 사함을 보증 받으며 마26:28, 영원한 생명을 약속 받는 것이다. 요6:51-58.

제2절 예배에서 찬송의 역할

이상에서 구약의 제사 제도로부터 시작된 '예배 형태의 변천'을 살펴보았다. 16세기의 종교 개혁은 '신학의 개혁'이었고, 예배학적인 측면에서 볼 때 그 개혁의 필연성은 의미를 상실한 **미사**mass 34)에서부터였다고 보는 것이 타당하다. 교회가 존재하는 일차적 목적이 하나님을 영화롭게 하는데 있음을 인정할 때, 자연적으로 '**예배**'란 교회 기능의 최우선이 되어야 하기 때문이다. 이 목적이 바꿔지거나 희미해질 때 언제나 교회는 문제점을 갖게 되었고, 하나님의 채찍을 받게 되었던 것이다. 이런 의미에서 볼 때 지금까지 살펴본 내용은 필연적으로 앞으로 논술해야 될 '찬송의 역사歷史와 찬송가학讚頌歌學'이 당연히 예배학적禮拜學的인 측면에서 기술되어야 할 것을 지표 해 준다. '예배학'을 떠나서 '찬송가학'을 논한다는 것은 무의미한 일이 되어질 수밖에 없는 일이고, '예배학'을 떠나서 '어린이찬송가학'을 논한다는 것도 의미 없는 일이 될 것이다.

앞장에서는 가능한 한 하나님이 요구하신 예배적인 측면에서 성경의 가르침과 학자들의 예배학적인 연구의 측면에서 살펴보았거니와 본 장에서는 각 시대의 예배 현장에 나타났던 '**찬송**의 **역할**과 위치'면에서 다룰 것이다.

찬송은 예배에 있어서 필수적인 요소이다. 왜냐하면 하나님께서 **찬송**을 받으시기를 기뻐하시며 원하시고이사야42:8, **찬송 중**에 거하시기 때문이다시22:3.

사도 바울은 말하기를 "⁵그 기쁘신 뜻대로 우리를 예정豫定하사 예수 그리스도로 말미암아 자기의 아들들이 되게 하셨으니, ⁶이는 그가 사랑하시는 자 안에서 우리에게 거저 주시는 바, 그의 '**은혜의 영광을 찬송**'하게 하려는 것

---

34) 朴恩圭, op. cit., pp. 95-98. 기독교문사, 『기독교 새사전』, op. cit., p. 586.
　　미사 missa; mass; Holy Mass란 가톨릭교회의 제의祭儀 중에서 중심이 되는 제식祭式이다. 미사의 목적은 '만민의 죄를 대속하기 위하여 십자가에 달리신 예수 그리스도의 희생을 재현하기 위함'이다. 미사의 기원은 최후의 만찬을 가졌을 때 제정된 의식이다. 그 후에 시대의 변천에 따라 그때그때의 풍습과 제도를 받아들여 장엄한 모습을 갖추게 되었다. 11세기에 교황 그레고리우스 7세가 로마식 전례 방식을 권장함으로써 현재의 형태로 일반화되었다. 옛날 미사는 라틴어로 행해졌으나 오늘날에는 각국이 자국어로 행하도록 되어 있으며, 미사 순서는 <개회식, 말씀의 전례, 성찬의 전례, 폐회식) 등으로 되어 있다.

이라."엡 1:5-6 또 "¹²······그의 '**영광의 찬송**'이 되게 하려 하심이니라."엡1:12b, "¹⁴······그의 **영광을 찬송**하게 하려 하심이라."엡1:14b는 말씀들을 비추어 볼 때, 성도의 구원사역은 '성부의 선택' 또는 '**예정**', '성자의 십자가에서 구속의 완성', '성령의 개인적인 적용', 이 모든 일들을 찬미하고, 찬송하게 하려고 하셨다는 것이 바울의 증언이다.

킹즐리 Kingsley는 다음과 같이 말하였다. "말은 우리들의 사상에 말하지만, **음악**은 우리들의 마음과 영혼에 그것도 우리들 영혼의 핵심과 근저에 말한다." '종교의 시녀' the handmaid of religion 로서 '음악'은 공중예배에 있어서 이중의 위치를 차지한다.

첫째, 정당한 종류의 '**교회 음악**'은 부차적이긴 하지만, 예배의 보조라는 매우 중요한 목적에 봉사할 수 있다.

둘째, 이러한 감명적이며 암시적인 기능 impressive or suggestive function 에 더하여 교회음악은 '**표현적인 기능**' expressive function 을 가진다. 그것은 예배를 도울 뿐만 아니라, 또한 데이비이즈 Walford Davis 와 그레이스 Harvey Grace 가 정당하게 주장한 바와 같이 '**예배의 수단**'이다.35)

일반적으로 '교회음악' 敎會 音樂: Church Music 이라 하면 기독교와 관계된 각종 성악・기악의 연주 및 작곡, 감상을 포함한다. 음악사적으로 교회음악은 동서고금을 통하여 기독교와 불가분의 밀접한 관계를 맺고 있다. 기독교의 역할은 유럽 문화 예술에 커다란 영향을 주었으며, 그 교회음악 역시 서양음악사에 차지하는 비중이 지대하다 할 수 있다. 중세말까지의 음악으로는 거의 교회음악을 들 수 있을 뿐이고, **르네상스** 이후에도 교회음악은 서양음악, 이른바 양악 洋樂 전체의 기본이 되었기 때문이다.36)

'**교회음악**'이란 하나님께 영광을 돌리기 위한 음악으로서, 그리스도를 머리로 삼는 몸 된 교회가 그 사명을 완수하기 위하여 필요로 하는 창작 작곡,

---

35) Raymond Abba, ***Principles of Christian Worship***, 허경삼 역 『基督敎 禮拜의 原理와 實際』(서울: 大韓基督敎書會, 1992), pp.144-149.
36) 『基督敎 大 百科事典』 제12권(서울: 기독교문사, 1991) 7판. p.936-966.

연주, 감상 일체를 말한다.

'교회음악'이란 일반음악과는 달리 형식이나 가사, 멜로디 등에 특별한 고려를 해야 하는 제한성을 지니고 있다. 단순히 음악이나 음악미학에 국한된 것이 아니라 성경 신학, 조직신학, 역사신학, 기독교 시문학 등, 다양한 분야를 포함하고 있다. 요즈음 교회음악의 창작이 넘쳐난다. 그러나 예배학이나 찬송가학 연구 없이 '찬송가'를 작곡하고 창작한다는 것은 경솔한 일이다.

어린이 찬송가의 가사를 쓰고 작곡하는 일은 더욱 조심스럽게 다가가야 할 것이다. 백지장 같이 어리고 여린 마음의 정서에 성령의 영감을 담아 하나님의 말씀으로 가사를 표현하고 곡을 붙여야 할 것이다.

요즘 여름성경학교나 겨울 성경학교 등 계절 성경학교 때에 사용되고 있는 교재용 노래들은 '찬송가'인지 정확한 선별 기준이나 선별작업도 무시한 채 그러한 곡이 『어린이 찬송가』집에 실리는 일을 보면서 안타까운 마음 금할 길 없다.37) 근본적으로 청장년 찬송가집도 외국의 찬송가에서 선택하여 번역하거나 한국인 작사 작곡으로 실려졌다 하지만 부족한 점이 보이는데, 어린이 찬송가집의 경우는 더욱 음악적으로도 찬송 신학적으로도 함량 미달이나 엉성한 '어린이 찬송가' 곡조가 태반이기 때문이다.

음악은 국경이 없다지만 찬송학자나 교회음악학자에게는 신학적인 구별과 한계가 있어야 하기 때문일 것이다.

시인이라고 아무나 찬송시를 창작할 수 있는 것이 아니다. 유명 찬송가 작가의 경우를 보면 신학자들 이상으로 모세 5경이나 시편 등 성경을 모두 암송하고 경건생활과 기도생활을 더 많이 한 작가들도 있다. 그렇기에 위대한 찬송 시 한편이 한 생명을 살리는 위대한 '**찬송의 힘**'이 그 속에 있는 것이다.

음악적으로도 **바흐** Bach의 그 수준 높은 작품들이 **멘델스존** F. Mendelssohn, 1809-1847 같은 음악가가 연주하였을 때 그 본래가치가 살아난 것처럼 이제 우리는 바흐나 멘델스존이 노력했던 만큼 그 학문적인 높이와 깊이를 음악적인 측면에서 뿐만 아니라 어린이찬송도 찬송신학적인 측면에서 창작하려는 학문적

---

37) 『표준 어린이 찬송가』(대한예수교장로회, 2009), 436장(노재경 작사, 김영진 작곡) ; 하하호호, 437장(정신길 작사, 전경은 작곡) ; Good, Good Good, 438장(나현규 작사, 이찬영 작곡) : 우리, 우리 집 등 그리고 439-446장 등을 예배찬송가학 측면에서 살펴보자.

인 투자와 접근이 절실하다고 생각한다.

어린이찬송가를 몇 곡 작곡하여 『어린이찬송가』 책에 실린다고 다 위대한 어린이찬송가 작가가 되는 것은 아니다. 구세주의 은혜에 감격해 말씀과 찬송에 감동되어 천진난만한 어린이처럼 즐겁게 찬송해야 하리라.

우리나라는 외국 선교사들에 의하여 복음이 이 땅에 전파되고, 교회가 조직된지 어언 2세기에 접어들었다. 교회가 조직 된지 1세기가 지났건만 교회가 필요로 하는 '찬송가학'에 대하여, 교회 안의 어떤 기관이나 행정상의 어떤 규례나 조문, 지침이나 방향제시 등이 전혀 없다. '교회음악학'이나 '찬송가학'의 학문적인 연구나 문화적 접근, 발전이나 실제 운영 면에서 너무 소극적이며, 교파나 교회마다 천차만별의 상태라 진단되어 진다.

요즘 '열린 예배'라고 하여 '찬양과 경배'라는 이름으로 무분별한 악기사용과 연주행태로 이게 세속음악인지 교회음악인지 구별이 안 될 정도로 문제가 심각하다. **'어린이찬송가'** 문제는 더욱 심각하다. 교회학교 음악은 하나님과 직접 관계된 것이어야 하고, 어린이음악 교육은 일정한 규범이나 지침이 될 만한 학문적인 체계가 있어야 할 것이다. 신학교나 신학대학원에서 **'교회음악과'**를 개설하고 운영하고 있지만 커리큘럼 상 **'찬송가학'**이나 **'어린이 찬송가학'**을 다룰 시간조차 할애하지 못하고 있는 형편이다.

신학교에서마저 일반음악대학처럼 음악이론이나 작곡기법, 악기론, 연주 등의 실기나 전문적 학문에만 머문다면 '찬송가학'이나 '어린이 찬송가학'의 학문적인 발전과는 그 방향이 무관한 것이다.

로마 가톨릭교회는 엄격한 전통적 규범이 있다지만 보다 성경신학과 **목회신학**을 추구하는 개신교회의 '교회음악'과 '찬송가'는 더욱 분명한 목적을 가지고, 개혁신학의 교리와 학문에 걸 맞는 방향제시가 분명히 있어야 하겠다.

그러므로 하나님을 믿고, 그리스도와 성령을 하나님과 일체로 인정하고 믿는 교회를 중심으로 하나님의 영광을 추구하기 위해 교회에서 드려지고 있는 '**예배음악**'과 '**찬송가**'를 비롯하여, 교육활동 및 전도활동에 필요한 모든 교회음악의 실제적인 활동전체를 통제할만한 규범이 있어야 하겠다. 더욱이 '**어린이찬송가학**'에 대한 지대한 관심과 분명한 방향제시가 있어야 하겠다.

제3절 어린이 찬송 저해 요소들

우연히 『영혼을 오염시키는 음악들』38)이란 작은 책자를 펼쳐 보면서 여기에 실려진 내용들이 지금도 잊혀 지지 않고 있다.

또한 『**대중음악**에 나타난 사탄의 영』39)이란 작은 책의 내용 또한 지금 세상 음악의 타락 가운데 고통 받고 있는 청소년과 부모님, 지도자들에게 이 책을 한 번 읽도록 권하고 싶다.

성경의 예언과 오늘날의 현실을 비교하면서 청소년문화에 깊이 침투한 사탄의 책략을 밝혀주고 있는 『팝음악에 나타난 사탄의 활동』40)이란 책에서 다루고 있는 내용들이 자녀를 둔 학 보모들이 알아야할 내용들을 담고 있다.

'어린이 찬송'은 위협받고 있다. 먼저 어린이 찬송을 저해하는 요소들이라고 생각되는 문제와 내용들을 알아보려고 한다.

위의 책들에서 제시한 문제점들을 어린이 찬송학적인 측면에서 다시 분석하고 연구하면서 문제의 근본적인 해결점을 찾아보려고 한다.

지금 우리가 당면하고 있는 문제 중에 하나는 어린이들이란 정서적으로 불안함과 예측할 수 없이 급변하는 상황에 대처할 능력이 부족하다는 점이다. 우리의 문제는 '종말 세계에 대한 무능함'이라는 데 그 심각성이 있다.

그간 수많은 미래학자들이 주장했던 '대기 오염' '생태의 파괴' '인구 폭발과 식량문제'와 이에 따른 불균형으로 '흔들리는 세계경제' 이 중에 어느 한 가지라도 분명한 해답을 제시할 수 없다는 데 그 심각성이 더해지고 있다.

가정에서의 가장家長의 권위가 무너지고 가모家母가 탈선하여 가정이 깨어지니

---

38) 김웅광, 『영혼을 오염시키는 음악들』(국민일보사, 1992) 이 소책자는 당시 사회문제로 떠올랐던 청소년의 탈선과 무관하지 않았다고 생각되는 '오염된 음악 문제'를 다루면서 청소년 사회문화적인 측면에서 필요 적절했던 주제를 다루었다고 생각된다.
39) 최광신, 『대중음악에 나타난 사탄의 영』(경기 고양시: 두돌비서원, 1992) 대중음악이란 어떠한 것인가? 사탄은 인간을 타락시키기 위하여 음악이란 방편으로 접근하였음을 알리고 대비책을 일깨워주고 있다.
40) 송종태 편저, 『팝 음악에 나타난 사탄의 활동』(서울: 크리스천서적, 1987)

자녀들은 사랑의 둥지를 잃고 방황하니 대책 없는 세상이 되어버렸다.

한 때 문제가 된 동요 한곡을 두고 벌어진 '핫 키워드' 하나를 소개한다.

문제가 된 핫 키워드는 "아빠 힘내세요." 이다. 오늘날 가장 이슈가 되었던 키워드 중 하나이다. 이유는 "아빠 힘내세요." 라는 곡이 유해가요로 판정이 되었다는 소식이 들리고부터이다. 최근 문*체*관*부는 동요 "아빠 힘내세요."가 양성평등을 저해하는 곡이라는 지적과 함께 남성만 돈을 번다는 고정관념을 심어줄 수 있다고 판단해서 이렇게 처리를 했다고 한다. 권연순 작
사, 한수정 작곡의 노래로 일하고 들어온 아버지에게 힘내라는 메시지를 보내는 노래를 유해가요로 판정했다는 소식이 인터넷에서 알려지면서 많은 네티즌들이 비난 여론이 일고 있다. 문*부는 "아빠 힘내세요."가 유해가요 판정을 받았다는 일부 보도와 관련해 사실이 아니라고 해명했다고 한다.

문*부의 말을 백번 수용해서 유해가요로 지정을 안했고, 이런 노래가 '양성 평등에 위배되는 부분이다'라는 예시를 들었다고 하지만 이건 좀 아니지 않는가. 아버지에 대한 응원 곡을 이렇게 비난할거면, 태*아 씨가 부른 사모곡은 금지곡으로 지정될 노래인가? 현대에서도 '아이를 양육하는데 있어서 모두 어머니의 몫이다' 라고는 할 수 없지만 부모 모두의 몫이고 의무이다. 사실 집안의 경제력의 중추적인 존재는 아버지가 맞지만 가정에 따라서는 바뀔 수도 있다.

남자는 능력이 있어야해, 남자는 뭐가 있어야해 이렇게 압박을 해오는 부분이 있음에도 이를 지적하지는 않고, 아버지에게 힘을 주는 노래가 양성 평등에 위배되는 노래라고 예시를 든 것 자체가 말이 안 된다.

아버지라는 존재에 경외심을 표한다. 아빠라는 존재는 남자로서 우월함을 나타내는 게 아니다. 가정의 기둥. 외부에 나가서 일하고 돌아온 사람의 대표 격인 상징, 아이콘인거다. 어린 아이들이 어머니와 같이 있으면서 애정표현이라던가 스킨십이 가능하지만 아버지라는 존재는 항상 멀리 떨어져있는 어려운 존재이다. 또한 아버지도 사람이기 때문에 위로를 받고 싶고 격려를 받고 싶어 하는데 이런 노래를 통해서 아이들이 지친 아버지, 외부에서 활동하고 오시는 분에게 힘을 준다는 내용이다. 이걸 양성 평등의 위배라고 한다면 정말 말이 안 되는 소리다. '남자 힘내세요.' 가 아니라, '아버지 힘내세요.'이다. 어루만져준 분이 어머니라면 대들보처럼 성장할 수 있게 기반을 만드는 것은 아버지라는 사실을 다시 한 번 생각해 보았으면 좋겠다.

참으로 동요 한 곡이 이처럼 한 나라의 문*부까지 나서서 진화에 나선 것은 참으로 세상 문화의 척도가 얼마나 불완전한가를 보여주는 예 중 하나이다. 가치관의 상실은 한 시대에 자라나는 청소년들에게 얼마나 큰 상처를 남겨 줄 것인지 깊이 생각해 보아야할 문제인 것이다.

그럼에도 불구하고 시대적인 문화의 표현수단이라고 연예계에서 벌어지고 있는 문화의 파괴 내지 괴멸시키고 있는 은밀한 사탄의 요소들에 대해서는 무관심하다는 것이 큰 문제인 것이다.

어느 시대를 막론하고 말세의 비성경적인 악의 양상은 너무나도 똑같다. 성령의 탄식과 많은 선견자들이 지적한바 "악은 어떤 모양이라도 버리라"살전 5:22 는 바울 사도의 충고도 기억해야 할 것이다.

송종태는 그의 책에서 다음과 같이 다섯 가지로 구분해 설명하고 있다.41)

① 남성의 여성화와 여성의 남성화(신 22:5)
② 음란한 풍속(왕상 14:24; 렘 3:2; 호 4:12)
③ 화려한 복장(사 3:18-23)
④ 배타와 이기심(유 1:18-19; 벧후 3:3)
⑤ 광기狂氣의 음악(암 6:5)
⑥ 도덕 실종의 음악(암 6:3-6)

위에서 지적하고 있는 점들이 현대의 **대중음악**Popular Music42)을 하는 대중음악 가들이 그대로 음반의 표지나 무대의 복장에서 표현하고 있다는 것은 우연의 일치가 아닐 것이다. 일찍이 찬송가가 만들어지고 태어난 서양음악의 본산지에서는 클래식음악Classic Music이 주류를 이루고 있었던 것은 참으로 다행한 일이기도하다.

서양이라고 그곳에 **대중음악**이 없었던 것은 아니었지만 대부분의 클래식 음

---

41) 송종태, *op. cit.*, p.11
42) '클래식 음악'은 '예술음악' 즉 몇 세대가 지나도 쉽게 잊혀버리거나 살아지지 않는 영원 불멸의 음악이다. 책으로 비유하자면 '문학작품'이나 '명시'名詩 라고 할 수 있다. '**대중음악**'이란 그 시대 유행이나 시대적 배경에 맞추어 만들어지는 음악으로, 짧은 기간에 만들어져서 상업적인 목적 즉 돈을 벌기 위함이며, 일시적으로 피로를 풀어주는 오락음악이다. 시대가 흐르면 쉽게 잊혀지는 음악을 말한다.

악의 거장들이 '찬송가'와 '예배음악'의 작곡가였다는 것은 참으로 고맙고 놀라운 일이다. 요사이 TV나 매스컴들 그리고 대중매체들이 한 결 같이 극도로 상업화되어 그나마 **찬송음악**을 이어가는 분들을 애타게 하고 있다. 궁정의 음악가로, 교회의 오르간이스트로 평생 하나님을 찬미하기 위한 음악들을 창작했던 서양음악의 아버지 **바흐**Johann Sebastian Bach, 1685-1750나, 서양 음악의 어머니로 불리는 **헨델**George Friedrich Händel, 1685-1759은 교회 오르간이스트로 시작은 했지만 평생 결혼하지 않고, 오페라 작곡으로 명성과 부를 얻었고, 불후의 명작 **오라토리오 "메시아"**를, **하이든**F. J. Haydn, 1732-1809은 **"천지창조"**를 남긴 인물이다.

〈그림 1〉   〈바흐〉   〈헨델〉   〈하이든〉

'**어린이 찬송가**'도 청장년 찬송가와 같이 모두 성경구절이나 교리적인 내용을 다 가사로 할 수는 없을 것이지만 성경의 말씀이나 하나님이 창조하신 자연의 아름다움을 어린이가 이해할 수 있는 언어, '동요형식'의 가사를 어린이 성장발달에 맞는 리듬이나 가락을 붙여서 부를 수 있도록 해야 할 것이다.

'어린이찬송가'에 저해 되는 요소들이 의외로 많아 그 예를 살펴보자.

1) 남성의 여성화와 여성의 남성화 신 22:5

신명기에는 "여자는 남자의 의복을 입지 말 것이요 남자는 여자의 의복을 입지 말 것이라 이같이 하는 자는 네 하나님 여호와께 가증한 것이라."(신 22:5)고 하였다. 오늘날 거리마다 범람하고 있는 유니섹스unisex의 물결을 보면 남성인지 여성인지 외형적으로 구분이 잘 가지 않는다. 치렁치렁한 파머 머리에 화장한 얼굴, 여성 취향적인 의복에 귀걸이와 목걸이를 하고 다니는 남성들을 쉽게 볼 수 있다. 그런가하면 남장男裝을 한 여성도 많다.

연예인이라고 사회의 미풍양속을 해치는 의상이나 두발의 모습, 지나친 노출풍조, 공원이나 거리에서, 지하철 계단이나 좌석에서 시도 때도 없이 애정표현이나 사랑의 포즈를 취하는 모습들은 어린이나 청소년교육의 걸림돌이다.

인터넷이나 스마트 폰은 젊은이들의 비리비행을 부추기기까지 한다. 사람들이 보든 말든 상관하지 않고 노골적으로 이성 간에 사랑의 표현을 하는 것은 자라나는 청소년이나 어린이들에게는 해악적인 요소일 수 있다.

2) 음란한 풍속 왕상 14:24; 렘 3:2; 호 4:12

과수원 하시는 분이 사과를 한 박스를 보내와 바쁘고 풀어 놓을 시간이 없어서 그대로 두었다. 며칠 뒤 사과 박스를 뜯고 펼쳐보니 사과가 여러 개가 썩고 있었다. 썩은 사과를 골라내지 않고 며칠을 지나서 보니 썩은 부분이 맞닿은 사과들은 모두 다 썩어가고 있었다. 그렇다 과일바구니에 썩은 과일 하나만 들어 있어도 그 바구니 안에 있는 과일은 썩게 된다. 마찬가지로 이스라엘 공동체가 애굽과 가나안의 풍속과 문화에 관심을 갖기 시작했을 때 공동체 전체가 결국 무너지게 될 것을 염려한 것이다. 그래서 하나님께서는 그런 음란한 문화에 대해 어떠한 타협도 하지 말라고 강하게 경고하셨다. 이스라엘 공동체를 향하여 아래와 같이 경고하고 있는 것이다.

"²⁸너희도 더럽히면 그 땅이 너희가 있기 전 주민을 토함 같이 너희를 토할까 하노라. ²⁹이 가증한 이 모든 일을 행하는 자는 그 백성 중에서 끊어지리라." 레위기 18:28-29

'거룩함'聖이란 종적으로 하나님과의 관계에서는 거룩해야 하며, 물론 횡적으로 이웃과의 관계에서도 구별됨이 들어나야 한다. 인간을 향한 하나님의 끊임없는 관심은 인간이 세상과 구별되어 거룩해 지기를 원하심이 하나님의 사랑이요 하나님의 계획이신 것임을 알아야 한다. 그럼에도 불구하고 무대예술이 열린 예배형태로 강단을 점령하고, 문화라는 이름으로 교회 안에서 세속문화를 공연하고 있는 모습에서 이제는 올 때까지 왔다고 생각되어 진다. 영국의 커다란 교회들이 젊은이들이 만나 술을 마시며 춤을 추는 만남의 장소로 변하고 있다. 이는 이미 예견된 사실인 것처럼 이제 한국교회도 그럴 날이 머지않았다고 염려만 하고 있어야 하겠는가? 이렇게 침투하고 있는 사탄의 계략에 교회는 속수무책으로 당하고만 있는 우리의 현실이 안타깝기만 하다.

로마가 망한 것은 '길'道 즉 '법도'가 없어서가 아니다. 엄격한 법이 존재하고 있었지만 타락해 가는 문화는 막을 수 없었다. 말이 문화이지 그것은 타락한 성문화性文化였음을 역사가들은 꼬집고 있다. "모든 길은 로마로 통한다."라고 했던 당시 로마제국을 무너뜨린 것은 바로 '성문화의 타락'이었다. 당시의 상황을 묘사한 다음 글을 읽어보라.43)

> 로마 공화국 초기 520년간에는 단 한 건의 이혼도 기록되지 않았다. 최초로 이혼한 것으로 기록된 것은 주전 234년에 스푸리우스 카르빌리우스Spurius Carvillius였다. 그러나 이제는 세네카가 말한 대로 "여인들은 이혼하기 위해 결혼하고, 결혼하기 위해 이혼한다."고 했다. 로마의 귀부인은 집정관의 이름으로 연대를 계산하지 않고 자신의 남편의 이름으로 계산하였다.
>
> 유베날리스Decimus Junius Juvenalis, 50?-130?는 정절을 지킨 귀부인을 찾을 수 있다고 믿지 않았다. 알렉산드리아의 클레멘티는 전형적인 로마 사회의 귀부인을 "악의 황금 띠를 두른 비너스같이 꾸몄다."라고 평했다.
>
> 유베날리스는 "이베리나에게는 한 남편이면 충분할까? 잠시 후에 당신은 눈 하나로 만족하라고 그 여자를 설복시키게 될 것이다."라고 썼다. 그는 5년 동안 여덟 남편을 가졌던 여자의 이야기를 하고 있다. 또 그는 글라우디오 황제의 아내인 아그립바나의 믿어지지 않는 이야기를 하고 있다. 그는 황후로서 밤이면 순전히 만족할 수 없는 욕정을 위해, 매음굴에서 매음부 노릇을 하기위해 왕궁을 빠져나가곤 했다. "그들은 그들이 비천하게 만용을 부리는 일에서 대담함을 보여 준다."
>
> 바울은 이방 세계에 대해 그들의 도덕가들이 이미 말하지 않은 것을 언급한 것은 하나도 없다. 그리고 죄악은 자연적인 죄악으로서 멈추지 않았다. 사회는 위에서 바닥까지 비자연적인 죄악으로 농락되었다. 초기 15대까지 황제 가운데 14명이 동성연애자들이었다. 여기까지 바울은 당시 광경을 과장하기보다는 오히려 제한해서 묘사했다. 그리고 여기에서 바울은 복음을 전파하기를 열망했고, 그리스도의 복음을 부끄러워하지 않았다. 이 세계는 구속을 이룰 수 있는 권능이 필요했고, 바울은 그리스도밖에는 다른 어디에도 이런 능력이 없음을 알고 있었다.

---

43) 윌리엄 버클레이, 『로마서 주석』 *The Letters to the Romans*, 1:26-27절 주석

로마서가 쓰여 졌던 당시가 바로 그런 상황이었다. 데모스테네스는 말하기를 "우리는 쾌락을 위하여 창녀를 가지고, 몸을 돌보기 위하여 가정부를 가지고 있으며, 아이들을 낳고 집의 충성된 보호를 위해 아내들을 가지고 있다."고 말했다. 우리가 잘 알고 있는 소크라테스 Socrates, 470년경-399도 동성연애자요. 네로 황제는 스포러스라는 소년에게 깊이 빠져 그를 거세시키고 정식으로 결혼식을 올려 자신의 아내로 삼았다. 그 후엔 피타고라스란 남자와 결혼하여, 이번엔 자신이 아내의 입장에서 그를 남편으로 떠받들었다. 네로가 추방되고 대신 오도가 황제의 자리에 올랐을 때, 그는 제일 먼저 스포러스를 자신의 동성애 파트너로 삼았다. 이러한 인간의 모습을 바라보면서 바울은 로마서에서 지적했던 죄의 부끄러운 모습을 떠올리지 않을 수 없다.44)

가정이 건강하지 못하니 가정이 파괴되어 이런 끔찍한 결과를 낳았던 것이다. 유황과 불로 심판을 받아 멸망당한 소돔과 고모라의 멸망은 우리에게 경고의 메시지를 주고 있다. 파멸 직전의 소돔과 고모라 성의 모습은 어떠했는가? 성도덕의 타락, 특히 그 성을 방문한 천사까지도 범하려했던 그들의 무절제한 동성애 행위 때문이었다. 또한 A. D. 79년 화산으로 뒤덮여 멸망당했던 폼페이의 모습은 타락한 '성도덕문화'를 얼마나 증오하시며 심판하시는 결과가 얼마나 무서운 것인가를 역설적으로 증명해 주고 있는 것이다.45)

  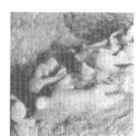 

<그림 2> 최후의 날 유적

---

44) 로마서 1:26-28절에 "²⁶ 이 때문에 하나님께서 그들을 부끄러운 욕심에 내버려 두셨으니 곧 그들의 여자들도 순리대로 쓸 것을 바꾸어 역리로 쓰며, ²⁷ 그와 같이 남자들도 순리대로 여자 쓰기를 버리고 서로 향하여 음욕이 불일 듯 하매 남자가 남자와 더불어 부끄러운 일을 행하여 그들의 그릇됨에 상당한 보응을 그들 자신이 받았느니라."
45) A. D. 79년 8월 24일 오후 1시 로마제국의 항구도시 폼페이에 갑자기 뜻하지 않은 재앙이 닥쳤다. 폼페이 북쪽 베수비오 화산이 폭발하여 당시 폼페이는 3km 둘레의 벽으로 에워싸인 인구 2만의 전형적인 로마의 지방 도시인 폼페이에 엄청난 양의 화산재와 돌가루가 18시간 동안이나 비처럼 쏟아진 후 갑자기 치명적인 화쇄암이 흘러내려 도시 전체가 3미터의 잿더미에 파묻혀 버려 화석이 되어버렸다.

다음은 인터넷에 뜬 '소골 게이 씨의 하루'에 실려진 글이다.

> 우리나라의 동성애자 통계는 인구 대비 3-5%로 잡을 때 150만-250만 명이나 된다. 2008년 열 돌을 맞이한 '퀴어 문화축제' 청계천 퍼레이드 참여자 수가 2천여 명을 웃도는 집계가 나왔다. 그리고 게이 최대 커뮤니티 '이반시티', 레즈비언 최대 커뮤니티 '티지넷'에 ID가 있는 회원들, 여기에선 바이, 트랜스 젠더를 모두 포함한다. '이반시티'의 전체 회원 수는 20여만 명을 웃도는 수준이다. 거기다 여전히 아웃 팅 Outing: 자신이 동성애자임을 밝히는 것에 대한 두려움으로 '동성애자를 비정상'으로 보는 시선이 사라지지 않는 한, 자신을 드러내기를 극도로 꺼리기 때문에 은둔 형이나 평생 자신을 속이고 사는 동성애자들까지 합치면 이러한 퇴폐적인 게이들이 상당한 숫자에 이를 것이다.

이러한 통계가 우리에게 주는 경고는 무엇인가? 아직도 죄악의 그늘에서 살아가는 이들의 삶이 측은하기까지 하다. 영어에 있어서 포르노그래피pornography란 말은 '부도덕성 매음'을 뜻하는 말인데, 헬라어 '포르노스'($πόρνος$, 남창, 간음하는 자, 음행하는 자)라는 단어와 '그라포'($γράφω$, 기록한다, 쓴다)라는 단어가 합성된 단어이다. 오늘날 일반적으로 통용되고 있는 이 용어의 의미는 부도덕한 문헌과 음란한 그림의 출판물을 뜻하고 있음을 알아야 한다.

성적인 목적을 위해 어린이들을 유괴하는 이면에는 이러한 외설문헌으로 인한 악한 영향력이 있음은 아무도 부인할 수 없는 사실이다. 1986년 이미 미국의 법무장관 산하 외설조사위원회는 1년여의 기간과 50만 불의 자금을 투자해 작성한 한 보고서에서, "외설물에 대한 노출이 각종 성범죄를 유발하는 한 요인이 되고 있다."고 결론지었다.46)

이러한 외설물들이 어린이들이나 청소년들에게 버젓이 노출되고 있지만 단속할 방법이 없거나 이들을 퇴출시키기 어렵다는 점이다.

3) 화려한 복장 사 3:18-23

오늘날 경제생활이 좀 나아지면서 어린이로부터 장년 노년에 이르기까지 현

---

46) 손종태 편저, 『팝 음악에 나타난 사탄의 활동』(서울: 크리스챤서적, 1987), p. 19.

대인의 옷차림을 살펴보라. 탤런트들의 사치스러운 옷장을 볼 필요도 없이 웬만히 사는 집의 옷장 속에는 천만 원이 넘어가는 모피 코트를 비롯해 고가의 의상들이 그 넓은 옷장 안을 가득 채우고 있음을 부인할 수 없다. 백화점이나 마트는 고객들에게 손짓하는 광고들이 이제는 TV나 스마트 폰에서 현란한 색상의 의상들을 선전하고 있는 것이 현실이다. 지하철이나 버스를 타고 가는 손님들의 옷들을 자세히 살펴보라. 탤런트들은 저리가라하고 호화스러운 옷들을 챙겨 입고 학생들마저 신체노출을 과시하고 다니는 것을 즐기고 있다.

그뿐인가 오늘날 세계 백화점이나 매장 곳곳에 관광 상품이나 스포츠 옷들이 진열되어 패션을 장식하고 있다. 그래서 스포츠를 위한 옷들이라기보다는 여행하기 편안한 옷차림을 한다 해도 웬만한 가격대로는 만져보지도 못하는 가볍고 기능성인 옷들이 고가에 팔리며 이런 옷들을 입고 여행을 즐긴다.

운동복이나 수영복 시장 규모도 그 화려함과 기능성, 편리성을 고려해 디자인한 고급 의상들이 고객들을 유혹한다.

마지막 날 곧 말세가 가까워질수록 복장은 변태적인 모습을 추구하게 된다고 성경은 예견하고 있다. 요한계시록에는 그리스도의 피로 승리한 백성은 흰 옷을 입게 될 것이며, 그들의 의복이 그들을 증거 한다고 기록되어 있다는 것은 값진 교훈이며 경고이다계 3:4-5.[47]

우리는 신약성경에 나타난 베드로 사도의 값진 권면을 다시 한 번 되새길 필요가 있다. 우리들은 외모를 꾸미고 치장하는 것보다 마음에 숨은 사람을 온유하고 안정한 심령의 썩지 아니할 것으로 하라는 가르침을 귀히 여겨야 한다.[48]

자녀들이나 자라나는 세대들의 가르침에 성경의 가르침을 가슴 깊이 새겨지도록 교육해야 할 것이다. 패션에서 남보다 '유별난 옷'을 입고 자신을 과시하면서 살아간다는 것은 위험한 표적이 될 뿐 아니라 크리스천으로서 깊이 반성하고 생각해 보아야 할 문제인 것이다.

---

[47] 요한계시록 3:4-5 "[3] 그러나 사데에 그 옷을 더럽히지 아니한 자 몇 명이 네게 있어 흰 옷을 입고 나와 함께 다니리니 그들은 합당한 자인 연고라. [5] 이기는 자는 이와 같이 흰 옷을 입을 것이요 내가 그 이름을 생명책에서 결코 지우지 아니하고 그 이름을 내 아버지 앞과 그의 천사들 앞에서 시인하리라."

[48] 베드로전서 3:3-4 "[3] 너희의 단장은 머리를 꾸미고 금을 차고 아름다운 옷을 입는 외모로 하지 말고 [4] 오직 마음에 숨은 사람을 온유하고 안정한 심령의 썩지 아니할 것으로 하라 이는 하나님 앞에 값진 것이니라."

4) 배타심과 이기심 유다서 1:18, 벧후 3:3

말세의 징후가 여러 가지지만 특별히 인간들의 본성이 악해지고 배타와 이기심으로 가득할 것임을 사도 바울은 다음과 같이 경고하고 있다.

> "² 사람들이 자기를 사랑하며 돈을 사랑하며 자랑하며 교만하며 비방하며 부모를 거역하며 감사하지 아니하며 거룩하지 아니하며 ³ 무정하며 원통함을 풀지 아니하며 모함하며 절제하지 못하며 사나우며 선한 것을 좋아하지 아니하며 ⁴ 배신하며 조급하며 자만하며 쾌락을 사랑하기를 하나님 사랑하는 것보다 더하며 ⁵ 경건의 모양은 있으나 경건의 능력은 부인하니 이 같은 자들에게서 네가 돌아서라." 딤후 3:2-5

오늘날 현대사회는 의학기술 및 의약의 발달, 보건위생의 향상, 영양상태의 향상, 출산율 및 사망률의 감소에 의한 평균수명이 증가되었다. 이런 결과로 우리 사회는 65세 인구가 전체 인구의 7.8%인 377만 명으로 우리 사회는 고령화사회aging society : 전체 인구 중 65세 이상 노인인구가 7-14%인 사회에 진입하였고, 2019년에는 노인인구 비율이 14.4%에 도달, 고령사회aged society : 전체인구 중 65세 이상 노인인구가 14% 이상인 사회로 전망되고 있다.

이렇게 노인 인구가 급증하면서 노인들의 기본생활이 약화되고 있으며, 자녀들의 무관심과 냉대 속에 버려지는 노인들이 늘고 있다. 또한 노인에 대한 공경도가 떨어지고 있다.

지난해 5월 서울시에 따르면 서울노인보호전문기관 2곳에 접수된 노인 학대 사례 458건 가운데 아들인 경우가 193건(42.1%)으로 가장 많았다. 배우자가 83건(18.1%), 딸과 며느리가 각각 66건(14.4%), 31건(6.8%)이었다. 노인이 자해한 경우도 25건(5.5%)이나 되었다. 노인 학대를 유형별로 보면 정서적인 학대 337건(41.9%), 신체적인 학대 220건(27.4%), 방임 117건(14.6%), 경제적 학대 87건(10.8%) 순이었다.

역사적으로 2차 대전 중, 히틀러의 지령을 받고 유대인 6백만 명을 학살하는데 앞장섰던 헤스Ernst Moritz Hess, 1890-1983는 전쟁 후 집요한 이스라엘 수사관에 의해 남미에서 체포되었다. 그는 이스라엘로 압송되어 재판을 받았는데, 형이 집행되던 날, 마지막으로 이런 말을 남겼다고 한다.

"나는 이 순간 유대인이 되지 않은 것을 뼈저리게 후회한다!"라고 하였다. 이 말은 "만일 이 순간 내가 유대인이었다면 또 한 사람의 유대인이 죽는 것이 되었을 텐데……." 라는 말이다. 생각해 봅시다. 유대인 6백만 명을 학살하는 데 앞장섰던 헤스가, 그것도 모자라 마지막 죽음을 눈앞에 두고 자신이 유대인이었다면 또 한 사람의 유대인이 죽는 것이 될 터인데……. 그것이 아쉬워 이런 말을 남긴 것이다. 과연 인간의 잔악함이 이 얼마나 무서운 것인가? 끔찍스럽기만 하다.

인간은 잔악함을 타고 나는 것 같다. 출근 시 수많은 사람들 인파 속에서도, 공연장마다 넘쳐나는 군중들 속에서도 우리는 날마다 '고독한 군중'The Lonely Crowd으로서 왜 몸부림쳐야 하는 지를 자신도 알지 못한다.

그래서 **키르케고르**는 '절망이란 죽음에 이르는 병'이라고 했다. 절망이란 상상을 초월하여 괴롭고 죽음에까지 생각이 이르게 하는 고통스러운 상황인 것이다. 이러한 절망에 빠졌을 때, 죽음을 생각하게 된다. 이러한 병은 고독을 뼈저리게 느꼈을 때 더욱 심화된다. 절망에 빠지면 외톨이가 된다. 그러나 하나님 종교적인 의미가 아닌 앞에 서게 되고, 하나님 앞에 홀로 외롭게 섰을 때만이 자기 자신을 성찰하고 자아를 똑바른 관점에서 되돌아볼 수 있는 것이다.

어린이나 청소년기에 배타심이 아닌 고독을 잘 이겨내는 방법을 키워가야 하는 것이다. 사람은 누구나 고독해 져야 하는 것 같다. 고독에 빠지면 자신을 되돌아 볼 수 있고, 외부로부터 자극적인 요소가 없기 때문에 좀더 자신의 일에 푹 빠질 수도 있는 것이다.

이럴 때 깊은 사랑의 의미들을 되새기며 나 자신이 '사랑 받기 위해 태어난 사람'이라기보다는 '사랑하기 위해 태어난 사람'이 되어야 한다고 역설적인 교육이 필요하다. 의타적인 사람이 아니라 독립적인 인간으로서 살아가는 방법을 익혀가며, 맘마보이가 되지 않도록 이끌어 주어야 하는 것이다.

이태리 남자들처럼 30, 40이 되어도 엄마 곁을 떠나지 않는 '맘마보이'는 현대 사회에서 설 자리가 많지 않다는 것을 알아야 한다. 신세대 여성들이 가장 싫어하는 이런 '맘마보이'로 키워져서는 안 되는 것이다.

고독에서 불안을 조장하는 그런 삶은 하루 속히 탈출해야 하는 것이다. 무신론자들의 나약함 보다는 차라리 신神을 믿고 신앙하는 편이 낫다. 오늘날처럼 고독이 유행병처럼 되어버린 이런 사회는 사라져야 한다.

그렇기 때문에 고독, 무절제를 노래하는 현대인의 병을 우주 만물을 창조하신 하나님의 위대하심을 노래하는 '**찬송**'으로 치유해야 하는 것이다.

그래서 서양음악이 찬송가와 잘 결합된 것은 다행한 일이다. 우리네 민요나 국악에서는 무절제나 향락, "나를 버리고 가시는 임은 십리도 못가서 발병 난다."는 비합리적인 정서를 비롯하여 한숨이나 상사병 같은 기형적인 사랑을 노래한 가사들이나 곡조들보다는 가곡이 낫고, 그러한 민요나 가곡보다는 성스러운 음색이나 화음을 담은 '**찬송**'이 어린이 교육적인 측면에서 나은 것이다.

이런 측면에서 '**어린이 찬송가학**'을 집필하게 된 것은 희망과 미래지향적인 측면과 민족성 교육의 측면에서 참으로 값지고 다행한 일로 생각한다.

5) 광기狂氣 어린 음악 암 6:5

요사이 음악에 있어서 소리의 강도를 측정하는 단위는 데시벨db로 측정되는데 이 수치가 점점 증가하는 추세를 보이고 있다. 대도시로 이거한 후에 연구를 위해 여러 교회의 예배에 출석하면서 교회에서 사용되고 있는 '**예배 음악**' 또는 '**교회 음악**'을 살펴 볼 수 있는 기회를 가졌다.

2012년 인천광역시 부평구 주*장*교회 중고등부 집회에 예배를 참석하였었다. 이미 학생들의 집회가 시작되어 담당교역자가 등단하기 전까지 고성능 앰프로 서툴게 반주하면서 '**복음성가**'와 '**찬송가**'들을 부르고 있었다. 그 율동을 포함한 노래들이 거부감마저 느껴졌다. 집회에 참석하여 묵상 기도를 마치고 눈을 떴을 때 청각자극이 너무 심하고 고막이 터지는 것 같아 죄송하지만 손가락으로 귓구멍을 막고서 어쩔 줄 몰라 했던 그때를 생각하면 지금도 끔찍하다는 말밖에 할 수 없다.

> 음량에 관한 완전한 이해를 하기 위해서는 먼저 적절한 기준이 있어야 하겠다. 우리는 어떤 수준까지를 극단적인 큰 소리의 음량 혹은 잡음으로 간주하는가? 하는 것이다. 커다란 제트 비행기의 엔진소리는 약 120db(데시벨)의 음량이며, 천둥소리 중에서 가장 큰 소리로 기록된 것은 125db이다. 그런데 무서울 정도의 강한 힘을 발

휘하는 증폭 시스템을 사용하는 록 음악회에서의 음량은 보통 **130-140db** 정도이다. 좋은 음향시스템을 가진 4명의 록그룹이 내는 소리는 기록에 남은 가장 큰 천둥소리보다도, 그리고 출발하는 제트엔진 소리보다도 더 큰 음량인 것이다.49)

또한 예로는 2013년 부천에 '송*사*의 교회' 장년집회 전에 그룹사운드가 리더와 함께 연주하고 있었는데, 부르는 복음성가와 반주에서도 너무 강한 음량에 익숙하지 못해서 난감해 하였었다. 왜 그렇게들 그룹사운드를 운영하고 있는 교회들이 이런 값비싼 음향 기기들을 사용하여 젊은이들이나 성도들의 청각을 강타해야 하는지 나는 이해가 되지 않는다.

그렇게 강렬한 비트의 음악반주로 해야만 학생들이나 젊은이들을 모을 수 있다고 착각을 하고 있는 것 같다. 이렇게 자라나는 청소년들에게 무차별적으로 강도 높은 악기들의 소음 때문에 견디기 힘들어하는 분들도 예배에 참석하고 있다는 사실을 간과해서는 안 될 것이다.

동경 경찰병원 이비인후과 팀은 최근 열린 학회에서 120여 명의 소위 '디스코 난청' 사례를 발표했는데, 그 중 30%가 치유불능의 심각한 상태에까지 이르렀다고 밝혔다.50)

이비인후과 의사에 따르면 누구나 어느 정도의 충분한 강도의 소음에 일정 기간 노출되면 누구나 생길 수 있다고 한다. 매일 8시간씩 85db데시벨 이상의 소음에 노출되는 경우 청력이 손상된다는 것이다. 일반적으로 대화할 때 소리의 강도는 50-60db정도라고 한다. 75db 이하의 소리는 난청을 유발하지 않는다고 한다. 하지만 85db이상의 소리는 청력에 해로운 소리로 여겨지고 있으며, 이보다 강도가 높아질수록 난청의 정도는 심해진다고 한다. 그리고 140db의 음총소리, 대장간에서 쇠를 내려치는 소리들은 종류와 관계없이 난청을 유발할 수 있다고 한다. 그러므로 시끄러운 작업장이나 음악, 공연장에 오래 노출되거나 소음이 심한 기계를 직접 작동하고 있는 직장에서나 학교, 집 심지어는 레저 활동 중에라도 귀에 직접 큰 소리가 와 닿으면 소음난청을 일으킬 수 있다는 것이다.

지하철 플랫폼에서의 평균 소음 레벨은 94db데시벨이었으며, 106db에 이르는

---

49) Frank Garlock, Kurt Woetzel, *Music in the Balance*, 홍성수 옮김 (도서출판 두 풍, 1997)., p.235.
50) 손종태, *op. cit.*, p.25.

소음도 주기적으로 관찰되었다.

노동인구 중 난청을 가지고 있는 경우 작업장에서의 소음이 난청의 원인이 되는 경우가 가장 일반적이다.

오스트리아의 연구 자료에 의하면 약 50만 명의 인구가 오스트리아의 작업 공간에서 청력에 손상을 입힐 정도의 소음에 노출되고 있다고 발표하였다.

작업과 관련된 소음 노출의 위험 때문에 WHO에서는 작업장의 소음 레벨 한계를 85db로 정하고 소음 레벨이 그보다 큰 경우에는 청력보호 장비를 착용하도록 하고 있으나 잘 지켜지지 않고 무시되고 있는 실정이라고 한다.

6) 건강과 지력을 파괴하는 도덕 실종의 팝음악 암 6:5

교회음악의 존재 목적이 무엇일까? 많은 크리스천 음악가들이 사용하고 있는 기교들이 서로 간 얼굴의 사이를 1인치나 2인치만 두고 노래하는 방법을 선호하고 있다. 또 다른 하나의 친밀함을 나타내는 기교는 가수가 마이크를 삼킬 것처럼 그리고 입술로 핥는 것처럼 보일 정도로 마이크를 가까이 두고 노래하는 수법인데, 이러한 수법은 주님과의 관계, 혹은 주님과의 교류를 나타내기보다는 연주자와 연주자, 혹은 연주자와 청중들과의 친밀함을 더욱 반영하는 것이라고 한다.51) 성경에서 이사야의 표현대로 '하나님의 영광을 차지하려는 교만' 그리고 '인간 자신을 나타내려는 스타 의식의 만용'은 이미 크리스천음악 사역자들의 목적에 빗나간 행위인 것을 알아야 할 것이다. 일찍이 아모스 선지자는 그 시대의 음악적 타락을 이렇게 꾸짖고 있다.

> "⁴ 상아 상에 누우며 침상에서 기지개커며 양 떼에서 어린 양과 우리에서 송아지를 잡아서 먹고, ⁵ **비파소리**에 **맞추어 노래**를 **지절거리며** 다윗처럼 자기를 위하여 **악기를 제조**하며 ⁶ 대접으로 포도주를 마시며 귀한 기름을 몸에 바르면서 요셉의 환난에 대하여는 근심하지 아니하는 자로다." 아모스 6:4-6

인간이 태중에서 가장 먼저 터득하는 것이 엄마의 심장에서 들려오는 리듬

---

51) Frank Garlock · Kurt Woetzel, *Music in the Balance*, op. cit., p.182.

소리일 것이다. 그리고 맨 처음으로 공부하는 음악이 맥박의 가녀린 리듬인 것이다. 그러나 공기 중에 나오면서 청각에 의지한 음을 인지하는 능력이 발달하면서 5세 미만에 청력의 수준은 놀랍게도 성인의 수준에 이르게 된다는 것이다. 그만큼 소리와 음審의 인식이 인간이 살아가는데 필요불가결한 요소이기 때문일 것이다.

그러나 이러한 음이 생활에 필요하기도 하겠지만 대부분 청음을 즐기면서 살아가기 위한 음악이 대부분일 것이다. 그중에 인간이 창조주 하나님의 위대하신 우주 가운데서 들려오는 엄청난 음악은 작은 고막으로 인지하기에는 너무 벅차다. 인간의 가청주파수 테스트를 통해서 조사한 결과 일반적으로 20Hz-10KHz라고 한다. 고래나 기린 그리고 코끼리의 경우는 인간이 들을 수 없는 낮은 주파수영역의 초저주파를 이용해서 의사소통을 한다고 한다. 인간이 나이가 들면서 신체 각 기관이 노화하는 것처럼 가청주파수도 나이가 들면서 그 범위가 점점 줄어든다고 한다.

크노크빌 대학의 청각 임상소의 원장인 다비드 M. 리프스콤 박사는 "우리는 많은 대학생들의 청각이 벌써 평균 65세 되는 노인의 청각만큼 마비되어 버린 것을 알고 놀라지 않을 수 없다."고 했다.52)

앞서 언급한 바와 같이 동경 경찰병원 이비인후과 팀은 최근 열린 학회에서 120여 명의 소위 '디스코 난청'의 사례를 발표했다. 그 중 30%가 치유불능의 심각한 상태에까지 이르렀다고 밝히면서, 연구팀은 "고음난청과 저음난청이 있는데, 그 중 저음 난청이 치료가 훨씬 어렵다."고 설명하고 있다. 디스코 홀에서 얻은 난청은 대부분 저음 난청에 속한다고 하였다.

미국의 경우 청소년의 87% 이상이 **비틀스, 록 음악** 등 **팝음악**을 그들이 가장 좋아하는 음악형태로 꼽고 있다. 또 고등학교 학생들의 경우 하루에 보통 4-5시간 동안 팝음악을 듣는 것으로 밝혀지고 있다.

백인음악과 흑인음악은 1950년 대 초반 공통의 형식을 갖는 '**로큰롤**'Rock'n Roll이라는 형태의 음악으로 발전하였다. 로큰롤의 황제라는 엘 비스 프레슬리Elvis Presley는 이때 나타났다. 그리고 얼마 후 영국의 젊은이 **비틀스**Beatles가 출현

---
52) *Ibid.*, p.25.

하여 로큰롤을 완성시키면서 전 세계적인 붐을 일으키게 되었다. 이들은 음악뿐만 아니라 머리나 의상까지 일대 혁신을 일으켜 전 세계 젊은이의 우상(?)으로 군림하게 되었다.

로큰롤은 시대상황이 급변함에 따라 대단한 변모를 하였다. 그 양상도 사뭇 복잡한바 다음과 같이 분류해 볼 수 있다.

① 히피음악

월남전 이후의 미국은 반전운동反戰運動이 확산되고 젊은이들의 현실 도피성향이 표면화되게 되었는데, 이때 마약 등의 퇴폐적인 경향도 나타나 히피문화가 발전 된 바 음악에서도 **히피음악**Hippie Music '**사이키데릭 사운드**'Psychedelic Sound, 환각제 복용, '**하드 록**'Hard Rock, '**헤비메탈**'Heavy Metal 등의 장르가 탄생되었다.

② 디스코 음악

격렬한 디스코 리듬과 춤으로 대표되는 **디스코 음악**Disco Music도 출현하였다. 1970년대 중반 이후 전 세계를 강타한 음악은 여러 장르의 음악이 혼합된 형태로서 발전하였다.

③ 펑크음악

1970-1980년대부터 **디스코 음악**은 퇴조하고, 재래의 모든 음악 장르를 파괴할 기세로 나타난 것이 **펑크음악**Punk Music인 바 이는 온갖 비난을 받고 슬그머니 사라졌다.

④ 뉴 웨이브 · 뉴록 등의 출현

펑크 음악의 퇴조와 함께 등장한 것이 '**뉴웨이브**'New Wave, '**뉴록**'New Rock 등의 음악이다. 이들 음악은 크게 **로큰롤**의 범주에 들어가지만 변태적 음악들에 대한 각성과 초기 로큰롤 부활에 입각해 나타났다는 점에서 살펴볼 가치가 있다.

⑤ 최근 팝음악

최근의 팝 음악은 무엇이 주종을 이룬다고 단정할 수 없다. 왜냐하면 퇴조되었던 음악, 예컨대 초기의 로큰롤 같은 음악들은 나름대로 꾸준히 발전하여 오늘에 이르고 있기 때문이다. 따라서 최근의 **팝음악**은 **C & W**, **흑인영가**, **가스펠 송**, **로큰롤** 초기의 형태, **재즈**, **블루스** 리듬 & 블루스, **하드 록**, **펑크 록**, **뉴웨이브** 등의 모든 장르가 공존하고 있다고 해도 과언이 아니다. 다만 잠깐 동안의 인기를 조금 더 얻어나가는 것뿐이다.

<도표 2> 세계 음악을 주도하는 American Pop Music

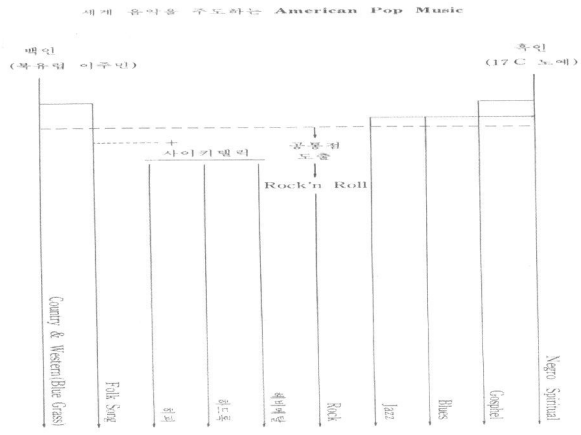

위에 언급한 것들을 통해서 어린이 찬송에 있어서 외부적인 저해 요인들을 살펴보았다. 그러나 오늘날 어린이들이 살아가는 세상은 예전보다 훨씬 더 세속적이며 정서를 해치는 요소들이 너무 많이 산재해 있다는 것을 알아야 한다.

오늘날 주일학교나 교회학교 교사들은 학생들의 건강한 영혼을 위해서 기도도 더 많이 하면서 이러한 퇴폐적이고, 사악한 문화들 틈바구니 속에서 어린이들이나 청소년들이 그것들을 어떻게 이기고 헤쳐 나가야할 것인가를 깊이 고민해보고 대처해 나가야 할 것이다.

제4절 어린이 찬송 지도의 실태

　한국 개신교 역사는 120년이 지나 이미 선교 2세기를 맞아 세계 선교에 앞장서고 있다. 이제 1000만이라고 양적 자랑만 늘어놓을 때가 아니다. 교계에 비상이 걸렸다. 2005년 통계청이 발표한 개신교인은 전체 인구 중 18.3%라고 한다.53) 개신교 인구분포도 문제지만 기독교의 중심축인 '예배의 형태'나 성경교육 못지않게 '**찬송가교육**' 즉 '**어린이찬송교육**'이나 '올바른 찬송가 문화의 정착'에는 별 관심이 없는 것 같다.

　지금 자라나는 청소년세대와 기성세대 간에는 너무 큰 문화적 격차가 벌어질 대로 벌어져 이질감마저 느껴진다. 현실교회는 이들 어린이들이나 청소년들의 감성을 이해해 주어야하고 분수처럼 표출시킬 '어린이찬송'이나 '청소년찬송가'의 실제적인 대안을 마련해 주어야 하겠다. 기독교 문화의 한 단면이라고 볼 수 있는 개신교회의 『찬송가』는 20년 이상 사용되던 통일 『찬송가』나 21세

---

53) 한국기독교목회자협의회(한목협)가 글로벌리서치에 의뢰하여 조사한 '한국인의 종교생활에 관한 의식조사'의 결과는 1998년(20.7%), 2004년(21.6%), 2012년(22.5%)이었다.

종교별 분포	1998년	2004년	2012년
개신교	20.7%	21.6%	22.5%
불교	23.5%	26.7%	22.1%
천주교	7.5%	8.2%	10.1%
기타종교	1.1%	0.6%	0.5%
비종교인	47.2%	43.0%	44.9%

기 『찬송가』마저 1백 년 전의 그 모습 즉 4부 합창 형식, 장·단조 조성의 3화음적 구성, 일정한 악구 배열, 장 절 식 구조, 단 선율에 의한 화성을 뒷받침한 **호모 폰익 텍스추어**Homophonic Texture54) 등을 고수하고 있다.

나운영 교수는 평생 찬송가의 한국화를 부르짖었으며, 국악과 출신 찬송신학자들이 있지만 한국교인들의 정서가 걸림돌이 되기에, 위에 지적한 점들과 함께 찬송가의 토착화는 어려운 요인들이 쌓여있다고 생각할 수 있겠다.

우리나라 최초의 찬송가는 1892년 감리교에서 발간된 『**찬미가**』이며, 간행 자는 미 감리회 선교사이다. 그런데『**합동 찬송가**』, 『**새 찬송가**』, 『**개편 찬송가**』 그리고 1983년에 통합된『**통일 찬송가**』와 21세기『**찬송가**』에 이르기까지 "찬송가 문화"의 학문적 발전이란 미미하다고 본다. 1995년에 발행되었던 『**신작 증보판 찬송가**』는 한국인 찬송가 138편을 후미에 덧붙이는 식으로 편집되었다가 세상에 빛도 보지 못한 채 보급이 중단되어야만 했다.

당시 김규현 교수의 "신작증보판 찬송가 무엇이 문제인가"55)의 글을 비롯하여, "21세기 한국찬송가 방향설정을 위한 제1회 공개세미나"에서 박봉배 박사의 "21세기를 향한 찬송가의 편찬방향 그 회고와 전망" 그리고 필자인 신소섭 목사의 "21세기 한국 '찬송가'를 위한 대책 및 시안"이란 제목으로 행한 발제 강연들은 그만큼 시의적절 했으며, 찬송가학의 학문적인 보탬이 있었다고 본다.56)

---

54) 음악을 구성하는 '여러 개의 성부가 짜여 진 상태'를 조직粒織, Texture이라 한다. 국악의 성부 짜임새는 화성적Homophonic texture이거나 다성적Polyphonic texture인 것을 찾기 어렵다. 독창이나 독주, 그리고 제창齊唱이나 제주齊奏로 연주되는 경우가 많은 국악은 **단 선율 음악**Monophonic texture이 주를 이루는 것처럼 보인다. 그러나 여러 악기가 함께 연주하는 음악에서는 각 악기의 특성이나, 연주자의 개성에 따라 부분적인 장식과 변주가 가능하며, 여러 성부가 본질적으로 같은 가락을 연주하면서도 부분적으로는 조금씩 다른 가락을 연주하기도 한다. 이와 같은 성부 짜임새를 **이음성 음악** 異音性 音樂, Heterophonic Texture이라 한다. 따라서 독창이나 독주를 제외한 대부분의 국악곡은 헤테로포니에 속한다고 하겠다. 반면에 가락 악기나 인성人聲이 전혀 쓰이지 않는 <사물놀이>와 같은 국악은 선율을 연주하는 성부가 없으므로, **무선율음악**無旋律音樂, Non-melodic texture에 속한다.
55) 김규현, "신작증보판 찬송 무엇이 문제인가?"《음악저널》, 1995. 10월호 pp. 80-84.
56) **한국찬송가공회** 주최 21세기 한국찬송가 방향설정을 위한 제1회 공개세미나, 1996. 08.

이 세미나를 통하여 21세기 한국찬송가의 개발의 시급성을 한국교회에 알렸으며, 21세기 '찬송가' 개발에 착수하여 찬송가공회가 한국의 교회음악 지도자 및 신학교 교수, 찬송 시인, 찬송작곡가 등 대거 동원되어 10여 년 동안 수고와 노력의 결실로 새로운 21세기 새 『찬송가』(서울: 한국찬송가공회, 2006년)가 태어난 것은 그나마 다행한 일이다. 그렇지만 한국인의 찬송가는 아직도 수준 높은 '**예배찬송가**'를 만드는 데 있어서는 좀 더 시문학, 찬송가학, 성경신학 등 전문적인 인재들의 협력을 필요로 하고 있다.

홍수처럼 쏟아져 나오는 C.C.M.과 '복음성가'며, 교회마다 드럼을 비롯한 악기의 설치경쟁, '경배와 찬양'이라는 이름으로 세속음악의 연주기법을 동원하여 사람들의 감정만을 부추기는 행태가 찬송가 연주의 새 방향인 것처럼 왜곡하고 있다는 것은 안타까운 현실이다. 때를 같이 하여 사탄$_{Satan}$은 이제 청소년들의 음악 문화를 표적으로 삼고, 갖은 도전을 해오고 있는 것이 현실이다.

아직 순수한 '예배 찬송가'마저도 학문적으로 정립되지 못한 시점에서 21세기를 살아가면서 흘러가는 세속문화의 소용돌이 속에 '**어린이찬송가문화**'마저 휘말려 가는 현실을 그냥 바라보고만 있을 수만은 없을 것이다.

음악이 인간의 모든 삶에 미치는 영향은 생각보다 큰 것이다. 독일의 낙농장에서 젖소에게 **모차르트**의 **음악**을 들려주었더니 우유 생산량이 늘었고, **헤비메탈 음악**을 들려주었더니, 젖소가 놀라서 우유 생산량이 떨어졌다는 실험 결과가 나왔다. 하물며 이보다 수 천만 배 지능이 발달된 인간의 감정과 정서발달에, 찬송이 성도들의 영적 성장에 더욱 큰 영향을 미치지 않겠는가?

교육심리학적 측면에서 고찰하면 인간의 뇌세포 형성은 3-5세에서 이미 80%가 완성되어진다고 한다. 감각기관으로서의 청각기능의 발달은 유아기 말기$_{6세경}$가 되면 거의 성인과 똑같은 수준까지 발달되며 또한 음의 높낮이, 리듬감 등이 유아기에 가장 급속하게 발달하는 것이다. 그러므로 유치부에서 초등부까지 '**어린이찬송교육**' 그리고 중·고등부 학생들의 올바른 '**찬양지도**' 또한

29-30. 부산 하얏트호텔에서 개최됨.

청소년들의 '**찬송회복**'은 무엇보다 중요하고 시급하다고 본다.

실상 교회 안에서 성경교육 못지않게 체계적인 '**찬송교육**'과 '**교회음악 교육**'이 필요하다고 본다. 그런데 우리의 현실에서 '어린이 찬송가'는 성인들의 것을 모방한 형태요, 교단마다 『어린이 찬송가』를 만들어 보급하고는 있다.

이번 새로운 21세기 『찬송가』에도 어린이 찬송가가 11곡이 들어가 있다.57) 그러나 구색 맞추기 정도이지 어린이 찬송가 분량으로는 예배시나 교육용 어린이 찬송가가 태부족이다. 그리고 청소년들의 복음성가는 팝송스타일의 단계에서 벗어나지 못하고 있는 것이 대부분 교회들의 실정이다. 순수한 '어린이찬송가문화'의 부재시대요, '교회 음악학'의 학문적 연구와 대안을 필요로 하는 시대라고 진단되어진다. 마음에서 저절로 창조주 하나님의 위대하심과 그 능력과 아름다움이 동심으로부터 표현되어 가슴에서 우러나오는 감미롭고, 은혜로운 찬송이 절실하기만 하다. '어린이 찬송'은 실종되고, 교사들이 기분 내키는 대로 선곡하여 새로운 곡을 가르치고 있지만 수준 미달이며, 동요수준에도 못 미치는 그러한 세속음악에 맞들이다가 진짜 '좋은 찬송'이나 '은혜로운 찬송'은 잃어가는 현실이 염려스럽다. 그래서 신학교나 신학대학원에서는 정체성이 있는 '**어린이 찬송가학**'을 가르치고, 일선 교회와 기독교학교에서는 신앙과 실력을 고루 갖춘 신앙적인 '**찬양 지도자**' '찬양 전문가'를 가르치고 잘 길러 이들의 진로를 열어주면서 '찬송지도자'로 선용하도록 해야 하겠다.

그래서 한국 교회가 '성경 신학자'들과 나란히 '찬송신학자'들을 길러내어 '찬송가'에 대해 최소한의 학문적 지식을 가지고, '찬송가학'을 연계하여 '어린이찬송'을 지도하면서 현실의 비정상적인 점들을 바로 잡아가야 되겠다.

교회음악의 1차적인 자료라고 볼 수 있는 지금까지 발행된 『찬송가』와 『복음성가』에 포함된 곡들은 단순한 음악이 아니다. '**하나님의 말씀**이란 **메시지를 가진 음악**'이다. 청장년들이 사용하고 있는 『찬송가』도 문제가 많지만 더욱 『어린이 찬송가』와 청소년들의 『복음성가』문제는 더욱 심각하다.

---

57) 『찬송가』(서울 : **한국찬송가공회**, 2006) 560-570장이 어린이 찬송으로 분류되어 살렸다. 560장은 G. C. Tullar(1869-1950) 곡, 561장은 박재훈 목사 곡, 563-567, 569-570장은 기존 찬송가에 실렸던 곡이다. 특히 568장(하나님은 나의 목자시니)곡은 '산토끼' '고향의 봄' '오빠 생각' 등 동요를 작곡한 이일래$_{1903-1979}$ 선생의 곡이다. 570장(주는 나를 기르시는 목자)은 어린이 성탄캐럴 작곡자 장수철$_{1917-1966}$ 박사의 곡이며, 기존 찬송가에는 "인도와 보호"로 분류되었던 곡이다.

오늘날 한국의 청소년은 물론 성인(장년) 성도들까지도 문화 전쟁에서 낙오자가 되고 있지 않은가? 그 대책이 시급하다. 사탄은 이제 대중문화 특히 **대중음악** 속에 깊이 관여해 있다고 본다. **록 음악** Rock Music은 끔찍한 사탄의 메시지를 담고 있다. 오늘날 대중음악들이 마치 출애굽 백성들이 모세가 시내 산에 올라간 사이에 금 신상 앞에서 먹고 마시면서 '이것이 너희를 애굽에서 인도해 낸 신(神)이라' 하고 노래하며 뛰놀았던 사건이나, 또한 바벨론의 느부갓네살 Nebchadnezzar, B. C. 605-562재위 왕이 세운 금 신상들 앞에서 각종 악기들을 연주하며 섬기던 행위와 무엇이 다르다는 말인가?

나라 사랑! 주님 사랑! 민족의 정서나 신앙은 어디로 가고, 세속의 헛된 감정의 홍수와 매너리즘 mannerism 58) 의 늪에 빠져 헤매야 하는 것인지 걱정스럽기만 하다. 우리 조상들은 나라 잃은 '슬픔'과 망해 가던 민족의 비운을 '한'(恨)이라는 형태로 승화시켰다. 희망과 꿈을 심어 주어야할 음악이 '한'을 심어준다면 되겠는가? 그리고 세계의 무대에서 우리의 설자리가 없다고 한탄만 할 것인가?

서양음악의 경우 우리와는 바탕이 다르다. 고전파 이전의 중세 음악은 오직 하나님(神)을 찬양하는 도구로서 예술이 존재했기 때문에 그들은 '예배 행위'와 밀접해 있었던 것임을 알아야 한다. 거기에도 세속음악이 없었던 것은 아니지만 말이다. 그러므로 우리는 현실을 직시하고 '어린이 찬송가'의 방향을 분명히 제시해 주어야 한다. 이런 의미에서 이 책에서 다루고 있는 문제점들은 한국교회와 특별히 목회자들과 신학생들 그리고, 교회에서 **'어린이 찬송'**과 **'찬양'**의 전문직이나 교회음악봉사자들에게 많은 도움을 줄 것이다.

---

58) 매너리즘 mannerism이란 예술 창작에 있어서 독창성을 잃고 평범한 경향으로 흘러 예술의 생기와 신선미를 잃는 일 또는 문학·미술 따위가 독창성을 잃고, 어떤 틀에 박혀, 기교상의 새로움만을 추구하는 경향을 말함.

제5절 어린이 찬송가의 요소

　세속음악과 달리 '어린이찬송가'는 하나님으로부터 주신 성경적 메시지를 사람들에게 전달하려는 특별한 목적을 위해서 창작되어 지고, 또한 특별한 목적을 위해서 사용되는 음악이다. 일반음악이야 연주자의 감정에 의해 움직이겠지만 교회학교에서 사용하는 '어린이찬송가'의 사명은 성령의 인도로 연주될 때 온전히 그 본래의 사명을 이룰 수 있다고 본다. '**어린이찬송가**'는 단순히 사람의 감정感情만을 흔들어 놓는 것이 아니라 연주를 통하여 예수 그리스도를 통한 위대한 구원의 진리를 전하는 중개자가 되어야 하며, 사람들이 거기에 응답할 때 그들을 그리스도인이 되게 하는 결과를 가져올 것이다. 이리하여 그를 하나님께 예배하는 자로 인도해 갈 수 있도록 도움을 준다. 또한 교회에서 특별히 예배 시에 사용되는 '찬송가'는 그 대상이 하나님께 드려져야하는 성격의 '**예배찬송**'과 신자들을 하나님의 말씀으로 교육하도록 하는 매개체로서의 교육적인 음악도 포함되어진다.

　그러나 통일 『찬송가』의 내용을 분석해 보면 '예배찬송가'보다는 '복음성가'가 가장 많은 분량(281/558편; 50.4%)으로 편집되어져있다.59)

　그러나 구미의 유명한 찬송가들은 이러한 복음성가보다는 경건한 예배를 위한 '**찬송가**'만을 골라 편집하고 있다는 사실을 알아야 한다. 이러한 "**복음성가**는 신자의 신앙고백에 의하여 선교를 위한 집회에 사용되어질 목적"으로 만들어져 전도를 위한 집회에 참석한 사람들에 의하여 불려진다. 음악이라는 도구에 의하여 사람들의 닫혀 진 마음을 열게 하고 복음 전도의 사명을 감당하도록 가사와 곡이 잘 어울리는 옷을 입혀야 하는 것이다.

---

59) 신소섭, 『예배와 찬송가』(서울 : 아가페 문화사, 1993), p.135나 이 책의 p.187의 통계를 보아 알 수 있듯이 '**예배찬송가**'보다는 '**복음성가**'(복음송가)가 훨씬 더 많이 포함되어 있음을 볼 수 있다.

<도표 3> 복음가 일람

[부록 1] 『통일찬송가』중 복음가 일람

12,	17,	35,	43,	46,	49,	71,	72,	74,	83,	84,	86,	87,	88,	89,	90,	91,	93,
95,	96,	97,	98,	99,	101,	102,	133,	135,	137,	138,	139*,	142,	144,	146,
150,	151,	158,	159,	162,	163,	164,	168,	169,	172*,	177*,	179,	180,	181,
182,	183,	184,	185,	186,	187,	188*,	189,	190,	191,	192,	193,	194,	195,
197,	198,	199,	200,	201,	202,	203,	204,	205,	206,	207,	208,	209,	210,
211,	212,	213,	214,	215,	217*,	218,	219,	220,	221,	222,	223,	224,	226,
228,	230,	231,	232,	233,	234,	235,	236,	241,	249,	251,	252,	253,	257,
258,	259,	260,	262,	263,	268,	270,	271,	274,	275,	276,	277,	289,	291,
292,	293,	295,	299,	300,	302,	311,	313,	314,	315,	318,	319,	320,	321,
323,	324,	326,	327,	328,	329,	330,	331,	332,	333,	335,	336,	337,	340,
342,	343,	344,	346,	349,	351,	352,	353,	354,	356*,	358,	359,	360,	361,
362,	363,	364*,	365*,	368,	370,	371,	373,	375,	377,	379,	382,	385,	387,
388,	391,	392,	393,	394,	395,	396,	397,	399,	400,	401,	402,	403,	404,
406,	408,	409,	410,	411,	412,	413,	414,	416,	417,	419,	421,	422,	423,
424,	425,	426,	427,	432,	434,	436,	439,	440,	442,	444,	446,	447,	448,
449,	450,	455,	456,	457,	458,	462,	463,	464,	465,	466,	468,	469,	470,
472,	473,	474,	476,	478,	480,	481,	482,	483,	484,	485,	486,	487,	488,
489,	490*,	491,	492*,	494,	495,	496,	497,	498,	499,	500,	501,	502,	503,
504,	505,	506,	507,	508,	509,	511*,	512,	513,	516,	519,	524,	528,	529,
530,	532,	534,	535,	537,	539,	541,	542,	543,	544.	(총 281곡; 50.4%)

*위 복음성가 중 밑줄 그은 찬송은 아멘(Amen)코드가 붙어 있다. 찬송가로 끝나는 것은 아멘 코드를 붙일 수 있으나 원작에도 없는 아멘 코드를 붙여 넣은 것은 잘못이라고 본다.
* 별표(*)를 붙인 찬송은 『Worship in Song』에는 아멘 코드가 없는 곡들이다.

특별히 '**어린이 찬송가**'란 말하자면 작곡자의 영감이 전달되어 감동을 줄 수 있는 곡을 써야 하고, 연주자는 그의 일생과 재능을 바쳐 연주하는 음악의 메시지가 청중에게 잘 전달되도록 해야 한다. 청중들로 하여금 그들에게 전해진 메시지에 의해 육체적, 정신적으로 응답할 수 있는 자세가 되도록 해주어야 하는 것이다. 영적인 힘은 그 음악을 이해시키고 영감을 주는 데 있어서 자연적인 기술보다 훨씬 더 본질적인 것이다.

그러므로 음악 안에 숨어 있는 메시지가 영적인 것이 되려면 메시지와 메신저Messenger 그리고 청중이 하나가 되고 하나님께서 준비하고 계실 때만 가능하다. 이를 위하여 다음에 필요한 조건들이 있음을 살펴보고자 한다.

1. 말씀 전달자로서 '어린이 찬송'

흔히 '음악의 요소'를 말할 때 멜로디, 리듬, 하모니를 든다. 이 요소들이 인간의 감정을 전달하는 목적을 지니고 있다. 음악의 세 분야인 창작作曲, 성악·기악을 포함한 연주나 감상에 이르기까지도 말이다. 그러므로 훌륭한 음악은 곡조와 가사의 조화가 잘 이루어져야 한다. 특히 성악의 경우는 가사가 메시지를 담은 **서정 시**[60]敍情詩와 **곡조**Melody의 일치가 무엇보다도 중요하다. 가사는 성경적이어야 하며, 교회에서 예배나 교육에 사용할 수 있는 건전하고 분명해 부르기도 쉬워야 활용도가 높다고 할 수 있다.

그러나 음악을 사용함에 있어서 개혁자들의 견해를 들어보면 **울리히 츠빙글리**Ulrich Zwingli, 1484-1531는 회중이 찬송을 부르는 것은 불가하고, 찬송가가사를 임의로 지어서는 안 되며, 합창음악을 가정에서는 할 수 있으나 예배 시 사용은 불가하며, 오르간 음악이나 기악음악이 예배에 사용되어서는 안 된다고 하였다. 그런가하면 **존 칼뱅**John Calvin은 회중이 찬송을 부르는 것은 가하나 찬송가 가사를 짓는 것은 허용이 안 되며, 합창음악을 가정에서는 가하나 예배 때 사용은 불가하다고 하였다. 그러나 종교 개혁자 **마르틴 루터**Martin Luther는 교회음악 사용에 적극적이어서 회중은 찬송을 불러야하고, 찬송가 가사도 지을 수 있으며, 합창음악이 가정에서나 교회 예배 때에 사용이 가하다고 하였으며, 오르간이나 기악음악도 교회에서 당연히 사용되어져야 한다고 하였다.[61]

오늘날 교회에서 많이 불리어지고 있는 '복음성가'는 일명 '부흥성가'라고도 하나 엄밀한 의미에서는 다르다. '**복음성가**'는 요한 웨슬리와 찰스 웨슬리에서부터 시작되었다고 볼 수 있다. 요한 웨슬리는 미국 선교사로 배를 타고 가는 동안 배 안에서 모라비안 교도들의 기도하는 모습과 찬송하는 모습을 보고 감명을 받았다. 그 후 영국으로 돌아온 그는 독일 찬송가를 영어로 번역하여 보급

---

60) **서정시** 抒情詩·敍情詩란 서사시나 극시와 달리 주관적이며 관조적觀照的 수법으로 자기 **내부의 감정을 운율적으로 나타낸 시**를 말함.
61) 김철륜, 『교회 음악론』(서울: 호산나 음악사, 1992), p. 96-97.

하기 시작했다. 그리하여 모라비안 경건주의적인 찬송가가 영국에 들어왔고, 그 동생 찰스 웨슬리가 음악의 소질을 살려서 약 6,500개의 찬송 시를 쓰게 되었다.62) 그 찬송 시들의 내용은 "죄인을 부르심, 삶의 개혁, 사회적 책임" 등 복음적인 요소가 강조되었다. 이것이 웨슬리의 복음성가의 특징이기도하다. 웨슬리의 뒤를 이어서 조지 화이트필드George Whitfield, 헌팅턴Huntington이 중심이 되어서 웨일스에서 부흥운동이 일어나게 되었고, 여기서 '**복음찬송**'Evangelical Hymn이란 전통이 이어지게 되었다.63)

그러므로 음악의 멜로디, 리듬, 화성 등이 가사라는 음악 안의 메시지가 가사의 악센트, 문장이나 내용의 전체적인 배열과 일치해야 한다. 오늘날 우리 한국도 선교 제 2세기를 맞아 이제 한국 '찬송가'의 개혁이 일어나야 한다. 우리 전통가락, 전통의 멜로디, 우리의 정서에 맞게 우수한 찬송 시와 찬송 곡으로 찬송가가 다시 태어나야 한다. 자라나는 어린이나 청소년 세대들에게 우리 민족음악의 소중함을 일깨워주어야 한다. 이러한 점에서 **나운영**, **박재훈** 등은 후학들에게 좋은 작품과 유산을 남겨 주었다.

기악곡인 경우에는 곡 자체가 거룩한 내용을 암시해 주어야 하지만 주제를 분명히 밝혀주어야 한다. 가장 확실한 방법은 성경으로 메시지를 전하는 것이 직접적인 방법이겠지만 예배의 분위기를 조성하는 데는 오르간의 웅장한 음색으로 **전주곡**, **간주곡**, **후주곡** 등을 연주하는 것도 교회음악에서 빼놓을 수 없는 좋은 역할이라고 할 수 있다. '**전주**'前奏는 예배를 드리려는 성도들에게 천상의 거룩함에 가까이 이끌어주는 역할을 하고, '**간주**'間奏는 찬양과 명상의 시간, **결단**을 위해 훌륭한 역할을 다할 수 있어야 하며, '**후주**'後奏는 하나님의 말씀을 간직하고서 세상으로 나가는 성도들에게 말씀의 확신과 함께 헌신하고 봉사하는 자로서 다짐을 줄 수 있는 곡이어야 한다.

---

62) Charles Wesley(1707-1788)의 가사가 21C 『찬송가』(서울 : **한국찬송가공회**, 2006)에 13편(15, 22, 23, 34, 105, 126, 164, 170, 174, 280, 388, 522, 595장)이나 실렸다.
63) 염행수, 『讚頌神學』(서울: 도서출판 생수, 1985), pp. 14-15.

2. 전달자로서 어린이 찬송가 연주자

모든 음악이 그렇지만 교회음악 그중에 **찬송가**는 청중을 분명히 의식하고 노래해야 한다. 그러나 대부분 교회음악은 받으시는 분이 하나님이시기 때문에 무의식적으로 연주할 수 있겠다. 그러나 하나님께서는 예배 시에 부르는 회중 찬송이나 찬양대의 찬양이나, 특별순서로 드려지는 모든 교회음악들을 다 들으시며 받으신다. 그러므로 하나님께 영광을 돌리고 성령이 연주자의 재능을 주관하시기를 바라는 연주자는 자기 자신을 온전히 하나님께 바치는 경험이 있는 자요, 음악을 통해 성역聖役에 헌신하는 자이다. 그래서 교회음악을 말할 때는 구약성경의 예를 많이 든다.

필자는 주일학교 어린 시절부터 교회악기인 오르간의 부드러운 음색에 이끌려 교회당 창문에 매달려 신비한 소리에 귀를 기울이곤 했다. 찬양대의 화음과 찬송을 익히고 배웠고, '**어린이 찬송가**'를 부르면서 음악성을 키워갔다.

이스라엘 다윗 왕은 성전에서 레위 인들로 찬양하는 전문인들을 세우고, 그들의 지도자를 세워서 철저한 음악훈련을 시켜 하나님께 찬양 드리는 일을 전담하도록 하였다역대상 16:4. 레위 사람을 택하여 여호와의 법궤 앞에서 겸손히 섬기면서 이스라엘 하나님 여호와를 칭송하고 감사하며 찬양하게 하였다. 아삽을 지휘자로 세웠고, 현악기인 비파와 수금 연주자로 스가랴, 여이엘, 스미라못, 여히엘, 맛디디아, 엘리압, 브나야, 오벧에돔, 그리고 아삽은 **제금**提金, 타악기을 힘 있게 치게 하고, 제사장 브나야, 야하시엘은 항상 언약 궤 앞에서 나팔을 불게 하였다.64)

또한 다윗은 성전에 4천명의 대 찬양 단을 두고역대상 23:5, 그들의 지휘자 3명을 두었으며, 그 휘하에 288명역대상 25:7의 전문가를 두어서 성전 음악(교회음

---

64) 에스라 2:41, "노래하는 자들은 아삽 자손이 128이요." 역대상 15:19 "노래하는 자 헤만과 아삽과 에단은 놋 **제금**(提琴)을 크게 치는 자요." 이 구절에서 크게 친다는 말은 타악기를 의미한다고 보아야 할 것이다. 그러므로 **시 150:5절**에서처럼 '**큰 소리**' '높은 소리'의 제금提琴은 오기된 글자다. 타악기라고 한다면 금<琴>자가 아니라 금<金>자여야 한다.

악)을 전담하도록 하였다. 아삽과 헤만과 여두둔은 다윗이 선별한 음악지도자 역대상 15:16-19 들이었고, 그들은 '왕의 선견자'라는 공식 명칭을 가지고 있었다. 역대상 25:5; 역대하 35:15[65]

또한 레위 인들이 세습제로 이루어졌듯이 성전의 음악 지도자도 세습제였다. 그러므로 자연히 아삽과 헤만과 여두둔을 중심으로 한 음악파 教會音樂 樂派가 형성되게 되었다.

오늘날 교회마다 여러 계층의 찬양대 즉 장년, 청년, 소년, 어린이 찬양대가 조직되어 **예배 찬양**禮拜讚揚과 절기 때마다 특별한 교회음악 연주를 위해 준비하여 드려지고 있다. 이들은 성도들을 대표해서 또한 성도들과 함께 그리고 성도들을 가르치는 자로서 하나님께 '찬양'의 임무를 감당한다고 볼 수 있다.

교회음악의 메신저는 자기가 봉사하려는 일에만 관심을 쏟을 것이 아니라 그가 사용해야 할 음악의 종류, 또는 그 음악을 시대에 따라 해석하며, 사용 동기 등에 대해서도 관심을 가지고 항상 연구하면서 연주하도록 해야 한다. 항상 자기 자신을 영적으로 영성靈性인 지식을 성장시키지 않는 지도자는 이미 지도자의 자격을 상실했다고 볼 수밖에 없다.

3. 어린이 찬송의 청중聽衆

하나님이 인간을 창조하신 궁극적인 목적은 바로 하나님의 영광을 찬송하게 하려는 데 있다. 이사야는 "이 백성은 내가 나를 위하여 지었나니 **나를 찬송하게 하려 함**이니라." 사 43:21고 했다. 하나님은 인간을 통하여 그의 **영광**의 **찬송**을 받으시려고 처음부터 인간을 창조하셨으므로 교회음악의 1차적인 청중은 하나님이시다. 하나님보다 성도들을 우선하고 연주하는 것은 부차적인 목적이라 하겠다.

하나님은 "인간이란 영혼의 악기 줄을 끊임없이 조이시고 퉁기심으로써 하

---

65) 염행수, *op. cit.*, p.32.

나님의 영광을 찬송하도록 하고 있는 것"이다. 이에 대하여 칼뱅주의 신학자 헤르만 바빙크~Herman Bavinck~는 『하나님의 큰 일』이란 책에서 이렇게 말했다.

"하나님은 인간을 모든 피조물 가운데 영장으로 삼기 위해서 그의 형상과 모양대로 창조하셨다. 그리고 인간을 땅의 왕으로 만물의 후사로 세우셨다~창세기 1:26~. 그것은 하나님의 큰 영광 가운데 계시되는 **여호와의 영광과 존귀를 노래하게 하기 위함**이다."라고 하였다.66)

기독교는 찬양의 종교요, 음악의 종교라고 말해도 과장된 표현은 아닐 것이다. 또한 그는 "하나님께서 인간을 선하게 창조하시고 그의 형상대로 창조하신 것은 하나님을 그들의 창조주로 바르게 인식하고, 진심으로 그를 사랑하며 그와 더불어 그를 찬양하고 영광을 돌리며 영원한 가운데 살도록 하기 위함이라고 말한 하이델베르크 교리문답~de Catechimus van Heidelberg~의 말은 정당한 말이다."라고 강조하였다.67)

말은 우리들의 사상에 말하지만 **음악**은 우리들의 마음과 영혼에, 그것도 영혼의 핵심과 근저에 말한다.

이렇듯 음악은 실로 중요하기에 우리나라 독립투사들은 마치 루터가 "**내 주는 강한 성이요**"라는 **찬송**~Choral~을 통해 힘을 재충전하였듯이, 조지아 행진곡 GEORGIA MARCH 곡조에 '**독립가**' 가사를 붙여 불렀던 것이다.

교회음악과 찬송가학을 연구하고 배워야 할 이유가 여기에 있다. 어릴 때 찬송교육의 중요성, 더욱이 '**어린이예배찬송가**'의 역할을 인식시켜야 할 것이다.

1919년 대한민국 독립운동 당시 불렸던 '야구가' 곡조는 21C 『**찬송가**』 350장~합동찬송가, 377장~에 "힘써 나가세"~March Onward~라는 곡이다. 이 가사와 곡조는 1986년 전남목포 정명여중에서 등사본으로 발견되었던 가사와 곡조이며 다음과 같다. 〈악보 4〉

---

66) Herman Bavinck, 『하나님의 큰 일』 김영규 역 (서울: 기독교문서선교회, 1984), pp. 222-228.
67) Ibid., p. 224.

<악보 4> 3·1 운동 당시 불렀던 '독립 가'악보와 가사

    이 곡조는 이미 미션 스쿨에서 음악교과서로 사용하던 『1915년 챵가집』에 나오는 제 28 '한영셔원가'의 곡조로 쓰였던 곡이기도 하다. 미션스쿨에서 배웠던 그 곡조에 독립가 가사를 붙여 불렀으리라고 생각되어 진다.
    아래 악보와 비교해 보라. <악보 5>

<악보 5> 한양셔원가

제3장 어린이 찬송과 시편찬송

제1절 예배에 있어서 찬송

'**찬송**'은 예배의 아주 중요한 요소이며 수단인 것이다. 기독교에서 찬송이 빠진 예배를 생각할 수 있겠는가? 기독교는 '**찬송의 종교**'라고 말할 수도 있다. 그만큼 찬송을 많이 창작하고 많이 활용하고 있는 것이다.

이효은 목사는 그의 저서에서 다음과 같이 인용하여 말하고 있다.[68]

키츠Keats 는 "찬송은 **영혼의 언어**"Language of Soul이며, "**음악의 황금 말씨**"music's golden tongue라고 하였다. 찬송은 예배의 분위기를 조성하고 회중의 마음을 좌우하며, 설교에 은혜를 끼치게 하며, 정신을 고매高邁하게 한다.

영국의 찬송가 지도자 킹즐리Kingsley는 "말은 우리들의 사상에 말하지만, 음악은 우리들의 마음과 영혼에 그것도 우리들의 영혼의 핵심과 근저에 말한다."고 했다. 음악은 '**종교의 시녀**'the handmade of religion 로 공중예배에 있어서 중요한 위치를 차지한다.

'**찬송**'은 예배의 중심에서 우리 영혼의 내적인 상태를 평화로운 **예배분위기**로 인도한다. 우리의 영혼을 지극히 높으신 자의 **거룩한 곳**으로 인도한다.

오늘날 음악이 본래의 목적에서 빗나가 인간의 감정만을 부추기며 음탕하고 세속적인 음악의 수렁에 몰아넣어 사탄의 포로가 되게 하는 그릇된 방면으로 흐르게 하고 있다는 것을 목회자들과 교회학교 교사들은 감지해야 할 것이다.

청교도들이 교회 안에 모든 상징과 장식을 추방하고 오르간이나 합창 같은 음악을 폐지한 것은 이런 근거에서였을 것이다. '교회음악'이 예배를 위한 그

---

68) 이효은, 『성경에 나타난 찬송』(예수교 문서선교회, 1981), p. 9.

위대한 목적을 위한 수단과 방법으로만 삼아야 할 것이다. 청교도들은 회중들을 하나님의 임재 가운데로 인도해야 할 찬송의 목적이 오히려 회중의 마음을 하나님으로부터 멀어지게 하는 강대상의 쇼$_{show}$가 되는 것에 반대하였다.

교회음악에서 '**찬송**'$_{讚頌}$은 예배의 참 목적을 위한 하나님의 주권과 영광과 은혜의 표현만을 위한 것이어야 한다. 그러므로 구약시대나 신약시대의 '찬송'은 하나님의 자녀들이 하나님을 높이 섬기는 하나의 최고 표현으로 나타났다. 그리고 역경과 고난을 이기는 강한 인내의 호소가 찬송으로 나타났다.

구약시대에 불렀던 찬송은 어떤 형태였을까? 구약성경에 나타난 음악의 실례를 살펴보면서 성경의 음악 태동기 모습을 살펴보자.

제2절 구약 시대 찬송

음악의 역사는 구약성경 첫 번째 책인 창세기로부터 시작된다. 맨 처음에 나타난 음악의 역사는 아담의 자손들 중에 '**유발**'이 있었다.69)

성경은 야발의 동생 유발이 최초의 악사$_{樂師}$였다고 기록하고 있다. 그 이름에서 숫염소라는 요벨(יוֹבֵל; 출애굽기 19:13절에서는 요벨이 숫염소의 뿔로서 곧 나팔을 의미하기도 한다)과 관련이 있는 것으로 생각된다.

유발의 형 야발은 육축을 치는 자의 조상이었다. 유발의 이복형제 두발가인은 최초의 대장장이였다. 이런 여러 직업 즉 목축업·기능공들이 각자의 '재능'$_{Talent}$이나 산업에서 얻은 '소산'을 통하여 창조주 하나님께 '예배'$_{祭祀}$하도록 한 것이다. 오늘날에도 각자에게 주어진 재능이나 기업을 통하여 얻은 소득을 드려 하나님께 영광을 돌릴 수 있도록 하신 것이나 같은 이치다.

구약성경에 지속적으로 음악에 관련된 내용이 나타났다. 그것은 음악이 생활의 모든 영역으로부터 뗄 수 없는 것임을 나타낸다. 비록 음악이 그 최초의 단계에서나 어떤 행동들에 관련된 것으로서는 소음을 내는 것보다는 나을 것이

---

69) **유발**은 창세기 4장의 가인과 아벨의 족보에 보면 21절에 "그의 아우 이름은 **유발**이니 그는 수금과 통소를 잡는 모든 자의 조상이 되었으며"라고 하였다.

없을지라도, 음악은 노동과 예배와 잔치와 군사적인 활동들을 언제나 동반하였었다.

창세기 37장에 야곱이 라반 외삼촌의 집에서 도망쳐 나오듯이 나왔을 때70) 라반은 먼 길을 좇아와서 하는 말이 "내가 즐거움과 **노래**와 **북**과 **수금**으로 너를 보내겠거늘" 이란 말에서 보듯이 '**가창**' 그리고 북과 수금이란 '**기악**'이 언급되어 있다.

출애굽기 15장에 보면 이스라엘 회중이 모두 홍해를 육지 같이 건넜을 때, 모세와 이스라엘 자손이 여호와께 노래하였다.

아론의 누이 선지자 미리암이 손에 **소고**를 잡으니 모든 여인도 그를 따라 나오며 **소고**를 잡고 **춤**추었다. 여기서 **부른 노래**는 회중이 함께 불렀던 최초의 '**회중 찬송**'이었다.

출애굽기 32장에 보면 십계명 두 돌비를 가지고 시내 산에서 내려오다 들려오는 소리를 듣고 여호수아는 진중에서 '싸우는 소리'가 난다고 하였다.71) 그러나 모세는 '**노래**하는 **소리**'라고 말하였다.

구약시대에 다윗과 솔로몬 시대에 훈련받은 찬양대들이 등장한다. 그렇다면 이전에는 찬송을 드리지 않았을 것이냐? 그렇지 않다.

가인이 아벨을 들에서 쳐 죽인 후 다시 아담이 자기 아내와 동침하매 셋이라는 아들을 낳았다. 이는 하나님이 아벨 대신에 다른 씨를 주셨던 것이다.

셋도 아들을 낳아 '에노스'라 하였으며, 그때에 비로소 '**여호와**의 **이름**을 불렀더라.'고 하였다.72)

아주 분명하게 '**여호와**의 **이름**'을 부르는 진정한 찬송의 모델이 나온다. '**여호와**의 **이름**을 **부르는 일**' 곧 '**찬송**'이야 말로 피조물인 인간이 창조주 하나님께 드렸던 최고의 '**찬송**'이요 '**예배**'였던 것이다.

---

70) 창세기 31:27절 "내가 즐거움과 **노래**와 **북**과 **수금**으로 너를 보내겠거늘 어찌하여 네가 나를 속이고 가만히 도망하고 내게 알리지 아니하였으며"
71) 출애굽기 32:17-18절 "[17] 여호수아가 백성들의 요란한 소리를 듣고 모세에게 말하되 진중에서 싸우는 소리가 나나이다. [18] 모세가 이르되 이는 승전가도 아니요 패하여 부르짖는 소리도 아니라 내가 듣기에는 **노래하는 소리**로다 하고"
72) 창세기 4:26절에 "셋도 아들을 낳고 그 이름을 에노스라 하였으며 그 때에 사람들이 비로소 **여호와**의 **이름**을 **불렀더라**." 이 성경구절은 분명히 '**찬송**'인 것이다.

제3절 찬송시의 보고寶庫 시편詩篇

1. 구약시대 찬송시의 보물창고는 '**시편**'詩篇일 것이다. 시편의 저자는 다양하지만 그중 다윗의 저작이 가장 많다. 다음에서 저자와 **제목**들을 살펴보자.

<도표 4> 시편의 저자 별 시편의 분류

시편의 저자	시의 제목 분류	시 편	편 수
다 윗 (75편)	목자의 시	8, 19, 23, 29, 144편	5
	죄인의 시	32, 38, 51편	3
	고난의 시	3, 4, 5, 6, 7, 11, 12, 13, 14, 17, 22, 25, 26, 27, 28, 31, 34, 35, 39, 40, 41, 53, 54, 55, 56, 57, 58, 59, 61, 62, 63, 64, 69, 70, 86, 109, 140, 141, 142, 143편	40
	만족의 시	9, 15, 16, 18, 20, 21, 24, 30, 36, 37, 52, 60, 65, 68, 72, 101, 103, 105, 108, 110, 122, 124, 131, 133, 138, 139, 145편	27
고 라		42, (43), 44, 45, 46, 47, 48, 49, 84, 85, 87편(42편, 43편의 저자 동일인; Barnes)	11
아 삽		50, 73, 74, 75, 76, 77, 78, 79, 80, 81, 82, 83편	12
헤 만		88편	1
에 단		89편	1
솔로몬		127편	1
모 세		90편	1
히스기야		120, 121, 123, 125, 126, 128, 129, 130, 132, 134편	10
작자 불명의 시(詩)		1, 2, 10, 33, 66, 67, 71, 91, 92, 93, 94, 95, 96, 97, 98, 99, 100, 102, 104, 106, 107, 111, 112, 113, 114, 115, 116, 117, 118, 119, 135, 136, 137, 146, 147, 148, 149, 150편	38

구약시대 본격적으로 성전의 전례典禮 음악은 다윗 왕과 솔로몬 왕 때에 이르러서 그 전성기를 이룬다.

성전에서 공식예배(제사)禮拜(祭祀)에 봉사자들은 모두 레위 족속에서 선발된 남자로서 왕궁과 성전에서 훈련받은 '**찬양대원**'들이었다. 다윗시대 성전예배를 위해 선발된 38,000명 중에 그 중에 4,000명이 음악가들이었다.대상 15:16-24; 23:5. 그리고 역대 상 25장에 보면 '**여호와 찬송**하기를 **배워 익숙한 자**의 **수효**가 **288명**이라'고 기록하고 있다. 대상 25:1-7 이들은 1년 열두 달을 각각 24명씩 순번을 따라

정규적으로 '**예배찬양**'禮拜讚揚을 맡았던 자들이다.

2. 구약시대 찬양재료의 **보고**寶庫는 '**시편**'詩篇임에 틀림없다. 다음은 찬송 시 작가나 설교 작성자를 위한 주제별 분류이다.   <도표 5> 시편의 주제에 따른 분류

시편 주제 1	주제에 따른 시편	시편 편수
분노憤怒	4편, 17편, 28편, 36편, 109편.	5
걱정, 두려움	3편, 11편, 12편, 27편, 46편, 49편, 59편, 64편, 91편, 121편, 139편, 146편.	12
결단決斷	1편, 25편, 26편, 37편, 62편, 101편, 119편.	7
실망, 낙심	12편, 16편, 42편, 55편, 86편, 92편, 102편, 107편, 130편, 142편.	10
미천微賤함	8편, 23편, 86편, 119편, 139편.	5
기쁨	33편, 47편, 63편, 84편, 96-98편, 100편, 148편.	9
인내忍耐	4편, 5편, 37편, 89편, 123편.	5
하나님을 아는 것	8편, 18편, 19편, 29편, 65편, 89편, 103편, 105편, 111편, 135편, 145편, 147편.	12
의로움	3편, 13편, 17편, 25편, 27편, 69편, 91편.	7
안전安全	34편, 84편, 91편.	3
질병疾病	22편, 23편, 41편, 116편.	4
슬픔	6편, 31편, 71편, 77편, 94편, 123편.	6
긴장緊張	12편, 24편, 31편, 34편, 43편, 56편, 84편.	7
약함	4편, 23편, 62편, 70편, 102편, 138편.	6
영적 혼란	10편, 86편, 90편, 94편, 126편, 138편, 142편.	7

시편 주제 2	주제에 따른 시편	시편 편수
비탄悲嘆과 참회懺悔	3편, 4편, 5편, 6편, 7편, 13편, 17편, 22편, 25편, 26편, 27편, 28편, 31편, 32편, 35편, 38편, 39편, 42편, 43편, 44편, 51편, 54편, 55편, 56편, 57편, 59편, 60편, 61편, 62편, 63편, 64편, 69편, 70편, 71편, 74편, 76편, 77편, 79편, 80편, 83편, 86편, 88편, 94편, 102편, 109편, 120편, 130편, 140편, 141편, 142편, 143편.	51
감사感謝와 찬양讚揚	8편, 11편, 18편, 19편, 23편, 29편, 30편, 32편, 33편, 34편, 40편, 41편, 46편, 48편, 65편, 66편, 67편, 68편, 75편, 81편, 84편, 85편, 91편, 92편, 95편, 98편, 100편, 103편, 104편, 105편, 106편, 107편, 108편, 111편, 113편, 114편, 115편, 116편, 117편, 118편, 123편, 124편, 131편, 133편, 134편, 135편, 136편, 145편, 146편, 147편, 148편, 149편, 150편.	53
왕·왕권王權	2편, 18편, 20편, 21편, 45편, 47편, 72편, 89편, 93편, 96편, 97편, 98편, 99편, 101편, 110편, 132편, 144편.	17
메시아	2편, 16편, 22편, 24편, 45편, 72편, 110편.	7
지혜智慧	1편, 9편, 10편, 12편, 14편, 15편, 19편, 36편, 37편, 49편, 50편, 52편, 53편, 73편, 78편, 82편, 112편, 119편, 127편, 128편.	20
시온의 노래	42편, 43편, 87편, 121편, 122편, 125편, 126편, 129편.	8
저주詛呪	35편, 58편, 69편, 109편, 137편.	7

3. 시편 150편을 다음 주제主題들로 다시 나누어 볼 수 있을 것이다.

① '**헌신의 시**'
   시편 1, 4, 9, 12, 13, 14, 16, 17, 18, 19, 22, 23, 24, 27, 30, 31, 33, 34, 35, 37, 40, 42, 43, 46, 50, 55, 56, 61, 62, 63, 66, 68, 69, 71, 73, 75, 76, 77, 80, 81, 84, 85, 88, 90, 91, 94, 95, 100, 103, 106, 107, 111, 115, 116, 118, 119, 122, 123, 126, 133, 136, 138, 139, 141, 142, 144, 147, 148, 149, 150편

② '**참회의 시**'
   시편 6, 32, 38, 51, 102, 130, 143편

③ '**저주의 시**'
   시편 35, 55, 58, 59, 69, 83, 109, 137, 140편

④ '**성전에 올라가는 노래**' - 시편 120편-134편

⑤ '**할렐 시**' - 예수께서 성만찬 후 제자들과 감람산으로 가실 때 불렀던 시편. 시편 113편-118편

⑥ '**역사 시**' - 시편 78, 105, 106편

⑦ '**두음 시**頭音 詩, Acrostic Poem'는[73] 시의 첫 문자가 히브리어 알파벳 순서로 된 시이다.
   시편 9, 10, 25, 34, 37, 111, 112, 119, 145편

⑧ '**메시아 예언 시**'
   시편 2, 8, 16, 22, 23, 24, 31, 34, 40, 41, 45, 55, 68, 69, 72, 89, 102, 109, 110, 118, 129편

이들 각 시편에는 '**느낌과 노래**'가 있다. 그리고 저자들의 '**불평**', 또는 '**의심**', '**부르짖음**'도 있다. 이들은 과거를 '**회상**'하고 '**미래**'를 내다본다. 이 세상 어느 다른 책에서는 보기 힘든 인간의 적나라한 '**영혼의 소리**'를 이 구약성경 시편의 **시**詩들을 통해서 귀 기울여 들을 수 있다.

---

[73] 출애굽기 32:17-18절 "[17] 여호수아가 백성의 요란한 소리를 듣고 모세에게 말하되 진중에서 싸우는 소리가 나나이다. [18] 모세가 이르되 이는 승전가도 아니요 패하여 부르짖는 소리도 아니라 내가 듣기에는 **노래하는 소리**로다 하고"

우리 그리스도교는 본디 헬라 문화권에서 시작하였다. 신약성경이 **헬라어**로 기록되었고, 초기 찬송은 모두 헬라어로 작시되었다. 그러나 세월이 가면서 헬라문화는 쇠퇴하고 라틴문화가 융성하면서 성경도 **라틴어**로 번역하여 쓰게 되었다. 우리는 이를 '불가타'역이라 하며, 공동번역이라는 뜻의 라틴어editio vulgata에서 유래하고 찬송가도 라틴 찬송가가 나오기 시작하여 계속 발전해 나간다. 이러한 '동방교회 **찬송가**'를 **힐라리오**Hilarius 주교가 서방교회에 소개하여 종교개혁이전까지 이르게 된다. 힐라리오는 푸아티 에 주교로서 아리우스 주의에 맞서 동방교회 교리를 서방교회에 소개한 최초의 라틴 작가이다. 그는 아리우스 이단에 대항하여 정통교리를 전파하기 위하여 동방교회 최초로 찬송가 가사를 작사하였다. 그는 '**서정시**'에 관한 책을 저술하기도하였다.360년경

그 뒤에 바로 '**라틴 찬송의 아버지**'라 불리는 **암브로시우스**가 절대적인 영향을 끼쳤다. 밀라노에 있을 때 그는 새로운 동방 음악들을 도입하고, 서방교회에 처음으로 **교송 법**Antiphonal Singing을 도입하여 교회음악의 혁신을 일으켰다.

또한 아름다운 찬송가들을 작사 · 작곡함으로써 시민들을 매혹시켰다. 그의 대표작품은 "땅과 하늘을 지으신 분"Aeterne rerum Conductor, "만물의 창조자 높으신 하나님"Deus Creator omnium "우리 민족의 구주여 오소서!"Veni, Redemtor gentium 등이 있다.74)

우리 찬송가에 있는 교부들의 신작 찬송은 알렉산드리아의 **클레멘스**Clement of Alexandria, A. D. 150-220의 "참 목자 우리 주"(통찬 103장)이다. 그는 다메섹에서 태어나 옛 시리아에서 처음 사용되던 선율체계를 동방교회의 **옥토에코스**Oktoechos라는 '선율체계'로 만들어 성가 작곡의 기본으로 삼았다. 옥토에코스 체계는 다메섹 요한이 처음 제안했고, 4개의 정격正格 에코스echos와 4개의 변격變格 에코스로 되어 있다. 이것으로 보아 다메섹 요한은 중세 '교회선법'에 지대한 영향을 끼친 사람이다. 그가 작사한 가사 두 편이 우리나라 찬송가에서 볼 수 있다.

① "믿는 자여 나와서"(개편찬 73장, 새찬 172장, 성공회 48장), ② "주 부활하신 날"(합찬 136장, 개편찬 138장, 새찬 178장, 성공회 46장) 등이다.

---

74) 신소섭, 『교회음악학』(서울: 아가페문화사, 2003), 재판., pp.56-57.

4. 성경에 나타난 찬송기호를 살펴보면 다음과 같다.

① 셀라(סֶלָה : Selah)는 시편에 73회시 9:16, 20: 55:17, 19, 67:1, 4: 143:6나 나타나고 있는 용어로서 하박국 3:3, 9, 13절에도 언급되어 있다. 이 단어는 항상 이러한 시적인 구절의 문장 끝 부분에 붙어 있다. 이 단어는 노래하는 자혹 시낭독자가 중요한 부분에 이르러 '셀라'하고 소리를 높인다든가, 잠깐 노래를 중지하고 악기 간주를 명하든가, 소리를 높여 노래하는 것을 의미하는 기호인 듯 하다. 음악적인 어떤 지시를 가리키는 것으로 생각되는데 정확한 의미는 알려있지 않다. 몇 가지 제시되고 있는 의미로는 "소리를 높여라, 떠받치다, 솟아오르다, 쉼, 들어올리다, 막간의 주악(참조 70인 역 '디아프살마' διάψαλμα, '노래를 쉰다.'), 되풀이하다" 등이 있다.

② 시(מִזְמוֹר : Mismor, 미즈모르, Psalm)는 악기를 사용하면서 부르는 노래를 의미한다(시편 48: 66: 88: 108: 65: 67: 75: 76: 87: 92:).

③ 영장(מְנַצֵּחַ : 메나체하, Musician)은 악장을 의미하며, 시편(4, 5, 6, 8, 9, 11, 11-14, 18-22, 31, 36, 39-42, 44-47, 49, 51-62, 64-70, 75-77, 80, 81, 84, 85, 109. 140편 등)에 나온다.

④ 현악(נְגִינוֹת : Neginoth) 시편 4, 6, 55, 61, 67, 76편은 "인도자를 따라 '현악'에 맞춘 노래"에서 나온다.

⑤ 관악(נְחִילוֹת : Nehiloth) 시편 5편은 "인도자를 따라 '관악'에 맞춘 노래"다.

⑥ 스미닛(שְׁמִינִית : Sheminith)은 '제8음, 옥타브, 8줄의 현악기'란 뜻으로 추정하며, 시편 6편은 "인도자를 따라 '현악 8째 음'에 맞춘 노래"다.

⑦ 식가욘(שִׁגָּיוֹן : Shiggaion)은 뜻은 잘 모르나 시편 7편에 "다윗의 '식가욘'으로 베냐민인 구시의 말에 따라 여호와께 드린 노래"에서 나온다.

⑧ 깃딧(גִּתִּית : Gittith) 시편 8편, 84편은 "인도자를 따라 '깃딧'에 맞춘 노래"다.

⑨ 뭇랍벤(מוּת לַבֵּן : Muthlabben) 즉 '무트 랍벤'은 "한 아들의 죽음"이란 뜻이며, "'벤'이란 악사의 죽음이란 곡조"로 시편 9편은 다윗의 시로 "인도자를 따라 '뭇랍벤'에 맞춘 노래"다.

⑩ 믹담(מִכְתָּם : Michtam)은 '금언 시, 황금 시'라는 뜻으로 시편 16, 56, 60편은 "교훈하기 위하여 지은 다윗의 '믹담' 시"이다.

⑪ 아앨렛샤할(עַל־אַיֶּלֶת־הַשַּׁחַר : Aijeleth Shahar)은 '새벽 사슴'이란 곡조란 뜻으로 시편 22편은 "인도자를 따라 '아앨렛샤할'에 맞춘 노래이다.

⑫ 마스길(מַשְׂכִּיל : Maschil)은 '교훈 시, 찬송, 기도'를 의미하며 시편 32, 42, 44, 45, 52-55, 74, 78, 88, 89, 142편은 다윗의 찬송 시, 다윗의 기도, 고라 자손의 교훈시이다.

⑬ 여두둔(יְדוּתוּן : Jeduthun)은 '악사의 이름'을 가리키며, 시편 39, 62, 77편이 여두둔의 형식, 또는 여두둔의 법칙에 따라 부르도록 지시하고 있다.

⑭ 소산님(עַל־שׁוֹשַׁנִּים : Shoshannim)은 '백합화의 곡조'라는 뜻으로 시편 45, 69편은 "인도자를 따라 '소산님'에 맞춘 노래"이다.

⑮ 알라못(עֲלָמוֹת : Alamoth) 즉 '알라모트'는 '처녀'를 뜻하며 자세한 뜻은 모르나 높은 음을 지시하는 용어로 보이며, 시편 46편은 "인도자를 따라 '알라못'에 맞춘 노래"이다.

⑯ 마할랏(מָחֲלַת : Mahalath)은 시편 53편, 88편 서두에 나오는 용어로 '고통, 괴로움'이란 뜻이며, 시편 88편의 경우 다윗 당시 고통과 참회의 분위기를 풍기는 '마할랏'('르안놋')의 멜로디가 널리 알려져 있었던 것 같다.

⑰ 마알로드(מַעֲלוֹת : A Song of degrees)는 '성전에 올라가는 노래'로 시편 120-134편에 나온다.

⑱ 힉가욘(הִגָּיוֹן : Higgaion)은 시편 9:16절에 나오는 음악적인 용어이나 의미는 확실하지 않다. '묵상함'이란 뜻으로 아마 어떤 미사여구나 묵상부분을 가리켰던 것으로 추측된다.

제4절 신약시대 찬송

1. 신약성경 복음서에는 그리스도와 그의 제자들이 '**찬미**'를 불렀다는 기록이 있으며, 특별히 누가복음에는 예수님의 탄생과 관련된 3편의 노래가 수록되어 있는데, 이것을 '**대 송가**'Greater Canticles 라 한다.

첫째, 마리아의 찬송을 '**마그니피카트**'Magnificat 즉 '**성모 마리아 송가**'라 한다.

둘째, '**베네딕투스**'Benedictus 는 세례 요한의 아버지 사가랴가 부른 찬송이다.

셋째, '**눙크디미티스**'Nunc Dimittis; Evening Hymn 는 '시므온의 찬송'을 말한다.

넷째, **대 송영**Gloria in Exelsis 은 예수님의 탄생 시에 허다한 천군과 천사의 찬양을 말한다. 이 노래들을 **칸티카**Cantica 라고 한다.

2. 초대교회 주님의 제자들은 예수님과 '시편찬송'을 함께 부르고, 회당을 통하여 익혀진 찬송들을 부르는 교회였을 것이다. 바울 사도는 "시詩와 찬송讚頌과 신령神靈한 노래들" 엡5:19; 골3:16 로 화답하라고 하였다.

기독교에 대한 핍박이 일어나 A. D. 70년 예루살렘 성전마저 파괴된 후 핍박의 도가 점점 심하여 초기 성도들은 숨어서 예배를 드려야 했기 때문에 '**찬송**' 부르는 것도 제한을 받게 되었을 것이다.

그러나 초기기독교는 박해 받으면 받을수록 복음은 확장되어 갔다. A. D. 70년과 A. D. 132년의 로마의 침입으로 유대인들 간의 결속이 한층 약화되었고, 유대교의 전통적인 종교적 예전도 끊어지고 말았을 것이다. 기독교인들은 아직 새로운 예배의식을 형성하지 못한 형편이었고, 이에 필요한 예배요소만 따서 사용할 정도에 머물러 있었다.

숨어서 예배를 드렸기 때문에 예배 시에 찬양대나 악기의 연주는 불가능하게 되었으며, 다만 '**시편 낭송**'이나 **기도송**이 불리어졌을 것이다.

초기 기독교인들의 예배모습을 알 수 있는 것은 비두니아Bithynia 지방 총독 프리니Pliny 는 110년경에 황제에게 보낸 편지에서 아래와 같이 밝히고 있다.

"'주일 새벽에 모여 찬송을 부르고, 그리스도를 하나님으로 경배'하고, '도적질, 강도질, 간음을 피하여 죄를 멀리 하기를 다짐한다.' '예수께서 부활하신 날인 주일에 성찬을 뗀다.'"는 기록을 볼 수 있다.

3. 초대교회 예배는 매우 단순하였으며, 예배의식에 항상 찬송이 동반되었다. 순교자 저스틴유스티아누스,Justine Martyr, 165년 순교은 말하기를 "그들은 주일에 모여서 구약에서나 복음서 몇 구절을 낭독하고, 설교를 한 다음에 일어서서 기도하고 성찬식을 거행하였고, 하나님께와 예수 그리스도께 찬송 불렀다."고 했다.

초대교회는 묘지와 동굴카타콤 속에서 비밀리에 행해진 예배였기에, 음악사용은 제한되었고, 이때 사용되었던 두드러진 세 가지의 용어는 "**할렐루야**"Hallelujah와 "**아멘**"Amen과 "**호산나**"Hosanna 이었다.

초기 크리스천들은 얼마 동안 유대교에서 나온 노래를 사용하였으나, 얼마 가지 않아 자기들의 '찬송'을 소유하게 되었는데, 이 중에 더러는 영감의 직접적인 산물이었으며 다른 것들은 특수한 성가의 성질을 갖고 있었다.

초대교회에서 불리어졌다고 알려진 찬송을 정리하면 다음과 같다.75)

① **대 송영**Gloria in Excelsis ② **소 송영**Gloria Patri ③ **삼성 창**三聖唱; Ter Sanctus ④ **할렐루야**Hallelujah ⑤ **베네디키테**Benedicite ⑥ **눙크 디미티스**Nunc Dimittis ⑦ **마그니 피카트** Magnificat ⑧ **테데움** Tedeum; 테 데움 라우다무스 Te Deum Laudamus; We praise Thee, O God이다.

4. 테데움 Te Deum은 '**당신을 주님으로 찬미합니다.**'라는 **찬가**이다. 아우구스티누스 또는 암브로시우스 작이라고 전해지며 '거룩한 삼위일체 찬가'라고도 한다. 이 노래의 진짜 작자는 알려지지 않았지만 5세기 초까지 거슬러 올라가는 것으로 그 후 약간 개작되었고, 초기에는 단 선율로 작곡되었으나 나중에는 다성부 작곡도 많아졌다. **테데움**'Te Deum'은 교부시대부터 **글로리아**'Gloria'와 함께 사용되었던 하나님께 드리는 대표적인 찬가들 중 하나이다. 12세기 중엽의 '라테라뇨 교회 예식서'Ordo ecclesiae Lateranensis에 따르면 성 토요일에 글로리아 전에 사용되었다고 한다.76) 테데움은 가톨릭교회의 오랜 전통을 지닌 찬미가이다. 한국 가톨릭교회에서는 테데움을 '사은찬미가'라고 하여 '성시간'과 '시간전례(성무일도)'의 주일 독서기도 때 사용하고 있다.

---

75) 김이호, 『찬송가 연구』(서울: 도서출판 지혜 원, 1999), pp. 85-88.
76) *Jungmann, Missarum Sollemnia* 이태리번역본 2권, Ancora 2004, p.103, 각주 22) 참조

'테데움'의 전문과 그 해석은 다음과 같다.

Te Deum

Te Deum laudamus:
te Dominum confitemur.
Te aeternum patrem,
omnis terra veneratur.
Tibi omnes angeli,
tibi caeli et universae potestates:
tibi cherubim et seraphim,
incessabili voce proclamant:
"Sanctus, Sanctus, Sanctus
Dominus Dominus Deus Sabaoth.
Pleni sunt caeli et terra
maiestatis   gloriae tuae."
Te gloriosus   Apostolorum chorus,
te prophetarum laudabilis numerus,
te martyrum candidatus laudat excercitus.
Te per orbem terrarum
Te per orbem terrarum
sancta confitetur Ecclesia,
sancta Ecclesia,
Patrem immensae maiestatis;
venerandum tuum verum et unicum Filium;
Sanctum quoque Sanctum quoque Paraclitum Spiritum.
Tu rex gloriae, Christe.
Tu Patris   sempiternus es   Filius.
Tu, ad liberandum suscepturus hominem,
non horruisti   Virginis   uterum.
Tu, devicto mortis   aculeo,
aperuisti   credentibus regna caelorum.
Tu ad dexteram Dei sedes,
in gloria   Patris.
Judex crederis   esse venturus.
Te ergo quaesumus, tuis   famulis subveni,
quos pretioso sanguine redemisti.
Aeterna fac cum sanctis tuis
in gloria   numerari.
Salvum fac populum tuum, Domine,
et benedic hereditati tuae.
Et rege eos,
et extolle   illos   usque in aeternum.
Per singulos dies   benedicimus te;
et laudamus nomen tuum in saeculum,
et in saeculum saeculi.
Dignare, Domine, die isto
sine peccato nos custodire.
Miserere nostri, miserere Domine,
Fiat misericordia   tua, Domine Domine super nos,
quemadmodum speravimus in te.
In te, Domine, speravi:
non confundar in aeternum.

"당신은 하나님, 우리는 당신을 찬양 하나이다,
당신은 주님, 우리는 당신을 소리 높여 찬양 하나이다.
당신은 영원하신 아버지, 모든 피조물이 당신을 경배 하나이다.
모든 천사, 하늘의 모든 권세들
케루빔과 세라핌은 당신을 향하여 영원토록 찬양 하나이다.
거룩, 거룩, 거룩, 권능과 능력의 주 하나님이시여
하늘과 땅에 당신의 영광이 가득 하나이다.
영광스러운 사도들이 당신을 찬양 하나이다.
고결한 예언자들이 당신을 찬양 하나이다.
흰 옷을 입은 순교자들이 당신을 찬양 하나이다.
온 세계의 거룩한 교회가
무한광대하신 권능의 아버지
모든 경배를 받으시기에 합당하신 당신의 참된 외아들
우리의 중재자시요 인도자이신 성령을 찬미하나이다.
영광의 왕이신 그리스도
당신은 아버지의 영원한 아들
우리를 죄에서 해방시키시려 몸소 인간이 되시고자 동정녀의 품안을 꺼리지 않으셨나이다.
죽음의 독침을 이기시고, 모든 믿는 자에게 천국을 열어주셨나이다
지금은 하나님의 오른편, 영광 안에 계시어도 심판하러 오시리라. 우리는 믿나이다.
보배로운 피로써 구속받은 당신의 종들, 우리를 구하시기 비옵나니,
우리도 성인들과 함께 영원토록 영광을 누리게 하소서.
주여, 당신의 백성을 구원하시고 당신의 기업을 축복하소서.
그 백성 당신이 다스리시고, 영원까지 그들을 이끌어주소서.
날마다 우리는 당신을 찬양 하나이다.
우리는 영원토록 당신의 이름을 기리오리다.
주여, 오늘날 우리를 모든 죄로부터 지켜주소서.
주여 우리를 불쌍히 여기소서. 불쌍히 여기소서.
우리는 당신을 의지하오니, 우리에게 당신의 사랑과 자비를 보여주소서.
주여, 우리의 희망은 당신 안에 있사오니,
우리의 희망은 헛되지 않을 것이옵니다."

5. 한국 찬송가에 가장 오래된 찬송가였으나 이번에 삭제된 찬송가 악보다.

<악보 6> "참 목자 우리 주" 통일찬송가 103장, Clement of Alexandria, c. 150-220

또한 아쉬운 점은 통일『찬송가』166장인 "주 예수 믿는 자여"라는 곡은 우수한 곡임에도 번역된 이 찬송가사만 따로 떼어서 한국인 작곡자의 곡조로 바꾸어지면서 이 찬송가는 본래의 장중한 곡조와 의미를 잃어버린 것이다.

이 찬송가는 1931년에 발행된 『찬송가』(쇼화육년. 신뎡 첫재츌판: 구쥬 강생 일천구백삼십일년) 데七十九 ○ "등불을 가지고 마즘" 'REJOICE, ALL YE BELIEVERS' 라는 제목으로 곡명은 'LANCASHIRE' 무곡으로 가사만 실렸다가 1937년에 곡조찬송가인『찬송가』(쇼화십이년 신뎡셋재츌판: 구쥬 강생 일천구백삼십칠년)로 발행되면서 악보가 실렸다. 이때 곡명 LANCASHIRE: 7.6.7.6.D. 라고 기재했다.

이 찬송 시는 1887년 어네스트 W. 셔틀레프Ernest W. Shurtleff, 1862-1917가 작사했다.77) 그가 엔도보 신학대학의 졸업반에 있었을 때 그의 뛰어난 시적 재능을

---

77) 어네스트 W. 셔틀레프의 가사로 이 찬송곡조에 실린 경우는 *Lutheran Book of Worship*, Trinity Lutheran Church, Long Beach, California, 1978, 495장 Lead On, O King Eternal! 이다. 한국 찬송가의 가사는 이 찬송가 25장 "Rejoice, Rejoice, Believers"란 가사가 맞다.

인정했던 그의 동급생들은 그에게 졸업식 때 함께 부를 찬송가를 작시해 달라고 부탁을 하였다. 그는 이에 응하여 지은 이 찬송 시는 목회자들이 갖추어야 할 마음가짐과 그리스도의 재림에 대한 소망을 매우 잘 나타내 주고 있다.

우리 찬송가에 실린 가사는 『새찬송가』(서울: 생명의 말씀사, 1962) 195장을 참고하면 "주 예수 믿는 자여" Rejoice, All Ye Believers의 작사자 로렌티우스 로레티 Laurentius Lauretie의 가사이다.

이 찬송가의 곡조는 1835년 10월 4일 랑카셔 Lancashire 군 블랙번 Blacburn에서 영국의 종교개혁 300주년을 기념하기 위하여 열리는 음악제에서 부르려고 헨리 토머스 스마트 Henry Thomas Smart, 1813-1879가 레지널드 히버 Reginald Heber의 찬송시 "저 북방 얼음산과" From Greenland's mountains(통찬 273장)의 곡조로 작곡된 곡이었으나 셔틀레프의 찬송 시에 붙여진 이후로 이 찬송시의 곡으로 불리어 왔다.

1867년 스마트의 『예배용 시와 찬송가집』 The Methodist Hymnal 에 실리어 계속 이 찬송 곡으로 전해지게 된 것이다. 찬송곡명 LANCASHIRE 는 그 음악제가 있었던 랑카셔 군명을 따서 작곡자 스마트가 명명한 것이다.

우리 21C 『찬송가』에는 번역 가사만 따다가 한국인 작곡으로 본래의 악상이나 리듬, 화음에서 비교도 안 되는 곡으로 바뀌어 편집되었다.

위의 1937년에 총 314장 곡조찬송가인 『찬송가』(쇼화십이년 신뎡셋재츌판: 구쥬 강생 일천구백삼십칠년)로 발행하였다. 이때 성인 『찬송가』를 편집하면서 '데목목ᄎ'를 보면 "유년과 쇼년"이란 제목으로 294장-310장까지 '어린이 찬송가'를 구분해서 정리했던 점이 대단히 돋보이는 점이다.

같은 시대에 총 400장 곡조찬송가인 『신편찬송가』(장로교총회 종교교육부, 1935)를 편찬 발행되어 오래 동안 사용하였다.

이 『신편찬송가』는 ① 제목분류목록 ② 찬송 영문가사 첫줄 색인 Index of First Lines and Titles ③ 곡명 색인 Index of Tunes ④ 한글 찬송가 목록(가나다 순) ⑤ 사도신경, 주기도문, 십계명 ⑥ 성경교독문 목차 : 시편 1:, 4:, 8:, 12:, 13:, 15:, 16:, 19:, 23:, 24:, 27:, 29:, 32:, 40:, 42:, 46:, 51:, 57:, 84:, 91:, 96:, 103:, 104:, 118:, 119:, 139: 등 26편 교독문이 실려 있다.

이 '**신편찬송가**' 제목분류목록은 다음과 같다.

◇ 예배와 찬송	1-43	267-277	
◇ 하느님		278-284	
◇ 성 자	44-307		
· 예수 그리스도	44-58		
· 강림		285-286	
· 탄생	59-71	287-290	
· 생애		291-294	
· 고난		295-299	
· 속죄	72-80		
· 부활	81-86	300-304	
· 승천	54	305	
· 재림	253-262	306-307	
◇ 성 령	87-92	308	
◇ 성 자	309-312		
◇ 성도의 생애	102-370		
· 주의 부르심	102-119	313-317	
· 회개와 고백	120-133	318-325	
· 헌신	215-219	326-330	
· 믿음과 소망	196-205	331-336	
· 장래와 소망	239-252	388-394	
· 사랑과 감사	186-195	337-384	
· 봉사	371-379		
· 빛과 인도	206-214	349-351	
· 평화	353-361		
· 기도	362-366		
· 경험	143-185		
· 교제	236-238	367-368	
· 성만찬	254	369-370	
◇ 교회	93-98		
◇ 봉헌	94		
◇ 선교와 노력	220-235	380-386	
◇ 안식일	99-101		
◇ 감사절	255	387	
◇ 신년	395		
◇ 혼례	256-257		
◇ 혼잡	258-266	296-400	

<신편찬송가>

<신편찬송가 제목목록>

어릴 때 어르신들이 부르시던 찬송가가 바로 이 『신편찬송가』 400곡 집의 마지막 400장이 A. B로 나누어졌던 것이 지금도 기억이 생생하다. 이 찬송가에는 '유년 소년'의 분류가 없다. 잠간 한국찬송가 이야기를 한 것 같다.

기독교역사적으로 시리아$_{Syria}$에는 일찍부터 복음이 전해져서 기독교가 발달하여, 이단 아리우스파$_{Arianism}$와 대항하는 하나의 방편으로 안디옥$_{Antioch}$에서는 **교송 법**$_{Antiphonal\ Singing}$이 도입되어 사용되었다. 안디옥 교회에 교송 법을 처음 소개한 사람은 익나티우스 $_{Ignatius\ of\ Antioch,\ c.\ 110}$로 간주되지만 이것은 이미 유대 교회당에서 사용되던 창법인 것이다. 회중들은 두 그룹으로 나뉘어서 시편과 찬송을 서로 교대로 불렀다. 대표적인 시리아의 찬송 작가인 에프라임$_{Ephraim,\ d.\ 373}$은 이교도들이 즐겨 부르는 곡조에다 정통 교리의 가사를 붙여 회중들이 부르도록 하였다.

4세기에 열린 **라오디게아 종교회의**$_{Council\ of\ Laodicean}$에서는 "교회에서는 설교단에 올라가서 책을 가지고 노래하는 지정된 가수 이외에는 찬양을 해선 안 된다."라고 '**예배 시 악기 사용·창작 찬송 금하는 규례**'를 만들었다.78) 이단적인 찬송을 막기 위해서 시편 $_{Psalm}$과 송가 $_{Canticles}$만 부르게 하였다. 이러한 규제 때문에 찬송 창작활동이 활발하지 못하게 되었으나 교회 밖의 사적 모임이나 축제나 특별한 행사에서는 '창작 찬송'들이 불려졌다.79)

오늘날에도 세속음악과 사탄들이 교회문화를 공격하는 측면에서 이러한 특단의 규제가 있어야 하지 않겠는가? 하는 생각이 든다.

---

78) 찬양하는 사람들의 전문지 『기독음악저널』(서울: 도서출판 작은우리, 통권 69호), p.45. A. D. 341년 라오디게아 종교회의의 결정배경은 "교회가 가는 데마다 열심히 찬송을 부르는데, 여러 나라·여러 민족·여러 전통가락으로 찬송가가 작사·작곡 또 연주되다보니, 성경적으로 신학적으로 예술적으로 권장할 만한 찬송보다는, 직설적이거나 유치한 가사와 곡조와 창법으로 된 찬송이 더 많이 불려 지게 되고, 대중음악과의 교류가 활발해지면서 찬송가의 정통성과 경건성에 문제가 생기게 되었다. 더군다나 이단이 끼어들어 교회를 혼란하게 하였다. 그래서 주후 341년에 열린 '라오디게아 교회총회'에서는 오랜 논란 끝에 그 13번째 법령에 아래와 같은 결정을 했다.
"교회에서는 설교단에 올라가서 책을 가지고 노래하는 지정된 가수 이외에는 찬양을 해선 안 된다."

79) *Ibid.*, pp. 26-27.

제4장 성경의 악기로 본 찬송의 역사

제1절 성경에 나오는 악기

'어린이찬송가학'이란 그리스도를 머리로 삼고, 그의 지체가 된 유형무형의 교회가 그 교회 된 사명을 완수하기 위하여 필요로 하는 '어린이교회학교' 및 '유년주일학교'의 음악적 활동 연구에 대한 학문이다. 이렇게 전제하고 이를 수행함에 있어서 구약과 신약 성경에 나타난 악기에 대한 이해는 '어린이 찬송가학'을 이해함에 있어서 흥미와 도움을 줄 것이다. 그러나 구약시대의 찬송은 성경에 나타난 문헌일 뿐 그 음악의 형태나 음향은 전혀 전해지지 않고 있다. 그러기에 먼저는 성경에 언급된 악기들의 형태를 역사적으로 살펴본 후, 현대 교회음악의 악기들을 효율적으로 사용하여 어린이찬송에 활용하는 방법의 교육학적 견해를 제시하려 한다. 왜냐하면 어린이들은 교회악기란 흔히 '오르간'이나 '피아노'만을 연상하기 때문이다. 그러나 구약시대에 나타난 악기들을 연구하는 것은 고대의 벽화나 돌에 새겨진 악기의 모습에서 성경 고대시대의 악기들이나 성경에 나타난 악기의 형태와 악기의 음향을 어느 정도 추측할 수 있고 더욱 악기들의 발전 과정을 살펴 볼 수 있을 것이다.

1. 구약시대 악기

구약성경에 나타난 악기라 할지라도 역시 악기나 소리가 남아 있지 않으므로 그 실제의 음향을 알아볼 수 없으나 성경에 나타난 여러 악기의 이름과 고대의 유물인 분묘나 피라미드 내부 등에서 발견된 악기의 모양을 종합적으로 대조, 연구함으로써 구약 시대에 적어도 10여종의 악기가 사용되었음이 입증되었다.

구약성경에 나오는 악기와 신약성경에 나오는 악기가 언급된 성경구절들을 정리해 보면 다음 표와 같다.80)

<도표 6> 악기가 언급된 성경구절 1

창 4:21 Kinnor, Ugab	대상15:16,19,20
창31:27 Kinnor, Toph	Nebel, Kinnor, Mtailtayim
출15:20 Toph(and Machol)	대상15:15,21,24,28
출28:33,34, 39:25,26 Phà-amon	Nebels on Alamoth,
레23:24 Keren	Kinnors on the Sheminith,
레25:9 Shophar	Khatsotsarah Shophar,
민10:2,8,9,10 Khatsotsrah	Mtziltayim, Nebel, Kinnor
민31:6 Khatsotsrah	대상16:5 Nebel, Kinnor, Mtziltayim
수6:4,5,6,8,9,13 Keren, Shophar	대상16:6 Khatsotsarah
삿3:27; 6:34; 7:8,16,18,19,20	대상16:42 Khatsotsarah, Mtziltayim
Shophar	대상25:1,3,5,6
삿6:34 Toph (and Machol)	Kinnol,Nebel,Keren,Mtziltayim
삼상5:5 Nebel, Toph, Khalil, Kinnor	대하5:12,13 Mtziltayim, Nebel,
삼상8:3 Shophar	Kinnor, Khatsotsarah
삼상16:16,23 Kinnor	대하7:6 Shophar, Khatsotsrah
삼상18:6 Thoph, Shalishim	대하9:11 Kinnor, Nebel
삼하2:28 Shophar	대하13:12,14 Khatsotsrah
삼하6:5 Kinnor, Nebel, Toph,	대하15:14 Shophar, Khatsotsrah
Menaaneim, Mtziltayim	대하20:28 Nebel, Kinnor,
삼하6:15; 15:10; 18:16; 20:1,22	Khatsotsarah
Shophar	대하23:13 Khatsotsarah
왕상1:34,39,41 Shophar	대하 29:25,26,27,28
왕상1:40 Khalil	Mtailtayim, Nebel, Kinnor
왕상10:12 Kinnol, Nebel	스3:10 Khatsotsarah, Mtailtayim
왕하9:13, Shophar	느4:18,20 Shophar
왕하11:14; 12:13 Khatsotsrah	느7:35,41 Mtailtayim, Nebel, Kinnor
대상13:8 Kinnor, Nebel, Toph,	욥21:12 Toph, Kinnor, Ugab
Mtailtayim, Khatsotsarah	욥30:31 Kinnor, Ugab
	욥39:24,25 Shophar
	시5:1 *Nechiloth*
	시33:2 Kinnor, Azor

---

80) 신소섭, 『21실용교회음악학』(서울: 아가페문화사, 2013), pp.421-422.

시43:4 Kinnor	사30:32 Toph, Kinnor
시45:8 Minnim(Stringed Instruments)	사58:1 Shophar
시47:5 Shopar	렘4:5,19,21; 6:1,17 Shophar
시49:4 Kinnor	렘31:4 Toph, *Machol*
시53:(title) *Machalath*	렘42:14 Shophar
시57:8 Kinnor, Nebel	렘48:36 Khalil
시68:25 Toph	렘51:27 Shophar
시71:22 Nebel, Kinnor	애5:15 *Machol*
시81:2 Toph, Kinnor, Nebel	겔26:13 Kinnor
시81:3 Shophar	겔28:13 Toph, Nebel
시88:(title) *Machalath*	겔33:3,4,5,6 Shophar
시92:1-3 Azor, Kinnor, Nebel	단3:5,7,10,15 Keren, Mashrokitha, Kithros, Sabeca, Psanterin, Sumphonia
시98:5-6 Kinnor, Shophar, Khatsotseah	호5:8 Khatsotsrah, Shopar
시108:2 Nebel, Kinnor	호8:1 Shopar
시137:2 Kinnor	욜2:1,15 Shopar
시144:9 Nebel Azor	암2:2; 3:6 Shopar
시149:3 *Machol*, Toph, Kinnor	암5:23; 6:5 Nebel
시150:3 Shophar, Nebel, Kinnor	습1:16 Shopar
시150:4 Toph(and *Machol*), Minnim, Ugab, Mtziltayim(two kinds)	슥9:14 Shopar
사5:12 Kinnor, Nebel, Toph, Khalil	슥14:20 *Metailoth*
사14:11 Nebel	마9:23 Aulos
사16:11 Kinnor	고전13:1 Kumbalon
사18:3 Sophar	고전14:7 Kithara, Aulos
사23:16 Kinnor	계1:10; 4:1, 9:14 Salpinx
사24:8 Toph, Kinnor	계5:8, 14:2 Kithara
사27:13 Sophar	계18:22 Kithara, Aulos, Salpinx
사30:29 KHalil	

성경에 언급된 악기들은 성경에 나오는 족장 중에 야곱의 자손들이 만든 악기라기보다는 이집트, 아시리아, 갈대아 등에서 도입된 것으로 추측된다.[81]

<그림 3> 성경에 나오는 고대 악기

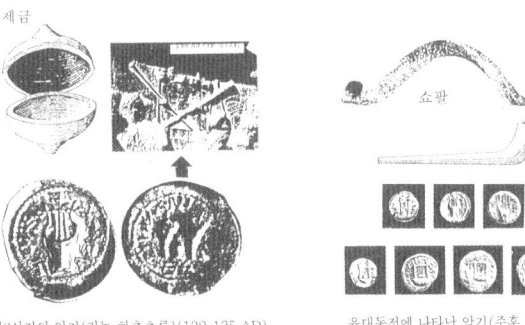

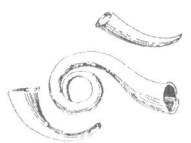

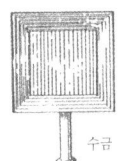

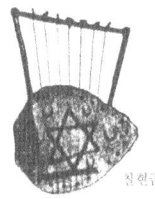

그래서 그 음악소리_{음향}를 듣는다는 것은 어렵다. 비교 음악학의 세계적 권위자인 커트 작스_{Curt sachs} 박사는 그의 저서에서 아래와 같이 말하였다.

"분묘나 피라미드 내벽에 그렇게 생생하게 그려진 궁정 음악가들의 모습에서도 그 음악소리는 들리지 않는다. 파르테논_{Parthenon} 신전으로 올라가는 젊은이의 노래

---

81) 신소섭,『예배와 찬송학』, op. cit., p. 73.

소리도 들리지 않는다. 형태도 없고 순간 사라지는 음악을 고대에 있어서는 전혀 기록할 수가 없었다. 그리고 남아 있는 약간의 악보까지도 그 소리가 어떻게 울렸으리라는 확증을 얻을 길이 없다.82)

성전 시대까지는 사용자에 따라 악기들이 다른 것을 보여준다.83)

<그림4> 파르테논 신전 모습

1) 제사장 - 나팔

나팔(חֲצֹצְרָה ; 하초츠라 ; chatzotzerah)은 하차르(חָצַר) 즉 "둘러싸다", "모이게 하다"라는 어원에서 이 악기의 이름은 '모이게 하는 것'을 뜻하며, 사람들을 소집할 때에 쓰였을 것으로 추정한다.84) 이 나팔은 제사장들만이 불 수 있었다. 대하 5:12이하; 7:6; 13:12-14; 스 3:10이하; 느 12:35, 41 또한 숫양의 뿔로 만들어진 '쇼팔'(שׁוֹפָר)은 '나팔', '뿔'을 의미하며, '쇼팔'은 음정을 바꾸는 변음 장치valve나 구멍 따위가 없었으므로 자연 배음밖에 나지 않는다. 레25:9; 욥39:25 성경에 72번이나 등장하는 이 악기는 다음과 같은 성경 구절에서 언급되고 있다.

① 다윗에 의해 언약궤가 운반될 때 삼하 6:15 ② 아사 왕이 여호와께 맹세할 때 대하15:14 ③ 새로운 달의 예고 시81:3 ④ 하나님의 행한 이적에 감사할 때 시98:6; 시150:3

세속적인 의미로 사용된 것은 ❶ 왕의 대관 삼하15:10; 왕상1:34; 왕하9:13 ❷ 전쟁에 관련 삿3:27; 7:22; 삼하2:28; 6:15; 18:16; 20:1, 22; 렘4:5, 19, 21; 6:1, 17; 42:14; 겔33:3 4, 5, 6; 욥39:24, 25; 슥9:14

<그림 5> 양각 나팔 >

❸ 재앙, 공포, 피신과 관련 출19:16, 19; 20:18; 느4:18; 사27:13; 58:1; 호 8:1; 욜2:1, 15; 겔7:14 등이다.

---

82) Ibid., p. 97.
83) John Stainer, The Music of Bible, 성철훈 역 『성경의 음악』(서울: 호산나음악사, 1991), p.175-189.
84) 민 10:2절에 보면 "은 나팔 둘을 만들되 두들겨 만들어서 그것으로 회중을 소집하며, 진을 출발하게 할 것이라."라고 하였다.

2) 레위인(성전 음악가) - 수금 비파 등의 현악기

① 수금(킨놀 ; כנור)은 유발과 연관된 악기 중^{창 4:21} 하나이며, 매우 흔하게 사용되는 반주악기이다. 성경에 42번이나 등장하는 이 악기는 기쁨을 나타내는 악기로^{욥21:12; 창 31:27}, 가족의 축제에^{창31:27}, 목자들에 의해^{삼상16:16}, 여자들에 의해^{사23:16}, 즐거운 잔칫상과 축제에^{욥21:12}, 전쟁에 승리했을 때나 대관식에 사용되었다. 탄식의 노래에서는 이 악기의 사용이 없고, 기쁨이 사라지면 이 악기가 연주되지 않는다.^{시137:2} 백성들이 죄로 인해 벌을 받게 되면 수금이 소리를 잃는다.^{사24:8; 겔26:13} 다윗은 가장 유명한 이스라엘의 수금 연주자로, "하나님의 부리신 악신이 사울에게 이를 때에 다윗이 수금을 탄 즉 사울이 상쾌하여 낫고, 악신은 그에게서 떠났던 기록"^{삼상 16:23}이 있다. 이 악기가 술꾼들에 의해 다른 악기들과 함께 이 악기도 추방되지만, 의식에 사용되는 일은 계속되었다.

<그림 6> 수금 타는 다윗

② 수금(프산테린 ; פסנתרין Pesanterin ; 단 3:5, 7, 10, 15)은 헬라어 프살테리온 psalterion($\psi\alpha\lambda\tau\eta\rho\iota o\nu$)과 그 울림이 비슷하여 같은 것으로 추정된다. 헬라어 '프살테리온'은 히브리어 네벨 nebel(נבל ; 한글성경에 비파로 번역됨)로 보는 견해가 있기 때문에 이를 같은 것으로 생각하는 경향이 있다. 또한 이 악기가 수금(킨놀 ; כנור)과 같은 것이라는 견해도 있는데, 한글 성경은 이를 수용했다.85)

영어 성경에는 '비파'를 '솔터리'psaltery나 '하프'harp라 하였고, 성경에 27번 나타난다. '킨놀'보다는 약간 큰 규모의 다현 악기_{多絃 樂器}이다. 구약 70인 역경에 보면, 시편 71:22절에는 '살모스'($\psi\alpha\lambda\mu o\varsigma$), 시편 81:2절에는 '키다라'($\kappa\iota\theta\alpha\rho\alpha$)로 번역했다. 영어 성경에서는 '네벨'을 '살터리'psaltery, '삶'psalm, '루트'Lute, '비올'viol 등으로 번역했다.86)< 그림 3 > p. 104

---

85) *Ibid.*, p. 275.
86) John Stainer, *op. cit.*, p.48, 55.

③ 생황笙簧(슘포네야 ; סוּמְפֹּנְיָה ; Gr. συμφωνια; Germ. Sackpfeife; Ital. Zambogna)은 성경마다 번역이 다양하다.87) 헬라어 70인 역에서 '슘포네야'로 번역한 것으로 보아 여러 악기 소리가 울려 퍼지는 '관현악'을 의미한다고 본다.

<그림 7> 생황

3) 비 전례 음악 – 퉁소, 저, 피리 등의 관악기

① 퉁소(우갑 ; עוּגָב)는 여러 학설이 많으나 플루트Flute의 일종이나, 팬 플루트의 일종, 또는 두델삭의 일종으로 보고 있다. 모든 학설이 관악기라는 점에서 일치하고 있다. 시편 150:4에서 "현악과 퉁소로 찬양할지어다."란 부분에 나오는 데, 퉁소보다는 '관악'이란 말이 더 적절해 보인다.

<그림 8> 퉁소

② 저笛 (할릴 ; חָלִיל ; halil, 헬 αὐλός, 아울로스)는 '피리'라고도 번역되는 경우도 있으며, 구역 성경에 6번 삼상10:5; 왕상1:40; 사5:12; 30:29; 렘48:26에 2번이 나온다. '오보에'oboe 종류로서, 한국어 '피리'가 뜻하는 원 의미에 가깝다. '피리'는 원래 플루트 종류가 아니라 겹 혀를 가진 오보에 종류의 관악기이다. 삼상10:5; 사30:29

③ 피리(마스로키타 ; Mathrokita מַשְׁרוֹקִיתָא ; pipe)는 앞서 언급한 대로 다니엘 3:5, 7, 10, 15절에 나오며, '팬파이프', '이중 오보에' 등으로 간주되는

---

87) 고영민, 『성서 원어 대사전』(서울: 기독교문사, 1982), 히브리어 사전 p. 260. 현대어 성경은 개역성경의 번역을 따르고 있으나,《표준 새 번역 성경》(김호용 발행, 서울: 대한 성서 공회, 1993)은 '나팔' '피리' '수금' '삼 현금' '양금' '생황'을 '나팔' '피리' '거문고' '사 현금' '칠현금'과 '풍수' 등 갖가지 악기라고 번역을 시도했다.

The Holy Bible, Thomas Nelson & sons(New York: Manufactured in the United States of America, O. T. 1952, N. T. 1946)의 번역은 다니엘 3:5a를 "that when you hear the sound of the horn, pipe, lyre, trigon, harp, bagpipe, and every kind of music,"로 번역.

Sir Lancelot C. L. Brenton 의 **The Septuagint Version**: Greek and English에는 영역으로 "at what hour ye shall hear the sound of the trumpet, and pipe, and harp, and sackbut, and psaltery, and every kind of music,"으로 번역을 하고 있다. Greek어로는 각각 "σάλπιγγος, σύριγγός, κιθάρας, σαμβύκης, ψαλτηρίον, και παντος γενουςμουσικων"으로 번역했다.

관악기다.

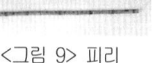
<그림 9> 피리

4) 제사장 - 금방울과 제금

가장 높은 제사장에게 허용되는 것은, 옷에 달린 금방울 출28:33-35 과 레위 족의 지도자 아삽의 제금 대상16:5이 있다.

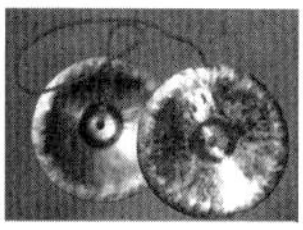

① 제금提金(메칠타임 ; מְצִלְתַּיִם)은 자바라자발라, 嗻哱囉라고도 하는 심벌즈 모양의 악기이다. 국한문 성경에 제

<그림 10> 자바라

금을 모두 제금提琴이라고 기재한 것은 오기로 보인다. 타악기로서 놋 제금提金이라고 할 때는 金금자로 써야 하고, 대상 16:5; 대하5:13 음악 지휘자에 의해 연주되었다. 현악기인 제금은 제금提琴이라고 琴금자를 써야 한다. 대상15:16; 25:1, 6; 대하 5:12; 29:25; 스 3:10[88] 제금 가提琴家는 바이올리니스트를 말한다.

② 금방울(파아몬; פַּעֲמוֹן ; Paamon)은 제사장이 지성소에서 제사를 집행할 때에 항상 울리도록 되어 있다. 이 소리가 들리면 죽지 아니하리라 출 28:34-35고 하였다. 그러나 이것은 서기 70년 로마 군대의 예루살렘 함락과 함께 소실되어 그 모습 조차 전혀 알 길이 없다.[89]

<그림 11> 금방울

5) 여성 - 소고와 북 · 경쇠

여성들은 소고(토프 ; תֹף ; toph)를 사용하여 춤추며 노래하였다.

① 소고(토프 ; תֹף)는 출애굽 한 이스라엘 백성들이 기적적으로 홍해를 건너고 나서 뒤따르던 애굽 군대를 수장水葬 시키신 여호와 하나님께 찬양을 드리면서, 여인들은 앞서 춤을 추는 미리암을 따라 소고小鼓를 손에 들고 흔들면서

---

88) 홍정수, 『교회음악개론』(서울: 장로회신학대학출판부, 1988), p. 306.
89) 김의작, op. cit., p. 183. 대제사장의 긴 옷 가장자리에 금방울을 달아 방울소리가 나도록 하였다. 이는 그 소리가 남으로 죽임을 면하였다.

찬양을 드렸다. 출15:20

② 북(토프 ; תֹף)이란 라반이 야곱을 몰래 그에게서 떠난 것을 나무라며 "내가 즐거움과 노래와 북과 **수금**竪琴으로 너를 보내겠거늘 …" 창31:27하는 구절에서 언급된 악기이다. 앞의 미리암이 춤추고 노래하면서 손에 잡고 있었던 것이 바로 이 소고小鼓(토프 ; תֹף ; toph)이며,

<그림 12> 소고

<그림 13> 북

입다 Jephthah 의 외동딸이 부친 입다가 암몬과의 전투에서 승리하고 돌아옴을 환영하며 손에 토프(toph)를 잡고 춤을 추었고, 삿 11:34 앞으로 왕이 될 사울이 선지자들을 만났을 때 그들이 가지고 있던 악기 가운데 토프 toph가 있었다. 위 <그림12> 참조; 삼상10:5 성경에 15번 나오며, 악기 이름이 영어의 탬버린tambourine, timbrel에 해당된다.

③ 경쇠(샬리쉼 ; שָׁלִישִׁים ; Shalishim)는 사무엘상 18:6절에 "여인들이 이스라엘 모든 성에서 나와서 노래하며, 춤추며 소고와 경쇠shalishim,(각주에는 '세 줄 악기'로 되어 있으나 각 막대

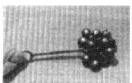
<그림 14> 경쇠

기에 3개의 고리를 가지고 있거나 3개의 진동 막대기를 가진 시스트럼 이었을 가능성이 더 높다)를 가지고 또 사울을 환영했다"고 했다. '샬리쉬'Shalish는 3이라는 숫자로 '트라이앵글', '시스트럼', '바이올린' 등으로 다양하게 묘사되었다.90) '샬리심'은 복수 어미이고, 이 악기는 놋쇠나 구리 제품을 이었을 것이다. 대상15:19 이를 '삼현 금' 또는 '삼각 금'이라 하기도 한다. 그런데 '경쇠'란 쇳덩어리를 소리내기 좋은 모양으로 적당하게 만들어 끈으로 매달아 일정한 틀에 고정시키고, 망치로 때려서 소리를 내는 유형의 악기로 본다. 그러므로 쉽게 휴대하거나 춤추는 여인들이 다룰 수 없는 악기이다. 그러므로 앞서 인용한 본문의 '경쇠'는 필시 오역일 것이다. 왜냐하면 춤추는 여인들이 휴대할 정도의 악기라면 소현小絃의 현악기류가 틀림없을 것이며, 타악기로서는 소고가 이미 앞에 나오기 때문이다. "삼현 금"이라 번역하는 것보다도 앞서 나오는 대개 '킨놀'(수금 ; כִּנּוֹר)이 3현이므로, '3각 금'이 더 바른 번역이라고 본다.91)

---

90) John Stainer, *op. cit.*, p. 208.

6) 이스라엘 온 족속 - 여러 가지 악기

다윗과 이스라엘 온 족속은 하나님의 언약궤言約櫃를 다윗성으로 옮겨올 때, "다윗과 이스라엘 온 족속이 나무로 만든 여러 가지 악기와 수금과 비파와 소고와 양금과 제금으로 여호와 앞에서 연주演奏하더라." 삼하6:5고 하였다.

여기에 나오는 양금洋琴(메나아네임 ; מְנַעַנְעִים ; Menaaneim; 아람어; kathros)은 다니엘서 단 3:5, 7, 10, 15절에도 나오는 악기로서, 이 악기는 70인 역The septuagint에는 헬라어 '키다라'(κιθάρα)로 번역했다. '키다라'는 '수금'단3:5, 7으로, 고전 14:7에는 '거문고'로 나타나기에 이 악기는 '수금'으로 번역된 '킨놀'(כִּנּוֹר) 종류일 것이다.92)

7) 열 줄 비파

시편에는 '열 줄 비파'(네벨 아소르; נֶבֶל עָשׂוֹר; nebel asor)가 나온다. 시편 33:2; 144:9 93) 이 악기는 십 현금이라고도 하며, 단순한 △ 모양의 간단한 하프Harp일거라고 생각된다. 한편 하프도 다른 모든 악기와 마찬가지로 시간이 지남에 따라 발전해 왔다는 사실을 간과해서는 안 된다. 그리고 이 네벨(נֶבֶל)이 비교적 늦게 언급된 사실은 이 악기가 위의 것보다는 훨씬 더 발달된 구조를 갖고 있었다는 것을 암시하고 있다.94)

<그림 15> 비파

<그림 16> 하프

---

91) 김의작, op. cit., p. 184.
92) Sir Lancelot C. L. Brenton, *The Septuagint Version*(Michigan: Zondervan Publishing House, 1983), p. 1053.
93) The Holy Scriptures, *OLD TESTAMENT HEBREW AND ENGLISH* (LONDON The British and Foreign Society: 1978), p. 1009.
94) John Stainer, op. cit., pp.48-49.

2. 이스라엘 왕국시대 악기

이상에서 우리는 성경에 최초의 악기가 나타난 때(이 때는 창세 직후로서 기원전 3,800년경으로 추산)로부터, 출애굽 시대 애굽에서 습득한 음악의 상태로 볼 수 있는 시(詩)적으로 구성된 가사와 기악과 무용이 곁들어진 종합예술로서의 찬송, 그리고 성경에 나타난 악기들을 중심으로 살펴보았다.

이스라엘 나라가 수립되어 초대 왕 사울의 취임식 음악 행사로부터, 다윗의 승전 시 "무리가 춤추며 이 사람의 일을 노래하여 이르되 사울이 죽인 자는 천천이요, 다윗은 만만이로다."삼상 21:11를 비롯하여 여러 번 음악과 시와 무용이 결합되어 연주되는 일이 많았다는 것을 볼 수 있다.95)

이미 언급 한대로 다윗 왕은 그 가치와 중요성이 먼 후대에 의해서도 인정된 느12:24; 45-46 많은 시편을 지은 시인(詩人)이요, 뛰어난 음악가이며, 그는 악기들도 새롭게 발명 제작하였다 암6:5; 참조, 느3:10.96)

다윗이 언약궤(言約櫃)를 옮길 때 "다윗이 여호와 앞에서 힘을 다하여 **춤**을 추는데 … 다윗과 온 이스라엘 족속이 즐거이 환호하며, **나팔**을 불고 여호와의 궤를 메어 오니라"삼하6:14-15고 하였다.

이 시대에는 성악이나 기악 합주의 형태로 음악적 규모가 막대하게 커졌다는 사실과, 음악에 종사하는 자들이 일체 다른 일을 하지 아니하고 음악만 전문적으로 연구하고 연주했다는 것과, 기악이 개량되었으며 여성 만에 의한 음악이 생겼고, 음악의 종류가 다양해진 점들을 들 수 있다.97)

---

95) 김의작, *op. cit.*, pp. 185-187.
96) 『아가페 성경사전』*Agape Bible Dictionary*(서울: 아가페 출판사, 1991), p. 305.
97) 김의작, *op. cit.*, pp.188.

3. 포로시대 · 재건시대 악기

여호야김 원래 이름은 엘리아김 B. C. 609-598년 제 3년에 바벨론 왕 느부갓네살은 자기에게 반기를 든 여호야김을 갈대아와 수리아와 모압과 암몬 군대로서 보복하고, 598년에는 친히 예루살렘을 포위하였다. 단1:1 예루살렘에 쳐들어 와 성전의 모든 기명들을 약탈해 감으로써 화려하고 웅장하던 예루살렘 성전 음악은 자취를 감추게 되었다. 그러나 이스라엘 사람들은 '수금'을 바벨론 강변 버드나무에 걸어 놓고, 포로들의 애국적 향수와 원수들을 향한 저주가 혼합된 시를 노래했다. 시137편 무거운 악기는 가지고 갈 수 없었겠지만, '수금' 같은 작은 악기를 지니고 간 것으로 본다.

예루살렘은 유대 민족의 바벨론 포로 이후 그 규모와 웅장함을 많이 잃었다. 포로로 잡혀간 소수의 유대인만이 귀환하여, 남아 있던 2천 명 정도의 '그 땅 거민'과 합병하였다. 성전을 회복하려는 노력으로 지방민의 반대에도 불구하고 성전 역사는 B. C. 516년경에 완성되었다. 스3:1-4; 6; 4:24-6:22 성전 건축이 시작되면서, 찬양의 기사가 나오지만 그러나 다양한 악기로 호화스럽게 찬송한 기록은 별로 없다. 다만 "¹⁰ 건축자가 여호와의 전 지대를 놓을 때에 제사장들은 예복을 입고 나팔을 들고 아삽 자손 레위 사람들은 제금을 들고 서서 이스라엘 왕 다윗의 규례대로 여호와를 찬송하되, ¹¹ 찬양으로 화답하며 여호와께 감사하여 이르되 '주는 지극히 선하시므로 그의 인자하심이 이스라엘에게 영원하시도다.' 하니 모든 백성이 여호와의 성전 기초가 놓임을 보고 여호와를 찬송하며 큰 소리로 즐거이 부르며" 스3:10-11 라고 하였다. 느헤미야의 기록을 보면 "노래하는 남녀가 이백사십오 245명이 있었고"라고 느7:67 하였다. 이것은 초기 예루살렘 성전 예식과는 그 규모가 매우 축소된 것임을 알 수 있다.98)

---

98) *Ibid*, pp. 189-190.

제2절 성경 악기이름 다양한 번역

　신약성경에는 노래 말을 가진 성악연주형태가 많이 언급되지만 악기의 언급은 아주 적다. 누가복음에는 예수 탄생과 관련된 노래가 수록되어있는데, 즉, 마리아의 노래, 사가랴의 노래, 영광의 노래, 시므온의 노래가 있다.99)
　찬송의 노래는 주님의 만찬이 제정된 뒤에 있었다.100) 바울과 실라는 빌립보의 감옥 속에서 하나님을 찬미하였다.101)
　무디Dale Moody는 요한복음 1:1-5, 10-11, 14, 18절을 포함한 장엄한 찬송을 2세기의 초 그리스도인들이 불렀을 것이라고 한다. 고린도전서에도 모펫Moffat 의 번역에 석의한 바와 같이 20개 이상의 찬송이 있다. 무디에 의하면 로마서 5:12-21, 6:3-11, 8:31-38, 11-14절은 완전한 찬송이었을 것이라고 했다. 찬송에 관한 초자연적이고 종말론적인 말씀은 주께서 죽은 자들을 일으키실 때에 울리는 나팔소리나고전 15:52, 살전 4:16 선택된 자들을 집결시킬 때에 들리는 **나팔소리**와마 24:31 관련되어 있다. 구약성경에 나타난 하나님의 특수한 행위들을 수반하는 이 음악적인 경우들은 요한계시록 전체에서 발견된다. 거기서는 역사의 최종적이고 중복적인 활동들이 **나팔소리**를 통하여 통고된다. 거기서는 하나님에게 영원히 반복적으로 드려지는 찬양의 일부를 이루고 있는 것이 바로 찬송인 것으로 보인다.102)

　신약성경에 악기의 언급은 마 9:23절에 '**피리**'(fulte ; 헬 αὐλός ; Aulos), 고전 13:1절에 '소리 나는 구리'(resounding gong)나 '**꽹과리**'(clanging cymbal), 고전 14:7절에 '**저**'(flute ; 헬 αὐλός ; Aulos)나 '**거문고**'(harp ; 헬 κιθάρα ; Kithara), 요한계시록 1:10, 4:1, 9:14절에 '**나팔**'(Trumpet ; 헬 σαλπιγξ Salpinx), 계시록 5:8, 14:2절에 '**거문고**'(harp ; 헬 κιθάρα ; Kithara), 계시록

---

99) 누가복음 1:46-55; 1:68-79; 2:14; 2:19 등.
100) 마태복음 26:26-30.
101) 사도행전 16:25-26.
102) 이중태, 『예배와 교회음악』(서울 : 예찬사, 1988), p. 42-43.

18:22절에 '**거문고**'(harp ; 헬 κιθάρα ; Kithara), '**퉁소**'(flute ; 헬 αὐαὐλός, Aulos), '**나팔**'(Trumpet ; 헬 σαλπιγξ ; Salpinx) 등이 나온다.

그러나 구약성경 창 4:21절에 나오는 "수금과 퉁소 잡는 자의 조상"이라는 구절에서 '**수금**'(킨놀 ; כִּנּוֹר; Kinnor ; 우가브 ; עוּגָב, harp)은 여러 학설이 많으나 플루트Flute의 일종이나, 팬 플루트의 일종, 또는 **두델삭**의 일종으로 보고 있다. 모든 학설이 관악기라는 점에서 일치하고 있다. 그러나 70인 역경에는 우갑이란 단어가 세 가지의 명확한 번역으로 나타나 있다. 그것은 '키다라'(헬 κιθάρα ; Kithara ; harp-창 4:21) : 살모스 (ψαλμος ; Psalmos ; harp-욥 21:12, 30:31) 그리고 '오르가논'(ὄργανον ; organon-시 150:4)이다. 성경학자들이 하나의 히브리 단어를 기타guitar, 살터리Psaltery, 오르간organ과 같이 완전히 다른 특징을 가진 세 개의 악기이름으로 번역하는 모험을 감수했다는 사실은 번역의 신빙성 부족으로 위험이 있다는 것을 반증해 주고 있다.

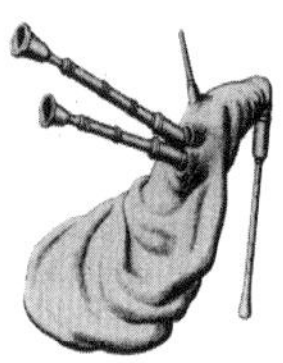

<그림17> 두델삭

흠정역은 '오르간'으로 통일시켜 번역하고 있다.103) 즉 "수금과 오르간 잡는 자의 조상"창 4:21, "오르간 소리로 즐기며"욥21:12, "내 수금kinnor은 애곡성이 되고 내 오르간organ, ugab은 애통성이 되는 구나", "현악과 오르간으로 찬양하며"라고 했다. 그러나 기도서 번역에는 이 마지막 구절이 '피리'pipe로 번역되었다. "현악(민님 히<מִנִּים> minnim)과 피리(pipe 우가브 ; 히<עוּגָב> ugab)로 찬양하며" 여기에서는 이 단어가 일반적으로 관악기를 나타내는데 사용되고 있는 것 같다. 즉 "현악기와 관악기로 찬양하며" 독일어 성경에는 이 단어가 항상 '피리들'pipes, 독 pfeifen로 번역되어 있다.104)

다음의 도표는 '성경의 악기 종류'를 악기별로 분류해 본 것이다.

---

103) 흠정역(欽定譯, The Authorized Version; AV)은 영국 국왕(여왕)이 영국 성공회에서 사용하도록 지정한 공식 성경이다. 가장 마지막에 공인된 1611년 판 '킹 제임스 성경'을 가리키는 경우가 많다.
104) John Stainer, op. cit., p. 157.

<도표 7> 성경의 악기 종류 도표105)

종류	개역성경 이름	히브리어 이름	NIV	사용 횟수
현악기	수금	킨노르	Harp	42x
	비파	네벨	Lyre	27x
	*열 줄 비파	네벨 아소르	Ten-stringed lyre	3x
	수금	카트로스	Zither	4x
	삼현금	샤브카	Lyre	4x
	양금	프산테린	Harp	4x
관악기	(양각)나팔	쇼파르	Trumpet	72x
	(은)나팔	하초츠라	Trumpet	29x
	나팔	요벨	Ram's horn	1x
	나팔	케렌	Trumpet	4x
	통소	우가브	Flute	4x
	피리	할릴	Flute	6x
	피리	마쉬로키타	Flute	4x
타악기	제금	메칠타임	Cymbals	13x
	소고	토프	Tambourine	15x
	제금	젤쯔림	Cymbals	3x
	양금	메나아네임	Sistrum106)	1x
	*경쇠	살리쉼	Lute	1x
기타	*생황	숨포니아	Pipes	3x

<악보 7> 13세기 교창성가 시편 96편

<그림 18> 시스트럼, sistrum

---

105) [성경의 악기이름 도표], http://cafe.daum.net/cgsbong/21Jh/1973
106) 기원전 3천5백년 이집트 왕조의 유적에서 발견된 **시스트럼**은 현존하는 최고(最古, 가장 오래 된)의 악기로 알려져 있다. **시스트럼**은 의식 때 쓰던 악기로 하토르 여신의 상징이며, 이 여신을 달랠 목적으로 연주되었다.

제4장 성경에 언급된 악기 115

제5장 『어린이 찬송가』와 시편찬송

제1절 어린이 찬송과 '시편찬송'

'찬송가'집集 은 그 목적이 하나님께 예배하는데 사용 되는 한 '예배 찬송가'를 많이 실어야 한다. 그렇다면 '예배 찬송가'란 무엇인가? 두말 할 것 없이 예배드리는 그 대상이 '천지 창조주 하나님'이어야 하고, 전 우주 공간 모든 피조물들이 하나님께 예배를 드릴 때 무엇보다 하나님이 기뻐하시는 바는 '**예배찬송**'인 것이다.

히브리서에 "그러므로 우리는 예수로 말미암아 항상 '**찬송의 제사**'를 하나님께 드리자 이는 그 이름을 증언하는 입술의 열매니라"히 13:15고 하였다. 우리는 항상 '찬송의 제사'를 드려야 한다. 여기에 '항상'이라는 말은 기쁠 때만 의미하는 것이 아님을 알아야 한다. 일생을 사는 동안 항상 기쁘고 즐겁게만 살 수는 없다. 때로는 힘들고, 고달프고, 괴롭고, 아프고, 외롭고, 기가 막힌 일들을 만날 수가 있는 것이다. 그런데 바로 그러한 순간에도 하나님이 기뻐 받으실 만한 '**찬송**의 **제사**'를 드려야 하는 것이다. 이사야는 "이 백성은 내가 나를 위하여 지었나니 '**나를 찬송하게 하려 함**'이니라"사 43:21 라고 하였다.

시편 기자는 150편에서 다음과 같이 노래하고 있다.

"¹ 할렐루야 그의 성소에서 하나님을 찬양하며
　　그의 권능의 궁창에서 그를 찬양할지어다.
² 그의 능하신 행동을 찬양하며
　　그의 지극히 위대하심을 따라 찬양할지어다.
³ 나팔 소리로 찬양하며
　　비파와 수금으로 찬양할지어다.

⁴ 소고 치며 춤추어 찬양하며
　현악과 퉁소로 찬양할지어다.
⁵ 큰 소리 나는 제금으로 찬양하며
　높은 소리 나는 제금으로 찬양할지어다.
⁶ 호흡이 있는 자마다 여호와를 찬양할지어다. 할렐루야."_{여호와를 찬양하라}

　하나님께서 피조물 중에 당신의 백성을 부르신 것은 '나를 찬송하게 하려함이라'고 하였다. "호흡이 있는 자마다 여호와를 찬양할지어다."_{6절}라고 하셨으니 믿는 사람마다 찬양하고, 내 육체의 생명이 다하고 내 영혼이 천국에 들어가는 순간까지도 '찬양하라'는 말씀이다. 예수님처럼, 욥처럼, 바울과 실라처럼 고난의 십자가 앞에서도 **'찬송**의 **제사**'를 드려야 할 것이다. 성경에 나타난 찬송의 사람들을 보면 모세, 미리암, 멜기세덱, 아론, 드보라, 다윗, 이사야, 하박국, 바울, 사도 요한, 그리고 우리 주 예수 그리스도이시다.

　청·장년 『찬송가』이든지 『어린이 찬송가』이든지 찬송가를 편집함에 있어서 '**시편 찬송**'을 꼭 넣어 편집해야 할 것이다. 21C『찬송가』(서울: 한국**찬송가공회**, 2006)가 발행되었지만, 새로운『찬송가』편집을 위해서 찬송신학적인 측면에서 볼 때 미흡한 점이 발견 된다.

　성경신학적으로 '**시편**'_{詩篇}은 구약 이스라엘 백성들의 '찬송가'였다. 하나님의 백성들은 성전에 올라갈 때나, 회당에서 예배드릴 때, 각종 절기에, 온 가족들이 함께 모여서 자연스럽고 경건하게 '**시편 찬송**'을 불렀다. 그러면 우리는 왜 '시편 찬송'을 계속 불러야 하는가?107)

① '시편찬송'은 그 대상이 하나님만 찬송하기 때문이다. 성경에서의 찬양, 찬송, 찬미 등의 말들은 하나같이 그 대상이 하나님을 찬양하고, 찬송하고, 찬미해야 하는 것이라는 말이다.
② '시편찬송'이야 말로 하나님의 말씀 그 자체이기 때문이다. 시편은 성경적이라기 보다는 하나님의 말씀인 것이다. 인간이 창조한 가사의 노래가 아니라 하나님의 말씀을 가사로 하여 드려지는 찬송 중의 찬송이다.
③ '시편찬송'은 영원한 것이기 때문이다. 구약성도들이 불렀던 시편 말씀을 가사로 하여 불렀던 '시편찬송'은 하나님의 말씀이 영원 하듯이 시대와 문화와 나라와 인종을 초월해 우리들 삶 속에 영원히 존재하여 불리어 질 찬송가인 것이다.

---

107) 기독지혜사, 『시편찬송가』(서울: 기독 지혜 사, 2002), 머리말 "왜 시편찬송을 불러야 하는가?"

찬송은 바울의 증언대로 '**시**와 **찬송**과 **신령한 노래**'엡5:19; 골3:16에서 시편은 그 첫 번째로 언급하고 있다. 여기서 '**시**'詩는 시편을 말하고, '찬송'은 신약성경에 나타난 '**마리아의 찬송**'Magnificat, 눅1:46-55, '**사가랴의 찬송**'Benedictus, 눅1:68-79, '**시므온의 찬송**'Nunc Dimittis, 눅2:28-32 등을 말한다. '**신령한 노래**'는 미리 생각하지 않고 즉석에서 영으로 하는 노래 즉 '영의 감동을 받은 노래'를 말한다. 그러나 일반적으로 이 세 가지가 특정한 음악의 장르를 말하고 있다기보다는 하나님을 높이는 '시와 찬송을 총괄하는 말'이라고 이해하는 것이 바람직할 것이다.

'시편'은 읽혀지는 것이 아니라 노래로 불리어 져야하는 것이다.

<악보 8> 시편 교송 '시편은 노래 불리어 져야 하는 것' 108)

이제 여러 『찬송가』에 편집된 『**시편찬송가**』와 '시편찬송'들을 살펴보자. 과연 '시편찬송'을 얼마나 편집에 활용하고 있는 가를 살펴보아야 한다. 그리고 '**예배찬송가**'로 그렇게 소중한 '시편찬송'을 왜 우리 찬송가에서는 소외되었던 가를 살펴보겠다.

---

108) 최시원, "시편은 읽혀지는 것이 아니라 노래 불리어 지는 것"《교회음악》통권 42호(서울: 교회음악사, 1986), pp. 22-31.

1. 프랑스 칼뱅의 『시편찬송가』

칼뱅은 1509년 7월 10일 프랑스 동북방에 있는 노용Noyon에서 출생하였다. 그는 16세기 개신교 신학을 집대성하고, 교리체계를 확립한 신학자였다. 그는 루터보다 한 세대 뒤인 1536년에 종교개혁을 했다. 그는 탁월한 조직력과 교리의 명쾌함, 그리고 신학자로서 다양한 저술 및 목회자와 교육자로서의 삶은, 제네바뿐만 아니라 유럽전역에 걸쳐 종교개혁 지도자가 되게 했다.

<악보 9> '칼빈 시편가'

칼뱅의 영향이 프랑스에서는 위그노Huguenot를, 영국에서는 청교도Pilgrim-Puritans를, 스코틀랜드에서는 장로교회Presbyterian Church를, 네덜란드에서는 네덜란드 개혁교회Hervormds Kerk를 만들었으며, 그밖에 독일과 스위스에서도 각각 개혁교회를 만들었다.109)

종교개혁은 찬송을 '**회중찬송**'으로 회복시키는 중요한 계기가 되었다. 지금까지 로마 가톨릭 교회의 예배음악은 성직자와 찬양대의 전유물이었고 회중은 청중, 구경꾼에 불과하였다. 루터Martin Luther, 1483-1546는 모든 사람이 하나님의 말씀을 읽을 수 있도록 모국어로 번역하고, 같은 신앙을 가지고 모든 신자들이 다같이 하나님을 찬송할 수 있기를 원했다.

1532년 루터는 그의 친구인 스팔라틴George Spalatin, 1484-1545목사에게 "예언자들과 고대 교부들의 모범을 따라 회중을 위한 독일어 찬송을 만들어서 하나님의 말씀이 그 들 안에 살아 있길 원하며, 이 목적을 위하여 찬송을 만들려는 것이 나의 의도입니다." 라고 썼다. 상당한 음악적 자질이 있었던 루터는 스스로 작곡도 하여 '**코랄**'Chorale이라는 회중 찬송의 새로운 장르를 탄생시켰다.110)

---

109) 정성구, "칼뱅주의의 역사적 소고"(한국칼뱅주의 연구원, 1991), p. 7.
110) 루터의 찬송가를 <**독일 코랄**> German Chorale 이라 부른다. 코랄 곡조의 특징은 수평적 선율이 아니라, 수직적이며 화성 적이란 것이다. 그러나 루터의 독일 코랄이 우리나라에서 잘 불려지지 않는데, 그 이유는 우리 민족은 수평적이고 선율적 음악을 좋아하기 때문이다. 21C찬송가 585장 통찬 384장 '내 주는 강한 성'은 마르틴 루터의 대표적인 코랄이다.

그는 회중이 노래를 잘 부르기 위해서는 '노래가 쉽고 단순해야하며 또 아름다워야 한다.'고 생각했다. 그는 가톨릭 전통을 그대로 보존하면서 문제가 있는 부분만 수정하는 편이었다. 옛 음악자료를 새롭게 번역, 수정하여 채택하였기 때문에 신자들이 이미 익숙한 찬송의 곡조를 이해하고 친숙함을 느끼게 하였다. 그러나 츠빙글리와 **칼뱅**은 개혁교회의 이상과 모델을 원시초대교회에서 찾았기 때문에 가톨릭교회의 전통을 아주 배제하였다. 칼뱅이 제네바에 오기 전 파렐이 인도하는 제네바 교회에는 '찬송'이 없었다.

츠빙글리가 인도하던 취리히 교회에도 마찬가지였다. 불어로 된 부를 만한 찬송이 없었고, 대체할 만한 노래를 찾지 못했기 때문인 것으로 본다. 이러한 상황을 목격한 칼뱅은 독일 개신교도들이 '**시편 가**'를 회중찬송으로 부르는 것처럼, '**시편**을 **운율**'에 맞추어 부르면 예배의식에 훌륭한 '회중찬송'이 되리라는 확신을 가졌다.

칼뱅은 인간이 만들어 낸 노래는 경박하고 이단적인 요소가 끼어들 우려가 있다고 생각하고 성경의 노래, 즉 시편을 운율에 맞추어 자국어로 번역하여 '**회중찬송**'Metrical psalmody, 운율시편가으로 부르게 하였고, 그 외에 몇 개의 송가Canticles를 허용하였으나 찬송을 창작하는 것은 금하였다.

이 '**시편가**'는 곡조가 단순하여 회중들이 쉽게 부를 수 있으면서도 세속음악과는 달리 대체로 온건하고 정중함이 넘치는 노래들이다. 21C 새찬 1장, '만복의 근원 하나님' 그러나 그는 예배 시 다성 음악과 악기사용은 금했고 성악으로 노래하되 무반주 '**유니슨**'unison으로 부르게 하였다. 칼뱅은 성도들에게 루터보다 극히 제한적이었으나 이 '**칼빈의 시편가**'는 하나님과 교통하는 수단으로 진리를 위하여 고난당하는 교회에 큰 힘과 용기를 북돋우어 주었다. '**제네바 시편가**'는 영국과 스코틀랜드 개신교도들에게 그대로 개혁사상과 함께 전파되었다.

이러한 영향이 미 대륙으로 건너가 교회를 세우게 되었다. 미국에 건너간 칼뱅주의는 18C의 계몽주의와 합리주의적 사상으로 쇠퇴하게 되었다.

1536년 칼뱅은 학문에 전념하기 위해 스튜라스부르크로 떠나려 하다 여의치 않아 제네바로 가게 된다. 당시 제네바에는 파렐G. Farel이 개혁운동을 하고 있던 때라 칼뱅에게 도움을 요청하여 이에 동의하였다. 그때 제네바 교회에는 많은 문제점들이 있어서 칼뱅은 1537년 1월 16일 '**제네바 교회조직**과 **예배**를

위한 조항들'을 평의회에 제출했다.111)

여기에 나타난 칼뱅의 성만찬Lord's Supper에 대한 주장내용은 다음과 같다.

> 첫째, 교회의 순결을 보존하기 위하여, 특히 '**성만찬**에 대한 제한의 **원칙**'을 세울 것.
> 둘째, 공중예배 시 '**시편가**'를 부르도록 할 것.
> 셋째, 복음주의 교리의 순수성을 유지하기 위하여 어린이들에게 복음주의 교리를 가르칠 것.
> 넷째, 결혼의식의 기초에 관한 것 등이었다.

여기서 특기할 만한 사항은 칼뱅이 교회음악분야에 '**시편가**'를 부르는 것을 도입한다는 내용이다. 그는 공중예배에 있어서 '시편가'를 부르는 것을 본질적인 것으로 인정한 것이다. 그러므로 1537년의 논문 "제네바 교회 조직과 예배를 위한 조항들"은 칼뱅의 음악신학의 기원으로 볼 수 있다.

그는 이 논문에서 공중예배에서의 '**시편찬송**'의 역할에 대하여 다음과 같이 설명한다.

> "**시편**을 노래하는 것은 우리의 마음을 하나님께 드리도록 자극할 수 있고, 하나님의 영광을 찬양할 때뿐만 아니라, 기도할 때에도 우리를 열정에 이르도록 할 수 있다. 또한 **시편**을 노래하므로 교회가 로마교회에 빼앗겨버린 것이 무엇인지를 알게 해 준다. 교황은 진정한 모두의 성가이어야 하는 '**찬송가**'를 자기들끼리의 중얼거림으로 왜곡했다."112)

당시 예배음악의 타락은 사제들이 라틴어로 집례하여 회중들이 알아듣지도 못하는 말로 진행함으로써 회중을 구경꾼으로 전락시킨데 있었다. 일찍이 마르틴 루터가 자국어로 가사를 쓴 찬송가 '**코랄**'Chorale로 회중이 함께 예배하도록 한 것은 일부 찬양대들이 불렀던 교회음악을 '**찬송가**' 즉 **회중찬송** 화시키는 계기가 되었다.

1538년 칼뱅은 스튜라스 부르크에서 성만찬 의식에 찬양을 사용하고 있었다. 그는 자신이 작곡한 시편 여섯 편과 시온의 노래, 십계명, 사도신경을 포함해 마로Clement Marot가 작곡한 시편 열 세편을 합하여 19편을 『음악을 붙인 몇

---

111) 정성구, 『改革主義 人名事典』(서울: 총신대학출판부, 2001), pp. 598-607.
112) Charles Jr. Garside, ***The Origins of Calvin's Theology of Music***(Philadelphia, The American Philosophical Society, 1979) : 1536-1543. p.10. 주성희, 『양식에 의한 교회음악문헌』(서울: 총신대학출판부, 2009), p. 892. 재인용.

개의 칸티클』Aulcuns Pseaulmes et Cantiques mys en Chant이라는 제목으로 1539년에 출판하였다. 칼뱅은 당대의 최고 시인 **마로**Clement Marot, 1497-1544를 만남으로 그의 꿈을 이루게 된다. 마로는 15년간 파리Paris 궁정 시인으로 라틴어, 그리스 시들을 번역하다가 '시편 번역'에 관심을 갖게 되었다. 1542년 30편의 시편을 번역하고 운문 화하여 '**시편가**'를 출간하였는데, 이단자로 몰리며 곤경에 처하자, 칼뱅이 미리가 있던 제네바로 도피하여 칼뱅과 재회하게 된다. 칼뱅은 『마로의 시편가』(1542년 판)를 공인하고, 칼뱅과의 공동 작업으로 마로는 19편의 시편 운문화 작업을 하였으나, 안타깝게도 그는 1544년 지병으로 사망한다.

칼뱅은 시편 운문화 작업을 계속할 인물을 찾았는데, 1548년 제네바를 방문한 **베제**Theodore de Beze, 1519-1605를 만나 마로의 19편과 베제의 작품 34편이 추가된『**시편가**』(1551년 판)를 발간하였다. 이때 만든 시편 134편이 100번째 곡으로 편집되었으며, 구디멜에 의해 4성부로 만들어졌다. 21찬 1장곡

다음 이 악보에는 주선율이 테너 성부에 정 선율(c. f.)로 놓여 쓰여 졌다.

그 오른쪽 프랑스에서 1980년 발행한 찬송가에는 주선율이 소프라노 성부에 '정 선율'(c. f.)로 놓여 쓰여 졌고, 박자표와 마디가 표시되어있다.

<악보 9-1> 시편134편
< 시편 134편 >
(Genevan 1551, Cl. Goudimel, 1564)

<악보 10> 프랑스 찬송가 시편 134편
< 프랑스찬송가 시편 134편>
(Geneve 1551, Cl. Goudimel)

칼뱅의 『제네바 시편 가』는 1620년 미국 매사추세츠의 플리머스에 정착한 청교도들에 의해 미국에 전해지게 된다. 1628년 프랑스와 네덜란드에서 온 이

주민들은 '제네바 시편가'와 '네덜란드 시편가'를 사용하였는데, 주로 부르주아의 곡이었다. 10년 후 많은 영국인들이 이주하면서 '새 시편가'를 만들었다. 이것을 『베이 시편가』The Bay Psalm Book, 1640라고 부르며 1698년에야 발행되었다. 이 '베이 시편가'는 미 동부 식민지 교회의 중심적 **회중찬송 집**이었다.

19C의 대 각성 부흥운동은 '시편가 찬송'에서 '찬송가 찬양'으로 바뀌는 계기가 되었고, 복음성가의 대두는 더욱 '시편가 찬송'을 퇴조시키는 결과를 가져왔다. 1990년 『**장로교 찬송가**』The Presbyterian Hymnal 를 발행하였다.

2. 미국 『장로교 찬송가』와 시편찬송

미국 '장로교 찬송가'The Presbyterian Hymnal[113] 3장(시 42편)과 158장부터 258장까지 102편의 시편찬송가에는 스코틀랜드시편Scottish Psalter 5편, 시편 가The Psalter 14편, 제네바 시편Genevan Psalter 8편을 포함하여 시편 가Psalms를 큰 주제로 찬송가Hymns와 제목별 찬송가Topical Hymns와 나란히 분류하여 싣고 있다.

그러나 우리나라에 입국하여 선교한 선교사들이 이렇게 귀중한 '**시편찬송가**' 유산을 일찍 전해주지 못했다. 칼뱅 탄생 500주년이 되는 해 2009년에야 한국어판 『**칼빈의 시편 찬송가**』 초판이 발행되었다. 그래서 21C 『찬송가』를 편집할 때는 편집하여 실려질 시편찬송가 자료가 적었고, 전문 인력 부족으로 매우 희귀하여 힘들었다. 그렇다고 서구의 것들을 그냥 넣는다는 것도 알맞지 않아서인지 실리지 못했다.[114] 서구에서는 지금도 '**시편찬송가**'를 부르고 있다. 찬송가집 편집에서 '시편찬송'을 넣어서 편집해야 함은 필수적인 것이다.

여기 미국 '**장로교찬송가**'The Presbyterian Hymnal에 나타난 '시편찬송가'의 분포와

---

113) THE PRESBYTERIAN HYMNAL(Westminster/ John Knox Press Louisville, Kentucky, 1990), 1. Hymns, English-United States, 2. Presbyterian Church(U. S. A.) Hymns.
114) 21C 『찬송가』에서 1장은 L. Bouurgeois(1551) 곡에 T. Ken(1637-1711)의 가사, 548장은 Genevan Psalter(1551) 곡조에 칼뱅 J. Calvin, 1509-1564 이 작사한 시편찬송곡이다.

실태를 종류별로 살펴보면 다음과 같다.

미국 '장로교 찬송가' 605장 중 3장과 158장-258장까지 102편의 시편찬송가(16.6%)를 '예배찬송가' 제목분류 아래 싣고 있다. 그 내용은 다음과 같다.

① 스코틀랜드 『시편가』Scottish Psalter, 1615, 1635, 1650에서 온 시편 가의 곡조는 158, 166, 176, 188, 212, 234장 등 6곡이고, 가사는 170(시)장 1편이다.
② 『시편가』The Psalter, 1912년에서 온 시편가의 시詩는 163, 165, 176, 186, 191, 197, 200, 209, 214, 227, 228(3-6절), 234, 235-236, 238, 249, 250, 252, 257장의 가사 등 19편이다.
③ 『제네바 시편가』Genevan Psalter, 1551년에서 온 시편 가 곡조는 178(시 25편), 194(시 47편), 201(시 65편), 218(시 98편), 220(시 100편), 226(시 113편) 236(457장: 시 124편) 253(시 113편) 장 등 8곡 9편이다.
④ 이삭 왓츠Issac Watts가 의역意譯한 시편가는 172(시 23편), 210(시 90편), 229(시 117편), 230(시118편), 253(시 146편) 장 등 5편의 시편가이다.

3. 미국 『감리교 찬송가』와 시편찬송

미국 『감리교 찬송가』The United Methodist Hymnal[115]의 경우에는 찬송가 734장에 이어서 '시편가'Psalter로 시편 1편-150편(p.735-862)이 실려 있다. 짧은 '**응답송**'Response 1, 2 형태로 부르도록 되어 있다. 간단한 멜로디에 시편가사로 반복해 부르면서 예배시간에 활용해 목회자나 회중들이 '**응답 송**'으로 부르도록 되어 있다. 이 책에 실려진 작곡자들에 따른 '**시편찬송**'은 다음과 같다.

a. 돈 셀이어Don E. Saliers의 곡은 시 3편, 시 25편, 시 40편, 시 89편, 시 105편, 시 115편 등 5편이다.

---

115) *The United METHODIST Hymnal*(The United Methodist Publishing House, Nashville Tennessee, 1989).

b. 칼-톤 영Carlton R. Young의 곡은 시 5편, 시 15편, 시 34편, 시 39편, 시 41편, 시 51편, 시 66편, 시 67편, 시 76편, 시 77편, 시 80편, 시 91편, 시 95편, 시 112편, 시 116편, 시 121편, 시 132편, 시 139편 등 14편이다.
c. 리처드 프루Richard Proulx 곡은 시 9편(11-20절), 시 14편, 시 33편, 시 63편, 시 82편, 시 98편, 시 103편, 시 107편, 시 114편 등 9편이다.
d. 게리 앨런 스미스Gary Alan Smith 곡은 시 16편, 시 32편, 시 44편, 시 62편, 시 72편, 시 84편, 시 96편, 시 102편, 시 113편, 시 117편, 시 138편 등 11편이다.
e. 제인 마셀Jane Marshall 곡은 시 17편, 시 27편, 시 28편, 시 50편, 시 85편, 시 93편, 시 97편, 시 99편, 시 111편, 시 119편, 시 130편, 시 137편 등 12편이다.
f. 히브리 곡조Hebrew melody는 21세기 『찬송가』(서울: 한국찬송가공회, 2006) 14장 (통찬 30장) 곡으로서 시 19편 1편이다.
g. 요제프 겔이누Joseph Gelineau 곡은 시 23편 1편이다.
h. 찰스 웨슬리Charles Wesley 곡은 시 29편, 시 47편, 시 147편 등 3편이다.
i. 마르틴 루터Martin Luther 곡은 시 31편(1-16절), 시 46편, 시 70편 등 3편이다.
j. 토머스 윌리엄스Thomas J. Williams의 곡은 시 48편, 1편이다.
k. 조한 크뤼걸Johann Crüger의 곡은 시 65편, 시 92편(15절), 2편이다.
l. 중국 곡조Chines melody는 시 68편(1-10, 32-35절), 1편이다.
m. 몽고메리James Montgomery의 곡은 시 122편, 1편이다.
n. 찰스 앨버트 틴들Charles Albert Tindley 곡조는 시 124편(1-8절), 1편이다.
o. 프랑스 캐럴French carol melody에서 온 곡조는 시 146편, 1편이다.
p. 아씨시의 프랜시스Francis of Assisi의 곡조는 시 148편, 1편이다.
q. 지오반니 팔레스트리나Giovanni P. da Palestrina 곡조는 시150편, 1편이다.

미국 '감리교 찬송가'는 734장에 이어 68편의 시편가를 '**응답송**'으로 부르도록 편집해 놓고 있다.

이상에서 살펴 본 대로 미국 『장로교 찬송가』The Presbyterian나 미국 『감리교 찬송가』The United Methodist Hymnal에서 모두 '시편찬송가'를 예배 찬송가집에서 다수 편집해서 활용하고 있음을 확인할 수 있다.

『칼뱅의 시편찬송가』는 개혁교회의 유산이다. 『칼뱅의 시편찬송가』는 시편 150편의 시편 가사와 세 개의 다른 노래를 운율에 맞추어 노래하도록 구성한 곡들의 모음이다. 가사의 선율은 모두 1539년부터 1562년 사이에 스위스의 제네바에서 칼뱅의 교회음악에 대한 철학을 살려서 즉 '**품위 있을 것, 간결할 것**' 등에 맞도록 칼뱅의 철저한 감독 하에 만들어진 것이다.116)

<그림 19> 영국 초기 시편가 >   < 1770년 미국 뉴잉글랜드 시편가집 >

　서구의 여러 나라에서는 아직도 『칼뱅의 시편찬송가』를 사용하여 예배드리고 있음을 주목해야 하겠다. 총회 시편찬송가 편찬위원회에서 발행된 『칼빈의 시편찬송가』(2009년)를 현대 **기보법**으로 편곡하여 부르기 쉽도록 만드는 작업과 함께 현대 시편찬송가들을 묶어서 『시편찬송가』 발행을 서둘러야 할 것이다.
　요즈음 C. C. M. 이나 복음성가에 빠져 있는 젊은이들과 성도들에게 교회에서 '**시편 찬송가**'를 부르도록 유도해 간다면, 이것은 참으로 '올바른 찬송가 문화' 형성에 있어서 바람직한 일이라 하겠다.
　칼뱅 탄생 500주년이 지나도록 한국교회는 『칼빈의 시편찬송가』를 접해 보지도 못한 실정이었다. 이러한 한국교회의 실정에서 볼 때 이번 『칼빈의 시편찬송가』 발행은 얼마나 다행한 일이었는지 모른다. 진정한 예배찬송이 턱없이 부족한 한국교회의 실정을 고려할 때, 『칼빈의 시편찬송가』의 편찬발행은 예배찬송이 부족으로 인한 가뭄에 단비 같은 희소식이라 할 수 있다.
　다음은 총회 신학부에서 발행한 『칼빈의 시편 찬송가』117)(서울: 진리의 깃

---

116) 『칼빈의 시편찬송가』(서울: 진리의 깃발사, 2009) 한국어판은 가사 편사에 서창원목사 신소섭목사, 그리고 화음재배치는 이귀자교수, 주성희교수가 맡아서 칼뱅 탄생 500주년이 되던 해2009년에 대한예수교장로회 총회 신학부에서 발행하였다.
117) 『칼빈의 시편찬송가』(서울: 진리의 깃발사, 2009)는 칼빈 탄생 500주년을 기념해 한국

발사, 2009)를 현대 기보법으로 고쳐 박자표를 넣어 세로줄을 긋고 마디를 나누어 부르기 쉽도록 편곡해 만든 '칼빈의 시편찬송가' 몇 편을 소개한다.

아래 소개하는 곡은 한국어판 『칼빈의 시편찬송가』(D Major) 시편 1 편 (paraph. 신소섭, 2008; rev. 주성희, 2008)이다.

<악보 12> 『칼빈의 시편찬송가』시편 1편

칼뱅의 시편찬송가는 음악적으로나 가사로 볼 때 좋은 예배 찬송가임에 틀림 없겠으나 현대인들이 부르기에는 무리한 점이 있다.

악보에 '박자표'가 없고, '마디'가 구분되어 있지 않아서 현대인들은 당황하게 된다. 또한 조성이 현대 장조나 단조의 조성으로 된 것이 아니고 중세의 '교회선법'에 의하여 악보가 작성되었다. 그리고 주선율(c. f.)이 테너 즉 제 3성부에 위치해 현대 교회 찬송가 형태로 바꿔주지 않으면 부르기가 쉽지 않다.

한국어판 『칼빈의 **시편찬송가**』를 발행할 때 현대 찬송가 악보형태로 주선율 (c. f.)을 소프라노 파트에 재배치하고 화음을 원곡조의 화음을 참작하여서 화음을 재구성하여 편찬했다.

아래 악보는 위 『칼뱅의 시편찬송가』 시편 1편을 현대 악보로 신소섭 목사가 편사한 가사를 수정한 곡이다. 가사 처음 부분과 몇 군데를 바꾸었다.

최초로 발행된 『칼빈의 시편찬송가』이다.

<악보 13> 『칼빈의 시편찬송가』 시편 1편

요즘 복음성가나 무분별한 음악사용으로 '어린이 찬송가'의 실종시대를 맞고 있다. 이러한 시대적인 상황에서 '어린이 교회학교' 주일학교 나 '어린이 계절 성경학교' 어린이 및 학생 '**예배찬송**'으로 적합하다.

위의 『**칼빈의 시편 찬송가**』 제1편을 '어린이찬송'으로 활용키 위해 '어린이 예배찬송'으로 부를 수 있도록 신소섭 목사가 3부로 편곡했다. [악보 14]

<악보 14> 『칼빈의 시편찬송가』 시편 1편

아래 시편 84편은 [악보 15] 서창원 목사(총신신학대학원교수, 칼빈시편찬송가 편찬위원장)가 『**칼빈의 시편찬송가**』 시편 84편 원곡 리듬에 가사를 붙였으며, 이귀자 교수가 화음을 재배치하였던 곡이다.

이 곡을 이귀자 교수가 4/4박자 12마디 현대 악보로 재 편곡하였다.

<악보 15> 『칼빈의 시편찬송가』 시편 84편

아래 찬송 곡은 『칼빈의 시편찬송가』 시편 47편으로서 [악보 16] 시편 가사는 서창원 목사(칼빈 시편찬송가 편찬위원장)가 시편 47편을 이 찬송 리듬에 맞도록 가사를 편사했으며, 이귀자 교수에 의해 '칼빈의 시편찬송가' 원곡의 화음배

치를 개정했다. 그 후 이 곡을 손지명 K.B.S. 음악감독이 4/4박자 12마디 현대 악보로 편곡하여 활용해보니 부르기도 쉽고 곡조와 가사가 참 좋았다. 리듬과 곡조가 현대 젊은이들이 아주 좋아하는 스타일의 곡조이다.

<악보 16> 『칼빈의 시편찬송가』 시편 47편

제2절 장로교 예배음악 시편찬송

한국교회의 개혁주의 교회 예배를 살펴보면 공통점이 있긴 하지만 대부분 선교사들이 처음 심어준 예배형식을 그대로 모방하여 수용한 경우가 많다. 장로교 예배에서 여러 나라 다수 교회들이 칼뱅의 '시편가'를 수용하여 예배의식을 집행했다. 그러나 우리나라의 경우를 살펴보면 우리에게 복음을 전해 준 선교사들은 예배음악禮拜音樂에 아주 중요한 '칼뱅의 **시편찬송가**'를 다 전해 주지 못했다.118)

그러한 근본적인 이유가 있었을 것이다. 당시 조선시대의 왕정은 이미 중국의 유교문화와 중국 '찬송가'의 영향도 있고, 복음의 포문을 여는 데에만 총력을 기울였을 것이다. 자연히 '예배형태'라든가 '찬송가편찬' 등의 문제를 당시 찬송가 편찬에 참여한 한국인 분들이 선교사 이상으로 한국의 토착화된 가사나 곡을 넣는 것을 적극 반대하였던 기록들을 볼 수 있다. 또한 영향을 주었을 중국 찬송가『萬民頌揚』만민송양(1982년 4판)에도 '시편가'는 찾아 볼 수 없다.

또한 북장로교 선교부의 활동무대였던 서북지방에서 사용되던 장로교 전용 찬송가로 『찬셩시』(1895년)가 발행되었다. 그러나 서울의 언더우드와 서북의 모펫S. A. Moffet, 1864-1939 사이에 찬송가를 둘러싼 갈등이 있었다. 즉 서북 장로교에서는 1902년의 장로교공의회에서 언더우드『**찬양가**』대신에 이『찬셩시』를 장로교의 공식 찬송가로 쓴다는 결의를 한 것은 서북장로교의 단호한 결단을 의미하였다.119)

'한국 찬송가'는 영·미 복음성가 스타일의 쉬운 곡들이 주류를 이루고 있었음을 볼 수 있다. 그러한 연유로 '칼뱅의 시편찬송가'보다는 '**운율 시편가**' 쪽으

---

118) 한국 선교 초기에『찬셩시』(1898년)를 북 장로교 선교 부 그래함 리Graham Lee와 기포드 Daniel Lyman Gifford부인Mary E. Hyden이 편집 간행했다.
119)『찬셩시』에 시편 3, 8, 19, 20, 23, 67, 95, 100, 114, 121, 124, 126, 130, 138편 등 14편이 시편가로 편입되어 편찬되었으나 언더우드와의 지역갈등으로 널리 사용되지 못했다. 그리고 기포드는 39살의 나이로 세상을 뜨고, 부인도 남편 사별 1개월 후 세상을 떠나 이러한 꿈들을 접어야하는 안타까움이 있었다.

로 『찬성시』를 편찬했어도 그 성과가 미급하고, 대부분 영·미 찬송가가 대부분 이었으며, 부르기 쉬운 **복음찬송** 내지는 **복음성가** 스타일의 찬송이 부흥집회 때나 교회나 가정에서 잘 불려 지므로 그러한 복음찬송가나 복음성가들이 찬송가에 많이 편입되었음을 짐작할 수 있다.

1890년대에는 장로교에 『**찬양가**』(1894년)와 『찬성시』(1895년, 1898년)가 있었고, 감리교에서는 『찬미가』(1892년, 1895년)를 사용하고 있었다. 1908년 장로교단과 감리교단이 연합하여 『찬송가』(1908년)를 발행하였다. 1930년대에는 장로교는 감리교와 함께 쓰기로 한 『찬송가』(쇼화 륙년 신뎡 첫재 츌판, 1931)를 사용하지 않고, 장로교에서는 『신편 찬송가』(1935년)를 발행하여 사용하였다.

해방 이후에 장·감·성 연합하여 『**합동찬송가**』를 편찬하였다. 이 때 장로교·감리교·성결교 세 교파가 주도권을 가지고 편찬하면서 그 주재료는 장로교에서는 『**신편찬송가**』, 감리교에서는 『**찬송가**』, 성결교단에서는 그간 사용하던 『**복음성가**』에서 각 교파가 각각 사용하던 찬송들을 한데 묶어 만든 것이 『**합동찬송가**』(1952년)이다. 그러므로 세 교파가 합동으로 찬송가를 발행했기 때문에 성결교 '복음성가'가 대량 유입된 것은 부인 할 수 없을 것이다.

연합으로 찬송가를 편찬하면서 그간에 소외되었던 '**운율 시편가**'를 간과한 것은 대단히 유감스런 일이다. 찬송가 가사는 구약성경 시편을 가사로 만드는 것이 당연한 일인데도, '시편가'가 소외당하고, 장로교에서 1898년에 『**찬성시**』를 발행할 때 14편 시편가사를 운율에 맞도록 '시편가'로 만들어 편찬하였음에도 불구하고 이러한 시도가 이뤄지지 못한 것은 참으로 아쉽다.[120]

그렇지만 지금도 사용하고 있는 '**시편가**'는 괄호 안에 장수를 표시했다. 시 3

---

[120] '운율 시편 가' 14편은 시편 데 3편(71 DIJON: 77.77), 시편 데 팔편(72 AMSTRONG;87.87 D.), 시편 데 십구편(73 FABEN:87.87 D.), 시편 데 이십편(74 AUTUMN: 87.87.D.), 시편 데 이십삼편(75 OLD HUNDRED: 88.D.), 시편 데 륙십칠편(76 ESSEX; ALETTA: 77 D.), 시편 데 구십오편(69 Chant. 88.D.), 시편 데 일백편(77 PRAISE 88 85), 시편 데 일백십사 편(78 PLEYEL'S HYMN: 77 D.), 시편 데 일백이십일편(79 NETTLETON: 87.87. D.), 시편 데 일백 이십사편(80 CONSACRATION: 77.77.D.), 시편 데 일백이십륙편(81 MIDDLETON: 87.87. D.), 시편 데 일백 삼십편(82 ROCK OF AGES; ST. PETERSBORGG: 77.77.77.), 시편 데 일백 삼십 팔편(83 ST. GERTRUDE: 65.65.D.65.) 등이다.

편(DLJON: 7.7.7.7.), 시 8편(AMSTRONG: 8.7.8.7.D.), 시 19편(FABEN: 8.7.8.7.D.), 시 20편(AUTUMN: 8.7.8.7.D.), **시 23편**(21새찬 1장, OLD HUNDRED: 8.8.8.8.), **시 67편**('21새찬 75; 통찬 47, ALETTA: 7.7.7.7, "주여 우리 무리를"), 시 100편(PRAISE: 8.8.8.5.), 시 114편(PLEYEL'S HYMN : 7.7.7.7.), **시 121편**('21새찬 383; 통찬 433, NETTLETON: 8.7.8.7. "눈을 들어 산 보리니"), 시 124편(CONSECRATION: 7.7.7.7.D.), 시 126편(MIDDLETON: 8.7.8.7.D.), **시편 130편**(ROCK OF AGES:7.7.7.7.7.7. '21새찬 363; 통찬 479, "내가 깊은 곳에서"), **시편 138편**(합찬 15; 통찬 17, "내가 한 맘으로") 등이 '시편찬송가'로 사용되었었다. 이런 시편 찬송들은 지금이라도 시편찬송가 그 곡조로 찬송가로 채택하여 부를 수 있을 것이다.

기존의 '예배'란 하나님의 구속에 대한 인간의 자발적인 응답이라고만 이해하기보다는 하나님이 먼저 인간에게 예배할 수밖에 없도록 하셨다는 점이 더 강하다고 생각한다.

다시 말해서 하나님은 자기 자신이 구주이신 것을 피조물들이 알아주기를 촉구했고, 또 그것을 자백하고 인정하도록 하는 타의적이고 강압적인 의미가 인간의 자발적인 행위보다 강하다고 보고 있다. 이와 같이 하나님의 역사를 강조하고 드러냄으로 해서 우리의 예배가 우상숭배가 아니라는 것을 역설적으로 나타내고 있는 것이다.

예배는 복음을 다시 듣게 하고 그 복음이 재 활성화됨으로써 예배를 통하여 하나님이 재현하시고 다시 역사하셔서 성경에 기록된 말씀이 곧 우리와 우리시대속에서 살아 움직이는 복음으로 재현되는 것이다. 그러므로 '예배'란 한때 역사 속에서 외쳐졌던 복음의 메아리가 아니고, **지금 여기서** Now & Here 외쳐 지고 있는 기쁜 소식인 것이다. 따라서 우리는 예배에서 역사적 사실을 재현하는 것이 아니고 하나님이 직접 개입하셔서 '지금 말씀하시는 것'을 듣는 것이다.

예배에서 인간이 해야 할 응답은 '하나님의 존귀와 영광의 찬양'이요 '감사 찬송'인 것이다. 즉 하나님의 영광을 찬양하는 것이다. 하나님의 이름과 그의 영광에 합당한 찬양, 그의 사랑과 인간 구속역사에 대한 우리의 감사 찬양이 예배 그 어느 것 보다도 가장 중요한 요소가 되어야 한다. 이것이 곧 음악이 예배에서 차지하는 가장 중요한 위치인 것이다.

그러므로 "영靈이신 하나님께 영적인 예배를 드리기 위해서는 다른 무엇보다도 '신령神靈한 음악音樂'으로 예배를 드려야 한다." 요4:24 음악은 세상 적이고 물질적인 것이 아니라 영적인 것이기 때문이다. 진정한 예배란 진리眞理와 성령聖靈의 역사가 충만한 곳에서 드려질 수 있다. 예배에서 성령의 역사가 충만해 지는 것은 인간의 힘으로나 또는 기계적이거나 물리적인 힘으로 되지 않고 오직 하나님이 주시는 바 은사恩賜로만 가능한 것이다. 요14:26, 롬8:26, 히브리7:25

그러나 무분별한 '세속 음악'의 사용은 '거룩한 예배', '영적인 예배'를 혼란스럽게 하고 있다. 인터넷에서 검색한 아래 글을 읽어보자.121)

> 초록색 '추리닝', 뽕짝 리듬. 격렬한 춤. 그리고 C. C. M 기독교현대음악. 어울리지 않는 조합을 선보인 구자억씨가 인터넷을 강타했다. 지난달 21일 음악전문채널인 엠넷의 '트로트엑스'에 출연한 구씨는 "아따, 참 말이여? 믿을 수 없 것 는 디? 하나님이 인간이 되어 세상에 오셨다고?" 노래를 불렀다. 선글라스를 낀 두 명의 '**할렐루야 자매**'도 무대에 올라 불렀다.
>
> 뽕짝……. C. C. M. 인터넷을 찾아보니 'ttotccm.com'이라는 홈페이지까지 있다. 유튜브youtuve에는 이미 수많은 공연이 올라 와 있었다. 구자억씨를 만나 궁금한 것 시 100편(21새찬 1장, OLD HUNDRED: 8.8.8.8.)에 대해 물어보았다. 반응은 "노랫가락이 재미있는데, 노랫말도 참 복음적이다."라는 것이었다. 어머니께서 "너는 목사가 되어서도 저러고 다닐 거냐?"라고 하셨다는 것이다…… 그런데 비난하는 분들도 계세요. '트로트trot는122) 사람 심성을 자극하고 흥을 돋워 술 마시고 춤출 때 부르는 노래인데, 하나님을 찬양하거나 복음을 전하는 내용을 담기에는 부적절하다'고 하시는 분들도 있었다는 것이다…….
>
> 지금은 교회마다 '찬양예배'를 드리지만, 1980년대에 '경배와 찬양'이 처음 소개됐을 때도 비난이 있었고, 국악찬양도 마찬가지였다. 트로트도 마찬가지가 아닐까?
>
> 이번에 방송 나간 뒤에 댓 글에 '나는 불교신자인데 교회 가고 싶어졌다'는 것이다. 60년대에 '예수 십자가에 흘린 피로서'를 강대상을 치면서 부르던 문화, 그것만을 교회문화라면서 전도를 하려고 하면 지금 이 시대를 사는 사람들은 외면한다."

---

121) 국민일보 2014.04.04 "트로트 찬양 논란? 판단은 하나님 몫" - '트로트 C. C. M 가수' 구자억 목사 인터뷰 전문

122) 트로트trot는 우리나라 대중가요의 하나. 정형화된 리듬에 일본엔가演 歌: 演歌에서 들어왔다. 온음계를 사용하여 구성지고 애상적인 느낌을 준다.

고 했다. 그는 트로트를 부르며, 노인정 경로당 마을회관 때론 비닐하우스에 가서 '찔레꽃'이나 '소양강처녀'를 불러드리면서 찬양도 한단다.
 "'예수님이 나를 위해 십자가를 지셨다'는 메시지를 어떤 분은 찬송가로, 어떤 분은 **발라드**로123), 또 젊은 사람은 **랩**124)으로도 전할 수 있겠죠. 그에게는 **트로트**였다는 것이다. 우리가 함께 살아가는 사람들과 부대끼며 복음을 전하려면 우리가 사랑으로 125)다가가야 하겠다. 모두 불신자라고 터부시한다면 누가 교회 안에 들어오겠는가?"라고 자기변명을 하고 있다.

그러나 구씨가 얘기하는 것처럼 '음악'이란 매체는 그리 단순하게 취급할 분야가 아닌 것이다. 그러기에 고대 도시국가들의 교과목에 '음악音樂'을 꼭 편재하도록 한 예를 볼 수 있다. 음악이 '사람의 심령에 말하는 영적 호소력'이 있어 인간의 심성 즉 '성격형성'과 인간의 '영혼'에 크게 영향을 주기 때문일 것이다. 요즘 배가운동이나 부흥을 위해서라며 강단에서 가수와 탤런트가 판을 치는 세상이 되었다. 그래서 말세가 가까이 온 것 같다고 얘기하는 분들도 있다.

1. 음악에 영감靈感이 깃들어 있다

고대 철학자들은 음악이 인간의 심성 즉 성격형성과 인간의 영혼에 크게 영향을 주는 것으로써 인간을 도덕적으로 타락하게도 하고 또는 정신적·성격적으로 건강한 사람으로 만들 수 있는 대단한 위력을 가지고 있다고 보았기 때문에 중시했다.
 플래톤Platon은 "한 나라의 음악을 제정할 수 있는 모든 권리를 나에게 준다면 나는 누가 그 나라의 법률을 만들든지 상관하지 않겠다."고 했으며 동양의 순자는 "한 나라의 정치가 잘되어 가는지를 알려면 그 나라 '국민의 음악'을 들어

---

123) '**발라드**'프랑스어 ballad는 문학 중에서 중세 유럽에서 형성된 정형시의 하나로서, 자유로운 형식의 짧은 서사시이다. 음악에서는 자유로운 형식의 서사적인 가곡이나 기악곡이며, 대중음악에서는 '**사랑을 주제로 한 감상적인 노래**'를 일컫는다.
124) '**랩**'rap은 강렬하고 반복적인 리듬에 맞춰 가사를 읊듯이 노래하는 **대중음악**이다.
125) '**트로트**'trot란 한국 대중가요의 한 형식이며, 4/4박자 정형화된 리듬에 일본 **엔가**艶歌(일본의 대중음악 장르의 한 가지로 일본 전래민요에서 온 **5음음계** 사용)에서 들어온 음계를 사용하여 구성지고 애상적인 느낌을 준다.

보면 알 수 있다."고 했다.

이들은 모두 음악이 인간의 품성 형성에 지대한 영향력을 미치고 있다고 믿었던 것이다. 그래서 고대 희랍에서는 학교에서 가르칠 가장 중요한 두개의 교과목으로 '**음악**'과 '체육'을 국민 기본교육에 넣었다. 심지어는 "음악을 통하여 사람의 병도 고침을 받을 수가 있다."고 생각하여 당시에는 희랍에서 '**음악요법**'music therapy도 성행하였다. 이와 같은 방법은 요즘도 활용되고 있다.

그래서 요즘에는 '**음악 치료법**'을 전문으로 가르치는 학교도 있다. 또 음악은 '우주적인 언어'라고 우리는 바꾸어 말할 수 있다. 영靈이신 하나님께 영적인 예배를 드리기 위해서 영적인 언어인 '음악'으로 예배를 드린다는 것은 지극히 당연한 일이라고 본다.

마르틴 루터Martin Luther의 가치관에서 '**음악**'은 '**신학**' 다음이었다. 그는 종교개혁과 함께 평신도 전체가 함께 찬송가 부르기를 시작하였고, '음악'을 학교교육의 필수과목으로 하였다. 그리하여 음악을 충분히 공부하지 않은 사람에게는 목사로 임직을 시키지 않았다.

루터는 예언자에게 하나님의 성령이 충만케 되는 것도 음악을 통해서이고, 또 이스라엘 왕 사울의 경우처럼 음악을 통해서 그의 마음속에 있는 악신을 내쫓을 수 있다고 했다. 하나님의 말씀과 음악은 어떤 무엇보다도 가장 밀접한 관계에 있다고 믿었던 것이다.

실상 루터가 종교 개혁 후 그가 가서 설교하는 데는 어디서나 많은 군중들이 몰려들었는데, 그의 훌륭한 설교 때문이기도 했지만 그보다는 그의 **찬송**의 힘이 더 컸다고 하는 기록을 읽을 수 있다. 교인들이 찬송가를 부르지 못하게 했던 당시의 가톨릭교회와 '찬송가'가 큰 역할을 하는 지금의 부흥집회를 비교해 볼 때 그러한 기록이 과장이 아닌 것을 알 수 있다.

루터Martin Luther가 가진 이 같은 교회음악에 대한 철학으로 인해 그가 종교개혁을 통해서 구라파의 역사는 물론 세계문화사 흐름의 방향을 바꾸어 놓은 것과 같은 큰 영향을 음악사에 남겼다고 볼 수 있다.

2. 예배음악에 대한 칼뱅의 사상

    16세기에 **존 칼뱅**John Calvin, 1509-1564이 새로운 교회를 시작할 때에 그는 교회에서 악기를 사용하지 못하도록 하였다. 찬송가도 부르지 못하도록 하였고, 오직 '**시편 가**'만을 부르도록 제한하였을 뿐 아니라 교회에서 오르간의 사용도 제한하였다. 칼뱅은 '찬송과 찬양'이란 사람의 가슴속에서 울어 나오는 신실한 노래로써 단순하고 순수한 것이어야 한다고 주장했고, 구약에서 악기를 쓴 이유는 그들이 아직도 유치했었기 때문이라고 생각했다.126)

    하나님께서는 가장 단순한 형식으로 예배드려야 하고 구약시대를 지금에 와서 흉내 낸다는 것은 바보 같은 짓이라고 말했다. 그래서 칼뱅은 **부르주아**Bourgeois라는 사람에게 단순한 멜로디로 부를 수 있도록 '**시편가**'를 만들도록 했다.

    후에 부르주아가 자신이 작곡한 시편가의 곡을 보다 좋은 멜로디로 고쳤을 때, 그는 체포되어 허락 없이 마음대로 곡을 고쳤다는 죄명으로 형무소에 들어가 16년의 감옥생활을 하고 직업도 잃어버리고 제네바를 떠날 수밖에 없었다.

    어떤 장로교회에서 예배 중에 악기를 사용하지 못하게 하는 것은 이러한 칼뱅의 사상 영향이 아닌가 생각한다. 그러나 현대에 와서 개신교 아무 교회도 칼뱅이 만든 '**시편가**'만 부르는 교회는 없고, 칼뱅이 예배에서 부르지 못하게 한 '**찬송가**'를 부르지 않는 교회도 없다. 심지어는 칼뱅이 다니던 제네바 교회의 버려진 오르간도 다시 신축하여 예배에서 사용하고 있는 것을 보아 칼뱅의 그와 같은 사상은 현대의 개신교회에서 받아들여지지 않고 있다고 보여 진다.

    오히려 교회에 찬양대가 있고 악기와 함께 하나님을 찬양하는 일은 지극히

---

126) John Calvin, *Commentary on the Book of Psalms*, James Anderson 역, VI vol. [Grand Rapids: Eerdmans, 1963 reprint], 1:539) 칼뱅Calvin은 그의 시편 33편 주해에서 "하나님을 찬양하는데 있어서 악기들은 향을 태우거나, 촛불을 밝히는 것 그리고 다른 율법의 그림자들을 회복하는 것보다는 나은 요소라고 할 수 없다. 따라서 가톨릭교도들은 많은 다른 것들과 마찬가지로 유대교로부터 이런 것들을 어리석게 수용하고 있다. 외적인 화려함을 좋아하는 사람은 이러한 야단스런 것들을 좋아한다. 그러나 하나님께서 사도들을 통해 우리에게 권하는 단순한 것은 자신을 기쁘게 하는 것이 아니다. 바울은 성도들의 모임에서 오직 **입으로**tongue **하나님**을 **찬양하라**고 말한다. 그렇다면 단지 공허한 소리에 불과한 것으로 귀를 채우는 찬트chanting에 대하여는 무슨 말이 필요하랴."라고 하였다.

성경적이라고 말할 수 있겠다.

다만 악기를 사용할 때 주의해야 할 점은 준비가 덜된 합주단이 음악을 제대로 연주하지 못하면서 예배시간에 연주를 한다는 것은 오히려 은혜로운 예배에 방해되므로 그런 이유로 악기를 사용하지 못하게 할 수는 있을 것이다. 악기를 사용하지 못하게 한 칼뱅의 본뜻이 여기에 있다고 본다.

교회음악지도자라면 현재 교회에서 사용되고 있는 '교회력'을 예배와 찬송 및 찬양지도에서 어떻게 활용할 것인가? 하는 문제도 중시해야 한다. 여기서 '교회력'의 문제를 언급하고 지나가려고 한다.

3. 교회력과 찬송 · 찬양

음악 지도자의 가장 큰 관심은 설교의 주제와 그 날 찬양 곡 내용의 주제를 일치시키는 일이다. 설교 제목과 내용이 "고난의 그리스도"인데 '위대하시고 영원하신 주'란 찬양을 부른다면 예배의 전체 통일성이 있다고 볼 수 없기 때문이다. 음악 지도자가 이런 어려움을 겪게 되는 이유는 목사님의 설교주제가 대체로 주보(당일 예배순서지)를 보고서야 알게 되어 지기 때문일 것이다. 적어도 **설교의 주제**와 **찬양의 주제**를 맞추려고 한다면 한 달 전에는 설교 계획이 짜여져야 한다.127) 그것이 불가능하다면 '교회력'을 사용하는 편이 대부분 맞아 들어갈 것이다. 그러나 개신교 교회들이 언제부터인지 '성탄절'과 '부활절' '감사절' 등을 제외하고는 교회력을 따르지 않기 때문에 어려움이 있다.

이처럼 교회력을 무시하고 예배의 계획을 수립하다보면 철을 잃은 과일처럼 예배의 진정한 미美를 잃기 쉽다. '교회력'이란 그리스도의 생애와 밀접한 관련을 가진다. 구주가 오시는 성탄절이 더 중요한 날이 되기 위해서는 그를 기다리는 준비의 날이 있어야 한다. 이것을 교회절기상 **'대강절'** The Advent 또는 **'강림주간'**이라고 한다.128)

---

127) 필자가 찬양대 지휘를 하고 있던 당시 '개복교회'(담임 윤철주 목사1970-1975, 후임 김종석 목사1931-2002 시무) 목사님은 1년 설교 본문과 제목이 교회요람에 미리 제시되어서 찬양계획을 세우는데 편리했다.

강림주간의 기다리는 마음이 컸을 때 그리스도의 탄생이 더 큰 기쁨이 되는 것이다. 마찬가지로 고난주간을 통하여 우리 자신이 그리스도의 고난에 동참하고 그 **고난**을 함께 감수할 때에 그리스도의 부활이 우리에게 승리의 실제적인 복음으로 다가갈 수 있을 것이다. 다음은 교회력에 따라 선곡한 찬송이다.

< 도표 8 > 교회력에 따른 찬송가 주제와 선곡의 예[129]

절기	'21 찬송가 (통일찬송가)	절기	'21 찬송가 (통일찬송가)	절기	'21 찬송가 (통일찬송가)
왕이신 그리스도의 날	25, 22, 34 (25, 26, 45)	현현 절 후 넷째 주일	462 (517)	성 목요일	228, 232, 227 (285, 282, 283)
강림절 첫째 주일	102, 546 (107, 399)	현현 절 후 다섯째 주일	511 (263)	성 금요일	145, 143, 148 (145, 141, 142)
강림절 둘째 주일	10, 398, 504 (34, 92, 266)	현현 절 후 여섯째주일	450(376)	부 활 절	164, 166, 163 (154, 156, 160)
강림절 셋째 주일	85, 96, 105 (85, 94, 105)	현현 절 후 일곱째주일	600(242)	부활절 둘째 주일	170, 165 (16, 155)
강림절 넷째 주일	84, 104 (96, 104)	현현 절 후 여덟째주일	208, 15 (246, 55)	부활절 셋째 주일	159, 172, 65 (149, 152, 19)
성탄절 전야	새찬 127, 128, 129 통찬 108, 124, 248	주님의 산상 변화	484 (533)	부활절 넷째 주일	567, 386 (436, 439)
성탄절	115, 126 (115, 126)	속죄의 수요일	363 (479)	부활절 다섯째주일	600, 446, 210 (242, 500, 245)
성탄 후 첫째 주일 (신년)	122, 119(122, 119) 90, 196, 499, 551 (98, 174, 277, 296)	수난절 첫째 주일	새찬 137 통찬 134, 345	부활절 여섯째주일	28, 85, 186 (28, 85, 175)
성탄 후 둘째 주일	240, 36, 37 (201, 36, 37)	수난절 둘째 주일	14, 341, 535 (30, 367, 325)	부활절 일곱째주일	212, 462, 33 (347, 517, 12)
현현 절	118, 42 (118, 11)	수난절 셋째 주일	366 (485, 445)	성령 강림절	188, 186, 187 (180, 176, 171)
현현 절 후 첫째 주일	42, 21 (11, 21)	수난절 넷째주일	216, 149, 305 (356, 147, 405)	종교개혁 주일	585, 586 (384, 521)
현현 절 후 둘째 주일	340, 530, 531 (366, 320, 321)	수난절 다섯째주일	312 (341)	감사절	587, 588, 590, 592 (306, 307, 309, 311)
현현 절 후 셋째 주일	81, 138 (452, 52)	수난절 여섯째주일	140, 141, 143 (130,132, 141)	* 찬송가가 삭제되어 없는 것은 각각 공란으로 처리하였음.	

---

128) **대강절**待降節은 성탄절 전 4주로부터 시작되는 절기다. 대강절의 '대'待자는 '기다릴 대'이고 '강'降자는 '내릴 강'이므로, 주님이 "이 땅에 오시기를 기다린다."는 뜻이다. 대강절 The Advent 은 '오다', '도착하다'를 의미하는 라틴어 아드베니레 advenire 에서 유래된 말이다. 이는 직접적으로 그리스도의 오심을 뜻하며, 한때 이 말은 성탄절에만 국한되어 사용되기도 했었다. 그러던 것이 오늘날에는 주님의 탄생을 미리 기대하며 자신을 가다듬는 것을 그 본질로 하는, 성탄절 전 4주일을 포함한 절기를 지칭하는 말로 사용되고 있다.

129) 신소섭, 『'21 실용교회음악학』(서울: 아가페문화사, 2013), p. 294

그리스도의 '**부활**'이 중요한 것처럼 그의 '**승천**'도 중요하고 오순절 '**성령 강림**'도 중요하다. 이와 같이 절기인 교회력에 따라 설교와 예배가 진행된다면 찬양과 음악지도는 아주 용이해 질수 있고, 또 통일된 예배를 드릴 수 있게 됨으로 인해 보다 은혜로운 예배를 드릴 수 있을 것이다. 우리가 부모님의 생신이나 결혼기념일을 기억하여 잔치를 갖는 것처럼 그리스도의 구속사건의 중요한 날들을 기념한다는 것은 반드시 필요한 것이다. 특히 교회력에 의한 찬양음악의 선택은 '**음악목회자**'나 담임목사가 신중히 해야 할 부분인 것이다.

즉 고난주간에 존 슈타이너John Stainer의 '십자가상의 그리스도'The Crucifixion를 연주하는 것은 적절하나 그리스도의 고난으로 슬퍼해야 할 고난주간에 기쁨과 승리의 코러스 '**할렐루야**'Hallelujah라든지 성탄절에나 부를 수 있는 성탄절 찬양을 부른다면 대단히 어색한 선택이 될 것이다.

부활절에 노래한다고 해서 무조건 '부활절 칸타타'라고 연주해서는 안 된다. 그것은 '부활절 칸타타'가 아니고 '고난절 칸타타'이고, 아침 이후에는 쓰리고 우울한 **고난절** 음악보다는 부활의 기쁨을 노래하는 찬양이 돋보일 것이라는 것은 보편적인 지식일 것이다.

4. 예배찬송의 올바른 활용

'예배찬송'을 논할 때 특별히 다음 세 가지로 나누어 설명을 하는 것이 가장 보편적인 이해일 것이다.

(1) 찬송가Hymns

삼위일체이신 성부, 성자, 성령을 높이고 기리며 삼위 하나님의 이름을 높이 찬양하는 수직적인 노래이다. 찬송가의 '경배와 찬양' 부분인 것이다.

(2) 복음찬송가 Gospel Hymns

삼위일체에 대한 찬양으로 삼위 하나님의 속성, 섭리, 사역 등을 찬양하는 내용의 노래이다. 즉 하나님을 찬양하는 것은 '**찬송가**'이고, 하나님의 사랑, 은혜 등을 감사하며 찬양하는 것이 '**복음 찬송가**'이다. 역시 찬송의 대상은 성부, 성자, 성령 하나님이어야 한다.

(3) 복음성가 Gospel Song

인간이 인간에게 향하는 노래로 신앙의 권면, 전도, 인간의 교제 등을 노래하는 내용으로 찬양의 대상이 인간인 '수평적인 노래'이다.
그래서 이러한 복음성가(복음송가)에는 '아멘'(히 אָמֵן, 헬 ἀμήν)을 붙이지 않는다. 그러나 현대는 '찬송가학'이 무색할 정도로 복음성가가 다변화, 다양화되었다. 자세히 살펴보면 가사는 분명히 하나님을 찬양하는 내용인데 분위기는 흔히 우리가 느끼고 있는 스타일이 많다. 우리가 사용하고 있는 찬송가책에도 말이 '찬송가 책'이지 '복음성가 가사'나 곡들이 상당히 많이 있음을 본다. 그러기에 우리는 찬양할 때 가사를 생각하면서 불러야 하는 것이다. 결국에는 하나님을 찬양하는 것이지만 최소한 '올바른 찬양'을 드린다고 한다면 이러한 작은 실수로 '찬양'에서 실수나 오류를 범하지 말아야 하겠다.

5. 모범적인 예배는 '찬양예배'

기독교음악사적으로 음악에는 두 가지의 지배적인 철학사상이 들어있다. 그 중 하나는 '**고립주의**' Isolationism 라고 하는데, 여기서는 "음악이란 감정이나 느낌이 표현되지 않은 연속적인 음들의 외부적인 표현이어서 음악의 의미를 음악적인 용어 이외의 다른 말로 설명한다는 것은 불가능하다."고 말한다. 즉 음악은 '음'을 그것이지 다른 아무 것도 아니며 따라서 음악적인 용어 이외에 다른 말로 바꾸어서 설명할 수 없다는 것이다.

또 다른 철학인 '**문맥주의**'Con-textualism는 이와는 반대로 "음악은 단순한 음의 움직임 이상의 무엇이다"라고 말하는데, 이 주장에 의하면 "음악은 아이디어가 있고, 감정이 있고, 이야기가 있고 심지어는 생의 철학까지도 음악 속에 포함되어 있다"고 보는 견해이다. 그래서 음악의 진가는 인간의 경험을 표현할 수 있을 때 나타난다고 하고, 그러기 때문에 음악은 인간의 마음을 움직일 수 있고, 영적인 움직임과 감동이 있을 수 있다고 말한다. '**교회음악**'은 '**문맥주의**' Con-textualism의 '**음악철학**'을 따르고 있다. 내가 음악을 통해 하나님께 찬양과 영광을 돌릴 수 있고, 또한 내가 영적인 찬양을 부름으로 인해 나의 영과 듣는 자의 영이 은혜 가운데 서로 교통할 수 있다고 생각한다. 교회에서의 찬양, 특히 찬양대원들의 찬양은 사회에서 부르는 노래와는 분명히 달라야 한다. 비록 목소리가 세련되지 않았다하더라도 영적으로 은혜롭게 불러야 한다.

자기 기분을 위한 것이거나, 또는 남에게 뽐내는 것이 아니라, 영적인 아이디어를 가지고 노래할 때 하나님의 영과 교통이 되어 그에게 영광을 돌릴 수 있고, 영으로 예배하는 자들과 영적인 은혜를 나눌 수 있기 때문이다. 결론적으로 모범적인 예배, 가장 아름다운 예배, 가장 은혜로운 예배는 '**음악예배**' 곧 '**찬양예배**' 라고 말할 수 있을 것이다.

'찬양예배'라고 해서 요즘 흔히 하는 것처럼 1부에서 간단히 예배를 드리고 난 다음 2부에서 몇 개의 음악순서를 가지고 연주하는 것과 같은 발표회 성격의 '음악예배'를 말하는 것이 아니라 '예배의 순서와 음악이 혼연일체가 되어 명실 공히 음악으로 구성된 예배'를 말한다. 우리가 예배와 음악에 있어서 분명히 알아둘 것은 예배에서 연주되는 음악이 절대로 음악회에서의 연주처럼 발표회가 되어서는 안 된다는 점이다. 그리고 교회 예배에서의 독창자들도 자기의 발성 테크닉이나 목소리 자랑을 위한 그런 의도가 보이는 연주는 삼가야 된다. 찬양대와 독창자 모두 오직 진실 된 마음과 믿음에서 울어 나오는 영적인 노래를 할 때 그것만이 예배에 합당한 것이다. 그러기 위해서는 무엇보다 먼저 우리의 **신앙**을 향상시키는 일 즉 **기도하고 성경을 읽고 은혜**를 갈급 해 하는 생활을 해야 한다.

유대교와 구교에서는 지금도 '**성경낭독**'과 '**시편낭독**'을 노래로 하고 있다. 기도도 노래로 한다. 특별히 로마가톨릭교회의 예배의식은 설교를 제외하고 모든 순서를 '**음악**'으로 하게 되어 있다. '예배'의 이상형理想 形은 예배 전체가 음악으로 이루어지는 것일 것이다. 그래서 가장 아름다운 음악으로 하나님을 찬양할 수 있는 신령한 예배가 되어야 한다. 그런 의미에서 모범적인 예배는 '**찬양예배**'讚揚禮拜 라고 할 것이다.

종교개혁자 **마르틴 루터**는 자주 그의 저서에서 다음과 같이 밝혔다. "음악은 신학 다음으로 하나님이 주신 아름답고도 영광스러운 선물이다. 음악은 마귀를 쫓아내며 인간을 행복하게 만든다. 젊은이들로 하여금 음악에 친숙하게 하면 그들은 멋진 사람들이 된다."라고 했다.130)

그렇다. 음악은 세계인의 공용어이면서 공유물이다. 그러한 음악에 놀라운 치유능력을 더하신 것은 하나님의 또 하나의 큰 선물인 것이다. 구약 성경에 나오는 대로 음악은 하나님께 예배드리는 도구였다. **마르틴 루터**는 신학자이기도 하지만 음악이론에 뛰어난 **음악학자**요, 성악과 기악, 작곡에 능통한 **음악가**였다. 따라서 루터는 신학은 가장 뛰어나고도 귀한 학문으로 추천하였다. 음악도 이에 못지않게 중요하고도 귀한 예술이자 학문임을 잘 알고 있었다. 루터가 정의한 개념대로 음악이야 말로 '휴머니즘을 가진 정밀한 과학'인 것이다.

대부분의 학문들이 감성적이거나 영적인 내용보다는 합리적인 이성을 전제로 하는 지성적인 면만을 중심으로 다루고 있지만 음악은 거기에 덧붙여 인간의 감성과 영혼과 정신에 직접적으로 부딪치며 영향을 끼치는 분야라는 점에서 신학과 유사한 휴머니즘을 가진 과학일 수 있겠다.『음악과 신학』이라는 책에 음악과 신학의 공통점을 아래와 같이 제시하고 있다.131)

    첫 번째, 음악은 신학과 같이 하나님의 특별한 **선물**이다.

---

130) Paul Nettl, '*Luther and Music*' translated by Frida Best and Ralph Wood, THE MUHLENBERG PRESS, Philadelphia. p.30,
131) 노주하,『음악과 신학』(서울: 요단출판사, 1999) 2쇄 발행, pp.14-17.

두 번째, 음악과 신학은 **진리**로 인도하는 데 도움이 되는 분야이다.
세 번째, 음악과 신학은 하나님을 아는 **지식**을 풍성하게 한다.
네 번째, 음악과 신학은 모두 **교회**와 밀접한 관련을 맺고 있다.
다섯 번째, 성경에 바로 선 음악과 신학은 **교회**의 **통일성**에 기여한다.
여섯 번째, 음악과 신학은 **예배**禮拜와 **선교**宣敎의 도구이다.
일곱 번째, 음악과 신학은 모두 **하나님**의 **영광**을 위하여 존재하는 분야이다.
여덟 번째, 음악과 신학을 통한 **남용**과 **오용**은 교회에 큰 해를 입힐 수 있다.

여기서 중요한 점은 회중들이 좋아하는 음악이라고 무조건 다 받아들여서 찬송가 등에 활용하는 행위는 '음악의 남용'에 해당하고, 찬송가 등에 사용될 수 없는 다른 목적의 기존 음악들을 교회 안으로 끌어들이는 행위는 '음악의 오용'에 해당한다는 점이다. 오늘날 '**열린 예배**'라는 이름으로 얼마나 많은 교회 음악들이 남용되거나 오용되고 있는 지 심각하게 고민해야 할 때가 온 것이다. 『통일찬송가』나 21C『찬송가』의 경우를 보더라도 예외는 아니다. 그래서 관심도 없고 홀대 받고 있는 '**어린이 찬송가**'를 보존하고 살리기 위하여 이 책을 저술하고 있는 것이다.132) 여기서 우리는 기존『어린이 찬송가』에 실려진 곡들이 예배찬송가로서 적합한 것인가 하는 점을 간과해서는 안 될 것이다.

복음성가나 동요 형식의 곡들이 다수 포함되어 있음을 부인할 수 없을 것이다. 이러한 점에서 '**어린이 예배 찬송가**'의 발행이 시급하다는 결론이다.133)

그러나 이 책을 집필하면서 어린이 찬송가의 역사적인 측면에서 볼 때 이러한 점들을 고려하여『어린이 찬송가』를 편찬하려 애썼던 점들을 보면서 교회음악선배들의 '**예배 찬송가**'에 대한 올바른 지식과 노력에 고마움을 느껴본다.

예배 진행과 찬송에 대하여 실제적인 면을 다루어 보자.

---

132) 21C『찬송가』의 제목분류를 보면 '행사와 절기' 항목에 '어린이 찬송가'로 실려 있는 찬송가가 560-570장까지 11편에 불과하다. 이는『통일찬송가』298-301장 4편,『새찬송가』 585-601장까지 17편,『개편찬송가』어린이와 젊은이로 묶어서 547-565장까지 18편이다. 이것은 대부분『어린이찬송가』집을 따로 편찬하고 있기 때문이기도 하다.

133) 필자가 '한국찬송가공회'에서 21C『찬송가』개발에 참여해 편집 작업을 하고 있을 때 전문위원들마저 새로운 '21C『찬송가』개발에서 '**예배찬송가**'나 '**시편찬송가**'의 중요성을 인지하고 있는 것인지 아니면 간과하는 것인지 필자 자신이 심한 혼란을 겪은 기억이 있다.

6. 예배 진행과 찬송

(1) 첫 송영

보통 교회에서 예배의 시작은 찬양대의 '송영'頌詠(또는 **입례 송**)으로 시작된다. 오르간이나 피아노가 첫 화음을 울리고 찬양대가 노래하는데, 이를 찬양대원들은 '**첫 송영**'이라고 부른다. 그 가사내용은 '영광송'이나 '예배의 시작'과 관련된 것이 대부분이지만, 반드시 그런 것만은 아니다. 첫 송영이 시작되기 전의 교회 안 분위기는 회중 간의 인사나 기도소리로 인해 '**예배의 부름**'으로 곧바로 이어질 수 없을 경우가 종종 있다. 찬양대의 '첫 송영'이 시작되기 전에 목회자는 탁상 종을 치고 회중을 잠잠하게 한 후 '다 같이 마음을 모아 예배드립시다.'와 같은 말을 해야 할 경우들이 발생할 수 있다.

'첫 송영' 대신에 오르간 전주를 하면 좋다. 회중이 잠잠해지는 일은 목회자가 예배 전 분위기 조성을 위해 미리 '예배 사전교육'을 하는 것이 좋겠다.

찬양대의 첫 송영이 시작되면 회중들은 잠잠해지고, 첫 송영을 연주하는 동안에 많은 사람들은 작은 소리로 기도를 드린다. '예배의 부름'이 있은 후에야 회중들은 잠잠해진다. 그래서 찬양대는 맨 먼저 긴장하고 있어야 한다.

(2) 찬양과 경배찬송

예배의 사회자가 '예배의 부름'과 기도를 드리고 나면 최초의 '**회중 찬송**'을 부른다. 보통 찬송가책에 '찬양과 경배'로 분류된 찬송을 부른다. 그러나 '주일예배찬양' 21찬 43장, 통찬 57장 "즐겁게 안식할 날"등을 부르기도 한다. 따라서 이때에 '하나님께 찬양 드리자', '하나님께 경배 드리자'와 같은 내용의 찬양이 불린다. 이러한 찬송가들을 부르면서 회중들은 예배의 의미를 되새긴다. 이 찬송을 부를 때에 찬양대가 입장하는 것이 서양 교회에서는 통례 화 되어 있다. 한국의 예배학자들도 그렇게 하자는 주장을 펴고 있고, 또한 어떤 음악인들은 시범예배를 통해 그러한 방식을 도입하려고 노력하고 있다. 그러나 한국 교회에서는 아직도 전통방식을 고수하려는 교회가 다수이다. 찬양대의 입당행진은 한국에서 낯선 것이기도 하려니와 건물의 조건도 잘 맞지 않는다. 그러나 이와 같은 이유보다 더 두드러지는 것은 찬양대가 미리 좌석에 착석하여 '**첫 송영**'을 연주함으로써 예배할 수 있는 분위기를 마련하는 '한국적 전통'이 거부감 없이 체질화 되어 있기 때문이다. 기악 전주곡으로 회중을 잠잠하게 할 수 있다면 그렇게 하는 것이 좋겠다. 특히 **통성기도** 등에서 오르간이나 피아노 반주를 하는 것에 익숙한 회중은 기도소리를 낮추지 않는다. 찬양대의 성악만이 이들을 어느 정도 잠잠하게 한다.

　물론 찬양대의 **입당행렬**은 하나님 앞으로 나아간다는 상징성을 살릴 수 있는 장점이 있지만, 이러한 마음가짐은 일반 회중도 마찬가지로 가져야 하는 것이기에, 일동기립으로 대신하는 현행의 방식이 적절하다고 본다.134)

(3) 송영 찬송가

　교독문 낭독 뒤에는 1장 제네바 **시편찬송**"만복의 근원 하나님"이나 삼위일체 **영광송** Gloria Patri, 21찬 3장 "성부 성자와 성령"을 부르는 것이 보통이다. 대체적으로 이 찬양 순서까지 회중 모두가 기립하여 부르는데, 이는 예배의 의미를 몸으로 표현하는 방식일 것이다.

(4) 찬양대 찬양

　찬양대의 **찬양**은 '**예배음악의 꽃**'이라 할 수 있다. 그 꽃의 향기가 그 날 설교 말씀으로 안내해 주면 좋을 것이다. 곡 내용은 절기에 따라서 하되 '하나님 찬양과 경배'로 하는 것이 자연스럽다. 교회절기에 따라 또는 회중을 대표해서 하

---

134) '부광교회'(담임목사 김상현, 인천시 부평구)에서는 집례자들과 찬양대가 입장함과 동시에 오르간에서 "시온의 영광이 빛나는 아침" 21찬 550장 을 전주를 하면 회중들은 일제히 일어서서 회중 모두 찬송을 함께 부르면서 예배위원들이 입장하고 예배와 연결하고 있다.

나님을 찬양한다는 생각에서 찬양대가 찬양할 때에 목회자도 같이 서있는 경우도 있고, 전 교인이 서있는 경우도 있다. 물론 찬양 곡의 내용에 따라 그렇게 할 수도 있겠으나 찬양대 찬양을 앞에서 행한 두 종류의 회중 찬송가처럼 생각하는 것은 좀 고려해 보아야 한다.

찬양대 찬양은 오늘날에도 여전히 성경봉독 후에 연주되어 말씀선포 순서로 이어지도록 하고 있다. 따라서 '찬양대 찬양'은 말씀선포에 적합하도록 한다. 교회음악사적으로 보아도 찬양대 찬양 기능은 말씀선포의 역할을 담당해왔다. 교회력을 철저하게 지키는 교회 high Church 에서는 **찬양음악** 역시 교회력에 맞춰 선곡되며 연주되고 있다. 찬양대의 말씀선포 역할은 설교의 내용과 찬양대 합창곡의 내용이 서로 일치될 때에 큰 힘을 발휘할 수 있다. 그러나 한국 교회의 실정은 그렇지 못하다. 그런 이유는 설교자가 미리미리 내용을 알려주기 어렵게 촉박한 시간에 설교준비를 하기 때문이다. 또한 절기에 맞춰 설교하는 일은 성탄절, 부활절, 감사절 등 큰 절기 이외에는 잘 이루어지지 않기 때문이다.

절기에 꼬박꼬박 맞추어 설교한다는 것은 한국 교회에서 아직 기대할 수 없는 것일까? 어떤 설교자는 그때그때 시사적 문제에 적당한 설교를 하기도 하고, 또 어떤 분은 본인이 준비 가능한 순서에 따라 하기도 하고, 어떤 이는 성경 중 한 책을 성경공부 식으로 연속하여 설교하기도 한다. 설교에 맞추어 찬양을 할 수 있으려면 한 달 전에 이미 예고가 나올 수 있어야 가능한데, 그런 경우는 아주 드물다. 또한 설교에 맞는 '찬양 곡'을 찾을 수 없어서 할 수 없는 경우도 있다. 이러한 어려움이 겹치면서 설교내용과 찬양내용을 맞추는 일이 어렵게 여겨진다. 회중은 찬양대의 찬양에 대단히 민감한 반응을 보인다. 큰소리로 화려하게 끝나는 음악에서는 큰 소리로 '**아멘**'하고 화답한다. 경우에 따라 큰소리로 또는 작은 소리로 차이 나게 반응을 하기도 한다.

찬양대의 합창곡들 중에서 크고 높은 소리로 끝나는 것들이 선호되는 것은 이런 연유일 것이다. 요즘은 박수를 치도록 유도하는 교회도 있다. 교인들이 '은혜 받았다'고 반응하는 찬양 곡들 역시 이런 종류의 곡들이다. 이로 보아 한국 교회의 회중들은 찬양대로부터 감정적으로 격앙 받기를 원하는 경향이 있다고 생각된다. 감정을 차분하게 가라앉히는 것은 기대하지 않는다고 판단되기도

한다. 설교에 대한 회중의 기대도 거의 같을 것으로 짐작된다. 이런 점은 그 자체로 '좋다 나쁘다'로 판단될 성격의 것은 아니다. 그러나 찬양대의 음악만이 조용하게 가라앉은 것이어서는 예배의 전체적 분위기와 잘 맞지 않을 것으로 생각된다. 목회자들은 대체로 그 날 찬양대가 무슨 곡을 하는지 모른다.

대부분 이 사항은 찬양대 지휘자에게 맡겨져 있기에 가장 예측불허의 순서가 찬양대 **찬양** 부분일 것이다. 다행히 예배에 잘 맞을 경우는 괜찮지만 그렇지 못할 경우도 발생한다.

가사가 교회적이지 못한 것을 찬양할 경우가 있고, 음악회에 온 듯한 착각을 일으킬 정도로 길고 거창한 곡을 연주할 때도 있고, 찬양대가 회중 모두에게 너무 낯선 방식의 곡을 선택하여 예배분위기를 낯설게 하는 경우도 있다.

그러나 이런 일이 일어나지 않도록 찬양대 지휘자는 각별히 노력해야 한다. 찬양대가 예배에서 가장 좋은 방법은 찬양대나 지휘자의 취향에 빠져 음악을 선곡하는 것이 아니라 모든 교인들이 함께 하나님께 영광을 돌리는 마음을 고려해 선곡하는 일이다. 찬양대는 '찬양'으로 하나님의 일을 하는데, 하나님께 영광을 돌리면서 동시에 회중을 감화시키는 것도 그 일 중의 하나이다. 회중 위에 음악적으로 군림하거나 그들을 교육시키려고 하지 말고 **회중과 함께** 하나님의 영광을 찬양하고 노래하는 태도를 가져야 할 것이다.

(5) 설교 후 찬송가

설교 후에 부르는 찬송가는 대개 설교의 내용과 맞추어진다. 이는 찬양대의 찬양 기능과 중복될 수도 있는 부분이다. 그러나 찬양대의 찬양이 설교내용과 맞지 않는 일이 더 많은 현실에서는 이 회중 찬송가가 그러한 기능을 담당하게 된다. 우리 찬송가에는 모든 '성경주제'에 맞게 찬송가들이 준비되어 있지 못하다. 이는 우리의 찬송가책이, 성경내용과 무관한 복음성가가 많기 때문이기도 하다. 따라서 '**찬송가 편집**' 할 때는 수평적인 '복음성가'보다는 '**성경구절**을 **직접**적으로 **노래**하는 **찬송**'을 **많이 수록할 필요**'가 있다.

(6) 헌금 순서와 봉헌 찬송가

헌금순서에 통상 연주되는 음악의 형태는 다양하지만 대개 다음과 같다.

① 기악만을 연주할 경우에 합주나 중주를 하되 헌신과 관계된 곡으로 한다.
② 찬양대가 찬양할 경우에는 찬송가에서 헌신이나 헌금 찬송을 노래한다.
③ 독창자가 노래할 경우는 사전에 곡명을 목회자에게 알려주어 부적당한 노래는 지도를 받아 제외하고 음악 연주곡목을 조정할 필요가 있다.

헌금순서에는 다채로운 형식의 음악이 연주된다. 전통적으로 찬양대가 노래하는 방식이 대부분이지만 근래 중대형 교회들은 독창자가 노래하는 경우가 많은데, 이는 좋은 독창자가 있는 큰 교회일수록 그렇게들 한다.

헌금시간에 찬양대가 노래할 경우에는 "내게 있는 모든 것을 아낌없이 바치네."21새찬 50와 같은 봉헌 찬송을 부르지만, 독창자가 할 경우에는 봉헌과 무관한 노래보다는 봉헌·헌신 등의 내용으로 연주하는 것이 자연스럽다.

주제가 빗나갈 때 독창자의 노래는 다른 예배 순서와 무관한 것이 되고, 독창자는 부자연스러운 순서로 노래 불러 예배나 독창자 모두에게 좋지 못하다. 독창자들은 찬양대 찬양시간에 찬양대와 함께 노래하는 것이 좋을 것이다. 독창이 드러나는 성가합창곡을 골라 연주 하든지 찬송가에 데스캔트$_{descant}$를 넣어 편곡해서 부르도록 하면 좋을 것이다. 헌금시간이 끝나면 회중들의 **봉헌찬송**이 따른다.

(7) 마감 찬송가

회중들에 의해 불리는 폐회찬송은 "성전을 떠나가기 전"21새찬 53장, 통찬 59장과 같은 전형적인 것들이 있으나 근래에는 이런 종류의 것들이 덜 불려진다. 복음을 듣고 하나님의 복을 세상에 전해야 하는 사명을 고취하는 찬송이나, 이제 세상을 향해 나아가는 성도들의 복음행진을 위한 찬송가를 부르는 경우가 많고,

리듬이 강하지 않은 새로운 복음성가를 부르는 경우도 있다.

그날 설교가 요약된 찬송가를 선곡하여 '복음 메시지'를 들고 나가도록 찬송하는 것도 좋은 방법일 것이다.

교회에 따라서 "가서 제자 삼으라." "오소서 진리의 성령님" "이 땅에 황무함을 보소서" 같은 복음성가를 부르는 경우도 있다. 복음전파의 사명과 희망을 안고 세상으로 나가는 '**복음찬송가**'를 부르는 것도 자연스러울 것이다.

(8) 끝 송영

찬양대에 의해 불리는 마지막 송영은 '**축도**'祝禱 뒤에 곧바로 연주하는데, 이 순서 역시 첫 '**송영**'과 마찬가지로 끝 '**송영**'이라고 부른다. 가사는 대체로 '축복', '평안'을 기원하고, '**축도**'를 다시 한 번 강조하는 성격이 많다. 어떤 찬송가의 후렴이나 짧은 찬송가를 부르는 경우도 많다. 이 순서에서 회중들은 상당히 큰 소리로 자신들의 마지막 결단의 기도를 드린다.

<그림 20> 리라 연주 교습하는 그리스 교사

제6장 어린이 찬송 지도와 행정

제1절 어린이 찬송 지도

'어린이찬송지도'란 "그리스도를 머리로 삼고, 그의 지체가 된 유형무형의 교회가 그 교회 된 사명을 완수하기 위하여 필요로 하는 어린이찬송교육을 말하는 것"이다. 어린이를 대상으로 교회음악 교육이 철저하게 이루어졌다면 그들은 10-20년 후에는 그 교회와 사회의 지도적인 위치에서 활동하고 있을 것이며, 사회와 직장에서 그러한 철저한 신앙적 인격으로 모든 일을 가르침대로 사명처럼 알고 봉사할 것이다. 그러므로 어린이의 철저한 '**신앙 인격교육**과 **찬송교육**'이야말로 꼭 필요한 일이다.

우리 성도들은 누가 언제 찬양대원이나 지휘자가 될지 모르는 일이다. 그러므로 기회가 닿으면 열심히 배워야 나중에 쓰임 받을 수 있는 것이다. 그렇다 어린 시절과 학생 시절에 철저하게 배운 이들이 성년이 되어서 다른 사람을 잘 가르칠 있게 된다. 필자는 음악교육 환경이 좋지 않은 군산 불이농촌[135]不二農村 이북에서 온 '피난민 교회'에서 자랐다.[136] 중학교 3학년 때부터 장년 찬양대

---

[135] 1920년부터 4년 동안 14km에 이르는 제방을 쌓아 바다를 메우고 750만평(그 가운데 600만평은 농지, 100만평은 저수지, 나머지는 도로, 수로 등)의 농토를 만드는 간척사업이 벌어졌다. 간척농지의 염분을 씻어내면서 벼농사를 짓기 위해서는 여름철에 많은 물이 필요하지만 간척지인 이곳에는 수원水源이 없었다. 이 문제를 해결하기 위해 백리나 떨어진 완주군 대아 댐으로부터 물길을 만들어 농한기인 겨울에 물을 받아 여름농사에 쓰고자 하여, 간척농지의 한 가운데에 무려 100만평에 이르는 탱크 형 저수지를 만들었으니 이것이 옥구저수지였다. 이 저수지를 경계로 하여 간척농지 중 군산에 가까운 북쪽은 불이농촌不二農村이란 이름으로 일본인 농업이민에게 대규모로 분양되고, 남쪽 해변의 저지대는 옥구농촌沃溝農村이란 이름으로 간척과정에 동원된 조선인들에게 일본인들 주어진 경지의 1/12만을 그것도 소작으로 주어졌다.

[136] '장전동교회'(현재 외항교회)는 이북에서 온 피난민들이 세운 교회다. 그들은 간척지를 논으로 만든 곳이어서 환경이 좋지 않았음에도 불구하고 주택을 개조해 교회를 세우고 예

오르간 반주를 하면서 음악성을 키워, 30여년 넘게 **교회음악**과 **찬송가 연구**에 몰두하고 있다. 교회음악 지도자강습회에서 열심히 공부하며 열악한 환경을 극복하고 중·고등학교 음악교사로, 지금 교회음악과 찬송가학을 가르치는 교수로, 한국찬송가의 발전을 위해 천직처럼 알고 이 일에 전념하고 있다.

다음은 필자가 어린이음악교육방법으로 시도했던 그런 방법을 소개하면서 '어린이찬송교육'에 관심을 가진 분들에게 도움을 주고 싶다.

제2절 어린이 찬송 교육방법

어린이 교회음악의 지도 방법도 어린이 음악교육의 방법과 다를 바 없다. 먼저 세계적으로 알려져 널리 적용되고 있는 **칼 오르프**Carl Orff, 1895-1982의 음악 지도 방법을 소개한다.

1. 생활 중심 찬송 지도

칼 오르프는 뮌헨출신의 현대 독일의 대표적 작곡가의 한 사람이며, 교육자이다. 그는 일찍부터 음악적인 자질을 발휘하여 어렸을 때 자작의 인형극에 노래와 음악을 썼다. 16세 때인 1911년에 벌써 게르만E. German에 의해서 <5개의 가곡집>이 출판되었다. 이 해 50곡 이상의 가곡, 니체Friedrich Nietzsche의 <짜라투스트라>Zarathustra에 의한 합창, 관악 오케스트라, 2대의 오르간, 2대의 피아노, 2대의 하프를 위한 대작을 작곡했다. 1924년 도로데 귄터Dorothee Günther에 의해서 창설된 고전교육·음악·무용을 위한 귄터학교 음악교육부에서 교편을 잡음으로써 교육자로서 출발했다. 1950년부터 1960년까지 뮌헨 고등음악학교 작곡

배를 드리며 아동교육을 했던 것이다. 그들은 부지런했고, 지식수준이 높았으며 인격적 모본이 되었다. 10km가 넘는 비행장에서 나오는 음식물 찌꺼기를 드럼 통으로 날라다가 짐승을 키우고 텃밭을 일궈 채전을 가꾸며 이웃끼리 우애가 돈독했고 신앙심이 깊었다. 그들은 주막에 가는 일이 없었고 농한기에도 투망이나 할 일을 찾아 하면서 소득을 불려갔다.

과 주임 교수가 되었으며, 1955년에는 튀빙겐 대학으로부터 명예박사학위를 받았다.137)

칼 오르프는 "생활 감정의 발로를 기반으로 소재를 어린이들의 생활주변에서 찾아 음악지도를 해야 한다"고 주장했다. 그는 음악지도의 출발점을 뻐꾸기의 울음소리에 두고, 언어의 **리듬**Rhythm을 존중했으며 그 기준을 사람의 이름, 수의 명칭, 간단한 동요나 민요 등에 두었다.

또한 여기에는 반드시 동작(**리듬 치기**), **춤(무용)**, 말(언어)이 수반되며 누구나 연주할 수 있는 음악이라야 하는 동시에 피동적으로 음악을 듣거나 바라만 보는 음악이어서는 안 된다고 했다.138) 즉 연주에 적극적으로 참여하여 모든 분야를 손색없이 행할 수 있는 음악이라야 한다는 것이다.

오르프는 "기초적인 음악"elementary Music이라는 기본 개념을 지도법에 반영시켰는데, 이것은 음악만을 뜻하는 것이 아니고 반드시 동작과 말이 수반되어야 하며 누구나 다 연주할 수 있는 음악이라야 한다는 것이다.

기초적인 음악은 어린이 주위에 항상 가까이 있는 것으로서 이름 부르기, 라임Rhyme(운韻), 압운押韻, 속담 등은 기본적인 동작손뼉 치기, 발 구르기, 무릎치기 등)을 통하여 리듬감이 더욱 구체화된다는 점을 오르프는 본 것이다.

'화성'이전에 '멜로디'가 존재했고, 멜로디 이전에 '리듬'이 존재했었다는 역사적 사실에 비추어, 음악교육에 선행되어야 할 요소를 '**리듬교육**'이라고 보았다.

종전의 음악교육은 피아노의 **중앙 '도'**가온 'C'를 가르치는 것부터 시작하여 점차 쉬운 곡을 연주할 수 있도록 이끌어 간다하더라도 벌써 연주 테크닉은 물론 무의도적으로 리듬ㆍ멜로디ㆍ화성을 동시에 주입시켰다.

즉 리듬을 감각치 못하고 프레이즈 감, **화음** 감을 느끼지 못한 채 기계적인 연주에 임하게 됨으로써 음악의 낙오자를 만드는 결과를 초래했었다는 것이다. 이러한 모순점을 제거하기 위하여 오르프는 우선 리듬에 중점을 두었고, 이 **리듬교육**은 학령전이 더 효과적이라고 지적했다. 그는 또한 춤ㆍ동작ㆍ말 그리고 음악 등의 종합 활동으로 이루어지는 원시인들의 생활에 공감하였고, 이러한 요소들이 정신력을 일깨우고 발달시키며, 인간 생활의 균형을 유지시켜 주는

---

137) 『音樂 大 事典』(서울: 新進 出版社, 1972), pp. 974-975.
138) *Encyclopaedia Britannica*, 1959, V., p. 620.

열쇠라 생각하고 '전인교육'全人敎育을 위해 필요 불가결한 것으로 보았다.139)
이러한 소재로서 음악의 기초 기능을 확립시킬 수 있고, 또 확립시켜야 한다는 것이 **칼 오르프**의 신념이자 이념이었다.140)

2. 칼 오르프 음악 지도 방법

좁은 의미에서의 '창작'이란 '작곡'을 말한다. 그러나 현대교육이 의도한 창작활동은 작곡만을 의미하는 것은 아니다. 인간의 창조성을 계발할 수 있는 종합적인 음악교육활동을 요구하고 있다. 그렇기 때문에 오늘날의 음악교육은, 그 중점을 **'창조적인 표현능력'**에 두고 다음과 같은 능력이 어린이들 나름으로 계발할 수 있도록 최선을 다해야 한다.

① 음악적인 경험을 최대한으로 풍부하게 해 준다.
② 다양성 있는 음악활동으로 어린이들의 상상력을 자극하도록 한다.
③ 체계적인 학습을 통하여 독보력, 청음력의 기틀을 마련해 준다.
④ 모방성을 계발하고 즉흥적으로 표현할 수 있는 능력을 마련해 준다.
⑤ 폭 있는 음악학습으로 음악 어휘를 풍부하게 한다.
⑥ 자신과 타인의 음악을 비판할 수 있는 힘을 길러 준다.

이상과 같은 현대음악의 사조는 칼 오르프의 교육방법 속에도 그대로 반영되고 있다. 이러한 방법을 구체화한 것이 전5권으로 되어 있는『어린이를 위한 음악』Das Schulwerk-MUSIK für kinder이라는 책의 방법이다. 이 책은 1950년-1954년 사이에 출판된 것으로 30여 년의 경험을 토대로 하여 집대성한 것이다. 그리고 1948년 바바리와 방송국으로부터 어린이를 위한 음악을 작곡해 달라는 청탁을 받은 것이 계기가 되어 쓰게 되었던 것으로, 음악교육은 어려서 시작되어야 훨씬 효과적이라는 신념으로 쓴 것이다.

8-12세의 어린이들을 모아 방송을 시작하였을 때 학교로부터 들어오는 반응은 대단한 것이었다. 방송이 5년간 계속되는 동안 5권의『오르프-슐베르크』

---

139) J. N. Ashton, ***Music in Worship*** (Boston: Pilgrim, 1943), p. 122.
140) 김철륜,『교회 음악 론』, *op.cit.*, pp. 174-175.

가 출판되었다. 누구든지 어느 정도까지는 음악성의 계발과 발달이 가능하다는 신념으로, 어린이들을 위해 썼다는 점과 어린이들의 관점에서 썼다는 것이 곧 『오르프-슐베르크』의 특징이라 하겠다.141)

『오르프-슐베르크』의 제1권에는 **5음음계**Pentatonic Scale를 바탕으로 한 곡, 제2권과 3권에는 **장음계 · 3화음 · 종지형** 등의 전통 화성을 바탕으로 한 곡, 제4권과 5권에는 **단음계 · 교회선법**(Aeolian, Doria, Phrygia Mode 등)을 바탕으로 한 곡들이 실려 있는데, 오르프가 **민속음악**, 특히 전통적으로 내려오는 동요나 민요를 이 책의 소재로 삼았다는 것은 주목할 만한 일이다.

그가 5음 음계를 사용한 이유는 다음과 같다.

첫째, 5음 음계는 반음이 없어 어린이들이 노래하기 쉽다는 점이다.
둘째, 조성이 없고 화음의 변화에서 오는 불협화음을 초래하지 않아 자연스러운 즉흥연주 활용이 용이하다는 점이다.
셋째, 실로폰과 같은 음판 악기의 연주가 비교적 쉽다는 점들을 들 수 있다.

<악보 17> ◎ 즉흥연주 악곡 - 일부를 소개 하면 다음과 같다.

이러한 방법을 통해서 오르프는 즉흥적인 연주 및 표현이야말로 어린이들을 위한 음악교육의 방법이라는 점을 강조하였고, 또 다음과 같은 학습 방법을 소

---

141) 김철륜, *op. cit.*, p. 176.

개했다.

(1) 리듬에 의한 **즉흥적인 표현 학습**으로는 손뼉 치기, 무릎치기, 발 구르기 등의 학습단계를 거쳐서 간단한 리듬악기를 사용하도록 한다.
(2) 교사나 동료의 모방으로부터 시작해서 문답학습으로 들어가도록 했는데, 교사나 동료들 사이에서 리듬이나 가락으로 즉흥적으로 문답할 수 있도록 한다.
(3) 리듬의 **오스티나토** 반주142) 에 맞추어 즉흥적인 가락악기로 표현을 하도록 하였다. 오스티나토를 활용함으로서 어린이들이 즉흥적으로 문답할 수 있도록 하였으며, 이것으로 '게임'도 할 수 있게 함으로써 재미있는 활동을 이룰 수 있도록 꾀했다.

<악보 18> 오스티나토 반주의 예시

이상과 같은 구체적인 학습방법은 오르프의 다음과 같은 창작지도의 기본조건을 위해 이루어 놓은 것이다.
① 기악과 기악합주 지도와 병행해서, 또는 그 지도 속에서 생각해야 한다.

---

142) 『音樂大事典』 op. cit., p.983. **오스티나토**ostinato란 어떤 일정한 음형音型을 악곡 전체를 통하여, 혹은 통합된 악절 전체를 통하여 동일 성부, 동일 음 높이로 언제나 되풀이하는 것을 말한다. 짧게 반복되는 선율 또는 리듬 악구. 이중선율 **오스티나토**는 곡 전체에 걸쳐 반복되는 짧은 선율 악구로 때로 약간 변형되거나 다른 음높이로 전이轉移되기도 하며, 리듬 **오스티나토**는 짧게 지속적으로 반복되는 리듬 유형이다.

② 말연어이 지닌 리듬의 취급을 지도과정 속에서 살려야 한다.
③ 즉흥적인 리듬과 가락의 연주는 물론, 창작지도에는 이 밖의 모든 조건과 활동이 함께 이루어져야 한다.

이와 같이 오르프는 종래의 작곡지도와는 달리, 즉흥적인 요소를 기악합주나 연주 속에 살림으로써 어린이들의 즉흥적인 창작체험을 심화하고 음악교육 전체를 창조적인 입장에서 운영함으로써 **인간**의 **창조성**을 **계발해야 한다**는 **점**을 특별히 강조하고 있다.

3. 어린이 음악 지도와 리듬악기 활용

칼 오르프의 음악교육이념 중 가장 두드러진 것 하나만을 골라잡는다면 그것은 '기초적인 운동'일 것이다. 오르프는 바쁜 작곡생활 중에 틈을 내어 이웃의 어린이들을 모아놓고 큰북, 작은북, 심벌즈, 나무토막, 금속 물 등 소리가 나는 물건을 하나씩 손에 들게 하고 두들기면서 그 속에서 교재를 연구하였고, 또 새로운 악기를 고안했다고 한다. 그러나 그는 아무리 그것이 '간이악기'라고 할지라도 다음과 같은 점만은 구비할 수 있도록 고려하였다.
① 음정이 정확하고 소리가 아름다워야 하며 음량도 있어야 한다.
② 어린이들이 다루기 쉽고, 초보자에게 편리해야 한다.
③ 어느 나라에나 **민속악기**가 있다.[143] 따라서 이를 개조하여 기초적인 음악에 활용할 수 있는 악기를 만들어야 한다.

○ 칼 오르프가 사용한 악기는 대략 다음과 같다.

---

[143] 한국의 민속 악기는 '피리, 대금, 단소, 해금, 가야금, 거문고, 장고, 꽹과리, 징' 등이 있다. 각 나라마다 민속 악기들이 있는데, 인도의 **비굴**, 부룬디의 **우무두리**, 칠레의 **차라이**, 독일의 **테오르보**, 터키의 **주르나**, 일본의 **사미센** 등이 있다.

1. 소프라노 실로폰
2. 알토 실로폰
3. 소프라노 철금
4. 알토 철금
5. 소프라노 메탈로 호른
6. 알토 메탈로 호른
7. 비올라다감바
8. 팀파니
9. 방울
10. 우드블럭
11. 트라이앵글
12. 탬버린
13. 심벌즈
14. 손 북
15. 작은 북
16. 큰 북
17. 블록 플루트
18. 기타
19. 류트
20. 하크프렛
21. 솔터리
22. 크롬 호른
23. 라우슈 파이프
24. 트롬본
25. 소프라노 베이스

제3절 어린이 찬송 지도 실제

한국교회의 어린이찬송교육의 실태를 살펴보면 아직도 의욕은 있으나 전문적인 지도자가 적다고 볼 수 있다. 일반적인 학교에서 배운 실력을 바탕으로 '**어린이찬송**'을 지도하고 있는 실정이다.

'어린이찬송 교육'은 지도교사가 훈련을 잘 받아야 '찬송 지도'를 잘 할 수 있는 것이다. 그러나 아무나 어린이찬송 지도교사가 되어서는 안 된다. '예배 음악'이 하나님께서 받으실 만한 것이 되기 위해서는 음악을 드리는 사람의 삶의 자세와 태도가 하나님께 대한 헌신의 정도가 기준이 된다. 순수 음악적 수준과 전문성은 그 다음에 오는 것이다.[144]

어린이찬송 지도교사는 먼저 신앙심과 교육 그리고 훈련이 필요하다. 그러므로 어린이찬송 지도교사는 다음 몇 가지 자질을 갖춰야 한다.

① 교회 음악에 대한 이해와 전문성의 소유자
② 성경적 신앙의 소유자

---

[144] 황성철, *op. cit.*, p. 162.

③ 음악적 지식과 실기의 소유자
④ 도덕적 인격의 소유자
⑤ 항상 음악의 실기나 전문지식이 성장하는 교사여야 한다.

찬양 신학교, 지휘자 연수원, 찬양 세미나, 반주자 지휘자 훈련원 등 찾아보면 많이 있다. 열심히 배우고 많이 연구해야 잘 가르칠 수 있다.145)

현실적으로 어린이 찬송지도를 위한 기초적 설문 조사에 보면 "가장 좋아하는 음악"을 묻는 질문에 동요가 45.6%, 가요 38.3%, 팝송 8.8%, CM송 3.0% 순 이었다. 가요와 팝송을 선호하는 어린이가 47.1%로 동요를 앞지르고 있다. 어린이찬송을 잘 부르지 않는다고 대체수단으로 팝송 스타일의 복음성가 Gospel Song나 차마 찬송이라고 부르기에 부끄러운 노래들이 '어린이 찬송'을 대체해 가르치고 있는 실정이니 한심스럽다. '**어린이 찬송 교육**'은 방법보다 '질質' 곧 '**진정한 찬송**'의 자료가 문제다. 썩은 밀가루로는 훌륭한 요리사가 요리해도 마찬가지다. 그러므로 '**좋은 찬송 자료**'를 선곡해 지도해야 한다. 세상이 다 그런다고 대중문화 쪽으로 기울지 말고, '성경 말씀 중심'으로 건전한 기독교 문화를 창출하며 보급해야 한다. 어린이들이 좋아한다고 세속적인 멜로디나 리듬에 맞게 하지 말고, 경건하고 우아한 찬송! 하나님께 영광을 돌리는 찬송을 가르치고 부르게 하여야 할 것이다. 특별히 어린이들의 변성기 때에는 무리한 고음 발성을 피하고, 음정을 낮게 조옮김이조:移調하여 지도하고, 계절 성경학교 때에는 앞서 설명한 리듬악기나 간이 **리듬악기** 리코더, 트라이앵글, 캐스터네츠, 탬버린, 큰북, 작은 북 등 들을 활용하고 함께 참여하도록 하여 활기찬 '찬송'과 '찬양'을 드리게 해야 할 것이다. 찬양대에서 찬송을 열심히 부르던 한 청년이 후두수술을 하고 성대를 쓰지 못하게 되자 하나님께 찬양을 드리고 싶어 '클라리넷'을 구입하여 열심히 연습하여 시간이 날 때마다 교회에서 악기로 아름다운 찬양을 드리고 있다. 얼마나 좋은 발상이며 아름다운 봉사인가?146)

---

145) 요즈음 시대적인 요구로 지금은 교회음악발전을 위해 지도자과정을 개설 운영하고 있는 학교들이 찾아보면 많이 있다. 대학교나 대학원에도 '교회음악지도자과정'을 개설하여 교회음악지도자 2급 자격증 수여와 음악목사과정과 학점을 연계하여 **음악목회자** 자격 취득기회를 부여하고 있는 곳도 있다.

146) 오랜만에 모교회인 개복교회에 갔을 때, '꾸벅' 인사를 하는 청년이 중·고등학교 때 가르쳤던 제자였다. 그는 찬양대 기악부 관악기 혼Horn 연주자로 봉사하고 있었다. 참 반가웠다.

오늘날 한국교회들이 각 음악대학에서 쏟아져 나오는 인재들을 유용하게 활용하지 못하고 있는 실정이 안타깝다. 성악이나 지휘 전공자들 외에도 각종 악기를 다룰 줄 아는 이들과, 또한 찬양 드리고 싶어 하는 전문가들의 충족을 만족시켜 주면서 하나님께 영광을 돌릴 수 있는 방법이 얼마든지 있다. 이제는 교회 내에서 중·소규모의 〈현악 중주 단〉, 〈관악 중주 단〉, 〈타악기 중주 단〉, 그리고 〈관현악 단〉 등을 운영해 간다면 좋을 것이다. 문제는 이들을 지도할 수 있는 전문 인력의 양성이다. 연못을 파 놓으면 고기가 모여들 듯이, 연차적으로 예산을 세워 시도 해보도록 하자. 운영비가 적게 들고 하기 쉬운 〈합창단〉 만을 운영하는 것 같다. 〈찬양대〉 운영을 위해서도 전문 인력을 미리 양성하고 교육하여 지휘자, 반주자, 악기주자로 선용하면 좋을 것이다

어린이 교육을 방치하거나 비싼 학원에만 맡기지 말고, 교회 내에서 바이올린이나, 비올라, 첼로 등을 방과 후 교회에서 지도 육성하여 '어린이주일' '어버이 주일'이나 행사 때 장년 예배에 참석시켜 경험을 쌓도록 하고, 예배 시에 함께 악기로 하나님께 찬양을 돌리도록 한다면 실전기술도 향상되고, 신앙지도도 함께 이루어지리라 확신한다. 이렇게 예배를 통하여 회중찬송 속에 젖어 그 경건 성의 훈련과 함께 가족 단위로 예배한다면 일석이조 一石二鳥의 효과를 얻을 수 있을 것이다. 초등학교 교재에 나오는 **철금**, **세로 피리**나 **멜로디언**, **아코디언** 같은 악기들로 찬양 반주를 담당하도록 한다면 더욱 다양한 음색과 함께 드려지는 감미로운 **찬양예배**, 흥미와 은혜를 겸비한 예배가 되리라고 본다. 이렇게 함께 반주하며 찬양 드리게 하면 찬송을 연주하며 예배드리는 습관을 통해, 신앙과 찬양 실력도 자신도 모르게 발전해 갈 것이다.

1. 어린이 찬송 지도 기초

요사이 아이들은 한글을 깨우치는데 많은 시간이 소요되지 않는다. 좋은 매체가 옆에 있으니 조금만 가르쳐 주면 저절로 글을 깨우치게 된다. 한글을 읽을 줄 알면 까막눈이 밝아지고, 동화책도 성경도 읽을 수 있다. 요사이 컴퓨터를

모르면 '컴맹'이라 부른다. 악보를 읽지 못하면 '보맹'譜盲이라 할 수 있다.
 이제라도 '독보의 원리'를 배우게 되면 일생동안 '보맹'을 면하게 된다. 특히 찬양대원에 있어서 독보력讀譜力의 터득은 필수적이다. 넓은 의미에서 볼 때, 우리 성도들은 모두 찬양대원이다. 그러므로 독보력을 익힌다는 것은 필수적이며 이는 어렸을 때에 익히는 것이 가장 좋은 방법일 것이다.

1) 찬송 지도와 독보력 讀譜力

 학생이 책을 읽지 못하고 학교를 다닌다고 가정해 보라. 얼마나 갑갑하고 비교육적이며, 비생산적일까? 그러므로 앵무새처럼 노래를 가르치는 것도 필요하지만 악보를 읽는 훈련을 먼저 해야 한다. 처음에는 어려운 것 같지만 어린이들이 훨씬 이해가 빠르고 쉽게 익힌다.
 교회마다 복음성가 부르기 붐이 일어나 **신지사이즈**나 **드럼**, **기타** 등으로 반주를 하면서 악보 없이 가사만을 자막으로 비추어 부르게 하는 바람이 불고 있다. 즉흥적으로 연주하면서 기분을 내는 연주자들을 제외하고 참석자들은 그저 흥얼거리다가 시간만 지나간다. 젊은이들이야 리듬감이 있어서 웬만한 곡들은 두어 번만 들으면 곧 잘 부른다. 그러나 기성세대들은 잘 따라 부를 수가 없다. 어린이 주일학교에서부터 정식으로 찬송교육을 받아 악보를 보면서 찬송을 스스로 부를 수 있는 훈련을 거쳐야 좋은 찬양대원이 될 수 있는 것이다.

(1) 보표의 이해

 악보를 읽으려면 먼저 보표를 이해해야 한다. 바로 악보를 적는 원고지 역할을 하는 것이 다섯줄인 보표이다. 이 보표는 음의 높이를 적는 데 사용된다. 보표에는 여러 가지가 있다.
 첫째로, 우리가 가장 많이 그리고 쉽게 볼 수 있는 보표가 '**높은음자리** 보표'이다. 일명 '**사**'G음 자리 보표(G Clef; 𝄞)라고도 한다. '사'음 자리 보표는 둘째 줄을 음이름 '사'영·미 음이름 'G'음으로 지시해 준다. 그러므로 거기서부터 '사'

'바' '마' '라' '다' 차례로 내려오면 아래 첫째 덧 줄의 음이 '**다**'음이 되는 것이다. 바로 이 음이 '**가온 다**'이며, 피아노의 열쇠고리에서 가장 가까운 '**도**'음 즉 '**중앙 도**'음인 것이다. 이 음에서부터 차례로 올라가면서 "도, 레, 미, 파, 솔, 라, 시, 도" 음이 되는 것이다.

둘째로, 찬송가 악보에서 가사 아래 부분에 쓰이는 보표가 '**낮은음자리 보표**'이다. 일명 '**바**'F **음 자리 보표**(F clef; 𝄢)라고도 한다. '바'음 자리 보표는 넷째 줄을 음이름 '바'영·미 음이름 'F'음으로 지정해 준다. 그러므로 거기서부터 '바' '마' '라' '다' 하고 내려오면, 둘째 칸이 우리나라 음이름으로 '다'영·미 음이름 'C'음이 된다. 이 음은 '**가온 다**' 중앙 도, 중앙 'C'음에서 아래로 8째 음 즉 1옥타브가 낮은 음이다.

셋째로, 보통 악보에서는 잘 나타나지 않는 '**가온음자리표**' 일명 '**다**' 'C' **음자리 보표**('C' Clef)이다. 이 음자리표가 붙은 곳을 1점 다(Ċ) 음으로 지정해주는 표로서, 그 음을 '가온 다' 중앙 '도'; 가온 'C'음으로 지시해 주는 것이다. 여기에는 위치에 따라서 여러 가지 종류가 있다. 이 음자리표가 어디에 위치하느냐에 따라 그 이름과 기능이 달라진다.

첫째 줄에 위치할 때는 높은 음을 적기에 알맞으며, 그 이름을 '**소프라노 음자리표**'라고 한다.
둘째 줄에 위치할 때는 '메조소프라노' 음을 적으며, '**메조소프라노 음자리표**'라고 한다.
셋째 줄에 위치할 때는 '알토' 음을 적으며, '**알토 음자리표**'라고 한다. 현악기 비올라 음을 적는 데도 사용된다.
넷째 줄에 위치할 때는 '테너' 음을 적으며, '**테너 음자리표**'라고 한다.
다섯째 줄에 위치할 때는 '바리톤' 음을 적으며, '**바리톤 음자리표**'라고 한다.

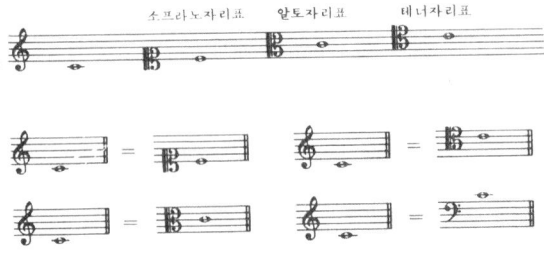

<악보 19> 가온음자리표

(2) 절대 음감 체득

절대 음감이란 1점 '가'음(1점 'Á'음의 고도를 '진동수 435'로 잡고, **연주회 고도**는 Á=440으로)의 높이를 감지하는 일이다. 어렸을 때부터 절대 음감을 갖도록 지도해야 한다. 세계 최대 형 컴퓨터보다 나은 인간의 청음감과 두뇌를 활용하도록 하자. 인간의 두뇌에는 136억 5천 3백만 개의 세포가 있다고 한다. 그런데 시성詩聖 괴테 같은 이도 0.4% 정도, 아인슈타인 같은 과학자가 0.6% 정도를 활용하다가 갔단다. "하면 된다." "나도 할 수 있다." 뇌 세포 1%만 활용하면 천재 소리 듣지 않겠는가? 절대 음감을 익히면서 12음 음계를 고정 '도'법으로 익히는 훈련이 필요한 것이다.

(3) 음표와 쉼표 이해

① 음표와 쉼표   <도표 9>

꼴	이름	길이와 비율		이름	꼴
		온음표=1	4분음표=1		
o	온음표	1	4	온쉼표	▬
♩	2분음표	1/2	2	2분쉼표	▬
♩	4분음표	1/4	1	4분쉼표	𝄽
♪	8분음표	1/8	1/2	8분쉼표	𝄾
♬	16분음표	1/16	1/4	16분쉼표	𝄿
♬	32분음표	1/32	1/8	32분쉼표	𝅀

② 점음표와 점쉼표   <도표 10>

이름	꼴	길이	이름	꼴	길이
점 온음표	𝅝.	𝅝 + ♩	겹점온음표	𝅝..	𝅝 + ♩ + ♩
점 2분음표	♩.	♩ + ♩	겹점2분음표	♩..	♩ + ♩ + ♪
점 4분음표	♩.	♩ + ♪	겹점4분음표	♩..	♩ + ♪ + ♬
점 온쉼표	𝄻.	𝄻 + 𝄼	겹점온쉼표	𝄻..	𝄻 + 𝄼 + 𝄽
점 2분쉼표	𝄼.	𝄼 + 𝄽	겹점2분쉼표	𝄼..	𝄼 + 𝄽 + 𝄾
점 4분쉼표	𝄽.	𝄽 + 𝄾	겹점4분쉼표	𝄽..	𝄽 + 𝄾 + 𝄿

③ 박자표와 셈여림   <도표 11>

2박자(강, 약)			3박자(강, 약, 약)			4박자(강, 약, 중강, 약)		
표	마디단위	박 단위	표	마디단위	박 단위	표	마디단위	박 단위
2/2	♩ ♩	♩	3/2	♩ ♩ ♩	♩	4/2	♩ ♩ ♩ ♩	♩
2/4	♩ ♩	♩	3/4	♩ ♩ ♩	♩	4/4	♩ ♩ ♩ ♩	♩
2/8	♪♪	♪	3/8	♪♪♪	♪	4/8	♪♪♪♪	♪

2) 악보 읽기독보; 讀譜의 실제

(1) 음계 이해

▣ 올림 장음계와 올림 단음계

① 어떤 음계에 있어서 첫 음('도'나 '라')의 높이가 정해졌을 때에 그것을 '조'라고 하며 이때에 그 조에 따라 '♯'을 붙이는 '올림 장음계', '♭'을 붙이는 '내림 장음계'가 있다.

'#'조표는 "파, 도, 솔, 레, 라, 미, 시"를 외우면서 5선 보의 5째 줄부터 붙이기를 시작한다. 그음으로부터 아래로 4번째 음에 붙고, 두 번째 붙인 자리로부터 위로 5번째 음에 또 아래로 4번째 음에, 그음으로부터 위로 5번째 음에 이런 방법으로 7째 #을 붙이면 된다. 다시 한 번 외어 봅시다.

"파, 도, 솔, 레, 라, 미, 시"를 다섯째 줄에 '파' 아래로(4번째; 도) / 위로(5번째; 솔) / 아래로(4번째; 레) / 아래로(4번째; 라) / 위로(5번째; 미) / 아래로(4번째; 시) 음 순서로 붙여 가면 된다.

② 조표를 붙이고 나면 마지막 붙인 #붙은 자리가 계이름으로 "시"$_{Si}$가 된다. 그러므로 #을 정확하게 붙일 수만 있으면 자연스럽게 계이름은 마지막 붙은 #자리로부터 역순으로 계이름이 "시, 미, 라, 레, 솔, 도, 파"가 되는 것이다. 예를 들면 #이 2개가 붙으면 마지막 붙은 자리가 계이름으로 "시"이고 남은 자리가 "미"가 되는 것이다. 말하자면 마지막 #자리로부터 역순으로 붙은 자리의 계이름이 "시, 미, 라, 레, 솔, 도, 파"라고 읽으면 된다.

< 악보 20 > 장조와 단조의 으뜸음

③ 일단 계이름을 읽을 수 있으면 마지막 #붙은 자리가 "시"이기 때문에 바로 위 자리가 계이름 "도"음이 된다. 그 "도"자리의 음이름이 그 조의 이름이 되는 것이다. 예를 들면 #이 2개가 붙었을 경우 마지막 붙은 #자리가 음이

름으로 "C"닥음이고, 바로 위 음인 "D"라가 계이름으로 "도"가 되기 때문에 조성調性은 D Major"라장조"이며, 단조인 경우에는 계이름이 "라"La인 자리가 으뜸음이 되기 때문에 D장조의 으뜸음 단3도 아래인 "b"나가 계이름으로 "라"La음이 되어 "나단조"b minor가 되는 것이다.

④ 찬송가에 따라 '장조의 곡'도 있고, '단조의 곡도 있다.147)

▣ 내림 장음계와 내림 단음계

① 내림표가 붙은 장음계와 단음계를 말하는데, 내림표가 붙는 순서는 다음과 같다.

"시, 미, 라, 레, 솔, 도, 파" 이 순서를 꼭 외어 두어야 한다. 내림표 즉 'b'은 3째 줄에서부터 붙이기 시작한다. '#'을 붙이는 방법과는 방법이나 순서가 모두 역순으로 된다. 3째 줄에서부터 'b'을 붙이고, 그 음에서부터 위로 4번째 음에, 그 음으로부터 아래로 5째 음에, 또 위로 4번째 음에, 아래로 5째 음에 붙여 가면 된다. 다시 한 번 복습해 보면, 3째 줄부터 "시, 미, 라, 레, 솔, 도, 파" 순서로 붙인다.

3째줄 - "시"Si에 'b'을 붙이고, 위로 '4번째 음'미 / 아래로 '5번째 음'라 / 위로 '4번째 음'레 / 아래로 5번째 음솔에 'b'을 7번째까지 붙여 가면 된다.

② 조표를 붙이고 나면 마지막 붙은 'b'자리를 계이름 "파"Fa라고 읽으면 되는 것이다. 마지막 'b' 바로 전에 붙은 'b' 자리가 계이름으로 "도"가 된다.

---

147) 신소섭,『예배와 찬송가』(서울: 아가페 문화사, 1993), p. 217.
▲ 참고로『통일찬송가』의 조성통계 신소섭,『예배와 찬송가』(서울: 아가페 문화사, 1993). p. 217.는 다음과 같다.
"다장조"-316장 등 49곡(8.8%), "사장조"-58장 등 83곡(14.9%), "라장조"-82장 등 45곡(8.1%), "가장조"-122장 등 9곡(1.6%), "마장조"-138장 등 4곡(0.7%), "바장조"-57장 등 85곡(15.2%), "내림 나장조"-313장 등 56곡(10.0%), "내림 마장조"- 347장 등 100곡(17.9%), "내림 가장조"-314장 등 97곡(17.4%), "내림 라장조"-102장 등 12곡(2.2%), "올림 바단조"-372장 1곡(0.2%), "마단조"-104, 116, 117, 311장 4곡(0.7%), "바단조"-30, 229, 521장 등 3곡(0.5%), "사단조"-143, 160, 341, 515장 장 등 4곡(0.7%), "나단조"-345장 1곡(0.2%), "라단조"-140, 378장 2곡(0.4%), "가단조"-145장 1곡(0.2%), 다단조"-128, 477장 2곡(0.4%) 으로 구성되어 있다. 박상만,『한국찬송가의 이해』(서울: 중앙아트, 2008), p.202. <표 21> 21C『찬송가』에 처음 수록된 한국인 찬송가 조성통계 참조.

말하자면 내림 장음계나 내림 단음계의 계이름은 마지막 '♭' 바로 전에 붙은 '♭' 자리가 계이름 "도"가 된다. 그리고 마지막 '♭'자리로부터 역순으로 '♭'붙은 자리의 계이름이 "파, 도, 솔, 레, 라, 미, 시"가 되는 것이다.

③ 일단 계이름을 읽게 되면 장조의 경우에는 계이름으로 "**도**"자리가 장조의 으뜸음이 되고, 으뜸음 "도" 자리의 음이름을 그 장조의 이름으로 부르게 된다. 단조의 으뜸음은 계이름 "라"이기 때문에 장조의 단3도 아래인 계이름 "**라**"자리의 음이름이 그 단조의 이름으로 붙여지게 되는 것이다. 예를 들면 '♭'이 2개가 붙었을 경우에는 마지막 붙은 '♭'자리가(4째 간) 계이름 "파"이고, 바로 전의 '♭' 자리가(3째 줄) 계이름 "**도**"이기 때문에 "도"자리의 음이름이 '내림 나'$_{Bb}$'이기 때문에 "내림 나장조 $_{Bb}$'"이며, 단조는 단3도 아래 자리가 으뜸음 "**라**"요, 그음의 음이름이 '사' $_g$'이기 때문에 "사 단조" $_{g\,minor}$'라고 부르는 것이다.

④ 계이름 읽기는 '장조의 곡'이나 '단조의 곡'이 같기 때문에 위의 원리만 알면 그대로 적용하여 장조나 단조의 구별 없이 계이름을 읽어 가면 되는 것이다. 이때에 '도 미 솔'이나 '파 라 도', '솔 시 레'의 위치를 먼저 파악하고 이에 준하여 다른 계이름을 읽어 가면 쉽다.

다음은 조표와 조성의 상호관계$_{병행}$ $_{단조}$를 나타낸 것인데, 주음으로부터 완전 5도씩 상하진행을 연속하여 만들어지는 순환 도를 '**5도 권**'$_{五度\;圈}$이라 한다.

<도표 12> 5도 권

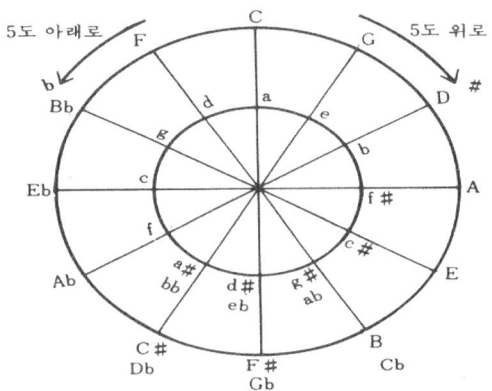

(2) 조성 이해와 건반화성

◾ 조성을 쉽게 암기하는 법

① 독보력의 기초는 다음을 먼저 소리 내어 읽으면서 외어야 한다. 먼저 올림표 '♯'_{올림 장 단 음계}와 내림표 '♭'_{내림 장 단 음계}를 붙이는 순서를 철저하게 외어야 한다.

　　♯ ⇒ 파 · 도 · 솔 · 레 · 라 · 미 · 시 ⇐ ♭

② 조성을 암기하는 법은 올림표나 내림표를 붙이는 순서에 따라 다음과 같이 장음계의 이름이 정해져 있다. 소리를 내어 여러 번 읽고 암기한 후 적용시키도록 하자. 내림 장음계는 올림 장음계를 먼저 익힌 다음에 그 역순으로 되어 있어서 자세히 살피면서 적용시키도록 하자.

"사람 가 마 니 봤다" → "사라 ㅁ 가마니(나) 올려 ·♯· 바 ㅆ 다"
→"사 · 라 · 가 · 마 · 나 · ♯바 · ♯다"장조. (올림 장음계)
　♭다　♭사 ·　♭라 ·　♭가　♭마 ♭나 · 바← ☜(내림 장음계)
" ♭다　　♭사　　♭라람　♭가　♭마　♭나니 내려 바봐 "

◾ 건반화성과 조옮김

회중 찬송의 반주자는 먼저 원 곡의 음높이를 높게 또는 낮게 조옮김하는 실력을 길러야 한다. 새벽예배 때 회중 찬송 반주할 때나 저녁 늦은 시간에는 음역이 좁아져서 너무 높은 음은 잘 낼 수가 없다. 또한 어린이들은 음역이 좁아서 조금 낮게_{장2도나 단3도} 정도 반주해주면 부르기가 아주 편하다. 다음과 같이 12음 음계를 읽듯이 ♯을 붙여 가면서 "Do, **Di**, Re, **Ri**, Mi, Fa, **Fi**, Sol, **Sil**, La, **Li**, Si, Do" 라고 고정 Do 법으로 읽는다. 또 ♭을 붙이고서 위에서 아래로 내려오면서 "Do, Si, **Se**, La, **Le**, Sol, **Se**, Fa, Mi, **Me**, Re, **Ra**, Do"라고 음정을 넣어 몇 번이고, 반복해서 연습을 한다.

처음에는 음정이 잘 맞지 않지만 피아노를 치면서 음정이 정확히 반음씩 올라가고 내려갈 수 있도록 연습을 한다.

(C - C# D♭-D -D# E♭- E -F - F# G♭
                    - G - G# A♭ - A - A# B♭ - B - C)

◎ 딴이름 한소리Enharmonic의 이해

C#= D♭ , D#=E♭ , F#=G♭ , G#=A♭ , A#=B♭

건반으로 반음씩 으뜸음을 올려가면서 왼손으로는 으뜸음을 1 Octave로 누르면서 왼손으로는 '으뜸화음'Do, Mi, Sol을 함께 누르면서 올라가고 또 내려오는 연습을 계속한다. 이때 주의할 점은 손가락은 기계적으로 움직이지만 머릿속으로는 지금 연주하는 음이 어떤 조인가를 생각하면서 연주하도록 한다. 이 연습이 자유롭게 되면 '7화음'을 연주하고, 다음 단계는 '단음계'로도 시도한다. 연습이 익숙해지면 쉬운 찬송가 곡을 높게 낮게 조옮김하여 연주해 본다.

○ 『찬송가』 214장E♭을 단2도 낮게 연주해 보자(E♭→D).
○ 『찬송가』 265장C을 장2도 높게 연주해 보자(C→D).
○ 『찬송가』 89장D을 장2도 낮게 연주해 보자(D→C).
○ 『찬송가』 540장G을 장2도 낮게 연주해 보자(G→F).

다음은 21C 『찬송가』한국인찬송가 조성통계박상만, P.202이니 참고하라.

〈표 21〉 21세기 『찬송가』에 처음 수록된 한국인 창작찬송가의 조성과 박자

21세기『찬송가』에 새로 수록된 한국인 창작찬송가에 나타난 조성												
조성	A	A♭	B♭	C	D	E♭	E	F	G	단조	c	d	e	f	g
빈도	1	2	5	3	7	3	33	24	14		2	7	3	3	3
%	0.9	1.8	4.5	2.7	6.4	2.7	30.0	21.8	12.7		1.8	6.4	2.7	2.7	2.7
21세기『찬송가』에 새로 수록된 한국인 창작찬송가에 나타난 박자의 빈도												
박자	2/2		2/4		3/4		4/4		6/8		8/9
빈도	2		1		35		35		34		3
%	1.8		0.9		31.8		31.8		30.9		2.7

◎ 조성調性: Tonality에서 조調에는 각기 특유한 특성이나 느낌이 있다고 음악미

학자들에 의해 논의되어 왔다.

<도표 13> 마테슨Matheson의 조성에 따른 감정

① 1713년 Matheson의 조성에 따른 감정

장조		단조	
C장조	대담한 성질이므로 축제나 기쁠 때의 느낌	c단조	매우 사랑스럽지만 약간 슬픔.
G장조	웅변적이고 강하며 쾌활함.	a단조	비탄적이며 차분하나 불쾌하지는 않음.
D장조	완고한 성질이 있으나 호탕한 느낌.	d단조	겸허하고 부드러움.
A장조	공격적이며 슬픈 느낌.	g단조	가장 아름다운 조성, 우아미와 숭고미
E장조	절망, 비통한 슬픔.	f단조	깊고 무거운 절망과 치명적 우울.
F장조	가장 아름다운 감정을 표현, 목가적인 느낌	e단조	침묵, 위로와 깊은 고뇌.
Bb장조	매우 즐겁고 화려하며 사랑스러움	b단조	우울, 불쾌와 근심.
Eb장조	장중하고 착실함		

참고로 불란서의 음악 이론가인 라뷔냑Alexandre Jean Lavignac, 1846-1916의 조성에 대한 특색 일설을 소개하면 다음과 같다.148)

<도표 14> ② 라뷔냑의 조調의 특성

장 조 의 곡		단 조 의 곡	
G : 사장조	시골풍이다. 유쾌함	e : 마단조	슬프다, 감격
D : 라장조	완만하다	b : 나단조	야만적, 음산, 힘차다
A : 가장조	단명, 음향적	f# : 올림바단조	조잡하다, 경쾌함
E : 마장조	온화, 기쁘다, 빛나다	c# : 올림다단조	잔인, 음산하다, 야유
B : 나장조	정력적, 빛이 있다	g# : 올림사단조	어둡다, 비애 적
F# : 올림바장조	조잡하다	d# : 올림라단조	완만함
C# : 올림다장조	전아, 막연함		
C : 다장조	단순, 소박, 단명, 단조	a : 가단조	단순, 소박, 슬프다
F : 바장조	목가적, 소박하다	d : 라단조	열중한, 진지하다
Bb : 내림나장조	고귀하다, 전아, 우아	g : 사단조	우울, 애수, 수줍다
Eb : 내림마장조	힘참, 기사 적, 음향적	c : 다단조	극적, 어둡다, 격렬함
Ab : 내림가장조	유화, 추종적, 장려	f : 바단조	기분 좋지 않다, 정력적
Db : 내림라장조	매혹적, 유화	bb : 내림나단조	장례식 적, 신비적
Gb : 내림사장조	유화, 조용하다	eb : 내림마단조	대단히 슬픔, 비애 적
Cb : 내림다장조	고귀하다, 비 음향적	ab : 내림가단조	애절하다, 염려 된다
*D# : 올림라장조	화려, 사치스러움, 활발함	*db : 내림라단조	진지하다
*G# : 올림사장조	완만하다, 고귀하다		

○ 찬송가에서 단조와 장조의 조성별로 장수를 적어보자.
○ 찬송가 145, 153장과 259, 165장을 비교하고 특징을 설명해보자.

---

148) 김형주, 『음악 감상법』(서울 : 세광 출판사, 1971) p. 52.

(3) 박자와 리듬 이해

계명 창이나 리듬 읽기가 너무 쉬운 설명이라고 느껴질지 모르나 이것이 가장 기본이기 때문에 알고 있는 사람은 복습이라고 생각하고 앞의 부분과 중복되는 점이 있겠지만 확실하게 익혀 두자.

① 악보를 읽어가려면 계이름을 파악하고서 리듬 Rhythm에 따라 읽어가려면 박자와 **리듬**을 알아야 한다.

② **박자**는 2박자, 3박자, 4박자, 6박자 등을 비롯하여 9박자, 12박자 그리고 혼합박자인 5박자나 7박자 등이 있다. 이러한 박자들은 2분 음표(♩), 4분 음표(♩), 8분 음표(♪) 등의 음표를 기본으로 하여 박자를 이루게 된다.

③ 어떤 음표를 기본으로 하느냐에 따라 또한 한 마디에 음표가 몇 개씩 들어가느냐에 따라 3/2, 4/4, 6/4, 6/8박자가 결정되는 것이다. 이러한 기본 원리를 알 때 박자와 리듬을 바르게 읽어갈 수 있다.

④ 여기에다 빠르기표 즉 ♩=98, ♩=70, ♩=76, 또는 ♪=108 등의 빠르기표를 이해해야 한다. 왜냐하면 같은 8분의 6박자라 하더라도 ♪=60과 ♪=120의 경우를 비교한다면 ♪=120의 곡이 ♪=60의 곡보다 2배나 더 빠르게 연주되기 때문이다. 회중 찬송 반주자는 **찬송가** 전체를 파악하고서 전주 할 때前奏時 바른 속도로 전주를 해주어야 회중 찬송이 바르게 불려 질 수 있다. 너무 느려 빼거나, 너무 빠르게 전주를 한다면 회중 찬송이 바르게 불려질 수가 없다.

예를 들면 21C 찬송가 23장의 경우에 음표만 보고서 "♩ ｜ ♩ ♩ ｜ ♩ ♩" 를 4분의 6박자처럼 느리게 전주를 했다고 생각해 보라. 얼마나 답답하겠는가? 그러나 2분의 3박자이기 때문에 2분 음표를 단위음표(1박)로, 그리고 통일찬송가의 경우 ♩=84라는 빠르기표를 읽고 올바르게 연주해야 하겠다.

○ 어린이 찬송지도에 필요한 기초 능력을 구체적으로 설명하라.
○ 독보 법, 시창 법, 발성법에 대하여 구체적으로 설명하라.

2. 어린이 시창視唱; Sight singing 및 발성 지도

▣ 계이름 노래계명 창; 階名 唱

우리가 노래를 연습할 때 부르는 도$_{Do}$, 레$_{Re}$, 미$_{Mi}$, 파$_{Fa}$, 솔$_{Sol}$, 라$_{La}$, 시$_{Si}$를 계이름 階名, Syllable Name이라 하고 이러한 규칙을 제도화한 것을 '**계명창법**'이라고 한다.

이 '계이름 부르기'에는 '**고정 Do법**'과 '**이동 Do법**'의 두 가지가 있다.

① **고정 Do법**固定 Do法

이태리나 프랑스 등의 나라에서는 계이름을 음이름으로도 사용하기 때문에 조가 바뀌어도 계이름은 같은데 이렇게 자리가 변하지 않는 것을 '**고정 도법**'이라 한다.

② **이동 Do법**移動 Do法

계이름은 음이름과 달리 조에 따라서 그 자리가 변하는데, 이렇게 자리가 변하는 것은 원래 계이름의 성질이며 이를 '**이동도법**'이라 한다.

○ 찬송가 311장$_C$과 258장$_{Bb}$의 계이름으로 노래해 보자.
○ 찬송가 283장$_F$과 252장$_G$의 계이름으로 노래해 보자.
○ 찬송가 288장$_D$과 530장$_{Eb}$의 계이름으로 노래해 보자.
○ 찬송가 255장$_{Ab}$과 537장$_A$의 계이름으로 노래해 보자.

③ 변화표가 붙은 음의 계이름 읽기

계이름을 읽다가 올림표♯나 내림표♭가 붙어 음정이 달라졌을 때는 다음과 같이 읽는다.

<악보 21> 변화표와 계명 창

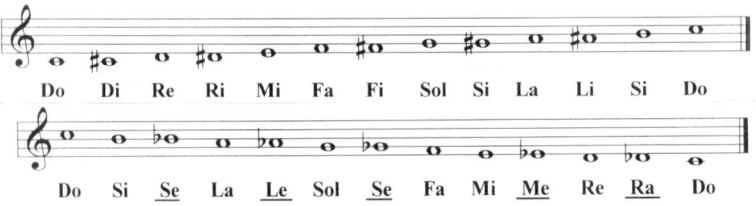

* 21C 찬송가 150장(통찬 135장) 처음 부분을 계명창으로 불러보자.

◎ **올림표**(♯)가 붙어 반음이 올라갈 경우 모음을 '이'ⅰ로 바꿔 발음한다.
Do♯은 'Di', Re♯은 'Ri', Fa♯은 'Fi', Sol♯은 'Si', La♯은 'Li'로 읽는다.
◎ **내림표**♭가 붙어 반음이 내려갈 경우 모음을 '에'e로 바꿔 부른다.
예를 들면 Mi♭은 'Me'메, Si♭은 'Se'세 또는 'Te'테로 읽는다.

○ 찬송가 217장F(통찬 362; "하나님이 말씀하시기")을 계명 창으로 해 보자.
○ 찬송가 598장Bb(통찬 244; "천지 주관하는 주님")을 계명 창으로 해 보자.
○ 찬송가 210장Eb(통찬 245; 시온성과 같은 교회)의 계명 창으로 해 보자.
○ 찬송가 362장Ab(통찬 461; "주여 복을 주시기를")을 계명 창으로 해 보자.

■ **발성법 기초**

우리 몸 가운데서 소리가 나는 가장 중요한 부분은 성대이다. 이 성대를 어떻게 울리느냐에 따라 소리가 크고, 작고, 부드럽고, 강하고, 편안하고, 아름다운 소리를 얻을 수 있다. 이 성대를 잘 울려주기 위해서는 성대와 연관된 다른 몸의 신체 구조에 대하여 공부할 필요가 있다. 먼저 우리 몸을 크게 4가지로 나누어 설명을 하고자 한다.149)

1] 머리

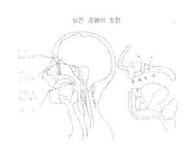
<그림 21> 공명의 초점

머리에는 소리가 밖으로 나오는 입과, 숨 쉬는 코와 발음을 정확하게 해주는 혀가 있다. 그리고 입을 벌릴 수 있도록 해주는 턱이 있다.

① **입** : '입을 벌린다.'는 의미는 입을 크게 만드는 것이 아니라 턱을 아래로 떨어뜨림으로 입안을 넓게 해 주는 것을 의미한다. 다시 말하면, 입술은 다문 상태에서 입안에 달걀을 넣고 있듯이 입안을 벌린 상태를 말한다. 노래할 때에는 이와 같이 입안이 열려 있도록 해야 한다. 이때 연구개의 위치는 입안의 위 천장으로 높이 들려 있게 된다.

② **코** : 숨을 쉴 때 코로 숨을 마시고 입으로 내쉬는 것이 바람직하다. 코는 비강을 이용하여 좋은 공명을 시킬 수 있는 곳으로 아름다운 소리를 낼 수 있는 곳이다. 감기가 걸려 코가 막힌 상태의 소리를 상상해 보면 알 수 있다.

③ **혀** : 혀가 없으면 무슨 발음을 하는지 알아들을 수 없다. 그러나 혀가 좋은 소리를 내는 데는 오히려 방해물이 된다. 왜냐하면 입안을 열어 공간을 크게 만들어도 혀의 뿌리가 입을 막으면 소리를 내는 데 방해가 되기 때문이다. 그러므로 혀의 위치는 언제든지 아랫니 바로 밑에 혀끝이 닿도록 살며시 놓는다.

④ **턱** : 귓바퀴의 바로 옆에 손가락을 갖다 대고 입을 열어 보면 턱뼈 사이가 벌어지면서 작은 구멍이 생긴다. 이것이 바로 입이 열린 상태임을 말해 주는 것이다.

2] 목

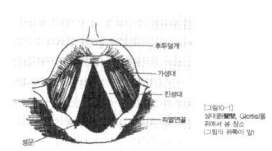
<그림 21-1> 성대의 모습

목은 우리가 소리를 내는 기관인 '성대'를 갖고 있는 곳으로, 성대는 후두 속에 얇은 피부 2개가 비벼지면서 소리를 내게 된다. 주로 소프라노나 테너는 성대가 짧지만 베이스의 경우는 길다. 이 성대를 갖고 있는 후두의 위치

---

149) 순복음 음악연구소 편 『교회음악의 재발견』(서울 : 서울서적, 1993), p. 59-74참조.

는 소리를 내는 데 있어서 매우 중요하다. 한번 침을 삼켜 보자. 침을 삼키면 후두는 자연적으로 올라가게 된다. 침이 넘어갈 때는 기도는 닫히고 식도가 열리게 된다. 반대로 숨을 쉴 때는 **기도**$_{氣道}$가 열리고 식도$_{食道}$는 닫히게 된다. 그러나 노래할 때는 기도가 열려야 하므로 후두가 올라가서는 안 된다. 후두가 올라간 상태에서 노래를 할 경우에는 목소리를 짜서 내게 되므로 부르기도 힘이 들고 턱이 앞으로 나오면서 높은 음을 내기가 불가능하며 듣는 사람도 불안하게 된다.

　후두를 내리기 위한 방법으로는 아주 낮은 소리를 내면 자연적으로 내려가게 된다. 그러나 높은 음을 내면 후두가 자연히 따라 올라가게 되는 것을 손으로 만져보면 알 수 있다. 천성적으로 후두가 아래 부분에 놓여 져 있는 사람은 이러한 것을 못 느끼는 경우도 있다. 이러한 사람은 소리를 내는 데 매우 유리하다. 여자인 경우도 눈으로 보이지 않지만 후두는 모두 갖고 있기 때문에 손으로 만져보면 다 알 수 있다. 후두를 너무 내리려고 하다보면 잘못된 발성이 되기 때문에 후두를 무리하게 내리려고 하지 말고 후두가 올라가지 않도록 횡격막의 사용을 통하여 자연스럽게 내려가도록 해야 할 것이다.

3] 배와 가슴

　가슴에는 숨을 저장하는 허파가 있으며, 그 허파 밑으로는 횡격막$_{가로막}$이 있다. 이 횡격막을 내리게 되면 허파가 자연히 부풀게 되어 입을 통하여 숨이 들어오게 된다. 우리가 숨을 쉰다는 의지를 가지고 호흡을 하게 되면 이러한 횡격막의 사용을 통한 '**복식 호흡**'을 하지 않고 가슴으로 숨을 쉬는 '흉식 호흡'을 하게 된다. 호흡을 할 때 '횡격막을 내린다'는 생각으로 '복식 호흡'을 하여야 올바른 호흡을 할 수 있다. 올바른 '복식 호흡'을 하고 있는가에 대하여 알려면 양손을 배와 옆구리에 대고 숨을 들이쉴 때 배와 허리 전체가 동시에 늘어나면 복식 호흡을 하고 있는 것이다.

<그림 22> 호흡과 횡격막

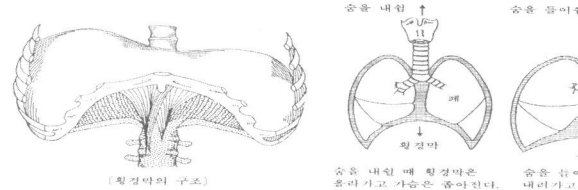

4] 다리

다리는 우리 몸의 상체를 지탱하여 주는 역할을 하는데, 서 있는 자세가 좋아야 '흉식 호흡'을 하게 되는 것이다. 먼저 자신이 편하게 발을 약간 앞으로 내고 서서 자신의 체중을 앞쪽으로 실어 주며, 뒷발은 그보다 적은 무게로 상체를 받쳐 줌으로 노래하기 편안한 위치를 갖도록 해야 한다. 하체는 힘을 주

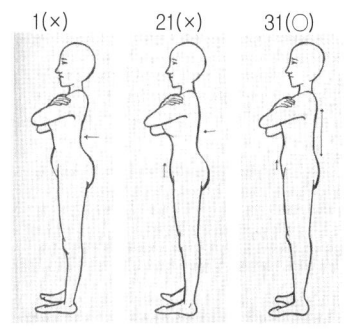

<그림 23> 1, 2 그른 자세, 3이 바른 자세>150)

어도 되지만 상체는 모두 힘을 풀어 주는 기분으로 가볍게 갖고 있어야 한다.

이 외에도 노래하는 자세에 있어서 눈은 **15도** 가량 **위**를 보며 턱은 아래로 당겨야 한다. 양팔은 머리 위로 들어 올렸다가 힘없이 그대로 아래로 떨어뜨리면 가장 편안한 상태가 된다. 어깨는 펴고 목은 유연하게 좌우로 돌릴 수 있도록 해야 한다. 노래하는 데 있어서 좋은 자세는 자신의 몸을 벽에 기대고 벽에 닿는 부분이 발꿈치, 엉덩이, 어깨, 머리가 되도록 하여 몸이 일직선이 되게 해야 한다. 이때 양다리의 간격을 적당히 하고 편안한 자세를 갖도록 하면 노래하는 데 좋은 자세가 된다.

---

150) 성악박사 김혜정, 『발성법 강의 노트』(서울: 도서출판 작은 우리, 2001 초판 3쇄), p. 111.

■ 발성 연습의 실제

이제부터 함께 실습에 임해 보자.

1] 입

<그림24> 발성기관 해부도[151]

입은 다문 상태에서 볼펜이나 손가락 등을 입술의 가운데에 갖다 대고 서서히 조금씩 입을 벌려 보자. 입을 끝까지 다 벌렸을 때 볼펜이나 손가락이 그대로 가운데 위치해 있으면 올바르게 입을 벌린 것이다. 의식 없이 입을 벌리면 아래 입술만 내려가 턱이 내려가게 되고 윗입술은 올라가지 않게 된다. 이렇게 되면 입을 벌리지 못한 것이다. 살짝 웃게 되면 광대뼈 부분의 근육과 윗입술이 들려 올려지면서 좋은 표정과 함께 올바른 입 모양을 갖게 된다. 입술 자체의 힘을 빼기 위하여 입술을 다문 후에 '푸르르….' 하면서 입술을 떨리도록 연습하는 것이 좋다.

2] 혀

혀에 힘이 들어가지 않기 위해서 혀를 굴리는 연습을 하면 도움이 된다. '아르르….' 또는 '크르르….' 등의 소리를 내면서 혀를 굴려보자. 이때 유성음의 발음이 들리면 안 된다.

가곡의 올바른 표현과 가사의 전달을 위해 성악가가 필히 익혀야 할 발성기법 중 하나가 **'가사를 올바르게 발음하는 법'**이다. 성악가가 가곡이나 아리아를 연주함에 있어서 그 시의 의미를 이해하고 작곡가의 의도를 완벽하게 해석할 능력이 있다고 하여도 듣는 청중에게 제대로 가사를 전달할 수 없다면 무의미한 일이다. 따라서 성악가는 발음을 보다 명확하게 하기 위하여 모음과 자음의 발음을 정확하게 발음이 되도록 꾸준히 연습을 해야 한다.[152]

소리의 아름다운 울림을 살리고 동시에 소리가 통일되려면 올바른 발성법이

---

151) 김혜정, *op. cit.*, p. 175.
152) 김혜정, *op. cit.*, p. 241.

뒷받침 되어야한다. 아래 악보에서 몇 가지 예를 제시한다.

<악보 22> 깨끗한 자음 발성을 위한 연습 곡153)

3] 후두

후두를 가장 잘 내릴 수 있는 방법은 '하품'이다. 그러면 후두가 아주 많이 내려간다. 이때에 혀의 위치를 잘 생각하면서 턱도 내리고, 입도 앞서 설명한 대로 벌려야 한다. 그리고 동시에 복식 호흡으로 숨을 쉬면 좋은 호흡법을 갖게 된다.

<그림 25> 발성기관의 인체 구조도

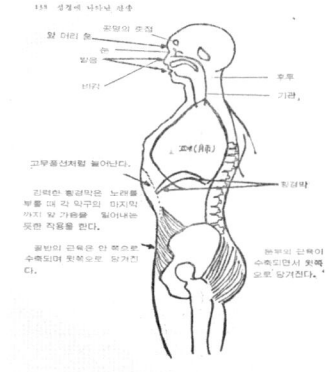

4] 횡격-막

이것을 훈련시키는 방법은 여러 가지가 있는데, 우선은 '크크크크, 트트트트, 프프프프, 스스스스'의 소리를 내어 보자. 이때 파열음의 소리만이 들려야 한다. 동시에 횡격-막에 손을 대고 배가 움직이는가를 느껴보면서 다른 한 손으로는 후두를 만져서 횡격-막이 내려갈 때마다 아래로 같이 움직여야 한다. '크'와 '크' 사이에 모두 숨을 쉬면서 연습을 해야 된다.

두 번째로 '스'하는 소리와 함께 숨을 내쉬는데 몇 초 동안이나 길게 내쉴 수 있나 시간을 재보는 것도 좋다. 물론 '스'는 파열음의 숨소리다. 손은 배와 옆구

---
153) 김혜정, op. cit., p. 41

리에 대고 호흡하며 숨을 내쉴 때 배가 꺼지지 않도록 해야 한다.

세 번째로, 꾸부려 앉은 자세에서 한쪽 무릎은 바닥에 또 다른 무릎은 가슴에 붙여서 양손은 옆구리에 대고 복식 호흡을 해 보자. 그러면 옆구리가 불룩해진 것을 알 수 있다. 이 상태가 꺼지지 않도록 이야기를 해보자. 그리고 얼마나 오랫동안 이야기를 할 수 있는가를 알아보는 것도 좋은 방법이다.

네 번째로, 반듯이 누운 상태에서 복식 호흡을 한 후에 배 위에 성경책이나 사전 등 두꺼운 책을 올려놓고 책이 내려가지 않도록 하고 숨을 길게 내어 쉰다. 이것이 익숙해지면 양팔을 머리 위에 올려놓고 복식 호흡을 하면 이전의 방법보다 좀더 '**횡격-막**' 조절을 잘 할 수 있을 것이다.

이상과 같이 올바른 발성에 대한 기본적인 원리와 함께 호흡법에 대하여 간략하게 살펴보았다. 이론만 갖고서는 올바른 '발성법'을 터득하기 힘들다. 자신이 실제로 해보면서 신체의 느낌을 가져야 발성을 올바르게 할 수 있다.

■ 싱어 자세와 인토네이션[154]

싱어Singer들은 인토네이션을 배우기 전에 좋은 자세의 기본을 배워야 한다. 좋은 자세는 좋은 인토네이션을 위한 길을 열어준다. 신체가 노래하기 가장 좋은 자세를 취했을 때가 또한 듣기 위한 가장 좋은 자세이다.

☆ **신체가 균형이 잡혔을 때**, 싱어는?

① 합창단에서 다른 사람들의 소리에 귀를 기울이기 더 쉬워진다.
② 자신의 음 맞추는 것을 측정하는 데에 집중하기가 더 쉬워진다.
③ 음을 정확한 음으로 시작하기가 더 쉽다.
④ 유지해야 하는 음표를 정확한 음으로 안정감 있게 유지하기가 더 쉽다.

---

154) Nancy Telfer, *Singing In Tune*, 김영생 역, 『정확한 음으로 노래하는 방법』(서울: 음악춘추사, 2002), p. 10.

⑤ 두 개의 같은 음을 맞추면서 어울리게 하기가 더 쉽다.

☆ **자세**가 **모든 방면**에서 **균형** 잡히도록 싱어들에게 가르쳐라.

① **다리는 약간 벌린다.** 신체가 불안정하면 음 맞추기가 불안정해 진다.
② **체중**이 **두 다리 사이로 비스듬히 균형 잡혀져야** 한다. 체중이 한 다리에 실리면, 그 다리가 굳고 상체_{목을 포함한}에 긴장이 온다.
③ **체중**이 **앞에서 뒤까지 골고루 균형 잡혀져야** 한다. 체중이 고르게 균형 잡혀 있어야 음을 맞추기가 충분히 유연하게 조절할 수 있다. 한 발을 앞으로 하면 좌우 균형이 흔들릴 수 있기 때문에 불안정하다.
④ **머리를 똑바로 세워라.** 머리가 한쪽으로 기울어지면 각 음에 대한 올바른 소리 위치를 찾아내기가 힘들어 음을 맞추는데 결정적으로 영향을 줄 수 있다.

(5) 빠르기말과 빠르기표

1] 빠르기말

악보의 시작하는 첫머리 바로 위에 ♩=120 (또는 M. M. ♩=120)의 표를 적어 빠르기를 나타내는데, 이를 '빠르기말'이라고 한다. 이 표는 1분 동안에 ♩를 120번(회) 연주하라는 뜻으로서 빠르기표보다 더욱 정확하며, 멜첼_{Mälzel}[155]이 만든 **메트로놈**_{Metronome}에 의하여 빠르기가 측정되므로 그 머리글자를 따서 M. M. 이라 한 것이다. 빠르기말은 **메트로놈**으로 계산되기 때문에 '메트로놈표'라고도 하는데, 빠르기표와 비교하면 다음과 같다.

      Largo   40-72
      Larghetto   72-100

---

[155] 멜첼_{Johann Nepomuk Mälzel, 1772-1838}의 이름을 따서 Mälzel's Metronome의 약자로 M. M. ♩=120 이라 적는다.

Adagio	100-126
Andante	126-152
Allegro	152-184
Presto	184-208

2] 빠르기표 Tempo Signature

a. 악곡 전체의 빠르기를 지시하는 말

☆ 아주 느린 것

Largo	느리고 폭넓게
Lento	느리고 무겁게
Adagio	느리고 장중하게
Grave	느리고 장중하게

☆ 느린 것

Larghetto	Largo보다 조금 빠르게
Adagietto	Adagio보다 조금 빠르게

☆ 조금 느린 것

Andante	느린 걸음걸이 빠르기로
Andantino	Andante보다 조금빠르게
Moderato	보통 빠르기로 빠른 것
Allegretto	Allegro보다 조금 느리게
Allegro	빠르고 유쾌하게

☆ 매우 빠른 것

Vivace	빠르고 경쾌하게
Presto	빠르고 성급하게

☆ 가장 빠른 것

Vivacissimo	Vivace보다 빠르게
Prestissimo	Presto보다 빠르게

b. 다른 말에 덧 붙여서 쓰이는 말

alla	······풍으로(alla marcia ; **행진곡** 풍으로)
assai	매우(Allegro assai ; 매우 빠르게)
con	·····을 가지고(con espressione ; 표정을 담아서)
ma non troppo	지나치지 않게 (Allegro ma non troppo ; 지나치지 않게 빠르게)
meno	보다 적게(meno mosso ; 평온하게)
molto	매우(molto vivace; 아주 빠르고 생기 있게)
non tanto	너무 지나치지 않게(Lento non tanto)
ossia	또는, 혹은, 그것이 아니면
piu	더욱(piu Allegro; 더 빠르게)
poco	약간
poco a poco	조금씩(poco a poco Allegro)
quasi	거의 ····처럼(Andante quasi moderato)

c. 점차로 빠르기를 변화시키는 말

accelerando(accel.)	점점 빠르고 세게
stringendo(string.)	점점 빠르게
poco a poco animato	점점 빠르게
ritardando(rit.)	점점 느리게
rallentando(rall.)	점점 더 느리게
lentando	점점 느리게
slentando	점점 느리게
morendo	숨이 끊어져 가듯이
perdendosi	사라지듯이
smorendo(morendo)	꺼져 가듯이
smorzando	꺼져 가듯이
calando	점점 평온하게

maestoso	장엄하게
mancando(manc.)	점점 여리고 점점 느리게
allargando	점점 느려지면서 폭이 넓고 세게
largando	점점 느려지면서 폭이 넓고 세게
meno mosso	빠르기를 조금 늦추어서
piu mosso	더욱 발랄하게
a piacere	자유롭게, 좋을 대로
ad libitum(ad. lib.)	임의대로
tempo rubato	임의대로(느리거나 빠르게 자연스럽게)
a tempo	본디 빠르기로
Tempo Primo(Tempo 1)	처음 빠르기로
tempo ordinario	본디 박자로
tempo guisto	정확한 박자로
Listesso tempo	같은 빠르기로
medesimo tempo	같은 빠르기로

* Sostenuto와 Maestoso는 나타냄 말로 사용되지만 빠르기표로 쓰일 때는 Andante와 같으며, 때로는 Andante sostenuto, Andante maestoso와 같이 쓰기도 한다. Animato는 Allegro와 Vivo는 Vivace와 같다.

(6) 셈여림 표 Dynamic Signature

1] 전반적인 셈여림표

여림	p	(piano)	여리게
	pp	(pianissimo)	p보다 여리게

	ppp	(pianississimo)	pp보다 여리게
중간 셈	mp	(mezzo-piano)	조금 여리게
	mf	(mezzo-forte)	조금 세게
셈	f	(forte)	세게
	ff	(fortissimo)	f보다 세게
	fff	(fortississimo)	ff보다 세게

ppp - pp - p - mp - mf - f - ff - fff
아주 여리게-매우 여리게- 여리게- 조금 여리게 -조금 세게-세게- 매우 세게- 아주 세게

2] 부분적인 셈여림표

sf, sfz	(sforzando)	특히 세게
>, ∧, ∨	(accent)	특히 세게
rf, rfz	(rinforzando)	갑자기 세게
fp	(forte-piano)	세고 곧 여리게
pf	(piano-forte)	여리고 곧 세게
subito piano		갑자기 여리게
subito forte		갑자기 세게

3] 셈여림이 변화되는 표

cresc.(crescendo)	점점 세게
decresc.(decrecsendo)	점점 여리게
dim.(diminuendo)	점점 여리게
poco a poco cresc.	조금씩 점점 세게
poco a poco dim.	조금씩 점점 여리게

4] 나타냄 말(Expression)

곡조의 첫머리나 또는 도중에 적어서 그 곡조의 기분을 나타내게 하는 말을

나타냄 말이라고 한다.

affettuoso	사랑스런 마음으로
agitato	성급하게, 초조하게
amabile	사랑스럽게
amorosso	사랑스럽게
animato(con anima)	생기 있게
appassionato	정열적으로
a ballata	발라드 풍으로
alla marcia	**행진곡**풍으로(alla는 ·····풍으로)
arioso	노래하듯이
brillante	화려하게, 찬란하게
calmato	조용하게
cantabile	노래하듯이
cantando	노래하듯이
capriccioso	들뜬 듯이, 제멋대로
comodo	평온하게
con allegrezza	쾌활하게(con은 ·····을 가지고)
espressivo(con espressione)	표정을 담아서
feroce	거칠게
fioco	연약하게
furioso	미친 듯이
generoso	고귀하게
gentile	사랑스럽고 귀엽게
giocoso	즐겁게
grandioso	웅대하게
grave	무겁게, 엄숙하게
grazioso(con grazia)	사랑스럽고 우아하게
innocente	순진하게, 어린 마음으로
lamentoso(lamentabile)	슬픈 마음으로

largamente	폭이 넓게
leggiero	경쾌하게
liberamente	자유롭게
maestoso	장엄하게, 위엄 있게
marcato	힘을 주어 똑똑하게
marciale(marziale)	**행진곡**처럼
misterioso	신비스럽게
nobile	고귀하게, 고상하게
ostinato	끈덕지게
parlando	지껄이듯이, 말하듯이
passionato	정열적으로
pastorale	목가 풍으로
con brio	생기 있게
con energia	기세를 올려서
con forza	세게
con fuoco	열렬하게
con moto	감동적으로
con sentimento	감정 있게
con tenerezza	우아하게
declamando	낭독하듯이
delicato	섬세하게
distinto	또렷하게, 확실하게
dolce	부드럽고 아름답게
dolore(doloroso)	가슴 아픈 듯이
elegante	우아하게, 품위 있게
energico	정력적으로
eroico	영웅적으로
pesante	무겁게
piacevole	귀엽게

rapido	재빠르게
religioso	경건하게
risoluto	결연히
rusticana	소박하게
saltato	깡충깡충 뛰듯이
scherzando	경쾌하고 우스꽝스럽게
semplice	단순하게
sensibile	예민하게
serioso	점잖게
simile	같은 모양으로
soave	사랑스럽게
sospirando	탄식하듯이
sostenuto	음의 길이를 충분히
spirituoso(con spirito)	생생하게
subito	곧, 갑자기
tempestoso	격렬하게
tenuto(ten.)	음의 길이를 충분히
tranquillo	조용히
veloce	급히
vibrato	떨면서
vigoroso	힘차게

제4절 찬양위원회 운영과 행정

교회의 규모가 커감에 따라 교회음악도 전문화되고 조직화되어 가는 것은 효율적인 측면에서 당연한 현상이라 할 수 있다. 바람직한 찬양위원회의 운영을 위해서는 그것을 전담할 기구를 교회가 따로 조직할 필요가 있다. 그러기에 앞서서 교회는 전문화된 하나님의 나라 확장을 위한 팀워크가 이루어져야 한다. 말하자면 목회의 분야에 따라 전담 목회자를 두어야 한다. 곧 전도목사를 따로 두듯이 교회음악을 위한 '**음악목사**' 제도를 정착화해야 한다. 그리고 담임목사를 효과적으로 돕기 위해 전문적인 활동을 해야 한다. 다음에서 조직과 그 역할을 논하겠다.

1. 찬양위원회 조직

소형교회에서는 여건상 **음악목회자**를 따로 둘 수 없겠으나 중대형 교회에서는 **음악목사**를 따로 두어서 업무를 전문화 신속화 시킬 필요가 있다.

아래 '찬양위원회' 조직을 참조하여 개교회의 '찬양위원회'를 조직 운영하여 교회 내의 찬송·찬양활동이 효과적으로 운영되도록 해야 하겠다.

< 도표 15 > 찬양위원회 조직표

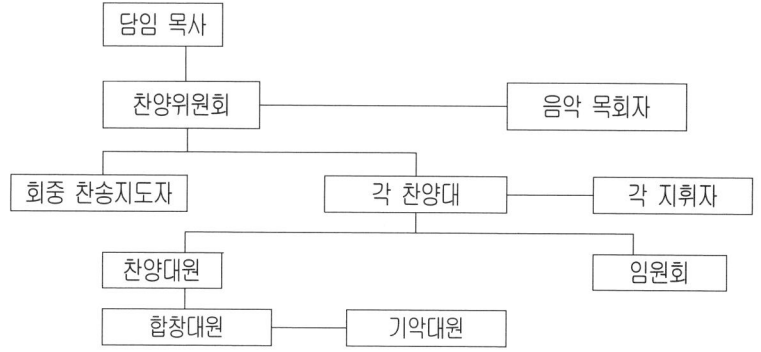

2. 찬양위원의 역할

위의 도표를 참고로 교회음악의 전문화 운영을 위한 각 분담자의 역할을 나누어서 설명을 하면 다음과 같다.

1) 담임목사

교회의 전반적인 문제를 통괄한다. 교회의 모든 행사의 프로그램의 궁극적인 책임은 담임목사에게 있으므로 담임목사는 각종 행사 프로그램에 대해 알고 있어야 한다. 특히 예배와 직결된 찬양에 대해서도 깊은 관심을 가지고 담당자들에 대한 협조를 아끼지 않아야 한다. 담임목사는 먼저 음악을 실제로 담당하고 있는 자들의 사역에 대한 깊은 이해가 있어야 하며, 그들의 견해를 수용하면서 예배학적으로 지도하려는 태도를 갖고 있어야 한다.

2) 찬양 위원회

실제적으로 교회에서 **음악목회자**의 역할이 뚜렷하게 구별되어 실행되지 않고서는 그 효과를 기대하기란 어렵다. 담임목사 중심의 교회운영이 보편화되어 있는 현실에서 음악목회자의 역할이란 축소될 수밖에 없다. 그러므로 담임목사는 철저한 분업정신이 있지 않으면 음악목사의 전문적인 활동을 기대하기란 어렵다. 그러므로 교회음악 위원회는 그 실정을 감안하여 음악목회자에게 무리한 요구를 하기보다는 담임목회자와의 관계를 잘 개선해 가는 노력이 있어야 한다. 그리고 '찬양위원회'는 **음악목사**의 직접적인 지도를 받으며, 찬양음악 전반에 관한 문제를 기획·심의·결정하는 기구로서, **음악목회자**, 찬양대의 대표자와 지휘자, 예배위원, 각 교육기관의 장이나 그에 준하는 인물들로 구성된다.

☆ **'찬양위원회'**의 **역할**은 다음과 같다.

첫째, 교회 찬양의 현실을 민감하게 파악하여 그 교회의 찬송과 찬양을 지도한다.
둘째, '찬양위원회'에 관한 예산을 결정하고 관리한다. 이때 세부 항목 곧 악보 구입 비, 지휘자 반주자 사례비(제직회 예배 비 항목에서 다루는 것이 좋겠다), 사무비, 장비구입 및 보관 등에 대한 예산을 수립하고, 지출에 섬세히 주의하여 효율적인 관리를 해야 한다.
셋째, 찬양대의 유급직원들을 선정·관리한다. 특히 사전에 그들에 대한 충분한 신상정보를 파악하고 있어야 한다.
넷째, 교회음악 전반에 관한 일에 음악목회자와 긴밀하게 협조할 뿐 아니라 담임목회자와도 수시로 대화함으로써 찬양위원회 산하 기관이 원활하게 운영되도록 해야 한다.

3) 음악 목회자

교회 음악의 전반에 관한 일에 음악목회자와 긴밀하게 협조하여 최종적인 결정을 내리는 일을 맡은 음악목회자는 교회음악 전반에 대해 알고 있어야 한다. 음악목회에 대한 연간계획을 수립해야 하며, 각부 찬양대간의 유기적인 관계와 음악적·신앙적 성장을 위한 프로그램을 개발하고 운영해야 한다. 또한 각부 찬양대 지휘자들과 긴밀한 유대관계를 가지게 함으로써 각 찬양대가 활성화되고 분위기 좋은 찬양대가 되도록 노력을 기울여야 한다.

그리고 찬양대 찬양은 물론 회중찬송에도 관심을 가지고 계속적인 지도가 있어야 한다. 모든 예배에 적합한 찬송이 잘 불려 질 수 있도록 하고, 성도들의 신앙이 찬송을 통해 향상될 수 있도록 찬송을 지도해야 한다. 이러한 문제는 음악목사 자신이 해도 좋고, 찬양대 지휘자나 찬송 인도자를 따로 두어 지도를 할 수도 있다. 그러나 음악목회자가 직접 지도하는 것이 올바른 일이다.

음악 목회자는 음악에 대한 실제적인 면에도 많은 이론과 지식 및 지휘자·반주자·편곡 자·작곡자 등을 교육하거나 실제로 자신이 그 일을 담당할 수 있어야 한다. 이런 일들을 훌륭하게 해 나가기 위해서 '음악 목회자'는 교회 음악을 전공하고, 거기에 신학적인 지식과 교회 전반적인 일에 대해서도 잘 알고 있어야 한다. 교회의 구조상 담임목사의 **조력자** 'co-worker'로서 일해야 하기 때문에 안수 받은 음악목사라면 효율적으로 일들을 수행하는 데 많은 도움을 줄 수 있을 것이다.

4) 찬양대

찬양대는 교회의 예배를 비롯한 각종 행사를 주관하기 때문에 모든 교육기관 '유치부, 유년부, 초등부, 중등부, 고등부, 대학부, 청년부, 장년부 등'에 찬양대를 둘 수 있고, 이들 찬양대의 가장 큰 임무는 그 기관들의 '예배에서 찬양'을 하는 일이나, 부활절, 감사절, 성탄절 등의 절기에 특별 프로그램들을 운영해야 하기 때문에 대원들의 선발이나, 지휘자, 반주자의 선택과 임명에 각별한 주의가 요청된다. 그리고 연합 찬양행사를 통해 하나님께 영광을 돌려야 하므로 구조상 서로 밀접한 연계가 이루어져야 한다. 그러므로 '찬양 교회음악 위원회'를 통해 음악목회자의 지도를 받아 모든 행사의 계획에서 실제 행사에 이르기까지 하나의 종합예술이 되도록 하여 최고 최선의 찬양을 드릴 수 있도록 해야 한다.

5) 회중 찬송 인도자

예배 시 회중 찬송 인도자는 예배 시작 전에 회중들에게 찬송을 가르치거나 인도하는 일을 담당하여, 예배 시간에도 회중들이 찬송을 아름답고 하나님께서 받으실만한 찬송이 되도록 인도해야 한다. 대부분의 교회들이 그 예배를 담당한 찬양대 지휘자가 이 일을 겸하고 있기 때문에 실제로는 회중 찬송지도 시간이 겹치기 때문에 제대로 이루어지지 못하고 있다. 그러므로 교회는 찬양대 지휘자와 회중찬송 지도자를 따로 두어 찬양대 지휘와 겸하지 않도록 하고, 이 일을 제대로 담당할 수 있도록 각 기관의 시간적인 배려가 있어야 한다. 그러려면 교회의 모든 직원들은 교회의 시종 모든 업무가 예배가 최우선이라는 점을 인식해야 하며, 엄연히 회중 찬송 인도자도 교회 업무에서 귀중히 여기는 풍토가 조성되어야 한다. 그래서 잘 부르지 못하는 찬송을 지도하거나 새로운 찬송을 가르치는 일을 전담하도록 찬송 인도자에게 책임을 맡겨야 한다. 그리고 찬송 지도계획 수립에 있어서는 필자의 논문을156) 참고하기 바란다.

또 한 가지는 '회중 찬송인도자'는 예배 시 반주자와 항상 호흡을 맞추어 회중 찬송의 빠르기나 음정을 알맞게 조정해야 한다. 늦은 저녁이나 새벽에 찬송의 음높이를 살펴서 회중이 찬송을 부르기에 무리가 가지 않도록, 반주자에게 단2도나 장2도를 낮추어 전주를 해 주도록 부탁한다. 찬송을 부르다가 중간에 포기하고 낮게 부르는 일이 없도록 해야 한다. 반주자의 실력이 즉흥적으로 조옮김移調을 할 수 없을 경우에는 사전에 몇 곡 예제를 주거나 찬송가 반주용 악보에 부가 표시를 해 두도록 하는 게 좋다. 실력이 부족한 경우 전주를 꼭 4부로 하게 하려고 하지 말고, 단음으로 멜로디를 정확하게 반주를 해도 무방하다.

☆ **회중 찬송 인도자의 유의점**은 다음과 같다.157)

a. 찬송가 장수를 알릴 때 부르지 않을 절수와 부를 절수를 명확히 설명하고, 설 때와 앉을 때를 자세히 알려 준다.
b. 찬송을 부르는 성도들이 주의할 점은 찬송가의 기본정신에 초점을 둔다(주제 소개는 '하나님께 드리는 장엄한 찬송' '확신과 위로의 찬송' 등으로 한다).
c. 찬송 부르는 데 있어서 좀 더 나은 반응을 불어넣기 위하여 찬송가의 성격을 자아낼 수 있는 감정이나 태도를 보여 주어야 한다.
d. 인도할 때 정확한 템포와 힘차게 불러야 할 때와 정반대로 부드럽게 불러야 할 곳을 미리 지적해 알려 준다.
e. 강하게 부를 때와 느리게 연주할 때 연장 기호가 있는 데와 속도가 바뀌는 부분을 미리 알려 준다.
f. 인도자는 침착하고 자신 있는 태도를 가지고 회중에게 자신을 가지도록 가르

---

156) 《기독음악저널》 1999. 9월 호에서 2000년 1월 호까지를 참조.
157) 존 F. 윌슨, 『敎會音樂入門』 羅運榮 趙義秀 共譯(서울 : 大韓基督敎書會, 1974), p. 173.

쳐 준다.
g. 간단한 논평이나 적당한 태도, 또는 회중에게 다음에 올 순서를 준비하게 하여 회중이 함께 부르는 찬송가가 나머지 순서에 관계를 가질 수 있도록 한다.

6) 찬양대 지휘자

찬양대의 지휘자는 매 주일 예배에서 찬양할 곡들을 살펴서 주의 깊게 선정하고, 찬양대원들을 지도해야 한다.158) 이때에는 교회의 절기들에 대해서도 특별하게 주의를 기울여야 한다. 이뿐 아니라 지휘자는 찬양대원들의 신앙 인격 면에서도 모범이 되어야 하고, 또한 평상시 유머 감각을 가지고, 형제자매를 대하듯이 면밀하고도 친절하게 지도해 주어야 한다. 그래서 인간적인 관계에서도 좋은 관계를 유지해야 좋은 찬양을 만들어갈 수 있다. 그러기 위해서는 바쁘더라도 찬양대원 개개인과의 대화와 접촉을 통해 그들의 사정과 견해를 들어주는 것이 필요하다. 찬양대 지휘자도 회중찬송 지도자와 음악 목회자와 마찬가지로 교회음악을 전공했거나 이 분야에 대한 깊은 지식과 이해가 있어야 하며, 교회의 형편이 여의치 못할 때도 이에 준하는 인물로 이 일을 전담하도록 하는 것이 바람직하다.

☆ **찬양대 지휘자 임무**는 다음과 같다.159)

a. 지도자로서의 임무 - 찬양대 지휘자는 아름다운 품성을 지닌 신앙인격자로서 존경받을만한 사람이어야 한다. 그리고 교회음악에 관한 지식이 풍부하여 찬양대원들에게 이를 충분히 제공할 수 있어야 하며, 신앙적인 면에서도 손색이 없는 모범을 보여야 한다.
b. 교사로서의 임무 - 찬양대 지휘자는 교회의 음악을 가르치는 자로서 그 역할을 다해야 한다. 그러기 위해서는 악곡분석능력, 지휘능력, 독보능력, 예민

---

158) 『기독음악저널』, op. cit., 예배와 교회력 절기를 바탕으로 한 찬양 곡 선정 방법에 대하여 필자의 논문(기독음악저널 1999. 9월 호-2000년 1월 호까지) 참조.
159) 크리스챤 대전, op. cit., p. 469-470.

한 청각, 음악이론, 성악, 악기연주 등에 대한 이해 등의 근본적인 지식을 갖추어야 하며, 이를 찬양 대원에게 잘 가르쳐 주어 찬양대를 위해 성실한 음악적 봉사를 해 주어야 한다.

c. 대행자로서의 임무 - 찬양대 지휘자는 음악을 가르침에 있어 그 음악 원작자의 정신과 메시지를 충분히 이해하고 대원들에게 설명하여 "영靈으로 찬송하고 또 마음으로 찬송하게"고전 14:15 해야 한다. 또한 작곡자의 음악적 의도를 충분히 연구하여 정확한 강약법과 속도와 분위기를 파악하고 연주하도록 해야 한다. 충분히 연습시킨 곡을 회중들에게 잘 전달하는 것도 중요한 임무 중의 하나인 것이다.

7) 반주자

교회음악에 있어서 반주자의 역할은 참으로 중요하다. 찬양대의 반주를 비롯하여 회중 찬송 반주, 각종 기악 부의 반주 등 할 일이 많다.

(1) 반주자의 역할

① 회중들의 마음을 준비시킨다.
② 예배분위기를 잘 조성하여 예배를 격조 있게 한다.
③ 예배의 주제를 제공한다. 반주자는 오르간 전주前奏를 통해서 예배의 임시 의장이 된다. 그는 '전주'를 통해 그 예배의 목적을 선포하는 것이다.

(2) 회중 찬송 반주 시 유의 할 점[160]

① 찬송 첫 절의 성격을 정하고 거기에 따라서 적절하게 반주한다. 음색 배합의 적당한 배정은 노래 부르는데 좋은 밑받침이 된다. 그러나 회중들로 하여금 너무 부담을 주거나 찢어지는 소리로 노래 부르게 해서는 안 된다.
② 찬송의 강약이나 음색의 종류는 찬송 부르는 장소, 회중들의 수, 예배당의

---
160) 존 F. 윌슨, *op. cit.*, pp. 174-175.

크기, 음향의 효과 등을 고려하여 잘 조절하도록 해야 한다.
③ 찬송 빠르기나 힘주어야 할 데를 잘 관찰하고서 알맞게 전주를 해야 한다.
④ 회중들이 찬송을 부를 때까지 머뭇거리지 말고 처음부터 회중을 이끌고 나가야 한다. 이 말은 회중들을 앞서 나가라는 말이 아니라, 회중들이 반주를 들으며 그 반주에 맞추어 찬송을 할 수 있도록 반주하라는 것이다.
⑤ 찬송가 구절의 자연스러운 한도 내에서 안정된 리듬을 지켜나가야 한다. 그러면서 구절 사이에 적당량의 호흡시간을 준비하며, 회중들과 함께 숨쉬는 시간을 지켜 나가는 습관을 갖는 것이 좋다.
⑥ 진동음 Vibrato을 너무 많이 쓰지 않는 것이 좋다.
⑦ 과잉 표현 즉 음색배합의 갑작스런 변화, 계속적인 **표현페달** expression pedal, 변화 없는 음량 등은 안 하는 것이 좋다.

8) 독창자

독창의 유래는 성경에서 찾아볼 수 있다. 출애굽기 15장에 있는 승리의 찬양은 모세가 **독창** 선창으로 부르면 그에 따라 미리암이 독창으로 **응답 송**을 하고 여인들이 함께 소고를 잡고 춤을 추었다.

초대교회에서는 예배드릴 때 독창을 부르는 것이 제도화되었다. 즉 독창자 Cantor가 시편 중 한 부분을 부르면 합창대가 거기에 화답해서 교창 交唱을 했다. 오늘날에 와서는 점차로 교회에서 기악을 받아들임에 따라 독창의 위치가 더욱 중요하게 되고 있다.

☆ **독창자가 유의할 점**은 다음과 같다.

① 올바른 조 Keys와 음역 Range을 선택해야 하며, 공연히 무리하게 연주하려해서는 안 된다. 선곡할 때는 자신이 낼 수 있는 음에서 3도 정도 여유를 가진 곡을 선곡해야 한다.
② 독창자는 성령의 인도하심과 개인의 닦은 기량으로 온전히 하나님께 드려지도록 찬송해야 한다.

③ 독창자는 정확한 가사 전달에 힘써야 한다. 독창자는 자신이 노래를 통해 말씀의 메신저 역할을 하고 있다는 사명 의식을 갖고 연주해야 한다.
④ 독창자는 곡을 완전히 이해하고 영적으로 노래해야 한다.

9) 찬양대원

찬양 대원은 합창대원과 기악대원으로 나눌 수 있으나, 규모가 작은 찬양대의 경우는 기악 대원이 오르간이스트나 피아니스트의 반주자에 한정되는 경우가 많다. 장년 찬양대의 경우에는 입교자 세례교인 이상으로 구성하는 것이 바람직하다. 간혹 신앙경력이 부족한 분들을 자리에 배치했다가 불미한 사태가 일어날 경우 교회에 큰 피해를 끼치는 일이 있을 수 있기 때문에 신중을 기해야 한다. 그리고 연말에 교회 '봉사신청서'에 본인의 신앙경력이나 학력 등, 신상명세를 적어내도록 하여 자발적인 봉사를 유도해 물의가 없도록 하고 신청서를 냈다하더라도 당회에서 신중하게 검토하여 임명의 절차를 갖는 게 원칙이다.

또한 신청자들을 일정한 **오디션** audition 을 거쳐 대원의 자질을 충분히 파악하고서 정 대원으로 임명하는 절차가 있어야 한다. 여의치 못할 경우에는 준 대원 제도를 두어서 6개월 이상 활동을 면밀히 살펴서 합당하면 정 대원으로 임명하는 것도 좋은 방법이다.

학생 찬양대원의 경우는 연령이 달하지 않았거나 형편이 여의치 못할 경우에는 장년 찬양대의 경우처럼 준 대원 제도를 두어서 물의가 없이 시간이 흐른 다음 정 대원으로 임명하는 절차가 필요하다.

오르간이스트나 피아니스트는 신앙인격을 갖추고, 그 자질이 충분히 인정되는 자를 선발하여 당회가 신중하게 살펴서 임명의 절차를 밟는 것이 좋다. 실제로 지휘자에게 있어서는 반주자 한 두 사람과 찬양 대원 전체와의 비중이 맞먹을 정도로 주의를 기울여야 함으로 신중하게 지휘자와 반주자의 팀워크가 잘 되는 사람을 선별하는 것도 좋은 방법이다. 회중 찬송의 인도자와 반주자와의 관계 역시 유기적인 조화가 이루어져야 하며, 충분한 실력과 함께 센스를 갖추고 있어야 한다. 특히 오르간 연주자는 오르간의 특색과 음색을 충분히 조작하며 연주할 수 있는 능력이 있어야 한다.

10) 찬양대 임원회

찬양대의 임원이라 하면 지휘자, 반주자, 찬양대의 모든 일을 통괄하는 총무, 각종 모임의 회의록을 정리하고 사무적인 서류를 정리하는 서기, 찬양대의 예산 결산 및 현금 지출을 정리하는 회계, 그리고 파트를 지도할 수 있는 파트 장(보통 네 파트에 한 사람씩 그 파트를 지도하며 대원의 친목을 도와주는 사람) 등을 들 수 있다. 이러한 임원회는 한 달에 한 번 이상 모여 대원들을 관리하고, 행사계획이나 대원들 친목을 도모하도록 활성 화 되어야 한다.

3. 찬양대 역사歷史 및 운영 법

1) 찬양대의 역사

불교나 그 밖의 종교들은 신전神殿이나 신상神像이 차지하는 비중이 크다. 따라서 이러한 신전이나 신상을 제작하는 일과 신전을 관리하는 중대한 일들을 감당하기 위하여 조각이나 회화가 크게 발달하였다. 그러나 기독교에서는 상대적으로 우상 숭배를 금하고 보이지 않는 하나님께 예배하는 일을 위해서 **음악**이 매우 발달하였다. 그래서 기독교 미술은 로마 가톨릭을 제외하고는 대부분 미미했다. 반면에 '교회음악'은 매우 발달하였다. 성경에는 하나님께 찬양하기를 무엇보다 강조하고 있다. 그래서 구약시대로부터 오늘날의 예배에 이르기까지 음악은 기독교의 아주 중요한 요소가 되어 있다. 그래서 일찍부터 찬양대가 구성되어 다윗 시대에는 "사천 명은 그가 여호와께 찬송을 드리기 위하여 만든 악기로 찬송하는 자들이라." 대상 23:5 고 했고, 좀 더 잘 훈련되고 익숙한 음악가들에 대해서는 "여호와 찬송하기를 배워 익숙한 자의 수효가 288명이라." 대상

25:7고 하였다. 말하자면 성전 예배를 위해서 찬양대는 특별하게 레위 지파에서 30세 이상의 남자로 구성하였다대상 23:3. 이러한 성전 찬양대 제도는 예수님 당시까지 계속된다.

그 후 초대교회에 대한 로마 정부의 박해로 지하에 숨어 예배 드렸기에 찬양대를 조직할 수 없었다. 그러나 313년에 밀라노 칙령에 의하여 교회는 다시 자유롭게 예배와 찬양을 드릴 수 있게 되었다. 교황 실베스터Sylvester, 314-335는 새 교회음악의 빠른 발전을 위해 로마에 '음악학교'를 세우고 '암송'과 '호흡법'과 바른 '발성법'을 가르쳤다.

☆ **교회음악 발전에 기여한 음악학교**는 다음과 같다.161)

① 교황 그레고리6세기에 의해 설립된 스콜라 칸토리움 Scholar Cantorium
② 1212년에 설립된 후 **바흐** J. S. Bach에 의해서 운영된 라이프치히의 성 토머스 학교 St. Thomas School of Leipzig
③ 14세기 이전에 조직된 드레스덴 십자가 찬양대Dresden Cross Choir
④ 1498년에 창설되어 현재까지 계속되고 있는 비엔나 소년 합창단 등이다.

초기에는 음악이 단순하였으므로 성인 남자들로만 구성되었는데, 음악이 복음複音으로 발전하면서 소프라노 파트soprano part가 필요해지자 소년들을 찬양대에 기용하게 되었다. 이런 찬양대의 구성은 16세기까지 계속되었다.

1517년 마르틴 루터에 의해 종교개혁이 일어나면서 찬양대는 변화를 가져왔다. 루터는 일반 회중에게 **코랄**Choral을 부르도록 하는 새로운 전통을 만들었고, 이에 따라 찬양대의 역할은 감소되었다. 그러나 찬양의 질적인 면을 우려하여 다시 찬양대를 조직하고, 찬양을 담당하게 함으로서 그 전통을 계승하게 되었다. 찬양대는 혼성찬양대와 남성찬양대가 있는데 혼성찬양대는 18세기 독일에서 시작되었다. 이 당시 교인들의 참여에 중점을 둔 단순화된 예배의식은 성가학교의 훈련을 받지 않은 남녀의 비전문적인 찬양대로부터 환영을 받았다. 미국에서 최초로 찬양대가 조직된 곳은 뉴욕에 있는 삼위일체 영국교회이고,

---

161) *Ibid.*, pp. 183-184.

최초의 혼성 찬양대가 생긴 곳은 1774년 스타우튼Stoughton 시의 윌리엄 빌링스 William Billings에 의하여 설립된 **성가학교**Sacred Singing School이다. 1800년 이후, 로웰 메이슨Lowell Mason 박사가 남녀대원수를 알맞게 나누어 조직한 찬양대를 발판으로 각 교회들이 이러한 혼성찬양대 제도를 받아들였다.

2) 찬양대 역할

요셉 아쉬톤Joseph Ashton은 찬양대를 가리켜 "교회음악의 최고 형태로서 이것은 음악적인 미美나 흥미를 넘어서 종교적인 기능을 갖는 것"이라고 하였다. 이 말은 찬양대의 기능을 잘 표현해 주고 있다.162) 찬양대의 가장 큰 역할은 '예배 시 회중을 대표해서 하나님을 찬양하는 일'이었다. 이러한 대표성을 띄고 있으면서 하나님께 가장 아름다운 노래로 하나님께 찬양 드리기 위해서 보다 철저한 훈련과 연습이 필요했다. 이렇게 함으로써 예배가 더욱 은혜롭고 아름답게 드려졌던 것이다.

또한 찬양대는 국가적인 행사나 전쟁 시에도 동원되었다대하 20:21. 그러나 현대에는 그러한 것이 일반 합창단으로 대체되고, 교회에서 전도 대회나 연합 예배 시, 또는 성탄절 연합 행사 등에서 사명을 감당하도록 한정되었다. 그러나 여전히 유명한 3대 오라토리오 **헨델**의 <**메시아**>, **하이든**의 <**천지창조**>, **멘델스존**의 <**엘리야**> 등은 중대형 교회에서 또한 연합적으로 찬양대를 구성하여 예술 회관이나 실내 체육관, 극장 등을 빌려서 발표회나 연주회를 하고 있다. 이러한 연주는 전도나 선교 적인 측면에서도 좋은 반응을 얻고 있다.

3) 찬양대 구분

교회에서 찬양대는 앞서 언급한 바와 같이 각 기관별로 조직 운영되고 있으나 편하게 장년 찬양대와 학생 찬양대로 구분하여 재론하기로 한다.

---

162) 『크리스챤 대전』, *op. cit.*, p. 467.

(1) 청장년 찬양대(성인 찬양대)

대개 주일 낮 대예배 시에 봉사하는 남녀 혼성 찬양대와 또는 교회 각 속회에서 조직되고 있는 남녀 전도 회_{또는 선교회} 찬양대, 부부끼리 구성된 '부부 찬양대', 또는 청년들을 중심 한 '청년 찬양대'를 들 수 있다.

(2) 학생 찬양대

어린 유치부 찬양대에서부터 유년부, 초등부, 중등부, 고등부, 대학부 등으로 구분할 수 있고, 이들을 어린이 부나 학생부로 크게 둘로 나누기도 한다. 문제는 이들을 지도하는 지도자가 문제다. 중등부 이하의 찬양대에서는 교회에서 상용되고 있는 4부 합창의 악보로 된 찬송이 이들에게는 무리다. 그러므로 어린이 부나 학생부에서는 그들의 발달 수준에 맞는 『찬양 집』이 개발되어야 한다. 각 교단의 교육부에서 대부분 잘 개발이 되는 실정이다. 어린이 부의 경우에는 고학년과 저학년의 차가 너무 심하기 때문에 구분하여 편집해주면 좋겠다. 이들에게 알맞은 음정과 조성으로 구성해야 한다. 2성부나 3성부의 조직을 갖춘 찬양대임을 고려해야 한다. 반주부도 이들에게 맞도록 쉽게 분산화음 반주나 상성 부는 2-3부로 아래 성부는 반주로 구성하면 좋으리라고 본다.

4) 찬양대 조직

앞서 언급한 바와 같이 교회의 실정에 따라 매 예배 때마다 찬양을 드려야 하므로 여간 주의를 요하는 것이 아니다. 또한 학생부의 경우는 요즈음 학생들이 대부분 학교나 각종학원에 매달려 시간을 낸다하더라도 장년 찬양대도 그렇지만 주일을 제외하고는 연습시간을 내기가 어렵기 때문에 효과적인 연습을 위해서는 많은 기관들이 협조를 해 주어야 한다. 찬양대원이 주일학교 교사와 겸하는 경우가 많기 때문에 다른 기관운영에 피해가 가지 않도록 시간 관리를 철저하게 해 주어야 한다. 그리고 주일예배를 드리는 '부서별 찬양대'를 두는 것이 좋다.

교인 수에 비례해서는 보통 전체 예배 인원의 10% 정도를 이야기한다. 구약 교회에서도 레위 지파 30세 이상 남자가 3만8천 명에 찬양대 수가 4,000명을 기준으로 임명하였던 대상 23:3-5 예를 볼 수 있다. 그러나 전교인 찬양대원 화를 기하는 것이 예배의 정신에 합당하다고 할 수 있다. 예배 시에 전체 성도들이 함께 자기에게 맞는 파트로 노래하면서 예배드릴 수 있다면 이상적일 것이다. 그러므로 예를 들자면 찬양을 드리면서도 1, 2절은 찬양대가 3절은 온 교우가 함께 찬양을 드리는 형태도 시도해 볼 수 있다.

성부의 구성은 구성원에 따라 달라진다. 혼성 찬양대의 경우 소프라노Soprano, 알토Alto 및 메조소프라노Mezzo Soprano의 여성 파트와 테너Tenor, 베이스Base 및 바리톤Baritone으로 구분하나 4부 합창일 경우는 메조소프라노나 바리톤 파트는 생략된다.

4성부에 따른 우리나라 사람들의 성대와 성량을 감안하여 40명 기준으로 볼 때 다음과 같이 숫자를 편성하는 것이 좋다.

소프라노 10명(25%), 알토 8명(20%), 테너 6명(15%), 베이스 16명(40%), 그러나 이러한 숫자는 기준에 불과한 것이므로 각 교회의 실정에 따라 편성하는 것이 좋다.

여성 찬양대의 경우는 소프라노, 알토 및 메조소프라노의 3 파트로 나누는 것이 일반적이며, 중등부 이하의 경우는 베이스를 생략하고 3성부로 나누는 것이 좋은데, 이 시기에는 베이스에 해당하는 저음을 연주할 능력이 모자라기 때문이다. 각 성부의 인원 구성비는 일반적으로 외 성부外聲部인 소프라노와 베이스를 내 성부인 알토와 테너보다 약간 많도록 구성하는 것이 음향적인 면에서 합리적이라 할 수 있다.

음악의 역할에 따른 조직을 살펴본다면, 규모가 큰 찬양대에는 지휘자를 위시하여 성악과 기악을 담당하는 대원이 있으며, 소규모의 찬양대는 지휘자와 반주자 오르간, 피아노와 찬양대원으로 구성된다. 사정이 여의 하면 파트에 따라 한 두 사람의 독창자를 두는 것도 좋다. 사무적인 조직으로는 기관과의 조율이나 효율적인 운영을 위해서 찬양대장과 총무, 서기, 회계, 간사, 파트 장 등으로 운영위원회를 구성한다. 형편에 따라서 기구를 확대·축소시킬 수 있다.

찬양대장은 그 찬양대를 대표하는데, 특히 교회 내외적으로 찬양대를 대표해서 행정적인 일들을 총괄한다. 총무는 찬양대장을 도와서 모든 사무적인 일을 총괄하고 특히 지휘자와의 긴밀한 관계를 유지하도록 역할을 잘 감당해야 한다. 서기는 전 대원들의 출결 상황을 파악하고 신상 기록을 정리하는 업무를 맡아 대원 상호간의 친목을 위해 대원들의 생일이나, 결혼기념일 등을 기록해 두었다가 축하 엽서나 작은 기념품을 선물하는 등 대원 상호간의 친목을 도모하도록 한다.

회계는 찬양대의 예산, 결산의 수립 및 집행으로 찬양대의 크고 작은 행사에 차질이 없도록 해야 한다. 간사는 악보나 가운을 잘 관리하여 예배 시나 행사시에 차질이 없도록 해야 한다.

5) 찬양대원 자격

구약시대에 찬양대원은 레위 지파에 한정되어 있었다. 또한 **중세교회**에서는 사제들이 담당하기도 했다. 그래서 전통적으로 찬양대원은 아주 구별되고 특별한 직책이 되었다. 그러나 종교개혁이후 루터의 '만인제사장 설'에 힘입어 예수를 구주로 고백하는 교회의 구성원은 누구나 찬양대원이 될 수 있게 되었다. 다만, 교회의 현실을 고려해서 교회의 관습이나 생활에 익숙하지 않은 사람보다는 신앙이 깊고 교회의 여러 일들에 어느 정도 익숙한 사람에게 맡기는 것이 좋다. 이 같은 이유로 현실 교회에서는 입교인 세례교인에 한하여 찬양대원으로 임명하는 것이 상례다.

또한 대원의 음악적 소양에 대한 자격 여부는 개교회의 실정에 따라 다를 수 있다. 인적 자원이 풍부한 교회에서는 오디션을 거쳐서 선발하기도 하며, 일단 대원으로 받아들인 후 자체교육을 통해 소양을 훈련하는 교회도 있다. 이러한 일들은 교회음악을 담당하는 자가 교회 실정에 맞게 운영계획을 짜서 시행하는 것이 좋다.

찬양대는 하나님의 성호를 찬양하는 자요, 하나님께 '**찬송**의 **제사**'를 드리는 제사장들의 집단이니 만큼 우선 신앙 인격적으로 타인의 모범이 되어야 한다. 또한 찬양을 부르기에 합당한 소양을 가졌는지 찬양대에 입단하기 전 음악성에 대한 오디션이나 심사를 받도록 해야 한다.
a. 일반 대원으로서의 자격은 입교인 세례교인 으로 좋은 하모니 화음 조화 를 이룰 수 있는 음성을 가져야 하고 리듬과 화음 등에 관한 기초적 지식이 있어야 한다. 특히 중요한 것은 교회를 위해 헌신적으로 봉사할 마음의 준비가 된 자라야 한다.
b. 특수대원이나 기악 대원들은 교회음악을 전공한 자이거나 일반 음악대학을 졸업한 사람 중에 신앙이 돈독한 자들을 임명하도록 한다.163)
c. 음악적 능력을 측정하기 위하여 지휘자와 면담을 가지고, 성실하게 출석하여 바른 행동을 가진다는 서약을 하도록 하고, 정식대원으로 채용되기 전에 규칙적으로 출석하는 기간을 두는 것도 좋은 방법이다.164)

○ 지휘자, 반주자, 파트장의 임무를 구체적으로 서술해보자.
○ 각 부서별 찬양대 운영계획을 구체적으로 세워보자.
○ 교회 기악부 운영계획을 구체적으로 세워보자.

4. 찬양대 운영 실제

1) 찬양 연습과 연주

찬양대의 음악적 기량은 연습 시간과 비례한다고 할 수 있다. 그러므로 음악적 수준 향상을 위해서는 가능한 한 효과적인 연습시간을 갖는 것이 좋다. 그러나 찬양 대원은 직업적인 합창단원이 아니고 또한 각자의 생활이 있기 때문에 연습 시간을 효율적으로 안배함이 중요하다. 현재 우리나라 교회에서는 대체로 주 2시간 내외의 연습시간을 갖고 있는데, 보통 주일예배를 전후하여 연습하는

---

163) *Ibid.*, pp. 468-469.
164) 존 F. 윌슨, *op. cit.*, p. 187.

경우가 많다. 그러나 토요일 저녁이나 수요일 예배 후에 연습하도록 하여 주중 점검과 함께 효과 얻도록 하는 방법도 있다.

하나님께 최고 최선의 찬양을 드리기 위해서는 대원 각자가 헌신적인 노력을 기울여야 함은 재론할 여지가 없다.

문제는 교회에서 대부분의 경우 찬양대원과 주일학교 교사가 겸직을 하고 있기 때문에 마찰되는 경우도 없지 않다. 이 점을 감안하여 가능하면 교사나 찬양대원은 전담제로 운영하는 것도 한 방법일 수 있다. 문제 해결방법은 전 교회가 찬양대 연습시간에는 가급적 대원들이 연습에 전념할 수 있도록 배려를 해주는 것이 최선의 방책이다.

찬양은 받으시는 대상이 하나님이시기 때문에 연습시간도 찬양하는 시간만큼 중요하다. 지휘자나 대원 모두가 찬양은 지존하신 하나님께 드려지는 것임을 알고, 결과보다도 그 과정을 중시하여 충분히 준비하도록 하여야 한다.

찬양을 받으시는 분은 삼위 하나님이시다. 물론 찬양대는 회중을 대표해서 하나님께 찬양하는 것이고, 회중과 동떨어진 별개의 기구는 아니다. 그리고 회중의 감상을 위해서 연주하는 기관이 아니다. 회중이 이해할 수 없는 어려운 곡이라 할지라도 찬양대가 회중의 찬양 수준을 높여가는 역할도 감당하고 있다는 사실을 감안하여 준비한다면 좋을 것이다.

찬양하는 찬양대원들의 태도는 자신을 과시하거나 자기의 기교를 나타내기 위한 것이어서는 안 된다. 하나님은 중심(中心)을 보시는 분이시기 때문에 자기의 음악적 기교로 하나님을 감동시키려는 노력은 매우 어리석은 것일 수밖에 없다. 모든 대원들이 온전히 하나님께 감사하는 마음을 가지고 기쁨으로 하나님께 찬양드릴 때 하나님께서 영광을 받으시고 성도들도 하나님의 은혜를 깨닫게 될 것이다.

지휘자가 선곡할 때 주의해야 할 점은 그 찬양이 예배의 정신과 분위기에 적합한 것이어야 한다는 것이다. 그러기 위해서는 지휘자는 교회력을 잘 알고 있어야 하며, 미리 충분한 시간을 가지고 연습하여, 다양한 스타일의 곡들을 고루 연주할 수 있도록 해야 한다. 사전 준비 없이 주일 아침에 갑자기 곡을 고르거나 찬양 연습시간이 되어서야 급하게 악보를 이것저것 고른다면, 결코 하나님께서 기쁘시게 받으실 찬양이 될 수 없을 것이다. 또한 대원들이 연습을 게을리해서 곡을 충분히 익히지도 못하고 찬양연주에 임하는 것은 올바른 찬양의 태도라 할 수 없다.

　찬양대 지휘자는 찬양대원들과 함께 합창발표회나 다른 음악회에 참석하여 감상하는 기회를 마련하는 것이 좋다. 그렇게 함으로써 찬양대의 문제점도 알 수 있게 되고, 배울 점도 깨달을 수가 있는 것이다. 그럴 때 찬양대에 신선한 충격을 줄 수도 있으며 대원 상호간의 친목도 도모할 수 있다.

　찬양대의 찬양연습에서 발성법과 **시창**視唱과 **청음**聽音 훈련은 기본이다. 호흡연습은 앞에서 언급한 바와 같이 복식호흡으로 연습 때마다 20번씩 실시하면 좋다.165)

　정확한 가사전달을 위해서 발음연습을 정확히 하도록 하고, 소리의 질과 발음은 사실상 입의 모습과 좌우되므로 가사에 의한 감정처리는 꼭 관심을 기울여야 한다. 좋은 화성을 위해서도 대원 전체가 같은 목소리는 가질 수는 없는 것이지만 서로가 상대방의 음을 잘 들으면서 좋은 화음을 만들어 가야 한다.

2) 찬양대원 복장

　대부분의 교회들은 찬양 대원들에게 유니폼으로 가운gown을 입게 하는데, 아름다움과 함께 찬양 대원들에게 경건한 마음의 준비도 갖도록 도와준다. 구약시대의 제사장들은 하나님께 제사드릴 때 특별히 마련한 옷을 입었는데, 이 옷은 아주 정성스럽게 만들어 졌으며, 거룩한 옷으로 구별하였다 출 39:1-31.

　가운은 입는 사람과 보는 사람 양자에게 다 특별한 의미를 준다. 가운은 대체로 여름용과 겨울용으로 나누어 만들되, 여기에 교회력을 가미해서 그 상징적인 색깔들을 칼라나 후드 등에 사용한다면 보다 더 의미를 살릴 수 있을 것이다.

3) 찬양대 석 위치

---

165) 『크리스챤 대전』, op. cit., p. 468-469.

전통적으로 한국교회의 찬양대 석은 강단과 회중 석 사이의 어느 한 쪽에 위치해 왔다. 그러나 최근에는 찬양대석이 양쪽으로 나뉘어 있거나 혹은 단상 위에 위치한 교회도 있다. 양쪽으로 나뉜 찬양대 석은 중세 이태리 교회에서 행하였던 코리 스페짜티Corri Spazzati[166] 영향이 아닐까 생각된다. 이런 종류의 음악은 찬양대가 교회당의 좌우에 위치하여 연주할 때 최대의 효과를 거둘 수 있다.

찬양대 석이 강단 위에 위치하는 경우도 있는데, 이것은 찬양대가 예배위원의 하나라는 것을 강조하고 그 중요성이 부각된 것으로 볼 수 있다. 이것은 신학의 흐름과도 밀접한 관계가 있다.

로마 가톨릭교회에서는 회중석에서 볼 수 없는 교회당 뒤강단 맞은 편 위쪽에 위치하게 하여 찬양찬송의 신비감을 더해 주는 교회도 있다.

4) 찬양대 실

찬양대 실은 여러 가지 목적으로 꼭 필요한 곳이다. 예배 전에 찬양대 대열을 정비하고 가운이나 의복 등을 잘 간수한다. 그리고 연습 시 훈련에 필요한 문제들을 처리하기도 하며 찬양대원들의 친목을 위해서도 꼭 필요한 공간이기도 하다. 찬양대 실에는 피아노, 보면 대, 간편한 의자, 악보보관 서류 장, 기타 교회음악에 관한 정기간행물들을 꽂는 책장 등의 비품들을 마련하도록 한다. 가능하다면 찬양 곡들을 감상할 수 있는 오디오 시설을 갖추어 친목도 도모하고 '음악 감상'을 통해서 난해한 곡들을 간접적으로 익히도록 하면 좋겠다.

---

166) 코리 스페짜티cori spezzati란 16세기 베네치아악파에서 많이 성행하였던 것으로, 이중 합창 즉 2개 이상의 합창이 교대로 또는 함께 노래하면서 전체를 만들어 가는 창법이다. 이중합창Double chorus은 복식합창의 하나로 더욱 빈도가 높은 형태이다.

5. 찬양대 운영 계획[167]

① 찬양대의 교회 내 활동은 찬송과 찬양, '음악예배'와 '음악예술'에 관계하는 분야를 망라해서 봉사할 일을 개발하고 추진시켜 나가도록 하는 것이다.
② 대외활동 계획으로는 타 교회 찬양대와의 교류라든가 지역사회의 음악적인 발전을 위한 프로그램을 마련하여 이를 통해 하나님을 알게 하고 그분을 찬양하도록 하여 더욱 가까워질 수 있도록 한다.
③ 찬양대원들의 친교 프로그램은 중요한 활동계획 중의 하나이다. 이는 단지 찬양대에 한한 일이 아니라 교회의 사명이기도 하다. 찬양대는 전적으로 교회에 봉사하는 기관이므로 친목회나 야유회 등을 가져 찬양대원들의 노고를 위로하도록 한다.
④ 찬양대는 교회의 예배순서를 담당하는 기관이므로 예산은 예배 비에 포함되어야 한다. 찬양대 예산은 악보 구입 비, 연습 비, 수련회비, 심방 비, 시상비 등에 사용되는데, 매주일 악보 구입비는 매주일 필요한 악보를 구입하고 지휘자나 반주자를 위한 참고서적, 선곡을 위한 악보구입 등을 가장 많이 배당해야 한다. 찬양대의 악보구입을 위해서는 교회음악 강습회나 세미나 등에 참석케 하거나 출판사에 주문하는 방법을 택하여 자료를 수집하도록 한다.

교회음악의 발전을 위한 찬양대의 원활한 운영은 매우 중요한 일이며 이를 위하여 찬양대를 위한 기준이나 규범이 되는 제도가 절실히 요구된다.

6. 찬송 및 찬양과 교회력

교회력은 축일과 주일에 일정한 의미를 부여하여, 신자들의 생활을 주님의 일생에 맞추어, 그에 관한 기억을 돕게 하기 위한 것이다. 그러나 교회력에는 유대교 전통으로부터 흘러나온 '**유월절**' 같은 절기도 포함되어 있다. 또한 마리

---

167) *Ibid.*, p. 470.

아와 성인들에 관련된 로마 가톨릭 적인 교회력도 있으나 이는 개신교와는 무관하다. 우리나라의 개신교에서 지켜지는 교회력은 '**성탄절**'·'**수난절**'·'**부활절**'·'**오순절**' 등 극히 제한되어 있다. 요사이는 장로교나 감리교의 전통이 교회력을 옹호하는 일이 많아졌다. 전통적으로 교회력에는 거기에 맞는 성경구절과 찬양을 갖고 있다. 교회력에 따른 절기 찬양은 가톨릭 적 전통 안에서 특별 미사 Progrium라고 부른다. 개신교에서는 루터교가 각 주일에 맞는 칸타타를 많이 산출했다. 그 예로 바흐의 칸타타들은 대부분 일정한 틀에 맞춘 것이다. 다음은 **장로교 신학자**들이 연구 발표한 3년간의 성서 일과로서 교회음악을 담당한 이들은 이를 참고로 하여 찬송이나 찬양 곡을 선택하면 좋을 것이다. 교회력과 관련 성구 그리고 상징 색깔들은 다음과 같다.168)

1] 대림절 대강절   <도표 16> 대림절 관련성구

교회가 그리스도의 오심을 기쁘게 기억하면서 다시 오실 그리스도를 기다리는 절기를 '**대림절**' 또는 '**대강절**'이라 한다. 이 기간은 '**성탄절**'을 기점으로 네 주간을 말하는데 보통 11월 30일경부터 시작한다.

주일 및 행사일	년	구약의 말씀	신약의 말씀	서신서	절기 찬송 (개개찬 새새찬 통통찬)
대림절 첫째 주일	A B C	사 2:1-5 사 63:16-64:4 렘 33:14-16	마 24:36-44 막 13:32-37 눅 21:25-36	롬 13:11-14 고전 1:3-9 살전 5:1-6	개 75, 150, 149 새 111, 131 21찬 102, 104
대림절 둘째 주일	A B C	사 11:1-10 사 40:1-5, 9-11 사 9:2, 6-7	마 3:1-12 막 1:1-8 눅 3:1-6	롬 15:4-9 벧후 3:8-14 빌 1:3-11	개 2, 87, 210 새 7, 118 21찬 10, 26
대림절 셋째 주일	A B C	사 35:1-6, 10 사 61:1-4, 8-11 습 3:14-18	마 11:2-11 요 1:6-8, 19-28 눅 3:10-18	약 5:7-10 살전 5:16-24 빌 4:4-9	개 76, 77, 434 새 117 21찬 105
대림절 넷째 주일	A B C	사 7:10-15 삼하 7:8-16 미 5:1-4	마 1:18-25 눅 1:26-38 눅 1:39-47	롬 1:1-7 롬 16:25-27 히 10:5-10	개 78, 79, 81 새 132, 140 21찬 121, 116
성탄 전야	A B C	사 62:1-4 사 52:7-10 슥 2:10-13	눅 2:1-14 요 1:1-14 눅 2:15-20	골 1:15-20 히 1:1-9 빌 4:4-7	개 103, 83, 95, 121, 122 새 114, 116, 117, 118 21찬 84, 105

---

168) 정장복, 『예배학 개론』(서울 : 종로서적, 1989), p. 260-268. 강신우, 『찬송가의 올바른 이해』 (서울: 기독교음악사, 1983), pp.16-27

2] 성탄절　　　　　　　　　<도표 17>　성탄절 관련성구

그리스도의 나심을 경축하며, 그분의 탄생을 축하드리는 절기이며, 성탄절 이후 1주 혹은 2주간을 말하는데 12월 25일부터 1월 5일까지 12일 간이다.

주일 및 행사일	년	구약의 말씀	신약의 말씀	서신서	절기찬송
성 탄 일	A B C	사 9:2, 6-7 사 62:6-12 사 52:6-10	눅 2:1-14 마 1:18-25 요 1:1-14	딛 2:11-15 골 1:15-20 엡 1:3-10	개 85, 89, 94 새 123, 134 21찬 115, 122
성 탄 후 첫째 주일	A B C	전 3:1-9, 14-17 렘 31:10-13 사 45:18-22	마 2:13-15, 19-23 눅 2:25-35 눅 2:41-52	골 3:12-17 히 2:10-18 롬 11:33-12:2	개 86, 91 새 133, 140 21찬 108, 125
성 탄 후 둘째 주일	A B C	잠 8:22-31 사 60:1-5 욥 28:20-28	요 1:1-5, 9-14 눅 2:21-24 눅 2:36-40	엡 1:15-23 계 21:22-22:2 고전 1:18-25	개 188, 554 새 223 21찬 137

3] 현현 절 顯現 節　　　　　<도표 18>　현현절 관련성구

인간에게 하나님이 계시하심을 강조하는 절기로서 현현일(1월 6일)로부터 시작하여 참회의 수요일까지 계속된다. 보통 이 절기는 4-8주간 계속된다.

주일 및 행사일	년	구약의 말씀	신약의 말씀	서신 서	절기찬송
현 현 일		사 60:1-6	마 2:1-12	엡 3:1-6	개 98, 새 127, 128
현 현 절 첫째 주일	A B C	사 42:1-7 사 61:1-4 창 1:1-5	마 3:13-17 막 1:4-11 눅 3:15-17, 21:22	행 10:34-43 행 11:4-18 엡 2:11-18	개 7, 108, 6 새 22, 37 21찬 29, 21
현 현 절 둘째 주일	A B C	사 49:3-6 삼상 3:1-10 사 62:2-5	요 1:29-34 요 1:35-42 요 2:1-12	고전 1:1-9 고전 6:12-20 고전 12:4-11	개 228, 236, 22 새 267, 96 21찬 340, 593,
현 현 절 셋째 주일	A B C	사 9:1-4 욘 3:1-5, 10 느 8:1-3, 5-6, 8-10	마 4:12-23 막 1:14-22 눅 4:14-21	고전 1:10-17 고전 7:29-31 고전 12:12-30	개 208, 228, 209 새 269, 267 21찬 565, 340
현 현 절 넷째 주일	A B C	습 2:3; 3:11-13 신 18:15-22 렘 1:4-10	마 5:1-12 막 1:21-28 눅 4:22-30	고전 1:26-31 고전 7:32-35 고전 13:1-13	개 434, 361, 206 새 199 21찬 138
현 현 절 다섯째 주일	A B C	사 58:7-10 욥 7:1-7 사 6:1-8	마 5:13-16 막 1:29-39 눅 5:1-11	고전 2:1-5 고전 9:16-19, 22-23 고전 15:1-11	개 197, 44, 219 새 49, 547 21찬 552, 511
현 현 절 여섯째 주일	A B C	신 30:15-20 레 13:1-2, 44-46 렘 17:5-8	마 5:27-37 막 1:40-45 눅 6:17-26	고전 2:6-10 고전 10:31-11:1 고전 15:12-20	개 422, 287, 197 새 318, 453 21찬 282, 294
현 현 절 일곱째 주일	A B C	레 19:1-2, 17-18 사 43:18-25 삼상 26:6-12	마 5:38-48 막 2:1-12 눅 6:27-36	고전 3:16-23 고후 1:18-22 고전 15:42-50	개 210, 258, 408 새 522 21찬 237
현 현 절 여덟째 주일	A B C	사 49:14-18 호 2:14-20 욥 23:1-7	마 6:24-34 막 2:18-22 눅 6:39-45	고전 4:1-5 고후 3:17-4:2 고전 15:54-58	개 198, 469, 468 새 87, 532 21찬 15, 208

4] 사순절   <도표 19> 사순절 관련성구

이 절기는 그리스도의 십자가의 대속으로 인간의 죄가 속죄되었음을 기억하면서 슬픔과 기쁨을 같이 나누고 교회가 확장되는 절기이다. 이 기간은 40일, 즉 6주 동안 계속되는데, '재의 수요일'을 기점으로 하여 '고난 주간'은 이 절기의 절정을 이룬다. 아래 예배 시 사용할 사순절 '절기찬송'을 첨부하였다.

주일 및 행사일	년	구약의 말씀	신약의 말씀	서신 서	절기찬송
재의 수요일	A B C	욜 2:12-18 사 58:3-12 슥 7:4-10	마 6:1-6, 16-18 막 2:15-20 눅 5:29-35	고후 5:20-6:2 약 1:12-18 고전 9:19-27	개 350, 341 새 10 21찬 34
사 순 절 첫째 주일	A B C	창 2:7-9, 3:1-7 창 9:8-15 신 26:5-11	마 4:1-11 약 1:12-15 눅 4:1-13	롬 5:12-19 벧전 3:18-22 롬 10:8-13	개 26, 388, 229 새 300 21찬 341
사 순 절 둘째 주일	A B C	창 12:1-7 창 22:1-2, 9-13 창 15:5-12, 17-18	마 17:1-93 막 9:1-9 눅 9:28-36	딤후 1:8-14 롬 8:31-39 빌 3:17-4:1	개 334, 459, 413 새 296 21찬 535
사 순 절 셋째 주일	A B C	출 24:12-18 출 20:1-3, 7-8,12-17 출 3:1-8, 13-15	요 4:5-15 요 4:19-26 눅 13:1-9	롬 5:1-5 고전 1:22-25 고전 10:1-12	개 416, 123, 253 새 457, 161 21찬 216, 149
사 순 절 넷째 주일	A B C	삼하 5:1-5 대하 36:14-21 수 5:9-12	요 9:1-11 요 3:14-21 눅 15:11-32	엡 5:8-14 엡 2:1-10 고후 5:16-21	개 342, 117, 68 새 122, 93 21찬 126, 294
사 순 절 다섯째 주일	A B C	겔 37:1-14 렘 31:31-34 사 43:16-21	요11:1-4,17,34-44 요 12:20-33 눅 22:14-30	롬 8:6-11 히 5:7-10 빌 3:8-14	개 112, 116, 111 새 151, 152 21찬 140, 141
종려 주일	A B C	사 50:4-7 슥 9:9-12 사 59:14-20	막 21:1-11 막 11:1-11 눅 19:28-40	빌 2:5-11 히 12:1-6 딤전 1:12-17	새 150, 151, 152 통 130, 131, 132 21찬 120, 104, 121

5] 고난 주간   <도표 20> 고난주간 관련성구

이 주간은 예수 그리스도의 수난과 죽음을 감사함으로 기억하는 주간이며, 부활 주일 전 주간 월요일에서 토요일 밤 12시까지를 말한다.

고난 주간의 날들	년	구약의 말씀	신약의 말씀	서신 서	절기찬송
월요일 화요일 수요일	A B C	사 50:4-10 사 42:1-9 사 52:13-53:12	눅 19:41-48 요 12:37-50 눅 22:1-16	히 9:11-15 딤전 6:11-16 롬 5:6-11	새 154, 161, 159 21찬 150, 149, 21찬 144
세족 목요일	A	출 12:1-8, 11-14	요 13:1-15	고전 11:23-32	개 26, 388, 22

제6장 어린이 찬송 지도와 행정   211

	B C	신 16:1-8 민 9:1-3, 11-12	마 26:17-30 막 14:12-26	계 1:4-8 고전 5:6-8	새 299, 300 21찬 320, 341
성 금요일	A B C	사 52:13-53:12 애 1:7-12 호 6:1-6	요 19:17-30 눅 23:33-46 마 27:31-50	히 4:14-16, 5:7-9 히 10:4-18 계 5:6-14	개 125, 127, 124 새 164, 643 21찬 145, 147

6] 부활절   <도표 21> 부활절 관련성구

이 절기는 그리스도의 부활을 축하하는 부활 주일부터 50일간, 즉 7주까지로써 승천일, 그리고 부활 후 40일 동안 예수 그리스도는 어느 때나 어디까지나 주가 되심을 확인하는 계절이다.

주일 및 행사일	년	(신)구약의 말씀	신약의 말씀	서신 서	절기찬송
부활 주일	A B C	행 10:34-43 사 25:6-9 출 15:1-11	요 20:1-9 막 16:1-8 눅 24:13-35	골 3:1-11 벧전 1:3-9 고전 15:20-26	개 129, 139, 134 새 174, 172 21찬 164, 167
부활 후 둘째 주일	A B C	행 2:42-47 행 4:32-35 행 5:12-16	요 20:19-31 마 28:11-20 요 21:1-14	벧전 1:3-9 요일 5:1-6 계 1:9-13; 17-19	개 135, 174, 141 새 177, 169 21찬 168,149
부활 후 셋째 주일	A B C	행 2:22-28 행 3:13-15, 17-19 행 5:27-32	눅 24:13-35 눅 24:36-49 요 21:15-19	벧전 1:17-21 요일 2:1-6 계 5:11-14	개 143, 232, 10 새 274, 14 21찬 536, 65
부활 후 넷째 주일	A B C	행 2:36-41 행 4:8-12 행 13:44-52	요 10:1-10 요 10:11-18 요 10:22-30	벧전 2:19-25 요일 3:1-3 계 7:9-17	개 69, 550, 285 새 25, 454 21찬 132, 569
부활 후 다섯째 주일	A B C	행 6:1-7 행 9:26-31 행 14:19-52	요 14:1-12 요 15:1-8 요 13:31-35	벧전 2:4-10 요일 3:18-24 계 21:1-5	개 541, 455, 200 새 448, 618 21찬 446, 210
부활 후 여섯째 주일	A B C	행 8:4-8; 14-17 행 10:34-48 행 15:1-2; 22-29	요 14:15-21 요 15:9-17 요 14:23-29	벧전 3:13-18 요일 4:1-7 계 21:10-14; 22-33	개 60, 165, 553 새 6, 426 21찬 28, 85
승천일		행 1:1-11	눅 24:44-53	엡 1:16-23	개 129, 139, 134 새 184, 187 21찬 161, 174
부활 후 일곱째 주일	A B C	행 1:12-14 행 1:15-17; 21-26 행 7:55-60	요 17:1-11 요 17:1-19 요 17:20-26	벧전 4:12-19 요일 4:11-16 계 22:12-14; 16-17, 20	개 5, 375, 361 새 26, 357 21찬 171, 212

7] 오순절　　　　<도표 22>　오순절 관련성구

이 절기는 교회에 성령이 선물로 주어짐을 기억하는 절기로서 어떻게 하나님의 성령의 인도 아래에서 살아가고 있는가를 반영하는 절기이다. 이 절기는 부활 후 일곱째 주일부터 시작하여 대림(대강)절이 시작되는 때까지이다.

주일들	년	구약의 말씀	복음서	서신서	절기찬송
성령 강림 주일	A B C	고전(신약) 12:4-13 욜 2:28-32 사 65:17-25	요 14:15-26 요 16:5-15 요 14:25-31	행 2:1-13 행 2:1-13 행 2:1-13	개 178, 181, 180 새 209, 205 21찬 187, 186
오순절 후 첫째 주일 (삼위일체주일)	A B C	겔 37:1-4 사 6:1-8 잠 8:22-31	마 28:16-20 요 3:1-8 요 20:19-23	고후 13:5-13 롬 8:12-17 벧전 1:1-9	개 21, 26, 1 새 4, 77 21찬 8, 10
오순절 후 둘째 주일	A B C	신 11:18-21 신 5:12-15 왕상 8:41-43	마 7:21-29 막 2:23-3:6 눅 7:1-10	롬 3:21-28 고후 4:6-11 갈 1:1-10	개 301, 57 새 68 21찬 46
오순절 후 셋째 주일	A B C	호 6:1-6 창 3:9-15 왕상 17:17-24	마 9:9-13 막 3:20-35 눅 7:11-17	롬 4:13-25 고후 4:13-5:1 갈 1:11-19	개 408, 469, 129 새 183 21찬 166
오순절 후 넷째 주일	A B C	출 19:2-6 겔 17:22-24 삼하 12:1-7a	마 9:36-10:8 막 4:26-34 눅 7:36-50	롬 5:6-11 고후 5:6-10 갈 2:15-21	개 374, 209, 470 새 411, 28 21찬 315, 6
오순절 후 다섯째 주일	A B C	렘 20:10-13 욥 38:1-11 슥 12:7-10	마 10:26-33 막 4:35-41 눅 9:18-24	롬 5:12-15 고후 5:16-21 갈 3:23-29	개 155, 291, 367 새 27 21찬 15
오순절 후 여섯째 주일	A B C	왕하 4:8-16 창 4:3-10 왕상 19:15-21	마 10:37-42 막 5:21-43 눅 9:51-62	롬 6:1-11 고후 8:7-15 갈 5:1, 13-18	개 367, 11, 289 새 303 21찬 459
오순절 후 일곱째 주일	A B C	슥 9:9-13 겔 2:1-5 사 66:10-14	마 11:25-30 막 6:1-6 눅 10:1-9	롬 8:6-11 고후 12:7-10 갈 6:11-18	개 240, 303, 203 새 545 21찬 550
오순절 후 여덟째 주일	A B C	사 55:10-13 암 7:12-17 신 30:9-14	마 13:1-17 막 6:7-13 눅 10:25-37	롬 8:12-17 엡 1:3-10 골 1:15-20	개 214, 182, 325 새 43 21찬 22
오순절 후 아홉째 주일	A B C	삼하 7:18-22 렘 23:1-6 창 18:1-11	마 13:24-35 막 6:30-34 눅 10:38-42	롬 8:18-25 엡 2:11-18 골 1:24-28	개 186, 69, 230 새 83 21찬 66
오순절 후 열째 주일	A B C	왕상 3:5-12 왕하 4:42-44 창 18:20-33	마 13:44-52 요 6:1-15 눅 11:1-13	롬 8:26-30 엡 4:1-6, 11-16 골 2:8-15	개 214, 182, 325 새 212 21찬 186

오 순 절 후 열한째 주일	A B C	사 55:1-3 출 16:2-4, 12-15 전 2:18-23	마 14:13-21 요 6:24-35 눅 12:13-21	롬 8:31-39 엡 4:17-24 골 3:1-11	개 519, 309 새 213 21찬 196
오 순 절 후 열두째 주일	A B C	왕상 19:9-16 왕상 19:4-8 왕하 17:33-40	마 14:22-33 요 6:41-51 눅 12:35-40	롬 9:1-5 엡 4:30-5:2 히 11:1-3, 8-12	개 9, 304, 77 새 78 21찬 207
오 순 절 후 열 셋째 주일	A B C	사 56:1-7 잠 9:1-6 렘 38:1b-13	마 15:21-28 요 6:51-59 눅 12:49-53	롬11:13-16, 29-32 엡 5:15-20 히 12:1-6	개 476, 520, 363 새 489 21찬 397
오 순 절 후 열 넷째 주일	A B C	사 22:19-23 수 24:14-18 사 66:18-23	마 16:13-20 요 6:60-69 눅 13:22-30	롬 11:33-36 엡 5:21-33 히 12:7-13	개 201, 328, 476 새 534, 366 21찬 208, 376
오 순 절 후 열 다섯째 주일	A B C	렘 20:7-9 신 4:1-8 잠 22:1-9	마 16:21-28 막 7:1-8,14-15, 21-23 눅 14:1, 7-14	롬 12:1-7 약 1:19-25 히 12:18-24	개 388, 334, 364 새 300 21찬 341
오 순 절 후 열 여섯째 주일	A B C	겔 33:7-9 사 35:4-7 잠 9:8-12	마 18:15-20 막 7:31-37 눅 14:25-33	롬 13:8-10 약 2:1-5 몬 8-17	개 480, 173, 421 새 476 21찬 221
오 순 절 후 열 일곱째 주일	A B C	창 4:13-16 사 50:4-9 출 32:7-14	마 18:21-35 막 8:27-35 눅 15:1-32	롬 14:5-9 약 2:14-18 딤전 1:12-17	개 258, 367, 28 새 23 21찬 16
오 순 절 후 열 여덟째 주일	A B C	사 55:6-11 렘 11:18-20 암 8:4-8	마 20:1-16 막 9:30-37 눅 16:1-13	빌 1:21-27 약 3:13-4:3 딤전 2:1-8	개 397, 395, 294 새 602 21찬 549
오순절 후 열 아홉째 주일	A B C	겔 18:25-29 민 11:24-30 암 6:1, 4-7	마 21:28-32 막 9:38-48 눅 16:19-31	빌 2:1-11 약 5:1-6 딤전 6:11-16	개 376, 475, 192 새 465 21찬 329
오 순 절 후 스무째 주일	A B C	사 5:1-7 창 2:18-24 합 1:1-3; 2:1-4	마 21:33-43 막 10:2-16 눅 17:5-10	빌 4:4-9 히 2:9-13 딤후 1:3-12	개 72, 286 새 319 21찬 385
오순절 후 스물한째 주일	A B C	사 25:6-9 잠 3:13-18 왕하 5:9-17	마 22:1-14 막 10:17-27 눅 17:11-19	빌 4:12-20 히 4:12-16 딤후 2:8-13	개 198, 405, 538 새 532 21찬 208

		구약의 말씀	복음서	서신서	절기찬송
오 순 절 후 스물두째 주일	A B C	사 45:1-62 전 53:10-12 출 17:8-13	마 22:15-22 막 10:35-45 눅 18:1-8	살전 1:1-5 막 5:1-10 딤후 3:14-4:2	개 17, 398, 518 새 83 21찬 66
오 순 절 후 스물 셋째 주일	A B C	출 22:21-27 렘 31:7-9 신 10:16-22	마 23:34-40 막 10:46-52 눅 18:9-14	살전 1:2-10 히 5:1-6 딤후 4:6-8, 16-18	개 276, 289, 248 새 467, 481 21찬 450, 529
오 순 절 후 스물 넷째 주일	A B C	말 2:1-10 신 6:1-9 출 34:5-9	마 23:1-12 막 12:28-34 눅 19:1-10	살전 2:7-13 히 7:23-28 살후 1:11-2:2	개 77, 466, 165 새 426 21찬 85
오 순 절 후 스물 다섯째주일	A B C	호 11:1-4, 8-9 왕상 17:8-16 대상 29:10-13	마 25:1-13 막 12:38-44 눅 20:27-38	살전 4:13-18 히 9:24-28 살후 2:16-3:5	개 361, 372, 193 새 481 21찬 407
오 순 절 후 스물 여섯째주일	A B C	잠 31:10-13, 19-20, 30-31 단 12:1-4 말 3:16-4:2	마 25:14-30 막 12:24-32 눅 21:5-19	살전 5:1-6 히 10:11-18 살후 3:6-13	개 375, 355, 359 새 357, 388 21찬 212, 346
오 순 절 후 스물 일곱째주일	A B C	겔 34:11-17 단 7:13-14 삼하 5:1-4	마 25:31-46 요 18:33-37 눅 23:35-43	고전 15:20-28 계 1:4-8 고전 15:20-28	개 71 새 104 21찬 71

8] 특별한 행사의 날들 <도표 23> 특별한 행사의 날들 관련성구

개신교가 가지고 있는 특별한 기념일들을 위하여 여기에 맞는 말씀을 생각해 본다. 이 말씀 속에서 크리스천으로서, 그리고 또 국민의 한 사람으로서 의무와 책임을 다짐할 수 있다.

특별행사의 날	년	구약의 말씀	복음서	서신서	절기찬송
새 해 전 야 또는 새 해	A B C	신 8:1-10 전 3:1-13 사 49:1-10	마 25:31-46 마 9:14-17 눅 14:16-20	계 21:1-7 골 2:1-7 엡 3:1-10	개 203, 555, 305 새 577, 578, 341 21찬 554, 130
기독 연합의 날	A B C	사 11:1-9 사 35:3-10 사 55:1-5	요 15:1-8 마 28:16-20 요 17:1-11	엡 4:1-16 고전 3:1-11 계 5:11-14	개 452, 359, 381 새 469, 388 21찬 407, 585

세계 성 만찬의 날	A B C	사 49:18-23 사 25:6-9 대상 16:23-34	요 10:11-18 눅 24:13-35 마 8:5-13	계 3:17-22 계 7:9-17 행 2:42-47	개 191 새 563 21찬 227(통 227) 21찬 232(통 282)
종교개혁의 날	A B C	합 2:1-4 창 12:1-4 출 33:12-17	요 8:31-36 마 21:17-22 눅 18:9-14	롬 3:21-28 고후 5:16-21 히 11:1-10	개 344, 391 새 383, 385 21찬 585, 360
감 사 절	A B C	사 61:10-11 신 26:1-11 신 8:6-17	눅 12:22-31 눅 17:11-19 요 6:24-35	딤전 2:1-8 갈 6:6-10 고후 9:6-15	개 302, 535, 537 새 571, 572, 574 21찬 588, 591, 590
시민의 날 혹은 국가 특별행사 날	A B C	신 28:1-9 사 26:1-8 단 9:3-10	눅 1:68-79 막 12:13-17 눅 20:21-26	롬 13:1-8 살전 5:12-23 벧전 2:11-17	개 452, 359, 381 새 469, 388 21찬 407, 346

○ 찬송과 찬양 그리고 교회력의 관계를 설명해보자.

7. 절기 찬송 및 선곡의 실제

1] 절기에 따른 찬송가 선곡의 예[169]

예배의 전반부는 '찬양'과 '기도'가 중심이 되는 부분이다. 이 부분에서 **개회찬송**과 **경배찬송**, **절기 찬송** seasonal hymn, 송영 등이 회중과 찬양대에 의해 찬양되어진다. 예배에서 개회찬송은 찬양과 경배에 해당하는 찬송으로, 회중이 찬양을 드리고 **성시 교독**을 한 다음 송영으로 응답하고 두 번째 '**회중 찬송**'은 '**절기 찬송**'을 회중이 찬송하는 것이 일반적이고, 주로 교회력(敎會曆)에 맞추어 선곡되며, 그 주일 찬양대 찬양과도 내용적으로 같다. 한편 성탄절이나 같은 주요한 절기에는 개회찬송, 폐회 찬송 등에도 절기 찬송이 사용되기도 한다.

---
[169] 강신우, 『찬송과 예배의 이론과 실제』(서울: 호산나음악사, 1993), P. 149-153.

예배 의식이 발달된 교회high church는 철저히 교회력을 지키나, 한국 교회는 전통적인 예배의 형태를 거부하는 미국 교회의 영향을 주로 받아 한국의 개신 교회는 찬송에 대한 이해가 부족하다. '예배찬송' 선곡에 뚜렷한 기준이 없는 것이 현실이다. 한편 찬송가에도 절기 찬송의 수가 부족하여 절기에 알맞은 찬송을 선곡하는데도 어려움이 있다. 여기에 절기와 관계된 찬송으로 예배에서 찬양 드리기에 합당한 표준 찬송을 중심으로 엄격히 지켜져야 할 교회의 전반 축제 기간(주님의 생애가 중심이 된 기간)의 절기에 맞추어 21세기『찬송가』와 『통일찬송가』에서 찬송을 선곡한 보기 예는 <도표 8>(p.140)과 같다.

2] 교회력에 의한 예전 색깔 · 절기의 메시지170)

교회 내에서 교회력을 사용하지 않는다고 하더라도 대부분 중요 절기는 지켜지게 됨으로 교회력에서 예전 색깔과 각 절기의 메시지는 찬양 곡을 선곡하는 데 참고가 될 것이다. 또한 예배 시에 입는 가운 후드의 색깔과 또한 찬양대원이나 지휘자의 가운 후드색깔에도 영향을 줄 것이다.

---

170) 朴恩圭,『禮拜의 再發見』(서울: 大韓 基督敎出版社, 1991), P. 292.

< 도표 24 > 교회력 예전 색깔 · 절기 메시지

구분	절기	예전색깔	월 별	메 시 지	영적 행사 활동
교 회 력	강림절	보라색	-11월- -12월-	메시아가 세상에 오신다. 모두 다 준비하고 기다려라.	불우 이웃돕기
	성탄절	흰색	-1월-	주께서 탄생하셨고, 우리와 함께 하신다. 다 기뻐하라.(신년예배)	성탄축하의 기간
	주현절기	녹색	-2월-	메시아는 모든 사람을 위해 오셨다. 다 일어나 빛을 발하라.	대외 선교회 기간
	사순절기	보라색		주님은 당신을 위하여 고난을 당하시고 죽으셨다. 모두 다 진정으로 참회하고 그 은혜에 대하여 감사하라.	참회 및 전도의 기간
	부활절기	흰색	-3월- -4월-	주님은 죽음의 권세를 이기시고 부활하셨다. 다 일어나 주님의 승리를 경축하고 부활의 사역에 동참하라.	교육적 전도의 기간 기독교 가정의 기간
	성령강림절기	적색 혹은 녹색	-5월- -6월- -7월-	하나님은 주님의 부활을 믿고, 따르는 신앙인들에게 성령을 보내신다. 주안에서 하나가 된 신도들은 각기 받은 성령의 은사에 따라 열매를 맺으며, 하나님의 구원과 사랑을 만방에 전하고 실현하라.	성서연구의 기간 (평신도 훈련) 청소년 훈련의 기간 사회적 관심의 기간 기독교시민의 기간 기독교 교육의 기간 청지기 직분의 기간
	강림절기	보라색	-8월- -9월- -10월- -11월-	메시야가 세상에 오신다. 모두 다 준비하고 기다려라.	불우 이웃 돕기 (노인 복지 회 등)

3] 예전 색깔과 절기의 메시지

예전의 색깔 liturgical color 의 의미를 되새겨 볼 필요가 있다. [**흰색**] white 은 순결,

기쁨, 빛, 그리스도의 기쁨, 승리, 진리, 완전, 성결, 영광 등을 표현하고, [**보라색**]violet은 슬픔, 참회, 고난, 겸손, 준비, 금식, 그리고 [**붉은 색**]red은 성령, 피, 불, 열심, 사역, 순교자의 피를, [**진홍색**]scarlet은 고난을, [**녹색**]green은 생명, 성장을, [**검정 색**]은 애도, 슬픔(성금요일에 사용)을, [**청색**]은 희망을, [**금색**]은 왕위, 하나님의 영광, 가치, 덕을 의미한다.

< 그림 26 > **교회력의 절기도** 171)

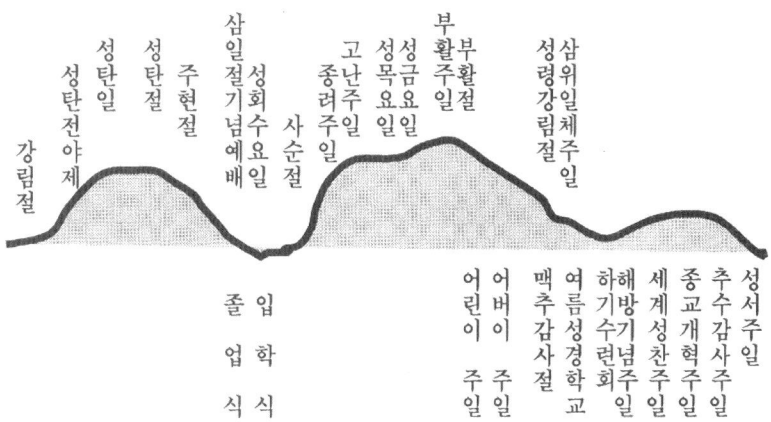

참고로 알아야 할 것은 '교회력'은 강림절기로부터 시작된다. 강림 절기는 해마다 11월 30일'성 안드레의 날' 또는 그 날과 가장 가까운 주일로부터 시작되며, 성탄일 전까지 4주일을 포함하는 절기이다. 이 강림 절기는 성탄절 전날 밤에 끝난다. '**강림**'advent 이라는 말은 본래 라틴어 아드 베니레'ad-venire'로부터 온 것으로 "…으로 온다."는 뜻을 의미한다. 그러므로 '**강림절** 메시지'는 "**메시야가 오신다. 모두 준비하라.**"이다.

강림 절기는 대망의 예수 그리스도의 오심, 하나님이 계획하신 구원사의 정점을 이루는 사건이다. 이 사건은 말씀이 육신으로 나타나는 '성육신' the Incarnation의 사건이다. 이 사건은 오신 주님의 과거의 사건으로가 아니라 다시 오

---

171) *Ibid.*, p. 262.

실 주님을 맞이할 준비를 갖추는 기간이기도 하며, 죄에 속한 옛사람을 버리고 새로운 사람이 되기 위하여 구원을 주시는 주님을 사모하고 그분의 오심을 고대하는 기간이다.172)

이러한 교회의 절기는 교단 적으로 받아들이는 교회도 있고, 사순절 같은 절기를 받아들이지 않는 교단173)도 있으나, 전통적인 교회들이 지키는 절기들을 참고로 하여 찬양 곡을 선곡하는 것은 복음 적인 교회에서도 별 물의가 없을 줄 안다. 왜냐하면 교단마다 아직도 예배학적인 정립이 필요한 부분이 있기는 하지만 이러한 절기가 기본적으로 예수 그리스도의 생애를 중심으로 성탄절과 부활절을 정점으로 하여 모든 절기들이 이루어 졌기 때문이다.

찬양은 '찬송가'를 중심으로 선택하되 예수 그리스도의 생애를 중심으로 부활절과 성탄절을 정점으로 하여 교회의 **담임 목회자**의 **목회계획**에 **따라 선곡**을 해야 한다. 그러나 찬송가를 참조하고, 절기를 감안하여 **교회력**敎會曆에 **따라 선곡**하여 정리해 간다면 그렇게 어렵지 않을 것이다. 특히 '시편 찬양 곡'을 찬양 곡으로 선곡한다면 더욱 좋을 것이다.

우리가 '어린이찬송가학'을 공부하면서 우리는 항상 **'초기기독교 교회음악역사'**의 흐름을 정확히 아는 것이 중요하다. 왜냐하면 자칫 본질을 떠나 연주나 방법론에 치우치다보면 방향을 잃을 염려가 되기 때문이다. 그래서 초기 기독교 역사에서부터 세밀하게 공부하면서 '한국의 어린이찬송가 역사'에 이르기까지 살펴보는 것이 전문적인 학문을 연구하는 이들에게 필요하기 때문이다.

다음 장에서는 『**교회음악사**』History of Church Music '초기기독교 교회음악역사'를 다루면서 '어린이 찬송가학'의 기초를 다지게 될 것이다.174)

---

172) Ibid., p. 263.
173) 교회력 중에서 **사순절**은 대한예수교장로회 제84회 총회가 1999년 지키지 않기로 결의한 바 있다 (총회신학전문위원회 위원장 김종석, 서기 이근구). http://cafe.daum.net/gsseongdo/J7S/1034
174) David P. Appleby, *History of Church Music*, 박태준 박사역, 『敎會音樂史』(서울: 미파사, 1974). 이 책은 교회음악을 학문적으로, 예술적으로 공부할 수 있는 '교회음악과'를 1955년에 연세대학교에 세워 오늘에 이르게 한 박태준 박사께서 번역한 책인바 한자와 고어가 많아 젊은이들이 접근하기 어렵다. 필자가 이 책의 원고를 발췌하여 수정보완하고 주註를 붙여 쉽게 접근하도록 재구성하여 여기에 소개한다. 교회음악학이나 찬송가학을 연구하는 자들에게 유용하리라 생각된다.

제7장 초기 기독교 교회음악 역사

제1절 고대 기독교 역사

　신약시대의 로마 제국은 헬레니즘문화가 정신적인 지주로 자리 잡고 있을 때 그리스는 로마의 속국이었음에도 예술, 문화, 철학, 문학 등은 로마를 능가하고 지배했던 것이다. 그리하여 로마에서는 그리스의 모든 문화가 가장 우수한 것으로 인정되었다. 그리고 신약성경이 기록될 때 라틴어로 기록된 것이 아니고 그리스어 즉 '코이네 헬라어'로 기록되었던 것이다. 하나님의 아들 예수께서는 당시 공용어인 코이네 헬라어'인도어계 산스크리트어'로 말을 했다고 본다. 신약에 가끔 나오는 아람어는 지역에서 쓰던 방언이었다. 신약성경이 '코이네 헬라어'로 기록된 것은 다행한 일이었다. 그러나 예수 당시는 구약성경을 사용했으며 신약성경이 기록되기 이전이었고 구약성경은 히브리어로 기록되어 있었다. 그러나 B. C. 333년 알렉산더 대왕이 페루시아 제국을 정복하고, 이곳에 알렉산더 대왕의 장군들이 톨레미 '프톨레마이우스' 왕국과 셀레우코스 왕국을 세우면서, 고대 중동은 고대 헬레니즘 문화에 약 300년간 지배를 받으면서 헬레니즘화 된다. 페루시아의 행정구역이었던 유대도 헬레니즘 왕국의 지배 하에 들어가 지배를 받던 시기이다. 그 중 대표적인 헬레니즘 문화의 영향으로 헬라어로 번역해 만들어진 것이 **'70인 역경'** *The Septuagint Version* 곧 구약 그리스어 성경이다. 여기에 '코이네 헬라어'로 기록된 신약이 합해지면서 신구약 성경이 완성되어 진 것이다.175)

---

175) *The Septuagint Version* 즉 **그리스어 성경**은 B. C. 331년에 그리스 알렉산더 대왕에 의해 세워진 톨레미 왕국의 수도가 된 알렉산드리아 Alexandria에는 이집트 원주민보다는 이 새로운 도시로 이주해온 그리스인들과 유대인들이 많이 살았다고 한다. 그래서 알렉산드리아에는 당시 가장 큰 규모의 유대인 공동체가 존재하고 있었다. 따라서 그리스인들은 유대인의 종교의 내용을 알고 싶어 했고, 프톨레미 왕은 모세 5경을 번역시켰던 것이다. 이렇게

성경 역사상 구약 히브리어 성경이 헬라어로 번역되어 최초의 번역 성경은 이렇게 탄생된 것이다.176)

<그림 27> 알렉산드리아 세계 최대 도서관
(프톨레미우스 왕국 때에 세워짐)

지금까지 전 세계인구 72억 명이며, 통용되는 언어는 7,105여개인데, 2014년 말까지 성경을 번역한 언어 수가 2,551개요, 신약과 구약이 모두 번역된 언어는 551개 41.8% 에 불과하다. 성경번역자의 양적 확보와 새로운 언어 습득, 문자 개발 등이 필요한 것으로 파악된다. 번역 현황에 따르면 성경전서는 모두 542개 언어로 번역되었다. 신약은 1,324개 언어, 단편 복음은 1,020개 언어로 번역되어 배포되었다.

기독교의 중요한 네 개의 지주支柱는 '**예배, 교육, 선교, 봉사**'일 것이다. 이중에 '**예배**'禮拜는 이 모두에서 중심축이며 지주라 할 수 있을 것이다.

예배의 요소는 '말씀, 찬송, 기도, 헌신'이다. 그러나 이 모든 요소에서 빠짐없이 등장하는 '**찬송**'은 분명히 예배에 있어서 특별하고 소중한 요소임에 틀림없다. 기독교는 '예배의 종교'라 표현해도 과언이 아닐 것이다. 기독교의 경전인 신구약 성경전서에는 예배의 실례들이 곳곳에 나타나 있고, 그 행위에서 찬송과 기도는 동맥과 같은 요소인 것이다. 찬송이 살아야 기도에 불이 붙고 말씀이 꽃을 피우는 것이다.

우리는 여기서 한국에 개신교가 들어 온지 120년이 지났으나 예배에 대한 신학적인 고려가 부족한 채 '**찬송가**'가 시대의 양식을 따라 변천해 온 사실을

헬레니즘 문화 속에서 '히브리어 성경'은 '헬라어 성경'으로 번역되고, 이방인들에게 보편적 사상과 언어와 철학으로 해석되고 설명되어지기 시작하였다.
176) 『**70인 역경**』이 책에 얽힌 탈무드의 전승에 따르면, 프톨레미우스 왕가의 프톨레마이오스 2세 필라델포스는 B. C. 3세기 중엽에 유대인 장로 학자 72인을 아무 인질 없이 데려다가, 그들을 알렉산드리아의 도서관에 있는 각각 72개의 방에 한 명씩 각각 들여보낸 뒤에 그들에게 72일 동안 유대인의 히브리 성경의 모세 5경Pentateuch: 펜타테우크 을 번역할 것을 명령하다. 이렇게 72인 유대 장로들은 모세 5경을 번역하기 시작하여 72일 만에 모두 번역을 끝냈는데, 놀랍게도 72인의 모세 5경 번역이 모두 동일했다는 것이다. 이 같은 전설은 모세 5경의 첫 그리스어 번역이 완벽했음을 선언하는 의도를 담고 있다.

간과할 수 없다. 개신교가 한국 땅에 들어 온지 2세기를 지나고 있는 시점에서 성경신학과 성경언어학, 역사신학, 선교신학 등 나름대로 커다란 발전을 거듭했지만 예배학에서 '**찬송가학**'은 그 과목조차 신학교의 커리큘럼에 올라가지 못하고 있다는 현실은 참으로 아쉬운 점이다. 이는 '찬송가학'이란 학문이 **성경**과 **문학**과 **음악**이란 예술의 총체적인 학문임을 감안할 때 '찬송가학'은 분명 기독교교회의 '종합예술'이며, 기독교강단에서의 가장 은혜로운 '풀 오케스트라' Full Orchestra를 연상케 하는 학문이기 때문일 것이다.

필자는 어린이주일학교 시절, 교회당에서 울려나오는 풍금 소리를 듣고 반해, 발걸음이 이끌려 교회에 갔다. 유년주일학교에서 '어린이 찬송가'를 배우며 꿈이 자라나, 어린이찬송가를 가르치는 교사로 또는 찬양대 오르간 반주자로, 찬양대 지휘자로 봉사했다. 그런 경험이 그간 신학대학교와 신학대학원에서 배운 주경신학註經神學, 선교신학, 실천신학 예배학, 목회학 의 지식을 만나 지금까지 쌓아 다져진 음악교사의 이론과 전문실력이 '**찬송가학**'으로 접목시켜지면서 꽃을 피우고 열매를 맺어 오늘의 '찬송가학자'로서의 길을 가게 된 것이다.
이어서 한국문단에 시인으로 등단하고 새롭게 한국찬송가의 미래를 염려하게 되면서 해야 할 일들이 너무 많다는 것을 느꼈다.177)

오늘날 신학대학이나 신학대학원에서 제대로 '찬송가학'을 강의하고 있는 학교가 얼마나 되는지 의문스럽다.
이 글을 쓰는 이유는 후학들에게 '**어린이찬송가학**'의 미래에 대한 방향 제시와 도전을 주고 싶어서인 것이다.
이제 '**어린이찬송가학**'에서 골격을 이루어야 할 분야에서 적은 분량이지만 '고대 기독교 예배'에 대한 이해를 다음에서 나누고자 한다.

---

177) 필자는 "한국의 서양음악의 뿌리는 찬송가였다."라는 글로 한국문단에 시인으로 등단하였다.2011년 10월 6일 이미 칼빈의 시편가 가사 시작詩作으로 『칼빈의 시편찬송가』(서울: 진리의 깃발사, 2009)가 발행되었고, 계속해서 찬송 시詩들을 작사하여 문단에 올리고 있다.

제2절 고대 기독교 예배

기독교의 창설자는 예수 그리스도이시다. 신약성경에 복음서를 기록하면서 예수 그리스도의 생애를 비교적 역사적이고 문화사적인 측면에서 잘 기록한 누가Luke의 기록을 참고하여 나사렛 예수의 생애를 다음과 같이 각색해 기록해 볼 수 있을 것이다.178)

경건하고 존경받는 한 유대인이 자기 습관대로 안식일에 예배하러 회당에 갔다. 하나님의 법을 안치해 둔 곳에서 옮겨오는 의식에 뒤이어 나사렛의 회당의 지도자는 선지자 이사야의 두루마리를 그 청년에게 손수 내주어 읽게 하였다.

> "주의 성령이 내게 임하셨으니 이는 가난한 자에게 복음을 전하게 하시려고 내게 기름을 부으시고, 나를 보내 사 포로 된 자에게 자유를, 눈 먼 자에게 다시 보게 함을 전파하며, 눌린 자를 자유롭게 하고, 주의 은혜의 해를 전파하게 하려 하심이라 하였더라." 누가복음 4:18-19; 이사야 61:1-2

그 청년이 성경에 대하여 백성들에게 이야기하기 시작하자 모든 사람들이 그의 은혜로운 말씀을 신기하게 여겼다. 그 말씀은 알 수 없는 강렬함이 충만하였던 것이다. 그 청년이 이사야 선지자의 예언은 곧 자기를 가리킨 것이라 이야기하자 백성들은 그를 무엄하다고 격분하여 하나님께서 로마 군대의 잔인함보다 훨씬 더 나쁜 저주로서 이러한 참람함을 벌하시지 않을까 하고 그를 저들의 조용한 마을에서 쫓아내었다.

위의 장면에서 분명한 것은 하나님의 아들인 예수 그리스도 즉 메시아가 '**유대인의 배경과 예배형식**禮拜形式'을 조용히 받아들이시며 유대교의 의식과 습관을 준수하심으로써 자기를 따르는 자들에게 모범을 보이셨다는 것이다. 그의 메시지는 노골적이었다.

---

178) David P. Appleby, *History of Church Music*, 朴泰俊 博士 譯, 『敎會 音樂史』(서울; 美波社, 1974). pp. 7-11.

"[17] 내가 율법이나 선지자를 폐하러 온 줄로 생각하지 말라 폐하러 온 것이 아니요 완전하게 하려 함이라. [18] 진실로 너희에게 이르노니 천지가 없어지기 전에는 율법의 일점일획도 결코 없어지지 아니하고 다 이루리라." 마태복음 5:17-18

그 후 몇 세기 동안 기독교는 기독교인의 예배의식과 형식에 있어서 여러 번 분열과 변형을 나타냈다. 기독교의 창설자는 유대인 예배형식을 순순히 받아들였으며, 단순한 말씀을 써서 예배의 본질적인 영적 특질과 이 예배가 불완전하지만 자녀들의 '예배'를 환영하시는 하나님의 자애 깊으신 성품을 백성들에게 깨닫게 하셨다.

예수의 제자들은 유대교 '**회당**'을 저들이 '예배하는 정상적인 장소'로 받아들임으로써 저들의 선생의 모범을 따랐다.

사도시대에 있어서 기독인의 예배는 유대교로부터 탈피하여 자신의 특수성을 이룩할 만큼 성숙하지는 못하였다. 율법을 파괴하시는 것이 아니라 성취하러 오신 그리스도와, 바리새인 중의 바리새인인 바울이 사도시대의 기독교인들에게 '**성경 읽는 것**'과 '**찬송 부르기**'와 교회에서의 '**회중 적 및 개인적 기도**'를 할 것 등을 전하는 한편 저들이 경배하는 하나님 아버지는 예배자의 아버지일 뿐만 아니라 구주 예수 그리스도의 아버지이심을 깨닫게 했다.

전지전능하신 하나님, 접근하기 어려우신 신성하신 하나님이 사람의 모양을 입고 태어나심으로 인간과 행동을 함께 하신 무한히 겸손하신 하나님이 되셨던 바 그 모양은 유대 회당에서 예배하신 나사렛의 목수의 모양이며 성전에서 희생의 의식을 집행하는 백성의 통치자는 아니었다.

<그림 28> 1066년 시편가 1562년 제네바 시편가

| <1066년 나온 시편가> | <1562년 제네바 시편가> | <1697년 Swenska 시편가> |

제3절 기독교와 유대교회
(Christianity & The Synagogue)179)

1. 가사 歌辭

 오늘날의 기독교가 유대교로부터 입은 은혜는 직접적이며, 현실적이다. 에릭 워너Eric Werner180)에 의하면 교회와 회당에서 행해지는 보통 **예배의식**의 **요소**는 **성경 말씀**, **시편가** 詩篇歌, **회중기도**, **지도자**가 읊는 **기도** 등이다. 초대교회의 예배의식에 사용된 성경 본문에 의거한 재료는 주로 율법서, 예언서, 사도들의 서신 등이다.
 기독교예배에서는 주로 예언적 문헌과 예언서를 성취하신 그리스도에 대하여 크게 강조했음에 반하여 유대교회 예배는 법규를 강조하였으나 처음 두 가지 재료는 양편에서 공히 사용되었다. 처음에 구전에 의하여 후세에 전해진 '복음서'와 '사도서한'은 결국 '율법서'와 '예언서' 및 소중히 하는 **시편** 詩篇에 대신함이 없이 기독교인의 애착을 받는 첫째 자리를 차지하게 되었다.

2. 음악 音樂

 이델손Idelsohn181)의 연구로 고립된 유대인의 사회 속에서 오랜 세월 동안에 확립된 전통적인 **멜로디**와 어떤 '**그레고리 성가**' 간에 매우 긴밀한 유사성 類似性이

---

179) *Ibid.*
180) 에릭 워너Eric Werner의 **멘델스존**의 전기를 보면 멘델스존은 그의 작품 곳곳에 "하나님, 성공을! 도와주세요!"라고 기록하였다고 하였다.
181) 아브라함 츠비 이델손Abraham Zebi(Zbi) Idelson은 Hava Nagilad의 노랫말을 지어 전통적인 가락에 붙여 불러서 유대인의 노래가 전 세계에 알려지는데 큰 역할을 하였다. 1960년 '영광의 탈출'Exodus은 어니스트 골드가 만들고, 가수 팻분이 가사를 넣어 발표하였다.

있음이 밝혀졌는데, 전체적인 음악형태의 관련성은 특수한 멜로디의 우연한 유사성보다는 더욱 현저한 것이다.

윈프리드 더글러스182)Winfred Douglas에 의하면 그 일반적 유사성은 **성가**聖歌를 부르는 것Chanting, 성경봉독에 있어 음성을 조절하는 **단조 음**單調音의 사용, **시편**을 노래할 때 회중의 **후렴**, **알렐루야** 형의 명랑한 환호, **산문리듬**의 사용, 사실상 약간 수의 동일한 **멜로디**, 그리고 세속음악과는 아주 다른 고상하고 엄숙성을 띈 비슷한 **스타일** 등이다.

제4절 신약성경의 음악

4세기 이전에는 예배 시 음악을 사용하는 문제는 중대한 논점이 아니었다는 사실은 그 다음 세기에 있어서 끝없는 억측을 일으켰다. 신약 성경에는 음악의 특수한 양식적 특징에 대하여 아무 언급이 없다 예수께서 제자들끼리 서로 사랑하며 영원히 결속되고 자신과 아버지 하나님이 하나가 된 것 같이 결속되도록 기도하신 뒤에 배반과 치욕, 그리고 십자가의 죽음을 견디기 위하여 제자들과 함께 '**찬송**'讚頌을 부르시며 감람산으로 올라가셨다. 그의 겸손하신 봉사의 본보기로 제자들의 발을 씻기신 후에 마지막식사最後晩餐를 드셨고, 그를 따르는 자들의 사랑과 화합을 위해 드린 '기도의 외적표현'으로서 '**찬송**'을 부르신 것이다.

그는 성전에서 발견하신 '**예배 형식**'에 대하여는 다투시지 않았으나 사람들이 하나님의 예배를 그르치는 형식에 대해서는 가혹한 비판을 가하셨다. 여호와를 어디서 예배해야 할 것인지에 대해 장소문제에 관해서는 사마리아에서 논쟁에 끌려들어 가는 것을 거절하시고 올바른 기본 원칙을 세우셨다. 즉 "**하나님은 영이시니 예배하는 자가 영과 진리로 예배할지니라.**" 요 4:24

창조자에 대한 피조물의 자발적인 응답으로서 하나님 예배에 대한 사람의

---

182) 더글라스 Winfred Douglas, 1867-1944 는 21세기『찬송가』133장 편곡자이다. 133장은 11세기의 **그레고리 찬트** '디비눔 미스테리움'DIVINUM MYSTERIUM; 거룩한 성례전 곡조다.

자유는 그렇듯 예수의 생활의 일부분이어서 그의 제자들이 기도의 제목에 대한 주님의 침묵에 당황하여 마침내 "주여! 요한이 자기 제자들에게 기도를 가르친 것 같이 우리에게도 가르쳐 주옵소서."라고 말하지 않으면 안 되었다. 그리하여 그는 본보기로서 그들을 가르치셨으니, 바로 우리가 암송하고 기도하는 '**주의 기도**'The Lord's Prayer이다.183)

주기도문

"하늘에 계신 우리 아버지여,
이름이 거룩히 여김을 받으시오며,
나라이 임하옵시며,
뜻이 하늘에서 이룬 것 같이
땅에서도 이루어지이다.
오늘날 우리에게 일용할 양식을 주옵시고,
우리가 우리에게 죄 지은 자를 사하여 준 것 같이
우리 죄를 사하여 주옵시고,
우리를 시험에 들게 하지 마옵시고,
다만 악에서 구하옵소서.
대개 나라와 권세와 영광이
아버지께 영원히 있사옵나이다. 아멘."

<악보 23> 주기도문 송

복음서에서는 음악에 관하여 비교적 언급되지 않았으나 사도서신에는 더러 있다. 바울 사도는 "내가 사람의 방언과 천사의 말을 할지라도 사랑이 없으면 **소리 나는 구리**와 **울리는 꽹과리**가 되고"고린도전서 13:1라고 말하고 있다. 에릭 워너Eric Werner는 "성 바울의 음악에 대한 태도"라는 논문을 통해서 볼 때 기독인으로서의 귀의가 명백한 태도의 변화를 가져 왔지만 음악에 대한 엄격한 바리새인적 태도를 완전히 변화시키지 못했다는 것을 지적하고 있다.

---

183) '주기도문'The Lord's Prayer이 신약성경에 두 번 나오는데, 마태복음 6:9-15절과 누가복음 11:2-4에 나온다. 누가복음의 것이 다소 짧다. 예수께서 제자들에게 가르친 기도 내용으로서 처음 3가지는 하나님께 대한 기원, 뒤의 3가지는 인간에 대한 기원이다. 로마 가톨릭교회에서는 프로테스탄트 교회와 역문이 다소 다르지만, 공통으로 쓰이는 기독교의 기본적인 기도문이다. 참조: 공동번역성서 현대문 번역, 한글 주기도문 원본대로 가사붙임 시도이다.<p.455>

바울이 서신 서를 쓰고 있을 당시 모든 유대인 종파 가운데 바리새인은 성전과 회당 예배에 있어 '**음악**의 **사용**'에 관하여 가장 엄격한 견해를 가지고 있었다.

사해 두루마리 책의 발견이 **에세네파** Essene: 유대인 비밀교단의 일파 사람들이 사용하던 매우 흥미 있는 '**찬송가 모음**'을 세상에 드러내 놓았다. 다른 유대 종파들은 종교음악 사용에 관하여 자유로운 견해를 가졌었다. 그런데 바리새인들은 성전이 파괴되기까지는 거기서의 음악을 관대히 취급했으나, 그 후에는 곧 예배의식을 엄격히 통제하고 모든 '**기악음악**'을 **금함**으로써 오랫동안 희망하던 개혁을 성취했다.

에릭 워너에 의하면 '**바리새인의 반음악적**反 音樂的 **태도**'의 이유는 사두개인들의 좀 더 관대한 견해에 대한 반대로, 소아시아의 신비제식 중 **클라리넷** Clarinet, **심벌즈** Cymbal, **징**, 혹은 **북** drum의 사용 및 이교도 제식에 이러한 유형의 악기 사용의 역사적 관련성 등이라고 진단하였다.

'**기악음악**'에 대한 보편적인 바리새인의 태도와 저들의 '**성악 음악**'에 대한 상응하는 엄격한 태도를 고려해 보면 사도 바울의 빌립보 감옥에서의 '**노래**'와 고린도 교회에 '**노래**'하도록 이해로서 권고한 것과, 마음으로부터 '**은혜**로서 **노래**하도록' 골로새 인에게 훈계한 것들은 아마 음악에 관한 발언에 새로운 평가를 반영한다고 보겠다.

에릭 워너에 의하면 이 평가는 '**기악 음악**'에까지 미치지 않았으며 바리새인적인 배경을 여지없이 드러내게 하는 바 고린도전서 13장에 '**소리 나는 구리**'와 '**울리는 꽹과리**'라는 기악을 손상시키는 표현으로 나타난다. 그러나 바울의 바리새인적 배경이 그로 하여금 공중예배에 있어서 남자와 여자의 기도를 비난하는 말을 하기는 했을지라도 악기 사용을 솔직히 비난하지는 않았다.

요한 계시록은 신약의 나머지 전체보다 많은 '**악기**'를 진술하고 있으며 이러한 많은 악기들이 현재 악惡의 세계에 대한 그리스도와 그의 교회의 궁극적이며, 절대적인 승리를 축하하는 기쁨의 축제에 나타나리라고 묘사하고 있다.

이상에서 우리는 신약성경에 나타난 기록을 살펴보면서 당시 기독교의 교회음악에 대한 관점을 살펴보았다.

신약시대의 시대적 배경을 볼 때 로마 제국은 헬레니즘 문화적 유산이 로마 가톨릭의 미사의식으로 이어져 간 것이었다. 여기서 각자의 재능들과 문화적 교류에서 얻어진 결실들 그리고 음악적 요소들을 통해 제반의식에 반영시켰던 것이다. 특별히 로마 가톨릭이란 종교에서 정치적 특성 때문에 그 끼쳐진 영향은 대단히 큰 것이었다. 그러나 기독교의 창설자이신 하나님의 아들 예수 그리스도가 당시 문화나 회당의 제 의식祭儀式에 순응하신 모습에서 자연적으로 하나님의 말씀 속에 구약성경에서처럼 '성전 중심의 제사의식'에서 **바벨론 포로** 생활을 겪은 70년 후 포로귀환으로 이어졌지만 성대한 성전예배는 위축당하고, **디아스포라**diaspora184) 되었던 곳에서 가졌던 '**회당예배**'로의 문화적 전환이 이루어진 것이었다. 그러므로 성경 두루마리조차도 원본을 간수하기가 매우 어렵기 때문에 필사본을 만들어 소장할 수밖에 없었으며, 화려한 '**성전음악**'도 모습을 감추었다. 다만 예수께서 제자들과 최후만찬 후 감람산으로 기도하러 올라가시면서 불렀던 '**할렐 시**'詩篇 113편-118편와 같은 형태로 전승되었을 것이다.

　이러한 문화사적인 이해는 로마 가톨릭의 미사의식에서 종교개혁자인 **마르틴 루터** 자신도 예배의식만큼은 큰 변화를 원하지 않았다는 점을 기억해야 할 것이다. 그러나 성경 말씀을 당시 공용어였던 라틴어에서 자국어로 번역하여 이해하기 쉽게 했고, '**시편찬송가**'와 함께 예배의식에서 '**찬송가**'Choral를 새롭게 작곡하여 자국어 가사로 부르도록 함으로써 시대적인 옷을 입게 하였던 것이다. 이러한 개혁자들의 시도가 오늘날의 '**찬송가**'로 발전하게 하는 큰 전환점이 되었던 것이다.

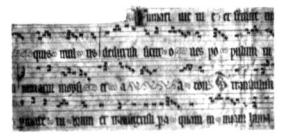
<악보 24> 15세기 코랄 악보

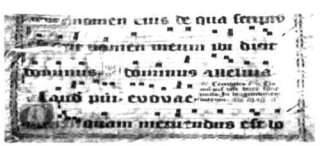
<악보 25> 16세기 후반 코랄 악보

---

184) '디아스포라'diaspora란 유대인의 바벨론 유수幽囚 후의 이산離散을 말한다.

제5절 신약시대 찬송

　신약 성경에는 찬송이 많이 등장하는 편은 아니지만 주로 계시록에 음악들이 많이 등장한다. 신약성경 전체를 보면 다섯 군데는 비유적으로 언급하고 있다 마 6:2; 11:17; 눅 7:32; 고전 13:1; 14:7, 8. 특별히 복음서에는 그리스도와 그의 제자들이 '**찬미**'를 불렀다는 기록이 있다. 마 26:30; 막 14:26

　구약 성경에는 3편의 노래가 나온다. 이를 '구약의 송가' 또는 '소 송가'Lesser Canticles라고 부른다.

　① '**홍해**의 **찬가**'Song of the Sea; 출 15:1-18는 바로의 군사가 홍해에 수장되고 홍해를 무사히 건넌 후 모세와 이스라엘 백성이 승리의 기쁨을 노래하고 춤을 추며 여호와께 영광을 돌렸다. 이 송가를 '모세의 노래'라고 부르기도 하나, 이는 신명기 32장의 '모세의 노래'와 혼돈을 일으킬 가능성이 있으므로 '홍해의 찬가'라고 부르는 것이 좋겠다. 출 15:1-1

　② '**미리암**의 **노래**'는 홍해를 건넌 후, 모세와 남자들이 한편에서 노래하면 소고를 들고 춤추면서 미리암과 여인들은 응답창을 하였을 것이다 출 15:20-21.

　③ '**드보라**와 **바락**의 **노래**'는 유일한 여자 사사 드보라가 바락과 함께 가나안왕 야빈을 전멸하고 승리 주신 여호와 하나님을 노래하며 찬송하였다. 삿 5:1-31

　신약 성경에 보면 특별히 누가복음에는 예수님의 탄생과 관련된 3편의 노래가 수록되어 있는데, 이것을 '**대 송가**'Greater Canticles라 한다.

1. 대 송가 Greater Canticles

1] 마그니피카트

　누가복음에 나오는 첫 번째 노래 '마리아 찬송'을 '**마그니피카트**'Magnificat 즉 '**성모 마리아 송가**'라 하며, 로마 가톨릭 교회에서는 찬과Lauds에, 성공회에서는

아침 기도회 때 부른다. 눅 1:46-55   < 악보 26 > 성모 마리아 송가

성모 송가

[악보]

2] 베네딕투스

누가복음에 두 번째 나오는 노래는 '**베네딕투스**'Benedictus인데, 세례 요한의 아버지 **사가랴 찬송**(Εὐλογητὸς)눅 1:68-79으로 구약예언서의 형식을 모방한 것으로 보인다.

< 악보 27 > 성 사가랴 송가

3] 눈크디미티스

누가복음에 나오는 세 번째 찬송은 '**눈크디미티스**'Nunc Dimittis; Evening Hymn인데, '**시므온의 찬송**'($εὐλόγησεν$) 눅 2:29-32 을 말하며, 로마가톨릭교회에서는 종과 compline 에, 성공회에서는 저녁 찬송으로 사용되며, 루터 교에서는 성찬식 후 찬송으로 부른다.185)

< 악보 28 > 시므온의 찬송

---

185) 조숙자 · 조명자, 『찬송가학』(서울: 장로회 신학대학 출판부, 1988), pp. 13-20.

2. 대 송영大 誦詠

누가복음에 나오는 **대 송영**Gloria in Exelsis은 예수님 탄생 시에 허다한 천군天軍 (πλῆθος στρατιᾶς οὐρανίου)과 천사天使의 찬양Angelic Hymn(αἶνος; 눅 2:14 을 말한다. 이는 웅대한 합창이었을 것이다.

이 노래들을 **칸티카**Cantica라고 하는데, 이것은 송가頌歌라는 뜻이다. 이 외에도 찬양의 노래에 관한 기사는 신약성경 여러 곳에서 찾아볼 수 있다. 엡 5:14; 딤전 3:16; 딤후 2:11-13

예수 그리스도께서 유월절 양으로서 제물이 되시기 위하여 골고다로 향하시기 전 마가의 다락방에서 새 언약의 표로서 성만찬을 드시고 나서, "이에 그들이 **찬미**하고 감람산으로 가니라."(ὑμνήσαντες; 마26:30, 막 14:26)라고 하였다. 많은 성경학자들이 이때 시편 113편-118편의 전부이거나 일부를 발췌해서 불렀을 것이라고 추측하고 있다. 유대인들은 시편 113-118편을 암송하거나 노래하면서 유월절을 지켰다.186)

바울 사도도 교회를 향하여 "**시**詩와 **찬송**讚頌과 **신령**神靈한 **노래들**"엡5:19; 골3:16 로 화답할 것을 명하였다.

여기서 '**시**'詩 (프살모스; ψαλμός; 본문엔 여격 복수로 ψαλμοῖς)는 구약의 '시편'인데 이는 영감 된 시편을 뜻한다. '**찬송**'(휨노스; ὕμνος, 본문에는 여격 복수로 ὕμνοις)은 하나님께 드리는 **찬송가**讚頌歌; hymns나 **창작 회중 찬송**을 가리키며, '**신령한 노래들**'(호다이스 프뉴마티카이스; ᾠδαῖς πνευματικαῖς)이란 성령에 의해 불려지고, 제어되며 널리 퍼지는 일반적인 노래들을 말한다. 그러나 이들은 엄격히 구분되어 사용된 것이 아님을 알 수 있다.187)

예수님 당시에 살았던 알렉산드리아의 유대인 필로Philo, B. C. 20-A. D. 50는 구약의 시편을 '**찬미**'hymn라 하였으며, 마가복음에 "이에 그들이 **찬미**讚美하고 감람산으로 가니라."(Καί ὑμνήσαντες ἐξῆλθον εἰς τὸ Ὄρος τῶν Ἐλαιῶν) 막 14:26.

---

186) 반즈 聖經註釋, 『마태 · 마가복음』(서울 : 크리스챤서적), 19920, p. 582.
187) 김이호, 『찬송가 연구』(서울: 도서출판 지혜원, 1999), p. 46

예수님과 제자들이 찬미하였다는 것은 시편을 노래한 것을 뜻한다고 하였다. 바울이 "너희가 모일 때에 **찬송 시**﹍노래, psalm﹍도 있으며, '가르치는 말씀'(교리)도 있으며, '계시'(어떤 영적인 깨달음)도 있으며, '방언'도 있으며, '통역함'도 있나니, 모든 것을 덕을 세우기 위하여 하라." 고전 14:26고 한 부분의 '**찬송 시**'는 시편이나 회중찬송이 아닌 '**영가**의 범주에 속하는 **노래**'라고 생각된다.188)

3. 초기 기독교 찬송

A. D. 70년 예루살렘 성전이 파괴된 후 기독교에 대한 핍박은 점점 심하여져서 초기 기독교인들은 숨어서 예배를 드려야 했다. 그러므로 '**찬송**' 부르는 것도 제한을 받게 되었다.

초기 기독교가 박해를 받으면 받을수록 복음은 확장되어 갔으나, A. D. 70년과 A. D. 132년의 로마의 침입으로 유대인들 간의 결속이 한층 약화되었고, 유대교의 '전통적인 종교적 예전'도 끊어지고 말았다. 기독교인들은 아직 새로운 예배의식을 형성하지 못한 형편이었고, 필요한 요소만 따서 사용할 정도에 머물러 있었기 때문이다.

그래서 교회는 숨어서 예배를 드리는 형편이어서 예배 시에 찬양대나 악기의 연주는 할 수 없게 되었다. 다만 '**시편 낭창**'이나 '**기도 송**'이 '**멜리스마 양식**'﹍Melismatic style189) 형태로 불리어졌다.

초기 기독교인들은 예배의 날을 '안식일'에서 '주일'로 옮긴 것은 복음의 성격 자체에서 가르침을 받은 초대 교회의 결행決行이었다. 주의 날(첫 날)에 주께서 부활하셨고, 마리아와 엠마오의 제자들에게 나타나셨으며, 성령을 보내셔서 교회를 세우셨다. 주님의 부활은 구속 사업의 완성으로 곧 새 창조의 완성을 뜻한다. 그러기에 사도 요한은 이 날을 '주의 날'主日이라고 말하였다 계1:10. 초기 기독

---

188) *The Preacher's Outline & Sermon Bible*, 『고린도전후서 프리쳐스 설교성경』(서울: 포도원출판사, 1995), p. 308.
189) '**멜리스마 양식**'﹍Melismatic style 이란 가사의 한 음절에 많은 음들이 붙여지는 방법이다. 찬송가는 '가사의 한 음절에 하나의 음정이 붙여진 **실라빅 양식**'﹍syllabic style이 대부분이다.

교인들의 예배의 모습을 비두니아~Bithynia~지방 총독 프리니~Pliny~는 110년경에 황제에게 보낸 편지에서 아래와 같이 밝히고 있다.190)

> "크리스천들은 보통 새벽에 모여 찬송을 부르며, 그리스도를 하나님으로 경배합니다. 그들은 도적질이나 강도질이나 간음을 피하여 혀를 멀리 하기를 다짐하곤 합니다. 그들은 또 주일(일요일)에 모여 성찬을 뗍니다. 그 이유는 그날이 예수께서 부활한 날로 믿기 때문입니다."

저스틴~Justin Martyr, 165년순교~은 그 당시의 성만찬 광경을 이렇게 묘사하였다.

> "문답을 거쳐 세례 받기를 원하는 자에게 세례를 베푼 뒤에 우리는 그 형제를 회중 앞으로 인도한 다음 그와 전 교우들을 위하여 기도한다. 기도를 한 후에 우리는 서로 입을 맞춘다. 이어서 회중의 인도자는 떡과 물 탄 포도주를 들고, 아들과 성령의 이름으로 천지의 아버지께 우리로 참여하기에 합당한 자가 되도록 **찬송**과 **기도**를 드린다. 회중은 히브리말로 '그대로 되소서.'의 뜻인 '**아멘**'으로 화답한다. 이런 후 집사들은 분배하고 결석한 자를 위해 따로 보관한다. 우리는 이 음식을 '**성찬**'~Eucharist~191)이라고 부른다. 가르친 바를 믿지 않는 자는 이에 참여할 수 없고, 세례를 받고 그리스도의 본을 따라 사는 자라야 참여할 수 있다." 192)

4. 교회 성장과 찬송

초기 크리스천들은 어떤 '**찬송**'을 불렀을까? 이미 설명한 바 있지만 이들은 얼마 동안 유대인들에게서 나온 노래를 사용하였으나, 얼마 안 가서 자기들의 '**찬송**'을 소유하게 되었는데, 이 중에 더러는 영감의 직접적인 산물이었으며 다른 것들은 특수한 성가의 성질을 갖고 있었다. 가장 오래된 '찬송'은 다음 8가지가 있다.193)

---

190) 김의환, 『基督敎會史』(서울 : 성광 문화사, 1982), pp. 60-61. *Pliny the younger, Letter X* p. 46.
191) **세례**와 **성찬**은 기독교 2대 성례이다. 이 중 성찬 聖餐은 '감사를 드린다.'라는 헬라어에서 왔으며, '주의 만찬' 또는 '거룩한 교제'~Holy Communion~를 가리킨다.
192) *Ibid.*, pp. 59-60.
193) David R. Breed, *op. cit.*, pp. 10-13.

① **대 송영**Gloria in Excelsis은 누가 지었는지는 확실히 모르나 첫 가사가 예수 탄생 시 부른 천사의 노래로부터 나왔기에 '**천사의 찬송**'이라 부른다.

② **소 송영**Gloria Patri은 그 첫 부분을 '**성부 성자 성령께 영광**'이라 부르며, 예로부터 기독교인의 일반적 송영이었다. 끝 부분에 '태초에도 그러하였음과 같이 이제와 영원히 끝없는 세계에 아멘'이라고 서방교회에서 아리안 논쟁 Arian Controversy 후에 추가하였다.

③ **삼성 창**三聖唱; Ter Sanctus은 이사야 6장 3절과 요한 계시록 4장 8절에 나오는 '3번 거룩'이란 말을 토대로 한 것이다. 이 찬송은 항상 이러한 말로 끝맺는다. "그런고로 천사와 천사 장들과 하늘의 모든 천군과 함께 우리는 당신의 영광스런 이름을 찬양하며 말하기를 거룩 거룩 거룩, 만유의 주 하나님 하늘과 땅에 당신의 영광이 충만하오니 지극히 높으신 주여, 당신께 영광이 있을 지어다. 아멘" 그러므로 '**천사의 찬송**'Cherubical Hymn이라 불려졌다.

④ **할렐루야**Hallelujah는 찬송 부름에 대한 백성들의 화답이다. 이것이 감독 교회의 예배 의식에서는 사회하는 제사장이 '만민들아 주를 찬송하라'고 하면 회중들은 '주의 이름을 찬송할지어다.'라고 화답하였다.

⑤ **베네디키테**Benedicite라는 말의 뜻은 "오! 너희, 주님이 지으신 만물들아 너희는 주님을 찬양하라. 그를 영원히 찬양할지어다."인데, 외경서外經 書에서 취해진 '세 히브리 아이들의 노래'는 시편 48편의 의역意譯이다. 이것은 '테데움'과 교체交替해서 사용된다.

⑥ **눙크 디미티스** Nunc Dimittis는 늙은 '**시므온의 찬송**' 눅2:29-32으로 보통 저녁 예배에 불리어짐으로 '**저녁 찬송**'Evening Hymn이라고 한다.

⑦ **마그니 피카트**Magnificat는 '**마리아의 찬송**'이다 눅 1:46-55.

⑧ **테데움** Tedeum 혹은 **테 데움 라우다무스** Te Deum Laudamus; We praise Thee, O God는 유명한 찬송인데, 저자는 분명치 않다. 이것은 확실히 상고시대의 작품이며, 라틴어 번역은 초대 헬라어의 원문을 토대로 하였다. 이것을 영역英譯한 것은 전 세계를 통하여 모든 교파에서 사용되고 있다.[194]

---

194) *Ibid*., p. 12. 라틴어 원문을 소개하면 다음과 같다.
"Te Deum laudamus, te Dominium Confitemur./ Te aernum patrem Omnis terra Veneratur./ Tibi omnes angli, tibi coeli et universæ potestates./ Tibi Cherubim et Seraphim inaccessibili voce Proclamant./ Sanctus, Sanctus, Sanctus, Dominus Deus

이상의 여덟 가지 이외에 앞서 언급한 바와 같이 누가복음에서 나온 또 하나의 찬송을 추가하게 되었다. 곧 '**베네딕투스**'~Benedictus~인데, 나이 많은 제사장 사가랴가 자기 아들 요한의 출생에 대해 부른 찬송이다.~눅1:68-79.~

초기 기독교 시대의 헬라 문화는 로마 제국의 중요한 정신적 지주였으며, 헬라의 예술, 철학, 문화는 로마제국을 지배하고 있었다. 신약 성경은 헬라어로 쓰여 졌고, 헬라어는 문화나 교회의 언어로서 로마까지 300년 간 계속 사용되었다. '**초기 헬라어 찬송**'은 '평행 법', '대구법', '교송 법' 같은 히브리 시형을 모방한 시적인 산문 형식을 따르다가 점차 고대 '**헬라 시**'~詩~의 **운율 형식**(약 약 강 조; anapaestic 혹은 약 강 조 iambic)으로 쓰여 졌다.195)

2세기 알렉산드리아의 신학교~Catechetical School c.190-203~ 교장이며 '헬라 신학의 아버지'라 불리는 **클레멘티**~Clement of Alexandria, c.150-c.215~는 헬라 시의 형식으로 찬송 시를 썼다. 기독교로 개종한 새 신자 교육용 저서『교사』~Pedagogues~의 마지막 부분에 '교사에게 드리는 감사와 찬양의 시'가 첨부되어 있다. 서행만 빼놓고는 '헬라 시 운율' 즉 '약 약 강 조'(anapaest)로 되어 있다. "**참 목자 우리 주**"~통일찬송가 103장~는 이 클레멘티의 시~詩~를 1846년 미국의 덱스터~H. M. Dexter, 1821-1890~ 목사가 현대찬송으로 영역한 것으로, 이 역사 깊은 찬송가가 아쉽게도 21세기 『찬송가』집에는 빠져 있다.196)

오늘날도 희랍 정교회의 저녁 찬송으로 사용되고 있는 "**즐거운 빛이여**"~O Gladsome Light~(Φώς ιλαρόν)는 3세기경의 작자 미상의 헬라 찬송으로 '**등과 초를 켤 때의 찬미**'~Candle lighting Hymn~라고도 한다.197)

Sabaoth."
"오 하나님 우리는 당신을 찬양하나이다. 우리는 당신이 주님이신 줄 아나이다."
195) Carl Schalk(ed), ***Key Words in Church Music***, st. Louis: Concordia Publishing House, 1978, p. 186. 조숙자·조명자, *op. cit.,* pp. 22-23.
196) 신소섭, 『**21실용교회음악학**』(서울: 아가페 문화사, 2013), p. 49. 통일 『찬송가』103장이 21세기 새 『찬송가』(2006년)에서 삭제된 것은 찬송가역사와 교회음악사적인 면에서 매우 아쉽다.
197) *Ibid,* p. 50.

<악보 29> 저녁(등과 초를 켤 때의 찬미)

제6절 사도시대와 그레고리 I세 시대
(A. D. 590년)

 예수 그리스도의 승천 후 5세기까지는 중요한 시기였다. 소수의 추종자의 단체가 수천 명을 헤아리는 조직적인 단체가 되었다. 드디어 로마 제국의 국가적인 종교로 공식 인정을 받기에 이르렀다. 영적인 힘에만 의지하던 소수의 그룹이 조직된 교회를 구성하여 거대한 정치세력을 행사하게 되었다. 이제 기독교는 박해받는 소수가 아니라 특권 있는 세력의 지위를 획득하였다.

 기독교인은 평신도와 성직자로 나뉘게 되었다. 점차로 성직자는 예배에 있어서 활동적인 인도자가 되고 평신도는 '은혜의 수단'을 수동적으로 받아들이는 자가 되었다.

 찬송을 부른다는 것은 회중의 종교적 감정의 자발적 표현이 되는 일은 끝나고, 훈련된 찬양대의 예술적인 산물이 되었다.

 A. D. 343년과 381년 사이에 열렸던 '라오디게아 회의'에서는 그 13번째 법령에 이렇게 발표 하였다.

> "교회에서는 설교단에 올라가서 책을 가지고 노래하는 지정된 가수 외에는 노래하지 못한다."

 4세기까지는 노래 부르는데 활발히 참여하던 여자들은 A. D. 578년에는 여승원 女僧院 외에는 찬양대로부터 제외되었다. 종교적 행사로서의 노래 부르는 취미는 예술로서의 음악을 발달시키는데, 대한 취미로 종종 교체되곤 하였다.

1. 교부들 교회음악 견해와 찬송

 기독교가 사도시대에 접어들자 기독교 신학자들은 기독인 **예배**에 있어서 '**음악의 역할**'을 따지기에 더욱 여념이 없게 되었다.

"악기를 사용해야 할 것이냐? 아니면 음악은 성악의 화음에 그쳐야 할 것이냐? 성시聖詩는 새로운 곡조로 불러야 할 것이냐? 노래하는 사람은 유대인의 멜로디 아니면 이교도의 멜로디를 사용해야 하느냐?"

A. D. 2세기 후반에 살았던 알렉산드리아의 신학자 **클레멘티** Clement of Alexandria는 음악이 사용된 이교도의 제식과 사교 의식을 자세히 서술하였다. 그는 이에 대해서 음악이 그릇 사용되었다고 생각하였고, "하나님의 목적은 음악이 울려 퍼지며, 성령은 영감을 주며, 성전은 그의 주를 받아들이는 것이라"고 하였다. 클레멘티는 그리스도를 '**새 노래**'라 불렀으나 공중 예배에 악기를 사용하는 것을 비난하며 말하기를 "우리는 한 가지 악기가 필요한데 그것은 '**경배의 평화로운 말씀**'이지 거문고나 북이나 피리나 나팔이 아니다."라고 하였다.

대 바질 Basil of Great, A. D. 330-378은 "**음악**은 하나님께 향한 정서를 교육하고 영감을 주며 감동을 일으키게 하는 힘이 있다."고 믿었다. 그는 한 설교에서 아래와 같이 진술하였다.

"인간이 선을 향하지 못하고 잘 못 기울어지면 쾌락에 빠져 의로운 생활을 돌아보지 않는 것을 성경에서 보셨다면 어떻게 하셨을까? 그는 지혜로운 의사가 환자에게 쓴 약을 먹일 때 그릇 가장자리에 꿀을 바르는 것 같이 소리의 유쾌함과 부드러움을 통하여 말씀 가운데 유쾌한 것을 부지중에 받도록 하기 위하여 교리에 멜로디의 기쁨을 섞었다."

바질은 시편을 반주하는 데에 다른 모든 악기보다 옛날 현악기의 일종인 **살터리** Psaltery를 오히려 좋아 하였다.

A. D. 345년에 출생한 초대 기독교의 가장 위대한 설교자의 한 사람인 요한 **크리소스톰** John Chrysostom은 콘스탄티노플의 감독이었는데, 희랍의 **에토스** ethos[198] 즉 여러 가지 찬트 Chant의 윤리적 성격의 교리에 강한 영향을 입어 회중들에게 방탕한 음악에 대하여 경고하였다. "우리는 사람에게보다는 하나님께 노래하는 까닭에 악기나 훈련된 목소리가 필요 없고, 다만 '**온전한 마음**, 각성한 예지叡智, 상한 심령, 건전한 이성理性, 그리고 깨끗한 양심'이 필요하다."고 하였다.

---

198) **에토스** ethos는 화자話者의 고유의 품성을 말한다.

"이해理解로서 노래 부르는 사람은 성령의 은혜를 기원한다. 크리소스톰이 말하기를 '마음에서 우러나오는 헌신獻身에는 악기가 필요 없으며, 전전히 완성되는 예술도 필요 없고 오직 고귀한 목적이 필요할 뿐이다.'"

위대한 기독인 학자이며 성경을 라틴어로 번역한 **제롬**Jerome은 예배를 돕는 보조물로서의 음악에 역시 흥미를 가졌다. 『바울의 로마서 주석』을 쓰면서 바울을 인용하며 다음과 같은 논평을 가하였다.

"**시**와 **찬송**과 **신령**한 **노래**들로 서로 화답하며 너희의 **마음으로 주께 노래하며 찬송하며**"(엡 5:19) ········ 시편, 찬송, 그리고 노래가 어떻게 서로 다른가는 시편 집에서 가장 잘 배울 수 있다. 여기에서 간단히 말하자면 '**찬송**'은 주님의 능력과 위엄을 선포하며 계속적으로 하나님의 업적과 사랑을 **찬양**하는 것이며,········'**시편**'은 육신의 기관에 의하여 무엇이 이루어져야 하며 이루어지지 않아야 할 것인지 알게 하도록 **에토스**ethos의 자리에 적절한 영향을 미치게 한다. 그러나 이러한 것을 물어보며 이 세계의 조화와 질서와 모든 인류의 화합을 검사檢查하는 민감한 도덕가는 '**신령한 노래**'를 부른다. 순진한 사람에게 우리의 의견을 명백히 표현한다면 시편은 몸을 향한 것이고 노래는 마음을 향한 것이다.

제롬Jerome은 어떤 사람이 곡에 맞지 않게 노래할지라도 그가 마음으로부터 노래하는 한 이것은 주님을 기쁘게 하는 것이라고 덧붙여 말하였다. 누구든지 하나님의 집을 극장으로 만드는 것에 주의해야 한다.

'**교회음악**'의 타당성과 가치에 관한 의심이 교회 안에 한창 일고 있을 때, 기독교의 통일을 위협하는 아리안Arius 이단의 결과로 말미암은 신학적 발달은 '교회 음악'이 더욱 필요로 하는 촉진제를 첨가시켜 주었다. 제 4세기 알렉산드리아 교회의 유력한 감독이었던 **아리우스**Arius는 논쟁을 벌여 "만일 아버지가 하나님이었다면 아들은 하나님이 존재하신 후에 창조하신 아버지의 피조물이다."라고 하였다. 그는 자기의 교리를 선전하기 위해 여러 노래를 지었는데, 이것들이 수많은 남녀, 어린 아이, 여러 계층의 사람들에게까지 퍼졌다.

많은 정통파 삼위일체론 자들은 찬송을 가르치는 가치를 처음으로 깨닫게 되었다. 정통파 기독교의 찬송 저자는 밀란Milan의 감독인 **암브로시우스** Ambrose,

A. D. 333-397이었다. 암브로시우스는 가사의 형식을 각 4행 식 강약격의 음보 격 Cambic tetra meter으로 표준화 시켰다. '**암브로시우스 찬송**'이라는 용어는 암브로시우스 자신이 쓴 찬송보다는 오히려 이러한 형식으로 된 찬송에 붙여졌는데 이것이 암브로시우스의 원작을 확정 지으려는 학자를 곤경에 빠뜨리게 하였다.

어거스틴 Augustine, 350-430은 그의 저서 중에 그가 밀라노에서 들은 아름다운 암브로시우스의 노래에 대해 자주 언급하고 있으나 음악에 대한 정서는 뒤죽박죽이었다. 그는 음악의 매력은 인정하였으나 넋을 잃게 하는 멜로디의 아름다움 때문에 참 경건의 길에서 종종 벗어나는 때가 있었다고 고백하였다.

어거스틴의 시편 146편에 대한 해설은 그 주석이 첫 3세기 동안의 **기악음악**에 대한 유리한 결정적인 증거로서 인용되기에는 너무 늦게 쓰여 졌지만 이것은 기악음악에 대한 그의 많은 동시대인의 의견을 명백히 반박하고 있다. 그러나 어거스틴이 그의 시대와 그 다음에 오는 세기에 행한 가장 위대한 공헌은 '데 무지가' De Musica라는 여섯 책의 논문인데, 루툴리 Routely는 "음악에 대한 한 신학자의 독립적이고도 창작적인 이론적 사색의 전 역사에 있어서 유일한 실례"라고 표현하였다. 이 저작 중에 종교와 음악의 관계가 그 시대의 가장 위대한 신학자에 의해 진지하고도 심오하게 고찰되었다고 하겠다.

시리아 Syria에는 일찍부터 복음이 전해져서 기독교가 발달하여, 이단 아리우스파 Arianism와 대항하는 한 방편으로 안티오크 Antioch에서는 **교송 법** Antiphonal Singing이 도입되어 사용되었다. 안티오크 교회에 교송 법을 처음 소개한 사람은 익나티우스 Ignatius of Antioch, c. 110로 간주되지만 이것은 이미 유대교회당에서 사용되던 창법인 것이다. 회중들은 두 그룹으로 나뉘어서 시편과 찬송을 서로 교대로 불렀다. 시리아의 찬송 작가인 에프라임 Ephraim, d.373은 이교도들이 즐겨 부르는 곡조에다 정통 교리의 가사를 넣어 회중들이 부르게 하였다. 확실하지는 않지만 테데움 Te deum은 이 무렵 암브로시우스가 지은 것으로 어거스틴도 노래의 아름다움에 눈물을 흘리며 이때 회개했다는 설도 있다.199)

4세기에 열린 '라오디게아 종교회의' Council of Laodicean에서는 예배 시에 악기

---

199) 김이호, 『찬송가 연구』(서울: 도서출판 지혜원, 1999), p.96.

사용과 창작 찬송을 금하는 규제를 만들었다. 이단적인 찬송을 막기 위해서 **시편**Psalm과 **송가**Canticles만 부르게 하였다. 이러한 규제 때문에 찬송 창작활동이 활발하지 못하게 되었으나 교회 밖의 사적모임이나 축제나 특별한 행사에서는 창작찬송들이 불리어졌다.

암브로시우스와 동시대인 작가 프루덴티우스Prudentius, 348-413의 찬송 시 "하나님의 말씀으로"(21찬 133장)200)라는 그레고리오 성가가 우리 **찬송가**에 실려 있고. 또한 이 시대 대 그레고리 Gregorius Magnus, c. 540-604의 유명한 찬송

<악보 30> 21C 찬송가 133장 원곡 악보

시詩인 "하나님 아버지 어둔 밤이 지나"(21찬 59장, 통찬 68장)가 '아침과 저녁 찬송'으로 우리 찬송가에 실려 있다.201)

2. 옥시린쿠스 찬송 The Oxyrhynchus Hymn

7C까지의 유대교 음악의 중심은 팔레스타인과 바빌로니아의 '**시나고게**'Synagogue였던 것이다.202) 그때의 주선율은 교회선법의 것이 많고, 박절拍節은 명확하지 않았으며, 멜리스마적 창법의 성격을 가졌었는데, 7세기에는 '시나고게' 안에 전문적인 합창대가 조직되었다. 유대교는 이슬람교의 아라비아인들에

---

200) 가사는 5세기경의 아우렐리우스 프루덴티우스Aurelius Clemens Prudentius, 348-413가 라틴어로 작사한 37절 가사의 일부다. 1854년 존 닐John Neal, 1818-1866 박사가 1절을, 1859년 헨리 베이커 Henry Williams Baker, 1821-1877 목사가 2-3절을 영역하였다.
201) *Ibid.*, p. 96-97.
202) '시나고게'Synagogue는 '모임을 뜻하는 말' 헬라어로 συναγωγή 즉 '유대인의 회당' 또는 '유대인의 사원'을 뜻한다.

게 정복은 당했지만 오히려 **비잔틴**의 동방교회의 압박을 모면하게 되고, 처음으로 유대교회당의 음악인 박절의 요소가 담기게 되었으며, 10세기 이후에는 아라비아의 시형詩型이 도입되었다.

7-8세기 이전 유럽의 문화는 고대말기, 즉 헬레니즘 문화를 기반으로 하고 여기에 새로 들어온 종교인 기독교가 점차 재래의 이교문화를 정신적으로 바꾸어 놓게 되었다. '헬레니즘 문화'라는 것은 순수한 그리스문화가 아니고, 알렉산더대왕의 원정과 로마의 세계정복에 의하여 당시의 동방제국문화를 혼합한, 소위 '세계적-그리스' 문화를 말하는 것이다. 기독교가 발생하던 당시의 유대 국도 로마제국의 판도에 들어 있었고, 최초의 기독교도의 대부분이 유대인이라 해도 그들은 헬레니즘문화권에 들어 있었던 것이다.

음악에 있어서도 일반적으로 고대 그리스 음악을 중심으로 한 시적詩的, 문학적인 **헬레니즘 음악**이 지배적이었다. 고대 그리스의 악보는 별로 남아있지 않지만, 특히 중부 이집트의 **옥시린쿠스**Oxyrhynchus에서 발견 c. 270 A. D. 된 악보는 분명히 헬라그리스 악보 **기보 법**으로 적혀 있다.

이것은 이교도의 것이 아니고 '**기독교 찬송가**'였음이 밝혀졌다. 이 음악의 특징은 운문의 가사를 가진 단선 성악적인 것, 음계와 선법mode에 합리적인 기초가 서 있을 뿐만 아니라, 고전예술에서 공통적으로 볼 수 있는 조화미調和美가 형식과 함께 정돈되어 있다는 점이다. 이 파편에서 읽을 수 있는 '**옥시린쿠스**'Oxyrynchus라는 찬송이다. 이 찬송의 가사는 헬라어이며, 멜로디는 **헬라**의 **성악 기보법**聲樂 記譜 法으로 적혀 있었다.203)

가사와 멜로디가 함께 보존되어 있는 기독교 찬송 중 가장 오래된 것이 바로 이집트에서 발견된 '**옥시린쿠스 찬송**'The Oxyrhynchus Hymn, A. D. 270년경이다.204)

만약 옥시린쿠스 찬송The Oxyrhynchus Hymn 원고의 곡에 나타난 희랍어 성악 기보법에 따라서 옮겨 적은 것이 정확하다면 '옥시린쿠스 찬송'은 찬송가 역사상

---

203) 신소섭, 『예배와 찬송가』(서울: 아가페 문화사, 1993), p. 40-41. *From History of Church Music*, David P. appleby, pp. 25-26. 파손된 파편조각에서 헬라어 원문을 읽을 수 있다.

204) 옥시린쿠스 찬송The Oxyrhynchus Hymn은 1918년 이집트의 '옥시린쿠스' 라는 곳에서 파피루스에 기록 된 기독교 최초의 악보가 붙은 찬송이 발견되었는데, 이것이 기독교 초기 음악의 유일한 자료이다. 이것은 3세기 말경의 작품으로 보인다.

독특한 지위에 놓이게 된다.

왜냐하면 11세기 전에 존재한 대부분의 곡들은 구전과 믿을 수 없는 기보법 제도에 의하여 후세에 전해졌기 때문이다.

<악보 31> 옥시린쿠스 찬송 Oxyrynchus Hymn

발췌된 Oxyrhynchus

☆ '옥시린쿠스 찬송'의 **헬라어 가사**를 **번역**하면 다음과 같다.

> 하나님이 지으신 모든 영광스러운 피조물과 함께
> 침묵을 지키지 못할 것이며 별들이 빛을 비추지 않을 수 없을 것이다.
> 돌진하는 강의 모든 파도는 우리 아버지와 아들과 성령을 찬양할 것이며
> 모든 세력이 함께 결합할 것이다.
> 아멘! 아멘! 아멘! 능력과 찬송과 영광을 하나님께 돌릴지어다.
> 하나님만이 모든 좋은 것을 주시는 이시다. 아멘! 아멘!

3. 비잔틴 예배 음악

콘스탄티누스 대제가 희랍 비잔틴의 소도시를 로마제국의 동부 수도로 만들 생각으로 요새화 시킨 후 A. D. 330년 5월 11일에 **비잔틴**Byzantium에 로마의 권리와 특권을 부여하는 발회식에 참석하였다. 이미 그 자체의 문화생활로 두드러져 있던 이 소도시는 동양과 서양문화의 양요소를 가진 독특한 문화의 중심지가 되었다.

여러 세기 동안 학자들은 교회음악사상 현저한 영향을 끼친 초기 동방제국

에 음악적 전통이 존재하였다는 사실을 깨닫고 있었다. 그러나 근년 틸야드 H. J. W. Tillyard와 웰레츠 Egon Wellesz의 눈부신 연구로 매우 아름답고 예술적 가치가 있는 교회음악의 주체를 이룬 **희랍음악**, **히브리 시편**, **찬송가집**과 고대 유대 예배의식 사이에 있는 중요한 역사적 전후관계의 특수성을 그 전의 어느 누구보다 더욱 명확하게 세상에 알게 하였다.

비잔틴 원고를 개작케 한 이들 학자의 **기보이론**은 비록 상당히 후대에 이루어지긴 하였으나 수 천년동안 주로 구전에 의하여 전해 내려온 **성악악보**에 관하여 추축해 볼 수 있는 근거를 우리에게 제시해 준다.

비잔틴에 희랍 문화적 요소가 존재했다는 것, 그리고 희랍어가 사용되었다는 것 등이 초기 학자들로 하여금 비잔틴 예배음악은 고대 희랍에 그 근거를 두고 있다는 견해를 나타내게 하였다. 웰레츠 Wellesz는 비잔틴교회가 '**유대회당**의 **예배식의 계승자**'였음을 보이려고 애썼다. 예배의식의 관련성 여부는 시편을 노래하는데서 가장 뚜렷하게 나타난다. 다윗의 시편은 성전, 유대교회당, 비잔틴교회, 그리고 서방교회 간의 지속적인 관련성을 이루고 있다. 또한 **칼뱅** Calvin의 덕택으로 이들 시편은 오늘날의 '**신교 교회음악**'의 중요한 부분을 형성하고 있다. 음악적으로 비잔틴 찬송을 이해하는 실마리는 다음 설명에서 찾을 수 있다.

비잔틴 멜로디 Byzantine Melody는 짧게 변천하는 구절에 의하여 서로 연결되어 있는 일련의 **선율적 형식**으로 되어 있다. 이 작곡 원칙의 발견은 처음 생각한 것보다 훨씬 중요한 일이었다. 한층 더 깊은 연구결과로 이것은 몇몇 지역의 멜로디에 국한된 것이 아니라 동양음악에 있어 작곡의 지배적 원칙이었으며 기독교 음악의 확장과 더불어 전 지중해 全地中海 내만에 퍼져있었다는 것을 알게 되었다.

기독교의 중심이 서방으로 점차적인 변천은 종교음악사 뿐만 아니라 서양 문명사에도 영향을 미친다.

4. 교회성장과 예배 음악

고도로 조직된 로마제국의 정부 아래 살고 있는 기독교인은 능률적인 조직의 이익을 보지 않을 수 없었고, 교회는 머지않아 독자적인 대등한 조직체로 발달하였다.

로마제국의 지방 통치자는 대주교나 대사제의 사무실에 있는 것의 부본을 가지고 있었다. 제국 통치가 중앙집권은 행정적 견지에서 볼 때 장점이 있었다. 로마 제국의 쇠퇴와 와해는 집중된 종교적 권위의 존재를 더욱 절실하게 만들었다.

제3세기의 로마교회 조직에서 중요한 역할을 한 **키프리안** Cyprian of Carthage, 195-258, 순교은 다음과 같이 가르쳤다.

> "'교회밖에는 구원이 없다' Extra Ecclesiam Nulla Salus. 교회는 감독에 의해 구성되며 교회의 모든 행위는 이들 지도자에 의하여 통제된다. 감독은 사도의 후계자이다. 이렇게 조직된 교회는 하나이며, 전반적이니 곧 전 세계적이다. 모든 감독의 지위는 동등하다."

키프리안이 모든 감독의 지위는 동등하다고 주장하였지만 얼마 지나지 않아 대도시의 감독들이 좀 더 높은 지위를 차지하게 되었다. 종교적 권위의 중앙집권은 교회의 예배의식을 표준화시키는 꾸준한 노력을 기울이게 하였다.

예배 식 멜로디의 조직과 통일화를 일으킨 교황은 **그레고리우스 I세** A. D. 590-640이었다. 그레고리우스는 아리우스Arius파의 교리와 이교의 교의敎義를 전멸시키기 위하여 크게 노력하였을 뿐 아니라 '**스콜라 칸토룸**' Schola Cantorum을 재조직하였는데, 이것이 로마의 음악적 전통을 후대까지 전하는 기관이 되었다.

5. 초대교회 '공중 예배' 순서

기독교가 로마제국의 공인 종교가 된 후에는 초대교회에 있어서는 일반화되었던 단순한 예배 절차는 이미 용납될 수 없었다.

초대 기독교 학자였던 순교자 **저스틴**Justine Martyr, 150년경은 당시 공중예배公衆禮拜 '**예배의식**'에 관하여 다음과 같이 정리하여 말하였다.

① 지도자의 설교
② 신구약 성경 봉독
③ 빵과 포도주의 봉헌
④ 신실한 기도
⑤ 평화의 입맞춤 kiss
⑥ 감사기도
⑦ 성찬식

이러한 단순한 예배형식에 대하여 5세기에는 웅장하고 아름다운 교회 건물에는 적합하다고 생각하지 않게 되었던 것이다. 사실 당시 몇 몇 교회건물은 웅장하여 어느 이교 사원보다 뛰어났다.

고정된 예배의식에 사용된 가사歌辭는 이미 존재하고 있었다. 문제는 그 전의 여러 세기 동안에 쓰여 진 훌륭한 많은 종교시宗敎詩 중에서 하나를 선택하는 일이었다. **글로리아 파트리**Gloria Patri는 로마의 클레멘티Clement 시대에 벌써 사용되고 있었다. 희랍어로 된 트리사기온Trisagion, '세 번 받은'이란 뜻 그것과 동일한 라틴어 원문인 '**마그니피카트**'Magnificat, '**눙크디미티스**'Nunc Dimittis, '**베네딕투스**'Benedictus, 그리고 음악적 편곡에 알맞은 다른 성경 원문은 매일 기도시간에 **찬송가**Canticles로 사용되고 있었다.

레메시아나Remesiana의 감독인 니체다Niceta, 400년경의 작품으로 되어있는 '**테데움**'Te Deum은 약간의 예배의식에 사용되었다.

예배의식의 표준화를 향한 운동은 **그레고리**Gregory에 의하여 계속되었는데, 그는 기왕에 태양신에 대한 이교의 찬송으로 사용 중인 희랍어 가사 '**기리에 엘레이존**'Kyrie Eleison을 가지고 '**크리스테 엘레이존**'Christe Eleison을 추가시켰다.

세 번 반복되는 이 두 가지 원문은 후에 **미사 통상문**通常文으로 알려지게 된 노래의 처음에 불리어 지는 부분으로 사용되었다. 그러나 그레고리Gregory 시대에 미사는 후대에 미사의 고정문固定文이 된 여러 가지 '찬트'의 그룹으로 성립되어 있었다. 여러 가지 예배의식은 여러 지역에서 각기 사용되고 있었다.

예배 식禮拜 式의 점차적인 표준화는 질이 높은 가사로 된 '**찬트**'Chant를 낳게 했으며 가톨릭교회의 가장 훌륭한 여러 작가의 시를 토대로 한 가톨릭교회를 위한 음악을 확보하였다. 이것은 또한 창작 작품의 점차적인 쇠퇴를 가져오게 하였다. 엄격한 예배 식 이외에 사용할 목적으로 쓰여 진 종교시와 음악이 언제나 존재하였음을 암시하는 충분한 증거가 있다.

디킨슨Dickinson은 아래와 같이 진술하였다.

> "기독교회 음악사는 사제의 예배 식 노래가 확립됨으로써 정식으로 시작되었는데, 그 노래는 4세기에 벌써 '공중 예배' 때에 통속적인 노래를 대신하였다. 초기 기독교의 통속적인 노래에 관한 기록은 별로 없다할지라도 비예배식非 禮拜 式음악이 기독교인의 사상 발전과정에 굉장한 영향을 미치게 했다는 것은 의심할 여지가 없다."

4세기에 교회 밖에서 흔히 사용되는 종교 음악을 토의하는 중 랭Lang은 다음과 같이 진술하였다.

> 여러 교회 작가들의 권고에 따르면 축제일 전날 밤의 기도의 절차가 규제되기 전에 **찬송**을 부르는 것은 **박수**와 **무용동작**을 동반한 것 같다 …… 이러한 악용을 저지하기 위하여 라오디게아Laodicea 회의(380-381)는 교회법규 제50조로 성경학자적 금지령을 되살려 냈다 …… 이 딱딱한 태도는 후에 바뀌어졌으며, 그 악용이 완화된 뒤 중세에는 독특한 '**성서적 찬송**'이 성행하였다.

비예배식 음악사용의 반대 이유는 그 음악이 지니고 있는 질(매우 강한 리듬적인 성격) 때문만 아니라 비성서적 언어 때문이라는 사실은 교회음악사 연구학자에게는 흥미 있는 일이다. 이 같은 견해는 종교개혁 후 100년이 되기까지 영국으로 하여금 독자적인 찬송을 발달하지 못하게 하였다. 그런데 한편 16세기 독일과 유럽 대륙에서는 '인간의 평정不靜'의 찬송이 널리 사용되고 있었다.

6. 시편가 집 詩篇歌集, Psalmody ; Psalmbook

종교음악에 있어 유대인과 기독인 전통 사이에 역사적 연속성 열쇠는 '**시편가집**'에 있다. 시편의 가창은 솔로몬 신전神殿 시대로부터 유대인 전통의 일부였고 신약시대로부터 기독인의 전통의 일부였다.

시편의 음조는 대 완전 체계Greater Perfect system(확장음계) 의 **희랍선법**과 **평성가** Plain song에 사용되는 교회선법 사이에 있는 역사적 연속성의 열쇠이다.205)

기도(후일의 기도와 예배시간)하는 동안에 시편이 불려 지거나 읊어지는 8개의 음이 있다. 에릭 워너Eric Werner가 확실히 보여준 것 같이 여덟 개의 선법의 개념은 유대, 시리아, 비잔틴, 로마, 아라비아, 그리고 서 구라파 음악에 공통적이다.

초대 기독 시편가의 경우를 보건대 '톤'tone 중의 하나를 낭송하는 것은 잘 알려진 일이다. 시편 음이 처음 나타나서 그 후대의 '**그레고리 찬트**'Gregorian Chant의 선법적 구조에 이론적 연관이 되었다는 최근의 연구가 있기는 하나 아펠Apel 교수는 '**시편 음**'을 '**교회 선법**'教會旋法이라는 말로 정의하고 있다.

☆ 초대 기독교회의 시편가창은 3가지 형태가 있었다.

① '**직접 시편 가**'direct Psalmody는 한편의 시편이나 여러 절을 부르는데 본문에 다른 말을 추가시키거나 수정하지 아니 한다.
② '**화음 시편 가**'는 유대 회당에서 그대로 취해 온 것으로 전 시편을 독창자가 노래하면 합창대 또는 회중이 '**아멘**' 또는 '**알렐루야**'와 같은 짧은 긍정하는 외침을 덧붙인다.
③ '**교창 시편가**'는 암브로시우스Ambrose에 의하여 소개되었다고 생각되는데 시리아의 관례에 따라 교대로 부르는 2개의 절반 합창대를 사용하였다.

---

205) 그레고리오 성가 Gregorian chant는 '평 성가' Plain song 라고도 불리며, 이것은 로마 가톨릭의 예배음악으로 중세 기독교인들의 신앙심의 표현인 동시에 넓게는 서양음악의 원천이자 최초의 고전음악이라고 할 수 있다.

<악보 32> [중세 교회 선법]

에릭 워너Eric Werner에 의하면 '**시편가**'는 4세기까지의 모든 원시 예배식에 있어서 뚜렷한 역할을 하였다. 시편 사용은 공중예배에서와 마찬가지로 개인 예배에서도 크게 장려되었다. 사도헌장Constitutiones Apostolorum에서는 저녁**기도**와 새벽기도를 위하여 '**시편 63편**'과 '**시140편 1절**'을 권장하였다. '**시편가창**'은 매일 예배를 드리는 여덟 번의 기도시간 중 3번을 불러야 한다고 규정 되었다.

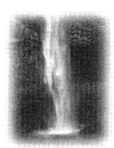

제8장 중세 기독교 교회음악 역사
(A. D. 590-1050까지)

제1절 중세 기독교 교회음악

서양에서 중세라고 하면 게르만 민족의 대이동이 있었던 5세기 중엽 동로마 제국이 멸망하기까지의 100년 동안을 말한다. 중세교회는 하나님의 뜻을 내세워 백성들을 마음대로 죽이고 살리며 함부로 재물을 빼앗는 등 절대 권한을 행사했다. 그러나 "절대 권력은 절대 망한다."라고 하였다.

교회 음악사를 나누면서 편리상 그레고리 Ⅰ세 Gregory I 로부터 아레초의 귀도 Guido d' Arezzo, 990-1050 까지 A. D. 1050년까지의 역사를 다룰 것이다.

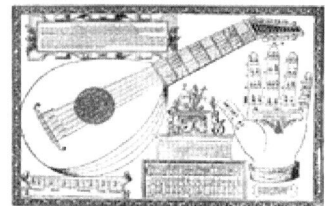

중세가 비록 암흑시대라고 비난을 받을 망정 그 시대의 음악만큼은 지금도 전해 내려오고 있다. 요즘도 사람들은 유서 깊은 도서관이나 다 허물어져 가는 고색창연한 어느 수도원의 어느 한 구석에서 좀이 슬고 곰팡이 나는 악보를 찾아내 CD로 제작하기도 한다. 중세의 기독교음악이 그만큼 대우를 받고 있는 데는 그럴만한 이유가 있다. 첫째, 아무리 암흑시대였다고 해도 음악 자체는 죄가 없기 때문이다. 그들의 "**음악**만큼은 '**하나님**을 **찬송**하는 **깊은 신앙심**이 배어있는' **경건한 음악**" 이었기 때문이다.

기독교가 등장한 곳은 유대교와 후에 이슬람교가 생긴 중근동 지방이었다. 예수께서 로마 병사에 의해 하나님의 아들 그리스도가 십자가에 못 박혀 죽은 후 신도들은 뿔뿔이 흩어졌지만 포교활동은 계속되었다. 기원 후 60년 경 로마 **네로 황제** 시절에는 원형 경기장에서 맹수의 밥이 되는 혹독한 시련 속에서도 기독교 신자들은 로마 근교의 '**카타콤**'[206]이라는 지하 공동묘지에 숨어 살면서 신앙을 지켜나갔다. 마침내 326년 로마 제국은 동서로 분열되었고, 476년 서 로마는 게르만인의 침입으로 멸망하였다.

초기 기독교 음악은 고대 유태 음악의 직접적인 영향을 받았다. 예수가 태어날 당시 이미 성악이나 기악 등 **유태음악**이 성행하고 있었다. 유대인이었던 예수의 제자들도 그때까지 접해왔던 유대음악의 전통 안에서 새로운 감정에 맞도록 조금씩 수정해 가면서 **기독교음악**을 발전시킬 수밖에 없었을 것이다.

1. 교양학과로서의 음악의 시작

희랍 철학에 깊이 젖은 사람에게 세계 종교로서의 출현과 그 충격은 서양문명 발달에 있어 매우 중요한 개념상의 투쟁을 낳게 하였다. 인간의 몸가짐, 사상, 활동 등 모든 분야는 그렇게 단시일 내에 정치적으로나, 사회적으로 거대한 변화를 가져오게 한 활동적인 기독교인의 신앙의 적당한 활동무대였다.

기독교회사의 처음 천년 동안 신학자, 학자, 교회음악가 및 기타 신앙이 돈독한 종교가들은 이 문제를 깊이 생각해 보았고, 여러 가지 결론에 도달하였다. 그들은 교육학적으로는 음악을 연구의 네 과목科目 즉 '산술, **음악**, 기하, 천문학' 안에 속하는 과학으로 여겼고, 신학적으로 영적 성장에 도움으로 생각하였다. 도덕적으로는 마음을 불행으로부터 벗어나게 하는 오락으로 여겼고, 상징적으로는 '천체 음악'天體 音樂의 가청 적可聽 的 표현이고, 우주의 화음和音이며, 심미적으로 볼 때 '예술藝術을 위한 예술'이라는 비교적 최근의 개념의 범주까지는 이르지 않았으나 예술로 여겼다.

---

[206] **카타콤**Catacomb이란 무덤으로 사용하기 위한 벽장이 붙은 좁은 통로로 이루어진 지하묘지인데, 기독교인들이 로마 제국의 박해를 피해 이곳으로 숨어들어가서 예배하였던 곳이다.

중세의 수도원 운동에서 소수의 경건한 기독인들은 불안정한 정치적 상황, 그리고 이러한 사회에 있어서의 생활의 혼란과 긴박감은 신비로운 명상과 경건을 위한 풍토가 되기에는 너무나 알맞지 않았다는 결론에 도달하여 한적하고 외딴 안식처로 물러나서 경건한 종교적 명상에의 단순한 행위가 반복되는 생활을 추구하였다.

그러나 그리스도께서 이렇게 기도하셨다. "내가 비옵는 것은 그들을 세상에서 데려가시기를 위함이 아니요. 다만 악에 빠지지 않게 보전하시기를 위함이니 이다." 요 17:15 기독인의 '세상'에 관한 올바른 견해에 대하여 비바리움 vivarium 수도원 카시오도루스 Cassiodorus(d. c.580)[207]는 주장하기를 "종교적인 것이거나 세속적인 모든 지식을 모으며 이 지식을 다음 세대에 전달해 주며, 이 땅 위에서 이교와 대항할 무기를 만들어 이단적인 사상과 싸우는 것이다."라고 하였다. 명상과 고독은 그 자체가 목적이라기보다 이교 異敎에 대항할 무기를 만드는 수단이었다.

카시오도루스는 희랍 고전과 희랍 해석에 열심 있는 학도였는데 **보이티우스** Boethius, 470?-524의 저서 중에서 발견되었다. 보이티우스는 플라톤과 피타고라스를 면밀히 연구하였다. 그는 '**음악**은 성격형성에 유용하다'는 플라톤의 사상과, '수의 비율은 **음악적 이해에 기초**가 된다'는 피타고라스의 생각을 설명하였다. 이 견해는 음악을 예술로 만들기보다는 과학으로 만들었다.

<그림 29> 보이티우스

보이티우스는 연주 그 자체보다는 음악을 만들어내는 요인을 객관적으로 고찰하는데 흥미를 가졌다. 중세 초기 위대한 철학자 보이티우스의 저서 『데 인스티투시오네 무시카』*De institutione musica* 의 원고에는 음악가를 다음과 같이 분류하고 있다.

> "음악예술에 관해서는 세 가지 부류가 있다. 한 가지 부류는 악기와 관계가 있으며, 또 하나는 노래를 발명하며, 셋째는 악기와 노래의 작품을 판단한다. 그러나 악기와 관련된 부류는 거기서 모든 노력을 소모한다. 가령 키타라 cithara의 연주가와

---

207) 카시오도루스 Marucus Aurelius Cassiodorus(490-580)는 고대에서 중세로의 전환 시기에 부족들의 민족사를 서술한 최초의 인물이다. 왕의 권유로 '동고트 족의 역사' Historia Gotica 를 저술하였다.

오르간 organ이나 다른 악기로 기술을 과시하는 사람처럼 저들은 고용인이며, 아주 심사가 부족한 이성이란 아무 것도 지니지 않은 사람들이기 때문이다. 음악과 관계가 있는 두 번째 부류는 시인들이다. 이들은 사고思考와 이성으로서가 아니고 어떤 자연적인 본능으로써 음악을 낳게 한다. 이같이 이 부류도 역시 음악으로부터 분류되어 있다.

셋째 부류는 판단하는 기술을 가진 자들인데, 그러므로 리듬과 멜로디와 노래의 전부를 저울질한다. 이 전부가 이성理性과 숙고熟考에 기초를 두고 있는 것으로 보아 바로 이 부류가 음악적이라고 여겨진다.

보이티우스는 그의 희랍고전에 대한 흥미와 박학으로 인하여 동시대인에게서 존경을 받았으며, 그의 음악에 대한 견해는 학구적인 연구과정안에 드는 과목으로서의 음악의 장래를 결정짓는데 강한 영향력을 가지고 있었다.

음악이 교양과목이라는 생각이 출현하는 데에 카시오도루스Cassiodorus가 끼친 공헌은 어거스틴Aurelius Augustinus, 354-430의 견해의 강한 찬성으로 도움을 받았다. 즉 교양과목을 공부하는 일은 그 자체가 목적이 아니고 성경을 더 잘 이해하는 수단으로서 격려되어야 한다는 것이다.

2. 로만 찬트 Roman Chant의 보급

교회사상 가장 매혹적인 현상중 하나는 그레고리 찬트Gregorian Chant가 서 구라파에 급속히 퍼졌다는 것과 그레고리Gregory의 전통이 모자라빅Mozarabic, 갤리건Gallican 및 암브로시우스Ambrose형을 교체시킨 그 속도이다. 가톨릭 예배 의식에 있어서 음악과 가사는 분리될 수 없다.

로마Roma로부터 파송 받은 선교사들은 로마의 예배 의식과 찬트Chant를 모든 유럽 제국에 가지고 갔으며 로마의 권위를 다른 전통 위에 세우도록 주장하였다. 각국에서 그들은 "한 신앙, 한 주님, 한 세례, 한 교회, 통합된 예배식"의 사상을 가르쳤다.

로마 가톨릭교회는 '**단음 찬트**'Chant에 대한 공식적인 지지를 전통적으로 보류해 왔다. 신교도들은 교회음악의 단순한 스타일에 바치는 베네딕틴Benedictine 수도승의 흔들리지 않는 충성을 이해하기 어려웠으나, 종교적인 가사에 아무 가치 없는 편곡을 붙인 여러 가지 음악에 교회의 문을 활짝 열어 놓아 교회음악에 통일된 표준이 부족 되어 있다는 사실을 인정한다.

'**단음 찬트**'Chant는 '**강세를 넣은 연설조**'이다. 반복되는 '**운율적 악센트**'는 가사 중에 강세가 붙는 음절과 충돌되지 않는다. '**어색한 리듬 유형**'은 가사의 진행을 방해하지 않는다. 대부분의 경우 '**한 옥타브 음역**'에 국한되어서 훈련되지 않는 목소리로 쉽게 부를 수 있는 것이다. 찬트는 현대의 어떤 세속음악과도 닮은 데가 없기 때문에 세속음악으로부터의 침해의 위험은 없다.

다른 스타일로 된 음악적 표현은 변한다. 그러나 '**찬트**'는 세기世紀가 아무리 지나도 똑같다. 찬트는 전통적으로 가장 질이 높으나 제한된 수의 종교적 가사에만 관련을 맺어 왔다. 이 때문에 로마로부터 유럽각지로 파송되는 선교사에게 있어서 찬트를 정확히 부르는 일은 커다란 관심사였다. 또한 이 때문에 찬트가 여러 세기를 지나는 동안 지속적으로 공식적인 지지를 받은 것이다.

음악사에 있어서 가장 흥미 있고도 복잡한 문제는 지역적인 변형이 극히 드물게 '**통일된 찬트의 전통**'을 수립하게 되는 사건에 있어서의 그레고리 1세의 역할이다. 랭Paul H. Lang에 의하면 그레고리의 주요한 노력은 교양학과로서 음악의 개념을 억제하는 일과 예배식 연주에 있어서 '음악적 훈련 강화'에 집중되었다. 그는 성직자로부터 음악 연구의 고견을 듣지 않고 주장하기를 교회 목회자는 자기의 목소리를 다듬는데 시간을 낭비해서는 안 되며, 다만 **복음서를 낭송**하는 일에 국한 되어야 하며 예배 중 나머지 부분은 부 보제副補祭나 작은 직책을 맡은 성직자에 의하여 행하여지도록 내버려 두어야 한다고 하였다. 그는 **스콜라 칸토룸**Schola Cantorum의 교과과정을 수정하여 고전 연구는 줄이고 신학적 훈련수를 증가시켰다. 새 교과과정에는 '문법', '성경연구' 및 '예배 식 연주'에 있어서의 '**음악 훈련**'만이 포함되었다.

교황 그레고리Gregory의 예술로서의 음악에 대한 제한된 평가에도 불구하고 그는 그것의 교육학적 가능성을 잘 알고 있었다.

596년에 베네딕틴Benedictine의 수도승인 어거스틴Augustine을 40명의 동반자와 함께 영국에 보내어 이교도를 개종시키며 로마에 충성을 다하게 하며 예배 식을 올바로 사용케 하며 **찬트**를 정확하게 연주하도록 가르치게 하였다.

이 수도사들이 성공적으로 사업을 벌인 결과 수년 내에 영국은 기독교의 영향력과 고전학문의 중심지가 되었고, 598년에는 켄트Kent의 이델베르트Ethelbert 왕이 기독교를 받아 들였다. 6, 7, 8세기에는 아일랜드 Ireland와 스코틀랜드Scotland가 **기독교 학문**과 '**선교활동의 중심지**'가 되었다.

3. 영국의 교회음악
The Church music of England

영국에서의 베네딕틴Benedictine수도사의 선교활동에 뒤이어 많은 기독 시詩가 저작되었는데 그 가운데 대부분은 기독교와 이교의 요소가 혼합되어있었다. 이 시기로부터 보존되어 온 두 저자의 이름은 **캐드몬**Caedmon**과 키네울프**Cynewulf 이었다. 영국 찬송가의 첫 작가 즉 성서적 종교적 주제들을 노래한 캐드몬Caedmon의 이야기는 이 초대시대의 기독인 학자 베네러블Venerable Bede에 의하여 진술되고 있다.

"…… 하나님의 은혜로 특별히 뛰어나고 존경 받는 어느 형제 한 분이 있었다. 왜냐하면 종교적이고 경건성이 짙은 노래를 짓는 습관이 있었기 때문이다. 그 사람은 고령이 되기까지 이 세상에 살았는데, 어떠한 시詩도 배운 일이 없었다. 그는 향연에 가끔 참석하였는데, 거문고에 맞추어 노래를 차례로 하게 되어 있었다. 자기에게 거문고가 가까이 오는 것을 볼 때마다 부끄러워서 그 향연 자리에서 떠나 자기 집으로 갔었다. 이렇게 하던 어떤 기회에 그는 향연이 벌어지고 있는 집을 떠나 마구간으로 갔는데 그날 밤, 말을 돌보는 책임을 맡고 있었다. 얼마 지나지 않아 침대 위에서 발을 뻗고 잠이 들었다. 그런데 꿈에 어떤 사람이 옆에 서서 그의 이름을 부르며 인사하였다. "캐드몬Caedmon이여! 무슨 노래든지 내게 불러다오." 그래서 그 사람이 대답하기를 "저는 아무 노래도 부를 수 없습니다. 노래 부를 줄 모르는 걸요." 또 다시 그에게 말하던 사람이 말하기를, "무슨 노래를 부를 까요?" 그가 말하기를 "만물의 시작을 내게 노래해 다오." 이 대답을 듣고 캐드몬은 즉시 창조주 하나님을 찬송하기 시작하였는데, 그가 도무지 들어보지 못한 절節과 가사歌辭로 노래하였다. 그 노래는 다음과 같다.

"하늘나라의 보호자, 창조자의 능력, 하나님의 마음속의 오묘하심, 그리고 영광의 아버지의 솜씨를 찬양하자. 영원하신 주님이 모든 놀라운 일을 어떻게 시작하셨나, 거룩하신 창조주께서 처음 땅의 자녀들을 위한 지붕으로 하늘을 창조하셨고, 그 후에 인류의 보호자이시며, 전능하신 통치자이신 영원한 주님께서 인간을 위하여 세상을 만드사, 땅으로 삼게 하셨도다."

《창조의 찬송》에 뒤이어 베이드~Bade~는 다른 종교시를 지은 케드몬에 대하여 말하기를 이 저자의 작(作)으로 되어 있는 가장 중요한 것들은 '창세기' '출애굽기' 및 '다니엘'이다. 8세기 말의 기독 시인인 키네울프~Cynewulf~는 《**Christ**》, 《**Julana**》, 《사도들의 운명》, 《**Elene**》 등 많은 시를 지었다.

4. 샤를마뉴 대제의 수도사 교육과 사원학교

800년에 샤를마뉴~Charlemagne~가 신성 로마 제국의 황제가 되었고, 얼마 있지 않아서 그는 자기의 서방제국에 통일된 읽고 쓰는 일과 의식을 수립하며 이교 신앙을 폐지하려는 노력을 기울이기 시작하였다. 그는 **교회음악**에 큰 관심을 가졌으며 통일된 그레고리~Gregory~의 관례를 확보하기 위하여 암브로시우스~Ambrose~의 예배 식에 관한 것이 들어 있는 책을 불사르는 일에 책임을 지기도 하였다. 샤를마뉴는 수도사들을 로마에 보내어 **성악교육**을 받게 하였다. 그의 생전에 그의 제국 안에 있는 몇 개의 수도원은 학문과 예배 식 훈련학교의 중심지가 되었었다.

그러나 오래지 않아 카롤링거~Carolingian~ 왕조 제국 안에 있는 수도원과 사원학교들이 '**음악**'을 교양학과로 가르치기 시작하였다. 고대고전 연구가 다시 레임스~Rheims~의 사원학교에 있는 길버트~Gilbert of Aurillac~와 같은 학자들의 주의를 사로잡았다. 7-8세기 그리고 9세기에 학문의 주요 중심지는 수도원이었다. 음악적 전통에 있어서 가장 유명한 수도원은 스위스~瑞西~에 있는 성 골~St. Gall~의 수도원이었다. 성 골에서 학생들은 보이티우스~Boethius~와 카시오도루스~Cassiodorus~의 학문에 정통하고 있었다. 음악의 올바른 연주를 가르쳤을 뿐만 아니라 또한 이론의 지식과 음악의 과학이 똑 같이 중요하다고 고려되었다. 성 골 수도원에 있던 저명한 음악가들은 9세기에는 그레인왈드 Greinwald 가 있었으며, 10세기에는 아일랜드 愛蘭 수도사인 마르첼루스 Marcellus 와 그의 3제자 투오틸로 Tuotilo, 라트페르트 Ratpert, 노크트페르트 발부르스 Noktpert Balbulus 가 있어서 10세기의 교회음악사에 결정적인 영향을 끼쳤다. 이 시기에 있어서의 교회음악 연구는 아일랜드, 스코틀랜드 그리고 유럽 대륙의 수도원 간에 사상의 끊임없는, 건전한 교환이 있었음을 나타내고 있다.

샤를마뉴가 죽은 A. D. 815 다음 세기에 고전학문의 보호자로서 그리고 교양학과인 음악의 교사로서의 지도적 역할을 하던 사원학교들이 점차적으로 쇠퇴해 갔다. 일찍이 주후 600년에 대륙에서 온 아일랜드 수도사들이 사원학교에 크게 공헌하였다. 이 가운데 가장 중요한 것은 카르트레스 Chartres 와 레임스 Rheims 에 있는 사원학교였다. 음악은 교양학과 연구로서의 옛날의 약간의 위상을 다시 회복하였다.

제2절 교회선법과 교회음악
(敎會旋法, the Church Modes & Church Music)

우리는 특수한 화성적 진행이 기대되는 토널 하모니 tornal harmony 상태에 있으므로 예컨대 '**주화 현**' 다음에 '**속화 현**'이 따른다. 평 성가 Plain Song 를 새로운 견지에서 고려하는 일이 필요하다. 평 성가는 화성 적 관련에 얽매이지 않는 순전한 멜로디로 생각된다. 종지는 멜로디가 제한된 음역 내에서의 한 음에 와서 쉬게 되는 휴지 점 혹은 순간적인 정지점인데, 이 음에 보다 큰 멜로디적인 강세가 주어진다. 주음 중심은 화성 적 관계보다는 어떤 주어진 음의 선율적 강세, 재현 및 반복에 의하여 만들어진다. 두 개의 기본적 이조 선법 장음계와 단음계 보다는 차라리 선율적 강조와 내부적 구조를 달리하는 8개의 선법이 있다.

이조의 관념은 의미가 없다. 왜냐하면 고정된 음 고(音高)는 음악에 있어서 비교적 현대의 개념이기 때문이다. 분석이나 비교를 위하여 여기에 교회선법을 피아노 백 건반 위에 재생시켜 음정관계를 표시하였다.

<악보 33> 교회 선법의 주음

홀수(기수; 奇數)로 된 선법은 정격적이라 부른다. 이것들은 주음이 옥타브의 첫 음으로 되어 있고, '낭독 음'은 제5음으로 되어 있다. 단 제3선법만은 예외로 ' f '와 ' b ' 사이에 증도(증음정)를 부적당하게 강조하는 일을 피하기 위하여 '낭송 음'을 6번째에 두었다. 변격 적이라 부르는 우수(偶數 짝수)의 선법은 '**주음**'(主音)이 그 음계의 제4음으로 되며, '**낭송 음**'은 관계 정격적 선법(앞서의 기수 선법)의 낭송 음보다 3도 낮다. 유일한 예외는 제8선법인데, 여기에는 b를 피하기 위하여 c가 낭송 음이다. 이 같은 구조적 특색은 시편 음에나 동서양에서 생겨난 대다수의 **평 성가**plain song 208) 문헌에도 공통적이다.

☆ 평 성가Gregorian Chant의 예이다. <악보 34> 평성가의 예

<Mode I, Dorian>　　　<Mode II, Hypodorian>　　　<Mode IV, Hypophrygian>

---

208) **평 성가**plain song 란 **단선성가**를 말하며, 박자와 마디가 없는 무반주의 교회선법에 의한 교회선율을 말한다.

1. 기보법 記譜法, Notation과 계명창법 Solmization

보표 기보법은 1,000년경 유럽에서 발달하였다. 이전의 기보법 형식은 부적당했으며, 정확한 음정을 지적하지 않았다. 조그마한 선율 그룹을 지시하기 위한 상징을 나타내는 고대 문명의 원시적 음악 기보법 eksphonetic notation 과 멜로디의 진행방향을 지시하는 네우마틱 neumatic 기보법은 두 가지 고정된 형식으로 된 찬트 멜로디를 보관하는데, 부적당하였다.

아레쪼 Arezzo의 귀도 아레티노 Guido Aretino, 995-1050는 음악에 있어서 두 가지 가장 의미 있는 발달인 계명창법 Solmization과 4선 보표를 발전 시켰다고 그의 동시대인으로부터 인정받고 있다. 11세기 초에 F음을 지적하기 위하여 붉은 선을 사용하는 것이 습관이 되었다. 곧 이어서 2선, 3선 그리고 그의 동시대인에 의하면 4선이 귀도에 의해 추가되어 오늘날 가톨릭교회음악에 아직도 사용되고 있는 보표를 이루었다. 이전에 사용하고 있던 네우마 neimes는 대부분의 경우 보존되고 있다. 그러나 좀 더 명료한 보표 기보법을 만들기 위하여 그 모양이 변해졌다. 보표 상에서 여러 위치로 변할 수 있는 C 혹은 F로 된 작은 음자리표 기호의 사용이 보표의 음역 내에서 멜로디의 정확한 음정을 처음으로 지적할 수 있게 하였다.

계명창법 Solmization도 이에 못지않게 중요하다. 이것은 **ut, re, mi, fa, sol, la** 라는 6음절 위에서 평 성가 plain song 멜로디를 노래하는 방법이다. '세례 요한의 찬미'라고 부르는 11세기에 사용되고 있던 찬송이 그 각 행마다 이 6음절의 하나로 시작되는 음을 사용했는데, 각 행은 먼저 행의 처음 음보다 한 음혹은 반음이 높다. 이 찬송이 관련 구조가 되었으며, 마침내 **계명창법** Solmization의 기초가 되었다.

대부분의 그레고리 Gregory 멜로디에 있어서 여섯 음절은 충분하지는 못했을지라도 **계명창법** Solmization은 여섯 음절만을 사용하여 그 구조 중에 오직 한 개의 반 음정 mi-fa를 포함하도록 하였다. 두 개의 추가 6음계(6도 음정 내에 6음계)는 흔히 사용되는 a에서 b flat과 b에서 c까지의 반 음정을 가능하게 하였다. 그 두 개란 '부드러운 헥사코드' hexachordum molle: f, g, a, b flat, c, d에서와 같이 '딱딱한 헥사코드' hexachordum durum: g, a, b, c, d, e에서와 같은 것이다. 이것들은 멜로디의 음역이 자연적 헥사코드 hexachordum naturale: c, d, e, f, g, a 에서와 같이 초과했을 때에 사용될 수 있었다. 영리한 이 교수법이 가수를 훈련시키기 위한 유서由緖 깊은 방법이 되었다.

2. 로마 가톨릭교회 미사 The Mass

저스틴 Justin Martyr, A.D. 150년이 묘사한 단순한 예배를 잠시 회상하여 보자. 즉 **신구약성서 낭독** 후에 지도자의 **설교**가 있고, **떡**과 **포도주 봉헌** 다음 신실 자信實 者의 **기도**, **평화**의 **입맞춤**, **감사기도**, 그리고 마지막으로 **성찬**이 행해진다. 11세기에는 대체적으로 현행 형태의 미사가 이루어졌다. 커트 작스Curt Sachs 의 서술을 인용한다면,

신부가 제단으로 가는 동안 가수들은 입장을 위한 **안티폰** antiphonal ad introit을 시작한다.

미사 Mass 자체는 다섯 가지 주요 부분으로 되어 있는데, 그 첫 마디는 **기리에** kyrie: 자비 송, **글로리아** Gloria: 대영광송, **크레도** Credo: 신앙고백, **상투스** Sanctus: 거룩 송, **아뉴스데이** Agnus Dei : 신(神)의 어린양이다.
첫 부분은 자비를 비는 기도로서 동방교회의 언어인 희랍어로 된 9가지기도로 구성되어 있다. 즉 세 번의 **기리에 엘레이손** Kyrie eleison: 주여! 우리를 불쌍히 여기소서. 과 세 번의 **크리스테 엘레이손** Christe eleison: 그리스도여! 우리를 불쌍히 여기소서! 과 다시 세 번의 **기리에 엘레이손** Kyrie eleison: 주여! 우리를 불쌍히 여기소서! 이다.
그래서 신부는 **글로리아 인 엑셀시스 데오** Gloria in excelsis Deo: 지극히 높은 곳에서 하나님께 영광!을 영송詠誦한다. 그리고 찬양대는 **엣 인 테라 빡스 호미니부스 보나이 볼룬타띠스** Et in terra pax hominibus bonae voluntatis: 땅에는 평화를 계속한다. **대영광송** Gloria 다음에는 사도의 서한과 복음서 강의講義가 따른다.
세 번째의 주요 부분은 신앙고백인 **크레도 인 우눔 데움** Credo in unum Deum: 나는 한 분이신 하나님을 믿는다. 라는 신부의 영송詠誦으로 시작되어 찬양대의 '**전능하신 아버지**' Patrem omnipotentem 라는 노래가 뒤를 잇는다. 이것은 '**육신 입으사**' Et incarnatus est 와 '**십자가에 못 박히다**' Crucifixus 라는 부분으로 끝을 맺는다. 이것들은 **미사** Mass 의 다성적 편곡에 있어서 가끔 독립된 악장으로 된다.

봉헌송Offertorium, 헌금 모을 동안에 외우는 성어(聖語) 그리고 감사 기도로서 **서송**Preface, 序論이 성수聖水가 준비되는 동안에 **삼성 송**Sanctus, Sanctus, Sanctus; 거룩 거룩 거룩 과 **호산나**Osanna 혹은 **호산나 인 엑셀시스**Hosanna in exelsis 그리고 **주의 이름으로 오시는 자 복 있다** Benedictus qui venit in nomine Domini 등이다. 그리고서 세 번 **세상 죄를 지고 가시는 하나님의 어린양**Agnus Dei qui tollis peccata mundi 로 미사Mass가 종결된다. 그러나 성찬의 떡을 떼어 먹은 다음 종곡終曲으로서 성찬이 있다.

마침내 신부는 **가라 회중은 해산 된다**Ite missa est 라는 말에 찬양대의 답창答唱 **하나님께 감사** Deo Gratias 가 불려 지면 회중을 해산시킨다.

커트 작스Curt Sachs가 서술한 대로 의식이 11세기의 가톨릭교회에 중심적인 의식이 되었고, 그 이후로도 특별한 축제일에 다소 변경된 형식으로 사용되어 오고 있다.

미사Mass 는 암송부분과 노래부분으로 구성되어 있다. **미사**라는 말은 대개 위에 기술한 대로의 전의식을 포함하지만은 이 말은 특히 음악가에게는 아래에 기술되는 음악순서만을 의미하는 말로 사용된다. 즉 [1]**기리에**Kyrie, [2]**글로리아**Gloria, [3]**그레도**Credo, [4]**상투스**Sanctus 및 [5]**아뉴스 데이** Agnus Dei 이다.

미사의 이러한 부분을 **통상문**Ordinary 혹은 **고유문**Proper of the Mass 이라 부른다. 이 훌륭한 가사의 특질이 끊임없이 작곡가의 영혼을 불러 일으켰다. 세대를 이어가면서 가톨릭 작곡가와 마찬가지로 신교 작곡가는 이러한 가사로 된 많은 음악작품을 후세에 전하였다.

음악가에게 잘 알려져 있는 특별한 형型의 미사는 '죽은 자를 위한 미사' Mass of the Dead 즉 '**레퀴엠 미사**'Requiem Mass 이다. 이러한 가사에 붙여진 음악회용 작품 중에 잘 알려져 있는 것은 **모차르트**W. A. Mozart, 1756-1791, **포레**Gabriel Urbain Faure, 1845-1924, **베를리오즈** Berlioz, 1803-1869, **베르디**Verdi, 1813-1901와 같은 작곡가의 작품이다.

가톨릭교회의 예배식의 표준화는 종교 음악사상 굉장한 종교적 의의가 있는 점진 물漸進物 발전이었다. 어떤 신교도는 이러한 발전을 진정한 종교적 경험에 대한 예술과 의식의 접차적인 작용으로서의 발전, 양심과 개인적인 책임의 권위에 대한 교회권위의 작용으로서의 발전, 산 자국어自國語에 대한 죽은 언어의 대용으로서의 발전으로 간주한다.

대다수의 가톨릭교도들은 이 발전의 문제에 있어서 무질서한 예배에 대한 질서의 승리이며, 중세 초기의 거친 노력에 대한 매우 예술적이며 의미 깊은 상징의 대용 또는 초기의 발전에 어울리는 아름다운 단순성으로부터 후기의 발달에 당연한 좀 더 복잡한 의식으로의 자연적인 발전으로 본다.

3. 다성 음악 多聲音樂, Polyphony 의 시작

어떤 권위자에 의하면 '중창' Part Singing 은 가창 그 자체만큼 오래 된 습관이다. 그러나 성부로 된 음악을 자세히 다룬 중세기의 처음 문서는 9세기의 것이다. 음악 편람의 두 문서 Musica enchiriadis and Scholica enchiriadis 는 어떤 멜로디에 대하여 다른 성음 부를 옥타브 diapason, 5도 diapente 및 4도 diatesseron 로 노래할 때 따라야 할 올바른 절차를 서술하고 있다. 이것은 소리의 단순한 혼합을 말하고 있는 것이다.

또한 『스콜리아 엔키리아디스』Scholica enchiriadis 에 서술한 간단한 절차가 독립된 성음 부라는 의미로서의 **다성 음악**으로 간주하지 않는다하더라도 이것은 음악사상 극히 중요한 문서이다. 왜냐하면 이것이 유니슨 Unison 가창 시기의 점차적인 종결과 종교 음악사상에 있어서 두 번째의 큰 구분인 **무반주 합창음악** 시기의 시작을 뚜렷하게 하는 까닭이다.

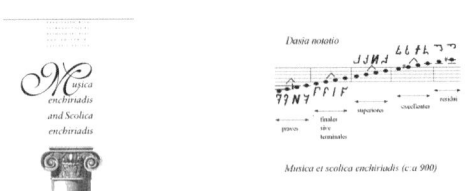

<그림 30> Musica Enchiriadis & Scolica Enchiriadis

제9장 중세 후기 교회음악 역사
(中世 後期, 1050-1300)

제1절 종교음악 宗敎音樂 과 세속음악 世俗音樂

기독교 운동의 역사 초부터 13세기에 이르기까지 일반적으로 이용할 수 있는 음악 사료는 오로지 교회, 수도원 및 사원학교 안에서의 것이다. 확실히 비종교적 음악이 언급된 참조문헌도 있으나 복음전파와 이교도 세계 속에 기독교를 넓히는 일에 헌신해온 역사저자들의 주의를 끌만큼 세속음악의 발달이 가치가 있다고 생각되지 않았던 것이다. 그러기 때문에 중세 초기의 세속음악에 대해서 아는 바가 거의 없다.

그러나 13세기에 와서는 사정이 달라졌다. 노트르담 Notre Dame 학파와 같은 사원학교에 있는 종교 다성 음악 작곡가들은 트루베르 trouveres 와 트루바두르 troudadours 에 의하여 세속음악과는 현저히 다른 스타일 Style 로 작곡하였다.

처음으로 분명하게 비교해 볼 수 있는 해득 解得 가능한 기보법으로 된

<악보 35> 노트르담 악파 작곡된 모테트 악보

두 가지 스타일의 음악이 많이 있었다. 현대 연구가는 13세기 이후의 교회용 즉 종교용 음악과 다른 형태의 음악을 비교해 볼 수 있다. 13세기에 있어서의 이러한 비교는 연구가에게 예배식과 **단성 음악**의 예술미, 종교 다성음

악의 신속한 발전 및 중세의 음유시인 트루베르trouveres와 트루바두르troudadours의 세속음악의 고르지 못한 질質로 인해 강한 인상을 준다. 그러나 세속음악의 이러한 발달은 세속음악과 마찬가지로 종교 음악사에 극히 의의가 깊다.

저자의 정의에 따른다면 종교음악을 종교적 가사와의 연관성을 통해서든지 혹은 그 적당 성 때문에 예배에 계속적으로 사용됨으로 해서 기독교 전통의 일부가 되었다. 종교음악의 이러한 정의定義, 좀 더 정확히 말해서 이러한 서술은 세속음악과 종교음악 사이에 어떤 날카로운 체제적 구별을 피하게 해 준다. 이것은 16세기에 아마 루터에 의하여 가장 잘 표현된 신교의 견해이다. 로마 가톨릭교회는 교회음악과 세속음악 사이에 좀 더 날카로운 체제적 구별을 항상 추구한다.

교회음악에 대한 전통적인 신교의 견해는 매우 기능적이다. 회중 가창은 신자들의 아주 훌륭한 '**사제직 찬송**'이다. 예배 장소는 인정된 목사가 없을지라도 두 세 사람이 그리스도의 이름으로 모이면 '신성'神聖하다. 음악은 교회당국자가 '신성하다'고 선언하지 않아도 신자 개개인이나 지방 회중의 의견으로 성실한 영적 예배의 일부가 된다.

이러한 견해는 위험성이 있는 것이며, 교회음악의 높은 예술성에 관심이 있는 사람에게는 불쾌한 견해이다. 그러나 이것은 예배에 대한 정통적인 신약성경의 견해와 일치하는 해석이다. 이러한 견해는 비 의식적인 교회 안에 가장 고상한 기독교 예술의 표현과는 비교할 가치가 없는 가사와 음악재료를 많이 사용하게 하는 결과를 빚었다. 그러나 이것은 또한 교회음악에 있어서 예술의 가장 고상한 표현에 책임이 있는 창작적 견해이기도 하다.

17세기와 18세기에 있어서 독일의 종교예술의 재생은 이에 대한 **루터**의 견해의 결과인바 음악의 전 영역은 교회음악인의 최상의 음악을 수집하고 종교 가사에 음악을 맞추고 그 음악을 하나님을 찬양하는 표현으로 만들도록 노력해야 하는 보고寶庫인 것이다. 이러한 견해는 **쉬츠**Schuetz, 1585-1672 **북스테후데**Buxtehude, 1637-1707 및 **바흐**Bach, 1685-1750 와 같은 작곡가들이 그들의 동시대인과 더불어 교회음악의 새로운 스타일을 창조함에 있어서 서로 겨루어가는 풍토를 조성하였다.

제2절 비 의식적 종교 단음 가

(非意識的 宗敎 單音 歌, Non-liturgical Religious Monody)

트루바두르Troubadours와 트루베르Trouvere의 노래는 보통 세속음악의 집단으로 언급되고 있다. 이 음악은 종교적인 노래가 비 의식적이라는 의미에서 오로지 세속적일 따름이다. 중세의 음악가와 시인들은 종교적 제목을 너무 의식하고 있었기 때문에 당장 사원 담장 밖으로 내던져 버렸다. 비종교적인 제목이 12세기-14세기를 통하여 음악예술의 재료가 되었다는 것은 극히 의미意味 있는 일이다. 또한 세속적 제목이 오히려 동일한 사람들의 주의를 차지하고 있다는 사실을 주목하는 것도 의의 있는 일이다.

11세기말-13세기말에 이르기까지 기독교화 된 유럽은 군사적 방법을 통하여 성지를 탈환하려고 계속 시도하였다. 모든 사회계급의 사람들이 회교도에 대항하는 군세에 참가하였다. 십자군 전쟁은 기독교 역사상 가장 부끄러운 장중의 하나이다. 이 시기의 **시**와 **음악**은 '이상주의와 영성', '욕망과 대망 있는 계획', '기사정신과 아름다운 여자를 사랑하는 것과 동정녀 마리아 숭배' 같은 시詩 가운데 존재하는 모순 되는 요소 등을 반영하고 있다.

단음가는 다른 지역에서보다 북부 및 남동 에서 훨씬 많이 성행하였다. 프로방스Provence 지금의 남부에서 시작된 **트루바두르**troubadours와 북부에서부터의 **트루베르**trouveres는 대륙을 통하여 모방된 단음가의 형식을 발달시켰고, 십자군의 여행旅行에 의하여 널리 유포되었다. 구스타브 리스Gustave Reese 1899-1977에 의하면 종교적 노래는 이 시기 말경에 코인치 guiraut Riqutier de Coinci, 1177 or 1178-1236 와 같은 시인의 노래에 특히 유행하였다.

그러나 같은 시 안에서 종교적인 것과 비종교적인 요소가 동시에 다루어지는 일이 허다하였다. 이런 종류의 시의 예는 다음의 **알바**alba 209)즉 **'아침 노래'**인데 남편이 부재중에 어떤 정부情婦와 함께 밤을 새우는 친구의 보호를

---

209) **알바**Alba는 중세 프랑스 프로방스Provence의 음유吟遊 서정시抒情詩인 트루바두르 troubadour 의 시 · 연가 중 '연인과의 새벽 이별을 노래한 것이 대표적'임

비는 기도이다.

　　하늘과 땅을 만드신 영화로우신 주 전능하신 하나님, 따뜻하신 자비에 비옵나니, 저의 친구를 보호하소서. 햇빛이 얼마가지 아니하여 땅 위에 비쳐 돌아올 것을 생각지 아니하나이다. 아침이 곧 닥쳐 오리이다.

　　세속적 단음 가는 유럽의 다른 지역과 영국에서 성행하였다. 불란서 형型의 영향이 보이는 영국의 비 의식적 종교가宗敎家는 노르만Norman 정복 후 12세기에 생긴 성聖 고드릭St. Godric, d. 1170의 노예가 시초이다. 이베리아Iberia 반도에서 13세기에 쓰여진 칸티가스cantigas 전집210)은 스페인Spain에 있어서 비 의식적 종교가에 흥미가 있음을 증명한다. 이탈리아에 있어서는 찬양의 노래 라우다Lauda가211) 프랜시스Francis of Assisi 생전에 특히 성행하였다. 14세기의 독일의 원고는 스스로 채찍질하는 고행자들이 회개의 행렬을 하는 동안에 가이슬러리더geisslerlieder212)가 불려 졌음을 말해준다.

　　이러한 노래들은 그들의 비 의식적 성격 때문만으로 의의가 있는 것이 아니고 그 내용이 십자가상의 그리스도의 고난의 육체적인 면에 대한 불건전한 강박관념과 이 시기의 유럽의 특색인 도덕적 퇴보에 깊이 뿌리박힌 죄악을 지적하고 있기 때문에 의의가 큰 것이다.

---

210) 포르투갈어로 '칸티가스 드 아모르' 'Cantigas de Amor'는 '연애 시'로서-남자가 헛되이 사랑한 여자에게 부른-시詩이다.
211) 라우다Lauda가 본래는 '찬송가'를 뜻하지만, 13세기경에 생겨난 이탈리아어의 가사를 지닌 '민속적 종교가극'을 가리킨다. 전성기는 13-16세기인데 19세기 중반 경까지 만들어졌다. 곡 전체를 합창으로 부르는 스타일과 발라타ballata와 비슷한 형식을 취해 솔로 후에 합창이 후렴refrain을 반복하는 스타일의 것이 있다. 가사의 태반은 4행시로 구성되고, 9행시에 의한 작품도 드물게 있다. 초기의 라우다는 단 선율이었으나 16세기 이후 다성의 라우다가 많이 만들어지고, 그 중에는 프로톨라frottola를 닮은 형식이 종종 보인다. **르네상스** 시기에는 라우다의 연주와 창작을 하는 단체Componiedelaudesi or Companiedelaudisti가 많이 결성되고, 특히 거기서 만들어진 대화풍의 라우다는 후에 '**오라토리오**'로 발전해 갔다.
212) **가이슬러리더** Geisslerlieder는 14세기 독일의 노래로, 가이슬러운동으로 불린 일종의 채찍질 고행자가 불렀던 '**참회의 행렬 성가**'를 말한다.

제3절 다성 음악 多聲音樂의 발달

The Development of Polyphony

10세기와 11세기에 있어서 한 성부 이상으로 된 음악은 예외적인 사건이었다. 휴게치 Dom Anselm Hughes에 의하면 한 성음 부 이상으로 된 음악에 관한 처음 언급은 10세기에 후크발트 Hucbald, 840-930의 『하모니의 체계』De harmonica institution에 분명히 나타나 있다는 것이다 그 시대의 문서인 『**무지카 엔키리아디스**』[213] Musica Enchiriadis와 『**스콜리아 엔키리아디스**』Scholia Enchiriadis는 그 관례를 자세히 서술하고 있으며 음악적 예제를 들고 있다. **귀도** Guido of Arezzo, 1040의 『작은 학문』Micrologus은 소위 음악의 새로운 종류라고 하는 오르가눔 organum 가창을 다루고 있다. 그러나 귀도는 이 새 관례에 많은 흥미를 표시하지 않았다. 많은 오르가눔의 음악적 예제가 윈체스터 테이퍼 Winchester Taper나 샤르트르 Chartres에서 발견된 11세기 원고 단편 속에 나타나 있다.

그러나 12세기와 13세기 동안에는 2, 3성 음부 및 4성음 음악이 정상적인 관례로 생각되었었다. 그래서 다성 음악에 관한 기사나 음악적 예제가 수록된 문서가 13세기부터 현재까지 많이 전승되어 다성 음악이 거의 보편적으로 성행되고 있었다고 생각되게 하고 있다.

『**스콜리아 엔키리아디스**』Scholia Enchiriadis에 있는 음악적 예제는 **병행5도, 옥타브**, 또는 **4도 아래**로 된 추가부분을 가진 평 성가 Plain song 멜로디로 되어 있다. 이 결합 형태를 '**단순 오르가눔**'이라 부르며 이 성부들에 한 음 혹은 그 이상의 음이 옥타브로 중복될 때에 (3성 혹은 4성 음부에서 생기는) 그 편곡을 '**혼합 오르가눔**'이라 한다. 성음부들의 엄격한 '병 진행'으로부터 유일하게 이탈하는 경우는 4도로 된 오르가눔에서 일어나는데 거기에서 희망

---

213) 『무지카 엔키리아디스』Musica Enchiriadis는 『음악요강』音樂要綱이라는 뜻으로서, 9~10세기에 쓰여진 것으로 짐작되는 **음악이론서**이다. 정확한 저자 및 저작연대는 알 수 없다. 이 책은 선율의 여러 가지 요소, **협화음정**과 **불협화음정**의 분류, 그리고 당시의 오르가눔(병행 및 자유)의 논술 論述을 내용으로 하고, 실례를 들어서 오르가눔을 논한 최초의 것으로 되어 있다. 그 중 4, 5도의 오르가눔에 있어서 온음을 피하기 위한 자유 저음부에 대한 여러 가지 규칙은 주목할 만한 점이라 하겠다.

하는 음정에 이를 때까지 한 성음 부는 구절의 시작과 끝에서 오르내리지 않고 그대로 있다가 희망하는 음정에 이르러서는 성음부들은 다시 병 진행으로 진행한다. 이 진행은 한 구절을 끝내기 위해서이거나 성 음부 사이에 **중4도**를 피하기 위하여서만 중단된다.

이 관례는 어떻게 하여 생겼는가? 휴게치Hughes가 추측하기를 8세기에 콘스탄티노플Constantinople에서 불란서로 오르간이 소개되자 가수들이 여러 소리를 동시에 내는 흉내를 내게 되었거나 단음가 음악에 있어서 5도 더 높게 구절을 연속 진행시키는 관례가 결국 5도로 동시에 노래하게 되었을지 모르겠다고 하였다. 이 시기의 오르간에 매우 강한 화성음부를 가진 혼합음전混合音栓, mixture stop이 두드러져 있다는 사실은 이 악기와 초기 예제는 엄격한 의미에서 다성 음악이 아니다. **다성 음악** 多聲音樂은214) 음성들이 서로 비교적 독립적일 때만 일어난다. 그러나 초기 오르가눔의 특징인 엄격한 병 진행은 얼마 안 가서 옥타브, 5도, 4도, 그리고 3도까지도 동일 음악예제 속에서 병 진행상에서 반 진행으로 나타나는 것으로 교체되게 되었다. 이 예제에서 독창 부분은 2부로 편곡되어 어느 것을 불러도 좋게 되어 있다. 이 작품의 가장 재미있는 특징은 단 음부한 성부를 위하여서는 합창을 사용하여 2부를 위하여서는 독창자를 사용했다는 것이다. 또 한 가지 재미있는 특징은 2부 성음에 3도가 많다는 것이다. 이 예제에서도 3도 음정이 나타나는데, 11세기에는 일반적으로 불협화음으로 고려되었었다.

12세기의 예제는 다음과 같은 발달을 말해 주고 있다. 즉 ①**멜리스마 틱 오르가눔**melismatic organum의 더 많은 사용 ②한 성음 부 중 여러 음이 다른 성음 부의 음에 대하여 나타남 ③3도 음정의 자유로운 사용 ④2도 음정의 경우

---

214) '**다성 음악**'polyphony이란 말은 폴리poly, 여러, 포노스phonos, 소리라는 말의 복합어에서 유래되었으며, 대략 9세기경부터 북유럽 **플래미시** Flamish, 지금의 네덜란드 · 벨기에 사람들에 의해서 시작되었다. 이 음악은 동음 homophony 적 음악 즉 수직적인 화성과 모노디 monody 적 가사에 의한 노래가 아니고, 동시에 서로 다른 멜로디와 가사가 나오는 평행적인 합창노래이다. 따라서 단선율 성가에서는 소프라노soprano가 멜로디를 하고, 나머지성부聲部들은 멜로디를 아름답게 꾸며 주는 역할을 하는 반면, **다성 음악**은 **각 성부가 독립된 가사와 멜로디를 갖는 것이 특징**이다. 그 뒤 전 유럽에 이 음악에 대한 여러 형식들이 나왔다. 900-1,600년에 걸쳐 큰 발전을 보았으며, 오늘날에도 교회 내의 모든 전례에 쓰여 지고, 현대음악이론 발전에 크게 공헌하였다.

에 따라 사용됨 ⑤5도 이상의 음정이 비교적 빈번히 사용됨 ⑥병 진행을 회피하는 일이 많음 등이다.

앞서 제의한 대로 13세기로부터 시작하는 '다성 음악'은 풍부하다. 초기의 것처럼 몇 개 안 되는 기록된 예제로부터 억지로 결론을 내리는 것보다는 풍부한 재료와 좀 더 명료한 **기보 법**으로 된 것에서 미루어보는 것이 음악형태의 좀 더 명료한 개념을 얻을 수 있을 것이다.

제4절 기보법 記譜法, Notation

그 당시의 음악 악보는 12세기 음악가들에게 많은 것을 말해 주고 있다. 즉 그 작품이 연주되어야 할 '**빠르기**' tempo, 소리를 내야 할 '**음 고**' 音高, 작품의 '**리듬적 구조**', '**구절표시**', '**현악기의 운궁법**' 運弓法, '**피아노음악의 운지법**', 자세한 '**강약표시**' 및 연주자가 작곡가의 의사를 명료하게 파악하는 데 도움이 되는 여러 가지 도움 등이다.

작곡가에게 자기의 뜻을 전달하는 일반적으로 용납되는 수단인 기보법이 없다면 단순한 음악작품일지라도 어느 때에나 다른 연주자들이 같은 방법으로 연주할 수 없을 것이다. 현대 음악가들은 음악적 사상을 전달하기 위하여 완전히 기보법에 의존하고 있기 때문에 우리가 알고 있는 음악생활은 이것 없이는 불가능할 것이다.

기보법을 발달시키는 문제는 여러 세기 동안 음악가의 마음을 사로잡아 왔다. 기보법 역사에 있어서 주요한 첫 약진은 앞서 지적된 것과 같이 음 고 音高, 혹은 좀 더 정확하게 말해서 음의 관계를 표시하는 문제를 해결하는 음악 **보표**의 출현이다. 음악 보표를 사용한 **평성가** Plain song 보표는 이전의 형태보다 크게 진보된 것이나 아직도 리듬과 박자 문제는 미해결인 채 남아 있었다. 평 성가에 이 형태의 기보법이 사용되는 한 문제는 없었다. 평 성가는 멜로디에는 이상적인 형태이다. 악절의 흐름을 잠간 중단 시키는 데에는 여러 가지 형태의 호흡기호로 표시할 수 있었다.

13세기의 새로운 형태의 다성 음악은 리듬을 표시할 수 있는 기보법의 필요성을 낳게 하였다. 일반적으로 용인되는 정확한 리듬을 지적하는 기보법이 없었기 때문에 1175년-1275년까지에 쓰여 진 음악을 악보에 옮긴 것에는 불확실 한 것이 매우 많았다. 일반적으로 용인되는 관례는 선법리듬 modal rhythm의 사용을 의미한다고 생각하고 있다. 이 리듬을 기보법 자체에 지적되어 있는 것보다는 음악이 관련되어 있는 가사에 있는 길고 짧은 음절의 시적운율에 기인된 것이다. **엑스텐시오**extensio; 실제 연주에 있어서 약박을 생략라 할지, **프락티오**fractio; 하나의 음을 둘 또는 셋보다 짧은 길이로 나누는 유연성 같은 용어는 시적 가사에 들어있는 엄격한 리듬 형에서 떠나 있음을 지적하는데 사용되었다.

1225년 경 발달한 정률定律 있는 기보법은 기능이 있거나 없는 4각형으로써 **롱가**(longa; ♩) 즉 긴 시적 음절 기호와 **브레비스**(brevis; ♩)의 구별을 처음으로 지었다. 1250년경에 추가된 제3의 가치인 세미브레비스(semibrevis; ◇)는 다이아몬드 형으로 표시되었다. 근사한 리듬 가를 한층 명확히 하는 일은 1280년경에 쓴 그의 논서論書 프랑코Franco of Cologne의 『리듬이 측량되는 노래 예술』Ars Cantus Mensurabilis215)에 정리되어 있다.

현대의 2분 음표와 기보법이 같은 한층 더 작은 단위인 미니마minima는 바로 뒤에 따르는 시기에 추가되었다.

13세기의 원고는 템포tempo, 강약기호, 해석 등을 가진 악보에 익숙한 20세기 교회음악 인에게는 과연 텅 비인 것처럼 보인다. 그러나 기보법의 두 가지 본질적인 요소가 13세기말에 있었다. 즉 **음고 음정**音高音程을 표시하는 보표와 상관적인 시간길이의 차이를 지적하는 음표 모양이다. 이러한 발달은 윌리 에이펠Willi Apel 의 『다성 음악의 기보법』The Notation of polyphonic Music 900-1600에 자세히 서술되어 있다.

---

215) "리듬이 측량되는 예술" *Ars Cantus Mensurabilis Mensur* : 프랑코 Franco of Cologne 논서 (1280년경)에 기보법이 기술되어 있으며, 13C후반에는 계속적으로 변하게 되었다.

제5절 13C 다성 음악

다성 음악은 가톨릭교회에서 **평 성가** Plain song 만큼 공인의 지위를 누려보지 못하였다. 교황 비우 Pius VII, 1740-1823 의 훈령이 있은 다음 1958년 9월 3일에 공포된 '성 음악과 성 전례' Sacred Music and the Sacred Liturgy 에 대한 훈령은 **그레고리 찬트** 그레고리오 성가; Gregorian chant 의 연주에 관한 자세한 지시가 포함되어 있으며, 중요성에 따라 순서적으로 다른 형태의 종교음악이 나열되어 있다. 그것들은 신성한 다성 음악, 현대 신성음악, 대중적인 종교적 노래 및 종교음악 등이다. **평 성가** Plain song 의 중심성에 관한 가톨릭교회의 역사적 위치는 이같이 재 긍정된 것이다. 가톨릭교회는 종교예술음악의 고도로 발달된 형태의 가치를 인정하고 예술의 가장 위대한 후원자로서의 평판을 보존하려고 애쓰면서 그레고리 1세 Gregory I 시대에 만들어진 **찬트** Chant 전통의 단순성과 순수성을 위한 고도의 추천을 간직해 두기로 하였다.

13세기 후반은 보다 후의 사람들이 아르스 안티쿠바 ars antiqua 216)의 시기라 불렀다. 파리에 있는 노틀 담 Notre Dame 사원에 있던 두 사람의 작곡가는 이 시기의 음악활동의 중심인물이었는데, 이 시기의 음악적 예제 例題인 마그누스 리베르 오르간 Magnus Liber Organ 의 주요자료 공헌자인 레오니누스 Leoninus, 1150?-1201? 와 그의 후계자 페로티누스 Perotinus, 1150-1200? 이다. 이 시기의 음악 작품의 주요한 유형 3가지는 다음과 같다. 즉 ① 한 가사가 다른 성음부에서 다른 운율로 사용되는 **오르가눔** Organum, ② 모든 성음부가 한 가사와 한 운율로 사용되어 있는 **콘둑투스** conductus, ③ 여러 성음부에 다른 가사와 다른 운율로 되어 있는 **모테트** motet 이다. 이러한 다성 음악적 유형에는 다음의 특색을 공통적으로 소유하고 있다. 즉 성음부들은 가끔 다른 '테시투라' tessituras 217)의 성음부의 음역과 비슷한 음역을 가지고 있다. 운율적 배열은 시적 운율의 그것인데, 즉 **트로우케익** trochaic: 강약격, **이앰빅** iambic; 약강격, **아나페스틱** anapestic;

---

216) **아르스 안티쿠아** Ars Antiqua 란 13세기 유럽 전체의 음악을 총칭하는 말로, '낡은 예술'을 뜻한다. 14세기 프랑스 음악이론가들이 13세기 말의 음악을 자기들의 음악인 아르스 노바에 대비하여 다소 모욕적으로 부른데서 비롯된 말이다.

217) **테시투라** tessitura 란 일반적으로 주어진 목소리, 악기에서 가장 음악적으로 납득할 수 있고, 편안한 울림을 가리킨다. 광의는 보통 음악의 어떤 곡 또는 주어진 부분에서 가장 빈번하게 등장하는 음역 pitch range 만을 가리켜 사용되기도 한다.

약약강격 또는 단단장격, **스폰다이크**spondaic; 강강격 혹은 **트라이브라킥**tribrachic; 단단단격이다. 여기에 진술된 각형에는 성 음부 중 하나에 **평 성가**Plain song가 포함되어 있다. 마지막 진술에 두드러진 예외는 **콘둑투스**218)Conductus인데 여기에는 모든 성음부가 자유롭게 작곡되어 있다.

다성 음악의 역사 초기에 있어서 가장 재미있는 유형은 **모테트**motet이다. 모테트 중에 종교적 가사가 세속적 가사와 가지런히 나타나는 모양은 생활에 있어서 종교적 요소와 세속적 요소가 쉽게 뒤섞여 있음을 보여주는 상징이기도 하다. 느리게 움직이는 '그레고리 멜로디'Gregorian melody와 대중적인 길거리 노래, 가톨릭교회의 라틴어 성경과 길거리 장사들의 불란서어 외침, 요염한 가사와 기도찬송, 이 모든 요소들이 자주 한 개의 작품 중에 발견된다. 이같이 모테트motet는 예배식 멜로디가 지녀야 할 필요조건과 새로운 형식의 음악적 표현을 이룩하려는 창조적인 새로운 욕망 간의 갈등을 잘 나타내 주고 있다. 그러나 그 결과가 교회당국자에게 전적으로 만족스러운 것은 아니었음이 1322년에 발달된 교황 요한 12세John XII의 교회칙령에 엿볼 수 있는데, 일반적인 파트part가창, 종교적인 것과 관계가 없는 음악, 그리고 '호케트'hocket는 비난의 대상이 되었다. **호케트**219)는 선율선이 교대로 두 부분 사이에서 조각으로 부서지는 악곡 형식이다.

<악보 36> 호케트 hoket

---

218) **콘둑투스**conductus 라고 하는 것은 교회에서 부를 수 없는 세속노래지만 종교적 성격을 갖는 라틴어 노래도 있으며, 골리아드goliard 라는 떠돌이 학자들이 부르던 좀 더 노골적으로 세속적인 라틴어 노래들이 전해진다. 11세기 말엽에는 트루바두르라고 하는 음유시인들이 프랑스 남쪽 지방을 중심으로 활동하면서, 칸조canso, 파스토렐라, 알바와 같은 대표적인 유형의 사랑 노래 뿐 아니라, 십자군을 내용으로 한다거나 사회를 풍자하는 노래를 수없이 많이 작곡하였고 또 불렀다. **트루바두르** 보다는 연대기 적으로 조금 늦지만 **트루베르**라고 하는 음유시인들이 프랑스 북쪽을 중심으로 활동하였다.

219) **호케트** hoket 는 (英)hoquet, (羅)hoqetus, (佛)hocquet, (伊)ochetto 라고도 쓰는데, 중세 다성 음악에서 성부와 성부 사이나 음과 음, 음 무리와 음 무리 사이를 왔다 갔다 하는 기법을 말한다.

제6절 악기 樂器; Instruments의 발달

커트 작스 Curt Sachs는 말하기를 "독립된 예술로서의 기악음악은 과연 요술쟁이의 산물이다. 그리고 여태까지는 13세기가 이에 대한 최초의 증거를 제시한다."고 하였다.

교회의 기악음악은 어느 시대이거나 어느 정도의 의심을 가지고 평가되어 왔다. 악기사용에 대한 견해는 대개 3가지로 분류된다. 즉
1) 요술쟁이의 산물은 어떠한 경우에도 예배에 필요 없다고 느끼는 사람들
2) 기악음악은 회중음악 혹은 성악음악에 보조자로서의 역할에 국한 되어야 한다고 느끼는 사람들
3) 기악음악은 단독으로 사용되거나 성악음악에 보조자로 사용되거나 간에 예배에 있어서 바람직한 요소라고 느끼는 사람들의 견해이다.

1700년에 헨리 도드웰Henry Dodwell이라는 영국성공회 목사는 기악음악 사용을 옹호하는 긴 논문을 쓸 필요가 있다고 느꼈다. 도드웰은 성서적 권위와 상식을 바탕으로 하여 기악음악의 사용을 옹호하였다. 기악음악 문제의 한 가지 중요한 면은 다음과 같이 표현될 수 있다. 즉 종교적인 가사를 가진 음악은 명확히 종교적이다. 아무 가사도 없는 것을 교회에서 사용하는데 무엇이 적절한 가를 누가 결정할 것인가? 우드웰Wodwell은 17세기에 있어서 교회 내에서 기악음악 사용을 반대하는 일은 대부분 의견을 달리하는 교회와 영국구교 즉 '앵글리칸 커뮤니언'Anglican Communion 밖의 교회들에게서 나왔다. 대부분의 경우 이 교회들은 중앙 집단체제로 되어 있지 않은 사람이 행한다. 거기에는 또한 심미적 반대도 있어 왔다. 회중의 귀를 찌르는 귀에 거슬리는 소리, 조율되어있지 않은 목관악기와 현악기들이 항상 경건의 참 정신의 적이었다. 많은 회중들은 뒤따라 일어날지도 모를 청각적 습격을 당하기보다는 차라리 값비싼 악기들을 치워버리기를 원하였을 것이다.

13세기에 있어서 오르간 이외의 악기는 주로 교회 밖에서 성행하였다. 12세기에 리보Rievaulx의 대수도원장인 성 아이레드St. Aelred, 1110-1167가 아래

와 같이 질문하였다.

"왜 교회에는 오르간과 차임이 많은가? 무엇 때문에 아름다운 음성보다는 천 둥의 으르렁대는 소리와 같은 선풍기의 무서운 노호怒呼가 있는가?"

오르간에 더하여 커트 작스Curt Sachs는 이 시기에 사용된 악기를 다음과 같이 나열하였다. 즉 스페인으로부터 소개된 **하프**220)harp와 **류트**221)lute, 이집트로부터의 **솔터리**222)Psaltery, 페르시아로부터 **덜시머**223)dulcimer, **오보에**oboes, **트럼펫**, 소형의 **케틀드럼** Kettle drum, 군대용 **북**, 그리고 **탬버린**tambourine 등 이 모든 것은 십자군에 참가했던 사람들에게는 잘 알려져 있다.

그리고 마지막으로 가장 자주 언급되는 **비엘**(불)Vielle, 5현금 즉 **피들**fiddle, (영)Violin 224)이다. 이와 같이 세속음악은 여러 가지 면에서 볼 때 종교적 근원에서 아름답게 발전된 성악예술의 수령자이다. 한편 교회는 후에 요술쟁이와 음유시인吟遊詩人의 산물로서 시작했던 기악예술의 공헌으로부터 이득을 얻었다.

<그림 31> 이스라엘 악기 메칠타임 킨노르 하쵸츠라

  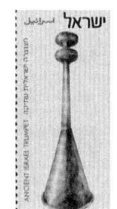

< 메칠타임　Cymbals >　< 킨놀　Lyre >　< 하초츠라　Trumpet >

---

220) **하프**harp는 현악기로서 우리말로 **수금**豎琴이라고 하며, 주로 양의 창자를 말려 줄을 만들며 저음부만 금속 줄을 사용한다. 수금 소리를 들으면 아픔을 잊기 때문에 다윗이 사울이 아플 때 찾아가 수금을 연주하여 아픔이 사라지도록 했던 기록을 볼 수 있다 삼상 16:23.
221) **류트**lute는 기타 비슷한 15-17세기 현악기이다.
222) **솔터리** Psaltery = Psaltry; 솔트리는 옛날 현악기의 일종으로 우리말로 현금絃琴이라고 하여 활을 써서 소리를 내는 악기이다.
223) **덜시머** dulcimer는 '치다' 비슷한 사각형의 현악기, 기타 비슷한 근대의 민속 악기이다.
224) **피들** fiddle이란 구어口語로 '바이올린'을 뜻한다.

제10장 르네상스 음악과 바로크 음악
(1400-1600)

제1절 르네상스 음악

교회음악역사에서 대부분 이야기된 내용이지만 14세기에 나타난 '신예술'The Ars Nova은 이전 시대의 스타일과 현저하게 다른 음악작품의 제목이어서 14세기의 이 새로운 음악을 '**신예술**'新藝術 이라고 부른다.

중세기는 신앙의 시대라고 불리어왔으나 "만약 하나님이 저들을 버리지 않으셨으면 교회가 분명히 버렸을 것이다."라고 생각하는 사람이 많다. '법 왕권'은 불란서와 이태리 로마Roma와 아비뇽Avignon 그리고 나중에는 셋에서 각기 하나님의 권위의 궁극적 대표자라고 주장하고 나서자 유럽 사람은 놀라서 주시하였다. 십자군의 실패, 교회권위의 부패, 봉건사회의 붕괴 등은 고통당하는 유럽 사람으로 하여금 흑사병(선腺페스트)의 결과처럼 멸망의 위협을 받을 때 일지라도 새로운 의미를 해묵은 낡은 질문에 구하게 하였다. 이 각성의 가장 즉각적인 결과는 '영원한 진리에 대한 해답을 교회 밖에서 구하려는 새로운 탐색'과, 영국에서 있었던 1381년의 농민혁명에서 보는 것과 같은 '완고한 사회적 장벽의 점차적인 붕괴'였다. 아르스 노바는 주로 세속적 음악이었으나 이러한 음악의 발달이 교회음악에 강한 영향을 끼쳤다. 여기서 잠간 시대적으로 생략하고 넘어가자.

르네상스 음악 Renaissance music이란 르네상스 시대의 서양음악으로, 대략 1400년대에서 1600년대 사이의 음악이다.

르네상스라는 말은 원래 '고대문예의 부흥'을 의미하는데, 미술이나 문학의 분야에서는 이 말이 대개 해당되나 음악의 경우는 이러한 뜻에서의 르네상스 음악이란 거의 존재하지 않는다. 그러나 르네상스를 보다 넓은 뜻으로 해석하여, 자유로운 인간의 감정이나 개성에 눈을 떠서 합리적 사고방식이나 조화를 존중하고 명석함을 추구한다고 하는 사회·문화 발전에 걸쳐 볼 수 있는 시대의 특징적 정신이라는 점에서 생각한다면, 15세기 말에서부터 16세기의 음악에는 '르네상스'라고 할 만한 몇 개의 특징을 찾을 수가 있다.

이 시대의 음악작품의 **음넓이**音域가 확대되고, 이에 따라 새로운 **음 공간**音空間이 개척되었는데 이것은 회화에서의 원근법 탐구와도 비할 수 있을 만한 진보였다. 또 악보 인쇄술의 발명, 정 흑 백보定黑白譜 기보법의 보급, 전통에 구애되지 않는 새로운 음악이론의 탄생은 르네상스 정신의 큰 특징인 합리성이나 표현의 가능성을 추구하는 경향의 출현이라 볼 수 있다.

이와 같은 르네상스의 정신은 이미 14세기의 '**아르스 노바**'225)에도 나타나 있으나, 특히 플랑드르 악파로 통하여 **조스캥 데 프레** Josquin des Prez, 1445-1551 의226) 음악에서 뚜렷한 형태를 취하여 나타났다. 플랑드르 악파의 작곡가들은

---

225) '아르스 노바'라는 말은 13세기 아르스 안티쿠바Ars Antiqua에 대응되는 것으로 1320년경에 나온 작곡가 필리프 드 비트리의 논문 제목에서 유래했다. 필리프 드 비트리는 아르스 노바의 가장 열렬한 지지자로 위 논서에서 신新음악의 리듬 기보 혁신 등을 제시하고 있다. 13세기 후반을 장식했던 피에르 드 라 크루아의 음악에서 이미 조짐을 보인 이러한 개혁들의 특징은 3박자가 주를 이루었던 이전 시대의 리듬 양식으로부터 벗어났다는 것과 보다 작은 단위의 음표들을 사용하게 되었다는 것이다. 이러한 필리프 드 비트리의 진보적인 생각에 반대했던 중요한 인물로는 이론가 자크 드 리에주였다. 자크 드 리에주는 〈음악의 거울〉Speculum musicae에서 아르스 안티쿠바 대가들의 장점들을 칭찬하고 있다. 새로운 양식으로 씌어진 최초의 작품들은 1315년경에 나온 〈로망 드 포벨〉Roman de Fauvel에서 찾아볼 수 있다. 이 책은 이야기체로 된 필사본으로 아르스 노바와 아르스 안티쿠바 곡들이 실려 있다. 아르스 노바의 가장 중요한 작곡가는 필리프 드 비트리와 시인 및 작곡가인 기욤 드 마쇼를 들 수 있다. 마쇼의 작품은 현존 아르스 노바 음악의 중추를 이루고 있다. 발라드·론도·비를레로 대표되는 다성 세속음악은 14세기에 접어들면서 엄청나게 증가했다. '**아르스 노바**'라는 말은 14세기 프랑스 음악을 특별히 지칭하는 용어로도 사용되지만 이탈리아 트레첸토 음악으로도 지칭되고 있는 '이탈리아 아르스 노바'와 확실하게 구분되는 것은 아니다. 이탈리아 아르스 노바 악파의 가장 중요한 이론가는 파도바의 마르케투스인데 그의 논서 〈Pomerium〉14세기 초은 당대 이탈리아 음악의 리듬 개혁을 개괄적으로 보여주고 있다. 14세기 이탈리아의 가장 중요한 작곡가로는 야코포 다 볼로냐, 프란체스코 란디니, 기라르델로 다 피렌체를 들 수 있다.

226) **조스캥 데 프레** Josquin des Prez, 1445-1551는 르네상스 시대 유럽의 위대한 작곡가로 생캉텡 대성당의 성가대원으로 있었던 것으로 추정되며, 1489-94년경 교황령 부속 예배당에서 일했다. 미사곡 〈페라라의 에르콜레 공〉, 모테트 〈미제레레〉를 작곡했다.

전 유럽에 걸쳐 활약하였고, 그들의 성악 '폴리포니'의 작곡법은 '르네상스 음악'의 중심적 양식이 되었다. 그러나 이 **대위법**적인 복잡한 기법은 르네상스 음악에서는 단순한 기교를 위한 기교가 아니라 보다 자연스럽고 인간적인 감정표현과 결부되어 있다는 점에 특징이 있다.

멜로디를 결합하는 기술인 **대위법**은 그 시대의 복잡성과 예술적 우수성을 표현하고 있다. 음악의 커다란 부분을 연구하는 것은 구스타브 레쎄Gustave Resse 가 이미 사용한 시대구분을 암시한다. 즉 **초기 르네상스**C. 1400-1500 와 16세기를 통하여 17세기 초년까지의 **후기 르네상스**로 구분하는 일이다.

르네상스 기간에 쓰여 진 **미사**Mass 는 4가지 유형이 있다.

① **평 성가 미사**Plain-song Mass 란 각 악장은 플레인 송에 부합하는 부분으로부터 멜로디를 뽑아낸다. ② **칸투스 피르무스 미사**Cantus firmus Mass 란 미사와 관계가 없는 근원으로부터 뽑아낸 멜로디가 각 악장에 사용된다. ③ **풍자적 개작 시문 미사**는 여러 개의 요소 - 흔히는 전 다성 음악적 구조 - 가 다른 근원에서 나왔으며, 그리고 ④ 모든 요소들은 **새롭고 자유롭게 작곡된 미사**이다.

르네상스 작곡가로 이탈리아의 조반이 피에를 루이지 **팔레스트리나**Giovanni Pierluigi da Palestrina, 1525-1594 가 있다. 피에를 루이지는 어릴 적부터 목소리가 아름다워 그는 12세 때 성가대에서 노래를 하다가 교황 율리우스 3세에게 발탁되어 상피에든 대 성당 줄리아 예배당의 악장으로 임명

<그림 32>
팔레스트리나

되었다. 1555년 30세 때 팔레스트리나는 영예로운 교황 예배당 가수가 되었다. 교황 파울로스 4세 때 그는 성직자가 결혼했다는 이유로 해고되었다. 그렇지만 음악교사를 하면서 왕성한 창작활동에 들어간 팔레스트리나는 1571년 교회 예배당으로 복귀하여 빈의 황제를 비롯하여 수많은 궁정의 요청을 다 거절하고 자신이 사망할 때까지 23년간 '산 피에트로 성당'을 떠나지 아니했다고 한다. 유유히 흐르는 듯한 멜로디와 안정된 울림을 가진 교회음악은 '팔레스트리나 양식'이라고 해서 이상적인 것으로 평가되었다. 팔레스트리나는 그레고리오 성가의 정신을 구현하는 것을 목적으로 곡을 썼고, 현재도 로마 가톨릭교회에서는 '팔레스트리나의 음악'을 '**그레고리오 성가**'에 버금가는 것으로 여기고 있다.

'**마드리갈**'madrigal은 **르네상스** 시대에 유행한 성악곡 양식으로 다성多聲의 세속

가곡이다. 마드리갈은 다양한 언어로 씌어졌다. '마드리갈'은 학자들이나 예술가들의 모임에서 연주되었는데, 류트나 하프시코드 반주가 붙기도 하였다. 이탈리아에서 발전한 마드리갈 양식은 널리 퍼져 나가 영국의 마드리갈은 멜로디가 부르기 쉽고, 가사가 심각하지 않고 즐거운 면이 강조되어 대중적인 사랑을 받았다.

대표적으로 영국 최초의 마드리갈 작곡가 토머스 몰리의 작품 등이 잘 알려져 있다. 프랑스 조스켕 데 프레 Josquin des Prez, 1450-1503 는 대략 미사곡 20곡, 모테토 60곡, 샹송 외에 세상 성악곡 60곡, 기악곡 10곡 등을 남겼다.

<그림33>
조스켕 데 프레

제2절 바로크 음악

16세기에는 음악의 중심이 점차로 이탈리아로 옮겨져, 여기서 **르네상스** 정신은 수많은 꽃을 피우기에 이르렀다. **미사**, **모테토**를 비롯하여 각종의 세속 합창곡이 번성하였으나, 그와 동시에 오르간이나 류트 등의 기악음악도 놀라운 발전을 하였다. 이 기악은 바로크 이후의 음악에서 중심적인 위치를 차지하게 된다.

16세기 말에는 각종 '극음악'이 시도되었는데, 이들은 17세기 **바로크음악**의 성립과 발전에도 결정적인 역할을 하게 되었다. 17세기가 시작되면서 새로운 기법들이 성악 음악 분야에서 급속도로 발전했다. 종교 음악과 세속 음악, 성악 음악과 기악 음악 사이의 구별이 명료해졌고, '장조와 단조의 **조성음악체계**'가 서양음악의 중심 원리로 작용되었다. 피렌체 귀족층에서 처음 시작된 오페라는 로마·베네치아·나폴리 등으로 옮겨가면서 대중의 취향을 흡수하고 극적인 볼거리 등을 덧붙이며 발전해나갔다. 나폴리 오페라 양식은 이후 100년 동안 유럽을 휩쓸었는데 가장 큰 영향을 미친 작곡가로 **스카를라티** Domenico Scarlatti,

1685-1757가 있다. 나폴리 오페라의 영향으로 칸타타 형식이 확립되었는데 세속 성악곡이던 '**칸타타**'는 종교음악으로 흡수되어 독일에서는 교회예배용으로 쓰였다. 기악 음악의 새로운 형태로 소나타와 협주곡이 등장하였다.

바로크 음악의227) 절정은 독일의 두 작곡가 **바흐**Johann Sebbastian Bach, 1685-1750 와 **헨델**George Friedrich Händel, 1685-1759 의 작품에서 이루어졌다. 헨델은 오라토리오와 세속 칸타타를 많이 작곡했으며, 바흐는 '**수난곡**' 등 종교 음악과 교육용 음악을 많이 작곡하였다.

<그림 34> 스카를라티 1685-1757   바흐 1685-1750   헨델 1685-1759

플랑드르와 이탈리아의 **르네상스** 음악의 영향 아래 유럽 여러 나라의 음악도 각각 독자적인 발전을 보였다. 일반적으로 르네상스 음악은 **플랑드르 악파**228)의 **폴리포니**의 북방적이며 고딕적인 요소와 이탈리아의 마드리갈 등에서 볼 수 있는 남방 적·라틴 적 요소와의 결합에서 성숙하였다고 할 수 있다.

다음 절에서 '**복음찬송의 아버지**'라 불리는 마르틴 루터의 종교개혁 교회음악을 다룬다. 그리고 다음 장에서는 한국의 '**어린이 찬송가역사**'를 이어 기술하며 '**어린이 찬송가**의 **역사**와 **진로**'를 모색해 볼 것이다.

제10장의 르네상스음악과 바로크음악을 마치면서 한국『찬송가』에서 한 가

---

227) '**바로크 음악**' Baroque music 이란 16세기말부터 18세기중엽에 걸쳐 유럽에서 유행한 음악양식이다. 낮은음을 기초로 **단음악**과 박절 적 리듬, 기악의 우위성을 확립하여 근대음악의 기초가 되었으며, 특히 오페라·칸타타·소나타·협주곡·오르간음악 등의 발달을 가져왔다. 대표적인 음악가로는 이탈리아의 몬테베르디·코렐리·비발디, 독일의 **바흐**·헨델, 프랑스의 륄리·쿠프랭, 영국의 퍼셀 등이 있다.

228) '**플랑드르 악파**'는 1420년-1600년까지 현재 벨기에의 플랑드르 지방에서 발전한 악파로서 180년 동안 많은 작곡가들이 배출되었다. 뒤페나 뱅슈아, 15세기의 오케겜, 오브레히트, 16세기 초의 조스캥 데 프레, 이자크, 중기의 빌라르트, 아르카델트, 클레멘스 논 파파, 후기의 데 몽테, 라소(라수스라고도 함) 등의 작곡가를 배출하였다.

지 지적해야 될 일이 있다. 다름 아닌 통일찬송가 301장인 이 곡은 아벨라드 Pierre Abelard, 1079-1142 의 곡으로서 어린이찬송으로나 성인 찬송으로도 사랑받는 곡인데, 신편찬송가 361장에 아쉽게도 "내 나이 비록 어려도" 부분이 원래 멜로디가 b-a-c-b-a-g-**g**-a 인데229), b-a-c-b-a-g-**b**-a 로 오기 된 채 옮겨졌다. 이 곡은 '하늘에 계신 우리 아버지' Our Father in Heaven 중에 나오는 "하나님 아버지의 사랑" The Father's Love 이란 곡이다. 아래 악보를 참조해 보기 바란다.

곡명이 ST. AUGUSTINE 인데, 『새 찬송가』(1962년) 596장에서 곡명이 작사자로잘못 기재된 대로 통일『찬송가』로 옮겨져 실려졌다. 이 찬송가의 원 작사자는 위 악보에 기록된 대로 제인 엘리자 리슨 Jane Eliza Leeson, 1807-1882 이다.230) 곡조나 작사자가 잘못 기재 된 채 보급되어진 찬송가의 일례이다. 이러한 잘못된 정보의 오류들이 기존 '찬송가'를 불신하도록 하는 요인이 될 수 있으므로 오류를 인정하고 올바르게 수정해서 편찬해야 옳은 일일 것이다.

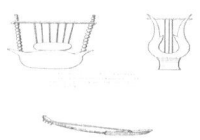

---

229) 『어린이 찬송가』(서울교회음악사, 1968), 40장에는 정확하게 기보되어 있다(p.40).
230) 오소운, 누구나 알기 쉽게 쓴 『21세기 찬송가 연구』(서울: 성서원, 2011), pp. 959-960.

제11장 종교개혁 시대 교회음악

Reformation Church Music(1517-1562)

마르틴 루터가 기성교회 교권 제도로부터의 자신의 정신적 독립을 선언하면서 1517년 비텐베르크 사원의 대문(사門)에 그의 95개조를 붙인 후 7년 즈음인 1523년 첫 번째로 발행한 찬송가는 『새로운 영적 찬송가』Neue geistlich Gesänge와 두 번째 찬송가로 새로운 신앙과 교리에 노래로 된 회중용에 적합한 8개의 가사와 4개의 곡으로 된 1524년 『성가 8곡 집』Acht lieder buch을 발행하였다.

루터는 자기가 아는 음악가의 도움을 얻을 수 있게 되기까지 다른 찬송이 연속적으로 뒤를 따랐다. 마지막으로 1545년에 루터의 손을 거쳐 출판된 『뱁티스트Valentine Baptist의 찬송가』Geystliche Lieder에는 120편의 찬송 가사와 97편의 곡조가 들어 있는데, 루터의 찬송 28곡이 수록되어 있다.

이 책의 서문에 루터는 다음과 같이 쓰고 있다.

> 시편은 말한다. "새 노래로 주를 찬양하라. 온 땅이여! 주를 찬양하라." 하나님은 우리를 죄와 죽음과 사탄의 권세에서 구속하신 독생자 예수 그리스도 안에서, 기쁨이 가득 차도록 우리의 심령을 만드셨다. 이를 믿는 우리는 기쁨과 즐거움으로 하나님을 찬양하며, 우리 이웃에게 복음을 전하여 하나님께 돌아오게 하지 않으면 안 된다. 그러므로 복음을 전하지 않는 자, 찬양하지 않는 자는 신약의 복음을 믿지 않고, 구약의 기쁨 없는 율법에 매인 자이다.

루터는 찬송을 철저히 복음과 연관을 지었다. 그래서 후대 사람들은 그를 '**복음찬송의 아버지**'라고 일컫는다. 이런 독일 **코랄** 찬송들은, 당시에는 반주 없이 **유니슨**unison으로 불렀으나, 나중에는 회중의 유니슨에 찬양대의 다 성부 합창이 뒤따랐고, 1600년 이후에는 소프라노에 가락을 둔 4성부 오르간 반주가 규정되어, 회중은 오늘날과 같이 소프라노에 멜로디를 두어 부르게 되었다.

여기에 101개의 **코랄**이 들어 있는데, "내 주는 강한 성이요"(21찬 585장) Ein Feste Burg 같은 잘 알려진 곡과 가사로 된 것(처음에는 1529년판에 나타남)과 "우리는 단한 분이신 참 하나님을 믿는다."Wir glauben allen einem Goll와 "그리스도는 죽음의 속박 속에 놓이셨네."Christ lag in Tod-banden 등이 포함 되어 있다. 오늘날까지 루터의 예배식과 찬송이 복음교회에 있어서 많은 예배의 기초로 남아 있다.

"내 주는 강한 성이요"는 적어도 171개국의 언어로 번역되어 기독교계에 있어서 가장 널리 불리어 지는 찬송이 되었다.

어떻게 종교운동이 교회 음악사에 이렇듯 큰 의의를 가졌으며 그리고 어떻게 한 운동이 초기에 이렇듯 높은 질의 찬송을 낼 수 있었을까? 그 공의 약간은 마르틴 루터의 음악고문이며 여러 개의 찬송가 편집자인 '**요한 발터**'Johan Walther에게 돌려져야 함에도 불구하고 동시대인은 그 공의 대부분을 마르틴 루터에게 돌렸다. 여러 세기가 지남에 따라 학자들은 교회음악이 루터적 전통 확립에 있어서의 루터의 정확한 역할에 대하여 많은 회의를 가지게 되었다. 그러나 교회음악의 후원자이며 애호가로서의 권위는 감소되지 않았다. 다음 세기에 대한 이 사람의 영향을 네틀Nettle은 다음과 같이 말했다.

> 17세기 동안에 유럽의 음악적 주도권은 이태리로부터 독일로 옮겨졌다. 이 변동은 신교주의의 탓으로 돌리지 않으면 안 된다. **바흐**Johann Sebastian Bach의 창작 작품에서 절정에 이르게 된 음악의 거대한 성장은 독일인의 정치적 역사나 혹은 그들의 철학으로는 설명할 수 없다. 이것은 차라리 루터의 종교개혁과 그 전철을 밟은 여러 가지 종교운동의 결과였다.

제1절 마르틴 루터의 음악 Martin Luther's Music

루터는 1483년 11월 10일 튜링엔Thuringen 농부의 집에서 태어났다. 소년시절 그의 좋은 목소리 때문에 코렌데 가수Kurrende 歌手; 조그마한 보수를 받고 결혼식과 장례식에 노래하는 사람가 되었다. 어렸을 적에 그는 오캐겜Okeghem, 오브레히트Obrecht, 이삭Issak 등 거장들의 작품은 물론 가장 훌륭한 독일 노래를 좋아하였다. 그는 종교적 노래뿐만 아니라 세속적 노래와 무용음악도 즐겼다. 그의 전 생애를 통하여 그는 **어린이노래**와 **무용**을 듣고 보기를 즐겼으며, 식탁담화table talk에서 이 주제에 대하여 힘 있게 자기 자신을 표현하였다.

그리스도께서 길거리에서 어린이들이 노래하고 춤을 추는 것이 교회 안에서 소리치고 중얼거리는 것보다 주님에게 더 아름다우며 소녀들의 꽃다발과 인형, 소년들의 목마와 붉은 구두가 여 승원과 수도원생의 모자, 삭발, 성가대의 제복, 소매 없는 제복, 그리고 보석들이 주님의 고임을 더 받는다고 말씀하실 때 어떻게 저들 여승원, 수도원 이 존재할 수 있겠는가?

루터는 신부가 되었다. 그러나 그의 쾌활한 성격, 모든 형식의 음악을 사랑하는 것, 그리고 명랑한 벗들 때문에 많은 성직자에게 의심스럽게 생각되었다. 루터가 로마와 단절하기로 결심한 다음에 따른 시련과 비애의 기간 동안에 그는 가끔 음악에서 위안을 얻었다. 그는 류트 Lute 와 플루트 Flute 의 **명 연주자**였으며 훌륭하고 맑은 음악을 소유하고 있었다.

하나님을 찬송하는 것이 경건에 유익하다는 말을 했을 때 루터는 그의 동료 개혁자들과 공통한 입장에 있었다. 예배에 적합한 교회음악의 모든 형식을 격려함에 있어서는 그는 매우 외로웠다. 그는 일찍부터 '**그레고리 플레인 송**' Gregory Plainsong 에 대한 감상을 발전시켰다. 그는 '종교적인 다성 음악은 영적 교화를 위해서 가장 가치 있는 것'이라고 생각하였다. 그러나 루터는 빈약하게 연주되는 음악에는 참을 수 없었다. 그는 음악적으로 너무나 예민하여서 부주의하거나 비음악적인 어떤 연주도 즐길 수 없었다. 그는 비참한 목소리로 그레고리 찬트 Gregorian Chant 를 노래하는 훈련되지 않은 수도사의 연주를 개 짖는 소리나 당나귀 울음소리에 비유하였다. 루터는 교회 안에서의 음악이 그 참 목적인 하나님께 봉사하기를 갈망하였으므로 '**목소리의 음악**'을 좋아하였다. 그러나 오르간이나 다른 악기가 예배의 근본적 목적을 성취한다고 느끼는 한 그것들의 사용을 저지하지 않았다. 기악음악에 대한 이 건전하고도 실제적인 접근에 대조적으로 **츠빙글리** Zwingli 의 추종자들이나 다른 개혁자들은 이것들이 사실로는 하나님의 참 예배와는 거리가 먼 세속적인 오락을 표현한다고 주장하면서 유럽에서 가장 훌륭한 오르간을 몇 대 파괴하였다.

제2절 종교개혁 이전 교회음악

많은 근원으로부터 그것과는 다른 암시에도 불구하고 독일어로 된 찬송이 마르틴 루터 이전에 알려지지 않은 것은 아니었다. 루터의 공헌은 찬송을 예배식에 통합하여 루터주의의 신학적 강조점을 **회중찬송**에 표현한 일이었다.

그의 전심전력을 기울인 학자적인 저서『17세기 초까지의 초기시대부터 **독일찬송가**』"Das deutsche Kierchenlied von der aeltesten Zeit bis zu Anfang des 17 Jahrhunderts". 중 필립 바케르나겔 Philipp Wachernagel 에는 1448개의 종교개혁 이전 시기의 찬송이 들어 있다. 이러한 종교적 서정시는 특히 독일에서 성행하였는데, 독일은 로망스 Romance ; 라틴어 계통의 언어 를 사용하는 여러 나라보다 라틴어가 덜 알려져 있었다.

9세기에 벌써 '레이슨'leison 이라 하는 종교적 노래가 불리어졌다. 레이슨 Leison 이라는 말은 **기리에 엘레이존** Kyrie eleison 이라는 말에서 나왔다. 이 노래의 한 예를 칼 파인만 Karl Weinmann 이 다음과 같이 소개하였다.

> 주께서 성 베드로에게 최고의 힘을 주셨다.
> 그리하여 그가 주를 믿는 자를 파멸에서 구원하시려 함이라.
> 주여 우리를 불쌍히 여기소서.
> 그리스도여! 우리를 불쌍히 여기소서.

종교개혁 이전 찬송의 또 하나의 형型은 이미 존재하는 대중적인 노래의 곡조에 종교적인 가사를 붙인 **콘트라팍툼** contrafactum 이었다. 이것과 또 다른 형식의 종교적인 노래들이 가톨릭교회 안에서와 마찬가지로 교회 밖에서도 불리어졌는데, 이 사실은 초기 루터교의 지도자 중 한 사람인 멜란히톤 Melanchthon 에 의하여 설명된다. 즉

> 이 습관은 도처에 있는 교회에서 훌륭하게 지속되었다. 독일 찬송이 어떤 곳에서는 더 많이 다른 곳에서는 조금 덜 불리어 졌지만 모든 교회 안에서는 항상 그 국민들에 의하여 독일어로 불리어졌다. 그러므로 이것은 새로운 것이 아니다.

교회 안에서 독일어로 노래하는 습관이 새로운 것은 아니었을지라도 광범한

회중 찬송의 사용 그리고 **가창**과 종교에 있어서 재발견된 개인적 표현에 대한 루터파의 열심이 새로운 운동의 추종자나 적에게 전연 다른 종류로 보이는 질의 종교적 노래를 창작하도록 하였다.

제3절 중찬가 衆讚歌, The Chorale

마르틴 루터는 예배 식에서 그의 추종자들이 회중찬송을 독일어로 부르면서 종교적 헌신을 표현할 기회를 반드시 가져야 한다고 믿고 있었다. 그는 라틴어 예배식과 '**평 성가**'Plainsong를 잘 알고 있었지만 그는 백성으로 하여금 자기 나라 말로 노래 부르게 하기를 원하였다.

> 나는 또한 신도들이 **미사**동안 승계창 Gradual 직후 그리고 **상투스** Sanctus 와 **아뉴스 데이** Agnus Dei 직후에 부르는 많은 노래를 할 수 있는 대로 자국어로 되기를 원한다. 감독이 봉헌하고 있을 때 지금은 성가대만이 노래하거나 응답하고 있는 것을 옛날에 모든 백성이 이것들을 노래하였다고 누가 의심하였는가? 이것들은 전 미사가 자기 나라 말로 되기까지는 라틴어 다음에 또는 하루 걸려서, 즉 하루는 라틴어 다음 날은 자국어로 불리어질 것이다.

이러한 생각의 결과가 독일어 성경, **독일어 미사, 코랄 책** 등이다.

적어도 14가지 독일어판 성경이 루터의 번역 이전에 인쇄 되었지만 성경은 일반적으로 성직자 외에는 알려지지 않았고, 이용되지도 않았다. 루터는 마그데부르크 Magdeburg에서 공부할 때 라틴어 성경을 그 대학도서관에서 발견하였다. 루터의 친구인 마테시우스 Mathesius 는 그때 일을 다음과 같이 진술하였다.

> 공개강의가 없을 때 그는 자기 시간을 대학도서관에서 보냈다. 한 번은 책들 중에 가장 좋은 책이 어떤 것인지 알아보려고 책을 차례로 주의 깊게 검토하고 있을 때 우연히 그의 생애에 도무지 보지 못했던 **라틴어 성경** 한 권을 발견하였다. 그리고 그것이 보통의 주석서에서나 교회강단에서 보통으로 설명된 것보다 더 많은 말씀이 포함되어 있음에 놀라서 주의해 보았다. 그가 구약을 읽는데 우연히 사무엘

Samuel과 그의 어머니 한나Hannah의 이야기를 보게 되었을 때 큰 기쁨과 즐거움으로 빨리 읽었다. 그리고 그것이 그에게는 새로운 것이었으므로 그의 마음속으로부터 우리 주님이 언젠가는 자기에게 이러한 책을 자기의 소유로 주실 것을 희망하기 시작하였다.

이때부터 성서에 대한 루터의 열심이 그로 하여금 계속적으로 성경을 연구하게 했으며 마침내 라틴어 판보다 그의 추종자의 손에서 일상생활의 안내서가 된 백성들의 언어로 번역하기에 이르렀는데 이것이 성직자들의 신학적 논쟁의 주제가 되었다.

미사를 독일어로 해야 하겠다는 생각은 루터의 독창적인 것은 아니었다. 라틴어 미사는 루터가 독일어로 그 첫 미사를 표시하기 적어도 4년 전에 독일어로 번역되었다. 이 첫 각색은 단지 라틴 미사가 독일어로 번역되었기 때문에 루터는 미사의 조직적 구조를 자기의 신학적 사상에 적응시켰다. **코랄**Choral이 때로는 미사의 부분들로 대체되었다. 그리고 독일어로 된 부분들이 때로는 라틴어로 된 부분과 교체되었다. 이 변화는 기초적 순서와 예배식의 적응성을 보존하기 위하여 매우 주의 깊게 이루어졌다.

독일 **코랄**은 강하며 비개인적이며 단순하다. 이것은 정서적 요소가 강하게 존재하지만 단지 주관적 개인적 느낌보다 차라리 '**회중적 찬송의 표현**'을 위하여 현저히 적합하다.

코랄Choral의 재료는 주로 4가지 근원에서 나왔다.
① 공인된 **라틴어 찬송가**, **라틴 시퀀스**Latin Sequence에서 나온 곡과 가사, 그리고 **평 성가**Plain-song.
② 종교개혁 이전의 **대중적 찬송**과 **민요**.
③ **세속적 노래**의 멜로디.
④ 루터의 **예배**를 위하여 특별히 **작곡된 멜로디**.

1524년 무반주 멜로디로 된 4개의 코랄집이 스튜라스 부르크, 비텐베르크Wittenberg와 에르푸르트Erfurt에서 출판되었다. 그 해에 요한 발터Johann Walther는 **멜로디를 테너**에 둔 3, 4, 5 및 6성음부의『38 코랄 집』Geystiliches gesangk Buchleyn을 편찬하였다. 코랄 멜로디의 다성 음악적 편곡은 일반 회중을 위하여서는 너무 어려웠음으로 이런 편곡을 연주할 수 있는 합창그룹을 창설하도록 하였다.

'신성한 합창 앙상블'Kantorein과 '중학교 찬양대'Gymnasial choere가 이러한 집단이었다.

1529년에 첫 '신성한 합창앙상블'이 요한 발터에 의하여 토르고Torgau에서 창설되었다. 그 후 얼마 있지 않아 다른 여러 단체가 독일 여러 도시에서 번창하였다. '중학교 찬양대'도 역시 다성 음악적 코랄 편곡의 가창이 능숙하게 되었다. 루터는 학교교장들과 많은 선생들이 할 수 있는 대로 음악적이 되며 학생을 위한 음악적 활동에 있어서 책임 질 수 있게 되기를 기대하였다.

멜로디가 소프라노에 놓여 져 회중이 함께 부르도록 한 이 형식은 그로트 D. J. Grout에 의하여 1586년 루카스 오시안더 Lucas Osiande의 『노래와 시편』Fuenfzig Lieder and Psalmen에 처음 나타났다. 보통 바흐에 의하여 **화성**이 붙여진 4성부로 된 코랄로 대부분 20세기 음악가들에 알려져 지금까지 사용하는 형식이다.

초기의 관례는 회중이 코랄 멜로디를 무반주 **유니슨**Unison으로 즐겨 부르거나 회중의 유니슨 절과 찬양대의 다성 음악적 절을 교체하는 것이었다. 1600년대 후에는 소프라노에 멜로디를 둔 4성 오르간 반주가 규정이 되었다. 회중은 아직 곡조tune만을 노래하였다.

코랄 멜로디는 균등하게 높은 질의 것은 아니었을지라도 16세기로부터 18세기를 통한 독일 작곡가들은 루터곡집이 **코랄 전주곡**Choral Prelude, **코랄 칸타타**, **코랄 판타지아**, **코랄 푸가**, **코랄 모테트**, **코랄 파르티타스**Choral partitas 및 기타 많은 작품의 재료로 사용된 굉장히 풍부한 멜로디의 창고임을 발견하였다.

제4절 가톨릭교회 음악Catholic Church's Music

신교 교회음악이 독일에서 요람기에 있을 때 가톨릭 교회음악은 유럽 각지에서 계속 번창하였다. 교회음악은 신교와 가톨릭 지도자에게는 아주 다른 용어로 생각되었을지라도 신교그룹이나 가톨릭그룹이 노래한 음악 작품 간에는 스타일의 차이는 별로 없다는 것은 흥미 있는 일이다. 이 중 한 가지 예는 전에도 서술한 **콘트라 팍툼**Contrafactum으로서 세속적 작품이 교회용으로 적당하게 된다든가 가톨릭작품이 신교의 견해를 따르도록 변경될 수 있었다. 음악의 가사는 변경되지 않고 그대로 있었는데, 약간의 반대되는 가사 부분은 신학적으로 수정되었다.

음악 자체의 스타일이 유사함에도 불구하고 교회음악에 대하여 가톨릭과 루터교의 태도 사이의 견해에는 뚜렷한 차이가 있었다.

랭 Lang 은 다음과 같은 말로 이 차이에 대한 기초를 요약하였다.

> 오래 지속된 과정을 통하여 완전의 도度에 의하여 인간을 더 높은 경지로 올린다는 그레고리안의 개념의 좀 더 범세계적인 객관적 성격과는 반대로 신교 적 개념은 한 번 경험하면 영원히 지속 되는, 그리고 개인적인 종교적 과정을 통하여 준비되고 계속되는 개인적이고도 직접적인 신앙에 바탕을 두고 있다. 이것은 음악적 사상을 지배하는 '성찬식 종교'와는 달리 '영적 종교'의 원칙이었다.

신교 교회음악이 17세기와 18세기까지는 예술적으로 성숙기에 이르지 못하였으나 16세기 중엽은 가톨릭 교회음악에 있어서 **다성 음악**의 황금시대의 성숙을 나타낸다. 예배식 음악의 주요 형식은 미사와 **모테트** 이었다. 예배당 교회음악의 네덜란드 거장들은 전 유럽을 통하여 다성 음악 작품의 스타일을 통일시키는 데 현저하게 공헌하였다.

불협화음은 주의 깊게 조절되었고, **대위법** 기술의 완전한 성숙은 **라소** Orlando di Lasso 와 **팔레스트리나** Palestrina 와 같은 작곡가에 의하여 달성되었다. 영적 노래 laude spirituali 와 같은 교회음악의 비 예배음악 형식도 여전히 번창하였다.

가톨릭 교회음악 작곡가의 중요한 그룹은 로마 Roma, 베니체 Venice, 스페인 Spain 및 영국에서 활약하고 있었다.

가톨릭교회음악의 로마악파는 팔레스트리나 Palestrina 와 라소 Orlando di Lasso 의 음악에서 최고 절정에 도달하였다.

16세기 중엽의 가톨릭교회음악의 큰 중심 지 중에 그 웅대함에 있어서 베니체 Venice 에 있는 성 마가 St. Mark 사원을 능가하는 것은 아무것도 없었다.

아드리안 빌라르트 Adrian Willaert, 1490-1562, 안드레 가브리엘리 Andrea Gabrieli, 1510-1586, 조반이 가브리엘리 Giovanni Gabrieli, 1557-1612 등을 포함한 음악가들의 집인 성 마가 St. Mark 사원은 반대편에 자리 잡은 성가대가 연주하는 다성 성가합창으로 유명하였다. 이 혁신은 아드리안 빌라르트에 기인한다.

16세기 스페인의 가톨릭교회 음악 작곡가도 활약하였는데, 가톨릭이나 영국 성공회 교회음악을 작곡한 '**영국 국교음악의 아버지**' 토머스 탤리스Thomas Tallis, 1510?-1585가 특출하였다.

기타 대륙의 중요한 교회음악 작곡가는 스위스인 루트비히 센플Ludwig Senfl 1486-1542, 불란서인 클로드 세르미시Claude Sermisy, 1490-1562와 클레만 잔캥Clement Jannequin, 1485-1558, 독일인 야코부스 갤 루수Jacobs Gallus(Handle), 1550-1591 등이 여기에 포함된다.

제네바에서 칼뱅이 시편Psalter 초판을 출판하던 거의 그 무렵 클레멘스 비非파파Clemens non Papa, 1510-1515~1556 or 1555 라는 플레미시231)Flemish작곡가는 『작은 시편 가』Souterliedekens; 사우터르리데켄스 집集을 준비하였는데, 이것이 그렇게 인기가 있어서 그 후에 적어도 35판이 인쇄되었다. 본래는 단성 판으로 나타났던 것이 1556년 판은 3성 음부로 된 편곡이 포함되었다.

『**작은 시편가**』는 다음과 두 가지 중요한 면에서 『**제네바 시편 가**』Genevan Psalter와는 다르다. 즉 이것들은 교회예배에 사용하기 위하여 쓰여 진 것은 아니며, 클레멘스 집Clemens 集에 사용된 멜로디는 주로 대중적이며 민요였다. 그 전집의 목적은 "청년들에게 어리석은 육감적인 노래 대신에 무엇인가 좋은 것을 노래하기를 즐기게 하는 동기를 주는 것인데, 그것에 의하여 하나님이 영광을 받으시고 청년들은 교화敎化를 받는데 있다." 이 '시편 가 전집'의 인기는 다윗의 시편이 음악에 맞춰진 것 같이 가톨릭이나 신교도 모두에게 세계적으로 어필되었음을 과시하고 있다.

서양 '교회음악사'는 여기서 접으려고 한다. 그 이유는 마르틴 루터의 지대한 '**복음찬송가**'의 영향과 그의 멜로디가 **현대교회음악**의 여러 방면에서 사용되어 '**찬송가**'로 발전해 왔으며, 이러한 소중한 찬송가 문화의 흐름이 독일을 비롯하여 세계 여러 나라의 '**회중 찬송**'으로 이어졌다고 보기 때문이다.

16세기에 있어서 회중가창會衆歌唱은 가톨릭교회에서는 드문 일이었으나 신교 집단에서는 보통의 일이었다. 대부분 개혁가들은 적당한 멜로디에 시詩를 만들

---

231) '**플레미시**'란 플레미시 스쿨Flemish School; 플랑드르악파이라 해서 르네상스 중·후기에 북프랑스에서 네덜란드에 걸쳐 활동한 작곡가들 지칭하며, 이들을 '**플랑드르 악파**'라고도 칭한다.

어서 가사를 붙여 하나님을 찬송함으로서 저들의 추종자의 종교적 자각심을 깨우치고자 노력하였다.

이 가창은 두 가지 주요 형식을 취하였는데, ① 여러 저자에 의한 찬송 혹은 종교시를 노래하는 것과 ② '**살모디**' Psalmody 즉 주로 시편의 성구를 가사로 하여 노래하는 것이다. 당시는 마르틴 루터 Martin Luther 의 흔적 정도이었지만 후에 존 칼뱅은 다윗의 시편을 운율 화하여 『제네바 시편 가』를 만들어 널리 보급하였고, 지금도 구라파를 비롯하여 '칼빈의 시편가' Calvin's Genevan Psalter 를 부르는 교회가 적지 않다.

'한국 찬송가 문화의 특징'은 선교사들에 의해 **서양음악**과 함께 찬송가가 교과서로 보급되어 우리 **민속음악**이 여기에 동화되기도 전에 초등학교를 비롯해 중·고등학교까지 서양음악문화나 음악교육 매체가 되었음은 부인 할 수 없는 사실인 것이다. 그러나 시편가의 전래는 한국찬송가 역사를 살펴보면 『찬성시』(1898년)에 14편의 '**운율 시편**'이 수록되기도 하였으나 많이 불려 진 것은 아니었고, 그렇지만 '**가톨릭교회 연도**'는 시편가로 창작하여 부르고 있다. 지금도 '**시편찬송가**'는 몇 편이나마 개신교 **찬송가**로 불리어지고 있다.

초기 한국의 최초 '음악교과서'인 『창가집』이 선교사들에 의해 편집되어 학교 **음악교과서**로 삼았다. 또한 선교사들에 의해 편집된 '**찬송가**'는 한국인 음악교육 교재를 가지기 전까지 서양음악교육의 중요한 전달매체였다. 역시 다른 과목 교과서들도 선교사들의 피나는 노력으로 편찬되었다.

한국의 개신교 선교사들의 눈부신 활약으로 한학이나 궁중중심의 문화가 점차로 서민들에게까지 한글성경이 보급되어 복음을 쉽게 접할 수 있었다.

이러한 선교사들의 선견적인 노력의 결과 대한민국의 독립과 함께 한글문자의 활용으로 우리 민족고유의 한글문화가 다양하게 발전되어 나간 것이다.

필자의 모친은 독학으로 한글을 다 익히셨고, '찬송가' 장수를 찾아가며 아라비아 숫자를 익히셔서 한글로 성경이나 찬송가 찾는데 달통하셨다.

다음 12장에서는 '한국 어린이 찬송가 역사'를 살펴보면 이러한 점이 자연스럽게 이해되어 질 것이다.

제12장 한국 어린이 찬송가 역사와 진로

한국 어린이 찬송가의 역사를 고찰하고자 할 때 그 시대 구분을 1885년 개신교의 전래로부터 한국근대사 중 수난기로 볼 수 있는 일제치하에서 해방된 1945년까지를 **전기**로 하고, 해방 후부터 공회『찬송가』(찬송가공회, 1983)가 발행되기 전 까지를 **중기**로, 공회『찬송가』발행이후를 **후기**로 하는 것이 자연스러울 것이다. 이렇게 세 시대로 나누어서 살펴보기로 한다.232) 이 장에서는 본서의 핵심내용인 '어린이 찬송가의 역사와 방향 및 진로'를 논하고자 한다.

제1절 한국 어린이 찬송가 전기 역사와 분석

한국의 '어린이찬송가 역사'는 우리나라 개신교의 선교역사와 함께 시작되었다고 할 수 있다. 1885년 4월 5일 인천에 미 북 장로회 소속 선교사 **언더우드** H. G. Underwood, 1859-1916 목사와 미 감리회 소속 선교사 **아펜젤러** H. D. Appenzeller, 1858-1902 목사 부부의 입국과 그 해 5월 1일 의료선교사 **스크랜턴** W. B. Scranton 이 입국하고, 6월에는 스크랜턴 부인과 아펜젤러 부부가 합류했으며, 같은 때 북 장로회의 의료 선교사 헤론 J. W. Heron 부부 등이 들어와 집회하여 예배하기를 시작하면서부터라 할 수 있다.233)

한국에서 찬송가가 처음으로 발행된 것은 1892년 북 감리교 선교 부 Methodist

---

232) 李聖元, "한국교회 어린이 찬송가의 역사적 고찰"(석사학위논문, 이화여자대학교 교육대학원, 1976), p. 5-42.
233) 한국기독교사연구회,『한국기독교의 역사 Ⅰ』(서울: 기독교문사, 1989), pp. 185-186.

Episcopal Mission에서 발행한 『**찬미가**』(존스와 와일러 편집)이었는데, 수형본手形本으로 당지 39매, 총 30장의 감리교 전용 찬송가였다. 여기에는 27개의 번역 찬송이 들어있는 '불완전한 찬송가'였다.234) 특별히 언더우드 목사는 한국 찬송가 편찬에 있어서 아주 위대한 업적을 남긴 분이다. 그는 한국 최초의 악보 찬송가인 『**찬양가**』*Hymn of Praise* Edited by H. G. Underwood, D. D., 1894 서문에서 아래와 같이 밝히고 있다.235)

"다른 도로 보매 찬미ᄒ고 노래ᄒ는 도는 참신 여호와와 예수를 위ᄒ는 도 밧긔 업ᄂ니라⋯⋯ 우리들이 예수를 믿으면 참신 여호와를 쥬로만 알거시 아니라 우리가 ᄉ랑ᄒ온 아바지로 알거시니 이 ᄉᆼ각을 ᄒ면 례비 ᄒ러 올 ᄯᅢ에 찬미ᄒᆯ 수 밧긔 업도다."

언더우드 목사는 찬미하고 노래하는 기독교의 장점을 부각시켜 찬송을 부르도록 찬송가 편집에 좋은 조언을 주고 있음을 볼 수 있다.

다음 사진은 언더우드 간행 『찬양가』표지 모습이다.

  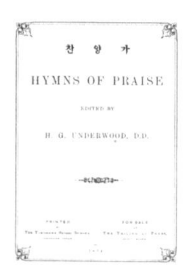

<그림 35> <찬양가 겉표지>　　　< 찬양가 속표지 >　　　< 찬양가 뒤표지 >

그들은 입국허가의 조건이 선교가 아니라 의료사업과 교육사업 조건으로 되어 있었기 때문에 입국하면서 예배나 집회를 공공연히 가질 수 없었다. 그래서 그들이 들어와 한국 형제자매들과 함께 집회하여 예배하기를 시작한 것은 2

---

234) 閔庚培 著, 『韓國敎會 讚頌歌 史』(서울: 연세대 출판부, 1997), p.26. Preface, *Chan-mi-ka*, Seoul, Methodist Publishing House, 1895, p.26. 재인용.
235) 언더우드 刊行, 『찬양가』(서울: 예수성교회당간, 1984), 찬양가서문

년 뒤인 1887년 10월 9일이었다.236)

1886년 5월 30일에 정동, 현재 이화여자고등학교 자리에서 메리 스크랜턴 Mary F. B. Scranton, 1832-1909 선교사가 여자들을 위하여 세운 이화학당에서 '주기도문'과 '예수 사랑하심'이라는 찬송가를 영어로 가르쳤다는 기록이 있다.237)

그 당시 주일학교가 처음으로 1888년 1월 15일에 경성 정동에 있는 이화학당에서 여학생 12인, 부인 3인, 여 선교사 4인 즉 19인이 비로소 '**주일학교**'라는 이름으로 집회하였던 것이다. 그러나 그 당시 주일학교라 하면 장년, 청년, 소년, 유년 할 것 없이 한 방안에서 한 두 사람의 지도자가 성경을 가르치는 정도에 불과했다.238)

이렇게 내려오다가 1900년에 노블Noble 목사 부인이 평양 남산현 교회에 사범 반을 두어 교사를 양성한 후 1903년 비로소 '**유년주일학교**'를 조직하였다.
서울에서는 존스G. H. Jones 목사 부인이 처음으로 정동교회에 '유년주일학교'를 설립하였다.239) 또한 연동교회에서도 1909년 5월에 '**연동소아회**'小兒會를 창설하였다.240) 이때에 사용된 교재에 관한 기록은 다음과 같다.

"만국쥬일학교 단급식공과를 치용훈 것인듸 교ᄉ용 참고셔 쟝년부학ᄉ의 공과와 유년부공과가 잇고, 그 외에 유치부를 위ᄒ야 짜로 민든 셩경니야기 칙이 잇다…새로 밋는 ᄉ람을 ᄀᄅ치기에 덕당ᄒ도록 마가복음에서 교직를 션틱ᄒ야 특별훈 공과를 민든 것이 잇다."241)

여기에 찬송에 관한 기록은 전해지지 않고 있다. 그러나 한국의 교회교육사에 보면 가르치던 내용은 1911년부터 미국에서 출판된 통일공과를 가져다가 1

---
236) 배덕영, 『주일학교 조직과 관리』(서울: 기독교 조선 감리회 총리원 교육국, 1935), p. 47.
237) 정충량, 『梨花 80年史』(서울: 梨花出版部, 1967), p. 37.
238) 배덕영, op.cit., p. 47.
239) 김광우, 『주일학교 조직관리』(서울: 기독교대한 감리회 총리원 교육국, 1954), p. 23.
240) 편찬위원회편, 『연동교회 80년사』(서울: 연동교회, 1974), p. 44.
241) A, 문크레즈, 『최신 유년 쥬일학교 교슈 법』 南宮爀 譯(서울: 朝鮮耶蘇敎書會, 1922), p. 16.

년 후에 번역 수정하여 사용해왔으나, 1933년부터는 1년 전에 본문과 요절을 가져다가 공과 책을 우리 손으로 작성하고 출판하였다.

　부별 계단공과는 1927년부터 출판하였으며 그 내용은 철저히 성경 중심적이었으며, 어린이들의 흥미를 돋우기 위해서 '동화'와 '**노래**'가 강조되었다고 하였으나242) 유년 부 주일공과만을 사용하였으며, 따로 어린이들만을 위한 '찬송가'는 없었던 것 같다.

　성인 찬송가에서도 "조선에서 맨 처음으로 중국어 찬송을 몇 마디 혹은 한 두 절씩 불렀다. 그러다가 영어찬송을 번역한 것이 역시 한 두절씩 불려졌는데, 그 최초의 것이 '내 주를 가까이 하게 함'21찬송가 338장이었다.1890년 경 1891년까지는 선교사들이 각각 개인적으로 번역해서 임의로 한두 장씩 부르다가 1892년에 비로소 미 감리회에서 출판한 『찬미가』, 1894년에 언더우드 박사가 간행한 **『찬양가』**, 그리고 그 다음해인 1895년에 북 장로 교회에서 발간한 『찬성시』가 있었다.243)

　사실상 '**어린이 찬송가**'가 가르쳐진 것은 성인찬송보다 먼저 가르쳐지고 불리었다고 보아진다.244)

　아래 사진에서 사도신경과 주기도문 원문은 위에서 아래로 내려 종縱으로 기록했다. 그리고 "예수 사랑하심은"21찬 563 "우리 쥬 갓가히"21찬 338, "내 주를 가까이"는 악보에 1절 가사를 적어 놓고 아래에 나머지 절 가사를 종縱으로 기록해 놓았다.

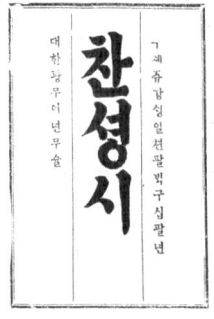

<그림36> 찬성시 표지

---

242) 문동환, "韓國의 敎會 敎育史", 『韓國 基督敎敎育史』(서울: 대한기독교교육협회, 1974), p.47.
243) 閔庚培, 『韓國敎會 讚頌歌史』(서울: 연세대학교 출판부, 1997), pp. 26-38.
244) 李聖元, op.cit., p. 8.

<악보 37> <사도 신경 주기도문>   <예수사랑하심은>   <우리 쥬 갓가히>

한국선교 초기 우리나라 최초의 세례 교인 중의 한 사람인 백홍준(白鴻俊)의 따님 백관성은 그의 부친이 "예수사랑하심"을 "주 야소 아이 워"라고 중국어 발음으로 부르는 것을 들었다고 하였다.245) 이처럼 중국어 발음으로 찬송을 불렀다.

1922년에 출판된 『최신유년쥬일학교 교슈법』이라는 책의 서문에는 다음과 같은 기록이 있다.

"지금 교회에서 쓰는 됴흔 찬미 가운뒤 반수 이샹은 아직 어린 ㅇ희들에게 뎍당ᄒ지 아니 흔 것이 만흐니 …… 쟝년의 감졍에 표준흔 것이오 어린 ㅇ희들의 요구와 취미에는 그다 지 주의ᄒ지 아니흔 것이다."246)

<악보 37-1> "주 예수 아이 워"

지도 방법으로는 아이들 중에는 노래의 뜻도 알지 못하고 글자 한 자도 읽지 못하는 아이들이 많으므로 그림을 보여주던지 혹은 이야기를 하든지 해서 그

---

245) 원진희, 『교회음악사』(서울: CLCK, 1976), p.127.
246) A. 문크레즈, *op. cit.*, p.173.

노래의 뜻을 설명하여 피아노나 오르간소리를 들려주어 그 선율을 들으면서, 선생님이 선창을 하면 아이들이 한 소절씩 따라 부르게 하여 지도했다는 것을 알수 있다. 당시의 지도방법을 아래와 같이 제시하였다.

"유년부에서 유성긔를 가지고 어린 ᄋ희들의게 노래를 ᄀᄅ칠 수 잇스며 쥬일학교에서 유성긔를 힝진곡 혹 기타 졍돈식히ᄂ 곡됴 ᄀᄌ흔 것으로 유익ᄒ게 쓸 수가 잇다."

피아노나 풍금이 없는 유년 부에서와 실외에서 사용되어지는 곡은 유성기(축음기)를 사용했으리라는 짐작을 할 수 있다. 그러다가 부별 계단공과가 출판되기 시작한 1927년부터는 공과내용에 '동화'와 '**노래**'가 포함되었다고 전해지고 있다.

1935년 배덕영의 『주일학교 조직과 관리』에 다음과 같은 기록이 있다.

"새 **찬송**을 예배시간에 10분내지 15분 동안 가르치는 주일학교가 있다…… 가르친다는 것보다도 취미를 본위 하여…… 예배시간에 관계없는 동요나 유행가를……"

이렇게 '초기 주일학교'에서는 흥미본위로 일반 동요나 유행가를 가르쳤다는 기록을 보아 '어린이만을 위한 찬송가'나 '노래집'이 없었기 때문일 것이다.

일반학교에서의 음악교육에 사용된 음악교과서로서는 『챵가집』을 들 수 있겠다. 1945년 이전에 120여 편의 창가집이 출판되었다 그 중의 하나인 『1915년 챵가집』(구세쥬 강싱일천구ᄇᆨ십오년 / 대일본 대정 ᄉ년)은 나운영 씨가 소장했던 책이다.

당시 선교사들은 우리나라 사람들에게 노래를 가르치는 것은 선교의 중요한 사명으로 생각하였다. 당시 우리나라에서 활동했던 선교사들의 잡지인 *THE KOREA MISSION FIELD* 1915년 4월호의 사설에 보면 '이번 호의 주제는 한국인의 음악적 향상이다.'(The subject of the present number of the K. M. F. the musical uplift of Korea.)라고 언급하고 있다. 계속해서 다음과 같이 말

하고 있다.247)

"……비록 어떤 선교사들은 깨닫지 못했을지라도 이 나라에서의 우리의 주된 사명은 한국인들이 노래하도록 가르치는 것이다. 왜냐하면 '진정한 그리스도인은 노래하는 사람'이기 때문이다. 그리스도인은 그 마음 안에서 '하나님을 향한 노래'를 만든다. 삶의 주제는 마음으로부터 나오기 때문에 몸과 마음과 영혼 안에서 자기의 형상을 따라 창조하신 하나님께 끊임없이 노래하고, 또한 다른 그리스도인을 향해 노래한다. 마치 우리의 지체들이 조화를 이루는 것처럼 ………. 여기서 우리는 창조세계의 할렐루야 코러스의 한 부분이어야 한다.………"

이처럼 우리나라의 서양음악은 기독교의 전파와 함께 들어왔으므로 주로 '**찬송가**'를 비롯하여 교회음악이 그 모체가 되었다. 또한 선교사들은 학교에서 교육을 하였으므로 동요, 가곡 등 여러 가지 서양노래뿐 아니라 청일전쟁과 러일전쟁 때 들어 온 '일본 군가'와 식민지 전쟁을 통해 들어온 '일본 창가'가 우리나라에서 불리어 지고 있었다. 이렇게 이 모양 저 모양으로 우리나라에 흘러 들어온 서양음악은 외국의 선율을 차용하고 거기에 새로운 가사가 붙여져 '창가'라는 형태로 자리를 잡게 된다. 그러나 창가의 범주에는 찬송가를 비롯한 서양의 노래뿐 아니라 일본 군가와 일본 창가도 포함된다.

한국 초기 '초등·중등학교 음악교과서'를 살펴보면서 이야기를 이어가자.

다시 말해서 '**창가**'를 한마디로 정의하기는 어렵지만 민경찬 씨가 쓴 "한국 창가의 색인과 해제"에서는 "창가란 1945년 이전에 우리나라에 수입된 모든 서양의 노래와 동요, 대중가요, 가곡 등으로 분화되기 이전에 우리나라 사람들에 의해 만들어진 서양식 노래의 총칭이다."라고 정의하고 있다.

<그림 37> 창가집 표지

---

247) 배은숙, "1915년 창가 집" (서울: 장로회신학대학 교회음악대학원, 2000), p. 1-4.

그러나 여기에 소개된 『1915년 챵가 집』에 나타난 노래들은 미국 선교사들이 교육이나 선교 목적으로 사용했던 기존의 동서양 노래들이다.

선교사들이 '**챵가**'를 통해 노린 것은 기독교 '복음전파'였다. 수많은 찬송가와 '찬송가적 내용'을 담은 노래들이 그러한 의도를 엿보게 한다. '챵가'라는 학과목은 선교사들에게 그러한 가능성을 제공했던 것이다.

이 『1915년 챵가 집』 편집자는 당시 우리나라에 선교사로 와 있던 '**베어드 부인**'과 '**베커 부인**'이다. 베어드 부인은 초기 한국찬송가의 최다수 번역자이며, 최초의 통일찬송가 『찬송가』의 편집자로서 한국찬송가사상 중요한 인물로 간주되는 사람이다.248) 이 '챵가 집'은 1915년에 출판되었는데, 당시 기독교 학교인 정신, 숭실, 호수돈, 한영서원, 경신학교, 숭의여학교, 대구신명여학교 등 7개 학교에서 음악 교과서로 사용 되었으며, 『챵가 집』 안에는 각 학교의 교가들이 수록되어 있다. 이 책에 있던 곡 중의 1/3이상249)이 지금도 자주 불리고 있다. 그래서 이 『챵가 집』에 나오는 곡들을 악보와 함께 소개하고 분석하고자 한다.

이 사료는 매우 중요한 자료이기에 우리나라 '서양음악' 수입초기의 동요나 찬송가, 가곡, 교가 등의 음악형태나 흐름 등을 자세히 살펴보자.250)

『1915년 챵가 집』 내용 1부에는 **챵가 46곡**, 2부에는 **찬양 가(찬송가) 19곡**이 수록되어있다.

---

248) 베어드 부인의 번역찬송이 **통일 『찬송가』**(서울: **한국찬송가공회**, 1983)에 30편 이상 수록되어있다. 그녀는 초대 숭실학교 교장이었던 배위량 W. M. Baird, 1862-1931 선교사의 부인 애니 베어드 Annie L. Adams Baird, 1864-1916 여사로 1891년 한국에 와 평양에서 52세로 임종시까지 26년 동안 찬송가번역, 동물학 식물학 역사교과서 등을 번역 · 출판하였고, 『한국어교본』(1897년 초판)을 저술하고 선교사들의 한국어교사를 역임했다.
249) 이 책의 65곡 중 22곡이 찬송가에서 즐겨 부르는 곡조로 "복의 근원 강림하사"(21찬 28장), "예수님은 누구신가"(21찬 96장), "새벽부터 우리"(21찬 496장) 그리고 성탄캐럴 곡조로 "아름답게 장식하세" 등 우리에게 매우 익숙한 곡들이다.
250) 배은숙, "1915년 챵가 집"(서울: 장로회신학대학 교회음악대학원, 2000)이란 논문의 주심사위원 홍정수 교수가 필자에게 보내와 필자의 '찬송가학' '어린이 찬송가학' 연구에 큰 보탬을 주었다. 이에 고마운 마음과 감사함을 여기에 밝혀 둔다.

1. 한국 초기 음악교과서 『1915년 챵가집』 1부

제1부에는 자연을 묘사한 계절의 노래들과 자장가, 작별 가, 여섯 학교의 교가, 어린이들이 운동하며 부르는 노래, 서문에서 언급한 유치원에서 부르는 노래 등 **46곡**의 **노래**가 담겨있다. 이런 노래들은 신앙이 담긴 노래들도 있으나 대부분 학교에서나 가정에서 부를 수 있는 노래들로 되어 있다. 이 책은 학교에서 사용하는 노래와 교회에서 사용하는 노래를 1부, 2부로 구분 짓고, 특히 이 책에 나오는 일곱 학교는 이 책을 '**음악교과서**'로 사용하였던 것이다.

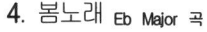

제 1부의 첫 다섯 곡은 계절의 노래 및 자연을 노래한 곡으로 주로 봄을 표현한 곡이 많고 산을 표현한 곡도 있다.

3장은 베어드 부인이 개작한 곡이며, 4장 "봄노래"는 **5음계 곡조**이다.

5장은 MOUNTAIN SONG이다. 6장은 21찬 28장곡으로 작곡자 미상이다. 6, 7장은 자장가 노래이며, 6장은 "복의 근원 강림하사"(21찬 28장) 곡조이다.

7장은 루소 J. J. Rousseau 의 "주여 복을 구하오니" 21찬 54장 곡이며, 8장은 그로브 목사 곡이다. 반음을 없앤 5음계로 한국인이 부르기 쉽도록 편곡하였다.

8, 9, 10장은 선교사들의 교육적 의도가 담겨있는 노래이다. 특별히 8, 9장은 그로브 목사님에 의해 **5음계**로 편곡되어 있으며, 이처럼 원래는 5음계가 아니나 우리나라 사람들이 쉽고 친숙하게 잘 부를 수 있도록 고쳐진 곡이 여러 곡 있다. 이것은 이 책의 특징이기도 하다.

<악보 42> 9. 탕즈회기 | Music by P. L. Grove   10. 식목가 C Major 곡

9장은 그로브 목사 곡으로 5음계로 작곡했다. 10장은 "오랫동안 모든" 21찬 284장, C Major 이란 곡에 나무심기를 강조하는 내용의 새로운 가사로 개사해 넣었다.

<악보 43> 11. '비 떠나간다 d minor 곡   12. '작별가'   Eb Major 곡
11장 Boat Song은 Music by P. L. Grove   12장 '작별가'는 Music adapted by Mrs Becker

11장은 그로브 목사가 한국 멜로디를 채보해 편곡해 실은 듯하다. 한국인 성도들을 위한 음악적 관심과 사랑이 얼마나 애틋했는지 보여주는 곡이다.

12장은 베커 부인이 개작改作한 곡이다.

<악보 44> 13. 학도작별가　G Major e min 곡

14. 작별가　Melody, "Swing Low Sweet Chariot" 곡

13장은 학생 '작별 가' 곡이고, 14장은 흑인영가Negro Spiritual인 "내가 탄 마차"Swing Low Sweet Chariot 라는 곡에 '작별 가' 가사를 붙인 곡이다.

<악보 45> 15. 리별가　L. Mason 편곡

16. '나의 어려쓸 때 일을 생각 함'　F Major

15장 '리별가'는 "주 믿는 형제들" J. H. G. Nägeli작곡, 21찬 221장곡에 가사를 개사해 넣은 곡이다. 16장은 F Major, 3/4박자 곡이다.

<악보 46> **17. 일장춘몽 한 셰샹**   내림 마장조: Eb조 곡

17장 '일장춘몽 한 셰샹' Eb Major, 4/4박자, 한 도막 형식의 곡이다.

<악보 47> **18. 밋는 쟈 즁 열 가지 모를 것**   사 장조: G major 곡

18장은 당시 한국 성도들의 예배 때 우습고 어설픈 모습을 풍자한 내용의 가사에 곡을 붙여 해학적인 요소가 담겨 있는 곡이다.

<악보 48> 19. 신구약셩셔목록찬숑 G Major 곡   20. 학도 모힐 때의 노래 사(G)장조, 5음계

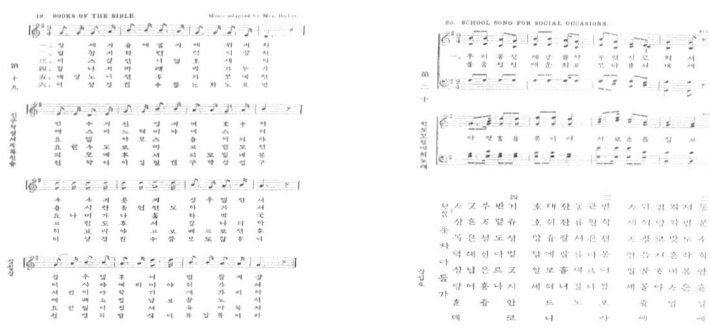

19장은 '성경목록가' Books of the Bible 로 일본 오오노 작곡 '철도창가' 곡조에 성경목록을 6절 가사로 붙인 곡이다. 20장은 '학도모일 때의 노래다.

<악보 49> 21. 상학시간 되거든 F Major곡   22. '하학 가' F Major곡

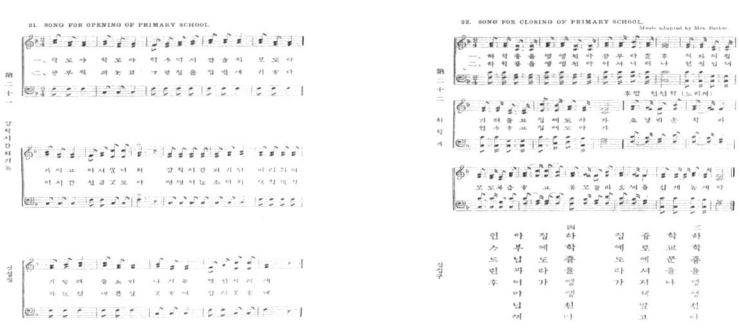

21장은 '나비야 나비야' 독일 민요곡원곡은 독일 드레스덴 교사인 프란츠 비데만 Franz Wiedeman, 1821-1882이 지은 〈어린 한스〉 Hanschen klein 이다. 한스라는 아이가 집을 떠나 세상을 여행하고 성장해서 집으로 돌아오는 내용의 노래이다.

22장 '하학 가' F Major, 2/4박자 는 두 도막 형식의 곡이다.

<악보 50> 23. 하학 가 THe School Clock, Music by Mrs. Baird. D Major 곡

23장도 '하학가'로 D Major, 4/4박자, 한 도막 형식의 동요 곡으로 베어드 부인이 편집한 곡이다.

<악보 51> 24. 션생의 공덕 Ab Major, '하나님의 나팔 소리' 21찬 180장곡

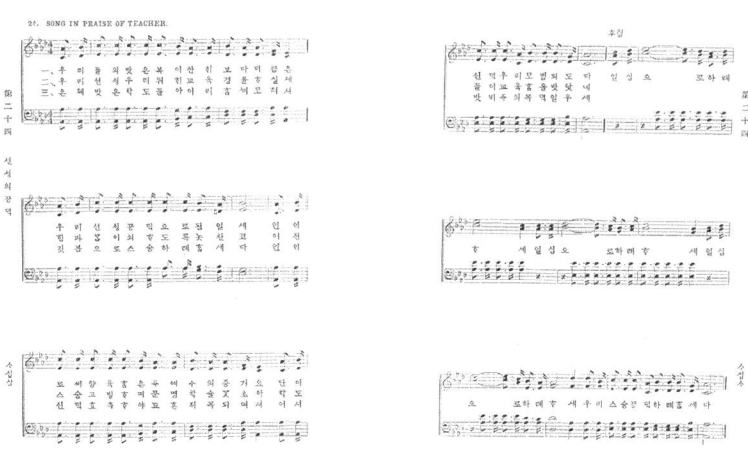

24장 '션생의 공덕'은 "하나님의 나팔 소리"21찬 180장라는 곡조 J. M Black작곡 에 가사만 개사해 붙였다.

제12장 한국 어린이 찬송가 역사와 진로 309

<악보 52> **25.** 정신학교 교가 G Major, Women's Academy, Seoul, N. P. M. 이다

<악보 52-1> **26.** 슝실학교가 Song of Union Christian College, Pyengyang, Bb Major 이다

26장은 평양 '숭실학교교가'이다. '밝아오는 아침 해를 바라보면서' American Melody, Battle Hymn of the Republic 라는 미국의 '광복축하가' 곡조이다.

<악보 53> **27.** 호슈돈녀슉가 F Major곡 2/4박자   **28.** 한영셔원가 G Major곡 4/4박자

27장은 '호슈돈녀학교 교가'이다. 28장은 '한영셔원가' "우리들의 싸울 것은" Henry C. Work 21찬 350장 곡조이다.

<악보 54> **29.** 경신학교교가 Bb조, 4/4박자   **30.** 슝의녀학교교가 C Major, 4/4박자

제12장 한국 어린이 찬송가 역사와 진로 311

<악보 55> **31.** 너 힘써 힘쎠하라 Bb조, 2/4박자   **32.** 젹은드 | 쥬의하라 C Major, 6/8박자

<악보 56> **33.** 별 노래 G Major, 2/4박자   **34.** 아희운동노래 Bb조, 6/8박자

33장 '**별 노래**'는 'The Star'란 **불란서 민요곡**, 작사는 영국 여류시인 제인 테일러Jane Taylor, 1783-1824다. 34장 '아희운동 노래'는 **Bb장조, 6/8박자** 동요 곡이다.

<악보 57> **35. 모세의 장사 지낸 일을 찬미 홈**   C Major, 3/4, 두 도막 형식

35장은 구약성경 처음 5권을 기록한 모세의 장사 지낸 사건의 노래이다.

<악보 57-1> **36. 거믜와 파리**   F Major, 6/8, 세 도막 형식

36장 '거믜와 파리'는 F Major, 6/8박자, 세 도막 형식 3부 합창형식의 노래로서 '유혹을 벗어나라'는 7절 가사로 동화적이고 교훈적인 노래이다.

제12장 한국 어린이 찬송가 역사와 진로 313

<악보 58> 37. 유치원에서 하는 운동가 Eb Major   38. 본국스 ♩ 각 F Major, 4/4

37장 '유치원에서하는운동가'는 Eb Major, 2/4박자 한 도막 형식의 동요 곡이다.
38장 '본국싱각'은 F Major, 4/4박자 한 도막 형식의 못갖춘마디 곡이다.

<악보 58-1> 39. 힝보가 Bb Major, 4/4, 두 도막 형식의 곡

<악보 59> **40. 스언흥가** A Major, 3/2, 작은 세 도막 형식의 곡

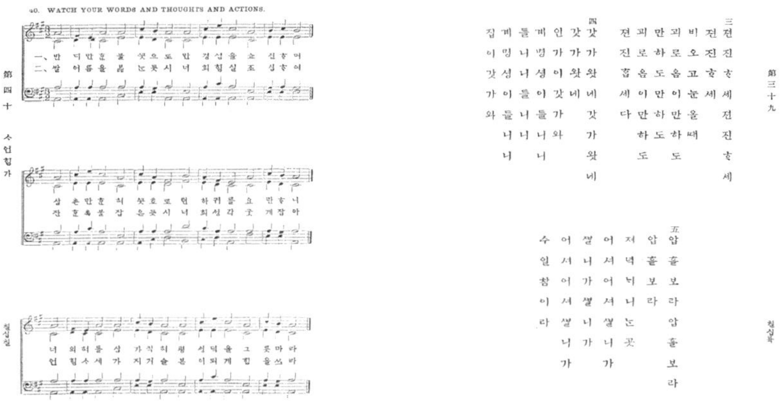

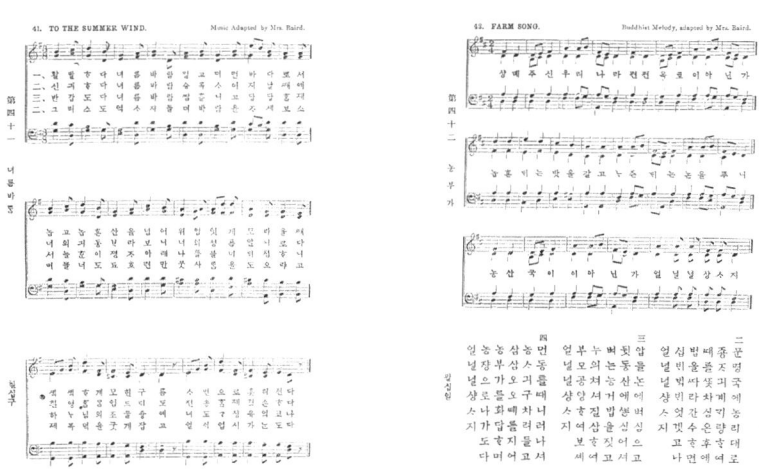

40장 '사언행가'는 A장조, 3/2박자 교훈적인 가사를 담은 노래이다.

<악보 59-1> **41. 녀름브롬** G Major→e minor, 6/8, 세도막 형식 **42. 농부가** D Major, 2/4

41장 '녀름브롬'은 사장조 G Major 로 시작했다가 마단조 e minor 로 끝난다.

42장 '농부가'는 D Major, 2/4박자, 22마디 변칙 세 도막 형식의 곡으로 농부를 노래하며 근면 성실의 교훈을 담고 있는 가사 10절의 곡이다.

<악보 60> **43.** 텬국은 ᄂᆡ 본향 G. Major, 4/4박자 은 두 도막 형식의 곡이다.

<악보 60-1> **44.** 노아 때 홍슈 Eb Major→c minor, 2/2박자 **45.** 유치원 운동 노래 G. Major, 6/8박자 곡

44장 '노아 때 홍슈'는 내림 마장조, 2/2박자 두 도막 형식의 곡이다.

45장 '유치원에서 운동ᄒᆞ는 노래'는 사장조, 6/8박자이며, "엄지야 엄지야 이리와" 동요 곡으로 외국 곡이다. p.334. <악보 77> 엄지야 엄지야 곡 참조.

<악보 61> **46.** 대구신명녀학교 교가 F Major, 4/4박자, 16마디 두 도막 형식

46. 대구신명녀학교 교가는 전형적인 a-a'-b-a'의 두 도막형식이다.

2. 한국 초기 음악교과서 『1915년 챵가집』 2부

◎ 다음의 내용은 『1915년 챵가집』 2부 제 1-19장은 '찬송가' 악보다.

<악보 61-1> 제1장 내쥬를갓가히ᄒᆞ게홈은 Ab Major, 2/2박자   제2장 누가쥬의쟝막에류홀가 C Major 4/4박자 곡

제1장 "쥬와 갓기를 원홈"은 테너 음자리표와 낮은음자리표가 쓰인 것은 중세에 테너자리에 멜로디를 두었던 예로 볼 수 있을 것이다. 가사는 "내 주를 가까이" 21찬 338장, 통찬 364장 가사이나 곡조는 다르다.

제2장은 시편 15편 15th Psalm 말씀을 인용한 가사이다.

<악보 62> 제3장 만유쥬를찬양홈 Eb Major, 2/4   제4장 죄인의찬숑홈 F Major, 6/8

제3장은 Eb Major, 2/4박자, 겹 두 도막형식이며, 제4장은 F Major 곡이다.

<악보 62-1> 제5장 거룩다 밤이여 동녀 된 모친이 C Major, 6/8박자 < 21찬 109장 >

제5장 "거룩다 밤이여"는 C Major, 6/8, 12마디 작은 세 도막 형식, 21새찬 109장, 'STILLE NACHT' 라는 J. Mohr 작사, F. X. Grüber 곡이다.

<악보 63> 제6장 텬당 호명ᄒᆞ실 때에 춤셕홈 Ab Major, 4/4박자

"하나님의 나팔소리" 21찬 180장 J. M. Black, 1856-1938 작사·작곡, 라는 곡이다.

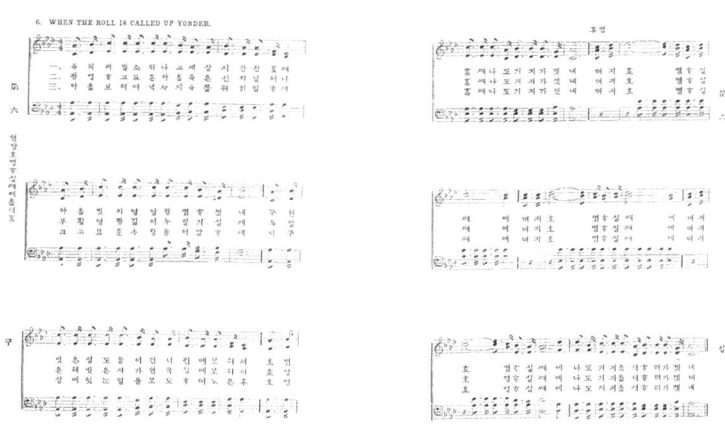

<악보 63-1> 제7장 죠물쥬를 찬숑홈 F Major, 2/4박자

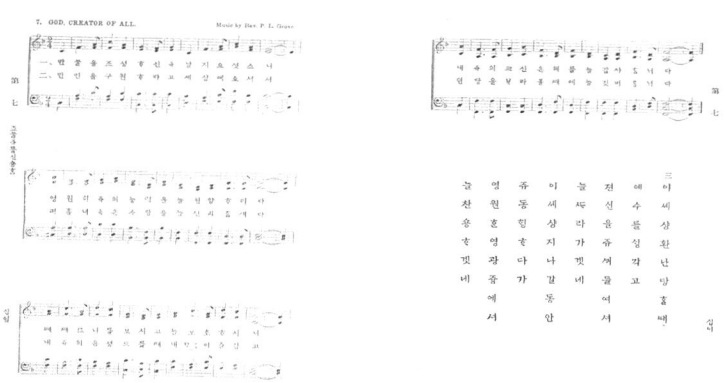

제7장 '죠물쥬를 챤숑홈'은 F Major, 2/4박자 그로브 목사 Music by Rev. P. L. Grove 곡이다.

제12장 한국 어린이 찬송가 역사와 진로 319

<악보 64> 제8장 쉬지 말고 긔도할 것 Eb Major, 2/4박자, 두 도막 형식

제8장은 신자가 기도해야 할 8가지 이유를 들어 노래하고 있다.

<악보 64-1> 제9장 그리스도 오신 것을 찬숑홈 GOLDEN HARPS, G Major, 4/4박자

<악보 65> 제10장 삼위를 찬송홈   제11장 쥬대신흥라왓노라 "우리가 지금은" 21찬 508장

제10장은 토머스 캔 Thomas Ken 주교 작사, 루이 부르주아 Louis Bourgeois, 1510-1561 곡으로 **제네바 시편 가**Jenevan Psalter에 실린 곡명이 OLD HUNDREDTH : 8.8.8.8. 이다.

<악보 66> 제12장 예수탄일   F Major, 4/4   제13장 겟세마네동산, Bb Major, 2/4

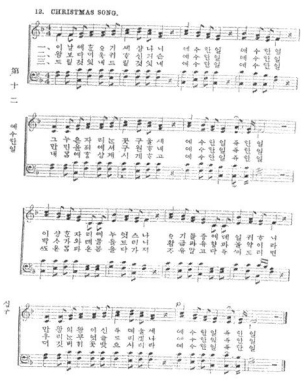

제12장 '이날에 흔 이기 셰샹나니'는 '수 천 년 묵묵히 솟아있는' T. H. Barley 곡에 '예수탄일' 가사를 붙였다. 제13장 '겟세마네동산'은 '내 선한 목자' 21찬 378장 곡명 'LYNDE', 튀링겐 지방 민요곡 Thüringen Folk Song 이며, 우리 말 첫 가사 '어지신 목쟈'로 부르던 곡이다.

제12장 한국 어린이 찬송가 역사와 진로   321

<악보 67> 제14장 형뎨여나갑세다 F Major, 3/4박자 제15장 구쇽후심을응답홈, Bb Major, 9/8박자

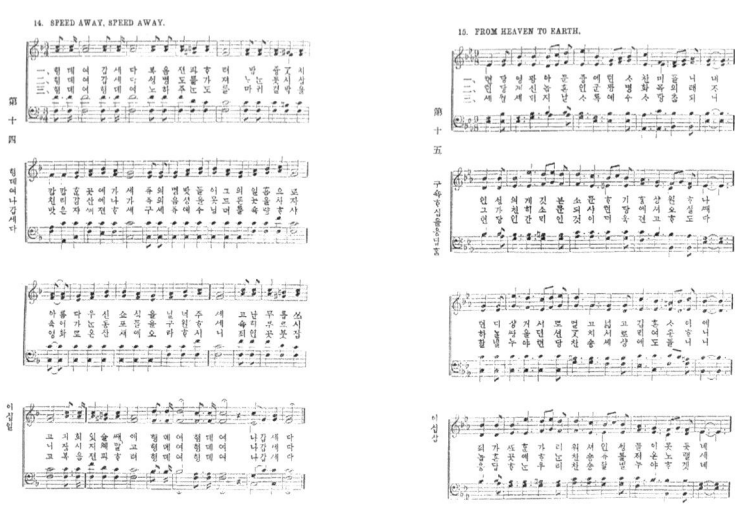

<악보67-1> 제16장 부활후신날 찬송홈 Ab Major, 4/4박자

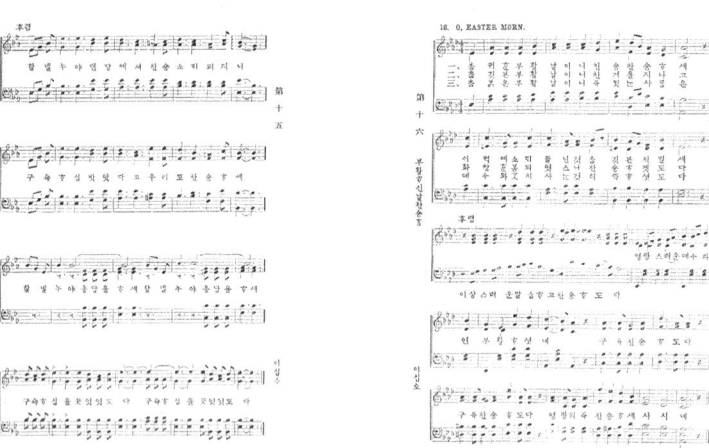

제16장 '부활후신날찬송홈'은 후렴 전까지 4부 합창, 후렴에 베이스 솔로를 여성 2부 합창으로 받아 다시 4부 합창으로 이어지면서 끝을 맺고 있다.

<악보 68> 제17장 탄일 찬송 Eb Major, 4/4박자

제17장 '탄일찬송'은 찬양대 합창용으로 다양한 형태로 반주와 '예수 탄일 주 나심'을 합창과 함께 천사의 양금 합주의 반주에 맞춰 웅장하게 음악이 펼쳐진다.

<악보 68-1> 제18장 여호와를 찬송 홈   제19장 수고롭고 짐 진 쟈여 빨니 나오라 Bb Major, 2/2박자

제18장 '여호와를 찬송 홈'은 D Major, 4/4박자, 두 도막형식의 곡이며, 제19장 '수고롭고 짐 진 쟈여 빨니 나오라'는 Bb Major, 2/2박자, 변칙 두 도막형식 20마디 의 곡이다.

이상으로 『1915년 챵가집』Ⅰ, Ⅱ집 전곡을 살펴보았다. 당시 미션스쿨의 음악교과서로 사용된 이 자료 분석을 통해서 그 시대의 악보는 물론, 어린이찬송자료로 동요에서부터 민요, 창작 창가, 찬송가찬양 가를 살펴볼 수 있었다.

앞서 말한 것처럼 선교사들은 한국인의 음악 수준이 초보이기는 해도 **5음 음계**를 사용하면 쉽게 교육할 수 있다는 것을 인지하고, 원곡을 5음계로 편곡해 음악을 지도하려 했던 자상함을 엿볼 수 있다. 선교사들은 찬송교육을 통해서 복음전파와 함께 음악교육의 부단한 노력과 애정 어린 지도가 돋보인다.

1915년에 발행된 『챵가집』에 실린 곡 중에 찬송가 곡조가 11곡(가사만 1 미포함), 성경목록가를 '철도창가'일본의 오우노 작곡 곡조에 성경이름을 붙여 '신구약성서 목록찬송'으로 지금까지 100년이란 세월동안 보급하며 불리어졌다는 것이다. 찬송가 가사도 아닌 '성경목록가'를 일본 '철도창가' 곡에 계속 부른다는 것은 부끄러운 일이 아닐 수 없다. 이 곡을 비롯해서 찬송가에도 오랜 세월 동안 불리어진 찬송 곡들과 동요 곡들을 분석하면 다음과 같다.

3. 한국 초기 음악교과서 『1915년 챵가 집』 분석

<도표 25> 『1915년 챵가집』 분석 1

『1915년 챵가집』 음악 1-46에 나오는 찬송가 곡조				
챵가집 부록	제 목	'21 찬송가	장수	곡 명
제 6장	자쟝 자쟝	383장 눈을 들어, 복의 근원	28	NETTLETON
제 7장	옥반 굿치 잘난 우가	주여 복을 구하오니	54	GREENVILLE
제10장	만유 쥬의 넓고 크신	오랫동안 모든 죄 가운데	284	THE SHEAVES
제15장	내친애혼 벗들 리별을	주 믿는 형제들	221	DENNIS
제24장	우리들의 밧은 복이	하나님의 나팔 소리	180	ROLL CALL
제28장	하느님을 공경후고	우리들의 싸울 것은	350	GEORGIA MARCH

<도표 25-1> 『1915년 창가집』 분석 2, 3

『1915년 창가집』 부록 찬양 가에 나오는 찬송가 곡들(제1-제19장)				
창가집 찬양	제 목	'21 찬송가	장수	곡 명
제 1장	내 쥬를 갓가히(남성용)	내 주를 가까이	338	리듬만(2/2, BETHANY)
제 5장	거룩다 밤이여 동녀 된	고요한 밤 거룩한 밤	109	STILLE NACHT
제 6장	텬당 호명 후실 때에	하나님의 나팔소리	180	ROOLL CALL
제10장	만복의 근원 하느님	만복의 근원 하나님	1	OLD HUNDRED
제11장	이 세샹 나그내로	우리가 지금은 나그네	508	CASSEL
젱13장	너 겟세마네 고요훈	내 선한 목자	378	LYNDE

『1915년 창가집』에 나온 성경목록가 및 동요 및 교육용 노래				
창가집	제목	현재 제목	종류	곡 명
제19장	창세긔출애굽긔	신구약성경목록가	교육	철도창가
제33장	반쯧 반쯧 적은 별	반짝 반짝 작은 별	동요	LITTLE STAR
제45장	빨리 훌일은 이러후오	엄지야 엄지야 이리와	동요	엄지야 엄지야

한국 음악가들을 중심으로 한 『어린이 찬송가』로, 1936년에 현제명이 편찬한 한국최초 어린이 찬송가집인 **『아동찬송가』**에 101곡이 실려 간행되었다. 그 밖에 평양에서 조활용이 펴낸 『성가대용 합창곡 200곡집』이 있는데, 그 중에는 몇 십 편의 어린이 찬송가도 포함돼 있다. 또한 강신명 편집의 『교회학교용 노래집』에는 몇 백곡의 어린이용 성가가 수록되었는데, 강신명을 비롯한 박태준, 현제명, 홍난파 등이 작곡한 곡들이다. 이는 찬송이라기보다는 어린이들이 주일학교교회학교 행사 때 부르기 적절한 동요들이다.

4. 한국 최초 『어린이 찬송가』

한국 최초의 어린이 찬송가는 위에서 언급한 바와 같이 1936년 종교교육부에서 발행하고, 현제명이 편찬한 101곡 수록 **『아동찬송가』**가 처음이다.

그 표지에 **현제명** 박사 저著**『아동찬송가』** 주후 1936년 종교교육부 발행이라 밝히고 있다.

<그림 38> 최초『아동찬송가』표지

이 책의 내용을 살펴보면
전곡 101곡이 실려 있다.

◎ 장년찬송가에서 10곡정도
가 선곡되어 실려 있다.

"만복의 근원 주 하나님"(21찬 1),
"성전을 떠나가기 전"
 (21찬 53, 통찬 59장)
"예수 사랑하심은" "
 (21찬 563 통찬 411장)

<악보 69> **"기도노래**

"태산을 넘어 험곡에 가도"(21찬 445, 통찬 502장)
"기쁘다 구주 오셨네"(21찬 115, 통찬 115장)
"고요한 밤 거룩한 밤"(21찬 109, 통찬 109장) 등이다.

◎ 아래 곡들은 동요 곡 중에서 선곡하여 실려진 곡들을 가능한 한 필자가 곡조를 사보하여 악보로 정리하여 올린 것이다.

<악보 69-1> **"꽃노래** 산 넘어서 봄바람 불어온다

<악보 70> "보리밭" 금빛 같은 보리 밭 보리 밭 보리밭 금빛 같은 보리밭

· "뻐꾹새"(뻐꾹새가 운다. 저 가지 우에서 동천에 솟아 오는 달),
· "소나무 흐느적"(허리를 굽힌 노송을 내 처자가 보았도다),
· "봄과 가을"(봄님이 왔어요. 어디든지 봄님이 나무는 싹트고),

여기서 특기할만한 일은 초등학교 교과서에 실려진 "가을"이라는 노래가 어린이 찬송가에 먼저 실려 있음을 보게 된다. 이는 당시에 어린이들이 부르는 동요나 노래들이 실려질 교과서나 책이 마땅하지 않았다는 것을 알 수 있다. 작사자는 백남석이고, 곡은 편찬자 자신인 현제명이 작곡한 곡이다.251)

---

251) 작곡자 **현제명**의 본관은 연주요, 호는 현석이다. 1902년 대구에서 출생하여, 계성학교를 거쳐 숭실전문학교에 입학, 피아노와 바이올린을 배웠다. 1923년 졸업 후 전주 신흥학교에서 교편을 잡다가 1925년 미국으로 건너가 시카고 소재 무디 성경학교에서 수학한 뒤, 1928년 인디아나주 시카고에 있는 건 Gunn 음악학교에서 공부해 석사학위를 받고 귀국하였다. 유학시절 <고향 생각>, <산들바람> 등의 가곡과 찬송가를 작곡했다. 그 뒤 연희 전문학교 음악부 주임을 거쳐 1930년 친일어용단체인 '조선음악가협회'를 결성하고 초대 이사장이 되었다. 1933년 홍난파와 함께 작곡 발표회를, 1937년에는 조선 총독부가 주도한 조선 문예회, 1938년에는 재동민우회, 시국대응전선사상보국연맹, 1941년에는 조선음악협회 등 친일단체에 가담해 지도자로 활동하였다. 또 1942년에는 '음악보국'을 목적으로 하는 경성후생실내악단을 결성하고, 1944년 이 악단의 이사장으로 취임해 친일활동을 한 것이 마음에 걸린다.

광복 후에는 고려 교향악단 설립이사장, 경성음악학교 설립교장을 거쳐 이듬해 서울대학교 초대음악대학장이 되었다. 이후 한국음악가협회 위원장, 서울특별시 문화위원회 부위원장 등을 역임하고 1954년 대한민국예술원 종신회원에 선임되었다. 작품에 오페라 <대춘향전>, <왕자 호동>이 있고, 가곡으로.. <그 집 앞>, <뱃노래>, <진달래>, <바다로 가자>, <희망의 나라로>, <나물 캐는 처녀> 등이 있다. 현제명은 기독교도 부호 집안의 아들로 태어나 교회 찬양대에서 서양음악을 익혀 진로를 열어 나갔을 것이다.

<악보 71> "가을" '가을이라 가을바람' 백남석 작사, 현제명 작곡,

2절 : 가을이라 가을바람 솔솔 불어오니/ 밭에 익은 곡식들은 금빛 같구나/ 추운 겨울 지날 적에 우리 먹이려고/ **하나님**이 내려주신 생명의 양식.252)

<악보 72> "가자 어디로" 이광수 작사, 이상준 작곡 등 20곡 정도가 실려 있다.253)

---

252) 김규환 편곡, 『童謠名曲集』 300曲 收錄(서울:現代樂譜出版社, 1963), p.13, 가을(현제명 곡)에는 2절 가사까지만 나와 있다. 반주붙인『애창동요250곡집』(음악도서삼호출판사, 1994 7쇄 발행, p.15.에는 백남석요, 현제명곡/ 2절 가사 '하나님이'→'대자연이'로 고쳐놓았다. 다른 동요집에 보면 '하나님이'로 출판사들의 상혼 경쟁에 '참 하나님신앙'이 '자연신앙'이나 '하느님'으로 이름마저 고쳐 실렸다. 이래도 되는 것일까? 안타깝기만 하다
253) "가자" 이광수 작사, 이상준 작곡;『주일학교 찬송가』(서울: 대한기독교서회, 1962), 1968년 3월 5일 4판 발행, 115장에는 작곡자만 S. Lee라고 적혀 있음.

○ 한국인에 의해서 씌어 진 곡조도 9곡정도 수록되어 있다.
  ▽ 박경호 5곡(조선의 꽃, 어린 백합화, 동화 감사가, 우리 교장 예수, 선물), 현제명 3곡(가을, 연보기도, 아멘), 미상 1곡(가자) 등으로 되어 있으며, 작사자는 모두 미상으로 되어 있다.
  ▽ 제목차례에 의한 분류는 전혀 되어 있지 않다.
  ▽ 가사 첫줄 Topical Index 만 작성해 놓았다. 정식으로 출판된 것은 이것뿐이었으며, 이 찬송가도 많이 사용되었던 것은 아니라고 본다.

1937년경부터 왜정(日本帝國) 당국의 탄압정책으로 인하여 교회 활동에도 상당한 간섭과 압박을 받게 되었다. 왜정 말기 약 10년간은 한국교회의 암흑시대로서 기독교 교육 활동은 전연 봉쇄되고 말았다. 기독교 문헌은 전부 압수 혹은 판매 중지를 당했고, 지도자의 양성은 완전히 중단되고 말았다. 선교사들은 모두 귀국조치를 단행하고, 청년운동은 중지해산을 당하고 주일학교도 폐쇄 당하게 되었다.254)

1941년 대동아전쟁(大東亞戰爭)이 일어나자 보다 심한 타격을 주었다. 전세(戰勢)가 일본에 불리하게 될수록 교회 및 기독교계 인물들에게 미치는 영향은 보다 심각하여갔다. 이 당시 불리어진 음악은 대개가 '군가'이며, 어린이들이 부를만한 이렇다 할 노래가 없었다.255)

그러므로 1936년 첫 발행된 『**아동찬송가**』도 시기적으로 보나 그때 당시의 교회의 형편상으로 보아 많이 보급되고 사용된 것이 아니었음을 짐작할 수 있을 것이다.

---

254) 김광우, *op.cit.*, p.25
255) 박태준, "한국종교음악계의 과거와 장래", 『藝術院報 四號』(서울: 大韓民國藝術院, 1923), p. 37.

  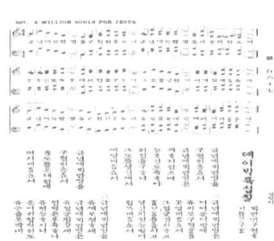

<그림 39> <1909 찬숑가 표지>　<1909 찬숑가 뒤표지>　　<1909 찬숑가 267장>

5. 장년 『찬송가』와 '어린이 찬송' 및 동요

당시 사용되어진 장로교나 감리교의 성인 찬송가를 살펴보면 1908년 장·감 연합용으로 266곡이 수록된 **『찬숑가』**는 끝에 267장 "백만 명 구원ᄒ기를 근구홈" A Million Souls for Jesus, 로버트 하크네스R. Harkness곡이 편입되었다. 이 『찬숑가』 에는 오늘날 우리에게 익숙한 곡조나 가사가 많이 실려 있다. [악보 73]

가사의 세련도는 문학상으로 현저한 향상이 눈에 띈다. 지금 사용되는 찬송가는 이 『찬숑가』의 모습을 그대로 받아들인 상태로 보존되면서, 보완이 가해졌다는 인상이다.256)

1935년 6월 장로교 종교교육부에서 발행한 400곡의 『신편 찬송가』 등이 있었다.

이런 성인 『찬송가』에서 몇 곡씩 골라서 어린이들에게 부르게 했었다고 전해

---

256) 閔庚培, 『韓國敎會讚頌歌史』(서울: 연세대학교 출판부, 1997), p. 100. 이 『찬숑가』(1909년)는 266장인데, 가사의 번역이 아주 자연스럽고 은혜롭게 잘 되어 있다. 특별히 5편(데십-데십사장)은 우리나라 고유 가락 KOREAN MUSIC '메기고 받는 형식' 인도자가 먼저 한 줄 노래하면 회중이 그 말과 곡을 반복하고 나서 다음 줄을 노래하도록 하고 있다.

진다. 다음은 1920년대에 평북지방에서 불리어 진 것으로 직접 부르기도 하고 주일학교 교사로서 직접 가르치기도 했다는 김지호 전도사_{인천제일교회}에게서 전해 들은 자료에 의하면 당시에 '어린이 찬송'으로 즐겨 부른 곡들을 보면 다음과 같다.

- "예수 사랑하심은"(21찬 563)
- "예수께서 오실 때에"(21찬 564)
- "사랑의 하나님"(21찬 566)

- "참 아름다워라"(21찬 478)
- "웬 말인가 날 위하여"(21찬 143)

- "지난밤에 보호하사"(21찬 58)
- "주의 친절한 팔에"(21찬 405)

- "복의 근원 강림하사"(21찬 28)
- "울어도 못하네"(21찬 544)

- "만 입이 내게 있으면(21찬 23)
- "갈 길을 밝히 보이시니"(21찬 524)
- "구주의 십자가 보혈"(21찬 250)
- "믿는 사람들은 군병"(21찬 351)
- "새벽부터 우리 사랑"(21찬 496, 통찬 260)
- "어둔 밤 쉬 되리니"(21찬 330)
- "피난처 있으니"(21찬 70)
- "내 주는 강한 성이요"(21찬 585)

<악보 73> 백만명 구원흐기를ㄹ군구홈

◎ 교회 내에서 불리어진 동요들을 보면 다음과 같다

- "주먹 쥐고 손을 폈다" Rousseaw 곡, 윤석중 요
- "뒷동산에 할미꽃" 윤극영 작곡 작사
- "돌아갑시다 돌아갑시다"
- "풍덩 풍덩 돌을 던지자" 윤석중 요 홍난파 곡
- "넓고 넓은 바닷가에" Oh My Daring Clementine, 미국 서부 민요
- "여기 있어 여기 있어"

◎ 초기 한국교회에서 발행된 『어린이 찬송가』집을 보면 다음과 같다.

<도표 26>   초기 한국교회 『어린이 찬송가』집

	冊 名	發 行 所	編 輯 人	發行年月日
1	아동찬송가	종교교육부	현제명	1936
2	어린이찬송가	대한기독교서회	박재훈, 장수철	1953. 1. 30
3	어린이찬송가	주일학교교재사	한국기독교아동교육연구회	1955. 12. 20
4	주일학교찬송가	대한기독교서회	나운영, 강소천	1962. 12. 20
5	아동찬송가	장로교총리원교육국	장리회교학교전국연합회	1966
6	기쁜찬미	침례회출판사	안경자, 최희신	1967. 7. 25
7	어린이찬송가	교회음악사	한국교회음악협회	1968. 5. 5
8	어린이새찬송가	예장총회출판부	박선정	1971. 12. 15
9	어린이새찬송가		예장총회교회교육부	1971
10	장로교어린이찬송가	장로교총리원교육국	장리회학교전국연합회	1972. 12. 20
11	(어린이용) 찬송가	대한기독교서회	이우호	1973. 1. 5
12	노래부르며주 '님앞으로	예성국민학교특별위원회		1969

어린이 찬송가가 발행되기 이전인 1920년대에는 창작된 노래의 악보가 귀했고, 작곡자들도 희귀한 때이므로 찬송가 악보인지 일반 동요나 가곡인지 구분 없이 전하여 불려졌다. 당시 불리어 졌던 노래들을 악보와 함께 살펴보자.

<악보 74> * "오빠 생각" '뜸북뜸북 뜸북새'

<악보 75> * "사우"思友 '봄에 교향악이'

<악보 76> * "고향의 봄" '나의 살던 고향은' 이원수 작사, 홍난파 작곡 1927.

<악보 77> ★ "엄지야 엄지야 이리와"

엄지야 엄지야

미상 요
미상 곡

<악보 78> ★ "여기서 매아미 맴맴맴" 안신영 작사 · 작곡

여기서 매아미

<악보 79> * "반달" '푸른 하늘 은하수' 윤극영 작사·작곡

* "우리 집 앞뜰에 국화꽃 열 송이가 피었습니다"
* "고양이야 이리와 나를 잡아 보려마 이곳에서 양양양 저 곳에서"
* "옥토끼야 옥토끼야 네 눈이 왜 그리 둥그냐? 잘 보기 위해서"
* "이리와 보시오 둥근 달이 솟았네. 둥글고 둥글게 공과 같이 둥글게 높은 산 깊은 물 어디든지 비취여 앞뜰과 뒷산에 명랑하게 비취네."
* "어린 복순이가 돌 위에 앉아서 콩죽을 먹을 때 큰 곰이가 엉금엉금 기어와 옆에 와 앉으니 어린 복순이는 깜작 놀라 달아났습니다."
* "싹싹 닦는다. 웃니 아랫니 싹싹 닦는다. 앞니 어금니 이 잘 닦는 아이는 착한 이 예뿐이 웃을 때에 반짝 반짝 보기 좋아요."
* "미끌미끌 미끄럼 사르사르 사르르 호숙이는 미끄럼 나는 나는 좋더라."
* "종이 운다 종이 운다 땡땡땡 땡땡땡 탄일종이 운다 탄일종이 운다."
* "종이 운다 종이 운다 땡땡땡 땡땡땡 어서 예배당에 가자.
* "개굴개굴 개구리 노래를 한다. 아들손자 며느리 다 모여서 듣는 사람 없어도 밤이 밝도록 밤새 노래하여도 듣는 이 없어. 개굴개굴 개구리 목청도 좋다."

<악보 80> "개굴 개굴 개구리"

* "개구리의 학교는 들 가운데요 밭가에 나선 것은 온 반 전첸데, 누구가 선생인지 생도인지 모두 우물우물 두꺼비구나."
* "바람이란 영감이 저 동쪽에서 슬그머니 불어와 높다란 나무는 허리 굽혀 절하고 수많은 잎들은 흥겨워서 춤추네. 저 바다에 똑딱 배는 똑딱거리고, 아 저 바람 내 모자 날리네."
* "장독 위에 쌀알이 한 줌 암탉은 꼬끼오 수탉은 꾹꾹 암소는 마구에 송아지는 맴맴 밥통을 열자 소죽을 쑤자."
* "이 도야지는 장에 가고 이 도야지는 집에 있고, 이 도야지는 군고기를 많이 먹고 이 도야지는 아무 것도 못 먹고 이 도야지는 꿀 꿀 꿀꿀 나 좀 주소 ……." 등이었다고 한다.257)

이 당시는 대개가 성인찬송가의 곡에다 가사를 지어 불렀으며, 어린이용과 성인용 구별 없이 불렀고, 동요와 어린이찬송가가 구별 없이 불리어 졌음을 볼 수 있다.

아래 자료는 대구 신암동 신암교회에서 목회하시던 김도한 목사님이 제공해 주신 자료들로 일제시대부터 6·25사변직후까지 경남지방 고성군固城郡 고성읍固城邑 덕선리德仙里 덕선교회에서 불리어 지던 것이라 한다.258)

---

257) 李聖元, op. cit., p.15-17
258) Ibid., pp.17-26.

<악보 81> * 예수 세상 생애(전 8절) 신증복음가 126장, **합동찬송가** 90장 곡

예수 세상 생애(The Cross of Calvary)

1절: 천지가 진동하며 햇빛 흐리고 공중에 부는 바람까지 처량해/
　　갈보리 산상에 하나님 아들 십자가에 달려서 고난 보셨네.
2절: 삼 십 삼년 동안을 세상에 계셔 벙어리와 소경과 빈천한 사람/
　　불쌍히 여기시던 주가 오늘날 이 고난을 당함은 무슨 연고뇨.
3절: 두- 손과 양발에 쇠못을 박고 머리에 가시면류관을 쓰셨네./
　　세계 상 모든 죄인 심판 당할 죄 구원을 주시려고 돌아가셨네.

<악보 82> * 인생 허사가 人生 虛事歌(전 15절), 부흥성가 126장

* 임마누엘(전 7절) 합동찬송가 214장 곡(통찬 200장 곡)

1절: 육이 죽고 영이 살아 천국생활이요 나는 죽고 주님 살아 최고 영광이라.
<후렴> 오 기쁘다 찬미하라 임마누엘 그 은혜를 주 동(動)하면 나 동하고 주 정(靜)하면 나 정하네.

* 인생 모경가人生 暮境歌 (전 7절) **합동찬송가** 214장 곡(통찬 200장 곡)

<악보 83> 임마누엘 · 인생 모경가 이성봉 목사 작사

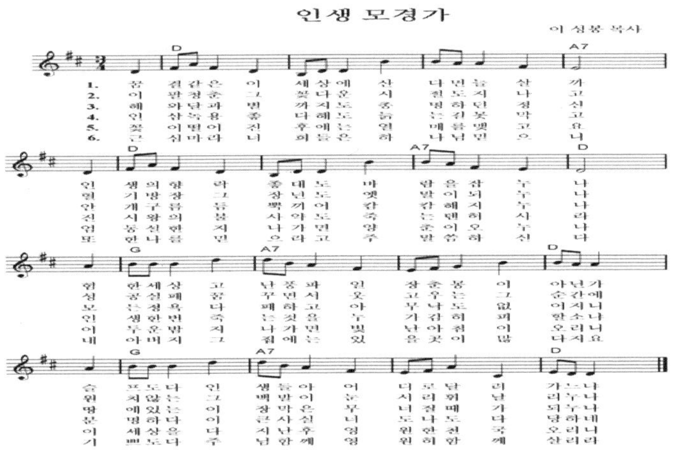

인생 모경가

이성봉 목사

[악보]

* 신유찬송(전 6절) '날빛보다 더 밝은 천당' 곡 신편찬송가 252장

1절: 소자야 안심 하여라 내가 너의 죄를 사했다 이러한 주 음성 들으면 평안한 마음을 얻는다.
<후렴> 믿으라 믿으면 너의 병 고침을 받는다 믿으라 믿으면 하나님 영광 보리라.

* 기도를 하자(전 7절) "이 세상 험하고" 곡 신편찬송가 345장

1절: 믿고서 구하라 결코 얻을찌며 문을 두드리라 크게 열리리라.
<후렴> 기도제단에 향을 올리자 얻기까지 우리는 힘써 간구하자.

<악보 84> * 소유가_{所有歌}(전 12절) 신편찬송가 141장 곡(21찬 144장 곡; 이성봉 목사 작사)

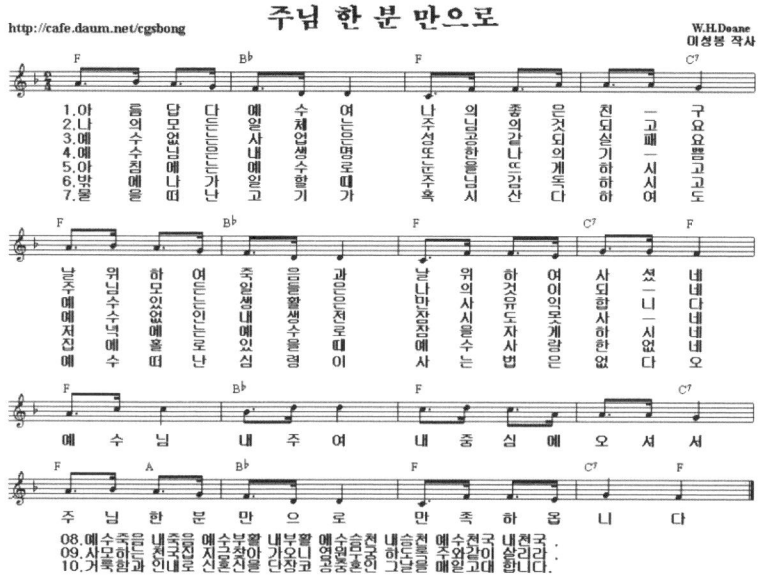

* 깃드론을 건너서(전 6절) "예수 나를 오라하네" 곡 신편찬송가 350장

1절: 십자가를 당면_{當面}하고 깃드론을 건너설 때 찬미하고 돌아가신 주 예수 뒤를 따라가리라.

<후렴> 주의 주신 눈물의 잔 주의 주신 피땀의 잔 반겨 받아 마시면서 주의 뒤를 따라가리라.

* 십자가를 쳐다보라(전 7절) "빛나고 높흔 보좌와" 곡 신편찬송가 342장

1절: 불 배암 물린 자들아 치어다 보아라 십자가 보는 자는 다 고침을 받는다.

<악보 85>* 십자가(전 3절) "구쥬 예수 의지흠이" 신정찬송가 198장
(21새찬 542장 L. M. R. Stead, 작사, W. J. Kirkpatrick 작곡)

1절: 삼십삼 년 예수 생활 그 전부가 십자가 그의 인내 그의 순종 나날 내 길이로다.
<후렴> 주여 주여 나의 주여 통회 자복하오니 십자가에 흘린 피로 나를 씻어 줍소서.

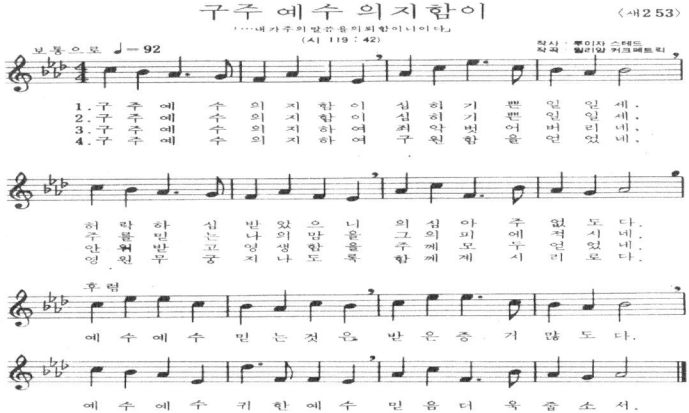

* 빛 가운데 행하라(전 3절) 21새찬 445장; H. J. Zelly사, C. H. Cook곡

1절: 태산을 넘어 험곡에 가도 빛 가운데로 걸어가면 주께서 항상 지키시기로 약속한 말씀 변치 않네. <후렴> 하늘에 영광 하늘에 영광 나의 맘 속에 차고도 넘쳐 할렐루야를 힘차게 불러 영원히 주를 찬양하리.

* 아담과 애와(전 4절) "내 쥬를 갓가히" 곡 신편찬송가 149장 곡

1절: 석양은 저물어 쓸쓸한데 낙엽은 만만한 에덴동산 슬픔의 음성과 사랑의 입술로 아담과 애화야 어데 있나?

<악보 86> * 주님과 못 바꾸네(전 7절) "황무지가 장미꽃같이" 곡
(21찬 242장 곡; 통찬 233장; H. Horton사, 곡)

1절: 세상에는 눈물뿐이요 고통만 닥쳐와도 내 심령은 예수님으로 기쁜 찬송 부르리.
<후렴> 나는 예수님으로서 참 만족을 누리네. 천하 영광 다 준대도 주님과 못 바꾸네.

* 아사셀 산양山羊 (전 4절) 신편찬송가 390장 곡(21새찬 220장곡)
"사랑하는 주님 앞에" 곡 *Shinsen Sambika*, c.1896, D. B. Towner, 1897

1절: 세상 죄를 지고 가는 하나님의 어린양이 해는 지고 침침한데 끝도 없는 황무지를 터벅터벅 걸어가니, 기운 빠져 머리 숙고, 등의 짐은 무거우나 쉴 곳조차 없는 신세.

* 헌신 찬송(전 5절) "저 새장에 새가 날듯" 곡 신편찬송가 331장

1절: 나의 외식형식에 가죽을 벗기오니 정과 육에 각을 떠서 육과 성별 하옵고 주님 피로 내장 씻어 단위에 놓습니다.
<후렴> 태워 연기되게 하사 흠향하여 주옵소서 흠향하여 주옵소서.

* 기독소년가(전 5절) "듣는 사람마다 복음 전하여" 곡   P. P. Bliss

『찬송가』(조선예수교장로회총회, 1939), 신편찬송가 118장

1절: 우리 소년들은 대한 싹이니 봄바람을 맞는 우리나라에 아름답게 자라 열매를 맺어 에덴동산 만들자.
<후렴> 대한 아기야 기독 소년아 십자가를 높이 들고 나가자 삼천만의 마음 밭을 갈고서 사랑의 씨 뿌리자.

* 고향생각(전 2절) '저 새장의 새가 날 듯' 개사   곡改詞曲 신편찬송가 331장

1절: 사랑하는 나의 고향을 한번 떠나온 후에 날이 가고 달이 갈수록 내 맘 속에 사무쳐 자나 깨나 너의 생각 잊을 수가 없구나 나 언제나 사랑하는 내 고향에 다시 갈까 아 내 고향 그리워라.

<악보 87> 고향생각(스페인 민요)

* 아이들의 동무는(전 4절) 1953년 발행 어린이 찬송가 45장 곡

1절: 아이들의 동무는 누구뇨 누구뇨 아이들이 반기는 예수님이라.
호산나를 부르자 호산나를 부르자 아이들이 반기는 동무 예수를

<악보 88> 아이들의 동무 나까다 작사, 쯔가와 작곡

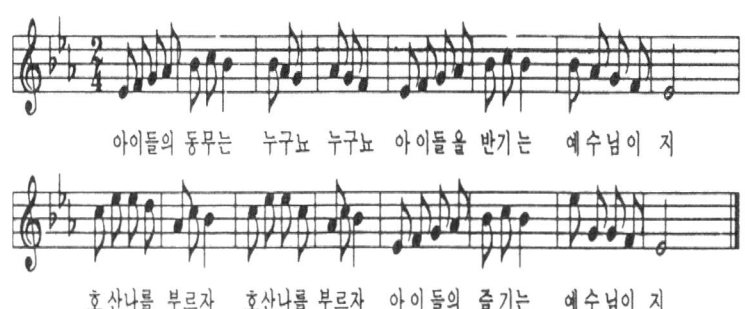

* 가을 (전 2절) 1936년 발행 아동찬송가 55장 곡, 백남석 작사 현제명 작곡

1절: 가을이라 가을바람 솔솔 불어오니 푸른 잎은 붉은 치마 갈아입고서 남쪽 나라 찾아가는 제비 불러 모아 봄이 오면 다시 오라 부탁 하누나!

<악보 89> 가을

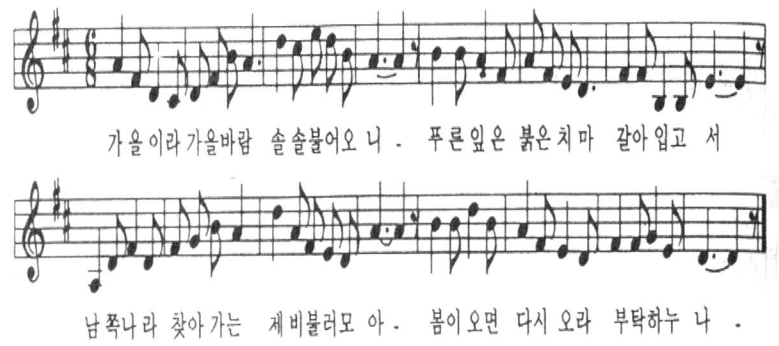

* 예수 행적 기념 가行蹟記念歌(전 8절) "어지러운 세상즁에" 곡 신편찬송가 97장

1절: 삼십년간 행한 사적 천사탄생 성전 박사 분 왕 애굽 거주 나날 십이 성전 삼십 수세.

* 아침 기도(전 1절) 1953년 발행 아동찬송가 69장

1절: 날마다 우리에게 양식을 주시니 은혜로우신 아버지 참 감사합니다.

<악보 90> 아침 기도   윌리엄스 작곡

* 서로 사랑하자(전 6절) 신편찬송가 346장; 한국 전래곡, 이성봉 목사 작사

<악보 91> 서로 사랑하자

* 신앙 가信仰 歌 (전 4절)

<악보 92> 신앙가 손양원 목사 작사

<악보 93> * 꽃노래(전 3절) 『어린이 찬송가』(1953년), 31장[259]

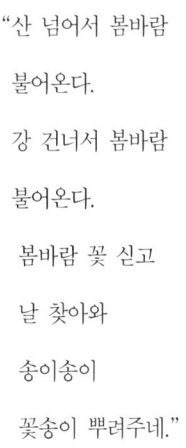

"산 넘어서 봄바람

불어온다.

강 건너서 봄바람

불어온다.

봄바람 꽃 싣고

날 찾아와

송이송이

꽃송이 뿌려주네."

---

[259] "산 넘어서 봄바람" 이곡이 『주일학교 찬송가』(대한기독교서회, 1962), 1968 4판, 27장에도 실려 있음.

* 어머님 은혜(전 3절) "높고 높은 하늘이라" 1953년 발행 어린이 찬송가 99장 곡

<악보 94> 어머님 은혜 윤춘병 사, 박재훈 곡

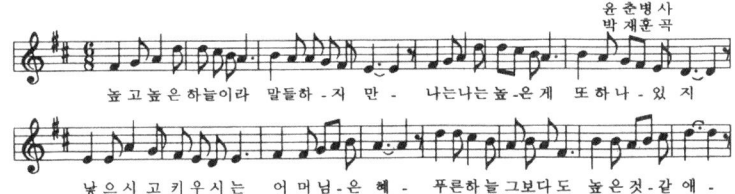

2절: 넓고 넓은 바다라고 말들 하지만 나는, 나는 넓은 게 또 하나 있지 사
람 되라 이르시는 어머님 은혜 푸른 바다 그보다도 넓은 것 같애.
3절: 산이라도 바다라도 따를 수 없는 어머님의 큰 사랑 거룩한 사랑 날-마
다 주님 앞에 감사드리자. 사-랑의 어머님을 주신 은혜를.

* 손양원 목사 추도가(孫良源牧師追悼歌)(전 4절) "예수 나를 오라하네" 신편찬송가 350장 21찬 324장

1절: 삼팔선도 무너져서 할 일 많은 이 땅 위에 삼천만을 남겨두고 어이 홀로
가셨나 평생소원 순교제물 두 아들을 앞세우고 예수 따라 가셨나

* 여행 전도가(전 4절)

1절: 자동차를 타고 가는 길에 험산과 비탈이 많아도 주님이 운전수가 되시
며 조금도 걱정할 것 없네. 언제나 언제나 행복의 자동차 타고서 내

갈길 다가서 영광의 천성에 이르리.

* 대한민국 복음학교가大韓民國 福音學校歌 (전 2절)

1절: 아지랑이 끼는 삼천리에 무궁화 움트는 희망의 대한 조국에 피 끓는 농촌에 청춘 장기를 뫼고서 싸우려 일어난 우리는 조국의 십자 병, 장하다 대한농민 복음학교

* 농촌소년체조가農村 少年 體操歌

1절: 장하다 억세라 농촌소년 우리는 흙을 팔 농부란다 삼천리 넓은 들 갈고 또 멜 천만 사람 메여줄 농부란다 앞날의 억센 대한大韓 꾸며 놓을 태산도 갈아엎을 농부란다. 장하다 억세라 농촌소년아!

* 부모 은혜가父母恩惠歌(전 2절)

1절: 태산보다 높으신 아버지의 은혜 황해보다 깊으신 어머님 은혜, 진자리 마른자리 가려가면서 깊으신 부모은혜 망극하도다.

* 신앙의 병信仰 病(전 8절)

1절: 험한 세상 그 속에서 더러운 이 몸 주님 피로 안과 밖을 씻음 받고서 말과 행실 거룩하게 믿어오다가 지금 와서 열두 가지 병 있네.

* 재림의 노래(전 7절)

1절: 가시밭에 백합화 성도들이여 하늘의 저 나라를 바라보아라. 영광의 광체 속에 열 두 진주 문 우리를 위하여서 예비하셨네.

* 십자가 제단(전 5절)

1절: 눈을 들어 산을 보라 녹음방초 우거지고 눈을 들어 밭을 보라 오곡백과 누러졌네. 우리 주님 농부 되어 땀 흘리고 피를 부어 억조창생 살아날 길 단독으로 개척했네.

* 감사가 感謝歌(전 5절)

1절: 어언간 삼추는 지나가고 가을바람 서늘한데 단풍잎은 떨어져서 뜰 앞을 쓸도다.

* 신약가 新約歌(전 14절)

1절: 우리 믿는 신도들 믿음 약한 것 몇 가지 병 있으니 들어보시오

* 예수님 고난가 苦難歌(전 8절)

1절: 예수께서 다니시며 전도하실 때 백만 여명 유대인은 핍박만 했네. 해는 져서 어두워서 돌아오실 때 고단하고 주린 사정 누가 알리요

* 봄 산손(전 3절)

1절: 금수레 끄을고 꽃 따러 가자 아지랑이 봄 산에 꽃 따러가자 가지 핀 꽃송이 담뿍 안어다 꽃주일 잔치에 꾸며 보아요. 우리 수레 금수레 꽃 실은 수레 아가야 불면서 봄들로 가자.

* 구주의 성(별)救主의 星(전 3절)

1절: 청천은 공명하고 고요한 밤 만악 천봉萬岳 千峰은 우뚝우뚝 맑은 시내는 잔잔 눈을 들어 푸른 하늘 쳐다보니 월색이 밝은 듯 별이 나네. 별이 나네. 온 천하 만민의 구주의 별이 나네. 구주의 별빛 명랑하여 산천초목 언년 중에 보이네. 삼림 간에.

* 어린 양(전 5절)

1절: 양들아 양들아 어린양들아 저 앞에 진주 문을 바라보아라. 칠보로 단장한 신부 같으니 우리들을 위하여 예비함이라.

* 본문가本文歌

 가갸거겨 가삼위에 십자가를 둥그렇게 부쳐 고교구규 고락간에 구원의 복음을 전해보세./ 나냐너녀 나의 갈길 너무나 멀다고 염려마라 노뇨누뉴 노아 때에 누가 방주를 핍박 아니할까?/ 다댜더뎌 다름박질 더디기 하며는 떨어진다. 도됴두듀 도(道)를 듣고 두말을 말고서 따라오라./ 라랴러려 라(나)팔소리 려려령 주 재림 생각하라. 로료루류 로(노)상행인 노략질 말고서 따라오라./ 마먀머며 마귀 진을 머물지 말고서 굳세게 믿게 모묘무뮤 모진 광풍 무서운 바람이 앞을 막네./ 바뱌버벼 바라보니 버러지 형상을 누가 씨고 있나? 보뵤부뷰 보배 피와 부활과 승천은 우리 구주시로다./ 사샤서셔 사랑하세 서양과 동양이 사랑하세 소쇼수슈 소나무는 수절이 천하에 제일이로다./ 아야어여 아해들아 어려서 예수를 굳게 믿게 오요우유 오양육축 우의와 친목이 언제 될까?/ 자쟈저져 자랑하세 십자가 공로를 자랑하세 조죠주쥬 조롱말고 주리던 영혼아 생수 먹세./ 차챠처쳐 차 세상에 처하여 살기가 어렵도다. 초쵸추츄 초로인생 추풍에 낙엽되어 떨어진다./ 카캬커켜 칼을 빼어 컥 찍어 가인이 아벨을 친다./ 코쿄쿠큐 코를 기리고 쿠러렁 쿠러렁 잠 자지마라./ 타탸터텨 타락 말고 터 닦은 위에서 성전을 지으세./ 토툐투튜 토색질과 투기妬忌와 간사는 장래에 멸망/ 파퍄퍼퍼 폭풍랑이 푸르든 초목에 씨러진다./ 하햐허혀 하늘 위에 허락한 천당에 들어갈 때 호효후휴 호호탕탕 후일에 천당은 우리 복락.

* 우리 예수님(전 3절)

1절: 예수님 예수님 우리 예수님 오늘도 예수님을 찬송합니다. 우리는 예수님이 참말 좋아요 예수님 아니시면 살 수 없어요.
<후렴> 예수님이 우리를 이뻐하시고 언제든지 우리와 함께 계시네.

* 회가會歌(전 2절)

1절: 예수의 피로 연합한 자들 한자리 모여서 받은바 사명 준행케 되니 기쁨이 한없네. <후렴> 우리 소년 회 만만세. 죄악에 빠진 동무를 위해 있는 힘 다하여 생명의 빛을 전하여 줌은 우리의 큰 사명.

* 환영가(전 2절) "이 거룩한 주일에"

『어린이 찬송가』(한국찬송가위원회 1988), 401장

1절: 이 거룩한 주일에 새 동무 왔으니 다같이 기쁨으로 환영 가 부르세 구주여 이 동무를 복 많이 주시사. 당신의 생명책에 기록 합소서.

2절: 이 동무 주일마다 주 말씀 배울 때 그 귀한 주의 진리 다 알게 하소서. 오 주여 이 동무도 그 말씀 따라서 주 예수 안에 살도록 도우소서.

<악보 95> 신입생 환영가[260]   작사 · 작곡 모름

---

[260] 『주일학교찬송가』대한기독교서회, 1968, 4판, 150장

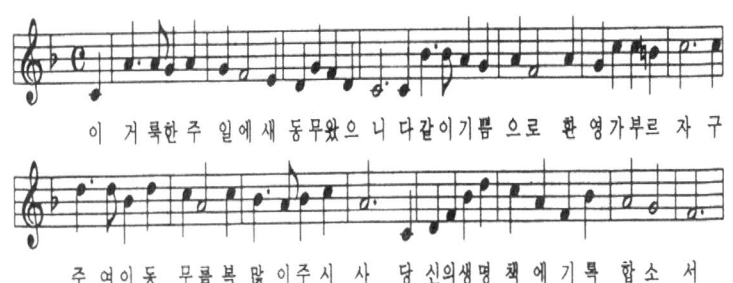

* 새를 보호하심(전 3절) 스트라우스 작사 · 작곡/ 『어린이찬송가』(한국찬송가위원회: 1988), 261장

1절: 저 들에 작은 참새를 주께서 먹인다. 저 새를 사랑하시면 날 사랑하시네.
<후렴> 날 사랑해 날 사랑해 주 나를 사랑해
　　　　저 새를 사랑하시면 날 사랑하시네.

<악보 96> 새를 보호하심[261]

* 농촌소년단 단가(전 2절) 유재기(劉在奇) 작사, 박태준 곡

1절: 지구동쪽 금수강산 삼천리 대한 옛적부터 땅을 파서 살던 이 법을 천

---
261) R. Srauss 스트라우스 작사 · 작곡, 『표준 어린이찬송가』(1988) 34장

대만대 누릴 이는 농촌소년단.

* 신부가 新婦歌(전 4절)

1절: 내 몸이 꽃과 같은 신부라 하면 주님은 나비 같은 신랑이오니 고적하고 쓸쓸한 외로운 이 몸 귀하게 여겨 주사 사랑해 주오.

* 주일학교 교가(전 3절)

1절: 만세반석 위에 터 닦아 세운 우리의 ○○주일학교 죄에 빠진 모든 동무 건져서 천국의 백성을 삼겠네.
<후렴> 우리의 학교로 불쌍한 동무를 건져서 영생포구 건너편에 나아가서 만세를 부르세 동무야

* 주일학교 생도가(전 2절)

1절: 빈 공장에 울고 있던 아해가 주님의 권고를 받으니 전능하신 하나님의 경륜이 천하에 전파 되었도다.
<후렴> 즐거운 동산에 백합화 만발한 꽃으로 천사들이 손을 잡고 나가는 주일학교 생도들.

* 오묘하신 말씀(전 3절)

1절: 생명 되시는 주 말씀 항상 노래하세 크고 넓으신 주 말씀 항상 노래하세. 우리들의 본분 알게 하여 주니
<후렴> 아름답고 아름답다 주의 크신 말씀

* 예수 재림 가 再臨 歌(전 10절)

1절: 주의 말씀 듣고서 세상 형편 살피니 주의 재림 가깝고 세상 끝이 되었네.
<후렴> 왕의 왕 예수여 어서 속히 오서서 주님 오시기 전에 참 평화가 없도다.
◎ 다음은 악보까지 채보 하여 기재된 예이다.262)

---

262) *Ibid.*, pp.26-31.

* 새벽기도(전 2절) 박태준 곡

"새벽 별들 반짝이는 이른 새벽에 예배당에 새벽종이 울려오면요/ 꿈나라에 잠을 자는 어린 아가씨 무릎 꿇고 두 손 바쳐 기도합니다.

<악보 97> 새벽 기도

* 성경 목록가聖經目錄歌(전 6절)

1절: 창세기 출애굽기 레위기 민수기 신명기 여호수아/ 사사기 룻기 사무엘전서 사무엘 후서 열왕기상

<악보 98> 성경 목록가(일본 철도창가 곡)

* 일본 작가 오오노 우메와카(1869-1920)263)의 철도창가곡조에 붙여서 만든

---

263) '철도창가'는 구 일본군 군가작사가인 오와다 다케키大和田 建樹 작사, 오오노 우메와카多梅稚, 다메치(1869-1920) 작곡인 곡조이다.

제12장 한국 어린이 찬송가 역사와 진로 353

성경목록가가 지금까지 불리어 지고 있다는 사실은 부끄러운 일이기도 하다.

* 천자天字와 지자地字

"하늘 천자 하늘로 장막을 치고, 따지 자로 마루를 튼튼히 깐 후/ 예수 그리스도의 말씀으로 그 안에서 희희락락 웃음소리라. 아멘

<악보 99> 천자와 지자(F장조인데 b조표가 빠진 것으로 보인다)

"천자와 지자"는 바장조, F Major, 8마디인 한 도막 형식이 곡이다.

* 축복기도

"우리 오늘 이 시간 조용하게 앉아서/ 하나님의 축복을 받게 하여 줍소서."아멘

<악보 100> 축복기도

축복기도는 라장조 D Major, 한 도막 형식에 아멘이 추가되어 있는 곡이다.

* 입은 하나요(전 2절) 사장조, G Major, 8마디의 한 도막형식의 곡

1절: 입은 하나요 눈은 둘이니 먹는 것보다 성경을 많이 봅세다./ 입은 하나요 귀는 둘이니 말은 덜하고 잘 들읍세다.

<악보 101> 입은 하나요

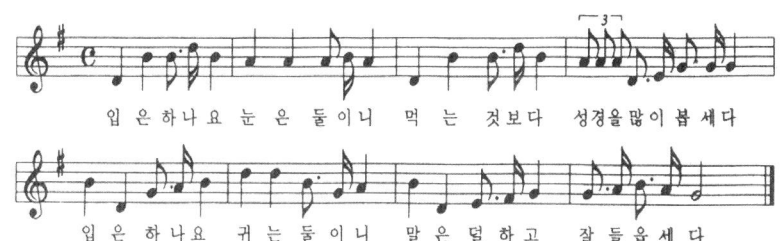

* 저 목자여(전 4절) 박재봉 작사, 장수철 곡

1절: 저 목자여 깊은 잠을 깨어 일어나/ 밤은 벌써 사라지고 먼동이 터 온다./ 희미하던 지평선도 완연해 오니/ 양을 몰아 목장으로 가야 하리라.

<악보 102> 저 목자여 사장조, G Major, 16마디의 두 도막 형식의 곡

* 기도하고 밥 먹고

"기도하고 밥 먹고 기도하고 잠자고/ 우리들은 날마다 어여쁘게 자란다./ 봄 동산 꽃처럼 어여쁘게 자란다."

<악보 103> 기도하고 밥 먹고 Eb장조(b이 세 개)의 조표를 오기한 것으로 보인다

* 도레미파(전 3절)

"도레미파솔라시도/ 동리 애들 학교 갔다 집에 돌아오더니/ 손짓 발짓 춤을 추어 가며 솔라솔미 레솔도."<반복>

<악보 104> 도레미파 다장조, C Major, 12마디의 작은 세 도막 형식의 곡

* 독생자 예수(전 7절)

1절: 독생자 예수 우리 구주님 천당 영광 다 버리고/ 온 백성 우리 위하여 베들레헴에 나셨네./ 품에 안고서 복을 빌으신 인애하신 구주/ 나도 그 품에 편히 앉히고 보배 손을 얹으소서.

<악보 105> 독생자 예수 바장조, F Major, 16마디의 두 도막형식의 곡

* 개회가(전 2절) "아침에 밝은 햇빛과" 웨스톤 Rebecca J. Weston 작사, 리그스 Kate D. Riggs 작곡

1절: 아침에 밝은 햇빛과 고요한 저녁 달 과 별/ 음식과 의복 모든 것 주께서 주심 감사합니다.

<악보 106> 개회가264) 내림 마장조, Eb Major, 8마디의 한 도막 형식의 곡

---

264) 『어린이새찬송가』(서울말씀사, 1996), 14장. Rebecca J. Weston 작사, Kate D. Riggs 작곡

* 목장의 저녁(전 2절) 구왕삼 곡265)

1절: 풀밭 넘어 저녁 해 잠자러 가고/ 어린 염소 매앰 매앰 울어댈 때면/ 풀피리 호수 가에 띄워 두고요/ 어린 염소 잠재우러 나는 갑니다.

<악보 107> 목장의 저녁 내림 마장조, Eb Major, 16마디의 두 도막 형식의 곡

* 베드로 가歌(전 3절)

1절: 베드로야 베드로야 어디로 가느냐 날 생각 아니 하고서 어디로 가느냐/ 환난과 핍박당하여 옥중에 갇히니/ 그 몹쓸 형벌 무서워 도망해 갑니다.

<악보 108> 베드로 가(노래) 마 단조, e minor, 9마디의 변형 한 도막 형식의 곡

---

265) 구왕삼(1909-1977), 1930년대 동요작곡 및 찬송가 편집, 음악평론가, 1940년대부터 사진 작업과 평론 시작, 1950년대부터는 사진 평론과 사진 이론 전개함. 1947-1977년 조선일보, 동아일보, 영남일보, 대구일보, 대구매일 신문 등에 사진 논평 기고하였다.

* 생일 노래(전 2절)

1절: 사랑하는 우리 동무 생일을 당했으니/ 즐겁고 기쁜 맘으로 이날 축하합세다/ 노래를 같이 부르세 즐거운 맘으로/ 동무여 이 날에 복을 많이 받을지어다.

<악보 109> 생일 노래, 라 장조, D Major, 16마디의 두 도막형식의 곡

* 우승가(전 2절) 사 장조, G Major, 8마디의 한 도막형식의 곡

1절: 몸과 마음을 다하여 일하여 외우기도 잘 하였고 인도도 많다/ 엄숙히 교육의 순종 잘 하니 자연히 우승기가 돌아 왔도다.

<악보 110> 우승가 사 장조, G Major, 8마디의 한 도막 형식의 곡

* 보리밭(전 2절) 사 장조, G Major, 16마디의 두 도막 형식의 곡

1절: 금빛 같은 보리 밭 보리 밭 보리 밭 금빛 같은 보리밭 바람 맞네/새들과 벌 떼와 나비와 곤충이 금빛 같은 보리밭 노래하네.

<악보 111> 보리 밭

* 우리나라 지리 다 장조, C Major, 12마디의 작은 세도막형식의 곡

"북편에 백두산과 두만강으로 남편에 제주도 한라산까지/ 동편에 강원도 울릉도로 서편에 황해도 장산 곶까지/ 우리 우리나라의 아름다움을 맹호로 표시하니 십사도로다.

<악보 112> 우리나라 지리

* 가을 밤(전 3절) 내림 마장조, Eb Major, 12마디의 작은 세도막형식의 곡

1절: 착한 아기 잠자는 베갯머리에/ 어머님이 홀로 앉아 꿰매는 바지/ 꿰매어도, 꿰매어도 밤은 안 깊어.

<악보 113> 가을 밤

* 문자 보급 가(전 3절) 내림 나장조, Eb Major, 12마디의 작은 세도막형식의 곡

"맑은 시냇가에서 고기 잡는 소년들 일할 때 일하고/ 배울 때 배우세 아는 것이 힘 배워야 산다.

<악보 114> 문자 보급 가

* 빨래 가(歌)(전 3절) 라장조, D Major, 16마디의 두 도막 형식의 곡

1절: 산골짜기로 흐르는 맑은 물가에/ 저기 앉은 어머니 방망이 들고/
이 옷 저 옷 빨 적에 하도 바쁘다./ 해는 어이 짧아서 서산을 넘네.

<악보 115> 빨래 가(歌)

* 하나님의 보호 바장조, F Major, 16마디의 두 도막 형식의 곡

"산 숲에 호랑이 꽃 곱고 곱다고 마음대로 뚝딱 꺾지 마세요./ 길러주고 치장하신 하나님께서 언제나 지키심을 모르시나요."[266]

<악보 116> 하나님의 보호

---

266) 요즘 부르짖고 실천을 하고 있는 '자연 보호와 자연 사랑'을 위한 좋은 노래이다.

* 구국 가救國 歌 (전 3절) 다장조, C Major, 16마디의 두 도막형식의 곡

1절: 반만년 역사 가진 우리나라는 하나님께 예배하는 동방의 제단/ 빛나는
    찬미 성을 높이 불러서 잠자는 우리 동포 깨어나 보세.

<악보 117> 구국 가

* 하이킹 구(전 2절) 사장조, G Major, 8마디의 한 도막 형식의 곡

"1절: 산으로 바다로 다 같이 하이킹 이 동산 저 마을 건너서 하이킹/ 하늘엔
    흰 구름 두둥실 뜨고 종달새는 삐-빼 노래를 한다."

<악보 118> 하이킹 구

그 외에도 <봉숭아>, <어머님의 사랑>, <즐거운 나의 집>, <고향의 봄>, <내 고향으로 날 보내 주>, <메기의 노래>, <기러기>, <사랑하는 어머니> … 등이

있다고 전해진다. 말하자면 이 시절에는 노래 소재가 빈약하기 때문에 동요와 가곡, 명곡 등이 어린이 찬송가와 구분 없이 불리어 졌음을 볼 수 있다.

지금은 수많은 찬송과 노래 자료들이 넘쳐나고 있지만 찬송가의 신앙고백적인 면과 신학적인 문제에 대하여 검토하지 못한 체 교육하고 있음이 안타깝기만 하다. 다음에 제시하는 민경배 교수의 글이 마음에 크게 와 닿는다.

> 보로오G. Borror 교수의 말을 빌리면, 교회음악에서의 아트Art 다시 말하면 예술적이고 기교적技巧的인 국면보다 가슴Heart, 즉 심정과 신앙 그리고 그 깊이의 차원267)이 우리의 관심이 되어야 한다고 보았다. 가령 바흐J. S. Bach, 1685-1750는 기독교 교리 중 가장 이해하기 힘든 삼위일체론三位一體論을 그의 「오르간을 위한 트리오 소나타」에서 완벽하게 묘사하는 놀라운 기교技巧를 보였다. 하지만 바흐의 공헌은 실상 종교개혁의 메시지를 그 시대의 가슴에 호소하는 파장波長으로 정확하게 전달해 준 데에 있다. 실제로 바흐는 마르틴 루터Martin Luther, 1483-1546의 모든 저작들을 다 읽고 있었으며, 항상 악보 처음에는 "예수의 도우심"이라는 말을 적어 놓았고, 작품 끝에는 "오직 하나님께 영광"Soli Deo Gloria 라는 글을 써 놓고 있었던 것이다.268)

6. 한국 『찬송가』의 토착화

우리나라 초창기 서양음악이 도입될 때, 한국의 환경은 서양 선교사들에 의해 '**찬송가**'를 통하여 서양음악이 전수되었다. 서양 선교사들은 그들의 사저私邸에서 어린이들에게 오르간이나 피아노 또는 여러 가지 악기들을 전수시키면서 서양음악이 빠르게 전래되었다. 그래서 이들이 그 기초를 배우고 유학의 길을 떠나 공부하고 돌아와서 대부분 교단에서 후학들을 가르쳤다.

문제는 이들이 서양음악의 옷을 입은 '찬송가'를 제대로 연구하고 보급했더

---

267) R. Allen, G. Borror, ***Worship, Rediscovering the Missing Jewel***, Multnomah, Portland, 1982, pp. 23ff.
268) H. Cox, ***Fire from Heaven***, 韓譯, 영성 · 음악 · 여성, 유지황 옮김(서울: 도서출판 동연, 1996), p.229.

라면 지금 우리의 '찬송가문화'는 더 많이 달라졌으리라고 본다.

이들 음악 선배들이 공부하고 돌아와 교단에서 가르칠 때 우리 교육계의 현실은 선교사들이 세운 학교 외에는 찬송가를 보급하고 가르치기란 생각보다 훨씬 힘들었을 것이다. 그때에 음악에 관심과 실력을 가진 분들이 찬송가 편집 작업에 동참했더라면 우리의 찬송가 문화는 지금보다 훨씬 향상되고 발전했으리라 생각된다. 안타까운 점은 찬송가에 **한국 전통음악**의 찬송가들이 한국인 찬송가 편집자들에 의해 거절당해 제외되었다는 점이다. 이 점에 있어서 다음 홍정수 교수의 논문 일부분을 그대로 소개한다.269)

> 한국인이 한국 전통음악으로 교회음악을 만드는 일에 반대한 사건은 「신정찬송가」(1931)에 드러나 있다. 이 책을 만들면서 한국 민요적인 노래의 삽입에 대한 고려가 있었으나 이를 반대한 쪽이 한국인 찬송가 위원들이었다는 사실이 아래와 같이 그 서문에 실려 있다.
>
> "죠선구곡을 찬미로 사용할가 하난 문뎨도 잇섯스나 됴치 못한 샤회와 관계가 잇스니 불합하다고 죠선인 위원의 반대로 즁지 하니라."

『신정찬송가』를 만드는데 한국인 위원으로는 변성옥邊成玉과 김인식金仁湜이 참여하였다. 그러나 1895년 『찬양가』(긔국 오백 ㅅ 년 을미 예수셩교회당간인)에는 7편의 한국인 작시의 찬송가가 포함되어 있다.270) 그래도 한국인 찬송가 가사는 그대로 채택되어 찬송가사로 사용되었다는 것은 다행한 일이었다. 그러니까 한국인의 가사는 인정되었으나, 한국의 전통음악 **곡조**만은 거부된 것이다. 아래 초기 『찬양가』의 7편 찬송가는 『찬미가』에 나타난 찬송가 가사이다.

---

269) 홍정수, "기독교와 한국 전통 음악", 계명대학교 『음악문화』 참조.
270) 한국인 찬송가 가사 7편은 4, 29, 38, 61, 93, 113, 115장이다.

<악보 119> 한국인 작사 찬송가

지금 우리나라 초등학교 교육과정의 변천은 2007년 교육과정보다 국악 개념 체계가 보다 구체화 되었고, 국악의 비중도 50%를 넘기고 있으며, 구체적인 부분이 많이 제시되고 있다는 것을 알아야 하겠다.

우리나라 최초의 **찬송가**인 미 북 감리교 선교 부Methodist Episcopal Mission가 간행한 『찬미가』는 총 30장의 감리교 전용 찬송가였다.271) 그러나 처음부터 그 **운**

율과 관용어의 사용이 문제가 되어서, 감리교 선교 부 연례회의 명에 따라 1895년 그 개정판을 내었던 것이다. 번역상의 문제점은 여전하였다. 필경 한국 교회 자체의 서정 시인이 나올 때까지의 교량역에 불과하다는 입장을 계속 밝혔다. 다음 서문을 보자.

> "번역으로 적절하고도 가납할만한 찬송가가 나타날 수 있겠는가. 그럴 수 없다. 한 찬송가의 번역을 가지고 줄곧 며칠씩 골치를 앓으며 애쓰고 겨우 한 줄 정도 해 놓고 불완(完)에 끝인 경험들을 다하고 나서, 우리는 한 결론에 도달하였다. 곧 '이 한국 사람들 틈에서 그들 마음 그대로 솟구치는 가락으로 노래할, 그들 자신의 찬송가 작곡 작사자들이 나와야 하겠다.'는, 그런 다짐이었다."272)

<악보 120> <53장 예수높흔일흠이>   <42장 세샹 사룸 죄악만하>

1897년 제2판으로 간행 될 때 한국인의 것이 2장 더 추가되었다. 그 중 제87장은 배재학당 학생의 것이오, 제89장은 '리화학당 녀학도 수인이 지은 것'이었다.

신문 기사에 실린 이 찬송 가사는 다음과 같다.

---

271) Preface, Chan-mi-ka, Seoul, Methodist Publishing House, 1895, p. 1.
272) Preface, 『찬미가』, 1895, p.1. 민경배, 『韓國 讚頌歌 史』(서울, 연세대출판부, 1997), pp. 27-28. 재인용.
　金秉喆 교수는 이 『찬미가』에 한국인 작사가 4곡이 있다고 분석하였다. 11장의 "높흔 일흠 찬양호고", 42장의 "세샹 사룸 죄악만하", 53장의 "예수의 높흔 일흠이", 72장의 "우리 비록 난호나" 등이다.

1. 벳네헴에 나신 예수 구원ᄒ려 오셧네/ 우리들은 명심ᄒ여 쥬를 찬양ᄒ세다.
<후렴> 하ᄂ님이 예수를 례몰노 우리 주네.
2. 우리 쥬가 나실 ᄯ대에 동방에 붉은 별이/ 박ᄉ들을 인도ᄒ여 우리 쥬를 뵈엿네.
3. 우리들은 그와 ᄀᆞ치 셩신의 릉력 엇어/ ᄆᆞ음으로 예수 뵙고 박ᄉᄀᆞ치 셤기세.
4. 박ᄉᄂᆞᆫ 귀흔 보비로 례물을 드렷ᄉᆞ나/ 우리 깃분 ᄆᆞ음으로 몸과 혼 다드리세.
5. 우리 동포형데들은 몸으로 힘다ᄒ여/ 하늘잇ᄂᆞᆫ텬신ᄀᆞᆺ치 영혼히 찬송ᄒ세.

<악보 121> 1900년 『찬미가』에 나타난 찬송가 273)

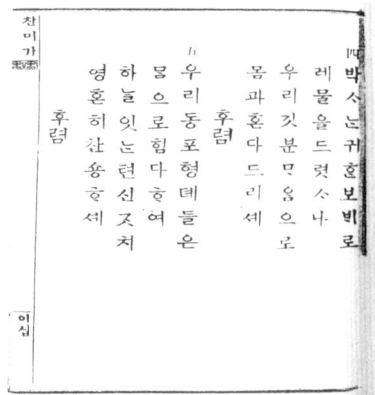
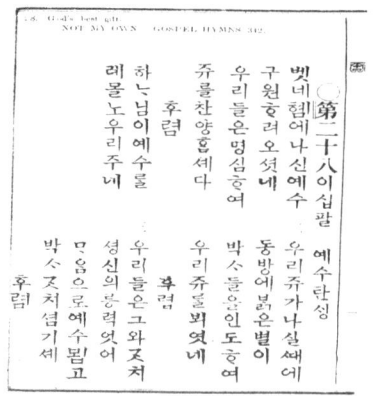

이처럼 학생들이 직접 찬송가 가사를 써서 그 가사를 채택해 찬송가사로 사용했다는 것은 참으로 놀라운 일이 아닐 수 없다. 그만큼 한국교회 찬송가는 성숙할 가능성이 충분히 보였던 것이었다. 그래서 신문 기사에는 대서특필하여 실린 것은 한국찬송가의 미래를 위해 참으로 바람직한 일이었다.274)

다음은 홍정수 교수가 쓴 "기독교와 한국 전통음악"이란 글이다. 구왕삼 이란 인물(p.358. 목장의 저녁 작곡)과 한국찬송가에서 한국 전통음악 수용에 대한 의견을 그대로 옮겨본다.

"구왕삼은 비교적 교회음악과 일반음악에 관해 1930년대에 상당히 많은

---

273) 편찬위원회, 『한국찬송가 전집』(서울: 한국교회사 문헌연구원, 1991), 찬미가 第二十八이십팔 예수탄생, 28. God's best gift., NOT MY OWN, GOSPEL HYMNS 342.
274) 예수씨 나신 일, 대한크리스도인 회보, 광무2년(1898). 12. 31일자. 민경배., *op. cit.*

글을 남겼다. 그는 우리의 전통음악의 유지와 발전을 주장하였다. 그는 이화여전에서 발간한 "『민요합창 곡집』에 관한 서평"에서 조선음악이 서양음악에 밀리고 있는 상태를 개탄한다. 아악은 악사의 배출도, 악곡의 제작도 없으며, 가야금은 화류계의 전용물, 또는 유한계급의 향락 물로 전락하여 일반인들은 이를 퇴폐적이고 망국적인 노래로 인식하기에 이르렀다고 한탄한다. 국악은 양악과 피아노, 바이올린, 색소폰에 쫓겨 '멸망의 위기'에 있다고 말하고, 내놓을 만한 조선의 악기가 없다고 말한다.

또 우리의 음악은 원시적인 형식과 빈약한 주법 때문에 발전에 많은 문제점이 있음을 말한다. 그는 「방아타령」, 「영산회상」 중 「타령」과 같은 음악의 일부를 3부 합창곡으로 편곡한 것에 대해 신랄한 비판을 가하고 있다. 조선의 민요곡은 본질적으로, 악곡 형식상으로 보아 서양음악과는 다르고 음계의 음이 부족하여 특이하고 여성적인 멜로디를 가지며 화성적 요소가 희박하기 때문에 조선음악의 그 독특한 선율에 대한 감정과 곡을 **서양음악**의 기법으로는 도저히 표현할 수 없는데, 3부로 편곡한 의도를 납득하기 어려운 일이라고 말한다. 또 우리 우리의 발성법이 **서양음악**의 그것과 달라서 서양식으로는 음색, 음질, 음고音高와 악상, 선율, 감정 등을 드러내기 어려운 까닭에 조선 음악만의 독자적인 기보법이 필요하다고 주장한다. 그는 기존의 **5음 6율**법을 수정하고 개조하여 조선 민요곡을 조선의 민요답게 표현할 수 있을 것이라고 제안하기도 한다.

덧붙여서 그는 근본적으로 조선의 악기의 개조와 작곡 형식의 개변改變이 필요하고 주제의 재신再新이 필요하며 그렇지 않고서는 조선의 음악을 서양 기보법에 의하여 양악 화 할 수는 없을 것이라고 말하고 있다.

구왕삼은 어린이를 위한 주일학교 노래와 동요들을 많이 상당수 작곡했는데, 항상 한국 전통 음악적 방식만 사용하지는 않았다. 의도적으로 전통 음악적이라고 생각되는 곡들은 '3박자 리듬'과 '5음 음계'를 사용하는 것들이다. 예를 들어 "조선의 꽃"이라는 곡이 바로 그런 것이다. 이 곡은 '아이주일기념'으로 장로회 총회 종교교육부가 발표한 것으로 '민요풍으로'라는 연주 지시어가 있지만 구왕삼의 이런 생각은 안타깝게도 후세에 전달되지 못하는 결과를 초래하고 말았다.

오늘날 한국교회의 찬송가 문제가 바로 이런 맥락에서 전통음악에 관한 곡조를 찾아보기 힘들 정도이다. 그렇다면 우리 "한국의 찬송가의 토착화는 불가능한 것인가?"라는 어려운 질문에 봉착하게 된다.

그런가하면 우리나라 초등학교 교육과정을 살펴보면 2007년 교육과정보다 국악 개념 체계가 보다 구체화 되었고, 국악의 비중도 50%를 넘기고 있으며, 구체적인 부분이 많이 제시되고 있는 실정이다. 이러한 점에서 '어린이 찬송가'의 작곡자나 찬송가집 편집자들은 이 점을 유념해야 할 것이다.

제2절 한국 어린이 찬송가 중기 역사 및 분석

이 시기는 해방 후에 햇빛을 본 교회들이 다시 일어나면서 희망에 부풀어 '찬송가'가 다시 살아나는 시대이다. 이 시대를 '어린이 찬송가 중기역사'로 구분하였으며, 이 시기에는 『어린이 찬송가』들이 많이 발행되기 시작하였다. 이 시기에 발행된 어린이 찬송가들을 통해 이 시기의 어린이 찬송가의 역사를 조명해 볼 수 있겠다.

이 때 발행된 『어린이 찬송가』로서는 1953년 1월 20일 한국기독교아동교육연구회(교회학교연구회, 대표 표재환)에서 발행하고, 박재훈, 장수철이 편찬한 111곡으로 된 『어린이 찬송가』이다.

위에 나온 『어린이 찬송가』에다 39곡을 더 넣어 150곡을 엮어서 역시 '한국기독교 아동 교육연구회'에서 1955년에 『어린이 찬송가 증보판』을 발행하였다.

1962년에는 '대한 기독교서회'에서, 강소천 · 나운영 편집으로, 167곡을 묶어 발행한 『주일학교 찬송가』로서 작곡은 장수철 · 박재훈 · 안신영 · 이태선, 편집은 김희태가 맡았다. 또 1966년 감리교 총리원 교육국에서 발행한 106곡으로 된 『아동찬송가』, 1967년에 침례회출판사에서 154곡으로 발행한 『기쁜 찬미』, 1968년에 한국교회음악협회에서 222곡으로 발행한 『어린이 찬송가』가 나왔다.

다음에는 박재훈·구두회·이동훈이 편찬한 222곡을 수록, 교독문 30편의 『어린이찬송』이 나왔는데 이는 멜로디만 실린 어린이용 보급판과 반주곡까지 붙은 교사용 등 두 가지로 발행되었다.

1970년에 순복음교회에서 301곡 수록의 독자적 『어린이찬송가』를 내었고, 1971년에는 예장합동 총회에서 민영완 편집으로 펴낸 『어린이 새찬송가』(240곡 수록, 교독문 16편)가 발행되었다. 1972년 12월에는 기감에서 찬송가 182편과 교독 18편, 기도문 26편을 수록한 『감리교어린이찬송가』를 내었고, 1973년 1월에는 한국찬송가위원회 가입교단(기감, 기장, 기성, 예장<통합>)이 모두 연합하여 찬송가 250곡과 교독문 41개를 실은 『어린이용찬송가』(대한기독교서회 발행)를 내었다.

예장 합동 측이 다시 찬송가 230곡에 교독문 32편을 실은 『어린이 새찬송가』를, 예장 고신 측에서는 찬송가 230곡에 교독문 16편, 기도문 9편을 수록한 『어린이 새 찬송가』를 각각 펴냈다. 그 후 1976년에는 주일학교 교재 사에서 1953년의 『어린이찬송가』를 증보, 새로운 『어린이찬송가』를 내었고, 1979년 7월 25일에는 침례교회에서도 305곡 수록에 교독문 37편을 실은 『한국 어린이 찬송가』를 내는 등 어린이 찬송가의 난립 상은 심했다.

이후 1979년에 이르러 한국찬송가위원회에 가입되지 않은 교단들이 예장 고신을 중심으로 어린이찬송가를 하나로 편찬하자는 제의를 한국찬송가위원회에 내어놓았다. 동 위원회는 이에 동의하고 어린이찬송가 추진위원회를 구성했으며 곧 423곡 수록의 『어린이찬송가』를 내었다. 이 사업의 실무책임은 김성호 목사(기독교성결회)가 맡았고, 나운영·오소운·조돈환 등이 협력하였다. 이는 많은 수의 한국인 저작 찬송가를 수록했다는 의의와 함께 난립되던 어린이 찬송가 집을 하나로 통일하고, 한 찬송가의 기반을 닦은 의미도 깊다. 뿐만 아니라 1981년에는 순복음 음악위원회 발행의 350곡 수록 『어린이 새 찬송가』도 나왔다.

위에 언급한 어린이 찬송가들의 편집 내용을 분석하면서 자세히 살펴보고,

앞으로 어린이 찬송가의 편집 방향과 어린이 찬송가 가사와 곡조의 예배학적 소견을 제시하려고 한다.

1. 『어린이 찬송가』

해방 후 한국의 교회는 그 활동이 활발해짐에 따라 교회음악활동도 많은 진전을 보게 되었다. 1936년의 『아동찬송가』를 첫 발행 이후, 두 번째로 발행된 것은 1953년 한국기독교아동교육연구회에서 발행된 박재훈, 장수철이 편찬한 111곡으로 된 『어린이 찬송가』이다.

박경호 집사(1899-1979)

이 책의 내용을 살펴보면 전곡이 111곡이며, "만복의 근원 하나님" 21찬 1장, "참 아름다워라" 21찬 478장, "기쁘다 구주 오셨네" 21찬 115장, "고요한 밤 거룩한 밤" 21찬 109장 등 약 20곡은 성인 찬송가에 있는 곡이며, "아름다운 꽃" Florence Hoastson 사, Kate Field 곡('아름다운 꽃 예쁜 눈떠라'), "꽃과 벌"('밝은 햇님 서산에 숨바꼭질하

<악보 122> 아름다운 꽃 예쁜 눈떠라

면은 아름다운 꽃들도'), "가자" S. Lee 곡('가자 어디로 들로 산으로 가자 가자 들로 산으로'), "꽃노래" 작사 미상, 독일찬송 곡('산 넘어서 봄바람 불어온다. 강 건너서

봄바람 불어온다'), "세상의 별" ~박재훈 곡~ ('여름밤 별님은 곱기도 하지 은구슬 금-구슬') 등의 약 20곡이 동요 곡으로 수록되어 있다.

○ 한국인에 의해서 쓰여 진 곡도 36곡이 수록되어 있다.

△ 작곡은 박재훈 16곡, 장수철 13곡, 박경호 2곡, 미상이 2곡, 박태준, 이일래, 박윤삼 각 1곡씩 작곡했다.

△ 작사는 오수경 5편, 석진영 5편, 최봉춘 5편, 미상 5편, 이태선 4편, 장수철 3편, 윤춘병 2편, 이창환 2편, 구두회, 이호운, 최영일, 박태준, 박윤삼 모두 1편씩 작사하였다.

<악보 123> 나는 주의 화원에

필자가 유년주일학교 시절부터 줄 곧 부르던 '나는 주의 화원에 어린 백합꽃이니' ~박경호작곡~, 이 찬송은 지금도 잊혀 지지 않는 '애창 어린이찬송 곡'이다.

△ 작사와 작곡이 한 사람에 의한 곡은 장수철의 "늘 함께 계시네.", "늘 사랑합니다.", "밤길을 걸을 때", 박태준의 "기쁜 생일", 박윤삼의 "**예배 찬송**" 등이다. 이렇게 작사와 작곡이 동일인일 때 좋은 찬송가로 태어나기 쉽다.

○ 제목은 '예배', '하나님', '예수', '신앙생활', '기타' 등으로 분류했다.
○ 내용에 따른 곡의 분류는 크게 '탄생'과 '부활'로 구분해 놓았다.

△ 탄생 : "기쁘다 구주 오셨네." 21찬 115장, "고요한 밤 거룩한 밤" 21찬 109장, "노엘" 등 9곡이다.
△ 부활 : "부활 찬송", "즐거운 부활절" 등 4곡이다.

2. 『어린이 찬송가』 증보판

앞에 두 번째 나온 『어린이 찬송가』에다 39곡을 더 넣어 150곡을 엮어서 역시 한국기독교아동교육연구회에서 1955년에 『어린이 찬송가 증보판』을 발행하였다.

한국 기독교 아동 교육연구회 박재훈 박사는 '어린이 찬송가 증보판을 내면서'라는 글에 다음과 같이 적고 있다.

"사랑하는 어린 동무들! 하나님께서는 찬송하는 어린이들을 귀여워하십니다. 하나님께서는 아름다운 마음의 찬송을 기뻐하십니다. 예수님 품안에서 무럭무럭 자라나는 어린이 여러분 하나님의 나라가 이 땅 위에 이룩하기까지 아름답고 향기로운 찬송을 힘차게 부르면서 착한 일 많이많이 하시기 바랍니다. 이 책은 본회에서 이미 꾸며 내놓은 『어린이 찬송가』에다 39곡을 더 넣어 엮은 증보판입니다. 주안에서 씩씩하게 자라나는 어린이 여러분에게 하나님의 축복이 항상 같이 계시기를 기도드립니다."
1955년 크리쓰마스 한국기독교아동 교육연구회

◎ 어린이 찬송가 차례가 가나다순으로 7쪽 분량으로 나와 있고, 찬송가는 총 150곡을 단 성부 아니면 2성부에 찬송가사만 적었다.

◎ 책의 말미에 '주기도문', '사도신경', '십계명', 예배 시에 사용된 것으로 보이는 '개교사'가 다음과 같이 네 종류가 실려 있다.

가

· 사회자 : 오라! 어린 동무들! 우리 함께 주님을 찬송합시다(시66:2). 만유의 주님 앞에 서로서로 내 몸같이 사랑함으로 화목하여 여호와 하나님께 경배합시다.
· **학생들** : 감사함으로 여호와께 나왔사오니 그 이름 찬양함이 아름답습니다(시 92:1).

나
- **사회자** : 주여! 내 입술이 찬송을 발하게 하시옵소서(시119:171).
- **학생들** : 그리하면 우리들이 신령한 노래로서 주를 찬양하겠나이다(엡 5:19).

- **사회자** : 마음으로 찬미의 제사를 드립시다(히브리 13:15).
- **학생들** : 여호와는 영원히 찬송할 이시니 이다(롬 1:25).

◎ 교독문은 다음과 같다.

△ 구약성경: · 시편 1편과 시편 23편, · 잠언(3:13, 6:20, 10:1, 11:1, 12:1, 14:34, 16:3, 16:32, 19:17), 신 6:5, 레 19:1.
△ 신약성경: · 팔복의 말씀(마 5:3-12), 주님의 교훈(마 22:37, 마 22:39, 요 15:12, 마 7:1, 5:39, 5:14, 5:42, 7:12)
△ 헌금의 교훈(①행 20:35, ②요일 3:17, ③마 6:21, ④마 6:24, ⑤갈 6:10, ⑥고후 9:6, ⑦고후 9:7절)으로서 성경말씀을 핵심 구절만으로 연결하여 싣고 있다.

◎ 내용은 앞에 언급한 두 번째 찬송가와 거의 같다.

△ 한국인에 의해 쓰여 진 곡의 내용을 보면 박재훈 6곡과 김두완 1곡을 첨가하였다.
△ 작사자로는 이태선 2편, 최영일 2편, 이호운, 석진영, 미상 1편씩 등으로 되어 있다.

◎ 이 책에 내용 분류는 해 놓지 않았으며 가사의 첫 구절을 가나다순으로만 실어 놓았다.

3. 『주일학교 찬송가』

1962년에 대한 기독교서회에서 강소천, 나운영이 167곡을 묶어『주일학교 찬송가』가 발행되었다.

◇ 내용을 보면 167곡 중 장년 찬송가에 있는 곡은 다음곡이다.

"주의 친절한 팔에 안기세"(21찬 405장)
"예수께서 오실 때에"(21찬 564장)
"우리 주여 목자 되어서"(21찬 569장: '선한 목자 되신 우리 주')
"믿는 사람들은 군병 같으니"(21찬 351장) 등 약 20곡이다.

◇ 다음 곡은 동요 30곡의 예이다.

"산 넘어서 봄바람"(독일찬송, '산 넘어서 봄바람 불어온다. 강 건너서 봄바람 불어온다.')
"주룩 주룩 내리는"(일본 어린이찬송, '주룩 주룩 내리는 단비야 단비야'),
"송아지의 두 눈이"('송아지의 두 눈이 껌벅 당나귀의 두 귀가 쫑긋')
"시냇물 졸졸졸"(브래드베리 곡, '시냇물 졸졸졸 흐르며 하는 말') 등이다.

◇ 한국인에 의해서 쓰여 진 곡도 50곡 수록되어 있다.

△ 작곡자 다작인 순으로 보면, 나운영 16곡, 박태준 6곡, 이삼은 5곡, 구의환 3곡, 구두회 3곡, 김두완 · 홍송희 · 장수철 · 박경호 · 김순세 · 미상 각 2곡이고, 유경손 · 이일래 · 김홍경 · 조의수 · 이동훈 각 1곡씩이다.

△ 작사자는 다작多作의 순으로 보면 오소운 8편, 방지영 4편, 오영근 · 박화목 · 장석금 · 최영일 · 강소천 각 3편, 이예련 · 김희보 · 박창해 · 석진영 각 2편, 오수경 · 최봉춘 · 신현균 · 김혜원 · 유명희, 미상, 박근원 · 장채수 · 김정준 · 남궁억 · 안신영 · 김재두 · 함석준 · 박태준이 각 1편씩이다.

△ 작사 · 작곡이 한 사람인 경우를 보면 박태준의 "생일 축하 노래"('우리 동무 생일을 축하합시다. 기쁨으로 이 날을 축하합시다.') 한 곡뿐이다.

◎ 내용분류를 살펴보면 교회력에 따른 찬송구분은 크게 '탄생'과 '부활'로만 나누었다.

△ 탄생에 대한 곡은 "고요한 밤 거룩한 밤" 21찬 109장, "아 기뻐라 주 오셨다" 21찬 115장 이외에도 많은 곡을 보충하여 22곡이나 수록하였다.

△ 부활에 대한 곡은 "즐겁도다! 이 아침" 21찬 167장 등 4곡을 수록하였다.

△ 재림에 대한 곡은 "하얀 구름 타시고" 1곡뿐이다.

△ 부록으로 주기도문, 사도신경, 십계명, 교독문 등을 첨부했다.

△ 찬송가 주제에 따른 **내용 분류**이다.

여기 내용분류를 살펴보면 창조, 자연, 그리움, 환영, 송별, 꽃주일어린이 주일, 하기학교여름어린이성경학교 등 어린이들을 위한 분류가 여러 항목으로 자세히 나와 있다는 점이다.

<도표 27> [주일학교 찬송가] 내용분류

내 용 분 류			
송영	1	성경	112-113
기도	2-12	감사	114-126
개회	14-15	부르심	127-131
예배	16-20	봉사	132-140
폐회	21-22	성경	141-145
창조	23-26	선한 싸움	146-149
자연	27-35	환영	150
인자하심	36-47	송별	151
탄생	48-69	새해	152
속죄	70-71	어머니 주일	153-155
부활	72-75	생일	156-157
다시 오심	76	꽃주일	158-159
사랑하심	77-91	주일학교	160
그리움	92-93	하기학교여름학교	161
의지함	94-100	감사주일	162-163
인도하심	101-107	헌금	164-166
모범	108-111	주기도문 영가	167

4. 『아동 찬송가』

1966년 감리교 총리원 교육국에서 발행한 106곡으로 된『아동찬송가』가 발행되었으나 그다지 보급되지 않았다. 또한 1967년 대한기독교 교육협회에서 150곡의『새로운 어린이 찬송가』를 펴냈다. 이태선 목사님은 월남하여 20여 년간 살아오면서 노래 120편만을 골라서 아름다운 가사에 장수철, 박재훈, 김두완, 안신영, 이태선 여러 선생님께서 곡을 붙여서, 편집인 김희태, 대한기독교 교육협회 한영선 총무 후원으로 성인 찬송가에서 몇 편을 선곡하여 총 150곡을 펴냈다.275)

---

275) 편집위원회편,『한국찬송가전집: 19권』, *op. cit.*

5. 『기쁜 찬미』

1967년에 침례회출판사에서 발행한 154곡으로 된 『기쁜 찬미』가 발행되었으나 이 책의 내용은 장년찬송가에서 뽑은 곡이 한 곡도 없으며, 전곡 154곡 중 한국인에 의해 쓰여 진 곡들을 보면 다음과 같다.

△ 작곡자 : 한정희 17곡, 안신영 1곡 등이다.

△ 작사자 : 한정희 9편, 도한호 5편, 권승로 2편, 안신영 1편 등이다.

△ 작사·작곡이 한사람에 의해 된 곡은 안신영의 "맘에는 원이로되", 한정희의 "우리의 할 일", "용감한 다니엘", "작은 소년 다윗", "즐거운 하루", "하나님 솜씨", "나의 할 일", "한 걸음 두 걸음", "주 예수", "살기 좋은 낙원" 등이다.

◎ 내용 분류를 보면 다음과 같다.

△ 내용에 따른 분류는 성탄 곡만 다른 곡들과 구분해 22곡 수록해 놓았다.

△ '특별한 날'에 아버지 날, 어머니날에 대한 곡 각 1곡씩이다.

△ 부활에 대한 곡 5곡.

△ 추수감사절에 대한 곡 3곡 등으로 구분해 놓았다. 이 책은 침례회 단독으로 만든 곡들로 다른 찬송가 곡들과는 전혀 다른 곡들로 되어 있다.

6. 『어린이 찬송가』

    1968년에 한국교회음악협회에서 발행한 222곡의 『어린이 찬송가』가 발행되었다.

△ 편찬자는 박재훈, 구두회, 이동훈이다.

△ 장년 찬송가에서 60곡을 선곡해 실었다.
  "갈 길을 밝히 보이시니" 21찬 524장
  "어둔 밤 쉬되리니" 21찬 330장
  "겸손히 주를 섬길 때" 21찬 212장
  "우리 기도를" 21찬 631장
  "왕 되신 우리 주" 21찬 140장 등 약 60곡이다.

△ 동요 곡에서 선곡해 실은 곡은 약 20곡이다.
  "봄은 다시 왔어요."(보슬비가 내려요 솔 솔 솔)
  "새의 노래"(저 푸른 수풀 속에는 새들이 모여서 재갈, 재갈)
  "산새와 나무 가지"(독일노래, '어느 아침 참새들이 걱정하기를')
  "별과 같이"('어두운 하늘에 반짝이는 별같이 우리의 세상') 등이다.

◎ 한국인에 의해서 쓰여 진 곡도 49곡이나 수록되어 있다.

△ 작곡자 : 박재훈 21곡, 장수철 14곡, 김두완 5곡, 구두회 3곡, 박경호 2곡, 박윤삼, 이일래, 이동훈, 미상, 각 1곡씩 되어있다.

△ 작사자 : 최영일 6편, 이태선 6편, 최봉춘 6편, 석진영 5편, 오수경 3편, 장수철 3편, 윤춘병, 이호운, 이창환 각 2편, 박재훈, 유명희, 구두회, 임성길, 남궁억, 임옥인, 주요한, 전영택, 박윤삼, 김정준 각 1편씩으로 되어 있다.

◎ 한국교회음악협회에서 발행한 222곡의 『어린이 찬송가』의 제목에 따른 찬송구분은 '강림', '탄생', '수난', '부활' 등으로 구분 지어 놓았다.

△ 탄생에 대한 곡 중 외국 곡은 8곡, 한국인에 의한 곡이 7곡이다.

"아! 기뻐라 주 오셨다"21찬 115장

"고요한 밤 거룩한 밤"21찬 109장 등 15곡이다.

△ 부활에 대한 곡은

"부활 찬송", "즐거운 부활절" 등 9곡이다.

△ 그 중 한국인에 의한 곡은 장수철의 "다시 사심" 한 곡뿐이다.

△ 권말에 주기도문, 사도신경, 십계명, 교독 문, 영어 첫줄 등으로 엮었다.

<악보 124> "어느 아침 산새들이",   <악보 125> "꽃가지에 내리는"

< 표준찬송가 대한예수교총회 출판부, 188장>   <표준찬송가 대한예수교총회 출판부, 181장조>

7.『어린이 새 찬송가』

1971년 대한예수교 장로회교회교육부에서 편집하여 예장총회 출판부에서 『어린이 새 찬송가』가 발행되었다. 전곡 240곡 중, 성인 찬송가에서 142곡을 뽑고 그 외에 우리나라에서 출판된 어린이 찬송가 72곡과 기타 외국의 새 동요 곡 10곡과 그리고 한국작가들에 의한 신작 16곡 등으로 되어 있다.

◎ 한국인에 의해 쓰여 진 51곡의 내용을 보면

△ 작곡자로는 박재훈 11곡, 김두완 10곡, 장수철 9곡, 김상철 5곡, 이종은 2곡, 김국진 2곡, 임성길 2곡, 윤병만, 박태준, 최광사, 오소운, 박경호, 나운영, 이일래276) 각 1곡씩이다.
△ 작사자로는 박요섭 5편, 석진영 4편, 최영일 3편, 심군식 3편, 이태선 4편, 최봉춘 3편, 김희보 3편, 오수경 2편, 장수철 2편, 최순애 2편, 박재훈, 윤춘병, 이종환, 유호기, 최광사, 구두회, 신현균, 이호운, 이주연, 문숙자, 김정준, 김영희, 문정숙, 이혜리, 박태준이 각 1편씩 작사하였다.
△ 작사·작곡이 한 사람인 경우는 박태준의 "우리 동무 생일은", 박재훈의 "찬양하며 주 앞에", 장수철의 "캄캄한 밤 나 잠들 때에", "늘 사랑 합니다", 최광사의 "주의 부르심 따라 예수께로 나가면" 등 5곡이다.

◎ 여기서 **동요작곡가**인 **이일래** 선생에 대하여 소개 한다.

이일래 선생은 1903년 5월 10일생으로 경남 마산시 성호동 62번지가 본적으로 되어 있으며 마산에서 태어났다. 17세가 되던 1920년도에 창신학교 고등과를 졸업한 후 서울중동학교에 진학해 졸업을 하게 된다. 이 선생은 어릴 때부터 음악을 좋아했으나 본격적으로 음악과 인연을 맺게 된 것은 우연한 천도교 낙성식에 참석하게 되면서부터이었다. 거기서 이선생은 김영환 독주회를 보고 감동을 받고 난 뒤 음악을 시작하기로 결심했다.

이후 김영환씨가 출강한 연희전문학교 수물과에 입학해 김씨에게서 음악을 지도 받으면서 본격적인 공부를 시작하게 된다. 뛰어난 음악적 재능을 발휘하던 이선생은 연희전문학교 재학 때 김씨에게서 2년간 배운 바이올린 솜씨로 YMCA에서 홍난파 선생이 1st. 바이올린을 연주하고, 이일래 선생이 2nd. 바이올린을, 김영환씨가 피아노를

---

276) 이일래 李一來, 1903-1978, 일본 대학 예술학원 음악과 수학, 마산문창교회 찬양대 지휘(1926-1945), 작품에는 '산토끼', '봄노래', '봄', '해바라기', '노고 지리', '엄마생각', '아침'과 '시편 23' 등 주옥같은 동요와 성가 21곡이 있다.

맡아 트리오를 구성해 **연주회**를 갖는 등 꾸준한 활동을 펴기도 했다.

이선생은 연희전문학교 3학년을 중퇴하고 낙향하여 창신 보통학교 교사로 재직하다 다시 창녕군 이방면 이방보통학교(현 이방초등학교)에서 교편을 잡게 되었다. 창신 보통학교를 재직하면서 '고향'을 작곡한 이선생은 창녕의 이방보통학교에 와서 '산토끼'와 '단풍'을 작곡한다. 1936년부터 40년까지 5년간은 마산 제비산에 있던 호주선교사의 어학교사로 재직했고, 1940년대 후반에는 일본으로 가 일본대학 예술학원 음악과에서 본격적인 음악을 1년간 공부한 것으로 알려지고 있다.

귀국 후 이선생은 마산여자 가정학원을 설립해 여성들의 개화운동에 참여했으나 일제의 탄압에 못 이겨 학원은 1943년도 폐쇄되었고, 이선생은 이듬해에 만주로 넘어갔다. 만주에서 해방을 맞은 뒤 1947년도에 다시 우리나라로 돌아와 경상북도 초대 상공국장으로 취임해 2년간 공직 생활을 한 후 퇴직, 일반서민의 생활로 돌아갔다. 특히 이일래 선생은 마산의 호주선교사와의 인연으로 영어 실력이 뛰어나 해방 후 미군정 당시 C. I. C 마산대장의 통역을 맡기도 했다. 51년 마산 민선시장 선출 때는 청년활동 등 의욕적인 움직임으로 출마설까지 나돌 정도로 많은 활동을 한 것으로 기록돼 있다.

이일래 선생의 음악생활은 연희전문학교의 김영환씨에게서 배운 바이올린을 시작으로 1926년부터 1945년 해방 때까지 마산문창교회 찬양대 지휘를 맡는 등 음악활동을 했다. 당시 문창교회에는 유명한 주기철 목사가 있었는데, 주목사의 권유와 도움으로 찬양대 지휘와 신앙심에도 열심이었던 것으로 알려지고 있다. 이선생은 호주선교사 어학 교사와 일본대학 예술학원 음악과에 다닐 때 많은 곡들을 작곡했다. 약 1백 여 곡의 노래가 따로 기록된 책자가 있었으나 6.25 당시 모두 분실 됐고, 지금은 아쉽지만 조선동요 작곡집에 수록된 동요를 제외하곤 발표된 곡들을 찾아볼 수가 없다.

『조선동요 작곡집』은 1938년 1천부의 초판을 찍었으나 출판사에서 몽땅 다 가지고 가버려 다음해에 호주 선교사들의 도움으로 재판 1천부를 다시 찍었다. 이때 이선생은 마산에서 출판기념회를 가지고 영어가사를 붙여 2백부는 자신이 가졌으며 7백 여부는 호주 등 세계 여러 나라에 보내졌다. 조선동요 작곡집은 우리나라에서는 홍난파 동요집 다음으로 발행된 소중한 동요집이다.

이 일래 선생은 1947년에 15년간의 교직생활을 떠나서 초대 경상북도 상공국장을 맡게 됐으며, 이후 임영신씨가 운영했던 중앙대 관사에 머물다 6 · 25를 만나 소장 중이던 동요집을 단 한권도 남기지 못하고 모두 분실하게 된다. 이선생은 시간이 지나간 뒤 책을 구하기 위해 수소문을 하던 중 마산에 있던 친구가 책을 구해줘 1975년 영인본을 냈다. 당시 마산의회예식장에서 출판기념회를 가지고 그 해 7월 7일 오후 4시 서울 YMCA회관에서 한국동요 동인회 주최로 복간 출판기념회를 가졌다.

이 동요집에는 '산토끼'. '봄노래', '봄', '해바라기', '노고지리', '엄마생각', '아침'과 '시편23' 등 주옥같은 동요와 성가21곡이 실려 있다. 이선생은 어린 시절부터 좋아했으며 평생을 두고 음악을 떠나 1944년 이후에는 사회활동에 비해 음악활동을 소홀히 한 것으로 알려지고 있다.

이선생의 성격은 인정이 많고 자상하지만 잘못된 부분에 대해서는 참지 못하는 곧은 성격을 지닌 것으로 그의 제자들은 말한다. 이선생은 창녕의 이방보통학교 재직 시 동요 '산토끼'를 만든 계기가 된 고장산을 자주 올라갔던 것으로 알려지고 있다. 혼자서 노을이 질 무렵이면 고장산에 올라가 자주 시간을 보냈다고 하는데 아마 당시 일제의 압박 속에 있는 나라의 상황에 대해 서글픈 마음을 달래기 위해서였던 것으로 보여 지고 있다. 또한 이선생은 부인과 딸을 데리고 고장산에 올라가 산책을 하는 등 신학문을 공부해 개화청년의 모습을 보여주었다고 당시 제자들은 회상한다. 이일래 선생은 1975년을 전후해 첫딸 명주씨의 집인 서울에 거주했으나 경기도 양주군 화도면 가곡리 202번지로 이사를 해 1979년 가을께 76세의 연세로 작고하셨다.

홍난파가 '가곡'을 남겼다면 이일래는 우리나라 '동요 작곡가' 중에 탁월한 공을 남긴 분이다. 또한 주기철 목사가 시무하던 마산문창교회에서 **19년** 동안이나 **찬양대** 지휘자로 봉사했다. 이때 그가 작곡한 찬양 곡들이 복간되어 소개되었으면 하는 생각이 간절하다.

◎ 교회력에 따른 찬송 구분은 탄생, 고난, 부활, 승천, 재림 등으로 나누었다.

△ **탄생**에 대한 곡은 "고요한 밤 거룩한 밤"21찬 109장, "기쁘다 구주 오셨네"21새찬 115장, "귀중한 보배 합을"21찬 111장 등 12곡의 외국 곡과 한국인에 의한 곡은 박재훈의 "축하하세 동무들아", "반짝 반짝 별 비치는", "하얀 눈 쌓인 밤에" 등 3곡 더 첨가하여 15곡이다.
△ 고난에 대한 곡은 "주 달려 죽은 십자가"21찬 149장 등 4곡으로 한국인에 의한 곡은 한 곡도 없다.
△ 부활에 대한 곡은 "할렐루야 우리 예수"21찬 161장 1곡뿐이며, 재림에 대한 곡은 "대속하신 구주께서"21찬 174장, "예수께서 오실 때에"21찬 564장 등 2곡이다.

다른 어린이 찬송가에 비하면 비교적 제목 분류가 세밀한 대신 할당 곡수는 적다. 그리고 한국인에 의해 작사 작곡된 찬송도 적다. 권말에 교독문, 어린이 기도문, 주기도문, 사도신경, 십계명 등이 첨부되어 있다.

8. 『감리교 어린이 찬송가』

1972년 기독교 대한 감리회 교회학교전국연합회에서 편집하여 감리교 총리원 교육국에서 『감리교어린이 찬송가』를 발행하였다.

◎ 이 책에는 전곡 182곡 중 장년 찬송가에서 온 곡은 다음과 같다.
 "나의 사랑하는 책" 21찬 199장
 "넓은 들에 익은 곡식" 21찬 589장
 "아침 해가 돋을 때" 21찬 552장
 "전능 왕 오셔서" 21찬 10장 등 약 35곡이다.
 한국인에 의해서 쓰여 진 곡도 98곡이나 수록되어 있다.

◎ 한국인 찬송가 작가들을 보면 다음과 같다.

△ 작곡자는 김순세 19곡, 장수철 15곡, 조돈환 12곡, 박재훈 9곡, 김순현 7곡, 김두완 6곡, 윤원경 4곡, 나운영 3곡, 엄문용, 오소운, 박경호, 구두회 각 2곡, 박윤삼, 안신영, 윤학원, 안정란, 박태현, 이일래, 이병준, 김연기, 최동수, 김동진, 조의수, 미상, 각 1곡씩으로 되어 있다.

△ 작사자로는 이태선 22편, 유영희 13편, 최요섭, 8편, 최영일 6편, 서성옥 5편, 윤춘병 6편, 최봉춘 4편, 오소운 4편, 이호운 2편, 장수철 2편, 석진영 2편, 박윤삼, 김희보, 신현균, 최병춘, 이호운, 주요한, 전영택, 이명원, 조영인, 구두회, 김경성, 이봉구, 서형선, 안신영, 정웅섭, 조돈환, 오수경, 엄문용 각 1편씩으로 되어 있다.

△ 작사·작곡이 한 사람에 의해 이루어진 찬송으로 박윤삼의 "**예배 찬송**", 오소운의 "어린 예수님", "예수님과 삭개오", 장수철의 "늘 함께 계시네.", "늘

사랑합니다.", 안신영의 "매미와 쓰르라미", 조돈환의 "인도 합소서.", 엄문용의 "여름꽃밭" 등이 있다.

◎ 교회력에 의한 찬송구분은 성탄, 고난, 부활로 나누어 실었다.

9. 『어린이 새 찬송가』

1973년 대한 예수교 장로회총회(합동) 출판부에서 『어린이 새 찬송가』를 발행하였다. 이 책에는 미국, 일본, 영국, 독일, 일본 등 세계 각국의 어린이 찬송가 중에서 신앙적이며 우리의 실정에 알맞은 것으로 230곡을 모아 가사를 새로 번역하여 엮었다. 『어린이 새찬송가』는 분류가 잘 되어 있다.
　제1부 예배, 제2부 성도의 생활, 제3부 행사로 나누어 놓았다.
◎ 장년 찬송가에서 온 곡은 약 100곡으로,

"거룩 거룩 거룩" 21찬 8장
"성도여 찬양해" 21찬 29장
"귀하신 주의 보좌는" 21찬 207장, "귀하신 주
　님계신 곳"
" 달고 오묘한 그 말씀" 21찬 200장 등이다.

◎ 교회력은 탄생, 고난, 종려, 부활, 승천,
　재림 등으로 구분했다.
　△ 탄생에 대한 곡은 13곡으로,
　　"고요한 밤 거룩한 밤" 21찬 109장
　　"그 어린 주 예수" 21찬 108장

"기쁘다 구주 오셨네"21찬 115장 등 이다.
△ 종려주일에 대한 곡은 5곡으로, "오 거룩한 머리에"21찬 145장 "우리 주님 고난당한" 등이다.
△ 부활에 대한 곡은 "예수 부활하셔서" 새찬 176장 등 6곡이다.
△ 승천에 대한 곡은 "할렐루야 우리 예수"21찬 161장, "사망을 이기신" 새 185장 등 2곡이다.
○ 이전에 발행된 어린이 찬송가보다는 절기분류를 세밀하게 하였으며, 곡수도 조금씩 더 첨가하여 수록해 놓았으나 한국인 작사·작곡한 곡이 한 곡도 없다.

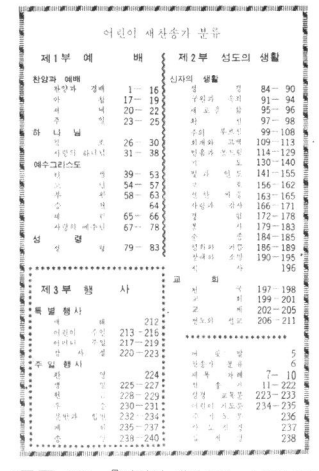

<도표 28>『어린이 새찬송가』내용분류

◎ 부록에는 교독문을 실었다.
△ 시편 1:1-6, 시편 3:3-7, 시편 4:1-8, 시편 8:1-9, 시편 23:1-6, 시편 42:1-5, 시편 46:1-9, 시편 84:1-11, 시편 96:1-10, 시편 100:1-5, 시편 121:1-8, 시편 136:1-12, △ 이사야 53:1-5,
▲ 마태 5:3-10, 요일 4:7-11, 계 21:1-4 이 실렸다.

◎ 어린이 기도문 1-6종이 실렸다.   <도표 29> 성경교독문 및 기도문 차례
① 새벽기도   ② 식사기도   ③ 잠잘 때 기도
④ 헌금기도   ⑤ 생일 축하기도   ⑥ 회개기도

◎ 책 앞표지에는 주기도문과 사도신경, 책 뒤표지 면은 십계명을 실었다.

10. 『어린이용 찬송가』

한국찬송가위원회에서 가입교단인 4개 교파(기독교 감리회, 기독교장로회, 기독교 성결교회, 예수교 장로회)가 연합하여 편찬한 『어린이용 찬송가』가 1973년 1월에 대한기독교서회에서 발행되었다.

이 책의 내용을 보면 전곡 250곡 중에
 △ 장년 찬송가에서 선곡해 온 곡이 약 30곡이다.
　"묘한 세상 주시고"21찬 593장 "복의 근원 강림하사"21찬 28장
　"만세반석 열린 곳에"21찬 386장 "참 아름다워라"21찬 478장 등.
 △ 작가의 국가별로 보면 다양하다.
＊ 미국, 영국, 프랑스, 독일, 네덜란드, 캐나다, 중국, 인도, 아프리카, 일본, 이스라엘, 스위스, 오스트리아의 찬송가와 흑인 영가 중에서 우리나라 어린이들이 즐겨 부를 수 있는 곡을 160곡이나 수록했다.
＊ 한국인에 의해서 쓰여 진 곡도 87곡이나 수록되어 있다.
＊ 한국인 작곡자 다작多作 순으로 보면 나운영 20곡, 오소운 10곡, 조의수 8곡, 김순세 4곡, 이삼은 4곡, 박태준 3곡, 박진규 3곡, 유경손 3곡, 김홍기 3곡, 김두완·안신영·이창섭·장창환·김정수·홍성희·최동수·김순제·미상 각 2곡, 황철익·김병규·박경호·한정희·엄문용·안정란·유병무·윤원경·김홍경·권길상·이일래 각 1곡씩 작곡했다.
＊ 작사자는 다작 순으로 보면 한바우 14편, 유영회 7편, 윤춘병 5편, 최영일 5편, 장석금 4편, 유경손·방지영·김경수·정진성·김희보·최효섭 각 3편, 김성호·김재두·박진규·박창해·정웅섭 각 2편씩, 오소운·마경일·오영근·최춘봉·강소천·이봉구·이예련·오순경·안신영·조상국·박화목·신현균·김정준·김혜원·오병학·박근원 각 1편씩 작사하였다.
＊ 작사·작곡이 한 사람에 의해 이루어진 곡은 다음과 같다.
　오소운의 "보고 싶어 보고 싶어"　　　　안신영의 "여기서 매아미"

유경손의 "동무를 사랑하는"　　　　　　"우리 우리나라는"
박진규의 "우리들은 하나님을"　　　　　"하나님의 외아들" 등이 있다.

◎ 내용분류를 보면 교회력을 크게 둘로 '나심'과 '부활'로만 나누었다.

△ 탄생에 대한 곡은 27곡이다.
"아! 기뻐라 주 오셨다"21찬 115장, ('기쁘다 구주 오셨네')
"고요한 밤 거룩한 밤"21찬 109장 등이다.
△ 부활에 대한 곡은 8곡이다.
"할렐루야 우리 예수"21새찬 161장
"어둠은 물러가고" 등이다.

다른 『어린이 찬송가』에 비하면 성탄과 부활에 대한 곡은 많으나 다른 절기 분류는 전혀 해놓지 않았다.

권말에 주기도문, 사도신경, 십계명, 교독문을 첨부해 엮었다.
그 외에도 1969년 대구 계성초등학교 특별위원회가 아이들에게 적당하다고 생각되는 곡들을 여러 책에서 뽑아 11곡으로 엮은 『노래 부르며 주님 앞으로』라는 책도 있다. 이 책에는 장년찬송가에서 35곡을 그리고 동요들도 조금씩 수록해놓았다.277)

위의 어린이 찬송가에 계속하여 실린 곡들은 "고요한 밤 거룩한 밤"21찬 109, "기쁘다 구주 오셨네"21찬 115, "참 아름다워라"21찬 478, "예수 사랑하심은"21찬 563, "저 들밖에 한 밤중에"21찬 123, "아침의 맑은 햇빛과"(Katts Riggs; 어찬 26),278) "옥과 같은 맑은 마음"(Irish Song; 어찬 405) 등으로 모두 외국 곡들이다.

---

277) Ibid., p.41.
278) 한국찬송가위원회, 『어린이 찬송가』(서울: 대한기독교서회, 1989), 총 440곡, 교독문 27편.

11. 『어린이 통일 찬송가』

위에 언급한 수많은 어린이 찬송가들의 발행으로 교회 어린이들이 찬송가를 사용하는데 혼란을 겪게 되었다. 그러던 중 찬송가위원회에 가입된 교회와 고신 측 장로교회가 어린이 찬송가를 하나로 편찬하자는 뜻을 모아 드디어 1979년 12월 20일 426곡의 『어린이 통일 찬송가』가 출판되기에 이르렀다. 이 어린이 찬송가의 특색은?

1. 어린이 찬송가 50년 사를 총 집대성한 것으로 초기 한국교회에서 애창된 어린이 찬송가를 비롯하여 우리나라 찬송가를 반 이상 수록하였다.
2. 세계 각국의 유명한 어린이 찬송가를 번역하여 수록하였다.
3. 교회 절기에 부를 수 있는 새로운 노래와 성경 이야기 노래와 시편 노래 등 70곡을 새로 작사 작곡하여 수록하였다.
4. 교독문과 기도문을 어린이 용어에 맞추어 많이 수록하였다.
5. 매장 찬송 가사 주제에 맞는 성경 구절을 기입하였다.
6. 전곡을 2부로 부를 수 있게 새로 편곡하였는데, 다만 성인용 **예배 찬송**은 장중한 맛을 살리기 위하여 4부 그대로 수록하였다.
7. 전곡을 피아노는 물론 오르간으로 반주할 수 있도록 편곡하였다.

또한 한국찬송가위원회는 이 『어린이 통일 찬송가』의 올바른 보급을 위하여 교회음악 출반 위원회에 우선 270곡을 추려 음반을 제작하는 것을 허락하였다. '한국에서 가장 우수한 합창단의 녹음으로 제작된 어린이 찬송가 음반은 한국 기독교 100년 역사에 빛나는 금자탑이 될 것이다'라고 밝히고 있다.

○ 한국 기독교 선교 100주년 기념 교회음악 출반 위원회 조직이다.

· 위 원 장 : 김광현, · 부위원장 : 김홍범, · 실행위원장 : 나운영
· 고　　문 : 한경직, 강신명, 이천환, 유준호, 김창인, 김만제, 황재경, 강원용
　　　　　　이환수, 은명기, 김정준, 홍현설, 마경일, 오영필, 신후식, 김창희

　　　　　한명동, 신현균, 은준관, 전용섭, 지원상, 이윤재, 조용기, 우열성
　　　　　하은영, 박명원, 신신묵, 전성천, 김경선
· 위　　원 : 이종성, 김희보, 조종남, 조행록, 백민관, 이한빈, 이근삼, 오병세
　　　　　신태식, 이지호, 전진항
· 각 교단 : 한완석, 정봉조, 이봉성, 정규오, 박재봉, 민영완, 이상근, 양광석
　　　　　조문경, 지덕
· 각기관 : 김관석, 유경손, 원치호, 이봉구, 엄규진, 조선출, 김주병, 성갑식
　　　　　김장환, 김준곤, 유홍묵, 김해득, 김인득, 서정환, 이창식, 장충협
　　　　　방지일, 이종근, 정재완, 최창근
· 전문위원 : (예장통) 서수준 김순애 박재훈 곽상수 이동범 김두완 윤학원
　　　　　(예장합) 김국진 윤종일 문덕준 김의작
　　　　　(기장) 나운영 조의수 황철익
　　　　　(감리교) 이유선 최성진 구두회 나인용 김순세
　　　　　(성결교) 이중태 전희준, (순복음) 김주영 김영철
　　　　　(구세군) 이창섭, (예장고) 김정일, (침례교) 한정희
　　　　　(성공회) 황정기, (루터교) 김광웅
　　　　　(천주교) 이문근, 김진균, 최영일, 김대붕
· 고　　문 : 박태준(한국교회음악협회명예회장)
　　　　　조상현(한국음악협회이사장)

· **작곡자** : 강석찬 강소천 강순복 고정희 권정생 김경선 김경수 김명엽 김봉서 김봉철 김성호 김영미 김영조 김재두 김주헌 김하성 김희보 김혜원 남궁량 도한호 마경일 박근원 박승일 박진규 박창해 박현탁 박화목 방지영 백성종 서명실 서성옥 서정석 석진영 송우혜 신경섭 신창호 신현균 심군식 안　막 안신영 엄문용 오병수 오병학 오봉현 오소운 오영근 유경숙 유경손 유영희 유재하 윤두혁 윤춘병 이광수 이만석 이민우 이승하 이예련 이은상 이일래 이재완 이정례 이정수 이종무 이태선 이호운 임승원 장수철 장시춘 장자옥 전영택 정웅섭 정진성　조상국 조영민 최봉춘 최영일 최태영 최효섭 황금찬 등 79명이다.

- **작곡자** : 강신명 고희준 공석준 구두회 권길상 권태호 김광도 김국진 김두완 김명엽 김상철 김순세 김순애 김순제 김순현 김영철 김의작 김정수 김정일 김대현 김홍경 김홍기 나운영 리보철 문경원 민만기 박광제 박명섭 박재훈 박 진규 박태현 박태준 서문옥 안신영 엄문용 오소운 유경손 유병무 윤학원 이경혜 이경희 이동일 이삼 이상준 이유선 이일래 이종은 이창섭 장수철 조돈환 조의수 최종진 최훈차 한정희 한태근 허원무 홍권옥 홍난파 홍성희 황철익 등 60명이다.

- 아래는 이 음반제작에 참여한 합창단이다.

    세계기독교선명회 어린이 합창단(지휘 윤학원, 반주 김은애)
    성아 어린이합창단(지휘 김동현, 반주 김보경)
    한국 소년소녀 어린이 합창단(지휘 김주영) 상도여중합창단
    서울 시립 소년소녀 합창단(지휘 김명엽, 반주 공용주)
    염광여고 합창단(지휘 고용범, 이미행) 숭의여고 합창단(지휘 김성균)
    기쁜 노래선교단(지휘 나동순, 반주 이은영)
    신광 어린이 합창단(지휘 나동순, 반주 김명후)
    정신 노래 선교단(지휘 최훈차, 반주 김미연)
    경민 노래 선교단(지휘 강윤경, 반주 차희옥),
    예일 소녀합창단(지휘 이규선, 반주 김경연) 등 11개 합창단의 연주로 녹음하여 유니버설레코드사에서 카세트 12개와 함께 음반을 제작했다.

제3절 한국 어린이 찬송가 후기 역사 및 분석

우리 한국교회는 1893년 『찬양가』가 처음으로 나온 후 각 교단별로 찬송가가 출판되어 사용되었다. 1945년 8·15 조국의 해방과 더불어 당시 사용되었던 『신정찬송가』, 『신편찬송가』 그리고 『부흥성가』를 하나로 묶어 1949년 『합동찬송가』를 발행하여 모든 교파들이 하나같이 사용하였다.

그 후 한국교회의 발전과정에서 교회일치 운동敎會一致運動(Ecumenical movement279)에 가담하지 않은 예장 합동 측과 고신측이 연합하여 만든 『새 찬송가』(생명의 말씀 사, 1962)와 이들을 제외한 예장 통합측과 감리교, 성결교, 그리고 기장 측이 참여해 만든 『개편찬송가』(대한기독교서회, 1967)로 나뉘어 부르게 되었다. 그러나 다시 하나의 찬송가를 만들어야 한다는 한국 교회의 여망에 따라 1976년에 '한국 찬송가위원회'와 '**새 찬송가위원회**'가 합동 추진위원회를 구성하고 1981년 '**한국찬송가공회**'를 발족시켰다. 그리고 한국 교회 백주년을 맞이하여 다시금 하나 된 공회 『찬송가』(1983년)를 출판하게 되었다. 이에 따라 어린이찬송가도 변화를 맞게 된다. 바로 어린이찬송가 후기 시대라 함은 이 통일 『찬송가』 발행 이후의 시기로서 이 시기에 발간된 『어린이 찬송가』를 사용하던 시기를 말한다.

---

279) 교회 일치 운동敎會一致運動(Ecumenical movement, ecumenism; 그리스어 οἰκουμένη; '오이쿠메네'로부터 유래)은 한국에서는 '세계교회운동', '교회연합운동' 등의 명칭으로 사용되며, 교파나 교단의 차이를 초월하여 모든 기독교 신도의 일치 결속을 도모하는 세계교회 일치운동이다. 1910년 에든버러에서의 제1회 세계선교회의를 통해 세계교회 일치운동을 발족하게 됐다. 기독교 교회 일치운동은 2차 대전 이후에 구체화되어, 1948년 네덜란드 암스테르담 총회로써 세계교회협의회(W. C. C)가 결성되어 개신교회, 성공회, 동방정교회가 참여하게 되었고, 로마 가톨릭교회와의 협력과 일치도 이뤄지고 있다.

1. 『어린이 찬송가』

<어린이 찬송가>

한국찬송가위원회 편찬으로 예장(통합), 예장(고신), 예장(대신), 기독교대한감리회, 기독교대한성결교회, 한국기독교장로교회, 기독교한국침례교회 기타 각 교단 사용으로 대한기독교서회 발행으로 『어린이 찬송가』가 1988년 3월 1일에 초판 발행되었다. 저작 겸 편집인은 한국찬송가위원회, 발행인은 김소영, 1989년 7월 10일에 10판이 발행되었다.

◎ 이 찬송가의 특색은 머리말에서 이렇게 밝히고 있다.

① 그동안 부르던 모든 어린이 찬송가 중에서 즐겨 불려진 찬송을 뽑아 실었고,
② 번역하여 부르던 다른 나라 어린이찬송가를 줄이고 우리나라의 전통 가락에 맞춘 새로운 찬송을 많이 작사 **작곡**하여 실었고,
③ 교회절기에 맞춘 찬송가와 성경내용을 주제로 한 노래를 실었고,
④ 유치부용 찬송과 교회학교에서 즐겨 부르는 돌림노래, 동요, 복음성가를 많이 실었으며,
⑤ 어린이용은 2부로 부를 수 있도록 펴냈고 교사용은 악기로 반주할 수 있도록 만들어 따로 펴내었다.

이 귀한 일을 위하여 작사 작곡하신 분들, 편집을 하신 분들에게 감사드리며 한국 교회 모든 어린이들이 이 찬송가로 하나님을 기쁘시게 하기를 바랍니다.

1988년 1월 30일
한국찬송가위원회 위원장 김 소 영
총 무 김 성 호
가사전문위원 김지수 · 서성옥 · 심군식 · 오병수 · 이유식
음악전문위원 김홍규 · 나운영 · 오소운 · 전희준 · 조돈환 · 한정희

1936년 현제명 선생이 처음으로 101곡의 **『아동찬송가』**를 펴냈고, 1974년 1월에 여러 교단이 연합하여 한국찬송가위원회 이름으로 250곡의 어린이용 찬

송가를 펴내었다. 1979년 12월에는 한국어린이찬송가 통일 위원회 이름으로 426곡의 어린이 찬송가를 펴내어 10년 동안 널리 불리어 오다가 한국 여러 교단의 요청으로 440곡의 새로운 찬송가를 펴내게 되었다.

  이 책의 구성을 보면 전곡 414곡이 실렸는데, 차례는 가사 첫줄을 가나다순으로 7쪽 분량이다. 찬송가 내용 분류는 다음과 같다.

1. 예배　　　　　　1-58
   - 개회　　　　　1-11　　　　· 헌금　　　　50-51
   - 찬양과 감사　　12-41　　　· 폐회　　　　52-55
   - 기도　　　　　42-49　　　· 송영　　　　56-58

2. 예수님　　　　　59-144
   - 성탄　　　　　59-85　　　· 부활　　　　104-109
   - 생애와 교훈　　86-96　　　· 재림　　　　110-112
   - 종려주일　　　97-99　　　· 예수님 찬양　113-144
   - 고난　　　　　100-103,

3. 성령　　　　　　145-147
4. 교회와 천국　　　148-165
5. 성경　　　　　　166-218
   - 성경　　　　　166-184　　· 성경 이야기　191-199
   - 성경구절　　　185-190　　· 성경인물　　200-218

6. 신앙생활　　　　219-311
   - 부르심과 응답　219-236　　· 사귐과 사랑　280-285
   - 회개와 믿음　　237-239　　· 헌신과 충성　286-291
   - 구원과 영생　　240-244　　· 봉사와 전도　292-305
   - 인도와 보호　　245-268　　· 소망과 용기　306-311
   - 기도와 감사　　269-279

7. 하나님 세계	312-335		
8. 주의 어린이	336-371		
9. 절기	372-397		
・새해	372-373	・가정 주간	380-383
・어린이 주일	374-376	・감사절	384-395
・어버이 주일	377-379	・나라 절기	396-397
7. 교회학교노래	398-411		
・교회학교	398		
・진급	399	・말씀	407
・환영	400-402	・우승	408
・분반	403	・교사	409-410
・생일 축하	404-406	・성경학교졸업	411
11. 동요와 복음성가	412-440		
・동요	412-419	・복음성가	420-440

○ 책의 말미에 아래와 같은 내용이 실려 있다.

△ 교독문이 37편이다.

구약성경에서 1-14번 ; 시편 1편, 8편, 15편, 19편, 23편, 42편, 65편, 84편, 91편, 95편, 118편, 119편, 139편, 148편 등 14편,

신약성경에서 마태복음 5장, 고린도전서 13장 등 15-16번으로 2편, 행사 절기에 새해, 고난주일, 종려주일, 부활주일, 어린이주일, 어머니주일, 광복절, 감사주일, 대강절, 성탄, 송년주일 등이 17-27번으로 실렸다.

2. 『한국 어린이 찬송가』

<한국 어린이 찬송가>

침례회 출판사에서 개정 증보판으로 『한국어린이 찬송가』가 1989년 2월 10일에 초판 발행되었다. 발행인은 기독교한국침례회 교회진흥원장 이상대요. 발행처는 침례회출판사에서 1989년 11월 30일에 4판이 발행되었다.

이 찬송가의 특징을 서문에서 몇 가지 밝히고 있다.
① 가사의 의미가 보다 선명해지고 부르기 쉽도록 수정을 하였고,
② 순전한 성경 구절과 성경 이야기(주로 인물 중심) 등의 노래를 삽입하여 어린이들로 하여금 성경 이해 및 성경 공부에 도움이 되도록 하였으며,
③ 예배 때에, 분반 공부 때에, 혹은 기타의 활동 시간에 적절히 사용할 수 있는 다양한 노래들을 포함시켰고,
④ 특히 그 동안의 어린이 여름성경학교 및 겨울성경학교 때의 주제가와 그때 새로 만들어졌던 노래들, 복음 적이고 건전한, 재미있고 의미 있는 율동노래 등등 109곡을 새로 첨가하였다.

이 책의 구성을 보면 전곡 414곡이 실렸는데, 차례는 가나다순으로 9쪽 분량이다. 찬송가 차례와 주제별 분류는 다음과 같다.

<도표 30> 어린이 찬송가 내용분류>

□ 내용분류 □

1. 예 배	1-58	기도와 감사	269-279
개 회	1-11	사귐과 사랑	280-285
찬양과 감사	12-41	헌신과 충성	286-291
기 도	42-49	봉사와 전도	292-305
헌 금	50-51	소명과 용기	306-311
폐 회	52-55	7. 하나님 세계	312-335
송 영	56-58	8. 주의 어린이	336-371
2. 예수님	59-144	9. 절 기	372-397
성 탄	59-85	새 해	372-373
생애와 교훈	86-96	어린이 주일	374-376
종려주일	97-99	어머니 주일	377-379
고 난	100-103	가정 주간	380-383
부 활	104-109	감사절	384-395
재 림	110-112	나라 절기	396-397
예수님 찬양	113-144	10. 교회학교노래	398-411
3. 성 령	145-147	교회학교	398
4. 교회와 천국	148-165	진 급	399
5. 성 경	166-218	환 영	400-402
성 경	166-184	분 반	403
성경 귀절	185-190	생일 축하	404-406
성경 이야기	191-199	맺 음	407
성경 인물	200-218	우 승	408
6. 신앙 생활	219-311	교 사	409-410
부르심과 응답	219-236	성경학교 졸업	411
회개와 믿음	237-239	11. 동요와 복음성가	412-440
구원과 영생	240-244	동 요	412-419
인도와 보호	245-268	복음실가	420-440

1. 예배   1-58
 · 개회찬송   1-9
 · 찬양과 감사   10-38
 · 기도와 송영   39-53
 · 헌신과 헌금   54-58

2. 하나님	59-104		
· 창조	59-85	· 돌보심	86-104
3. 성령	105-109		
4. 예수 그리스도	110-160		
· 탄생	110-123	· 생애	140-145,
· 고난	124-128	· 예수님의 사랑	146-160
· 부활	129-139		
5. 성경	161-224		
· 성경	161-185	· 성경구절	198-210
· 성경이야기	186-195	· 성경인물	211-224
· 성경문답	196-197		
6. 믿음의 생활	225-319		
· 기도생활	225-230	· 서로 사랑	282-301
· 믿음생활	231-255	· 충성과 순종	302-312
· 주님을 따름	256-266	· 전도	313-319
· 빛과 인도	267-281		
7. 교회학교	320-351		
· 교회학교	320-346	· 생일축하	347-351
8. 절기	352-364		
· 어린이 주일	352-354	· 추수감사	362-364
· 가정	355-361		
9. 복음 송 및 친교 송	365-414		
· 복음 송	365-407	· 친교 송	408-414

○ 책의 말미에 아래와 같은 내용이 실려 있다.
△ 교독문이 37편이다.

· 구약성경 : 시편 9편, 잠언 8장 이사야 11장
· 신약성경 : 눅 1장, 마 11장, 마 5장, 마 6장, '예수님을 영접함' 고전 13장, 딤후 2장, 요1서 4장, 힙 11장, 계 15장, 약 2장, 빌 2장, 계 21장,
· 새해, 수난주일, 부활주일 1·2, 성령강림주일, 어린이 주일, 어버이 주일, 여름성경학교 개교식, 여름성경학교 수료식, 감사주일, 성서주일, 성탄주일 등이 실렸고, 어린이 기도문 15편(아침에 일어나서, 잠자기 전에, 식사기도, 감사기도, 헌금기도, 회개기도, 영접기도, 생일축하 기도, 신입생을 위한 기도, 예수 믿지 않는 친구를 위한 기도, 부모님을 위한 기도, 가정을 위한 기도, 교회를 위한 기도, 조국을 위한 기도, 세계 평화를 위한 기도 등)이 실렸다.

3.『어린이 찬송가』

<어린이찬송가> 23판

대한예수교장로회총회 찬송가위원회 편집과 대한예수교장로회총회(통합) 출판 국 발행으로『어린이 찬송가』가 1990년 3월 10일 초판발행을 시점으로 1998년 5월 20일 23판을 발행하였다.280)

이 책의 '머리말'에 보면 "1972년에 교단 총회교육부와 전국주일학교 연합회가『어린이 새찬송가』를 편찬하여 냄으로 다년간 주일학교에서 사용되어 왔으나, 1983년에 한국 찬송가가 하나로 통일되어 발행됨으로 어린이 찬송가도 통일된 찬송가 가사에 맞추어야 하기 때문에 새롭게 편찬될 수밖에 없었다. 그리하여 1984년 9월에 찬송가위원회의 지시로 최해일, 심군식, 이태직 목사와 김주태 장로가 실무를 맡아 편집을 하여『어린이 찬송가』가 출간이 되었다."고 밝히고 있다. 그 후 출간이 중단되었다가 1990년 1월 다시 총회찬송가위원회가

---

280) 대한예수교장로회 총회 찬송가위원회 편,『어린이 찬송가』(서울: 대한예수교장로회총회출판국, 1998), 23판 발행.

총회 출판국에 수정, 보완, 출간업무를 맡기므로 새롭게 편집하여 『어린이 찬송가』로 이름 하였다.

차례 앞에 "예배 전 묵상(합 2:20, 요 4:24, 시 100:2, 엡 5:19)을 기재하여 예배를 위한 묵상 성구를 게재했다.

차례를 보면 앞면 지에 주기도문과 사도신경, 머리말, 예배전의 묵상, 내용분류, 제목차례, 찬송가, 교독문 차례와 교독문, 뒷면 지에 십계명을 기록하고 있다.

◎ 총 320곡의 내용분류를 살펴보면 다음과 같다.
△ 예배　　　　　　1-32
　개회 1-4 / 찬양과 경배 5-15 / 주일 16-17 / 헌금, 18-19 / 아침과 저녁 20-22 / 기도 23-24 / 송영과 영창 25 / 송영 26-28 / 폐회 29-32.
△ 하나님　　　　　33-45
　창조와 섭리　　　33-45
△ 예수님　　　　　46-106
　예수 그리스도 46-67 / 탄생 68-87 / 종려주일 88-89 / 고난 90-96 / 부활　　　　　　97-102 / 재림　　　103-106.
△ 성령님　　　　　107-112
△ 구원　　　　　　113-124
　속죄　　　　　　113-122 / 거듭남　　123-124
△ 성경　　　　　　125-142
　성경이야기　　　136-140 / 성경구절 141 / 성경인물 142
△ 교회와 천국　　　143-158
　교회 143-146 / 천국 147-154 / 교회와 천국 155 / 성도의 교제 156-158.
△ 전도와 선교　　　159-172
△ 신자의 생활　　　173-282
・부르심과 영접 173-182 / 회개와 사죄 183-187 / 믿음과 확신 188-190 /
・성결 191-193 / 소명과 헌신 194-206 / 봉사와 충성 207-214 /
・분투와 승리 215-220 / 은혜와 사랑 221-229 / 인도와 보호 230-248 /
・평안과 위로 249-250 / 기도와 간구 251-264 / 주와 동행 265-275 / 주

| 를 따름 | 276-279 / 소망 | 280-282 |

△ 주의 어린이　　283-296.
△ 자연　　　　　 297-299
△ 절기　　　　　 300-313.
· 여름성경학교 300 / · 어린이주일 301-302 / · 어버이주일 303-305 / · 가정주간 306 / 감사절 307-313
△ 선생님　　　　 314
△ 환영　　　　　 315
△ 분반과 합반　　316
△ 생일축하　　　 317-318
△ 동화감사　　　 319
△ 나의 희망　　　320

◎ 제목차례가 가나다순으로 5쪽 분량으로 실렸다.
◎ 책의 말미 부분에 성경 교독문 차례와 교독문 총 36편이다.
　△ 구약성경 : · 시편에서 23편(1편, 3편, 4편, 8편, 15편, 23편, 27편, 42편, 46편, 51편, 65편, 84편, 95편, 96편, 100편, 103편, 121편, 123편, 127편, 130편, 130편, 136편, 139편, 150편 등), · 이사야서에서 2편(53장, 55장).
　△ 신약성경 : · 마 5장, 마 7장 · 요 3장, 요 15장 · 빌 2장 · 히 11장 · 요일 4장 · 계 21장.
　△ 절기 : · 새해(엡 4:22-24) · 고난주일(사 53장) · 부활주일(고전 15:20-22) 등이다.

4. 『어린이 새 찬송가』

<어린이찬송가>23판

1996년 5월 5일 기독교 대한 하나님의 성회 총회 교육국에서 편집인 이영훈, 편집처 '순복음음악

연구소', 발행인 김성혜, 발행처 '서울말씀사 출판부'에서 『어린이 새 찬송가』를 펴냈으며, 1999년 1월 30일 10쇄 발행했다.[281]

이 책의 머리말에 보면 "…… 찬송의 중요성을 인식하며 찬송가를 새로 개편된 맞춤법과 어린이들의 발달수준에 맞는 가사로 선택하여 새롭게 어린이 찬송가를 출판하되, 좀더 다양한 각도에서 어린이들의 정서에 맞고 시대적 흐름에 부합한 찬송가로 개편한 것"이라 소개하고 있다.

◎ 어린이 찬송가 제목분류를 보면 다음과 같다.

1. 예배   1-45
   개회 1-10/ 찬양과 감사 11-20 / 기도 21-30 / 헌금 31-35 /
   폐회와 송영 36-45.
2. 하나님   47-67
   하나님의 세계   46-61 / 하나님의 사랑 62-67
3. 예수님   68-115
   탄생 68-82/ 생애와 교훈 83-89 / 고난 90-93 / 부활 94-100 /
   재림 101-104 / 예수님 찬양 105-108 / 예수님의 사랑 109-115
4. 성령님   116-127
5. 성경(말씀)   128-146
6. 교회와 천국   147-157
7. 주일과 교회학교 158-170
   주일 158-160/ 분반공부 161-163 / 생일축하 164-166 / 환영 167-168 /
   진급과 졸업   169-170
8. 신앙생활   171-234
   부르심 171-177 / 회개와 구원 178-183 / 돌보심 184-198 / 사랑과 봉사
   199-205 / 전도 206-214 / 주의 어린이 215-234

---

281) 순 복음 음악연구소편, 『어린이 새 찬송가』(서울: 서울 말씀 사 출판부, 1999), 1판 10쇄 발행.

9. 절기 235-263

새해 235-236 / 어린이주일 237, 238 / 어버이주일 239-242 /
가정 243-247 /성경학교 248-254 / 감사절 255-263

10. 복음 송(코드별 분류) 264-358

C장조 264-281 / D장조 282-294 / Eb장조 295-300 / E단조 301-302 / E 장조 303-315 / F 장조 316-330 / G 장조 331-346 / Ab장조 347-350 / A 장조 351-356 / Bb장조 357-358

11. 율동 곡(코드별 분류) 359-408

C장조 359-362 / D장조 363-373 / Eb장조 374-379 / F 장조 380-391 / Ab장조 400-401 / A장조 402 / Bb장조 403-408

◎ 차례가 가나다순으로 9쪽 분량이다.

총 408곡이 2부 합창곡이나 단성 부로 편집했다.

◎ 책의 말미 부분에 주기도문, 십계명, 사도신경, 그리고 '교독문 차례',
◎ 교독문을 보면 총 32개이다.
△ 구약성경 : · 시편 12편(시편 1편, 8편, 15편, 19편, 23편, 46편, 92편, 100편, 118편, 121편, 130편, 139편 등) · 이사야서 11장,
△ 신약성경 : · 마 5장, 마 25장 · 고전 13장 · 빌 4장 · 요일 4장, · 히 11장.
△ 절기 : · 새해 · 고난주일(사 55:5-6) · 부활주일 · 성령강림절(요 14:16, 26, 행 1:8) · 어린이주일(마 18:2-5) · 어버이주일(엡 6:1-3),
· 여름성경학교 개교식(잠언 24:5, 사 53:11, 고전 13:1, 2),
· 여름성경학교 수료식 · 광복절(요 8:32-36, 롬 6:22-23, 갈 5:1),
· 감사주일 · 성서주일 · 구주 성탄일 · 송년 예배 등으로 구성되어 있다.

◎ 마지막 부분에는 기도문이 실려 있다.
◇ 예배 시간의 기도(개회기도, 폐회기도, 생일축하 기도, 신입생환영 기도, 헌금 기도),
◇ 가정에서의 기도(아침기도, 잠잘 때의 기도, 식사기도),

◇ 병났을 때의 기도(나 자신을 위하여, 친구를 위하여),
◇ 개인기도(감사기도, 회개기도, 소원기도, 결심기도, 이웃을 위한 기도, 우리 교회를 위한 기도, 나라를 위한 기도),
◇ 교회절기에 따른 기도(새해기도, 고난주간기도, 부활절기도, 어린이주일기도, 어버이주일기도, 여름성경학교를 위한 기도, 감사절 기도, 성탄절 기도) 등이 실려 있다.

5. 『표준 어린이 찬송가』

1995년 7월 25일 대한예수교 장로회 교육부에서 편집하고, 출판부에서 제작하였으며, 대한예수교 총회에서 발행한 『표준 어린이 찬송가』가 제 2판 5쇄 발행이 되었다. 머리말에서 다음과 같이 밝히고 있다.282)

"… 금번 총회교육부는 어린이들의 신앙성장과 찬송의 생활화를 위하여 333곡을 선정하여 제작하였으니, 성인용 찬송가에서 109곡, 어린이용 찬송가에서 186곡, 기타 외국 찬송가와 복음 송에서 38곡을 편집한 것이다. 개혁주의 신앙과 생활을 위하여 본 찬송가를 애송하여 주시기를 바란다. 이 찬송가의 곡 선정은 김의작 교수와 백광재 장로, 전체적인 편집과 구성은 신청기 목사, 인쇄와 출판은 교육부와 출판부에서 했다"

◎ 어린이 찬송가의 앞면 지에 주기도문과 사도신경을, 뒷면 지에 십계명 전문을 적고 있다. 앞부분에 '예배 전의 묵상(합 2:20, 요 4:24, 시 100:2, 엡 5:19)과 예배 후의 묵상(민 6:26, 고후 13:13)의 말씀을 성인용 찬송가와 같이 게재했다.

◆ 차례를 보면 다음과 같다.

---
282) 총회교육부 편집, 『표준 어린이찬송가』(서울: 대한예수교장로회 총회출판부, 1988)

· 주기도문: 앞면 지 / · 사도신경: 앞면 지 / · 머리말: 3 / · 제목분류: 5 /
· 제목차례: 6 / · 일러두기: 12 / · 찬송가: 13 / · 교독문 차례: 342 /
· 교독문: 343 / · 인물 · 작곡자 색인: 376 / · 성구색인: 382 /
· 십계명: 뒷면 지.

◆ 제목분류를 보면 다음과 같다.
△ 찬양과 경배 : 1-25
  송영 1-4 / 찬양과 경배 5-10 / 주일 11 / 개회 12-13 / 기도와 예배
  14-15 / 헌금 16-18 / 폐회 19-22 / 아침과 저녁 23-25.
△ 성부 : 26-34
  창조와 섭리 26-30 / 하나님의 사랑 31-34.
△ 성자 : 35-85
  예수 그리스도 35-45 / 탄생 46-70 / 생애 71-75 / 고난 76-80 /
  부활 81-85.
△ 성령 : 86-88
△ 구원 : 89-106
  속죄 89-91 / 거듭남 92-94 / 고백 95-97 / 부르심 98-103 /
  성결 104-106.
△ 하나님 나라 : 107-113
  하나님 나라 107-110 / 교회와 천국 111-113.
△ 교회생활 : 114-270
  성경말씀 114-130 / 성경인물 131-138 / 성경이야기 139-151 /
  주의 어린이 152-178 / 자연 179-193 / 생일축하 194-197 /
  사랑과 감사 198-210 / 인도와 보호 211-233 / 주와 동행 234-242 /
  전도와 선교 243-248 / 분투와 승리 249-253 / 소명과 헌신 254-263 /
  봉사와 충성 264-270.
△ 절기와 행사 : 271-294
  여름성경학교 271-278 / 가정 279-281 / 어린이주일 283-284 /
  추수감사절 285-293 / 교사헌신 294.

△ 송영과 영창 : 295-298

△ 복음 송 299-333, 35편.

◆ 제목차례가 가나다순으로 6쪽 분량이다.
◆ 일러두기에는 다음과 같이 적고 있다.

· 매 면마다 윗머리에 있는 큰 숫자는 장수이다.
· 매장 가사의 첫줄을 제목으로 하였다.
· 제목 아래 있는 것은 찬송가 가사의 성경 장절을 밝혀 작시의 뜻을 쉽게 알 수 있도록 하였다.
· 왼편 위에는 작사자의 이름을 기록하였고, 작사자 아래(♩=72)는 찬송가의 속도를 가리키는 메트로놈Metronome의 표시이다.
· 오른편 위에는 작곡자 또는 편곡자의 이름이다.
· 매면 아래는 찬송가의 가사 내용에 따른 분류 제목이다.
· 메트로놈의 속도를 가리키는 숫자
  느리게(44, 46, 48, 50, 52, 54, 56, 58), 조금 느리게(60-63, 66, 69),
  보통으로(72-76, 80, 84, 88, 92), 조금 빠르게(96, 100, 104, 108, 112),
  빠르게(116, 120, 126, 132, 140)

◎ 교독문을 보면 다음과 같다.
○ 구약성경 : △ 시편 24편(1, 4, 8, 13, 15, 16, 19, 23, 46, 51, 63, 65, 67, 84, 95, 98, 100, 103, 121, 127, 130, 142, 150 등), △ 잠언 3장, 이사야 4편(40, 42, 55, 65장 등).
○ 신약성경 : △ 마태복음 2편(5, 6장), △ 요한복음 3편(3, 14, 15장), △ 고린도전서 13장, △ 빌립보서 2편(2, 4장), △ 히브리서 11장, △ 요한1서 4장, △ 계시록 21장.
○ 교회 절기 : △ 강림절, 성탄절, 종려주일, 고난주간, 수난일, 부활절, 성령강림절, 감사절, △ 헌당 예배, 신년예배, 신년주일, 3·1절, 광복절, 어린이주일, 어버이주일, 종교개혁주일, 선교주일, 성서주일, 교육주간(1) (2) 등 총 60편이다.
◎ 인물색인(가 나 다 순)을 살펴보면 2편 이상의 인명人名은 다음과 같다.

△ 다작多作인 작가 순이다.

백광재 36곡, 김의작 32곡, 박재훈 12곡, 김두완 11곡, 김남식 11편, 신청기 10편, 강신의 4곡, 김봉서 4편, 나운영 4곡, 메이슨 곡 5, 로우리 3곡, 돈 곡이 3곡, 구두회 2곡, 가브리엘 2곡, 박경호 2곡, 루트 3곡, 로빈슨 2곡, 머레이 2곡, 룻소 2곡, 다이크스 2곡, 김희보 2편, 김규오 2, 박태준 2곡, 박태이 2곡, 박화목 2편, 박지영 2편, 베이트만 2곡, 브라운 2곡, 블리스 4곡, 빌혼 2곡, 생키 2곡, 석진영 2편, 스미드 3곡, 스테빈스 3곡, 안경재 3곡, 알렉산더 3편, 엑셀 2곡, 오소운 5편, 오수경 3편, 왓츠 3편, 웨슬리 2편, 윌리스 2곡, 윌리엄즈 4편,곡, 유영희 3편, 윤두혁 3편, 윤춘병 2편, 이만선 2편, 이무웅 4, 이삼은 3곡, 이성재 3곡, 이태선 6, 이호운 4, 이현식 15, 임승원 13편, 장수철 11곡, 정소영 2, 조돈환 2, 조의수 6곡, 최봉춘 6편, 최영일 8편, 최태영 2편, 커크패트릭 2곡, 크로스비 4편, 한치호 3편, 헤스팅스 3곡, 호프만 2, 홍인숙 2곡, 황의신 2편, 히버 2곡, 독일 찬송가 2곡, 아일랜드 민요 1곡, 아프리카노래 1곡, 영국 캐럴 1곡, 이스라엘찬송 2곡, 일본 찬송가 2곡, 프랑스 캐럴 2곡, 한국민요 1곡, 흑인영가 3곡 등이다.

◎ 마지막으로 성구색인이 실려 있다.

6. 『어린이 찬송가』

1997년 1월 15일 도서출판 '모퉁이 돌'에서 엮은이 편집부, 펴낸이 김상녕으로 『어린이 찬송가』 총 345곡을 펴냈다.283)

이 책의 서문 "이 책을 펴내면서"에서 아래와 같이 기록하고 있다.

---

283) 편집부, 『어린이찬송가』(서울: 도서출판 모퉁이돌, 1997)

"이미 여러 종류의 훌륭한 어린이 찬송가들이 있음에도 불구하고 새롭게 어린이 찬송가를 내 놓게 되는 이유는 너무도 빨리 변해 가는 환경 속에서 자라나는 사랑스런 어린이들에게 알맞은 예수님 찬양의 새로운 곡들을 알려주어 하나님을 찬양하게 하기 위해서이다……. 진리의 말씀은 변함이 없으나 눈에 보이는 환경은 어제와 오늘이 다르고, 예수님을 찬양하는 어린이들의 멜로디와 리듬, 그리고 화음은 깜짝 놀랄 정도로 크게 바뀌어 있다. 그래서 이 책에서는 교회학교 선생님들이 어린 시절에 기뻐하며 부르던 좋은 곡들은 물론, 가장 최근에 작곡되어진 즐겁고 아름다운 곡들까지 모두 345곡이 수록되어 있다. 어린이들이 보기에 좋도록 악보는 멜로디만 적었고, 또 가사의 활자는 크게 하였으며, 선생님들이 반주하기 쉽도록 곡에 코드를 적어 놓았다."

◎ 이 책의 앞면 지에 '주기도문'과 '사도신경'을 게재했다.

◎ 차례는 가나다순으로 5쪽 분량이다.

◎ 내용분류는 다음과 같다.

1. 예배   1-75
 · 개회 1-5 / · 찬양과 감사 6-55 / · 송영 56 / · 헌금 57 / · 폐회 58-59 /
 · 기도 60-75.

2. 예수님   76-123
 · 예수님 찬양 76-92 / · 탄생 93-102 / · 생애와 교훈 103-108 /
 · 죽음 109-110 / · 부활 111-116 / · 재림 117-123.

3. 성령   124-129

4. 교회와 천국   130-142

5. 성경   143-176
 · 성경 143-148 / · 성경구절 149-158 / · 성경이야기 159-170 /
 · 성경인물 171-176.

6. 신앙생활   177-274
 · 부르심과 응답 177-186 / · 회개와 믿음 187-197 / · 구원과 영생 198-222 / · 인도와 보호 223-246 / · 사귐과 사랑 247-259 / 헌신과 충성 260-267 / · 봉사와 전도 268-274.

7. 하나님, 창조   275-290

8. 주의 어린이   291-314

9. 절기   315-322

- 신년 315 / · 어린이주일 316 /
- 어머니주일 317 / · 가정주간 318 /
- 추수감사절 319-322.
10. 교회학교   323-329
    · 교회학교 323-324 / · 생일축하 325-327 / · 성경학교 328-329.
  이 책 345장은 '애국가'(안익태 작곡)를 싣고 있다.
  ◎ 책의 말미에 '교독문 차례'와 교독문을 실었다.
  ◎ 교독문 총 33편이다.

<도표31> 어린이 찬송가 교독문 차례

○ 구약성경: △ 시편 18편(시편 1편, 8편, 15편, 19편, 23편, 23편, 27편, 34편, 41편, 42편, 46편, 65편, 84편, 90편, 95편, 100편, 119편, 148편 등), △ 이사야서 55장,
○ 신약성경: △ 마 5장, △ 고전 13장, △ 빌 4장, △ 히 11장, △ 요일 4장,
○ 절기: △ 새해, △ 고난 주일, △ 부활주일, △ 어린이주일, △ 어버이주일, △ 주일, △ 대강절, △ 성탄절, △ 송년 등이 실려 있다.
◎ 이 책의 뒷면 지에는 '십계명'이 실려 있다.

7. 『감리교 어린이 찬송가』

1997년 기독교 대한 감리회 교회학교 전국연합회(회장 김영구)와 어린이 찬송가 보완위원회(위원장 서성옥)에서 발행인 김병화, 인쇄소는 (주)천우, 제책소는 태성제책주식회사, 발행소는 재단법인 대한기독교서회에서『감리교 어린이 찬송가』를 펴냈다.284) 이찬송가는 '**선교찬송**'을 강조하고 있다.
  ◎ 이『어린이 찬송가』의 머리말에는 다음과 같이 기록하고 있다.

---

284) 어린이 찬송가 보완 위원회 편,『감리교어린이찬송가』(서울: 대한기독교서회, 1997)

"감리교 총리원 교육국에서는 1958년에 『어린이 노래』라는 어린이 찬송가 집을 발행하였고, 1966년에 정식으로 『감리교 아동 찬송가』를 발행하였다. 그 후, 1972년에 감리교 교회학교 전국연합회에서 곡수를 늘리고 손질하여 203곡의 『감리교 어린이 찬송가』를 발행하여 1997년 7월 현재 84판까지 발행하였다. 그러나 새로운 시대를 맞아, 감리교 교회학교 전국연합회에서는 『감리교 어린이 찬송가』의 곡과 내용을 보완하고자, 어린이 찬송가 보완위원회를 조직하여 새로운 어린이 찬송가의 발행을 위하여 노력하던 중, 한국찬송가위원회와 연합하여 『감리교 어린이 찬송가』 개정 증보판을 내기로 하였다……. 한국찬송가위원회발행 어린이찬송가 474곡에 기존의 감리교 어린이 찬송가 100여 곡이 포함되어 있어…… 여러 교단의 어린이들이 부르는 찬송가를 함께 부름으로써 교회일치와 연합에 도움을 줄 수 있도록…… 감리교 어린이들이 애창하던 50곡과 감리교 신앙고백을 보태어 감리교회의 특성을 유지함으로써 교회연합과 감리교 전통을 모두 살리도록 하였고, 가사와 기독문을 현대 한국어 맞춤법 표기에 따라 수정을 하여 어린이들이 사용하기에 알맞도록 하였다"

○ 가사위원 : 유영희, 최영일, 최효섭, 박재원, 하상국 5명이다.
○ 음악위원으로 김연기, 서형선, 조돈환, 김순세, 김순헌, 엄문용, 윤학원, 이경희, 차풍로, 조규영, 이경미 11명이다.

◎ 또한 두 번째 머리말은 다음과 같다.

"1936년 **현제명** 선생님이 우리나라에서 처음으로 『**아동 찬송가**』를 펴내어 어린이들에게 좋은 선물을 주신 후, 1968년 한국교회음악 협회에서 편찬 발행한 어린이 찬송가가 널리 애창되어왔다. 그 후, 1974년에 한국찬송가위원회는 이 어린이 찬송가와 여러 교단의 어린이 찬송가를 한 데 묶어 250곡의 어린이 찬송가를 펴내었고, 1979년에는 한국 어린이 찬송가 통일 위원회 이름으로 426곡의 어린이 찬송가를 펴내었다. 1988년에는 다시 440곡의 어린이 찬송가를 교단 연합으로 발행하여 사용하여 왔다. 그러나 아직도 부족한 면이 있어서, 여러 교단이 힘을 모아 474곡의 2성부의 어린이 찬송가를 발행하여 오던 중 3부 반주곡이 붙은 찬송가를 이번에 발행하게 되었다."고 하였으며, 이 찬송가의 특색을 다음과 같이 적고 있다.

1. 그 동안 널리 불려 진 모든 찬송가를 뽑아 실었고,
2. 번역하여 부르던 외국 어린이 찬송가를 줄이고, 우리나라 사람이 작사, 작곡한 새로운 찬송을 많이 실었다.

3. 각 교단에서 사용해 오던 좋은 곡을 선곡하여 실었다.
4. 예배 및 절기에서 맞춘 찬송가와 교육 노래, 계절 학교에서 부를 노래 등을 많이 실었다. 유치부용 노래와 또는 돌림노래도 많이 실었다.
5. 어린이가 2부 또는 3부로 부를 수도 있고, 교사가 악기로 반주할 수 있도록 반주곡으로 펴내었다.

· 한국찬송가위원회 위원장 엄문용, 총무 김성호
· 어린이 찬송가 분과위원회 위원장 김홍규
· 가사전문 위원 : 이상운(대한예수교장로회<통합> 파송위원),
  최영일(기독교대한감리회 파송위원), 김지수(한국기독교장로회 파송위원),
  심군식(대한예수교장로회<고신> 파송위원), 이문승(기독교대한성결교회
  파송위원), 한정희(한국 침례회 파송위원),
· 감수위원으로 엄문용, 김홍규, 전희준, 김성호 등이다.

◎ 이 찬송가의 구성은 다음과 같다.
· 머리말 / 3, · 내용분류 / 7, · 차례 / 8, · 찬송가 /15, · 교독문 / 468,
· 기도문 / 497, · 찬송가는 이렇게 부르자 / 509 /
· 찬송가란 무엇인가? / 511

◎ 찬송가의 내용분류는 다음과 같다.

1) 예배 : 1-62
   개회 1-10 / 찬양과 감사 11-44 / 기도 45-48 / 헌금 49-50 / 송영 56-62.
2) 예수님 : 63-89
   성탄 63-89 / 생애와 교훈 90-99 / 종려주일 100-102 / 고난 103-107 /
   부활 108-114 / 재림 115-117 / 예수님 찬양 118-149.
3) 성 령 : 150-152
4) 교회와 천국 : 153-172
5) 성 경 : 173-227
   성경 173-190 / 성경 이야기 191-199 / 성경 인물 200-219 /

성경구절 220-227.
6) 신앙생활 : 228-328

    부르심과 응답 228-247 / 회개와 믿음 248-249 / 구원과 영생 250-254 / 인도와 보호 255-278 / 기도와 감사 279-294 / 사귐과 사랑 295-301 / 헌신과 충성 302-307 / 봉사와 전도 308-322 / 소망과 용기 323-329.
7) 하나님의 세계 : 330-358
8) 주의 어린이 : 359-394
9) 절기 : 395-422

    새해 395-397 / 어린이주일 398-402 / 어버이주일 403-405 / 가정주간 406-409 / 감사절 410-419 / 나라 절기 420-422.
10) 교회학교 노래 : 423-474

    교회학교 423 / 진급 424 / 생일축하 425-427 / 말씀 428 / 환영 429-431 / 분반 432 / 우승 433 / 교사 434-435 / 성경학교 436-449.

◎ 다음 찬송가 가사 첫줄 차례가 가나다순으로 7쪽 분량이다.
◎ 찬송가 악보는 2부와 단성 반주곡으로, 간혹 4성부로 된 것도 있다.

책 앞면 지에 감리회 신앙고백이 실려 있으며, **안익태** 작곡의 **애국가**가 실려 있다. 총 499곡의 어린이 찬송가가 실려 있고, 다음에는 교독문이 차례와 함께 실려 있다.

◎ 교독 문 1-31번까지이다.
◇ 구약성경: · 시편 27편(1, 8, 9, 12, 15, 19, 23, 25, 27, 37, 46, 51, 67, 69, 90, 91, 92, 100, 103, 107, 113, 119, 121, 127, 139, 148, 150편 등)를 시편의 제목을 붙여 실었다.
◇ · 지혜가 주는 유익(잠언 4:1-7), · 기뻐하라 기도하라 감사하라(살전 5:16-18),
◇ 신약성경 : · 태초부터 계신 예수님(요 1:1-14), · 마리아의 노래(눅 1장),
◇ 절기: · 성탄절, · 고난주일(이사야 53장), · 선교의 명령(마 28:16-20), · 성령강림(행 2:1-1), · 그리스도의 교회(마 16:15-19),

- 세계선교(이사야 60:1-3), · 주님은 다시 오신다(행 1:1-11),
- 주여 어서 오소서(살전 5:2, 46, 계 22:12, 20),
- 최후의 심판(계 20:11-12), 팔복의 말씀(마 5장),
- 사랑은 가장 큰 것(고전 13장), 어린이주일(마 18:2-5),
- 부모님주일(엡 6:1-3)
- 성경인용 없이 실려진 제목으로 '하나님의 말씀', '감사합니다.', '평화를 주소서', '하나님의 선물-가정', '성탄절', '부활주일' '성경학교', '새해', '주일', '송년' 등이 기도문 형태로 실려 있다.
- **기도문**이 총 26편인데, '예배기도'(개회기도 1, 2 / 폐회기도 / 생일축하기도 / 헌금기도), '나의기도'(회개의 기도 / 결심의 기도 / 감사의 기도 / 이웃을 위한 기도 / 우리교회를 위한 기도 / 나라를 위한 기도 / 세계를 위한 기도), 계절기도(새해에 / 고난주간에 / 부활절에 / 어린이주일에 / 부모님주일에 / 감사절에 / 성탄절에 / 연말에). 매일기도(아침기도 / 저녁기도 / 아침식사기도 / 저녁식사기도 / 병났을 때 기도 / 학교에서 기도) 등이다.

◎ 찬송가 교육지침으로 "찬송가는 이렇게 부르자"는 제목으로 '존 **웨슬리**'의 방법을 소개하고 있다.

① 먼저 찬송을 배우라(다른 노래보다 먼저 찬송을 배우라. 그대가 배울 수 있는 한 많이 배우라).
② 바르게 불러라(악보대로 불러라. 곡조를 바꿔 부르거나 고쳐 부르지 말고 바르게 불러라. 잘못 배웠으면 다시 배우라).
③ 다 함께 불러라(조금이라도 처지거나 억지로 부르면 안 된다. 노래하는 것이 당신에게 십자가가 된다면 이를 제거하라. 그리하면 당신은 찬송을 부름으로써 하나님의 은혜를 깨닫게 될 것이다.)
④ 열심히 불러라(용감하게 불러라. 맥없고 졸린 노래가 되지 않도록 불러라. 힘을 들여 소리를 높여라. 자신의 소리를 부끄러워 말라. 그대가 사탄의 노래를 부르지 않는 한).
⑤ 겸손하게 불러라(찬송가의 가락이 명료한 가닥의 선이 되도록 애써 다른 사람의 소리에 맞추어 불러라).
⑥ 느리지 않게 불러라(찬송가는 너무 느리게 부르면 안 된다. 한 사람이 느려지면 다

른 게으름뱅이에게 곧 전염되어 전체가 느려지게 된다. 최초의 속도를 끝까지 지켜 불러라).
⑦ 심령으로 불러라(가사 한 마디마다 그대의 눈을 하나님께로 향하여 열라. 가사의 뜻을 깊이 생각하며 부르고, 그대의 마음이 음악에 취하지 않도록 오로지 하나님께 바쳐지도록 조심하라).

◎ "찬송가란 무엇일까요?"라는 부분에는 이렇게 적고 있다.

① **하나님을 찬양하는 노래**이다.

하나님은 찬양을 즐겨 받으신다. 우리가 예배드릴 때에 찬송을 부르고 기도를 드리고, 설교말씀을 듣고, 또 헌금을 드린다. 이 네 가지를 어려운 말로 '예배의 4대 요소'라고 한다. 그런데 이 중에서 가장 기뻐하시는 게 무엇일까?
'**찬송**'이다. 왜냐하면, 기도는 우리가 하나님께 달라고 하는 게 많다. 그리고 '설교'는 하나님이 주신 말씀을 우리가 알기 쉽게 풀어서 다시 들려주는 '하나님의 말씀'이다. '헌금'은 하나님이 우리에게 주신 것 중에서 아주 적은 것을 하나님께 드리는 것이다. 그러나 '찬송'은 우리가 마음과 뜻을 모아 하나님께 "감사합니다!"하고 찬양하는 것이기 때문에 하나님께 드리는 온전한 제물이다. 이사야 43:21절에 "이 백성은 내가 나를 위하여 지었나니 **나를 찬송하게 하려 함**이니라"고 했다. 사람을 만드신 목적은, "하나님께서 찬송을 받으시기 위해서"라는 말이다. 그러니까 우리가 예배드릴 때 우리는 정성을 다하여 크고 아름다운 소리로 하나님을 찬양해야 하는 것이다.

② **하나님께 드리는 곡조 붙은 기도**이다.

하나님은 우리가 말로 기도하는 것도 다 들어주시지만 곡조 붙은 기도를 더 잘 들어주신다. 왜냐하면 하나님은 음악을 아주 좋아하셔서 세상 모든 만물을 음악으로 가득 채우셨기 때문이다. 뻐꾸기소리, 꾀꼬리소리, 매미, 쓰르라미, 개구리, 맹꽁이소리, 바람소리, 파도소리, 천둥소리, 그리고 지구와 태양이 돌아가는 소리… 얼마나 아름답고 장엄한가! 음악을 좋아하시는 하나님은 그래서 우리의 곡조 붙은 기도를 더욱 좋아하신다.

③ **하나님의 복음을 전파하는 노래**이다.

하나님은 이 세상 사람들을 구원하기 위해서 독생자 예수님을 세상에 보내셔서, 우리 죄 대신 십자가에 달려 돌아가게 하셨다. 그리고 사흘 만에 부활하게 하시어 누구든지 예수님만 믿으면 죽어도 살고 모든 죄를 용서해 주신다고 하셨다. 이 기쁜 소식을 '복음'(복된 소식)이라고 하며 우리 찬송 중에는, 이 복음을 아직도 모르는 사람에게 전파하기 위하여 노래로 만든 '**복음찬송**'이 있다. 우리는 이런 찬송들을 예배드릴 때에 부르며, 하나님께 감사드리는 것이다. 그러나 '어린이 찬송' 중에는 이 세 가지에 해당되지 않는 노래들도 있다. '교육노래', '성경학교노래', '복음 송' 등이 그것이다. 어린이 교회학교 시간에 성경을 더 잘 배우게 하기 위해 만든 노래, 어린이 성경학교 때에 어린이들에게 즐겁게 부를 노래, 어린이들이 친구들에게 복음을 전하기 위해 가르쳐 줄 노래 등이 있다.

우리는 교회에서, 집에서, 학교에서, 또 마을에서, 냇가에서, 산에서 이 찬송가책으로 하나님을 찬양하고, 교육을 받으며, 또 친구들에게 하나님의 복음을 전파해야 하겠다. 하나님은 여러분의 찬양을 기뻐 받으시며, 여러분들에게 한없는 복을 내려 주실 것이다.

8. 『어린이 찬송가』

<어린이 찬송가>

1999년 10월 25일 도서출판 복음문고에서 발행인 최득원, 공급처 '복음 말씀사'에서 『어린이 찬송가』 3판을 펴냈다. 이 찬송가는 1988년 10월 20일 인쇄, 1988년 10월 25일 발행되었던 찬송가를 다시 펴낸 것으로 생각된다.285)

이 책의 머리말은 다음과 같다.

"우리나라에서 『어린이 찬송가』는 1936년 **현제명** 선생이 처음으로 **『아동찬송가』**(101곡)를 펴낸 것을 시작으로, 1953년, 1962년, 1968년 각각 관심을 가진 이들의 수고로 '어린이찬송가'가 공급되어 왔습니다. 그 후 몇 개 교단이 연합하여 찬송을 내 놓았으나 여러 가지 사정 때문에 전국 교회에 널리 쓰여 지지 못함을 아쉬워하던 중 한국 어린이들에게 잘 불리어지고 있는 많은 곡 중에서 간추려 초 교파적으로 편집한 『어린이 찬송가』가 새로이 편집되어 나왔다."

---

285) 한국 어린이편집위원회편, 『어린이 찬송가』(서울: 도서출판 복음문고, 1999), 3판.

◎ 찬송가의 구성을 보면 세 부분으로 되어 있다.
   △ 머리말 뒤에 성인 찬송가 114곡의 차례가 가나다순으로 3쪽.
   △ 어린이 찬송가 차례가 가나다순으로 112곡이 3쪽.
   △ 복음성가 74곡의 차례가 2쪽 분량으로 실려 있다.

◎ 악보를 살펴보면 다음과 같다.
   ☆ 성인 찬송가는 4부 악보 그대로 1-114장까지다.
   ☆ 어린이 찬송가는 2부와 반주 또는 단 선율 등 여러 형태로 115장-226장까지다.
   ☆ '복음성가'는 227장-300장까지 실려 있다.

◎ 교독문은 차례가 1쪽 분량 내용은 다음과 같다.

   ◇ 구약성경: 시편 33편(1, 2, 4, 8, 13, 15, 16, 19, 23, 27, 28, 32, 34, 46, 51, 63, 65, 67, 84, 91, 95, 96, 98, 100, 103, 104, 121, 127, 130, 139, 142, 143, 150편 등), △ 이사야 6편(40, 40, 42, 55, 58, 85장),

   ◇ 신약성경; ▲ 마태복음 5장·6장, ▲ 요한복음 1장·3장·14장·15장, ▲ 고전 13장, ▲ 빌립보서 2장·4장, ▲ 히브리서 11장, ▲ 요한1서 4장, ▲ 요한계시록 21장,

   ◇ 절기 ▽ 성례 식, ▽ **강림절**(1·2), ▽ 성탄절, ▽ 종려주일, ▽ 고난주간(1·2), ▽ 수난일, ▽ 부활절, ▽ 성령 강림절, ▽ 감사절, ▽ 신년예배, ▽ 어린이 주일, ▽ 어버이 주일, ▽어린이 **기도문**(아침기도, 식사기도, 저녁기도), 어린이 이름표, 어린이찬송판권 등이 실려 있다.

◎ 앞면 지에 '십계명'과 뒷면 지에 '주기도문'과 '사도신경'이 실려 있다.

9. 『표준 어린이 찬송가』

1999년 10월에 대한예수교장로회(합동) 총회는 82회기 총회 시 이제까지 사용해온 어린이찬송가를 새롭게 개편하기 위하여 어린이 찬송가 편찬위원회를 조직하였다. 표준어린이찬송가 편찬위원장에 김인식, 서기에 하귀호, 회계 신현진, 상임총무 박석기, 위원에 신세원, 이춘묵, 이치우, 김승호 등이다. 대한예수교장로회 교육부와 표준어린이찬송가 편찬위원회 편집으로, 제작은 대한예수교장로회 출판부, 발행은 대한예수교장로회총회에서 총 447곡을 편집하여 『표준어린이 찬송가』(개편)를 발행했다. 초판발행은 1973년 7월 15일이고, 개편 2쇄는 2000년 1월 25일이다.286)

◎ 새로 나온 이 어린이 찬송가는 발간 사에서 이렇게 밝히고 있다.

"총회교육부에서 말씀, 믿음, 삶의 새 공과 개편에 맞추어 이제까지 사용해 오던 『표준어린이 찬송가』를 대폭 수정, 보완하였으며, 어린이들의 신앙성장과 찬송의 생활화를 돕기 위해 편찬위원회에서 2년여 동안 온갖 정성을 기울여 만든 것이며, 신학적으로도 교단의 정서에 맞는 곡들을 심사숙고하여 특별 수록하였다."

◎ 머리말에서 찬송가의 특징을 이렇게 밝혔다.

"이 찬송가의 특징은 주제에 맞는 성구인용으로 성경에 충실하도록 힘썼으며, 큰 악보와 가사, 4부 편곡 등으로 성인용 『찬송가』(찬송가공회: 1983)에서 126곡, 기존 어린이 찬송가에서 321곡, 총 447곡의 찬송가를 수록했다."

◎ 차례를 보면 주기도문 앞면 지, 사도신경 앞면 지, 발간 사 3, 머리말 4,

---

286) 표준 어린이찬송가 편찬위원회 편, 『표준 어린이찬송가(개편)』(서울: 대한예수교장로회총회, 2000).

제목 분류 5, 제목차례 6, 찬송가 15, 교독문 차례 446, 교독문 481, 인명색인 481, 성구 색인 489, 십계명 뒷면 지이다.

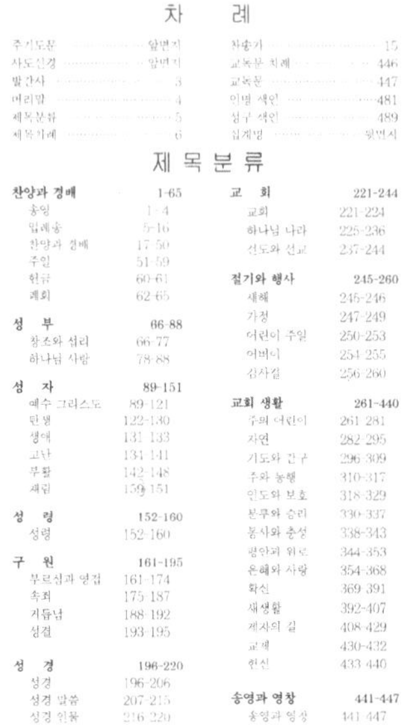

차 례

주기도문	앞면지	찬송가	15
사도신경	앞면지	교독문 차례	446
발간사	3	교독문	447
머리말	4	인명 색인	481
제목분류	5	성구 색인	489
제목차례	6	십계명	뒷면지

제 목 분 류

찬양과 경배	**1-65**	**교 회**	**221-244**
송영	1-4	교회	221-224
입례송	5-16	하나님 나라	225-236
찬양과 경배	17-50	전도와 선교	237-244
주일	51-59		
헌금	60-61	**절기와 행사**	**245-260**
폐회	62-65	새해	245-246
성 부	**66-88**	가정	247-249
창조와 섭리	66-77	어린이 주일	250-253
하나님 사랑	78-88	어버이	254-255
		감사절	256-260
성 자	**89-151**		
예수 그리스도	89-121	**교회 생활**	**261-440**
탄생	122-130	주의 어린이	261-281
생애	131-133	자연	282-295
고난	134-141	기도와 간구	296-309
부활	142-148	주와 동행	310-317
재림	159-151	인도와 보호	318-329
성 령	**152-160**	분투와 승리	330-337
성령	152-160	봉사와 충성	338-343
구 원	**161-195**	평안과 위로	344-353
부르심과 영접	161-174	은혜와 사랑	354-368
속죄	175-187	확신	369-391
거듭남	188-192	새생활	392-407
성결	193-195	제자의 길	408-429
		교제	430-432
성 경	**196-220**	헌신	433-440
성경	196-206		
성경 말씀	207-215	**송영과 영창**	**441-447**
성경 인물	216-220	송영과 영창	441-447

<도표 32> 표준 어린이 찬송가 차례 제목 분류

◎ 제목 분류는 다음과 같다.

△ 찬양과 경배 : 1-65

송영 1-4, 입례 송 5-16, 찬양과 경배 17-50, 주일 51-59, 헌금 60-6, 폐회 62-65

△ 성부 : 66-88

창조와 섭리 66-77,
하나님 사랑 78-88

△ 성자 : 89-151

예수 그리스도 89-121, 탄생 122-130, 생애 131-133, 고난 134-141,
부활 142-148, 재림 149-151

△ 성령 : 152-160

△ 구원 : 161-195

부르심과 영접 161-174, 속죄 175-187, 거듭남 188-192, 성결 193-195

△ 성경 : 196-220

성경 196-206, 성경말씀 207-215, 성경인물 216-220

△ 교회 : 221-244

교회 221-224, 하나님 나라 225-236, 전도와 선교 237-244

△ 절기와 행사 : 245-260

새해 245-246, 가정 247-249, 어린이주일 250-253, 어버이 254-255, 감사절 256-260

△ 교회생활 : 261-440

주의 어린이 261-281, 자연 282-295, 기도와 간구 296-309, 주와 동행

310-317, 인도와 보호 318-329, 분투와 승리 330-337, 봉사와 충성 338-343, 평안과 위로 344-353, 은혜와 사랑 354-368, 확신 369-391, 새 생활 392-407, 제자의 길 408-429, 교제 430-432, 헌신 433-440.
△ 송영과 영창 : 441-447

◎ **제목 차례**가 가나다순으로 8쪽 분량으로 실려 있다.
○ '예배 전의 묵상'(합 2:20, 요 4:24, 시 100:2, 엡 5:19, 행 2:46-47)과
○ '예배 후의 묵상(민 6:26, 고후 13:13)이 나와 있다.

◎ 찬송가의 내용은 장년찬송가에서 온 126곡은 4부로 그대로 실었고, 다른 곡들은 2부와 반주 형태로 실었다.

◎ 책의 말미에 교독문은 장년과 같은 형태로 총 60개만을 선별하여 실었다.
○ 구약성경: △ 시편 24편(1, 4, 8, 13, 15, 15, 16, 19, 23, 46, 51, 63, 65, 67, 84, 95, 96, 98. 100, 103, 121, 127, 130, 142, 150편 등)와 △ 잠언 3장, △ 이사야 40장, 42장, 55장, 65장,

○ 신약성경: △ 마태복음 5장, 6장, △ 요한복음 3장, 14장, 15장, △ 고전 13장, △ 빌립보서 2장, 4장, △ 히브리서 11장, △ 요한1서 4장, △ 요한계시록 21장,

◎ 절기 △ 교회절기 20편(**강림절**, 성탄절, 종려주일, 고난주간, 수난일, 부활절, 성령강림절, 감사절, 헌당예배, 신년 예배, 신년주일,
△ 특별 절기 3 · 1절, 광복절, 어린이주일, 어버이주일, 종교개혁주일, 선교주일, 성서주일, 교육주간 1, 2 등이다.

◎ 다음에는 인명색인(작곡자 작사자 이름 가나다순) 4쪽, 성구색인 6쪽, 개편 전후 장 비교를 안내해 주고 있다.

10. 『어린이 찬송가』

　대한예수교장로회총회 찬송가위원회 편집과 대한예수교장로회총회 출판국 발행으로 『어린이 찬송가』가 1990년 3월 10일 초판발행을 시점으로 1998년 5월 20일 23판과 2002년 12월 10일 29판을 발행하였다.

　이 책의 '머리말'에 보면 "1972년에 교단 총회교육부와 전국주일학교 연합회가 『어린이 새찬송가』를 편찬하여 냄으로 다년간 주일학교에서 사용되어 왔으나, 1983년에 한국 찬송가가 하나로 통일되어 발행됨으로 어린이 찬송가도 통일된 찬송가 가사에 맞추어야 하기 때문에 새롭게 편찬될 수밖에 없었다. 그리하여 1984년 9월에 찬송가위원회의 지시로 최해일, 심군식, 이태직 목사와 김주태 장로가 실무를 맡아 편집을 하여 『어린이 찬송가』가 출간이 되었다."고 밝히고 있다. 그 후 출간이 중단되었다가 1990년 1월 다시 총회찬송가위원회가 총회 출판국에 수정, 보완, 출간업무를 맡기므로 새롭게 편찬하여 『어린이 찬송가』로 이름 하여 발행하였다.[287]

　그 후 1990년 1월에 다시 총회 찬송가위원회가 총회출판국에 수정, 보완, 출간 업무를 맡기므로 새롭게 편집하여 『어린이 새찬송가』로 출간되었다가 그 후 좀 더 수정 보완하여 1993년부터 다시 『어린이 찬송가』로 이름을 바꾸어 출간하였다.

◎ 차례 앞에 전과 같이 "예배 전 묵상(합 2:20, 요 4:24, 시 100:2, 엡 5:19)을 게재하였다.
◎ 차례를 보면 앞면 지에 주기도문과 사도신경, 머리말, 예배전의 묵상, 내용분류, 제목차례, 찬송가, 교독문 차례와 교독문, 뒷면 지에 십계명을 기록하고 있다.
◎ 총 320곡의 내용분류를 살펴보면 다음과 같다.

---

287) 대한예수교장로회 총회찬송가위원회편, 『어린이 찬송가』(서울: 대한예수교장로회총회출판국, 1998), 23판 발행.

△ 예배   1-32

　개회 1-4 / 찬양과 경배 5-15 / 주일 16-17 / 헌금 18-19 / 아침과 저녁 20-22 / 기도 23-24 / 송영과 영창 25 / 송영 26-28 / 폐회 29-32.

△ 하나님   33-45

　창조와 섭리 33-45

△ 예수님   46-106

　예수 그리스도 46-67 / 탄생 68-87 / 종려주일 88-89 / 고난 90-96 / 부활 97-102 / 재림 103-106

△ 성령님   107-112

△ 구원   113-124

　속죄 113-122 / 거듭남 123-124

△ 성경   125-142

　성경이야기 136-140 / 성경구절 141 / 성경인물 142

△ 교회와 천국   143-158

　교회 143-146 / 천국 147-154 / 교회와 천국 155 / 성도의 교제 156-158

△ 전도와 선교   159-172

△ 신자의 생활   173-282

　부르심과 영접 173-182 / 회개와 사죄 183-187 / 믿음과 확신 188-190 / 성결 191-193 / 소명과 헌신 194-206 / 봉사와 충성 207-214 / 분투와 승리 215-220 / 은혜와 사랑 221-229 / 인도와 보호 230-248 / 평안과 위로 249-250 / 기도와 간구 251-264 / 주와 동행 265-275 / 주를 따름 276-279 / 소망 280-282.

△ 주의 어린이   283-296

△ 자연   297-299

△ 절기   300-313

<도표 33> 『어린이 찬송가』 차례 내용 분류

□ 차 례 □

주기도	앞면지	제목차례	6-10
사도신경	앞면지	찬송가	11-320
머리말	3	교독문차례	321
예배전의 묵상	4	교독문	322
내용분류	5	십계명	뒷면지

□ 내용분류 □

예 배	1-32	성도의 교제	156-158
개회	1-4	전도와 선교	159-172
찬양과 경배	5-15	신자의 생활	173-282
주일	16-17	부르심과 영접	173-182
헌금	18-19	회개와 사죄	183-187
아침과 저녁	20-22	믿음과 확신	188-190
기도	23-24	성결	191-193
송영과 영창	25	소명과 헌신	194-206
송영	26-28	봉사와 충성	207-214
폐회	29-32	분투와 승리	215-220
하나님	33-45	은혜와 사랑	221-229
창조와 섭리	33-45	인도와 보호	230-248
예수님	46-106	평안과 위로	249-250
예수 그리스도	46-67	기도와 간구	251-264
탄생	68-87	주와 동행	265-275
종려주일	88-89	주를 따름	276-279
고난	90-96	소망	280-282
부활	97-102	주의 어린이	283-296
재림	103-106	자 연	297-299
성령님	107-112	절 기	300-313
구 원	113-124	여름학교	300
속죄	113-122	어린이주일	301-302
거듭남	123-124	어버이주일	303-305
성 경	125-142	가정주간	306
성경이야기	136-140	감사절	307-313
성경귀절	141	선생님	314
성경인물	142	환 영	315
교회와 천국	143-158	분반과 합반	316
교회	143-146	생일축하	317-318
천국	147-154	동화감사	319
교회와 천국	155	나의희망	320

· 여름성경학교 300 / · 어린이주일 301-302 / · 어버이주일 303-305 /
· 가정주간 306/ · 감사절 307-313

△ 선생님   314
△ 환영   315
△ 분반과 합반   316
△ 생일축하   317-318
△ 동화   319
△ 나의 희망   320

◎ 제목차례가 가나다순으로 5쪽 분량으로 실렸다.

◎ 책의 말미 부분에 성경 교독문 차례와 교독문 총 36편이다.
　◇ 구약성경: △ 시편에서 23편(1:1-6, 3:3-7, 4:1-8, 8:1-9, 15:1-5, 23:1-6, 27:1-4, 42:1-5, 46:1-9, 51:1-7, 65:1-4, 84:1-11, 95:1-7, 96:1-10, 100:1-5, 103:1-5, 121:1-8, 123:1-4, 127:1-3, 130:1-5, 136:1-12, 139:1-4, 150:1-6 등), △ 이사야서에서 2개(53:1-5, 55:1-3)이다.

　◇ 신약성경: △ 마 5:3-10, 마 7:7-8, △ 요 3:16-18, 요 15:1-4, △ 빌 2:5-11, △ 히 11:1-4, △ 요일 4:7-11, △ 계 211-4, △ 새해(엡 4:22-24), △ 고난주일(사 53:5-6), △ **부활주일**(고전 15:20-22) 등이다.

11. 『뉴 표준 어린이 찬송가』

　대한 예수교 장로회 총회교육부에서 2009년 11월 16일『표준 어린이 찬송가』개정판을 냈다. 1973년 초판 발행하였고, 1999년 개편 발행한『표준 어린이 찬송가』를 대폭 수정·

보완하여 개정판 GPnK 『표준 어린이 찬송가』를 내놓았다. 이 책은 개편된 21C『새찬송가』를 최초로 반영한 어린이찬송가로 제목 옆에 21C『새찬송가』 장수를 표기하였다. 새로 나온『표준 어린이 찬송가』를 통해 효과적인 교육이 이루어지도록 많은 정성을 기울였다고 발간사에서 밝히고 있다.

개혁주의 신앙의 뿌리를 심어주는 가사와 현시대의 흐름을 반영한 다양한 곡들을 통하여 어린이들의 정서에 맞는 찬송이 늘 불릴 수 있도록 하였다고 밝혔다. 찬양을 통하여 하나님의 자녀들이 어릴 때부터 개혁주의 신앙을 바탕으로 튼튼하게 자라나 언제 어디서나 찬송을 부르고 하나님께 영광을 돌릴 수 있도록 이 찬송가를 널리 사용하여 주시기를 당부하고 있다.

◎ 특별히 머리말에서 『표준 어린이 찬송가』의 특징을 다음과 같이 기록하고 있다.

첫째, 현대 어린이들에게 익숙하지 않은 곡을 제외하고 어린이들 정서에 맞는 곡을 중심으로 구성하여 친숙함을 가지도록 하였다.

둘째, 현 시대의 흐름을 반영한 다양한 곡에 개혁주의 신학에 맞는 가사를 붙인 새로운 곡과 성경학교 찬양으로 널리 불린 곡을 첨가하여 어린이들에게 찬송이 생활화 될 수 있도록 하였다.

셋째, 성인용 찬송가에 수록된 곡을 다수 추가하여 수록하였다.

넷째, 모든 찬송가마다 코드를 수록하여 반주자에게 도움이 되게 하였다.

2009년 10월
· 실행위원 : 김광열 송태근 오임종 이기선 한춘기 황윤수 노재경 이수경
· 감수위원 : 장차남 최명남 이치우 김재국 이상돈 김인기 박원규 김종준

◎ 차례를 보면 앞면지에 주기도문, 사도신경이 실렸다.

◎ 발간사, 머리말, 제목 분류, 제목 차례, 찬송가 478장이 실렸다.
○ 여기에 실려진 찬송가 478장을 꼼꼼히 살펴보았다. 내용분류는 잘 되어

있지만 곡조와 가사들을 면밀히 살펴보면 '어린이찬송가'로 적합하지 않은 곡들이 다수 포함되어 있고, '어린이 찬송가'나 노래로 적합지 않은 곡들이 눈에 띈다. '계절 어린이찬송'에서 선별한 곡들 중에도 '어린이찬송가'로 부적합한 곡들이 눈에 띈다. '어린이 찬송가'와 그 옆에 나란히 배치하여 구분 없이 받아들여질 것이 염려된다.

<도표 34> 『뉴 표준 어린이찬송가』 머리말 차례 제목 분류 제목 차례

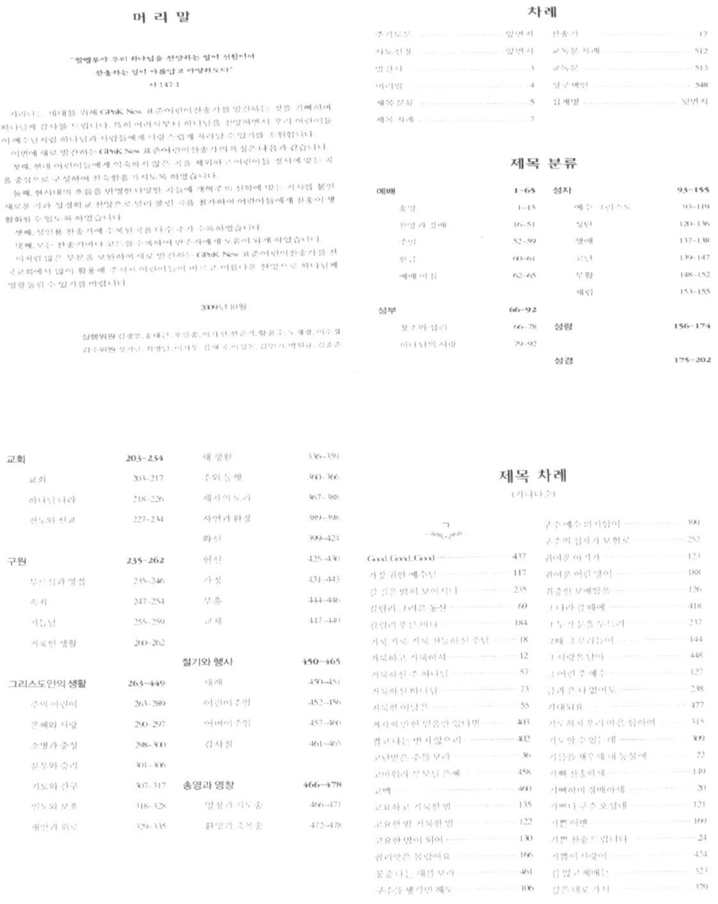

머 리 말

차례

주기도문	앞면지	찬송가	17
사도신경	앞면지	교독문 차례	512
발간사	3	교독문	513
머리말	4	성구색인	548
제목 분류	5	십계명	뒷면지
제목 차례	7		

제목 분류

예배	**1~65**	**성자**	**93~155**
송영	1~15	예수 그리스도	93~119
찬양과 경배	16~51	성탄	120~136
주일	52~59	생애	137~138
헌금	60~61	고난	139~147
예배마침	62~65	부활	148~152
		재림	153~155
성부	**66~92**		
창조와 섭리	66~78	**성령**	**156~174**
하나님의 사랑	79~92		
		성경	**175~202**

교회	**203~234**	새 생활	336~359
교회	203~217	주와 동행	360~366
하나님 나라	218~226	제자의 도리	367~388
전도와 선교	227~234	자연과 환경	389~398
		확신	399~424
구원	**235~262**	헌신	425~430
부르심과 영접	235~246	가정	431~443
속죄	247~254	부흥	444~446
거듭남	255~259	교제	447~449
거룩한 생활	260~262		
		절기와 행사	**450~465**
그리스도인의 생활	**263~449**	새해	450~451
주의 어린이	263~289	어린이주일	452~456
은혜와 사랑	290~297	어버이주일	457~460
소명과 충성	298~300	감사절	461~465
분투와 승리	301~306		
기도와 간구	307~317	**송영과 영창**	**466~478**
인도와 보호	318~328	영창과 기도송	466~471
평안과 위로	329~335	환영과 축복송	472~478

제목 차례

(가나다순)

개혁주의 신앙을 어릴 때부터 심어주는 것은 가사만이 아니다. 곡조에서 리듬이나 박자, 노랫말이 흥미위주로 흐르는 것은 삼가야 할 일들이다.

다음 노래들은 부르기 어색하거나 '어린이 찬송가'라는 이름에 걸맞지 않는다. 성구 노래들은 따로 모아 부르도록 하는 것이 좋겠다. 대부분 여름성경학교나 겨울성경학교 주제나 성경교재에서 필요에 의해 작사 되고 작곡된 곡들은 찬송가에 편입되려면 적어도 오랜 기간 동안 주일학교에서 예배시간이나 집회시간에 경건하게 불리어진 후에 표집해서 전국 주일학교에서 애송하는 노래들을 ≪즐겨 부르는 노래집≫에 따로 싣는 것이 옳다고 생각한다.

"하나님께 예배하는"(14장, 송민희 작사·작곡, 1996년 여름 성경학교)
"해 뜨는 데부터"(38장, 시 113:1-3)
"크신 주께"(40장, 로버트 에윙 작곡)
"아빠 말씀 좋아요"(43장, 2002년 여름성경학교 총주제가)
"일어나 힘차게 발"(44장, 2006년 여름성경학교)
"나는 악기 상자"(45장)
"나의 모든 것"(74장, 2006년 여름성경학교)
"Who Who Who(75장, 2006년 여름성경학교)
"꿈틀꿈틀 생동하는(77장, 2006년 겨울 성경학교)
"예쁜 새 종알종알"(78장, '생명의 나라', 2006년 여름성경학교총주제가)
"하나님의 세상엔"(90장, 2003년 여름성경학교)
"동방의 박사들"(120장, 알토 음은 노래 가락인가? 장식인가? 어린이?)
"하얀 눈이 내리면"(129장)
"고요한 밤이 되어"(130장)
"성탄절은 무슨"(132장)
"멀고 먼 동쪽에서"(133장 선물)
"동방의 박사들"(134장)
"빨주노초파남보"(167장, 2003년 여름성경학교)
"아리송 아리송"(170장, 2003년 겨울 성경학교)
"모두 나를 보세요"(171장, 2003년 여름성경학교)
"그래 그래 그래요"(172장, 2003년 겨울 성경학교)

"오직 성령의 열매는"(173장, 김성수 역, 출처가 없음)
"난 특별해요"(174장, 챔피언 2003년 여름성경학교)
"창세기 출애굽기"(175장, 일본 철도창가 곡조, 부르기에 삼가야 할 곡조임)
"창도 아니요"(185장)
"보고 싶어 보고 싶어"(190장), 191장이 좋아요. 오소운 작사 작곡임.

　＊ 190장과 191장 모두 삭개오에 대한 노래이다. 특별히 191장은 작가가 오소운 작사ㆍ작곡인데 왜 그랬는지 작가를 밝히지 않은 채 실려 있다.

"주인 되신 예수님"(283장, 2002년 겨울성경학교)
"시내산에서 모세에게"(194장, 2004년 여름 성경학교)
"날마다 내 안에"(2004년 겨울 성경학교)
"말씀과 성령으로"(196장)
"내게 있는 귀한 보물"(197장, 2004년 여름성경학교 총주제가)
"하나님의 형상대로"(198장, 2006년 여름성경학교 총 주제가)
"깜깜한 밤 옥에 갇힌"(199장, 2005년 여름성경학교)
"나는 나는 좋아요"(201장, 2004년 겨울 성경학교)
"하나님의 감동으로"(202장, 2004년 겨울 성경학교)
"오순절 날 함께 모여"(207장, 2005년 여름성경학교)
"언약의 하나님"(208장, 2005년 여름성경학교)
"예쁜 두 손 모아"(209장, 2005년 여름성경학교)
"퐁 퐁 퐁 샘솟는"(210장, 2005년 여름성경학교)
"행복이 무엇인지"(211장, 2005년 여름성경학교 총 주제가)
"뚝딱뚝딱 무슨 소리일까"(212장, 2005년 여름성경학교)
"어기어차 어기여차"(213장, 2005년 여름성경학교)
"생명이 넘쳐흐르는"(214장, 2006년 겨울성경학교 총 주제가)
"방글 방글 예쁜 눈"(215장, 2005년 겨울 성경학교)
"내 작은 입 벌려 하나님"(216장, 2005장 여름성경학교)
"성령님이 이끄실 때"(217장, 2005년 여름성격학교)
"I'm the New Man"(259장, 2006년 겨울성경학교)
"내 모든 것 모두"(283장, 2002년 겨울 성경학교)

"내 안에 계신 성령님"(286장, 2003년 여름성경학교)
"사랑 할래요"(287장, 2002장 여름성경학교)
""똑똑 똑 똑 성령님이"(346장, 2005장 여름성경학교)
"미워하지 말아요."(348장, 2001장 여름성경학교)
"조금 씩 조금씩"(349장, 2004년 여름성경학교)
"아빠가 사 주신"(355장, 2001년 여름성경학교)
"사랑해요, 사랑해요"(356장, 2001장 여름성경학교)
"사랑은 하나님의 거시니"(359장, 1998년 여름성경학교 총 주제가)
"주님 사랑해요 주님"(367장)
"예수님께서 부르셨어요."(369장)
"생생 생 생 생키미"(383장, 2006년 여름성경학교)
"예수님의 제자가 되는 법"(385장, 2007년 여름성경학교)
"나 나 나 난 나 주님은"(386장, 2007년 여름성경학교 총주제가)
"셋 둘 하나 출발"(387장, 2007년 여름성경학교)
"나는 나는 예스 맨"(388장, 2007년 여름성경학교)
"무서워하지 말아요."(394장, 2006년 여름성경학교)
"정말 정말 놀라워요"(398장, 2001년 여름성경학교)
"겨자씨만한 믿음만 있다면"(403장, '세상을 보며' 표절 곡)
"싹트네 싹터요"(408장, '사랑'의 구분이 묘연하다. 2절 추가 의미)
"내 하나님은 크고"(417장)
"너를 위한 천국"(423장, 2007년 여름성경학교, 찬송가 형식?)
"기쁨이 넘쳐요"(424장, 2003년 여름성경학교, 찬송가 형식?)
"하하 호호 하나님이"(436장, 2008년 여름성경학교 총 주제가)
"Good Good Good"(437장, 2008년 여름성경학교)
"하나님이 세우시고"(438장, 2008년 여름성경학교)
"하나님 믿고 섬긴"(439장, 2008년 여름성경학교)
"믿음으로 Go"(441장, 208년 여름성경학교)
"하나님이 주인 되신"(442장, 2008년 여름성경학교, 2절 가사 보강)
"모두 모두 이 땅위에"(443장, 2008년 여름성경학교)

"파란 내 마음에 꿈이 있어요."(444장, 2007년 여름성경학교 총 주제가)
"오늘날 주님의"(445장, '부흥을 기대하며' 2007년 여름성경학교)
"수문 앞에 선 학사 에스라"(446장, 2007년 겨울성경학교)
"하나님이 말할 수 없는"(448장, 2005년 여름성경학교)
"동그랗고 쪼그만"(455장, 2006년 여름성경학교)
"감사해요 그 크신 사랑"(2008년 여름성경학교)
"처음 본 순간"(472장, 2006장 여름성경학교)
"손뼉치고 짝짝 발 굴러"(475장)
"마음 가득히 축복"(476장)
"기대 되요 하나님"(477장)
"온 세상 다해도"(478장, 2006장 겨울성경학교)

찬송가라고 생각도 안 되는 노래들이나 동요에도 미치지 못하는 노래들이 실려 있어서 한국 '초기 어린이 찬송가시대'로 거슬러 가는 것이 아닌가하고 염려된다. 어린이 찬송가 지도자라면 『어린이 찬송가』를 부르는 연령 층 초등학교 교과서쯤은 살펴보면서 학년 별 수준에 적합하도록 '어린이 찬송가'를 작사하고 작곡해 만들어 가는 것이 옳지 않을까?

위에서 제시한 곡 중 몇 곡을 살펴보자. 259장 '뉴맨'이란 노래이다.

<악보 126> 뉴맨

가사를 살펴보면 다음과 같다. 가사의 전체 의미와 메시지가 분명하다. 그러나 찬송가로서 부르기에는 부적합하다. 청장년 찬송가에도 이런 가사는 없다. '어린이찬송' 가사에 이런 토막 영어가 쓰여 져도 되는지 모를 일이다.

I'm the New Man. 나는 야 새사람/ I'm the New Man. 나는 야 새사람/ 예수 새 생명 날 새롭게 했어요. 나는 야 New Man. 나는 야 New Man. 야 야 야
1. 나쁜 생각 no no. 악한 행동 no no. 다 버릴래요. 다 버릴래요./ 난 이제 새사람 난 이제 새 사람.
2. 좋은 생각 oh Yes. 선한 행동 oh Yes. 더욱 새롭게 예수님처럼/ 난 이제 새 사람 난 이제 새 사람.

혹시 Jesus나 Christ, Merry Christmas, Noel, Immanuel, Ho-sana, Hallelujah 라면 초대교회로부터 자주 쓰여 진 성경 원어에 나오는 말들이니 그럴 수 있겠다 싶지만 말이다.

'더욱 새롭게 예수님처럼'이란 말이 신학적으로 타당한 것인지 모르겠다. 차라리 '더욱 새롭게 바울처럼'이라면 모르겠다. 한 곡 더 살펴보겠다.

<악보 127> 셋, 둘, 하나, 출발!

위의 두 곡과 아래에 나오는 '초등학교 음악교과서'에 나오는 동요들과 비교해 보면서 우리는 올바른 '어린이 찬송'의 가사와 곡조를 이렇게 쉬운 곡조로 '어린이찬송'도 곡을 만들어 갈 수 있지 않겠느냐 하는 생각을 가져 본다.

어린이 찬송가를 어렵게만 작곡할 필요는 없다고 본다. 가사도 어린이들이 부르기 쉽고, 어린이들의 신앙과 동심을 잘 표현하여 신앙교육 적으로도 공감이 가는 그런 '어린이찬송가' 가사와 곡을 만들어 가야 할 것이다.

우리 한번 '어린이찬송'의 발전적인 면을 고려해서 초등학교 3-4학년 교과서에 나오는 곡들을 몇 곡 비교하여 살펴보고자 한다.

· 3학년 음악 김규환 작사 · 작곡 '가을바람'이다.

<악보 128> 가을바람

아래에 나오는 4학년 '어머님 은혜'는 박재훈288) 목사님이 작곡하여 '어린이 찬송가'에 실려졌던 곡이 초등학교에 실려진 곡이다. 이런 '어린이 찬송가'는 계속 부르면서 훌륭하신 믿음의 선배 작곡가들을 알리면서 찬송가 작곡가의 꿈을

---

288) 박재훈, 평양 요한학교 졸업 및 일본 동경제국고등음악학교 수학, 미국 웨스트민스터 합창대학 수학(프린스턴) 후 크리스천 신학교 졸업, 캘리포니아 아주사 패시픽 대학 명예 인문학 박사 학위, 한양대 교수역임(작곡 및 합창지휘), 오페라 <에스더> <유관순> <손양원> 등 작곡, 동요 '어머님 은혜' '엄마 엄마 이리와' '펄펄 눈이 옵니다' '산골짝의 다람쥐' '시냇물은 졸졸졸' '송이송이 눈꽃송이' 등 작곡. 21C찬송가 17, 301, 319, 392, 515, 527, 561, 578, 592장 등 9곡. 2011년 국민 훈장 모란장 수훈, 현 캐나다 큰 빛 장로교회 원로목사.

심어주어야 할 것이다. 원 작곡자의 찬송가 3절 가사를 '어린이 찬송가' 가사에 실어서 작곡자의 신앙적 인격지도와 함께 지도하면 좋을 것이다.

『표준 어린이 찬송가』(서울: 대한예수교장로회 총회출판부, 1988), 282장, 한국찬송가위원회에서 펴낸『어린이 찬송가』(서울: 대한기독교서회, 1988 초판, 1995. 7. 20. 개정증보재판) 401장에 실려진 가사 3절은 이렇다. 이 가사를 통해 "'주님'(하나님)"을 가르쳐야 할 것이다.

"3. 산이라도 바다라도 따를 수 없는/ 어머님의 큰 사랑 거룩한 사랑/
날-마다 주님 앞에 감사드리자./ 사랑의 어머님을 주신 은혜를.

· 박재훈 작곡 '어머님 은혜'(4학년 음악 p.20)이다.289) <악보 129> 어머님 은혜

<악보 130> 방울 꽃

· 이수인 작곡 "방울꽃"(초등학교 4학년 음악)이다.

---

289) 박재훈, '어머님 은혜',『음악 4학년』(서울: 교학사, 2010), p.20.

우리는 어린이 찬송가를 지도하면서 자연스럽게 동요나 초등학교 교재에 나오는 '신앙의 인물'들을 소개하면서 지도하면 더 좋을 것이다.

· 나운영 작곡 "삼월 하늘 가만히 우러러"('유관순', 강소천 작사)이다.

<악보 131> 유관순

위의 곡조의 **운율**은 7.5.6.5. 7.5.7.5. 조이다.290)

---

290) 『禮拜와 讚頌學』(서울: 아가페문화사, 1997), pp. 209-212. 참조. 찬송가 **운율**은 ①'**장 운율**'(Long Meter), 8.8.8.8., ②**보통운율**(Common Meter), 8.6.8.6. ③**단 운율**(Short Meter), 6.6.8.6. ④ 그 외 7.6.7.6.D., 8.7.8.7.REF. 등 여러 가지가 있다.

'어린이 찬송가' 가사를 쓰는 찬송시인들은 '**찬송가 운율**'을 알아야 한다. 찬송가 가사는 **음악형식**에 맞게 작사 되어졌을 때 작곡도 무난하고, 부르기 쉬우며 가사의 뜻도 이해가 잘 되는 것이다. 위의 이수인 곡 '방울꽃'은 정형시(7.5조) 가사와 곡이 잘 어울린다. 이렇게 두 도막 형식'인 운율 시로 작사하면 '찬송가 형식'으로 아주 적합하며 작곡하기도 무난하고 잘 불려 질 것이다.

'어린이 찬송가'를 만드는 일은 몇 달 새로 뚝딱 만들어 내는 그런 작업은 지양해야 한다. 관심을 가진 '어린이찬송가' 시인詩人들과 찬송가 작곡가들을 모아 공동 세미나를 갖는다면 좋은 찬송시도 발굴해 낼 수 있을 것이고, 자연히 좋은 '어린이 찬송가'도 태어나게 될 것이다.

다음에서는 어린이 발달단계에 따른 음악적 소양을 다루게 될 것이다.

제4절 어린이 성장발달과 '어린이 찬송가'

'어린이 찬송가'라고 성인들의 찬송가를 그대로 옮겨놓거나 음역이나 악보가 성인들의 것과 똑 같다면 상식에 어긋난 일이다.

어린이 찬송가는 어린이들이 자연스럽게 부를 수 있도록 기존의 찬송가들을 어린이들의 성장발달 수준에 따라 원 곡조를 학령에 맞게 조옮김,이조移調하거나, 상 성부는 2-3성부로 하고 하 성부는 반주를 쉽게 붙이는 것이 좋다.

일반 초등학교 제5차 교육과정(문교부 고시 제87-9호, 1987. 6. 30)에 의한 음악과 학년목표를 참고하면 3·4학년의 경우, 2/4, 3/4, 4/4박자의 리듬을 악보에 의하여 표현하며 듣고 적기와 다장조의 쉬운 가락을 듣고 적기, 5학년의 경우에는 2/4, 3/4, 4/4박자의 리듬과 6/8박자의 단순한 리듬을 악보에 의하여 표현하며, 듣고 적기와 다장조,C Major와 바장조F Major, 가단조a minor의 가락을 표현하며 듣고 가리기, 6학년의 경우에 여러 박자의 리듬을 악보에 의하여 표현하며 듣고 가리기와 다장조, 바장조, 사장조와 가단조의 가락을 악보에 의하여 표현하며 듣고 가리기 정도이다.[291]

그러나 제7차 교육과정(교육부고시 제 1997-15호) 중 '음악과교육과정'에 의하면 초등학교, 중학교, 고등학교를 계속적인 과정으로 3-10학년으로 나누어 설명하고 있다. 음악과의 목표는 다음과 같다.[292]

"다양한 악곡과 음악 활동을 통하여 음악성과 창의성을 기르고, 음악적 정서를 풍부하게 한다.

가. 음악의 구성 요소를 이해한다.

---

[291] 『국민학교 교육과정』(서울: 대한교과서주식회사, 1990), 4판 발행.
[292] 『음악과 교육과정: 별책 12』(서울: 대한교과서주식회사, 1998), pp.33-39.

나. 가창, 기악, 창작, 활동을 통하여 음악성과 창의성을 기른다.
다. 음악의 역할과 가치를 이해하여 음악을 생활화하는 태도를 기른다."

그리고 [제7차 교육과정 음악과] 학년별 내용을 보면 다음과 같다.

(1) **이해**
(가) 다양한 악곡의 구성 요소를 이해한다.

<도표 35> 제7차 교육과정 음악과 (3-6학년)

학년 구성요소	3 학년	4 학년	5 학년	6 학년
리 듬	2/4, 3/4, 6/8박자	4/4/, 9/8박자	12/8박자	변 박자, 여러 가지 박자
장 단	**자진모리장단**	**세마치장단**	**굿거리장단**	**중중모리 장단,**
가 락	다장조, 민요음계, 시김새	동형진행, 바장조, 민요음계, 시김새	가단조, 민요음계	사장조, 라단조
화 성	2성부의 어울림 다장조 주요3화음	2성부 어울림 바장조 주요3화음	3성부 어울림, 다장조 V^7화음	사장조, 라단조 주요 3화음
형 식	AB형식, 전래동요	ABA 형식	메기고 받기, 론도, 민요합창, 대취타	변주곡, 오페라, 판 소리, 취타/기악곡

(2) **가창, 기악, 창작, 활동**
(가) 다양한 악곡을 노래 부른다.
(나) 다양한 악곡을 연주한다.
(다) 음악을 창작한다.
(라) 다양한 악곡을 듣는다.

어린이 발달 단계로 볼 때 음역에 있어서도 예를 들면 3-4세 어린이들은 è(미) - c"(도), 유치부 어린이들은 ć(중앙 '도')-c"('도'), 초등학교 1-2학년 어린이들이라면 ć(중앙 '도') - d"(레), 초등학교 3-4학년 어린이라면 b(시) - e"(미), 초등학교 5-6학년 어린이라면 a(라)-f"(파)까지 낼 수 있다. 그러나 변성기에 접해있는 어린이라면 무리한 발성은 피하는 것이 좋고, 변성기 때는 '간이 악기'로 멜로디를 연주하면서 찬송 '기악합주'로 참여한다면 좋을 것이다.

음악의 형식에 있어서도 '한 도막형식'(8마디)이나 '작은 세도막 형식'(12마디) 그리고 '두 도막형식'(16마디), '세도막 형식'(24마디)이 쓰이지만 저학년일수록 짧은 형식이 좋고, 고학년에서는 '두 도막형식' 정도가 적합하다. 유년부 어린이들에게 적당한 곡은 전체의 길이가 두 소절 이내의 곡(4-8마디)으로 짧은 것이어야 하고 박자는 2박자가 적당하고, 3박자나 4박자가 상대적으로 적어야 하며, 음정音程도 1-6도 이내 정도가 적당하다.293)

이러한 기본적인 상식을 가지고 '어린이 찬송가'의 작곡과 선곡을 하고, 지도를 해야만 해야 할 것이다. 국악 장단의 이름에 '굿거리장단'이 있다.294) 어떤 분은 마치 무당들의 푸닥거리를 염두에 두었는지 "찬송가에 무슨 '굿거리'가 다 뭐야?"하고 불평을 쏟아 놓는 것을 보고 너무 한심하다는 생각이 들었다. 장단의 이름일 뿐 그런 요소가 전연 없는 것이다.

'어린이 찬송가' 작가들은 초등학교의 교육과정에 따라 전통음악과 국악문화와 예술을 이해하면서 변화를 따라가도록 지도하는 것이 좋을 것이다. 그래야 국악을 통한 우리 민족음악선교의 비전이 살아날 것이 아니겠는가? 초등학교 학생들이 다 **연주**할 수 있는 국악장단 하나도 이해하지 못한다면 웃음거리가 될 수밖에 없다. 그러므로 어린이 찬송지도자들은 '국악장단'도 익혀 가는 것이 필요하다고 생각한다. 그래야 자라나는 새로운 세대들에게 희망의 복음을 접목 시킬 수 있을 것이다.

---

293) 유덕희, 『음악교육학개론』, (대구: 학문사, 1973), p.196.
294) '굿거리장단'이란 **서양음악**으로 말하면 4박자계통의 가장 보편적인 국악장단이다. 12/8박자로 "덩기덕 덩더러러러 쿵기덕 쿵더러러러"
< 굿거리 장단 >

◎ 2009년 개정된 초등음악과 교육과정 시간배당을 보면 다음과 같다.

<도표 36> * 초등학교 교육과정 시간 배당표 *

2009년 개정된 제8차 '초등학교 교과 교육과정'에서 음악과의 경우는 1학년과 2학년은 즐거운 생활에 포함되어 있다.

<표 Ⅳ-1> 초등학교의 시간 배당 기준

구분	학교 학년	초등학교					
		1학년	2학년	3학년	4학년	5학년	6학년
교 과	국 어	국 어 210	238	238	204	204	204
	도 덕			34	34	34	34
	사 회	수 학 120	136	102	102	102	102
	수 학	바른 생활 60	68	136	136	136	136
	과 학			102	102	102	102
	실 과	슬기로운 생활 90	102	·	·	68	68
	체 육			102	102	102	102
	음 악	즐거운 생활 180	204	68	68	68	68
	미 술	우리들은 80	1학년	68	68	68	68
	외국어(영어)			34	34	68	68
재량 활동		60	68	68	68	68	68
특별 활동		30	34	34	68	68	68
연간 총 수업 시간 수		830	850	952	952	1,054	1,054

3학년에서 6학년까지는 주당 2시간씩 배정되어 있다. 여기서 음악교과서를 보면 전통음악이 50% 이상이나 실려 있다.

2009년 개정 초·중등학교 교육과정을 '**미래형 교육과정**'으로 불리며, 그 내용은?

① '하고 싶은 공부, 즐거운 학교'가 될 수 있도록 학생의 지나친 학습부담은 감축하고,
② 학생들의 학습흥미를 유발하며,
③ 단편적 지식·이해 교육이 아닌, 학습하는 능력을 기르고,
④ 지나친 암기중심 교육에서 배려와 나눔을 실천하는 창의 인재를 양성하는 교육으로의 변화를 추구하는 것이다. 핵심 내용을 간략히 요약하면, 초등학교 1학년부터 중학교 3학년까지를 공통 교육과정으로, 고등학교 1학년부터 3학년까지를 선택 교육과정으로 편성한다. 교육과정 편성·운영의 경직성을 탈피하고 학년 간 상호 연계와 협력을 위하여 학년군을 설정한다. 공통 교과는 재분류하고, 일부 교과 군을 설정한다.

• 주당 수업 시수

1학년 (30주) 2학년 (34주) - 국어(7) 수학(4) 바생(2) 즐생(3) 슬생(6)
3학년 (34주) - 국어(7) 도덕(1) 사회(3) 수학(4) 과학(3) 체육(3) 음악(2) 미술(2) 외국어(1)
4학년 (34주) - 국어(6) 도덕(1) 사회(3) 수학(4) 과학(3) 체육(2) 음악(2) 미술(2) 외국어(1) ※ 국어 주당 1시간이 특별활동으로 감
5학년 (34주) - 국어(6) 도덕(1) 사회(3) 수학(4) 과학(3) 실과(2) 체육(3) 음악(2) 미술(2) 외국어(1)
6학년 (34주) - 국어(6) 도덕(1) 사회(3) 수학(4) 과학(3) 실과(2) 체육(3) 음악(2) 미술(2) 외국어(1)

• 시간 배당 기준
- 학년별, 교과 및 영역별로 배당된 시간은 34주를 기준으로 한 '연간 최소 수업 시간 수'
  (단위 학교의 재량으로 위에 제시된 기준 이상으로 수업 시수를 편성할 수도 있다.)
- 학교 교육과정 운영의 자율성을 확대하기 위해 연간 총 수업 시수로 제시
- 연간 총 수업 시수만 감축하여 제시 (지역의 특성과 학교의 필요와 특성을 반영하여 자율적으로 교육과정 편성 운영할 수 있도록)

학년	제7차 교육과정	2007년 개정 교육과정	비고
1	연간 830시간	연간 830시간	동일
2	연간 850시간	연간 850시간	
3	연간 986시간	연간 952시간	학년별 연간 34시간씩 감축
4	연간 986시간	연간 952시간	
5	연간 1088시간	연간 1054시간	
6	연간 1088시간	연간 1054시간	

우리 기독교인들 중에도 국악이나 '전통음악'을 무당이나 세속음악이라고 무조건 거부하는 분들이 있다. 이러한 영향은 한국교회 초기 찬송가 편집자들 중에도 있었기에 한국찬송가의 독특성이나 전통성을 찾아보기 힘든 '서양 찬송가'가 되어졌다는 점은 부인 할 수 없게 되어졌다. 지금이라도 우리는 국적 없는 '어린이 찬송가'가 아닌 우리 민족 고유의 곡조로 된 '어린이 찬송가'들을 만들어 가야 할 것이다. 이러한 점을 새로운 『어린이찬송가』편집자들은 유념해야 될 것이다.

찬송가는 당시 그 시대의 양식이나 옷을 입고 탄생하는 것임을 꼭 알아야 할 것이다. 그러므로 오늘날 우리 어린이들의 정서에 맞지 않는 시대적인 역풍을 이겨나가야 한다. 그리고 그 시대에 탄생한 어린이 찬송가라 하더라도 앞으로 다가올 세대들에게 그대로 전달되어 영향을 미쳐진다는 사실을 간과해서는 안 될 것이다.

지금은 음악환경이 좋아 졌지만 어린 유년 시절 음악적 환경이라고는 맛볼 수 없는 농촌에서 태어나 중학교 3학년까지 농촌에서 공부하며 자랐다.
다행히 주일학교에서 **'어린이 찬송가'**를 부르면서 음악성을 키워갔다. 교회 창틈으로 새어나오는 오르간 소리에 이끌려 그 소리에 반해서 떠날 줄 몰랐다. 바람통이 구멍이 나서 발판을 빠르게 밟아야 공기가 비축되어 소리가 나는 사제품 오르간이나마 그렇게 만지고 싶었고, 소리를 내보고 싶어 했다.

그런 내 마음을 하나님께서 아셨는지 반주를 하시던 선생님이 군대를 가게 되니 갑자기 반주자가 없어지자 내게 반주를 맡기는 것이 아닌가?

모르는 곡들을 4부 악보를 연주할 수 있을 때까지 방학 때 부지런히 익혀서 교회 오르간 피아노의 반주자가 된 것이다. 중학교 3학년 때부터 교회반주자로, 다음에는 찬양대지휘자로, 신학을 공부하면서 찬송가학의 전문가로서 소양과 실력을 쌓아갔다.

다행히 수재들만 입학한다는 사범병설 중학교에 합격하여 6년간을 사범학교 음악당에서 마음껏 연습을 하면서 찬송가는 반주는 물론 웬만한 피아노곡들을 연주할 수 있게 되었다. 성악은 이동범295) 선생님 그리고 기악은 이길환 선생님께 사사하면서 열심히 노력을 한 결과 실력이 쌓여진 것이다.

'찬송가학'을 공부하고자 하는 분들을 위해 필자가 공부한 과정을 소개하고자 한다. 먼저 『大學音樂通論』은 기본으로 익혀야 하고, 『和聲學』, 『對位法』, 『作曲法』을 꾸준히 공부하라. 여기에 『樂式論』, 『管絃樂法』, 『對聲 學』對位法, 그리고, 『音樂 美學』, 찬송가학의 접근을 위해 『禮拜學』, 『讚頌歌 學』, 『敎會音樂史』, 『實用敎會音樂學』, 『韓國讚頌歌史』를 공부하라. 지금까지의 '찬송가'를 총 망라하여 실은 *DICTIONARY OF HYMNALAGY*, JHON JULLIAN, 1907 는 소중한 책이다. 찬송가를 잘 부르기 위하여 *CONCONE 50 Lessons*, 羅運榮, 註·解說 1969,을 연습하라. Bach 작품, 베토벤의 소나타와 교향곡, 슈베르트의 연가곡, 헨델, 하이든, 멘델스존의 **3대 오라토리오** 등을 분석하고 공부하라.

오르간과 피아노에서 서양 음악가들을 만나보라. 그러다보면 여러분은 어느새 '찬송가'를 창작하고 연구하며, 찬송가학자로서 미래가 보여 질 것이다.

대학교 4년의 시간이 아깝고 학비가 없어서 독학으로 검정고시 합격하고 중·고등학교 음악교사로 근무하면서 전북대학교 음악대학교에서 중등학교 음악과

---

295) 이동범(1927-1994, 인천사범·군산사범, 목원대교수, 영락교회독창자) 선생님은 필자의 은사이시며, 나운영 선생의 창작곡들을 들려주실 때, 성가를 부르시는 선생님의 테너 음색이 너무도 아름다웠다. 자신이 편집한 악보 책을 나눠주시며 가르치시던 자상함이 돋보였다. 혈압 증세 후에 회복되어 첫 번 무대에 서서 "앞으로는 찬송가와 성가곡만 부르겠다."고 하시던 말씀이 아주 인상적이었다.

2급 및 1급 정교사 자격을 얻어 지휘자로 봉사했다. 먼저 찬양대원들의 시창 실력을 길러가며, 오랜 시간 꾸준히 연습해 헨델의 **오라토리오 '메시아'**를 지휘할 때의 감격은 말할 수 없이 컸다. 다음은 베토벤의 '합창 교향곡' 일부이다.

<악보 132> BEETHOVEN Symphony No. 9 《합창 붙임》

제13장 한국 어린이 찬송가의 방향 설정

한국 어린이 찬송가의 역사를 살펴보면서 가장 가슴이 아픈 것은 우리에게도 좋은 찬송가 작가들이 있었고 관심을 가진 훌륭한 분들이 많았음에도 불구하고 점점 아름답고 좋은 '**어린이 찬송가**'를 창작하여 남기시는 분들이 적어 '어린이 찬송가'가 어린이교육현장에서 점점 사라지고 있다는 사실이다.

필자는 사명감을 가지고 '어린이 찬송가'의 방향과 진로를 제시하고자 한다. 생물시간에 '용불용설'用不用說을 배웠다. 인체나 동물의 경우를 보면 어느 기관이든지 사용하면 계속 발달 되지만 사용하지 않으면 쇠퇴한다는 이론이다.[296]

그렇다. 우리가 '어린이 찬송'을 가르치는 입장에서 복음성가나 C.C.M에 맛을 들이고, 순수한 어린이들의 정서와 함께 '어린이 찬송가'를 예배시간이나 교육활동시간에 부르지 않는다면 점점 사라지고 말 것이다. "아, 옛날 다 아는 그 노래 나도 알아." 하면서 제켜 놓을 것이 아니라 재미있는 '찬송가 해설'을 곁들여 작사가의 이야기라든지, 작곡자의 이야기를 들려주면서 흥미를 가지게 하고 즐겁게 부르도록 인내를 가지고 교육하는 것이 필요한 것이다.

어린이들이 "그 쉬운 노래 누가 모르나? 쾌쾌 묵고 후진 노래 그만 부르자." 하면서 배타적으로 임한다 하더라도 그렇게 가소롭게 여기는 어린이들에게 교사는 더 관심을 가지게 하고 '도입 단계'를 거쳐 가사와 멜로디를 지도해야 하

---

[296] '유전'遺傳의 사전적 의미는 부모가 가지고 있는 특성이 자식에게 전해지는 현상을 일컫는다. 모든 생물은 생식을 통해서 자손을 남긴다. 이렇게 생식을 통해 자손을 남길 때 부모가 가지고 있는 특성은 그 자식에게 전달된다. 생물학적 차원에서 '유전'이라는 현상은 DNA상에 존재하는 유전인자의 물리적인 법칙에 의해 지배된다. 다시 말해서 DNA의 유전 염기 서열이 유전의 열쇠다. 이는 멘델 이후 DNA의 이중나선구조 발견에 이르기까지 유전학의 기본이고, 불변의 법칙이다. 한 어머니가 어린 아들을 야구선수로 키우고 싶었다. 야구에서는 왼손잡이가 훨씬 유리하다는 것을 안 어머니는 왼손잡이로 만들기 위해 아들의 대부분의 행동을 전부 왼손으로 하게 했다. 아들은 나중에 왼손잡이 선수가 됐다. 이 선수가 아버지가 되면 아들이든 딸이든 왼손잡이가 될 확률은 없다. 돌연변이나 유전자 형질 표현에 미치는 영향인자 때문에 유전자 표현이 달라질 수는 있어도 유전자 자체에 없는 유전 정보가 전달될 수는 없기 때문이다. 이는 유전학의 고정불변의 법칙이다.

는 것이다. 이들을 올바르게 지도하고 교육해야 할 음악적 이론과 찬송방법을 연구하면서 끈기 있게 가르치기 위하여 교사는 고민해야 된다.

초등학교 교사들이 한 시간의 수업을 위해 자료 준비에서부터 학습지도안을 작성하면서 교과서 없이도 줄 줄 줄 이야기하며 노래 부르면서 어린이들에게 흥미가 저절로 나도록 해야 하는 것처럼 말이다. 아무리 실력이 있는 교사라 하더라도 어린이들의 관심과 흥미를 끌지 못한다면 그 수업의 반은 이미 포기된 것이나 마찬가지인 것이다.

우리 교회학교나 주일학교 선생님들은 초등학교나 중·고등학교 교사들보다 더 많이 연구하고 지도방법 연구와 지도의 실제를 통해 '어린이 찬송'을 그들에게 가르치고 신앙적 교육으로 감화를 끼쳐야 하는 것이다.

우리 '어린이 찬송가' 지도자들은 세상 탤런트들보다 더 흥미진진하게 아동들에게 가르칠 수 있도록 지도안 작성, 자료 준비, 수업 전개, 질문 대응 요령, 질의응답, 수업정리, 차시예고의 과정을 꼼꼼하게 챙겨야 하겠다.

필자는 초등학교와 중등학교에서 시市 군郡 교사들을 모아 놓고 '모범 수업경진 대회'를 통해서 '음악과 공개수업'을 여러 차례 하였다.

어린이들과 학생들은 가르치는 대로 따라 온다. 그러나 교사의 실력 수준을 뛰어넘기란 힘들다. 모범 수업 때마다 수업을 하고나면 많은 선생님들의 칭찬을 듣는 것보다 수업시간에 자신의 말 한 마디, 표정하나로 인해 한 학생이라도 뒤처지거나 흥미를 갖지 못하게 했을 때의 난감함이 더 컸다.

중·고등학교에서 공개수업을 하면서 '음악교사'들의 질의에 수업전개를 통해 당당하게 답할 수 있었을 때 얼마나 뿌듯했던가? 그런 수업을 교회학교나 주일학교에서 했더라면 훨씬 더 어린이 교회학교나 주일학교 어린이들이 저절로 '정서 감'이 높아지고, '음악성'이 자라고, 겸하여 '어린 믿음'信仰이 '장성한 믿음'으로 점점 더 자라났을 것이다. 그렇게 '어린이 찬송지도'를 정성껏 했을 때, 제자들 가운데 더 훌륭한 인재들이 배출되었으리라고 생각을 해 본다.

어린이 찬송지도를 통해서 음악 예술교육과 신앙 인격교육이 동시에 이루어 질 수 있다는 장점이 있다. 초등학교 교육과정에 나오는 악기 중 **리코더**를 가지고 학교에서 수업을 하듯이 교회에서 어린이들을 연습 시켜 성탄절이나 감사절 때 참으로 훌륭한 성취감을 갖게 했던 기억이 떠오른다.

항상 성악 위주보다는 기악을 동시에 활용하여 어린 인재들의 취미와 특기를 조기 발견하여 어린이 주일학교에서 잘 육성시켜 준다면 좋을 것이다.

이 『어린이 찬송가학』은 이런 사명감을 가지고 어린이들의 신앙 인격과 음악 예술성의 발전을 통해 건전한 정서와 신앙인격을 동시에 길러주어야 한다. 이렇게 노력하여 차세대에 훌륭한 '찬송가학' 학자와 찬송가 작사자, 찬송 작곡자를 길러 낸다면 미래 한국 교회의 보배들이 여기서 나올 것이라고 본다.

옛날에는 배우고 싶어도 배울 데가 없었고, 스승도 없고 돈이 없어서 공부를 못했지만 지금은 하고 싶다면 얼마든지 할 수 있다는 것이 얼마나 행복한 일인가? 그래서 끝으로 어린이 찬송가 지도자들에게 꼭 필요한 부분을 세 분야로 나누어 제시하고자 한다.

제1절 어린이 찬송가의 예배 기능과 활용방안

"노래로 하나님을 찬양하는 것이 찬송이다."라고 말한 어거스틴st. Augustine의 정의처럼 우리가 가르치고 부르는 '어린이 찬송가'를 통하여 하나님을 찬양하고, 예술적인 기능을 통하여 하나님을 예배하며, 하나님께 영광을 돌리는 일이야 말로 매우 귀중한 일이다.

예배에서 '찬송'이 사용되는 목적은 하나님께 드려지는 수직적인 측면도 중요하고, 하나님을 알게 하고, 예배의 분위기를 창조하며 인간의 내적 생활을 향상시키고, 예배의 경험을 통해 회중을 통일시켜 회중의 확신을 표현하도록 해야 하는 수평적 측면도 귀중하다. 또한 '어린이 찬송'은 사람의 신앙과 그의 감정 및 태도를 연결하는 다리bridge 역할로 이바지 할 수 있을 것이다.[297]

---

[297] Franklin M. Segler, 정진경 역, 『예배학 개론』(서울: 요단출판사, 1979), P.120.

교회 주일학교나 교회학교 예배에서의 '어린이 찬송'의 일차적인 기능은 어린이들을 예배행위로 이끌어 가는 것이고, 다음으로는 보다 깊은 영적 생각에 몰입할 수 있는 기회를 주는 '찬송'으로 어린이들에게 결단을 촉구함에 있다. 예배에서 사용되는 **'어린이 찬송'**은 예배자로 하여금 그들이 예배하는 바가 무엇인가를 발견하고, 이해하도록 도와야 하며 특히 누구를 예배하는 가에 대해서도 잘 이해하도록 돕는 것이어야 한다. 298)

1. 찬송가에서 아멘Amen의 올바른 사용

이미 언급한 바와 같이 '찬송'은 그 찬송을 받는 상대에 따라 '찬송가', **'복음찬송가'**, **'복음가'** 복음성가, 복음송가로 나뉘며, 이 중에서 찬송가나 복음찬송의 경우에 찬송가로 끝나는 때에만 '아멘'Amen 코드를 붙인다.

이 '아멘'은 예배 시에 사용하는 만국 공용어로 '옳습니다.', '그렇습니다.', '소원입니다.', '확실히', 또는 '그렇게 이루어 주옵소서.'의 뜻을 가진다.

교회음악사적인 면에서 본다면 **'시나고게'**299)Synagogue에서 예배의식의 불가분의 요소로서 '아멘'이 가락과 함께 불리어졌다는 기록과 A. D. 270년경에 나와서 지금까지 전해지는 **'옥시린쿠스'**Oxyrhynchus 찬송'에서 곡의 끝맺음에서 '아멘'이 쓰여졌다. 통일 『찬송가』(찬송가공회, 1983) 558장 중 **아멘송**이 8편21찬 640-645장, 6편, 찬양의 동의로서 288편에 사용되었다.300)

'**송영**'이나 '**응답 송**'으로서의 'Amen'의 경우는 21C 『찬송가』 640-645장 통일

---

298) 김철륜, *op. cit.*, pp.30-31.
299) 시나고게Synagogue는 유대인들의 기도의 장소로, 기도와 성경봉독, 그의 해석 등을 내용으로 하는 예배의식이 안식일마다 진행되며, 구약성서의 내용들이 강의되던 곳이다.
300) 신소섭, 『예배와 찬송가』(서울: 아가페문화사, 1993), p.156. 통일 『찬송가』(서울: 찬송가공회, 1983), 1-550장까지 Amen이 104가 쓰였다. 예배 64, 성부 7, 성자 47, 성령 10, 구원 13, 천국 4, 성경 5, 교회 15, 성례와 예식 10, 절기와 행사 9, 성도의 생애 104회 등이다.

찬송가 551-558장 인데, 이러한 경우는 옛날 '글로리아 엑셀시스'Gloria excelsis 나 '그래도' Credo에서의 'Amen'이 확장·장식되어 내려온 것이다.301)

옥시린쿠스Oxyrhynchus, 제2장 2.2참조에서 유래한 끝맺음으로서의 '**아멘**'을 변격종지Plagal Cadence, IV-I 라고 부르게 되는데, 처음에는 **교회선법** 내에서 선율적으로 진행되거나 4-5도 (IV-V) 음정에서의 화음으로서 진행되다가 4-1도(IV-I)의 화음진행(a)으로 발전하며, 그 이후 4도 병행 조에서 I도로(b), 또는 VI도 화음을 겸한 4도 병행에서 I도 화음 식으로(c), 또 단조에서는 IV도에서 I도 병행 조로(d) 변화하게 된 것이다 Phrygischer Schlup 포함(e).

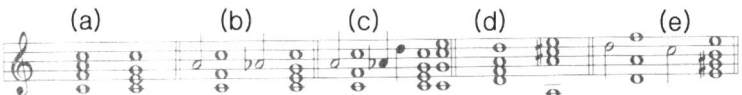

통일『찬송가』편찬 시 음악 소위원회 원칙 4항에 따라 찬송가 끝의 '아멘'에 손을 대어 어떤 곡에는 '아멘'을 삭제하였다.302) 찬송가를 부를 때 마지막 절에 '아멘'은 생략하지 말고 꼭 부르도록 해야 할 것이다.

---

301) 장우형, "아멘"Amen, 『교회음악』(서울: 기독교음악사, 1986), 가을·겨울호, pp. 52-52.
302) 음악소위원회 원칙 4항 "각 찬송가의 끝에 붙이는 '아멘'은 가사의 성격을 참조하되 가사 분과 위원회에서 결정짓도록 하고, 음악위원회에서는 오직 '아멘'의 화음 교정만 하였음." 곽상수 교수는 이를 다음과 같이 비판하였다. "개편찬송가의 한국찬송가에서 13편을 택하면서 9편의 '아멘'을 삭제한 것은 너무 지나치다." 아멘을 삭제한 곡은 통일 『찬송가』 256장 "눈을 들어 하늘 보라", 261장 "어둔 밤 마음에 잠겨", 304장 "어머니의 넓은 사랑", 305장 "사철에 봄바람 불어 잇고", 317장 "어서 돌아 오", 378장 "이전에 주님을 내가 몰라", 460장 "지금까지 지내 온 것", 461장 "캄캄한 밤 사나운 바람 불 때", 493장 "나 이제 주님의 새 생명 얻은 몸" 등이다.

2. 예배 순서 진행과 '어린이 찬송가' 선곡

성인들의 '장년예배'는 '대大예배'이고, '어린이예배'라고 해서 '소小예배'가 아니다. 똑같이 하나님께 드려지는 '예배'禮拜인 것이다. 그러므로 예배순서를 어린이들이 알기 쉬운 말로 진행하고, 어린이들의 언어로 기도하며, 어린이찬송으로 찬송을 부르며, 헌금순서도 똑같은 방법으로 하도록 하고, 축복기도로 어린이들에게 복을 비는 기도를 드려야 한다.

예배 시작하기 전에는 복음성가나 교육용 노래들을 가르치며 부른다 하더라도 예배시간에는 반드시 **'예배용 어린찬송가**'를 부르도록 해야 할 것이다. 재미와 흥미를 돋우기 위해서 다소 유머하고 익살스러운 내용의 곡들을 교회 내에서 부를 수는 있으나 예배당 안에서 예배시간에는 '어린이용 **예배찬송가**'를 부르도록 하는 것이 원칙일 것이다.

그리고 가사에 따라서 1절과 2절, 3절 가사를 함께 다 불러야 찬송가로서 완성되는 경우에는 가사를 생략하지 말고 다 부르도록 해야 한다.303)

어린이 노래 중에도 "개구쟁이의 한 주일"이란 노래를 보면 1-6절까지 가사에 1-4절까지는 "……친구들과 싸우고, ………까불어서 때려주고, ………유리창을 깨먹고, ………공부하려 했지만, ………청소당번 했지요, ………엄마에게 혼났죠, ………낮잠 자고 말았죠." 마지막 부분에만 "………예수님은 날 사랑 해 주셔요. ………예수님 저에게 힘을 주세요."하고 노래가 끝난다.304) 이런 개구쟁이의 혼란스러운 가사보다는 바르고 긍정적으로 하나님과 믿음 소망 사랑과 선함을 노래하는 가사여야 하겠다.

제10장 끝(p.284)에서 지적한 것처럼 "사랑의 하나님"이란 곡조가 오기된 채 보급되어 당황스러워 필자가 이 가사를 새롭게 작곡하니 교육적으로 참으로

---

303) 김경선, 『讚頌歌學 槪論』(서울: 도서출판 여운사, 1968), p. 166-171. 예를 들면 21C 『찬송가』 585장(통찬 384장) 1절 3-4째 소절에 "옛 원수 마귀는 ……천하에 누가 당하랴" 1절만 부르고 아멘을 부르고 찬송을 끝냈다면 마귀의 모략과 권세 무기를 찬양하는 꼴이 되기에 신중하게 생각하면서 노래해야 할 문제인 것이다.
304) 교회학교 『어린이 노래집』(서울: 대한 기독교교육협회,1972), 14장. 오소운 작사 작곡.

훌륭한 곡으로 다시 태어났다. <악보 133> 사랑의 하나님 21찬 566장 가사

이 찬송가를 통해서 우리는 어린이 찬송가의 교육적 기능에서 볼 때 올바른 '어린이찬송가'를 찾아내고 선곡하여 어린이들에게 계절이나 교회행사에서 적절하게 부를 수 있도록 하는 것이 매우 중요한 일이 되겠다.

다음과 같이 통상적인 예배 순서에 따라 '어린이 찬송가'를 선곡하는 방법을 소개하겠다.

1. 묵상기도 묵도
2. 찬송
3. 신앙고백
4. 찬송
5. 교독문
6. 찬송
7. 기도
8. 찬송
9. 성경 봉독
10. 찬양 찬양대
11. 설교
12. 기도(설교자)
13. 찬송
14. 헌금
15. 광고

16. 찬송   17. 축도

위에서 보는 바와 같이 어린이 예배의 경우 찬송이 차지하는 비율이 성인_{청장년} 예배보다 많다. 어린이들의 경우, 찬송을 부르는 시간을 통해 하나님께 섬기며 드려지는 최상의 부분이기도 하지만 성인들과는 달리 어린이들은 주의집중 시간이 짧기 때문에 찬송을 통해 메시지가 전달되도록 하는 것이 좋겠다.

위에서 2번의 찬송은 반드시 '**찬양**'_{Adoration}과 '**경배찬송**'이어야 한다. 신앙고백 후의 4번의 찬송은 예배자의 내면을 살피고, 자신의 잘못을 인정하며 뉘우치고, 회개와 용서를 구하는 찬송가를 부르도록 한다.

교독문 후의 6번의 찬송은 성령의 역사로 깨끗함과 고침을 받은 후 이제는 하나님의 사랑과 구원의 기쁨을 체험하게 하고 하나님의 구원과 생명의 햇살이 심령마다에 비추어 주시기를 바라는 찬송으로 한다.

다음 8번의 찬송가부터는 그 예배의 목적에 따라 교회력_{敎會曆}이나 설교의 방향에 맞게 '**예배 찬송가**'_{Worship Hymn}를 부른다.(본서 p.140참조)

성경봉독 후의 찬양대의 '찬양'은 '찬송의 제사'를 드리는 순서인 바, 가장 아름답고 거룩 되며, 가장 뜨거운 사랑으로 정성스럽게 드려야 하겠다. 여기에 다음 사항을 유의하도록 하면 좋을 것이다.

① 가능하면 어린이들이 잘 아는 찬송을 택하여 감동적으로 불러서 어린이들의 마음이 예배에 전심_{全心}할 수 있게 해야 할 것이다.
② 어린이들이 잘 아는 찬송가를 편곡하여 변화를 주어가며 다양하게 찬양하도록 해야 할 것이다.
③ 어린이들이 모르는 찬양곡일 경우는 예배 순서지에 가사를 실어서 어린이들이 가사를 보면서 찬양을 함께 드릴 수 있도록 해야 할 것이다.
④ '어린이찬양대'가 부르는 찬양은 반드시 '찬송가'_{하나님께 드리는 노래라는 의미의 찬송}이어야 할 것이다.

끝으로 '어린이 찬송가'를 고를 때 고려해야 할 사항 몇 가지를 들어본다.305)
① 예배에 참석한 범위 어린이, 노년, 청년, 장년 등 를 고려하여 가장 많은 계층을 중심으로 하되 어린이를 우선하여 선택할 것이다.
② 잘 모르는 찬송가를 개회찬송으로 선택하지 말고, 회중이 잘 모르는 찬송가는 한 예배에 '찬송가' 한 곡 정도로 제한하는 것이 좋다.
③ 늘 똑같은 찬송가를 부르는 것은 좋지 않다.
④ 찬송가 가사가 여러 절이어서 너무 긴 찬송가는 다 부르려면 가사 중 찬송 부를 가사를 선택하여 몇 절인지 순서지에 명시해야 할 것이다.
⑤ 교회력 부분 '찬송가' 선곡은 앞에서 다룬 내용을 참조할 것이다.

여기서 '**예배찬송**'이라 함은 기독교의 예배 중 공식적 예배Formal Worship인 주일 예배 때 불리어지는 찬송을 뜻하며, 다음과 같은 요소가 있어야 한다고 했다.306)
① '**예배찬송**'은 예배의 대상인 성삼위 하나님을 찬양하는 내용이어야 하며,
② 노랫말 속에 하나님의 구원의 은총을 찬양하는 교의敎理적 내용이 있어야 하며, 시적 흐름이 있어 문학적 가치가 높은 것이어야 한다.
③ '**예배찬송**'은 하나님께 예배하는 찬송이기 때문에 영성靈性과 경건성이 있어야 한다.
④ '**예배찬송**'은 음악적으로도 차원이 높고, 예술적 가치가 높아야 한다.

---

305) Ibid.
306) 朴明燮, "敎會曆과 禮拜讚頌", 「월간목회」 (서울: 월간목회사, 1985) 2월호, pp. 166-171.

제2절 어린이 찬송가의 교육 기능과 활용방안

주일학교나 교회학교의 교육목표는 '그리스도의 인격을 닮은 바람직한 인간상을 육성하는 것'이다. 즉 교회의 특수성을 고려하면서 하나님의 뜻을 이 땅에 펴기 위해 필요한 요구에 부응할 수 있는 바람직한 인간상을 길러 내야 하는 것이다.

또한 기독교교육은 그리스도에 대한 교육이며, 그리스도의 성품과 그 행위를 배우게 하는 교육이다. 그러므로 기독교교육은 예수 그리스도가 교육 목적이 되는 것이 원칙이다. 파케마M. Fakkema는 "모든 기독교 철학은 피조물이 하나님을 나타내고 있다는 대전제大前提에서 출발한다."고 했다.[307] 모든 피조물이 하나님을 들어내고 있다.

기독교 교육의 진정한 목적을 이루기 위해서는 초대교회의 교회기능 4가지를 충분히 인식해야 될 것이다. 교회의 기능이란 ① 예배Worship ② 전도evangelism ③ 교육education ④ 성도의 친교fellowship 등이다. 그러므로 초대교회의 전통과 실제적인 면은 교육敎育에 있었던 것이다.

기독교교육의 목적과 목표는 '그리스도의 인격을 형성하는 것'이라 말할 수 있다. 인격의 형성은 지정의知情意의 전인격적全人格적인 발전을 기하는 '**전인교육**'全人敎育이 이루어져야 하므로 정서情緖의 올바른 성장과 균형을 위해서 곡조曲調를 담은 찬송이야말로 최선의 도구라고 볼 수 있다.[308]

아래 "성경 이름 노래"성경목록가 는 그런 '신구약성경의 목록'을 먼저 암송하고 익히도록 하여 성경을 통해 전인격적인 성장을 이루어가도록 염두에 둔 교육적 의도를 담은 노래이다.

---

[307] M. Fakkema, 황성철 역, 『기독교 교육철학』(서울: 한국 기독교 교육연구원, 1982), p. 169.
[308] 김득룡, 『기독교 교육 원론』(서울: 총신대학 출판부, 1983), pp. 316-317.

<악보 134> **"성경목록가"** '창세기와 출애굽기'(신소섭 사 · 곡)

미국의 경우에는 교회음악 프로그램이 과학적으로 잘 조직 운영되고 있다.309)

캘리포니아 주 파사 데나 Pasadena에 있는 교회의 경우, 찬양대(합창단)와 기악 반을 운영하고, 오르간, 성악, 피아노, 관현악 등을 개인지도하며 교회

---

309) 정정숙, "미국 청소년의 교회음악 교육", 『교회음악』(서울: 기독교음악사, 1987), 통권 43호 여름호, pp. 17-20.

에서 '성가학교'Choir School를 운영하고 있다.

3-4세의 유아반을 위시하여 장년에 이르기까지 여러 반으로 구성되어 교회음악과정으로 다루는 내용은 다음과 같다.

① 찬송가 ② 성가 및 오페라, 오페레타, **오라토리오** ③ 음악이론 ④ 시창청음 ⑤ 발성법 ⑥ 기악 ⑦ 세속 곡 ⑧ 민요 등을 다룬다.

이러한 과정을 다루는 교육방법은 가창·기악·감상·작곡 및 **연주** 등을 상호 유기적인 관계를 가지고 고안 장성된 '**통합 학습방법**'을 사용하고 있다.

특히 20세기 중반부터 유행되고 있는 국제적인 음악교육 방법인 졸탄 코다이 Zoltan Kodaly. 1882-1967, 헝가리와 칼 오르프Carl Orff. 1895-1982의 교육방법을 도입하여 음악적 지식 및 기술 전달을 위한 학습이 이루어지고 있다. 칼 오르프의 방법이란 '기악 합주단'을 운영하며 교육하는 방법이다.

독일의 경우, 청소년의 교회음악을 단일 교회 뿐 아니라 교구 중심으로 국가적인 행정의 밑받침과 계획에 의하여 제도화되어 있다. 교회 음악가는 칸토르der Kantor라는 '**합창 장**'의 직명을 가지고 있으며, 행정직이나 서류상 존칭으로 K. M. D Kirchen Musik Direktor 즉, '**교회음악 지휘자**'라고 한다. 이 '칸토르'는 한 교회 전반에 걸친 모든 음악 연주 행사도 총괄하고 있다.310)

이러한 대세가 한국교회에서는 '**음악목사**'라는 직무분담으로 담임목사 아래에서 일을 추진하다 보니 소신껏 찬송·찬양 프로그램을 운영하기가 어려운 점이 있기는 하지만 이런 대세의 대안이기도 하다.

기독교 교회음악 무엇을 가르칠 것인가?311) 교회음악 지도자는 항상 이것을 염두에 두고 기획하고, 진행하고, 결과를 평가 반성해야한다.

---

310) 민형식, "독일 청소년의 교회음악 교육", 『교회음악』(서울: 기독교음악사, 1987 여름호) 통권 43호, pp. 21-24.
311) Martha Ellen Stilwell, Roy T. Scoggins, Jr., Ruth Eaton Williams, *MUSIC MAKING WITH YOUNGER CHILDREN*, 이천수 역, 『어린이 음악교육』(서울: 요단출판사, 1989) 3쇄 발행, pp. 187-188. "어린이 교회음악 무엇을 가르칠 것인가?"

<도표 37> 교회음악에서 어린이들에게 가르칠 내용

교회음악 연구 영역	가르칠 내용

예배	1. 하나님과 교통
	   1) 하나님이 사람에게 2) 사람이 하나님에게
	2. 각 개인이 필요한 것
	3. 경험적인 것
	   1) 협동적으로 2) 개인적으로 3) 어디서나
	4. '음악'은 예배의 매개체이다
	   (음악을 통해서 예배드린다.)
	5. 예배를 위한 음악은 여러 가지 형태가 있다.
	   1) 찬송가, **복음 송** 2)성가 Anthems 3) 칸타타 cantata
	   4) **오라토리오** Oratorio 5) 송영, 예배의 부름, **응답 송**
	   6) 헌금찬송 전주 후주 7) 음악극 Musical dramas
	   8) 복음적인 가극 Christian Musical.
	6. 예배에서 음악의 역할
	   1) 찬양대 2) 독창자와 앙상블 합주단
	   3) 기악 연주자 4) 지휘자 Directors of music

찬송	1. 찬송가에 대한 예비지식
	   1) 작곡가·작사자 2) 내용 3) 문맥
	2. 찬송을 통한 교제 fellowship
	   1) 하나님이 인간에게 2) 인간이 하나님에게
	   3) 인간이 인간에게 복음성가 간증
	3. 찬송을 통하여 배우기
	   1) 기독교의 진리 2) 신학 3) 교리 4) 음악

전도와
선교의 음악
	1. 음악은 사람들을 교회로 이끈다.
	   1) 국내에서 2) 국외에서
	2. 음악은 사람들을 그리스도께 인도한다.
	3. 음악인은 선교사와 같다.
	   1) 소리의 선교사 2) 평신도 선교사
	4. 외국 문화와 음악을 아는 것은 복음증거에 도움 된다.

교회음악 유산	1. 성경 시대
	   1) 음악과 음악가를 통하여 하나님은 인간에게 이야기
	      하신다.

<도표 37-1> 교회음악에서 어린이들에게 가르칠 내용

	2) 음악과 음악가를 통하여 인간은 하나님께 말한다.
	3) 음악과 음악가를 통하여 인간은 인간에게 이야기한다.
	2. 성경시대 이후에도 계속하여
	  1) 음악과 음악가를 통하여 하나님은 인간에게 말씀하신다.
	  2) 음악과 음악가를 통하여 인간은 하나님께 말한다.
	  3) 음악과 음악가를 통하여 인간은 인간에게 이야기한다.
	3. 오늘 날도
	  1) 음악과 음악가를 통하여 하나님은 인간에게 말씀하신다.
	  2) 음악과 음악가를 통하여 인간은 하나님께 말한다.
	  3) 음악과 음악가를 통하여 인간은 인간에게 이야기한다.

기독인의
생활에서 음악
	1. 성경은 가르치기를
	  1) 신자는 찬송해야 함 행 16:22-25; 마 26:30 영과 마음으로 찬송해야 함. 고전 14:15
	  2) 신자는 시와 찬미와 신령한 노래를 해야 함. 골 3:16; 엡 5:19
	  3) 악기는 하나님 찬양의 기구가 됨. 시 150:1-6
	  4) 음악가는 훈련되어야 함. 대상 15:22; 느 12:27-29
	  5) 노래는 종교적 진리를 가르치는 수단임. 신 31:19-22; 골 3:16
	  5) 노래는 종교적 진리를 가르치는 수단임. 신 31:19-22, 골 3:16
	  6) 음악은 예배의 수단임. 느 12:27-47; 사 42:10-12
	2. 음악은 매일 생활에 유용함.
	  1) 기쁨과 아름다움을 공급함. 2) 감정을 표현함
	  3) 가족 간의 화목 4) 친교를 맺게 함.
	  5) 애국심 함양 6) 예배를 풍성하게 함
	  7) 남을 이해하게 함 8) 남을 섬기게 함
	  9) 교제를 갖게 함 10) 복음을 나눔

주기도문 송은 21C 『찬송가』 635장 "하늘에 계신"이란 제목으로 실려 있다. 그러나 우리가 암송하고 있는 '주기도문'과 가사가 일치하지 않음으로 노래로 주기도문 교육에 문제가 있다. 그래서 필자가 "주기도문 송"을 다시 편곡하여 우리말과 영어 가사를 일치 시킨 곡을 함께 불러 보자.

<악보 135> 주기도문 송(신소섭 편곡)

주기도문과 사도신경은 우리가 암송하는 가사와 영어 가사와 일치 시켜야 어

제13장 한국 어린이 찬송가의 방향 설정　455

릴 때 한 번 기억해두면, 우리말이나 영어로 일생동안 잊지 않고 암송하고, 이 두 가지를 노래로 부를 수 있다면 오래 기억이 되어 바람직 할 것이다.

다음은 필자가 3년 반이나 걸려 작곡한 **"사도신경 송"**이다.

<악보 136> "사도신경 송"

사 도 신 경 송

credo credo credo credo credo credo credo credo

사도신경송 : IRREG
Shin, soseop. 2012.3.10–2015.9.30.

전능하사 천지를 만드신 하나님 아버지를 내 - 가 믿사오며 그의 아들 우리주 예수그리스도 를
I be-lie-ve in - God the Father Almighty, Maker of heaven and ear-th, and in Jesus Christ, His only Son our Lord

믿 사 오 니 이 는 - 성 령으로 임태하사 동정녀 마리아에게 나시고, 본 디 오 빌 라 도 에 게 고난을 받으사
Who was concieved by the- Ho - ly - Gho-st, born - of the Vir - gin - Ma - ry, Su - ffer-ed un - der - Pon ti - us Pi - late.

십자가에 못박혀죽 으시고 장 사 한지 사 흘 만에 죽은자 가운데서 다시살아 나시며 - 하늘에 오르사
was crucified, dead and, bu-rri-ed; He descended into hell; The third day he rose again from the dead; He ascended into heaven

전능하신 하나님 우편에 앉 - 아 계시다 저리로서 산자와 죽은자를 심판하러 오시리라 성령을 믿사오며
and si-tte-th on the right hand of God the Father Al-mighty; from thence He shall come to judge the quick and the dead. I be-lie-ve in - The Ho-ly Gho-st,

거룩한 공회와 성도가 서로교통 하는것과 죄 - 를 사하여 주시는것과 몸 이 - 다 - 시 사 - 는 것 - 과
The Ho-ly Ca-tho-lic Chur-ch, the Communion of Saints, The - - for-give-ness of sins, The re - sur - rec - tion of - the bo - dy,

영 원 히 사 - 는 것 - 을 믿 사 옵 나 이 다   아   멘
and - - the - li - fe e - ver - la - sting.   A -   men

* 이 사도신경송 곡 완성을 위해 새벽마다 가사와 멜로디를 연결시켜 부르며 기도하면서 신앙고백으로 찬송이 되도록 '영어와 우리 말'에 맞도록 만들기를 3년 반 이상이나 걸렸습니다.
온 가족이 함께 부르시면서 하루를 시작하시기 바랍니다.

이 곡은 필자가 새벽마다 우리말과 영어가사로 불러보면서 리듬과 곡조를 재수정하면서 작곡하였다. 이 곡은 사도신경을 뜻도 기억함 없이 빠르게 암송하는 것보다 '노래'로 신앙을 고백하도록 한 최초의 찬송교육 곡曲이다.

제3절 어린이 찬송가의 선교 기능과 활용방안

'어린이 찬송가'는 예배의 도구로서 빼놓을 수 없는 위치를 차지하고 있다. 또한 교육적인 방편으로 진가眞價를 인정해야 한다. 더욱이 '어린이찬송가'는 전도와 선교의 수단으로서 계속 활용되었음을 세계 선교역사 속에서 찾아 볼 수 있다. 그러기에 선교사들은 가는 곳마다 찬송가를 먼저 가르쳤다. 우리나라의 경우도 마찬가지였다. 한국 최초의 『어린이 찬송가』(1936년)보다 21년이나 먼저 선교사들은 미션스쿨의 음악교과서로 **『1915년 창가집』**을 발행하여 각급 미션스쿨에서 찬송가곡조에 가사를 붙인 '교가'와 함께 실어서 음악교과서로 사용하였다.

찬송가가 사람의 마음을 끌어당기는 효과가 너무 커서 마르틴 루터를 반대하는 로마 가톨릭 지도자들은 "루터가 그의 노래로서 사람들을 압도했다."고 비난하기도 하였다.312)

찰스 **웨슬리**Charles Wesley는 그 시대의 사람들이 곡조의 익숙함에 이끌리고 가사내용이 가지는 메시지로서 사람들을 깨우치려 하였다.313)

그뿐이랴 1880년대 무디Dwight Lyman Moody의 부흥운동은 음악가인 생키Ira David Sankey와 필립 블리스Philip Paul Bliss를 대동하여 전도 단을 편성하여, 대중들이 쉽게 이해할 수 있는 복음적인 가사와 단순한 선율로 **복음성가**를 많이 작곡하여 활용하였다.314)

'교회음악'이 선교에 있어서 어떠한 역할을 하는가?

① 음악은 선교에 있어서 의사전달意思傳達을 한다.
② 음악찬송을 포함한 교회음악은 전도傳道의 역할을 한다.
③ 음악은 확신을 가지게 하는데 도움이 된다.
④ 음악은 청중을 개종改宗하도록 인도한다.

---

312) John F. Wilson, op. cit., p.78.
313) Ibid.
314) 朴明愛, "會衆讚頌의 성서적 조명과 韓國讚頌歌",『月刊牧會』(서울: 월간 목회사, 1985), 2월호, p.84.

그렇기에 '찬송'을 뜨겁게 부르는 교회마다 계속 성장하고 있는 교회임을 알 수 있다. 교회의 부흥과 성장에는 반드시 '교회음악'과 '찬송가'의 발전이 수반되었다.

윌슨John F. Wison은 찬송가의 선교 활용방안 다섯 가지를 다음과 같이 제시하였다.
① 세상 적으로 모든 면에서 풍족한 사람에게는 그 사람의 기독교적인 측면에서 볼 때 부족함을 알려주는 찬송.
② 어떤 어려운 문제를 가지고 있다고 생각하는 사람에게는 예수 그리스도 안에서 해결을 알려주는 찬송.
③ 과거에 신앙을 가졌던 사람에게는 과거 그리스도 안에서의 풍요로운 기쁨을 회상시키는 찬송.
④ 불가지론자나 교육을 많이 받은 사람들에게는 교리적인 찬송가나 자연의 본질에 근거한 찬송 또는 논리적인 찬송.
⑤ 청년들은 안정과 확신에 찬 찬송과 도덕적인 접근을 시도하는 찬송을 부르도록 한다.315)

이상에서 살펴 본 바와 같이 국내의 '전도'뿐만 아니라 세계를 향한 우리의 '선교'는 세계인의 공용어인 '음악'音樂; music이란 매체 즉 **찬송가**를 포함한 **교회음악**을 통하여 그 실효를 거둘 수 있다고 본다. 교회 안에서 찬양대 성가대, 합주단 현악·관악·타악기 등과 어린이들의 리듬 악기 을 육성하여 찬양전도단이나 찬양선교단으로 활용해보니 효과만점이었다.316)

어린이 찬송가의 무한한 선교 기능을 살려 국내 '복음전도'는 물론 온 '세계 선교' 활성화로 복음을 전하여 하나님의 나라를 확장하여 온 세계에 '그리스도의 계절'이 오게 하자!

---

315) John Wilson, *op.cit.*, pp. 85-96.
316) '성광교회'(서울 동작구 사당동, 1989년) 전도사로 시무할 때 주일학교 '찬양선교 단'에서 활용해 보니 참 좋은 결과를 얻었다.

다음은 고故 심군식 목사의 유고 시집에서 보석 같은 동시童詩를 발견하고 동심을 담아 작곡하니 좋은 '어린이찬송'이 태어났다.

<악보 137> "풀피리를 불며"

제14장 어린이 찬송가학 결론 및 제언

우리 어린이들이 드리는 예배와 찬송을 하나님께서 가장 기뻐하신다. "호산나! 호산나!" 찬송을 부르는 어린이들의 '찬송 소리'를 들으시면서 예수님께서 예루살렘에 기쁜 마음으로 상경하셨다. 우리는 흔히 '어디를 가느냐?'고 물으면 '예배 보러 간다.'고 말을 하곤 했다. 이제 우리는 '보는 예배'視覺的 禮拜가 아닌 '**드리는 예배**'獻身禮拜로 생각을 전환해야 하겠다.

루터나 칼뱅과 같은 개혁자들이 가졌던 예배의식을 생각하면서 잃었던 예배와 찬송의 내용을 찾는 '**예배찬송의 복고운동**'liturgical rivival movement으로, 성도들이 하나님을 섬기는 기쁨과 감격을 가지도록 해 주어야 하겠다.

이런 면에서 '어린이찬송'은 인간의 종교적 감정을 표현할 수 있는 가장 아름다운 예술 중의 예술이다. 그렇기에 '**어린이 찬송**'은 어린이 예배에서 빼놓을 수 없는 요소임이 분명해 진다.

종교개혁시대 '**회중찬송**'의 부활과 함께 수많은 찬송들이 만들어졌고, 또 불리어졌던 것처럼 '한국 어린이찬송'의 부흥과 함께 한국교회 제2세대의 영적부흥을 꿈꾸어야 하지 않겠는가? 복음성가나 세속동요에 밀리어 자리 잃어버린 '**어린이 찬송가**'의 부흥이 한국교회 '예배의 살길'임을 명심해야 하겠다.

'어린이예배'가 살아야 한국 교회 어린이들의 영성이 자라고 살아난다.

한국의 『찬송가』 집은 18-19세기 영국이나 미국의 찬송가를 모태로 만들어졌다. 우리나라 '어린이 찬송가'들이 제각각 교단별로 만들어졌기에 어린이들의 정서와 성장발달에 맞는 어린이찬송가라기 보다는 성인이나 장년 찬송가에서 가사 몇 줄이나 쉬운 곡들을 모아 4부형식이나 멜로디만 적어 놓아 어린이 찬송가 지도자들이 난감하도록 만들어진 것이 대부분이다. 어린이 찬송가에 대한 의식이 있는 교단에서나 출판사 위주로 어린이 찬송가가 만들어져 통일성이나 규제가 없어서 제 나름대로 발행되다보니 여간 불편한 것이 아니었다.

그러다 보니 여름성경학교나 겨울성경학교 교재로 사용했던 곡들을 무작위하게 실려 '어린이찬송가'의 본질조차 흐려버렸다. 대부분 어린이 찬송가들이 우수한 '어린이찬송가'의 탈락, 어린이 정서 발달이나 발달 수준에 맞지도 않은 곡들을 '어린이찬송가'라고 편집하여 보급하고 있는 실정이다.

외국 '어린이찬송가'를 선곡해 조잡한 번역이나, 곡조에 잘 맞지 않고, 신학적으로도 부적합 한 가사의 찬송들이 눈에 띄었다. 역사적으로도 정리되지 못한 채, 제 각각 교단의 전문성이 부족한 소수의 분들이 편찬하다보니 질적인 면에서 초기『어린이찬송가』수준에도 미치지 못하는 곡이 보여 안타깝다.

『어린이 찬송가』는 어린이들에게 적합하고 기독교적인 가사와 음악적인 면에서도 멜로디가 간결하면서도 리듬이 명확하고 경쾌해야 하며 정서적으로 안정감을 주어야 한다. 여러 교단 각각 만들어진 '어린이찬송가'일지라도 가사가 통일되어 있어야하고, 편집할 때 '동요'나 '어린이찬송'을 분명하게 구별해 수록해야 하겠다. '복음성가'에 의한 구분도 명확히 하여 사용에 혼돈을 주지 않도록 해야 하겠다. 『어린이 찬송가』는 자라가는 어린이 발달에 적합하도록 유아용·유치부용 그리고 저학년에서 고학년으로 주일학교 공과 책에 심도 있게 검토하여 필수적으로 이수해야 할 어린이 찬송가들을 구분 배치하여 수록하면 더 없이 좋을 것이다.

'어린이 찬송'을 살펴 보건데 작사자가 작곡을 한 이런 '어린이 찬송가'가 많을수록 좋을 것이다. 이런 '어린이 찬송'이 표집 된『어린이찬송가』중에서 20곡 정도가 되는데, 이런 곡들은 가사내용과 곡조가 잘 어울려 조화를 이루고 있음을 확인했다. 21세기 찬송가처럼 한 사람이 다작(多作)을 올리는 것보다는 여러 작가들의 은혜로운 '어린이 찬송가'가 실려지도록 고려해 보아야 할 것이다.

앞서 언급한 '어린이찬송가'의 **예배 기능**과 **교육 기능**, **선교 기능**을 재인식하고, 이런 점들을 최대한 고려하고 활용해 새롭게 편집한다면 한국『어린이찬송가』의 향상과 발전을 기대해도 좋을 것이라고 본다.

서양의 작가들은 새 시대의 **음악형식**을 위해 새로운 소재를 '동양음악'에서 찾고 있다. 그런데 우리는 우리들의 고유한 전통적인 음악을 교회에서조차 수용하지 못하고 있다는 것은 참으로 교회음악이나 한국찬송가의 미래지향적인 면에서 볼 때 참으로 안타까운 일이 아닐 수 없다. 현 초등학교나 중등학교의 교과과정에서 보듯이 **전통 국악**교재가 **50%**를 상회하고 있다는 것을 교회음악지도자들은 유념해야 될 것이다.

지금 초등학교의 과정을 마치고 그들이 중·고등학교나 대학으로 진학을 했을 때 그들의 찬송소양과 취향은 지금 우리와는 판연히 다를 것이 분명하다. 그렇다면 우리는 그들의 안목에 미래지향적인 음악적인 감각과 정서와 예능 실력을 길러주어야 할 책임이 우리에게 있다는 것을 알아야 할 것이다.

이러한 점에서 <민족음악론>을 폈던 나운영의 찬송가들이 『21C 찬송가』에서 몇 곡만 채택된 것은 나운영이 불교와 천도교를 위해 음악을 썼던 이러한 '민족' 우선의 비중이 상당히 작용했을 것으로 보인다.317) 그러나 안타까운 일은 '찬송가의 스타일'을 문제 삼는다는 것은 지양되어야 할 일이다.

박재훈 목사는 20년간 쓰던 『합동찬송가』를 '새로운 찬송가'로 바꿀 때, 이 찬송가의 편찬 방침을 대강 소개하고 있다.

① 유명한 찬송가성가를 보다 많이 수록할 것.
② 애창되지 않는 복음성가는 대폭 삭감 할 것.
③ 한국 작곡가들의 창작 곡 삽입 할 것

이상의 방침을 이야기 했다. 그러나 막상 한국 작곡가들의 음악을 찬송가책에 실으려고 하니 적절한 것이 별로 없었다고 말한다. 그래서 그는 찬송가 작곡에 심혈을 기울였을 것이다. 그 결과 그의 창작 찬송가가 21C 『찬송가』에 17, 301, 319, 392, 515, 527, 561, 578, 592장 등 9곡이나 실렸다.

곡 편수가 중요한 것이 아니다. 적은 편수라도 질적으로 우수한 '한국인 찬송

---

317) 홍정수, 『한국교회음악사상사』(서울: 장로회신학대학교 출판부, 2000), P.167. 나운영은 다른 종교를 위해 작곡했던 것을 회개하고, 1979년 이후로는 거의 찬송가 작곡에만 전념한다. 그의 1000여곡이 넘는 찬송가들은 그 결과물들이다. 나운영은 자신의 '찬불가讚佛歌 작업'을 후회하고 찬송가에 전념하게 되었다는 이야기를 1990년 아카데미 하우스에서 있었던 「아시아 찬송가 국제세미나」에서 했는데, 필자도 그때 직접 들었다. 註16 재인용

가'가 실려야 하는 것이다. 이런 점에서 21C『찬송가』의 아쉬운 점이 바로 이런 점일 것이다. 찬송가의 질적인 형상을 항상 고려해야 할 것이다. 그는 계속해서 웨스트민스터합창대학, 크리스천신학교에서 음악과 신학 공부를 계속했고, 작곡하며 작품을 만들어 냈다. 최근 그의 작곡인 창작 오페라《손양원》의 공연은 민족적 신앙인물을 조명하면서 한국의 '교회음악 수준'을 재검토하는 기회가 되었다.

한국찬송가를 위해 좋은 작사자, 작곡자가 나와야 한다. 어렸을 때 찬송 작가의 꿈을 심어주고 좋은 작가의 재목으로 자라도록 지도해야 한다. 우리한국에도 우수한 찬송 작곡가가 나와야 한다. 좋은 '찬송 시'가 좋은 '찬송 작곡가'를 만나 우수한 찬송과 좋은 교회음악의 유산이 될 만한 작품들이 계속 창작되어 나와야 하겠다.

끝으로 본 저서『어린이 찬송가학』을 집필하면서 연구하고 종합한 결과물을 통하여 필자가 느끼고 바라는 바를 제언提言하도록 하겠다.

① 예배학적 측면에서 **교독문** 내용구성의 재 고려와 시편낭독이나 **시편 교송**318)詩篇 交頌을 위한 '**운율시편 가**' 내지는 시편을 노래 부르기에 합당한 '**시편찬송**'을 다수 편집해 개혁자들의 예배전통을 살려야 하겠다.
② '**예배 찬송**'은 교회력을 참고해 제목별 분류를 최대한 활용하면서 변화 있고, 다양하게 선곡하여 균형 있는 찬송을 부를 수 있도록 해야 하겠다.
③ 번역 상 부자연스러운 곡들은 전문가의 공동연구로 **좋은 가사**로 교정하고, 한국인 작가들에게 의뢰하여 새롭게 창작하도록 해야 하겠다.
④ 어린이 찬송가의 질적인 향상을 위하여, 여러 시대의 좋은 어린이 찬송을 광범위하게 선별하여 예배, 교육, 선교에 활용하고, 교육을 위해 의도적인 편집과 지도 및 보급을 해야 하겠다.
⑤ 어린이 찬송가에 '복음성가'Gospel Song 비율을 줄이고, 편집 시 **예배찬송**과

---

318) 『미국 감리교 찬송가』 *The United Methodist HYMNAL*, The Methodist Publishing House, Nashville, Tennessee, 1989. 이 찬송가에는 734장 후미에 시편Psalter 1-150편 (p.736-862)을 교송 형식, **응답 송**으로 부르도록 하였다.

복음성가나 영가靈歌를 구분하여 실어서 바른 사용을 유도해야 하겠다.
⑥ 한국인 작가와 어린이 찬송의 질적 향상과 보급을 위해, 좋은 어린이 찬송가가 창작되기 위하여 한국 전통음악을 연구하고 어린이찬송가 창작에 적극 활용해야 하겠다.
⑦ 본 저서에서 서술한 '어린이찬송가'의 예배 기능과 교육 및 선교 기능을 충분히 살릴 수 있는 실제적 프로그램을 개발하여 현장에서 활용하고, 더 나아가 이에 대한 전문적인 연구로 활용방안의 제시가 필요하다.

이상으로 우리나라에 편집되어 어린들이 부르는 『어린이 찬송가』를 분석연구해 보다 발전적인 점을 모색하여 결론 부분을 도출하여 종합해 보았다.

서양 교회음악역사에서 살펴 본대로 수세기를 걸쳐 이루어 놓은 '찬송가문화유산'을 활용하여 점진물의 결과로 '어린이찬송가'가 만들어졌는데, 우리는 그 문화유산 덕분에 짧은 시간에 그 많은 서양교회음악 유산을 공유하여 우리 나름대로 '어린이찬송가'를 만들었다는 것은 하나님의 크신 은혜요 축복이요, **목회**현장에서 사용할 수 있었다는 점을 알아야 하겠다.

우리는 하나님께 최고 최선의 영광과 찬송을 드리기 위해, **어린이 찬송가**의 중요성과 올바른 '어린이 찬송가문화 향상'을 위해 교단 적으로나 주일학교연합회 등 조직단체나 지 교회에서 지속적인 투자로 '어린이찬송가학'을 꾸준히 연구 발전시켜, 좋은 찬송가창작을 위해 각고刻苦의 노력을 경주해야 하겠다.

" 이백성은 내가 나를 위하여 지었나니, **나를 찬송**하게 하려 함이니라." 사43:21
'찬송'은 아무나 부를 수 있는 것이 아니다. 은혜와 축복 받은 성도가 감사와 기도와 간구를 노래에 담아 하나님께 찬송과 찬양을 드릴 수 있는 것이다.

이스라엘의 찬송 중에 거하시는 좋으신 하나님께 어린이들의 순수한 동심과 목소리로 최선최미最善最美의 '찬송의 제사'를 드리도록 하자. 할렐루야!

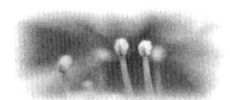

부 록

[부록 1] 이조악기의 조성 기호 대조표
[부록 2] 한국 초대 찬송가 곡목들
[부록 3] 관현악기 개요 Instrumentation
[부록 4] 한국 『찬송가』 서지 목록
[부록 5] 한국 『찬송가』 계보도
[부록 6] 한국 개신교 『찬송가』 복음 가 일람표
[부록 7] 시편과 시편 창
[부록 8] 주일학교의 찬송지도 방안
[부록 9] 대중음악 속에 나타난 뉴 에이지 운동 비판
[부록 10] 올바른 찬송지도와 실제
[부록 11] 코드 이름 Chord Name 일람

[부록 1] 이조악기의 조성 기호 대조표

[부록 2] 한국 초대 『찬송가』 곡목들

한국 초대 찬송가 곡목들

1) 찬미가

번호	찬송가 첫행가사	찬송가 번호	원작자	작시 년도	국적
1	A charge to keep I have 우리 홀 본분은	69	Charley Wesley (1707-1788)	1762	英
2	Alas! and did my Saviour bleed 구쥬셩톄피흐르니	19	Isaac Watts (1674-1748)	1707	〃
3	All hail the power of Jesus' name. no. 1. 예수일홈권세치하	27	Edward Perronett (1726-1792)	1779	〃
4	Am I a soldier of the cross 십주가의군수되여	55	Isaac Watts	1724	〃
5	Another six days' work is done 엿새에일을다ᄒ고	5	Joseph Stennett (1663-1713)	1732	〃
6	Anywhere with Jesus 아모듸나예수나롤잇글쎄	63	Cecil Frances Alexander (1823-1895)	1860	〃
7	Asleep in Jesus! blessed sleep 쥬게의지줌이큰복	76	Margaret MacKay (1862-1887)	1854	〃
8	Before Jehovah's awful throne 여호와의룡상압회	10	Isaac Watts	1719	〃
9	Blest be the tie that binds 우리 몸을매여	71	John Fawcett (1739-1817)	1782	〃
10	Chief of sinners though I be 죄인수두내라도	37	William McComb (1793-?)	1864	〃
11	Christ the Lord is risen today 오눌쥬부싱흡을	25	Charles Wesley	1739	〃
12	Come. Holy Ghost, in love 셩경수랑으로	13	Ray Palmer (1908-1887)	1858	〃
13	Come. Holy Spirit, heavenly dove 美셩령하놀비들기여	12	Isaac Watts	1707	〃
14	Come. thou Fount of every blessing 복의근원ᄂ려와셔	54	Robert Robinson (1735 - 1790)	1758	〃
15	Come, ye sinners, poor and needy 연약ᄒ고병이만코	34	John Newton (1725-1807)	1778	〃
16	Come, ye sinners, poor and needy (with chors) 연약ᄒ고병이만흔	35	John Newton	1778	〃

17	Depth of mercy! can there be 깁흔은혜날위해	38	Charles Wesley	1740	英
18	Far, far I have wondered 멀니멀니갓더니	41	William McDonald (1820 - 1901)	1871	美
19	From all that dwell below the skies 셰상사는사룸모다	6	Issac Watts	1719	英
20	From Greenland's icy mountans 북빙히로조차셔	73	Reginald Heber (1783-1826)	1819	〃
21	God loved a world of sinners lost 죄쌔탕피인간들	47	M.M. Stockton (1821-1885)	1871	美
22	God without beginning 하느님이시죵업고	2	The one hundredth Psalm		
23	Gloria Patri 영광이부와즈와	81	George Walker (1783-1868)	1866	英
24	Guideme, O Thou Great Jehovah 텬디문두신여호와	56	William Williams (1617-1791)	1745	〃
25	He died for me 나는저가만히	23	John Newton	1779	〃
26	He leadeth me: Oh blessed thought 예수가거느리시니	61	Joseph Gilmore (1834-1919)	1862	美
27	Holy Ghost, with light divine 셩령이 춤빗츠로	14	Andrew Reed (1787-1862)	1817	英
28	Holy, holy, holy, Lord God Almighty 셩지셩지셩지젼능ᄒ신쥬여	4	Reginald Heber	1826	〃
29	How sweet the name of Jesus sounds 밋는사룸예수일홈	30	John Newton	1774	〃
30	I am so glad that our Father in heaven 하놀 아바님스랑ᄒ심을	48	Philip Bliss (1838-1874)	1874	美
31	I am thine, Oh Lord 내쥬께붓쳐음셩드르니	70	Fanny Crosby (1820-1915)	1875	〃
32	I gave my life for thee 내너를위ᄒ야	20	Frances R. Havergal (1836-1879)	1858	〃
33	I heard the voice of Jesus say 예수가말슴ᄒ기를	40	Horatius Bonar (1808-1889)	1846	〃
34	I lay my sins on Jesus 하놀 고향예수의	52	〃	1843	〃
35	I love thy kingdom, Lord 내가쥬나라와	9	Timothy Dwight (1752-1817)	1800	人
36	I love thy temple 놉흐신셩젼	8			

37	I love to tell the story 쥬의 녯일말ᄒ세	67	Katherine Hankey (1834-1911)	1870	英
38	Jesus, lover of my soul 예수내령혼의쥬	45	Charles Wesley	1740	〃
39	Jesus, lead me by thy power 예수인도ᄒ쇼셔	62	William Williams	1772	〃
40	Jesus loves me! This I know 쥬ᄉ랑내알기는	46	Anna Warner (1820-1915)	1859	美
41	Jesus shall reign where'er the sun 날빗최는 왼디방에	28	Isaac Watts	1719	英
42	Jesus, thine all victorious blood 구ᄒ신쥬내ᄆ음을	75	Charles Wesley	1740	〃
43	Jesus, thy name I heard and lived 예수의놉흔일홈이	53	A Native Korean	1886 -1895	韓
44	Jesus, thy name I love 여러일홈즁에	31	James G. Deck (1802-?)	1842	英
45	Jesus' where'er thy people meet 예수ᄌ비ᄒ신자리	59	William Cowper (1731-1800)	1769	英
46	Joy to the world! the Lord is come 깃부다우리쥬오니	16	Isaac Watts	1719	〃
47	Just as I am, without one plea, no. 1. 내죄깁히ᄲ져서도	36	Charlotte Elliott (1789-1871)	1840	〃
48	Leaving the world ᄯ날거시올셰다	74	Mrs. Baird (創作歌)	1886 -1895	〃
49	Lord, dismiss us with thy blessing 쥬우리로복을주어	7	John Fawcett	1773	英
50	Lord Jesus, I long to be perfectly whole 쥬예수내일심으로원ᄒ은	39	James Nicholson	1871	美
51	Love divine, all loves excelling 여호와의너른ᄉ랑	51	Charles Wesley	1747	英
52	More love to thee, O Christ ᄉ랑ᄒ세예수	50	Elizabeth Pretiss (1818-1878)	1869	美
53	My Father is rich in houses and lands 내아바니의ᄯ와집만코	64			
54	My Jesus, I love thee 예수를ᄉ랑ᄒ고쥬신줄아오	32	Anon.	1864	英
55	My soul, be on thy guard 혼을방비ᄒ라	68	George Heath (1850-1822)	1781	〃
56	Nearer, my God to thee 우리쥬갓가히	57	Sarah F. Adams (1805-1848)	1841	〃

57	O happy day that fixed my choice 춤깃분날하느님이	60	Philip Doddridge (1702-1751)	1735	英
58	Oh for a thousand tongues to sing 내일만음셩잇스면	3	Charles Wesley	1739	〃
59	Our Lord came down 우리쥬느려왓스니	33	Mrs. Baird (創作歌)	1886 -1895	〃
60	Pass me not, O gentle Saviour 쥬여나롤외티마오	43	Fanny Crosby	1868	美
61	Praise God from whom all blessings flow 찬미하느님복근원	1	Thomas Ken (1637-1711)	1709	英
62	Rock of ages, cleft for me 만셰반셕열니니	44	Augustus Toplady (1740-1770)	1776	〃
63	Saviour, like a shepherd lead us 우리롤구ᄒ야쥰예수	65	Dorothy Thrupp (1779-1847)	1836	〃
64	Silent night, hallowed night 고요흔밤거룩흔밤	15	Joseph Mohr (1792-1848)	1818 T.1865	獨 美
65	Sun of my soul, thou Saviour dear 령혼의히예수구쥬	26	John Keble (1792-1866)	1820	英
66	Sound the high praises 놉흔일홈찬양ᄒ고	11	A Native Korean	1886 -1895	韓
67	Tell me the old, story 내게녯일말ᄒ게	66	Katherine Hankey	1866	英
68	The Lord is risen indeed 예수실샹니러	24	Thomas Kelly (1769-1854)	1802	〃
69	The Lord will provide 우리비복난은나	72	白鴻俊	1886 -1892	韓
70	The sins of man are many 셰샹사룸죄악만하	42	A Native Korean	1886 -1895	〃
71	The whole world was lost in the darkness of sin 셰샹다어두워빗업섯더니	29	Philip Bliss	1875	美
72	There is a fountain filled with blood 보비피우물잇스니	17	William Cowper	1771	英
73	〃 (with chorus)	18	〃	〃	〃
74	There is a happy land 흑복디잇스니	79	Andrew Young (1807-1889)	1838	〃
75	There's a wideness in God's mercy 하놀ᄀ치널넛시며	58	Frederick W. Faber (1814-1863)	1854	〃

번호	찬송가 첫행가사	찬송가 번호	원작자	작시 년도	국적
76	We shall live forever 하놀에곤찬코	78			
77	We know not when Jesus will come 예수언제오실넌지	80	P.P. Bliss	1874	美
78	We shall meet beyond the river 강건너우리맛나보	77	John Atkinson (1835-?)	1867	〃
79	What can wash away my sins? 내죄를씻는거슨	22	Robert Lowry (1826-1869)	1877	〃
80	When I survey the wondrous cross 대쥬지우회돌니신	21	Isaac Watts	1707	英
81	Wonderful story of love 주비의긔이흔말	49			

2) 1894년 찬양가 初版 (117曲)

번호	찬송가 첫행가사	찬송가 번호	원작자	작시 년도	국적
1	Any where with Jesus 아모째세상에예수잇글고	54	Cecil Frances Alexander	1860	英
2	All hail the power of Jesus' name, no.1 예수일홈권셰치아	50	Edward Perronett	1779	〃
3	All hail the power of Jesus' name, no2 예수셩명공경ᄒ세	51	Edward Perronett	〃	〃
4	Another six day's work is done 엿시공부다ᄒ고	13	Joseph Stennett	1732	〃
5	A charge to keep I have 우리홀본분은	97	Charles Wesley	1762	〃
6	Awake, my soul, and with the sun 히돗엇네니러나셰	14	Thomas Ken	1695	〃
7	Awake, my soul, to joyful lays 구쥬공로무한ᄒ니	15	Samuel Medley (1738-1799)	1782	〃
8	Alas! and did my Savior bleed 구쥬셩톄피흐르샤	28	Isaac Watts	1707	〃
9	Art thou weary, art thou languid? 피곤ᄒ고무력ᄒ니	59	John M. Neale (1818-1866)	1862	〃
10	Before Jehovah's awful throne 여호와의룡상압회	6	Isaac Watts	1719	〃
11	Begone, unbelief, thy Saviour is near 의심치말게	86	John Newton	1779	〃

12	Blest be the tie that binds. no.2. 우리ᄆᆞ음미져	99	John Fawcett	1782	英
13	Blest be the tie that binds. no.1. 형뎨ᄉᆞ랑ᄒᆞ면	98	John Fawcett	〃	〃
14	Come to Jesus just now 예수의와예수의와	71	E. P. Hammond (1831 - ?)	1864	〃
15	Come, Thou Almighty King 美젼능ᄒᆞ신님금	2	Anon.	1883	〃
16	Doxologies 英우리쥬룰찬미홈이	9	Thmas Ken	1709	〃
17	Forever with the Lord 텬당ᄀᆞ치잇기	104	J. Montgomery (1771 - 1854)	1835	〃
18	From all that dwell below the skies 텬하만국모든사람	8	Isaac Watts	1719	〃
19	From Greenland's icy mountains 북빙히로조차셔	96	Reginald Heber	1819	〃
20	God loved the world of sinners lost 여호와가셰샹잇ᄂᆞᆫ	58	Martha Matilda Stockton	1871	美
21	Gloria Patri 영광이부와ᄌᆞ와	116	George Walker (1783 - 1868)	1866	英
22	Glory to thee, my God, this night 오ᄂᆞᆯ저녁여호와의	17	Thomas Ken	1866	〃
23	Guide me, Oh Thou Great Jehovah, no. 2. 텬디문ᄃᆞ신여호와	9	William Williams	1745 1709	〃 〃
24	Go, preach my gospel 쥬의말숨내도롤펴	49	Isaac Watts		
25	Hark, the herald angels sing 텬ᄉᆞ브롬드ᄅᆞ라	18	Charles Wesley	1739	〃
26	Ho! my comrades, see the signal 동모들아하ᄂᆞᆯ증죠	78	P. P. Bliss	1871	美
27	Holy Ghost, sith light divine 셩령이ᄎᆞᆷ빗츠로	56	Andrew Reed	1817	英
28	He died for me 나ᄂᆞᆫ죄가만해	34	John Newton	1779	〃
29	Holy Ghost, the Infinite 무한ᄒᆞ신셩령은	57	George Rawson (1807 - 1889)	1853	〃
30	How sweet the name of Jesus sounds, no.2.밋ᄂᆞᆫ쟈예수일홈을	45	John Newton	1774	〃

31	Have you on the Lord believd? 예수를밋엇시나	83	P. P Bliss	1873	美
32	Holy, holy, holy Lord God Almighty 거룩거룩ᄒ다젼능ᄒ신샹쥬	1	Reginald Heber	1826	英
33	Hark, my soul! it is the Lord ᄶᅦ여셔ᄂ려나라	43	William Cowper	1768	〃
34	Heavenly Father, bless me now 하ᄂᆯ게신아버지	77	Alexander Clark (1835 - 1879)	1884	美
35	Here we suffer grief and pain 이 셰샹은걱졍근심	108	Thomas Bilby (1794 - 1872)	1832	英
36	How sweet the name of Jesus sounds. no. 1. 예수셩명이묘ᄒ야	44	John Newton	1779	〃
37	He leadeth me: Oh blessed thought 예수가거ᄂ리시니	88	Joseph H. Gilmore (1834 - 1914)	1862	美
38	I have a Father in the promised land 아버지복디허락ᄒ셧네	106	Edwin John Orchard (1834 - ?)	1880	〃
39	I heard the voice of Jesus say. no. 2. 예수의브르는말ᄉᆷ	73	Horatius Bonar	1846	英
40	I loved thy Kingdom, Lord 우리쥬나라는	95	Timothy Dwight	1800	美
41	I am so glad that our Father in heaven 하ᄂᆯ의아버지쥬신책은	20	Philip Bliss	1874	〃
42	I lay my sins on Jesus 하ᄂᆯ고양예수ᄭᅴ	103	Horatius Bonar	1843	英
43	I need thee, precious Jesus 무궁은혜쥰예수	102	Frederik Whitfield (1829 - 1904)	1855	〃
44	I hear the Saviour say 나예수말듯네	66	Elvina Mable Hall (1818 - ?)	1865	美
45	I do believe, I do believe 나는밋네나는밋네여호와이	115	A native Korean	1886 -1893	韓
46	I heard the voice of Jesus say, no. 1. 내예수말ᄉᆷ드르니	72	Horatius Bonar	1846	英
47	I love God's Temple 놉호신셩뎐내ᄆᆞ음됴화	85			
48	I love to tell the story 쥬의녯일말ᄒ셰	23	Katherine Hankey	1870	〃
49	Jesus, lover of my soul no. 1. 쥬는피란곳이니	41	Charles Wesley	1740	〃

50	Jesus shall reign where'er the sun, no. 2. 날빗최는온디방에	48	Isaac Watts	1719	〃
51	Jesus, I my cross have taken 나는주의명만쪄라	89	Henry F. Lyte (1793 - 1847)	1824	〃
52	Just as I am, without one plea no. 1. 내죄악에싸졋는디	62	Charlotte Elliott (1789 - 1871)	1840	英
53	Jesus, thy name I love 모든일홈중에	35	James G. Deck (1674 - 1748)	1842	〃
54	Joy to the world! The Lord is come 깃브다구쥬왕되니	53	Isaac Watts	1719	〃
55	Joyfully, joyfully, onward we move 깃브게압흐로나아가셔	112	William Hunter (1811 - 1877)	1843	美
56	Jerusalem, the Golden 금ᄌ혼예루살넴	111	John M. Neale	1851	英
57	Jesus shall reign where'er the sun no. 1. 히가가는길과ᄌ치	47	Isaac Watts	1719	〃
58	Jesus, who lived above the sky 하놀에계신예수가	31	Ann, Gilbert (1782 - 1866)	1812	〃
59	Jesus atones for all my sins 우리예수큰공로가	38	A Native Korean	1866 -1893	韓
60	Jesus where'er thy people meet 예수즈비ᄒ신기슬	39	William Cowper	1769	英
61	Jesus, keep me near the cross 예수십즈갓가히	67	Fanny Crosby	1869	美
62	Jesus! lover of my soul, no. 2. 예수령혼앗기니	42	Charles Wesley	1740	英
63	Jesus loves me! This I know 예수나를ᄉ랑ᄒ오	21	Anna Warner	1859	美
64	Jesus, I love the charming name 예수일홈드럿고나	46	Philip Doddridge	1717	英
65	Jesus' thy name I heard and lived 예수의놉은일홈이	61	A Native Korean	1886 -1893	韓
66	Jerusalem, my happy home 예수살넴복잇는디	52	Montgomery		英
67	Look and live 쥬ᄭ읫내게잇네알네뤼아	70			
68	Lord Jesus, I long to be perfectly whole 쥬여완젼케ᄒ기원ᄒ오며	68	James Nicholson	1871	美

69	Lo! He comes with clouds descending 구쥬더번세샹왓네	92	Charles wesley	1758	英
70	Let all creation rise and bring 여호와이턴디내고	10			
71	Love divine, all loves excelling 여호와의너룰 수랑	94	Charles Wesley	1747	英
72	My faith looks up to thee 갈바리잇 눈 양	33	Ray Palmer (1808 - 1887)	1830	美
73	My soul, be onthy Guard 령혼호위ᄒ 게	79	George Heath (1750 - 1882)	1781	英
74	My Jesus. I love thee 예수내걸노알고소랑ᄒ네	26	anon.	1864	〃
75	More love to theer O Christ 소랑ᄒ셰예수	82	Elizabeth Pretiss	1869	美
76	Must Jesus bear the cross alone? 셰상구ᄒ예수님만	76	Thmas Shepherd (1665 - 1739)	1693	英
77	Not all the blood of beasts 류축들죽이고	100	Isaac Watts	1709	〃
78	Nearer, my God to thee 우리쥬갓가히	81	Sarah F. Adams (1805-1848)	1841	〃
79	O God, our help in ages past 여호와가옛적브터	74	Isaac Watts	1707	〃
80	Oh, could I speak the matchless worth 예수말못ᄒ 덕힝과	22	Samuel Medley	1789	〃
81	One more day's work for Jesus 오늘 일쥬위ᄒ 셰	75	Anna Warner	1869	美
82	Our blessed redeemer, ere he breathed 우리거룩ᄒ구셰주	55	Harriet Auber (1793 - 1862)	1829	英
83	O, how God loved the world 셰샹사룸죄악만하	40	A Native Korean	1886 -1893	韓
84	Oh! Lord, do thou control my ways 쥬여우리룰 거ᄂ려	90	William Williams	1745	英
85	One sweetly solemn thouht 니러나싱각게	105	Phoebe Cary (1824 - 1871)	1852	美
86	Pass me not, O gentle Saviour 쥬여날ᄇ리지말게	65	Fanny crosby	1868	〃
87	Praise the Lord who made the world 이세샹을내신이는	4	A Native Korean	1886 -1893	韓

88	Rise, my soul, and stretch the wings 령혼아깃다듬어	107	Robert Seagrave (1693-1759)	1742	英
89	Rock of ages, cleft for me 날위ᄒ야엿닌반셕	36	Augustuus Toplady	1776	〃
90	Rejoice and be glad 깃버ᄒ게ᄒ라구ᄒ실이가왓네	19	Horatius Bonar	1861	〃
91	Saviour, like a shepherd lead us 우리를구ᄒ야쥰예수	25	Dorothy A. Thrupp	1838	〃
92	Sefely through another week 거룩ᄒ날왓시니	12	John Newton	1774	〃
93	Soldiers of Christ, arise 그리스도군병들은	80	Charles Wesley	1779	〃
94	Sweet is the work, my God, my king 놉흔일홈찬양ᄒ고	3	Isaac Watts	1719	〃
95	Sun of my soul, thou Saviour dear ᄉ랑ᄒ쥬령혼의히	16	John Keble	1820	〃
96	To Jesus I go (Just as I am, without one plea, no.2) 중죄디옥당연컷만	63	Charlotte Elliott	1840	〃
97	The Lord's prayer 쥬긔도문	117			
98	The whole world was lost in the darkness 셰샹다어두워날빗업섯네	27	Phillp Bliss	1875	美
99	The Church's one foundation 셩회긔지ᄒ나쑨	101	Samuel J. Stone (1839-1900)	1866	英
100	There is a fountain filled with blood 피흐르ᄂ섬잇ᄉ니	60	William Cowper	1771	〃
101	Tell me the old, old story 내게녯일말ᄒ게	24	Katherine Hankey	1866	〃
102	Though I speak with the tongue of men and of angels 만국방언다잘ᄒ고	114	A Native Korean	1886 -1863	韓
103	The great physicion now is near 큰의원갓가히왓네	37	William Hunter (1811-1877)	1859	美
104	Though troubles assail and dangers affright 고로움과어려움	87	A Native Korean	1886 -1893	韓

번호	찬송가 첫행가사	찬송가 번 호	원작자	작시 년도	국 적
105	THere is a happy land 훈복되잇스니	109	Andrew Young (1807-1889)	1838	英
106	The heavens declare thy glory. Lord 하놀과여러별들이	5	Isaac Watts	1719	〃
107	There's a wideness in God's mercy 하놀 ㅈ치널넛시며	11	Frederick Faber (1814-1863)	1854	〃
108	There'll be no sorrow there(we shall live forever) 하놀 엔곤찬코	110			
109	Today the Saviour calls 오놀 쥬가찻네	30	Samuel F. Smith (1808-1895)	1873	美
110	That day oh wrath that dreadful day 이셰샹의쥰빗들우	113	A Native Korean	1886 -1893	韓
111	The one hundredth Psalm(God without beginning) 여호와가시죵업고	7	Psalm		
112	'Tis the promise of God, full salvation to give 여호와의허락예수만멋으면	69	Phillip Bliss	1874	美
113	The Lord will provide 어렵고어려우나	93	白鴻俊	1886 -1893	韓
114	When thou, my righteous judge, shalt come 지공훈쥬심판날에	84	Josiah Miller (1872-1880)	1869	英
115	When I survey the wondrous cross 대쥬지우희돌니신	32	Issac Watts	1707	〃
116	What can wash away my sins? 내죄를씻논거슨	64	Robert Lowry	1877	美
117	When I the Saviour's blood do see 우리쥬의피롤보면	29	Isaac Watts	1707	英

3) 1897년 찬양시 (83曲)

번호	찬송가 첫행가사	찬송가 번 호	원작자	작시 년도	국 적
1	Alas! and did my Saviour bleed 웬말인가날위하야	58	Isaac Watts	1017	美
2	All hail the power of Jesus. name, no 1. 예수일홈권셰치하	18	Edward Perronett	1779	英

3	Anywhere with Jesus 아모딕나예수나를잇글면	46	Ceccil Frances Alexander	1860	英
4	Awake, my soul, to joyful lays 구쥬공로무하히니	5	Samuel Medley (1738 - 1799)	1782	〃
5	Come, ye disconsolate, where'er ye languish 압흔무옵잇는쟈어듸잇던지	36	Thomas More (1779 - 1852)	1816	〃
6	Come, ye siners poor and needy 연약호고병이만혼	54	John Newton	1778	〃
7	Doxology(Praise God from whom all blessings flow) 찬미샹데복의근원	24	Thomas Ken	1782	〃
8	Doxology(Praise God from whom all blessings flow) 우리쥬를찬미힘이	25	Thomas Ken	〃	〃
9	Doxology (Praise the blessed Trinity) 텬지간에만물들아	26			
10	Evening Prayer(Softly now the lihgt of day) 쥬여히빗져므니	30	George W. Doane (1799 - 1859)	1824	美
11	Far, far I have wondered 멀리멀리갓더니	41	William McDonald	1871	〃
12	God be with you till we meet again 우리다시맛나볼동안	53	Jeremiah Eames Rankin (1828 - 1904)	1899	〃
13	Grace before meals(Heavenly Father, bless me now) 하늘에계신아버지	33	Alexander Clark	1884	〃
14	Gracious Jesus 감사호신예수씌셔	48	Christopher C. Cox (1819 - 1882)	1847	〃
15	Guide me, Oh thou great Jehovah 역려과객ス혼내가	51	William Williams	1745	〃
16	Hallelujah Song(Hark Ten Thousand Harps and Voices) 찬숑하는소리잇서	1	Thomas Kelly	1806	〃
17	Hannah's prayer 하느님이령혼을	62			
18	Hark! the herald angels sing 텬수부룸드르라	14	Charles Wesley	1739	英
19	Harvest Home(come, ye thankful people, come) 감사히로인민아	4	Henry Alford (1810 - 1871)	1844	〃

20	Haven of Rest(My soul in sad exile) 이셰샹에근심훈일이만코	20	H. L. Gilmour		
21	He called me and I came 저를부르셧스니	55	創作歌 (Miss Strong)		
22	He leadeth: Oh blessed thought 예수가거느리시니	31	Joseph H. Gilmore	1862	美
23	Holy Ghost, with light divine 영화로신셩신이어	6	Andrew Reed	1817	英
24	I am so glad that our Father in Heaven 하느님아바지주신칙은	7	Philip Bliss	1874	美
25	I heard thevoice of Jesus say 쥬예수말솜ᄒ기롤	50	Horatius Bonar	1846	英
26	Isaiah, fifty-third chapter, extract 우리죄를인ᄒ여셔	61	Isaiah		
27	Jesus, I my cross have taken 나는내십ᄌ가지고	27	Henry F. Lyte	1824	英
28	Jesus, Jesus, visit me 뎨일됴혼친구여	59	Robinson Porter Dunn (1825 - 1867)	1859	美
29	Jesus, lead me 예수인도하쇼셔	40	William Williams	1772	英
30	Jesus, lover of my soul 풍우대작ᄒ쌔와	10	Charles Wesley	1740	〃
31	Jesus loves me! This I know 예수ᄉ랑ᄒ심은	8	Anna Warner	1859	美
32	Jesus, thy name I love 일홈들가온듸	39	James G. Deck	1842	英
33	Jesus will come 예수언제오실년지	49	Philip Bliss	1874	美
34	Just as I am, without one plea, no. 1. 쥬예수피를흘리고	43	Charlotte Elliott	1840	英
35	More love to thee, Oh Christ ᄉ랑ᄒ셰예수	28	Elizabeth Pretiss	1869	美
36	My Jesus, I love thee 내예수ᄉ랑ᄒ고주신줄아오	44	Anon.	1864	英
37	My soul, be on thy guard 령혼호위ᄒ라	13	George Heath	1781	〃
38	Nearer my God to thee 하느님갓가히	52	Sarah F. Adams	1841	〃

39	Nearer the cross my heart can say 쥬의십주가잇눈티	56	Fanny Crosby	1869	美
40	Our Lord in mercy came 쥬씌셔느려왓스니	47			
41	Praise him. Praise him 찬미ᄒ라복주신쥬예수	63	Fanny Crosby	1869	美
42	Quiet, Lord, my forward heart 오히ᄌ치슌ᄒ고	42	奧野正綱	1874	〃
43	Rejoice and be glad 깃버ᄒ게ᄒ라구ᄒ리가왓네	15	Horatius Boner	1861	英
44	Rock of ages 만세반석열리니	11	Augustus Toplady	1776	〃
45	Safely thro' another week 조ᄒ일혜동안	2	John Newton	1774	〃
46	Saviour, breathe an evening blessing 저의들이눕기전에	3	James Edmeston (1791 - 1867)	1820	〃
47	Saviour, like a shepherd lead us 우리롤구ᄒ야쥰예수	9	Derethy A. Thrupp	1838	〃
48	Sinners, Jesus will receive 텬당길을ᄇ리고	60	E. Neumeister Tr. Emma Frances	1858	獨 英
49	Still there's more to follow (Have you on the Lord believed?) 예수를밋엇시나	29	Philip Bliss	1874	美
50	Take me, oh my Father, take me 아버지어이죄인의		Ray Palmer	1864	〃
51	Take my heart, oh Father, take it 아버지어나의ᄆ음을		Anon.	1849	〃
52	The Lord will provide 어렵고어려오나	32	白鴻俊	1886 -1895	韓
53	There is a happy land 흑복디잇스니	85	Andrew Young	1838	英
54	The whole world was lost in the darkness of sin 온세상어두워빗업섯더니	38	Philip Bliss	1875	美
55	Tho' helpless and weary 내잔약혼것과곤ᄒ지라도	22			
56	'Tis the promise of God, full salvation to give 하ᄂ님의허낙예수만있으면	23	Philip Bliss	1874	美

57	To depart I am longing 더날거시올셰다	12			
58	Weeping will not save me 우려도못ᄒ네	45	Robert Lowry	1868	美
59	we have heard a joyful sound 깃븐노리드르니	34	Priscilla Jane Owens (1829 - ?)	1898	〃
60	What can wash away my sins? 내죄를씻는거슨	21	Robert Lowry	1877	〃
61	When he cometh 예수끠셔오실때에	57	William Orcutt Cushing (1823 - ?)	1884	〃
62	When our hearts are bowed with woe 친이흔이죽으니	19	Henry Hart Milman (1791 - ?)	1827	英
63	Yes, for me, for me He careth 날위ᄒ야날위ᄒ야	16	Horatius Bonar	1844	〃
64	Before Jehovah's awful throne 여호와의보좌압헤	64	Isaac Watts	1719	〃
65	Consider ye the merits of our almighty God 전능ᄒ신아버지의	65	創作歌 (Mr. Gale)	1886 -1895	
66	Let all creation rise and bring 하ᄂ님이턴디내고	67			
67	Sweet is the work, my God, my king 놉흔일홈찬양ᄒ고	68	Isaac Watts	1719	英
68	Jesus shall reign where,er the sun 히가가는길과ᄀᆺ치	66	Isaac Watts	1719	〃
69	The nineth-fifth Psalm 시편데구십오편	69	Psalm		
70	The fifty-third chapter of Isaiah 이시아데오십삼쟝	70	Isaiah		
71	Third Psalm 시편데삼편시편	71	Psalm		
72	Eighth Psalm 데팔편시편	72	Psalm		
73	ninteenth Psalm 데십구편	73	Psalm		
74	Twentieth Psalm 시편데이십편	74	Psalm		

75	Twenty-third Psalm 시편데이십삼편	75	Psalm		
76	Sixty-seventh Psalm 시편데육십칠편	76	Psalm		
77	One hundredth Psalm 시편데일빅편	77	Psalm		
78	One hundred and fourth Psalm 시편데일빅亽편	78	Psam		
79	One hundred twenty-first Psalm 시편데일빅이십일편	79	Psalm		
80	One hundred twenty-fourth Psalm 시편데일빅이십일편	80	Psalm		
81	One hundred twenty-sixth Psalm 시편데일빅이십륙편	81	Psalm		
82	One hundred and thirtieth Psalm 시편데일빅삼십편	82	Psalm		
83	One hundred and thirty-eighth Psalm 시편데일빅삼실팔편	83	Psam		

李有善,「基督敎音樂史」(서울: 總神大學出版部, 1977) pp. 121-136.

[부록 3] 관현악기 개요 Instrumentation

1. 현악기(The Strings)
1) 현악기 조율법(Tuning)

(1) 바이올린(Violin)

(2) 비올라(Viola)

(3) 첼로(Cello)

(4) 더블베이스(Double Bass)

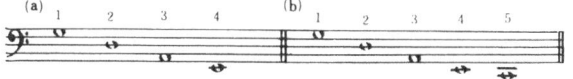

① 바이올린, 비올라, 첼로는 각각 완전5도로 조율하고, 더블베이스만은 완전 4도로 조율한다.
② 비올라와 첼로는 조율 법이 같다.
③ 바이올린과 더블베이스는 조율 법이 정반대이다.
④ 더블베이스는 5현(弦)인 것도 있으나 4현이 가장 많이 사용된다.
⑤ 현악기는 각각 A현을 기준으로 조율한다.

2) 현악기 음역 音域; Range

(1) 바이올린(Violin)
(2) 비올라(Viola)
(3) 첼로(Cello)
(4) 더블베이스(Double Bass)

① 각 악기에 있어서 최저음은 물론이고, 안심하고 사용할 수 있는 실용적인 음역(Practical Range)을 기억해야 한다.
② 각 악기에 있어서 저음, 중음, 고음들의 음색(音色)과 음량(音量)을 기억해야 한다.
③ 바이올린, 비올라, 첼로는 기음(記音; Written range)과 실음(實音; Actual Sound)이 같으며, 더블베이스만은 기음보다 실음이 완전8도 높다.

2. 목관악기 The Woodwinds

1) 목관악기의 종류는 리드Reed에 따라 다음과 같이 나눈다.

① Non-Reeds(無簧) : Piccolo, Flute
② Single-Reeds(單簧) : Clarinet, Saxophone
③ Double-Reeds(復簧) : Oboe, English Horn, Bassoon, Double Bassoon(Contra Bassoon)

2) 목관악기의 조율 법 調律 法; Tuning

(1) 피콜로(Piccolo; Piccolo Flute)
    C조는 A음을 기준으로 조율한다.
    D^b조는 A^b음을 기준으로 조율한다.
(2) Flute, Oboe, Bassoon, Double Bassoon은 각각 A음을
    기준으로 조율한다.
(3) 잉글리시 혼English Horn
    E음을 기준으로 조율한다.
(4) 클라리넷Clarinet
    B^b조는 B음을 기준으로 조율한다.
    A조는 C 음을 기준으로 조율한다.
(5) 베이스 클라리넷Bass Clarinet; Bb은 B음을 기준으로 조율한다.
(6) 색소폰Saxophone
    * 알토 색소폰Alto Saxophone은 E^b조이므로 $F^\#$음을,
    * 테너 색소폰Tenor Saxophone은 B^b조이므로 B음을 기준으로 조율한다.
① Piccolo(D^b), English Horn(F), Clarinet(B^b, A), Bass Clarinet(B^b), Saxophone(E^b, B^b), Trumpet(B^b), Horn(F) 등을 이조악기移調樂器; Transposing Instrument라고 한다.
② 이조악기移調樂器를 사용할 때에는 조성기호 대조표([부록 1] 이조악기의 조성기호 대조표)에 의해 그 조성 기호를 결정해야 한다.

예를 들어서 Trumpet은 장2도가 낮은 B^b조이므로, C조의 곡을 연주하려면 장2도 높여서 D장조로 악보를 이조移調해 연주해야 한다. 다시 말하면 B^b조 악기로 C조의 곡을 연주하려면 D조의 조성기호를 사용하여 조옮김한 후 연주해야 한다.

2) 목관악기 음역 音域; Range

(1) Piccolo

(2) Flute

(3) Oboe

(4) English Horn

① 각 악기에 있어서 최저음은 물론이고, 안심하고 사용할 수 있는 **실용적인 음역** Practical Range 을 기억해야 한다.
② 각 악기에 있어서 저음, 중음, 고음들의 음색音色과 음량音量을 기억해야 한다.
③ 피콜로Piccolo는 기음 記音; Written range 과 실음 實音; Actual Sound 이 완전8도 높으며, Bass Clarinet, Double Bassoon, Tenor Saxophone은 기음보다 실음이 완전8도 높다.

(5) Clarinet

(6) Bass Clarinet

(7) Bassoon

(8) Double Bassoon

(9) Saxophone

3. 금관악기 The Brass

1) 금관악기 조율 법 調律 法; Tuning

(1) 트럼펫Trumpet은 B음을 기준으로 조율한다.
(2) 혼Horn은 F, E, E♭, G, C조 등이 있으나 오늘날 가장 많이 사용되는 것은 F 조이므로 E음을 기준으로 조율한다.
(3) 트롬본Trombone, 베스 트롬본Bass Trombone, 튜바Tuba 등은 각각 A음을 기준으로 조율한다.

2) 금관악기 음역 音域; Range

(1) Trumpet

(2) Horn

(3) Trombone

(4) Bass Trombone

(5) Tuba

① 각 악기에 있어서 최저음은 물론이고, 안심하고 사용할 수 있는 실용적인 음역Practical Range을 기억해야 한다.
② 각 악기에 있어서 저음, 중음, 고음들의 음색音色과 음량音量을 기억해야 한다.
③ 베스 트롬본Bass Trombone과 튜바Tuba는 각각 기음과 실음이 같다.

4. 타악기 The percussion

1) 타악기의 조율 법調律 法; Tuning

(1) 팀파니Timpani는 A음을 기준 잡아 조율한다.
* 팀파니Timpani의 조율을 바꿀 때에는 'muta 바꾸다 in C' 등으로 기보한다.

2) 타악기의 음역音域; Range

(1) Timpani

(2) Xylophone   (3) Vibraphone

(4) Bells

* Xylophone, Bells 등은 기음보다 실음이 완전8도 높다.

5. 기타

Celesta   Harp
Piano   Organ

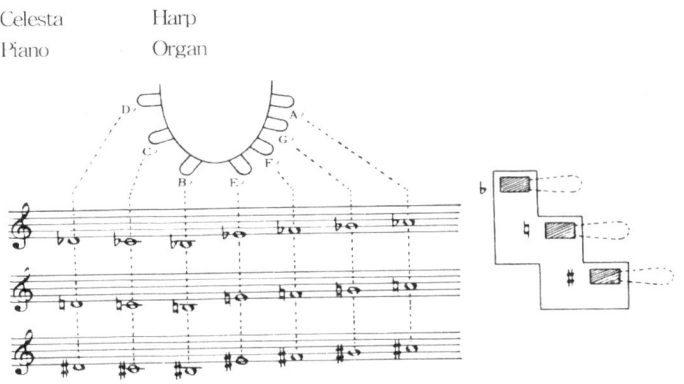

* ① Harp는 7개의 Pedal 장치가 되어 있고, 이것을 짚는데 따라서 각각 음이 ♭, ♮, ♯이 된다.
② Harp에 있어서는 제5지(第五指)는 사용하지 못하므로 원칙적으로 4개 이상으로 된 화음은 연주가 매우 곤란하다.

2) 음역(音域: Range)

(1) Celesta

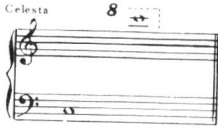

(2) Harp

(3) Piano

(4) Organ

* ① Celesta는 기음보다 실음이 완전8도 높다.
  ② Organ은 Pedal이 있는 것을 말한다.

[부록 4] 한국『찬송가』서지 목록

한국 찬송가 서지 목록

□ 한국 찬송가 서지목록을 정리함에 있어 다음의 몇가지 원칙을 따랐다

1. 인쇄되어 찬송집으로 간행된 것만 선정했다. 따라서 필사본이나 임시적인 필경판, 혹은 차트나 낱장으로 인쇄된 것은 취급하지 않았다.
2. 찬송집의 성격이 분명한 것만 선정했다. 따라서 잡지나 단행본에 첨부된 찬송가나 특히 신작으로 발표, 게재된 개별 찬송가 등은 제외하였다. 이에따라 성서와 합본된 찬송가는 성서서지목록에서 다루고 찬송가목록에서는 취급하지 않았다.
3. 찬송가의 종류별, 즉 연합찬송가 혹은 교과별 찬송가에 유의해서 망라했으나 수록 순서는 발행연도순에 따랐다.
4. 초판(初版)찬송가를 위주로 선정했다. 초판이 불확실하거나 기타 문헌에서도 밝혀지지 않는 경우에는 중판본부터 정리했다.
5. 같은 종류의 찬송가라 할지라도 판형이 다르거나 곡보수록여부, 증보나 수정이 있을 때는 별도의 것으로 정리하였다.
6. 찬송가의 이름은 표지 제목을 따르는 것을 원칙으로 했으나 일반적으로 알려져 구별되는 명칭, 즉 '합동' '개편' '통일' 등의 낱말을 그대로 붙여 독자들의 이해와 구별을 도왔다.
7. 발행연도는 서기로 표기하였으며 판권과 표지의 연도가 다를 경우에는 판권의 것을 취했다.

□ 서지목록을 정리함에 있어 참고한 자료들은 다음과 같다
1) 이중태, 한국교회음악사, 1979
2) 이유선, 한국양악 80년사, 1968
3) 노고수, 한국기독교서지연구, 1981
4) 이장식, 대한기독교서회백년사, 1984
5) 윤춘병, 한국찬송가100년사
6) 기독교문사소장 한국찬송가 목록, 1987
7) 김양선, 한국기독교초기간행물에 관하여(사총, 고대사학회, 1968)
8) 기독교고문헌전시목록, 연세대학교중앙도서관, 1968

기타 각 종류별 찬송가와 개인 소장본들도 다수 참조하였다.

□ 서지목록의 번호는 다음것을 의미한다.
① = 편역자(편집자)
② = 발행연도
③ = 발행소
④ = 발행한 지역
⑤ = 면수(한식제본의 경우는 매)
⑥ = 책 크기(세로×가로)
⑦ = 소장처(혹은 소장자)

□ 소장처 혹은 소장자' 약어는 다음과 같다. (가나다 순)
교문 = 기독교문사
빨랑 = 프랑스국립도서관 빨랑시문고
숭실 = 숭실대학교 기독교박물관
연세 = 연세대학교 중앙도서관
의영 = 박의영 목사
춘병 = 윤춘병 목사
치영 = 윤치영 선생
침신 = 침례신학대학 도서관

1. 찬미가 ① 존스·로드와일러 ② 1892년 ③ 미감리회 ④ 서울 ⑤ 39매 ⑥ 14.8×10.5cm
2. 찬양가 ① 언더우드 ② 1894년 ③ 예수성교회당 ④ 서울 ⑤ 128면 ⑥ 21×14.8cm ⑦ 숭실·연세.
3. 찬미가 ① 존스·로드와일러 ② 1895년(증보) ③ 미감리회 ④ 서울 ⑤ 46매 ⑥ 21×14.8cm ⑦ 숭실·연세.
4. 찬성시 ① 리·기포드 부인 ② 1895년 ③ 북장로회선교부 ④ 평양 ⑤ 56매 ⑥ 21×14.8cm ⑦ 빨랑.

5. 찬양가 ① 언더우드 ② 1895년(증보) ③ 예수셩교회당 ④ 서울 ⑤ 82매 ⑥ 25.7×18.8cm ⑦ 쁠랑
6. 찬미가 ① 언더우드 ② 1896년(증보) ③ 예수셩교회당 ④ 서울 ⑥ 21×14.8cm
7. 찬미가 ① 존스·로드와일러·벙커 ② 1897년(증보) ③ 미감리회 ④ 서울 ⑤ 53매 ⑥ 14.8×10.5cm ⑦ 숭실
8. 찬셩시 ① 리·기포드 부인 ② 1898년(증보) ③ 북장로회선교부 ④ 평양 ⑤ 43매 ⑥ 14.8×10.5cm ⑦ 숭실
9. 복음찬미 ① 펜윅 ② 1899년 ③ 대한기독교회 ④ 원산
10. 찬미가 ① 존스 ② 1899년(증보) ③ 미감리회 ④ 서울 ⑤ 151매 ⑥ 18.8×12.8cm
11. 복음찬미 ① 펜윅 ② 1900년 ③ 대한기독교회 ④ 원산 ⑤ 18.8×12.8cm
12. 찬미가 ① 존스 ② 1900년(증보) ③ 미감리회 ④ 서울 ⑤ 156매 ⑥ 18.8×12.8cm
13. 찬셩시 ① 리·기포드 부인 ② 1900년(증보) ③ 북장로회선교부 ④ 평양 ⑥ 14.8×10.5cm
14. 찬양가 ① 언더우드 ② 1900년(증보) ③ 예수셩교회당 ④ 서울 ⑥ 18.8×12.8cm
15. 찬미가 ① 존스 ② 1902년(증보) ③ 미감리회 ④ 서울 ⑥ 18.8×12.8cm
16. 성회송가 ② 1903년 ③ 대영국종고셩교회 ④ 서울 ⑤ 250면 ⑥ 25.7×18.8cm ⑦ 교문·숭실·연세.
17. 복음찬미 ① 펜윅 ② 1904년(증보) ③ 대한기독교회 ④ 원산 ⑥ 18.8×12.8cm
18. 천도찬사 ② 1904년 ③ 대영국종고셩교회 ④ 서울
19. 찬미가 ① 윤치호 ② 1905년 ④ 서울 ⑤ 16면 ⑥ 17.5×12cm
20. 찬미가 ② 1905년 ③ 대영국종고셩교회 ④ 서울 ⑤ 53매 ⑥ 20×15.5cm ⑦ 연세
21. 찬셩시(곡보부) ① 리·기포드부인 ② 1905년 ③ 북장로회선교부 ④ 평양 ⑤ 189면 ⑥ 21×14.8cm
22. 구세군가 ② 1908년 ③ 구세군본영 ④ 서울
23. 찬미가 ① 윤치호 ② 1908년(2) ④ 서울 ⑤ 16면 ⑥ 17.5×12cm ⑦ 치영

24. 찬숑가 ① 재한복음주의선교부통합공의회 찬송가위원회 ② 1908년 ③ 재한복음주의 선교회통합공의회 ④ 서울
25. 찬숑가(곡보부) ① 재한복음주의선교부통합공의회 찬송가위원회 ② 1909년 ③ 재한복음주의선교회통합공의회 ④ 서울 ⑥ 21×14.8cm
26. 성회송가 ② 1910년 ③ 대한성공회 ④ 서울 ⑤ 361면 ⑥ 14.8×10.5cm ⑦ 숭실
27. 찬미가 ② 1911년 ③ 시조사 ④ 서울 ⑥ 21.5×14.8cm
28. 복음가 ① 카우만·킬보른 ② 1911년 ③ 동양선교회 ④ 서울
29. 구세군가 ① 호가드 ② 1912년 ③ 구세군조선본영 ④ 서울 ⑥ 21.5×14.8cm
30. 부흥성가 ① 카우만·킬보른 ② 1913년 ③ 동양선교회 ④ 서울 ⑥ 18.8×12.8cm
31. 챵가집 ① 안애리 ② 1915년 ③ 조선예수교서회 평양예수교서원 ④ 서울·평양 ⑤ 121면 ⑥ 18.8×12.8cm
32. 찬송가 ① 재한복음주의선교부통합공의회 찬송가위원회 ② 1916년 ③ 조선예수교서회 ④ 서울 ⑤ 268면 ⑥ 21.5×14.8cm ⑦ 교문
33. 신증복음가 ① 카우만 킬보른 ② 1919년 ③ 동양선교회 ④ 서울 ⑤ 212면 ⑥ 18.8×12.8cm ⑦ 숭실
34. 챵가집 ① 안애리 ② 1920년(2) ③ 조선예수교서회·평양예수교서원 ④ 서울·평양 ⑤ 121면 ⑥ 18.8×12.8cm ⑦ 숭실
35. 찬미가 ② 1922년(증보) ③ 시조사 ④ 서울
36. 부흥찬송가 ① 로드 ② 1923년 ③ 조선예수교서회 ④ 서울 ⑤15면 ⑥ 14.8×10.5cm ⑦ 숭실
37. 죠션어셩가집 ① 뮈텔 감준 ② 1924년 ③ 조선천주교회 ④ 서울 ⑥ 14.8×10.5cm
38. 복음찬미 ① 펜윅 ② 1925년(증보) ③ 동아기독교회 ④ 원산 ⑤ 352면 ⑥ 14.8×10.5cm ⑦ 침신
39. 구세군가 ① 토프트 ② 1927년 ③ 구세군조선본영 ④ 서울 ⑤ 346면 ⑥ 14.8×10.5cm ⑦ 교문
40. 부흥성가 ① 카우만·킬보른 ② 1930년 ③ 동양선교회성결교회 ④ 서울 ⑤ 281면 ⑥ 18.8×12.8cm ⑦ 교문

41. 복음찬미 ① 펜윅 ② 1931년(증보) ③ 동아기독교회 ④ 원산 ⑥ 14.8×10.5cm ⑦ 침신
42. 신덩찬송가 ① 조선예수교연합공의회 찬송가개정위원회 ② 1931년 ③ 조선예수교서회 ④ 서울 ⑤ 344면 ⑥ 21×14.8cm ⑦ 교문·의영
43. 찬송가 ① 피터스 ② 1932년(20) ③ 조선예수교서회 ④ 서울 ⑤ 334면 ⑥ 14.8×10.5cm ⑦ 교문
44. 찬미가 ① 왕거린 부인 ② 1933년(3) ③ 시조사 ④ 서울 ⑤ 236면 ⑥ 21×14.8cm ⑦ 교문
45. 방언찬미가 ① 안병한 ② 1934년 ③ 복음서관 ④ 신의주 ⑤ 77면 ⑥ 18.8×12.8cm ⑦ 교문
46. 신편찬송가 ① 조선예수교장로회총회 찬송가편찬위원회 ② 1935년 ③ 조선예수교장로회총회 종교교육부 ④ 서울 ⑤ 409면 ⑥ 18.8×12.8cm ⑦ 교문
47. 가톨릭성가집 ② 1936년 ③ 조선천주교회 ④ 서울
48. 아동찬송가 ① 현제명 ② 1936년 ③ 조선예수교장로회총회 종교교육부 ④ 서울 ⑤ 114면 ⑥ 18.8×12.8cm ⑦ 춘병
49. 성시선편(聖詩選篇) ② 1937년 ③ 조선성공회 ④ 서울 ⑤ 96매 ⑥ 14.8×10.5cm ⑦ 교문
50. 성회송가 ② 1937년 ③ 조선성공회 ④ 서울 ⑤ 188면 ⑥ 14.8×10.5cm ⑦ 교문
51. 찬송가 ① 피터스 ② 1937년 ③ 조선예수교서회 ④ 서울 ⑤ 278면 ⑥ 10.8×7cm ⑦ 교문
52. 부흥성가 ① 헤인스 ② 1938년(10) ③ 동양선교회성결교회 ④ 서울 ⑤ 262면 ⑥ 18.8×12.8cm ⑦ 교문
53. 복음찬미 ① 펜윅 ② 1939년(증보) ③ 동아기독대 ④ 원산 ⑤ 400면 ⑥ 14.8×10.5cm ⑦ 침신
54. 신편찬송가 ① 조선예수교장로회총회 찬송가편찬위원회 ② 1939년 ③ 조선예수교장로회총회 종교교육부 ④ 서울 ⑤ 399면 ⑥ 18.5×12.8cm ⑦ 교문
55. 신편찬송가 ① 조선예수교장로회총회 찬송가편찬위원회 ② 1939년(2) ③ 조선예수교장로회총회 종교교육부 ④ 서울 ⑤ 470면 ⑥ 10.7×7cm ⑦ 교문
56. 신편찬송가 ① 조선예수교장로회총회 찬송가편찬위원회 ② 1939년(2) ③ 조선예수교장로회총회 종교교육부 ④ 서울 ⑤ 409면 ⑥ 21×14.8cm ⑦ 교문

57. 복음찬미 ① 이종덕 ② 1948년 ③ 동아기독교회 ④ 강경 ⑤ 140면 ⑥ 14.8×10.5cm ⑦ 침신
58. 찬미가 ② 1949년 ③ 시조사 ④ 서울 ⑤ 338면 ⑥ 20×14cm ⑦ 교문
59. 합동찬송가 ① 찬송가합동전권위원회 ② 1949년 ③ 대한기독교서회 ④ 서울 ⑤ 348면 ⑥ 18.8×12.8cm ⑦ 교문
60. 합동찬송가(곡보) ① 찬송가합동전권위원회 ② 1950년 ③ 대한기독교서회 ④ 서울 ⑤ 609면 ⑥ 18.8×12.8cm ⑦ 교문
61. 가톨릭 성가집 ② 1951년 ③ 한국천주교회 ④ 서울
62. 어린이찬송가 ① 기독교아동교육연구회 ② 1953년 ③ 대한기독교서회 ④ 서울 ⑤ 123면 ⑥ 18.8×12.8cm ⑦ 교문
63. 합동찬송가(곡보) ① 찬송가합동전권위원회 ② 1954년(수정) ③ 대한기독교서회 ④ 서울 ⑤ 608면 ⑥ 18.8×12.8cm ⑦ 교문
64. 합동찬송가 ① 찬송가합동전권위원회 ② 1954년(수정) ③ 대한기독교서회 ④ 서울 ⑤ 354면 ⑥ 18.8×12.8cm ⑦ 교문
65. 곡보구세군가 ② 1955년 ③ 구세군대한본영 ④ 서울
66. 정선 가톨릭 성가집 ② 1956년 ③ 한국천주교회 ④ 서울
67. 찬미가 ① 김이열 ② 1959년(5) ③ 시조사 ④ 서울 ⑤ 408면 ⑥ 21×14.8cm ⑦ 교문
68. 가톨릭 성가집 ① 헨리감준 ② 1959년 ③ 한국천주교회 ④ 광주 ⑤ 126면 ⑥ 21×14.8cm ⑦ 교문
69. 학생찬송가 ② 1959년 ③ 기독교대한감리회 기독교학교 교목회 ⑤ 177면 ⑥ 18.8×12.8cm ⑦ 교문
70. 새찬송가 ① 대한예수장로회총회 새찬송가편찬위원회 ② 1962년 ③ 생명의 말씀사 ④ 703면 ⑤ 18.8×12.8cm ⑦ 교문
71. 새찬송가 ① 대한예수교장로회총회 새찬송가편찬위원회 ② 1963년 ③ 생명의 말씀사 ⑤ 748면 ⑥ 15.5×10.7cm ⑦ 교문
72. 찬미가 ① 김이열 ② 1963년 ③ 시조사 ⑤ 408면 ⑥ 21×14.8cm ⑦ 교문
73. 대한성공회성가 ① 김요한 ② 1965년 ③ 대한성공회 ④ 서울 ⑤ 729면 ⑥ 21×14.8cm ⑦ 교문
74. 새찬송가 ① 대한예수교장로회총회 새찬송가편찬위원회 ② 1965년 ③ 생명의 말씀사 ④ 서울 ⑤ 703면 ⑥ 19.2×13cm ⑦ 교문

75. YFC 찬송가 ① 김이호 ② 1965년 ③ 한국 YFC 연합회 ④ 서울 ⑤ 94면 ⑥ 18.8×12.8cm ⑦ 교문
76. 개편찬송가 ① 한국찬송가위원회 ② 1967년 ③ 대한기독교서회 ④ 서울 ⑤ 598면 ⑥ 18.8×12.8cm ⑦ 교문
77. 새로운 어린이 찬송가 ① 김희태 ② 1967년 ③ 대한기독교교육협회 ④ 서울 ⑤ 150면 ⑥ 15×10.5cm ⑦ 교문
78. 주일미사 ① 가톨릭공용어심의위원회 ② 1968년 ③ 한국천주교중앙협의회 ④ 서울 ⑤ 456면 ⑥ 15×10.5cm ⑦ 교문
79. 어린이찬송가 ① 한국교회음악협회 ② 1968년 ③ 교회음악사 ④ 서울 ⑤ 224면 ⑥ 19×13cm ⑦ 교문
80. 성공회성가 ① 대한성공회 서적편집위원회 ② 1969, 1970년(2) ③ 대한성공회 ④ 서울 ⑤ 729면 ⑥ 15×10.5cm ⑦ 교문
81. 어린이찬송가 ① 순복음중앙교회 주일학교음악부 ② 1970년 ③ 순복음 중앙교회 ④ 서울 ⑤ 285면 ⑥ 19.5×14cm ⑦ 교문
82. 어린이 새찬송가 ① 대한예수교장로회총회 교회교육부 ② 1971, 1975년(4) ③ 대한예수교장로회총회출판부 ④ 서울 ⑤ 238면 ⑥ 15.5×10.7cm ⑦ 교문
83. 감리교 어린이 찬송가 ① 기독교대한감리회 교회학교전국연합회 ② 1972, 1977년(12) ③ 기독교대한감리회총리원교육국 ④ 서울 ⑤ 205면 ⑥ 19×13cm ⑦ 교문
84. 찬송가(어린이용) ① 한국찬송가위원회 ② 1973년 ③ 대한기독교서회 ④ 서울 ⑤ 220면 ⑥ 17.5×11cm ⑦ 교문
85. 개편찬송가 ① 한국찬송가위원회 ② 1973년(20) ③ 대한기독교서회 ④ 서울 ⑤ 598면 ⑥ 18.5×12.8cm ⑦ 교문
86. 시편찬미가 ① 조활용 ② 1973년 ③ 성문학사 ④ 서울 ⑤ 339면 ⑥ 18.8×12.8cm ⑦ 교문
87. 새전례 가톨릭성가집 ① 대구 샬뜨르 성 바오로수녀원 ② 1975년 ③ 가톨릭출판사 ④ 서울 ⑤ 432면 ⑥ a:21×14.8cm b:15×10.3cm ⑦ 교문
88. 가톨릭공동체의 성가집 ① 원선오 외 ② 1975년 ③ 성바오로출판사 ④ 서울 ⑤ 664면 ⑥ 18.8×12.8cm ⑦ 교문
89. 구세군가 ① 전용섭 ② 1976년 ③ 구세군대한본영 ④ 서울 ⑤ 593면 ⑥ 18.

8×12.8cm ⑦ 교문
90. 국군찬송가 ① 한국찬송가위원회 ② 1977년 ③ 대한기독교서회 ④ 서울 ⑤ 244면 ⑥ 18.8×12.8cm ⑦ 교문
91. 어린이새찬송가 ① 김대해 ② 1977년(3) ③ 대한예수장로회총회(합동)출판부 ④ 서울 ⑤ 223면 ⑥ 14.5×10.5cm ⑦ 교문
92. 교회찬송 ② 1979년 ③ 한국복음서원 ④ 서울 ⑤ 320면 ⑥ 19×12.8cm ⑦ 교문
93. 구세군가(수정판) ① 김해득 ② 1979년 ③ 구세군대한본영 ④ 서울 ⑤ 594면 ⑥ 18.8×12.8cm ⑦ 교문
94. 어린이찬송가 ① 김두완 ② 1979년(2) ③ 아가페음악선교원 ④ 서울 ⑤ 188면 ⑥ 15×10.5cm ⑦ 교문
95. 어린이찬송가 ① 한국어린이찬송가통일위원회 ② 1979, 1980(2) ③ 대한기독교서회 ④ 서울 ⑤ 464면 ⑥ 18.7×12.8cm ⑦ 교문
96. 어린이용 새찬송가 ① 대한예수교장로회총회(합동)교육부 ② 1980년 ③ 대한예수교장로회총회(합동)출판부 ④ 서울 ⑤ 223면 ⑥ 14.7×10.5cm ⑦ 교문
97. 통일찬송가 ① 한국찬송가공회 ② 1983년 ③ 대한기독교서회, 생명의 말씀사 ④ 서울 ⑤ 582면 ⑥ 18.8×12.8cm ⑦ 교문
98. 통일찬송가(한국기독교100주년 기념판) ① 한국찬송가공회 ② 1984년 ③ 대한기독교서회, 생명의말씀사 ④ 서울 ⑤ 582면 ⑥ 15.2×10.5cm ⑦ 교문
99. 통일 찬송가(학생용) ① 한국찬송가공회 ② 1984년 ③ 대한기독교서회 ④ 서울 ⑤ 582면 ⑥ 13.4×9.2cm ⑦ 교문
100. 어린이찬송가 ① 대한예수교장로회(고신) ② 1984 ③ 고신출판사 ④ 부산 ⑤ 294면 ⑥ 19×12.8cm ⑦ 교문

※ 이상 「한국찬송가서지목록」은
한영제,「한국성서·찬송가100년」(서울:기독교문사, 1987), pp. 177-182.에서 인용함.

"한국찬송가 서지목록은 찬송가학을 연구하는 분들에게 자료를 제공해 줄 것이다."

[부록 5] 한국 『찬송가』 계보도

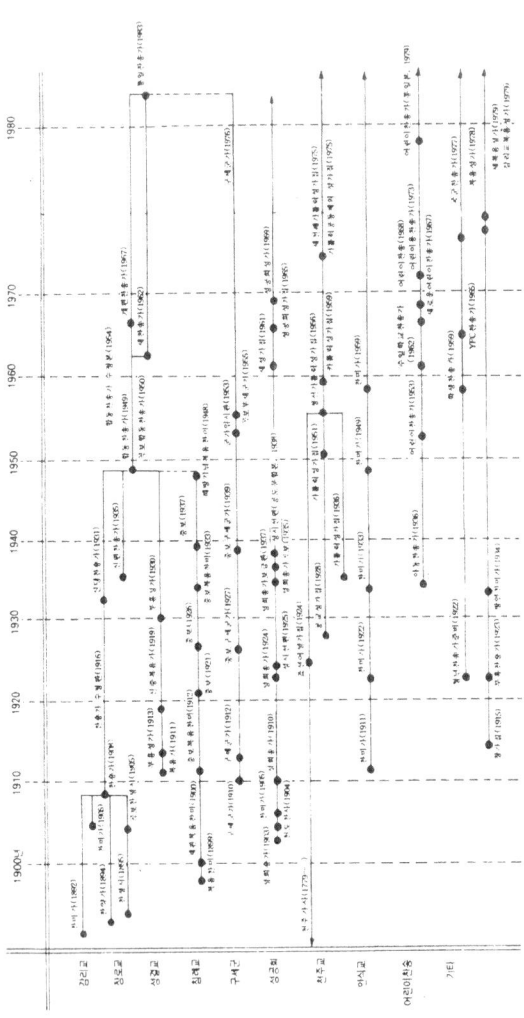

[부록 6] 한국 개신교 『찬송가』 중 '복음가' 일람

한국 개신교 찬송가 중의 복음가 일람

찬양가
20, 21, 23, 24, 25, 27, 29, 37, 54, 58, 60, 64, 65, 66, 67, 68, 69, 71, 75, 77, 78, 81, 83, 88, 104, 105, 106, 108
(계 28곡, 백분률 23.9%, 찬송 곡 총편수 117장)

찬송가
15, 24, 54, 56, 57, 58, 69, 77, 78, 79, 80, 84, 85, 89, 102, 103, 104, 105, 107, 110, 112, 113, 115, 117, 118, 119, 121, 122, 132, 134, 135, 136, 137, 138, 139, 140, 141, 144, 145, 147, 148, 150, 152, 153, 156, 157, 159, 160, 161, 162, 164, 166, 172, 175, 176, 177, 178, 183, 184, 185, 187, 190, 197, 198, 200, 201, 207, 209, 210, 211, 212, 213, 214, 218, 219, 220, 225, 227, 229, 230, 231, 232, 233, 234, 235, 236, 239, 240, 242, 243, 246, 247, 248, 249, 250, 251, 252, 258, 259, 261, 263, 265, 266
(계 104곡, 백분률 39%, 찬송 곡 총편수 266장)

신정 찬송가
10, 13, 20, 40, 53, 60, 61, 65, 69, 70, 72, 74, 85, 88, 92, 93, 95, 97, 98, 99, 100, 102, 103, 104, 106, 108, 110, 113, 114, 116, 118, 121, 123, 125, 127, 128, 129, 136, 137, 138, 139, 140, 141, 142, 143, 144, 145, 146, 150, 155, 156, 1157, 159, 160, 161, 163, 164, 166, 170, 172, 173, 175, 179, 184, 185, 186, 188, 189, 190, 191, 192, 193, 194, 197, 198, 201, 204, 206, 209, 212, 213, 215, 217, 221, 222, 225, 230, 246, 247, 248, 250, 253, 255, 256, 257, 259, 264, 265, 266, 268, 269, 270, 271, 273, 274, 276, 277, 278, 279, 280, 281, 284, 285, 286, 287, 288, 289, 291, 292, 293, 296, 297, 298, 299, 300, 303, 304, 305, 306, 307, 308, 310
(계 132곡, 백분률 42.0%, 찬송 곡 총편수 314장)

신편 찬송가

15, 24, 51, 54, 57, 58, 76, 77, 78, 79, 80, 84, 85, 89, 92, 101, 102, 103, 104, 105, 107, 108, 110, 112, 113, 115, 117, 118, 119, 120, 121, 122, 128, 132, 133, 134, 135, 136, 137, 138, 139, 140, 141, 144, 145, 147, 148, 150, 152, 153, 154, 156, 157, 159, 160, 161, 162, 164, 166, 172, 174, 175, 176, 177, 178, 183, 184, 185, 187, 190, 195, 197, 198, 199, 200, 201, 205, 207, 209, 210, 211, 212, 213, 214, 218, 219, 220, 225, 227, 229, 230, 231, 232, 233, 234, 235, 236, 239, 240, 242, 243, 246, 247, 248, 249, 250, 251, 252, 258, 259, 261, 264, 265, 266, 294, 299, 304, 312, 313, 314, 315, 316, 317, 318, 319, 320, 322, 323, 324, 327, 328, 329, 330, 331, 333, 340, 341, 343, 345, 346, 347, 348, 350, 352, 353, 354, 356, 357, 358, 359, 362, 363, 366, 372, 373, 376, 377, 378, 379, 384, 386, 388, 391, 394, 396, 397

(계 166곡, 백분률 41.5%, 찬송 곡 총편수 400장)

부흥성가

1, 2, 3, 4, 5, 6, 8, 9, 10, 11, 12, 13, 14, 15, 16, 17, 18, 19, 20, 22, 23, 24, 25, 26, 27, 28, 29, 30, 31, 32, 33, 34, 35, 36, 39, 41, 42, 43, 45, 48, 49, 50, 51, 52, 53, 54, 55, 57, 58, 59, 60, 61, 62, 63, 64, 65, 66, 67, 68, 69, 70, 71, 72, 73, 74, 77, 78, 79, 80, 81, 83, 84, 85, 86, 87, 88, 89, 90, 91, 93, 94, 95, 96, 97, 98, 99, 100, 101, 102, 103, 107, 108, 109, 111, 112, 113, 114, 115, 116, 117, 118, 119, 120, 122, 124, 125, 126, 127, 129, 130, 131, 133, 134, 139, 140, 141, 142, 143, 144, 146, 148, 149, 150, 151, 152, 153, 154, 156, 157, 159, 160, 161, 162, 163, 164, 165, 167, 168, 170, 171, 173, 174, 176, 177, 178, 179, 181, 184, 186, 190, 193, 194, 197, 198, 199, 200, 201, 202, 204, 205, 206, 207, 208, 209, 210, 211, 212, 213, 214, 215, 216, 217, 218, 219, 220, 221, 222, 223, 224, 225, 227, 228, 229, 230, 231, 232, 233, 234, 235, 236, 237, 238, 239

(계 193곡, 백분률 79.8%, 찬송 곡 총편수 242장)

합동 찬송가

11, 13, 66, 67, 68, 69, 74, 76, 79, 80, 81, 82, 83, 84, 85, 86, 89, 90, 92, 117, 123, 124, 126, 127, 128, 129, 130, 131, 132, 134, 142, 145, 147, 148, 149, 150, 151, 155, 159, 160, 161, 163, 164, 165, 166, 167, 170, 175, 178, 179, 180, 181, 182, 183, 184, 185, 186, 187, 188, 189, 190, 191, 193, 194, 196, 198, 201, 202, 203, 204, 207, 208, 209, 210, 211, 212, 213, 214, 215, 216, 217, 218, 219, 220, 221, 222, 223, 224, 225, 226, 228, 229, 232, 233, 234, 235, 236, 237, 238, 242, 243, 245, 246, 247, 248, 249, 250, 253, 254, 255, 257, 260, 263, 264, 265, 268, 269, 271, 272, 274, 276, 277, 278, 279, 280, 283, 286, 290, 293, 294, 295, 296, 297, 298, 299, 300, 301, 302, 303, 304, 305, 306, 307, 308, 310, 313, 315, 318, 319, 320, 321, 326, 328, 329, 330, 332, 333, 335, 336, 337, 338, 339, 340, 341, 342, 343, 344, 345, 346, 347, 348, 349, 350, 354, 359, 360, 361, 362, 364, 365, 366, 369, 370, 372, 373, 374, 375, 376, 377, 378, 379, 380, 381, 382, 383, 387, 389, 394, 397, 398, 401, 402, 403, 404, 405, 407, 408, 409, 410, 411, 412, 413, 414, 415, 416, 417, 418, 420, 421, 422, 423, 424, 425, 427, 428, 430, 432, 437, 439, 440, 441, 442, 443, 447, 448, 449, 450, 451, 453, 454, 455, 458, 469, 471, 473, 474, 475, 477, 478, 479, 480, 482, 483, 385, 486, 489, 490, 491, 492, 493, 495, 496, 498, 500, 501, 502, 503, 504, 505, 506, 508, 510, 511, 512, 514, 515, 521, 526, 527, 528, 529, 530, 531, 532, 533, 534, 535, 536, 537, 541, 542, 543, 544, 545, 546, 550, 552, 554, 555, 556, 557, 558, 559, 560, 561, 562, 574, 575, 576, 577, 580, 581

(계 312곡, 백분률 54.9%, 찬송 곡 총편수 586장)

새 찬송가

16, 24, 45, 88, 91, 106, 110, 113, 114, 115, 143, 144, 148, 153, 154, 159, 167, 170, 171, 173, 180, 182, 184, 193, 196, 197, 198, 200, 201, 202, 204, 206, 207, 208, 215, 216, 219, 222, 224, 225, 227, 228, 230, 231, 232, 233, 234, 235, 236, 237, 238, 340, 241, 242, 244, 245, 248,

249. 250. 251. 252. 253. 254. 255. 256. 257. 258. . 259. 260. 261. 262.
265. 268. 269. 271. 272. 273. 275. 276. 277. 278. 279. 280. 281. 282.
283. 284. 289. 290. 292. 293. 294. 295. 297. 298. 301. 302. 305. 306.
308. 309. 310. 311. 312. 313. 214. 315. 316. 317. 321. 324. 325. 326.
327. 330. 334. 337. 338. 339. 340. 341. 342. 343. 344. 346. 347. 349.
350. 351. 352. 353. 354. 356. 359. 360. 362. 365. 367. 368. 369. 370.
371. 372. 374. 378. 380. 381. 389. 390. 393. 394. 395. 400. 402. 405.
406. 410. 412. 413. 419. 421. 422. 424. 427. 428. 429. 430. 432. 433.
434. 435. 436. 437. 438. 440. 441. 442. 443. 448. 449. 451. 452. 453.
455. 456. 457. 458. 460. 461. 462. 463. 464. 466. 468. 469. 471. 472.
478. 480. 483. 484. 486. 487. 488. 490. 491. 494. 496. 497. 498. 499.
500. 501. 502. 502. 504. 505. 509. 510. 512. 514. 516. 518. 520. 522.
523. 525. 526. 527. 529. 530. 531. 537. 539. 543. 544. 547. 549. 550.
551. 554. 555. 557. 558. 561. 562. 576. 586. 587. 589. 592. 593. 599.
601. 604. 605. 606. 607. 609. 611. 612. 613. 614. 615. 616. 617. 619.
621. 623. 624. 625. 626. 627. 628. 629. 630. 631. 632. 633. 634. 635.
638. 639. 641. 642. 648. 652. 659. 663
(계 289곡, 백분률 43%, 찬송 곡 총편수 671장)

개편 찬송가
118. 119. 121. 126. 130. 133. 142. 146. 151. 152. 153. 154. 157. 164.
167. 168. 169. 170. 171. 175. 176. 184. 185. 189. 207. 215. 219. 221.
222. 224. 225. 226. 231. 232. 233. 234. 235. 238. 239. 241. 242. 243.
244. 245. 246. 249. 250. 255. 256. 257. 258. 259. 260. 261. 262. 263.
264. 265. 266. 267. 268. 269. 270. 271. 272. 273. 278. 279. 283. 290.
292. 293. 295. 300. 305. 310. 312. 313. 315. 320. 322. 323. 329. 330.
332. 335. 336. 339. 340. 343. 345. 348. 349. 351. 352. 354. 356. 358.
362. 369. 370. 404. 410. 411. 412. 415. 416. 417. 418. 423. 424. 425.
427. 429. 432. 437. 438. 439. 440. 442. 443. 444. 445. 446. 447. 449.
451. 452. 453. 454. 455. 456. 458. 460. 467. 483. 484. 485. 486. 487.
492. 494. 495. 497. 498. 500. 501. 503. 507. 508. 509. 510. 513. 514.

515, 531, 547, 548, 549, 550, 551, 561, 563, 601, 602, 603, 604, 605, 606, 608, 609, 610, 611, 612, 613, 614, 615, 616, 617, 618, 619, 620
(계 182곡, 백분률 29%, 찬송 곡 총편수 620장)

* 강신우 찬송가의 올바른 이해, pp 101-107 자료인용

공회찬송가 중 복음가 일람

12, 17, 35, 43, 46, 49, 71, 72, 74, 83, 84, 86, 87, 88, 89, 90, 91, 93, 95, 96, 97, 98, 99, 101, 102, 133, 135, 137, 138, 139˚, 142, 144, 146, 150, 151, 158, 159, 162, 163, 164, 168, 169, 172˚, 177˚, 179, 180, 181, 182, 183, 184, 185, 186, 187, 188˚, 189, 190, 191, 192, 193, 194, 195, 197, 198, 199, 200, 201, 202, 203, 204, 205, 206, 207, 208, 209, 210, 211, 212, 213, 214, 215, 217˚, 218, 219, 220, 221, 222, 223, 224, 226, 228, 230, 231, 232, 233, 234, 235, 236, 241, 249, 251, 252, 253, 257, 258, 259, 260, 262, 263, 268, 270, 271, 274, 275, 276, 277, 289, 291, 292, 293, 295, 299, 300, 302, 311, 313, 314, 315, 318, 319, 320, 321, 323, 324, 326, 327, 328, 329, 330, 331, 332, 333, 335, 336, 337, 340, 342, 343, 344, 346, 349, 351, 352, 353, 354, 356˚, 358, 359, 360, 361, 362, 363, 364˚, 365˚, 368, 370, 371, 373, 375, 377, 379, 382, 385, 387, 388, 391, 392, 393, 394, 395, 396, 397, 399, 400, 401, 402, 403, 404, 406, 408, 409, 410, 411, 412, 413, 414, 416, 417, 419, 421, 422, 423, 424, 425, 426, 427, 432, 434, 436, 439, 440, 442, 444, 446, 447, 448, 449, 450, 455, 456, 457, 458, 462, 463, 464, 465, 466, 468, 469, 470, 472, 473, 474, 476, 478, 480, 481, 482, 483, 484, 485, 486, 487, 488, 489, 490˚, 491, 492˚, 494, 495, 496, 497, 498, 499, 500, 501, 502, 503, 504, 505, 506, 507, 508, 509, 511˚, 512, 513, 516, 519, 524, 528, 529, 530, 532, 534, 535, 537, 539, 541, 542, 543, 544 (총 281곡; 50,4%)

* 위 복음가 중 밑줄 그은 찬송은 아멘(Amen)코드가 붙어있다. 찬송가로 끝나는 것은 아멘 코드를 붙일 수 있으나 원작에도 없는 아멘코드를 붙여넣은 것은 잘못이라고 본다.

˚별표를 붙인 찬송은 「Worship in Song」에는 아멘 코드가 없는 곡들이다.

[부록 7] 시편과 시편 창

시편과 시편 창

1. 시편

1) 말뜻

시편은 구역성경 중의 한 책이며, 150개의 노래가사를 갖고 있다. 유대인들의 예배에서 사용되었던 시편은 기독교에서도 사용되며, 찬송(찬양)의 가사로서는 가장 중요한 것이다.

2) 역사

초대교회에서 시편은 전체 회중에 의해 불리어 지다가 375년에 여자들은 부를 수 없도록 규정된다. 초대교회는 원래 이틀 내에 시편 전체로 기도할 수 있도록 노력했으나, 이러한 노력은 다른 방향으로 해결된다. 즉 베네딕투스(Benedictus, 약 480~543) 수도원의 기도회 또는 '성무 일과'의 규칙을 확정 시켜 주간(週間)과 1년 단위로 시편가들을 분산시켜 부를 수 있게 한다. 이 시편은 사제들이 항상 외울 수 있도록 요구되었고, 특히 주교가 될 수 있는 전제 조건 중의 하나였다. 시편이 불린 곳은 예배, 기도회, 장례식, 가정에서였다. 초기의 단 성부, 무반주의 음악이었던 '시편 가'들이 음악사의 진전과 함께 보조를 맞추어 여러 가지 다양한 형태로 작곡된다. 예를 들면 칼뱅의 주장에 따른 '운율적 시편 가' 『칼빈의 시편찬송가』가 있다.

3) 형식

시편은 행(行, Verse(성경 상으로는 '절'))들이 집합되어 이루어졌는데, 이 행들은 둘로 나뉠 수 있어서, 전반부와 후반부가 내용적 관계를 갖고 있다. 따라서 내용적으로 병행한다는 의미로, 이를 내용 (또는 생각) 병행(Parallelismus membrorum)이라고 부른다. 내용병행의 예를 들면 다음과 같다.

시편 96편 1행(전) 새 노래로 여호와께 노래하라.
        (후) 온 땅이여 여호와께 노래할지어다.
   2행(전) 여호와께 노래하여 그 이름을 송축하며
        (후) 그 구원을 날마다 전파할지어다.

가. 시편가의 종류(Claus Westermann, 1909~2000 에 따른 분류)

① 개인적 탄식 가(48편)

   3, 4, 5, 6, 7, 10, 11, 12, 13, 14, 22, 23, 25, 26, 27, 28, 35, 36, 38, 39, 40B, 41, 42, 43, 51, 52, 53, 54, 55, 56, 57, 58, 61, 62, 63, 64, 69, 71, 73, (77), 78, 86, 88, (94), 102, 109, (120), 130.

② 개인의 묘사적 감사의 노래(21편)

   9, 18, 30, 31, 8, 9, 20, 21, 22, 23, 24, 25, 26, 32, 40(1~12절), 66(13~20절), 92, (107), 116, (118), 138.

③ 백성의 묘사적 감사의 노래(26편)

   8, 19a, 29, 33, 57(8~11절), 65, 66(1~7절), 89(6~19절), 100, 103, 104, (105), (107), 111, 113, 117, 134, 135, 136, 139, 145, 146, 147, 148, 149, 150.

④ 백성의 탄식 가(17편)

   44, 60, 74, 79, 80, 83, 89.(내용적으로 여기에 포함될 수 있는 부분을 가진 시편은 82, 85, 68, 90, 106편)

⑤ 창조자에의 찬양 가(5편) : 8, 19A, 104, 139, (148)
⑥ 희생제물을 드리는 찬양(1편) : 66(13~15절)
⑦ 시온의 노래(5편) : 46, 48, 76, 84, 87편
⑧ 순례가(1편) : 122편
⑨ 축복 가(1편)
⑩ 성전 입장 가(1편) : 24편.
⑪ 언약궤 행진(1편) : 24(7~10절).
⑫ 제왕의 노래(11편) : 2, 18, 20, 21, 45, 72, (89), 101, 110, 132, 144(1~11절).
⑬ 대관식 노래(6편) : 47, 93, 96, 97, 98, 99편
⑭ 지혜의 노래(3편) : 127(1절 이하), 127(3~5절), 133편

나. 시편 제목에 나오는 용어

① 찬양(Tehillah): 시편가들의 보편적 이름. 시편 책에 한번 기록됨(시편145편).
② 기도(Tefillah): 예배 의식이 기도라는 뜻이다. 세편제목에 네 번 등장한다(시편 17, 90, 102, 142편).
③ 시편(Mismor): 음악이 따르는 시라는 의미이다. 독창자와 회중 간의 응답 적 음악이다. 5개의 시편 가들의 제목에 나타난다(시편 48, 66, 83, 108편).
④ 순례가(Schir ha-ma'alot): 축일에 예루살렘으로 순행하던 순례자들이 부르던 노래 형식이다. 이 노래들은 15개의 시편 가로 묶여있다(시편 120~134편).
⑤ 사랑의 노래(Schir yedidot): 결혼식 때 불린 노래로 추정된다. 제목에 나타난다(시편 45편).
⑥ 마스길(Maskil): 특별한 찬양 가이다. 독창자에 의해 불리고 회중의 보조적 참여가 있는 곡으로 추정된다. 13개의 시편 가의 제목에 나타난다(시편 32, 42, 44, 52, 53, 54, 55, 74, 78, 88, 89, 142편).
⑦ 믹담(Miktam): 일정한 민요를 취하여 불리던 노래로 추정된다. 6개의 시편 제목에 나타난다(시편 16, 56, 57, 58, 59, 60편).
⑧ 교훈(Le-lammed): 청년들에게 가르쳐졌던 시편이다. 한 개의 시편 가의 제목에만 나타나지만, 다른 시편 가들도 청년들의 교육용으로 쓰였을 것으로 추정된다(시편 60편).
⑨ 기념하는 노래(Le-haskir): 두 개의 시편가 제목에 등장한다(시편 38, 70편).
⑩ 식가온(Schiggayon) : 참회의 노래, 또는 탄식의 노래를 일컫는 말이다. 한 개의 시편 가의 제목에 나타난다(시편 7편).
⑪ 영장伶長, 영리할 영 길장에 따라(La-menazzeah): 독창 부분의 선도先導 독창자(영장)에 의해 불리는 곡이고, 회중의 참여가 있을 수도, 없을 수도 있는 시편 가를 뜻한다. 많은 시편 가에 이 용어가 나타난다(시편 4, 5, 6, 8, 9, 11, 12, 13, 14, 19, 20, 21, 22, 31, 36, 39, 40, 41, 42, 44, 45, 46, 47, 49, 52, 53, 54, 55, 56, 57, 58, 59, 60, 61, 62, 64, 65, 66, 67, 68, 69, 70, 75, 76, 77, 80, 81, 84, 85, 88, 109, 139, 140편).
⑫ 현악에 맞추어(Al-neginot와 bineginot): 현악에 맞추어 하라는 지시(시편 4, 6, 54, 55, 61, 67, 76편).
⑬ 깃딧에 맞추어(Al ha-gittit): 역시 현악 반주의 시편 가에 붙는 것으로 추정된다. 세 개의 시편 가의 제목에 나타난다(시편 8, 81, 84편).

⑭ 알라못에 맞추어(Al alamot): 높은 소리 나는 악기로 반주하라는 지시 또는 여성이나 어린이를 위한 것으로도 추정가능하다. 한 개의 시편가제목에 등장한다(시편 46편).
⑮ 스미닛에 맞추어(Al ha-scheminit): 저음악기로 반주하라는 지시다. 남성을 위한 것으로도 추정 가능하다. 두 개의 시편 가 제목에 나타난다(시편 6, 12편).
⑯ 마할랏에 맞추어(Al-mahalat): 피리로 반주하라는 지시문이다. 두 개의 시편 가 제목에 나타난다(시편 53, 83편).
⑰ 관악에 맞추어(El ha-neihlot): 관악기로 반주하라는 지시문이다. 한 개의 시편 가제목에 나타난다(시편 5편).
⑱ 뭇랍벤의 곡조에 맞추어(Al mut labben): (아들의 죽음) 민요 곡조에 맞추어 부르라는 것이다(시편 9편).
⑲ 아앨렛 샤할의 곡조에 맞추어(Al ayyelet ha-schahar): "암사슴이 새벽 일찍이"의 민요 곡조에 맞추라는 것이다(시편 22편).
⑳ 스산님의 곡조에 맞추어(Al schoschannim): <백합화> 민요곡조에 맞추라는 것이다(시편 45, 69, 80편).
㉑ 수산 에돗의 곡조에 맞추어(Al schuschan edut): <백합화의 증거> 민요 곡조에 맞추라는 것이다(시편 60편).
㉒ 요낫 엘렘 르호김 곡조에 맞추어(al yonat elem rehokim): <먼 곳의 느티나무에 앉은 비둘기> 민요 곡조에 맞추라는 것이다(시편 56편).
㉓ 알 다스헷 곡조에 맞추어(al taschhet) 4번 나타난다: (시편 57, 58, 59, 75편).

다. 시편 내에 나오는 용어
① 셀라(Selah)는 다음의 뜻을 가진 것으로 추정된다.
   a. 두 개의 합창(제창) 부분 사이에 있는 기악 적 간주곡이다.
   b. 응답 송을 할 때, 두 합창(제창) 그룹이 바꾸어 부를 것을 지시한 말이다.
② 힉가욘 셀라(Higgayon Selah), 시편 9:16, 예배의식의 필요에 의해 시편 노래를 중단하며, 기악만 계속적으로 연주하는 것을 의미한다.

2. 시편 창詩篇 唱,: 라틴 Psalmodia, 영 Psalmody, 독 Psalmodie

1) 그레고리안 성가에서 시편을 부르는 방식을 가리킨다.

시편을 말하는 방식이 아닌, 일정한 음정을 사용하여 낭송하거나 여기에 선율적 요소를 붙인 것을 말한다. 이 음악적 낭송 방식은 시작 선율(Initium), 낭송음(Tenor), 중간 선율(Mediatio), 중간연결(Flexa, 낭송음보다 한음 아래로 잠시 이동), 마침 선율(Terminatio)을 갖는다.

시편 창은 악보보다 더 단순할 수도, 더 복잡할 수도 있다. 이러한 성격은 그레고리오 성가의 시편 가 뿐 아니라 전례적인 노래에도 있다.

2) 시편의 가사들은 처음부터 끝까지 내리 불리는 일이 드물고, 중간에 대립적 선율인 안티폰Antiphon이 있어서 시편가사, 안티폰, 시편 가사의 순서로 계속 진행된다. 시편가사를 부르는 끝부분은 안티폰 첫머리의 선율에 따라 변한다. 이 변하는 부분에는 시편가사가 아닌 다른 가사(주로, 영원히 아멘을 뜻하는 saeculorum amen, 또는 이의 모음만 빼낸 'euoeae'가 오는데, 이는 시편 절의 길이가 각기 다르기 때문에 생기는 현상이다.

3) (a) 시편가사 부분과 안티폰 부분이 그룹 대 그룹의 대립적 방식으로 불리는 것을 대창 송對唱 頌, Antiphonale이라고 한다.
 (b) 반면에 독창 대 그룹이 서로 주고받는 식으로 부르는 것은 응답 송應答 頌, responsoriale이라고 한다.
 (c) 시편의 첫 절부터 끝 절까지 독창, 또는 단체에 의해 불리는 것은 직접 송直接 頌, Psalmus directum이라고 한다.

[부록 8] 주일학교 찬송지도 방안

주일학교의 찬송지도 방안
― 올바른 찬송지도의 실제 ―

1. 문제의 제기

　일찍이 음악의 아버지 요한 세바스챤 바흐Johann Sebastian Bach, 1685~1750는 "순화력을 지닌 음악의 종류가 있는가하면, 또한 선량한 미덕을 모두 파괴시키고 사람들을 타락시키는 음악의 종류도 있다."고 하였다.[1] 지금 우리나라는 개신교 100주년이 지났지만 신학 못지않게 교회음악에도 많은 과제를 안고 있다고 본다. 특히 찬송가학의 정립이 무엇보다도 시급하다.
　오늘날 청소년들을 '고독, 무절제, 자기파괴'로 이끄는 팝음악의 물결은 심각하기조차 하다.[2] 지금 사탄은 팝음악이라는 도구를 통해 귀신을 선전하며, 택한 크리스천까지도 마수를 뻗치고 있다. 교회 안에 깊숙이 스며든 복음성가로 위장한 창법은 팝음악 Pop Song과 별도로 다를 것이 없으며, 예배음악의 자료가 아닌 복음성가의 무분별한 사용은 더욱 교회음악의 주소를 흐리게 하고 있다. 해마다 계절 성경학교 교사강습회에서 찬송율동 강사들에 의해서 보급되고 있는 습작 또는 어린이노래들은 한 번 쯤 생각해 보고 지나가야 할 것이다. 그 노래들이 대부분 현대인들이 선호하는 당김 음(♪ ♩ ♪ ; ♪ ♩.)을 자주 사용하는 재즈리듬, 생기에 찬 부점 리듬(♪ ♪)이나, Scotch Snap(♪ ♪) 등이 빈번히 사용되어서 리듬의 변화가 심하고, 리듬이 율동적이며, 경쾌하고 가볍다.[2] 과연 이런 가사나 음악들이 예배 시간에 불리어질 수 있을지 의문스럽다. 그런가하면 찬송가가 지도자에 따라 소외당하고 수난을 겪고 있지는 않은가? 그래서 주일학교·교회학교의 찬송지도자나 교사들을 위해, 올바른 찬송지도가 이뤄지기를 바라는 마음에서 이글을 기고하는 바이다.

2. 찬송가에 대한 이해

　주일학교 찬송가는 대상이 주일학교 학생일 뿐이지 '찬송가'임에 틀림없다. 그러기에 주일학교 찬송지도자는 반드시 찬송가학에 대한 이해가 있어야 한다. 찬송가는 세속 예술가곡과는 다르다. 더구나 대중가요와는 다른 것이다.

그럼에도 음악 실력이 조금만 있다면 찬송가학을 들어보지도 못한 채 반주를 하고, 찬양대 지휘를 하고, 그 실력으로 '지상에서 드릴 최고의 경배'를 드리고 있는 것이다. 이러한 무대책인 현실에서 우리는 각성하고 교회음악 전문가를 양성하고 지도해야 하겠다. 이미 구미 각국에서는 음악목회를 전문화하고 있다. 담임목사의 윤번제, 행정목사, 교육목사, **음악목사**, 상담목사 등 공동사고 과정을 거쳐 전문 협동목회를 하고 있는 것이다.

교회 내에서 음악목사의 역할은 예배찬송지도는 물론 찬양대의 지도, 회중찬송의 지도, 선교음악단 운영, 기악단의 운영, 각종 음악행사 등 다양하다. 그러나 우리의 실정으로는 어렵기에 교회음악 지도자를 양성할 수밖에 없다. 그리하여 교회는 '교회음악에 대한 이해의 소유자, 성경적인 신앙의 소유자, 음악적 지식 및 실기의 소유자, 도덕적 인격의 소유자, 항상 성장하는 지도자'를 양성해야겠다. 각 교회는 신앙이 있고, 전문실력을 가진 자를 발굴하여 교회음악 지도자 연수를 시켜 기용한다면 좋을 것이다.

1) 올바른 찬송가란 무엇인가?

성 어거스틴 St. Augustinus은 "찬송가란 세 요소 즉 노래 Canticum와 찬양 Laudem과 하나님 Deus이 포함된다."고 하였으며, "노래로 하나님을 찬양하는 것을 찬송이라."고 하였다.[4] 찬송은 하나님을 예배하는 방편이라고 볼 수 있다. 찬송은 예배를 도울 뿐 아니라 예배의 수단이다. 그러므로 키츠 Keats는 "찬송은 영혼의 언어 Language of the soul이며, 음악의 황금 말씨 music's golden tongue라."고 하였다. 이택희는 그의 『찬송가론』에서 "찬송가는 신앙인의 신앙고백에 의하여 하나님께 영광을 돌리게 할 수 있도록 만들어진 예배음악의 자료이며, 회중들의 신앙을 성장시킬 수 있는 자료이다."라고 정의했다.[5] 이 정의는 찬송가를 예배학적인 면에서 뿐만 아니라, 교육적, 선교적 기능의 측면을 포함하여 찬송가의 개념을 정의했다고 볼 수 있다.

찬송가는 예배 기능뿐만 아니라, 교육 기능·선교 기능이 있음을 부인할 수 없다 그러나 여기서 예배 기능을 무시한 채 분별없이 지도하고, 부르는데 문제가 심각한 것이다. 흔히 계절 성경학교 때 재미있게 흥미 위주로 부른 곡만을 골라 지도

하다보면 막상 예배 시에는 부를 찬송이 없게 되는 것이다.

그뿐 아니라 지금 사용하고 있는 찬송가공회 『찬송가』(1983년)는 복음성가의 비율이 281/558(50.4%)로 나타나 다른 여러 나라의 찬송가보다 비율이 높다. 표집 한 26개의 찬송가 중 복음성가의 비율이 10%가 넘는 찬송가는 겨우 6개 찬송가에 불과했다. 한국 찬송가는 특히 미국의 전도, 부흥기 때 나온 복음성가를 많이 편입하여 보급 애창하고 있다. 전도 부흥집회에서 많이 불리는 찬송들을 그대로 편집하였기에 합동찬송가 312/586(54.9%), 새 찬송가 289/671(43%), 개편찬송가 182/620(29%)로 복음성가 비율이 높다.[6]

그러므로 현재 우리가 사용하고 있는 『찬송가』는 엄밀한 의미로 본다면 『성가』라고 하고 그 안에 <찬송가>, <복음찬미가>, <복음성가>로 분류 놓는 것이 좋을 것이다.[7] "사도바울도 '시와 찬송과 신령한 노래'로 에베소서 5장 19절, 골로새 3장 16절에서 구분하였다.

2) 어린이 찬송가

우리나라에서 맨 처음으로 발행된 어린이 찬송가는 1936년 종교교육부에서 발행한 현제명 저 『아동찬송가』이다. 이 책에는 공회 『찬송가』중에서 1, 59, 109, 115, 502장 등 10곡 정도가 실려 있다.[8] 그런가하면 지금 총회교육부에서 1988년 펴낸 『표준어린이 찬송가』에는 공회 『찬송가』에서 109곡, 어린이용 찬송가 186곡, 기타 복음 송에서 38곡을 편집하여 실었다. 대조적으로 『어린이 찬송가』(서울: 대한기독교서회, 1989)를 한국 찬송가위원회 이름으로 8개 교단이 사용하기 위하여 발행하였다. 이 찬송가는 440곡을 어린이용은 2부 악보로, 교사용은 반주까지 실었고, 어린이들에게 맞도록 가사나 음역, 악보의 크기, 인쇄의 선명도, 제책 등 세심한 배려를 아끼지 않았다.

그러나 127, 143, 229장은 #이 4개, 161, 263장은 b이 4개로 실은 점은 『표준어린이 찬송가』나 다른 점이 없다. 이런 것은 마(E)장조는 내림 마(E^b)장조로, 내림 가(A^b)장조는 사(G)장조를 조옮김하는 것이 좋겠다. 또 『표준어린이 찬송가』는 성인용 공회 『찬송가』의 4성부의 악보를 그대로 실어 10장, 267장 등은 바(F)음까지 음정이 올라가 성인도 무리한 음정이 그대로 실렸다. 가사도 난해한 곳이 많다. 어린이 음역에 맞도록 이조해 실렸으면 좋았겠다.

한국 초기의 『어린이 찬송가』가 동요와 구별 없이 편집되었던 결점이 있는가 하면 요즈음 나오는 어린이 찬송가는 복음성가나 소창을 위한 노래들과 예배 찬송이 혼용되어 편집되어 보급되고 있는 점이 큰 결점이라 하겠다.

3) 올바른 찬송지도

(1) 선곡 문제

해마다 개최되고 있는 여름성경학교나 겨울이나 봄 성경학교의 강습회가 주일학교교사 교육의 기회라고 본다. 이 강습회가 열리면 의례적으로 찬송, 율동시간이 마련되고 숙달된 율동교사나 유명 강사들에 의해서 흥미와 재치가 곁들여진 새로운 노래와 율동이 전수를 받으려고 몰려든다. 강습회에서 새롭게 선보인 곡들과 율동이 유행처럼 보급되고 있다.

그래서 1991년도 여름성경학교 고재 평가회가 열렸을 때 지적한 바 있다. 1991년도 여름성경학교 교재를 잠깐 살펴보니 총주제가(이강산 곡)의 리듬 '♪ ♪'이나 '♪ ♩ ♪' 등 당김 음 리듬이 무려 8번이나 사용되고 있다. 이런 리듬의 사용은 지양하는 것이 좋겠다. 『표준어린이 찬송가』에서 표집한 곡 138장(영아부), 27, 165, 207장(유년부), 76, 97, 170, 229장(초등부) 등 모두 좋았다고 본다. 이 중에는 공회 『찬송가』에서 53장과 369장이 멜로디만 이조하여 음역에 무리 없이 기타코드와 함께 실렸다. 그러나 369장 넷째 소절 첫째 마디 셋째 음이 내림 마(E^b)장조에서 라(D)조로 이조하면서 #을 빠뜨리는 실수를 범하였다. 그러나 성경학교 때 수준 높은 한국인 작사, 작곡한 찬송가를 선곡해서 지도를 시도했다는 것은 퍽 바람직하게 느껴졌다. 흥미 위주의 노래들보다 가사나 멜로디를 보아 찬양과 경배가 담긴 예배찬송을 많이 보급한다면 "삼위일체 하나님을 바로 알고, 사랑하며 섬기고 예배하는 그리스도인의 육성"에 크게 기여할 것이며, 예배 시마다 복음성가나 저질적인 노래들을 벗어나 격조 높은 찬송을 드릴 수 있으리라고 본다.

(2) 지도의 실제

① 일단 선곡이 끝나면 교재를 만들고, 확보악보(찬송가 괘도)를 그린다.

요즘은 악보를 화면에 비추는 프레젠테이션용 악보 만들어 사용하면 편리하다.

② 조성, 박자, 빠르기, 형식 등 세밀히 곡을 분석하고 연구하여, '교수학습지도

안'을 작성한다.

③ 지도계획을 점검하고, 사용될 보조 교재, 간이악기, 지휘봉 등을 준비한다.

④ 지도 시에 높은 음정에 무리가 생길 경우는 사장조(G)는 바장조(F)로, 마장조(E)는 내림 마장조(E^b)로 조옮김하여 반주를 해 음정에 무리가 없도록 지도한다.

손쉽게 노래만 가르치려 들지 말고 ① 가사를 읽으면서 쉽게 설명해 주고 ② 가사를 리듬에 맞추어 읽게 하고, ③ 박자 젓기와 리듬 치기 ④ 계이름읽기와 계이름 노래(계명 창) ⑤ 간이악기 연주 ⑥ 악상 표현 ⑦ 가사로 악상을 살려 노래 부르기 ⑧ 반주에 맞추어 간이악기 연주하며 노래 부르기 등으로 가창, 기악, 창작, 감상 등을 연관 된 통합학습방법으로 지도하는 것이 바람직하다. 그릇된 연주나 발성은 그때그때 바로 잡아주며 '하나님께 최상의 찬송'을 드리도록 지도한다.

참고로 초등학교 교육과정(제5차 교육과정 '87.6.30.)에 나타난 음악과 학년 목표에 보면 3~4학년의 경우이다.[9]

1) 민음표와 점음표에 의한 2/4, 3/4, 4/4박자의 리듬을 표현하며 듣고 적기.

2) 다장조의 단순한 가락 및 다장조의 주요 3화음을 듣고 가리며 표현하기(4학년에서 당김 음 표현, 마침꼴 표현이 추가되어 지도하도록 되어있다.)

3) 5학년에서는 6/8박자의 단순한 리듬표현과 바장조, 가단조가 추가되고, 6학년에 가서야 사장조가 추가된다.

이런 교육과정을 참조하여 될 수 있는 대로 #이나 b이 수가 많은 마장조(E)는 라장조(D), 내림가장조(Ab)는 사장조(G)로 이조시켜 기보된 것으로 지도하는 것이 무리가 없겠다. 4성부 악보는 필요한 부분 2성부만 사용하고 반주 부를 두면 더욱 좋겠다.

4) 결론 및 제언

교회 주일학교에서 찬송이 차지하고 있는 비중은 매우 높다. 또한 어린이 찬송이 어린이의 삶에 끼치는 영향력과 역할은 지대하다고 볼 수 있다. 어린 주일학생 시절 배웠던 그 찬송은 일생 동안 잊혀 지지 않는 것이다. 이상에서 필자는 '찬송가학'의 극히 적은 부분을 언급하였다. 우리는 찬송가에 대한 올바른 이해와 관심을 가져야 하겠다. 예배학적인 측면에서 건전한 예배찬송의 정립과 주일학교의 올바른 찬송지도가 시급하다는 것을 강조하고 싶다.

오늘날과 같이 수많은 매스 미디어에 밀리어 순수한 동요가 사라지고, 가슴깊이 우러나오는 '어린이찬송'을 들어 보기 힘든 시대 속에서 우리는 다신 한 번 현실을 바로 진단하고 은혜로운 찬송의 창작과 보존 그리고 그 방향을 찾아 나가야 하겠다. 이러한 운동이 순수한 예배찬송, 경건한 어린이찬송이 되살아나도록 해야 하겠다. 이런 점을 감안할 때 총회교육개발위원회 예능 지도 분과 내에 전문위원을 두는 것도 필요하다고 본다. 끝으로 "기독교 교육 개혁 2세기를 주도하자!"라는 표어를 내 걸고 힘차게 전진하고 있는 총회교육국의 발전을 기대하면서 먼저 '우수한 교재 편집 발행'과 '우수한 교사의 양성'이 시급하다고 본다. 그리고 해마다 발간되는 여름성경학교 교재나 계단공과, 『어린이찬송가』가 자타가 인정하는 최선의 교재로 인정받기까지 부단한 연구와 협의를 거쳐 개편되고, 누구에게나 권장할 수 있는 우수한 교재로 탈바꿈해야 되겠다. 한 번 교재를 재편집한다는 것은 예산이나 인력 면에서 엄청난 투자가 필요하다고 본다. 그러나 시시각각으로 변화되는 사회 교육여건을 감안 할 때 이제는 우리도 과감하게 투자하고, '기독교교육의 혁신'을 주도해야 될 시기라고 본다. 이 일이 시급하게 느껴지고 있는 것은 필자만의 견해가 아니라고 생각된다.

---

1) 송종태, 『팝음악에 나타난 사탄의 활동』(서울: 크리스천서적, 1978), pp.32~33.
2) 위 책과 같음.
3) 이택희, 『찬송가론』(서울: 기독교음악사, 1987), p.111.
4) 김경선, 『찬송가학개론』(서울: 여운사, 1988), pp.16~17.
5) 이택희, 위의 책, p.36.
6) 신소섭, "개편된 찬국찬송가공회 『찬송가』의 분석 및 활용에 대한 연구", (서울: 총신대학교 신학대학원, 1989).
7) 김경선, 『찬송가학 개론』(서울: 여운사, 1988), pp.26~27.
8) 이성원, "한국교회 어린이찬송가의 역사적 고찰", (서울: 이회여자대학교 교육대학원, 1976)
9) 『국민학교 교육과정』(서울: 대한교과서주식회사, 1990), (제5차 교육과정, 문교부고시, 제87-9, 876.30)

이 글은 대한예수교 장로회 총회 교육국 발행 주일학교 교사 전문지 『디다스칼로스』(서울: 대한예수교 장로회 총회교육국, 1991), 가을호, pp.98~102.에 실린 글임을 밝혀 둔다.

[부록 9] 대중음악 속에 나타난 뉴 에이지 운동 비판

대중음악 속에 나타난 뉴 에이지 운동 비판

바흐Johann Sebastian Bach, 1685~1750는 "음악의 궁극적인 목적은 하나님께 영광을 돌리고 우리의 영혼을 순결하게 하는데 있다."고 했다. 우리는 아침에 눈뜨면서 TV나 라디오의 음악소리와 함께 하루를 시작하며, 또 출퇴근 길, 휴식시간, 어느 곳에서나 우리가 싫든 좋아하지 않던 간에 음악의 홍수 속에 살아간다. 쌓여가는 직장의 스트레스, 대인관계 속에 어디론지 훌쩍 떠나고 싶은 감정을 가질 때가 많은 게 우리의 서글픈 현실이다. 이때 저속한 유행가는 싫고, 파괴적인 하드록은 지겹고, 수준 높은 클래식은 부담스럽고……. 그래서 '뉴 에이지 음악New Age Music을 선호하게 된다고 한다. 이 음악을 들으면서 명상도 하면 머리도 개운해 지고, 생활에 활력을 느끼게 하는 경지로 몰입하게 된다. 우리는 이렇게 감미롭고 정신적인 휴식이 가능한 음악 속에 사탄의 전술이 숨겨져 있다는 것을 모르고 있는 것이다.

1. 뉴 에이지 운동 New Age Movement

반 뉴 에이지 신서 3권에서 김희성은 이렇게 밝히고 있다. "성경은 우리에게 자다가 깰 때라고 경고하고 있지만 우리들은 준비되지 않은 채로 사탄이 우리의 영혼에 쏟아 붓는 술에 취하여 혼미한 가운데 사탄의 시대 즉 뉴 에이지New Age로 중심을 잃은 발걸음을 옮겨 놓고 있는 것이다. 뉴 에이지 운동! 서구사회를 지탱해온 유일신 하나님을 경외하는 기독교 사상을 배척하고 '인간도 신이 될 수 있다'는 논리의 틀을 만들어주는 동양의 종교들과 비전祕傳 돼 오는 동방의 신비주의 요소들을 흡수하여 기독교의 전통에 역행하는 요소들은 무엇이든지 수용하는 혼합주의적 특성을 지닌 반 기독교적 운동이라."고 했다.[1]

뉴 에이지 운동의 궁극목표는 세계변혁World Transformation으로 세계정부설립, 세계의 정치와 경제 통합, 종교의 단일화까지 꾀하여 인간의 신격화, 악과 부조리와 불안과 질병과 죽음이 없는, '예수 없이'Without Jesus 이 땅 위에 인간의 유토피아, 새로

운 세계적 유토피아를 이룩하려는 것이다.[2]

지운용 목사는 이 뉴 에이지 운동의 사상적 배경에 대해 범신론과 영지주의를 들고 있는데, "범신론은 신이 세계(자연)에 흡수되었다는 견해로서 자연을 강조한 나머지 신을 망각, 결과적으로 무신론에 이르게 되는 것이며, 영지주의는 옛 바벨론, 이집트, 페르시아, 인도 등의 동양 종교사상과 신화, 희랍 철학 사상들의 혼합에 의해 나온 것으로, 이는 그리스도의 성육신과 부활을 부인해 기독교 내에서도 이단적 파괴적 행위를 했고, 아울러 뉴 에이지 운동은 힌두교의 영향을 받았으며, 힌두교는 범신 사상이 중요한 부분을 차지한다는 점을 들어 뉴 에이지 운동의 반기독교적인 성격을 증명할 수 있다"고 하였다.[3]

이러한 뉴 에이지 운동은 기독교나 불교, 힌두교, 통합운동단체 등을 통하여 또한 마인드 컨트롤이나 명상그룹 등 건강단체를 통하여, 새 세계연합, 로마 클럽, 프리메이슨[4], 루시스 트러스트 등 정치단체를 통하여 그들의 목적 접근을 시도하고 있다. 또한 어린이들이 즐겨보는 만화에서, 우리가 방송을 통해 듣는 음악에서, 최고급 영화에서 심지어 장식물에서[5] 우리는 너무도 깊숙이 뉴 에이지 운동의 흔적을 엿볼 수 있다.

2. 뉴 에이지 음악 New Age Music

1980년대에 서구 문명에 대한 비판과 시끄러운 메탈음악에 실증을 느낄 때 무명의 피아니스트가 내 놓은 앨범이 100만장이상이 팔리면서, 주춤했던 뉴 에이지 음악이 순식간에 음악계를 점령하기 시작했는데, 이 피아니스트가 바로 조지 윈스턴 George Winston 이다. 그리고 반젤 리스가 영화 '불의 전차' 주제음악으로 아카데미 영화음악 상까지 수상하게 되자 전 세계의 여러 아티스트들이 뉴 에이지 시장으로 몰려들기 시작했다.[6]

조지 윈스턴의 12월 December 음반표지는 흰눈 내린 겨울풍경의 사진으로 되어 있다. 한 폭의 풍경화 같은 재킷의 뒷면에 Thanksgiving(감사기도), Jesus Jesus Rest Your Head!(예수님께서 안식하셔야 합니다), Joy(기쁨) 등 눈에 익숙한 단어들이 보인다.[7] 흔히들 록이나 헤비메탈은 거부감을 갖지만 위와 같은 유의 피아노 음악은 정서안정을 주며, 특히 곡의 제목들이 성경의 단어들과 흡사하거나 동일한 것들이기에 종교음악으로 오해를 받은 것이 사실이었다. 그러면 이해를 돕기 위해

미국 대중음악American Pop Music의 계보를 살펴보자.8)

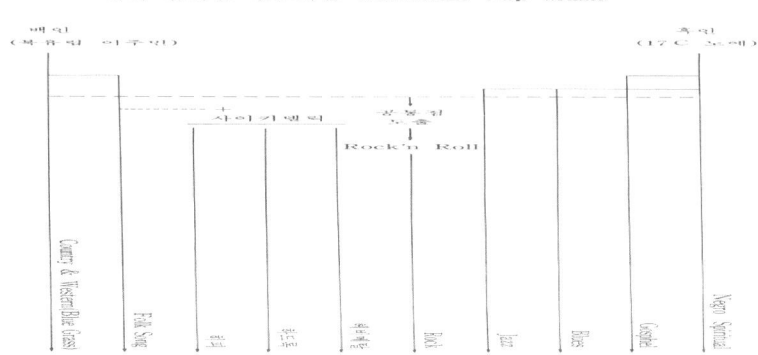

최근의 팝음악Pop Music은9) 무엇이 주종을 이룬다고 단정할 수 없다. C&W, 흑인 영가, 가스펠송, 로큰롤(초기의 형태), 재즈, 블루스(리듬 & 블루스), 하드록, 펑크록, 뉴웨이브 등의 모든 장르가 공존하고 있다고 해도 과언이 아니다.

이런 와중에서 사탄의 음흉한 전력은 뉴 에이지 음악이란 형태로 위장시키는데 성공을 거두고 있다고 볼 수 있다.

기존 음악인들은 이 음악을 '재즈와 클래식', 그리고 전자음악과 프로그래시브 록Progressive Rock 등 여러 장르의 음악을 통합한 음악이라고 하나, 기독교적인 관점에서 보면 '인간이 곧 하나님이라는 사상으로 이루어진 20세기 최첨단 인본주의 음악'이라고 규정한다.

하나님 대적, 폭력 찬미, 섹스 조장, 마약신봉 등으로 파괴적인 사탄의 록 음악Rock Music의 거부반응을 돌려 소위 영혼을 쉬게 하고 수준이 높은 그런 부류의 뉴 에이지라는 새로운 음악장르를 형성하여 오늘에 이르게 되었다.

3. 뉴 에이지 음악의 분류

1) 뉴 에이지 음악은 대체로 다음 세 갈래로 분류해 볼 수 있다.11)

① 명상음악

우주에 음악이 있다고 주장하는 바 그 음악은 눈을 감고, 색과 소리의 세계를 닫음으로써 들을 수 있다고 한다. 그러나 이 우주의 음악이란 사탄이 유혹하는 무서운 소리가 이 명상음악인 것이다.

② 듣고 부를 수 있는 뉴 에이지 음악

어떤 뉴 에이지 음악은 이방신을 찬양하거나 뉴 에이지 사상을 노래하거나 명상을 권유하는 내용의 것이 있다. 예컨대 아난다마가의 <마음의 눈>이 있다.

③ 사업적 뉴 에이지 음악

시중의 레코드점에서 볼 수 있는 윈드햄힐Windhamhill, Narada, CBS, Private Music 등의 음반회사가 제작 시판하고 있는 뉴 에이지 음반, 테이프, 콤팩트디스크[12] 등을 볼 수 있다.

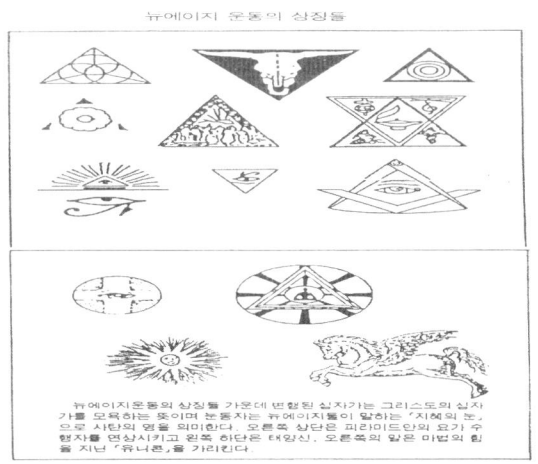

(2) 소개된 뉴 에이지 음악들[13]

이미 언급한 조지 윈스턴의 <12월>, 토미타 소지로의 <실크로드>의 주제음악, 패트릭 오헌, 릭 웨이크만, 에디. 좁은, 엔디 카를로스, 장 미셀자르, 마이클 존스의 <Pianoscapes>, 데이빗 렌즈의 <크리스토포리의 꿈>, 크리스천 뷰에너 & 헬지 슈로이더의 <야간비행>, 아카데미 영화음악 상을 받은 반젤리스의 <불의 전차>, 주제음악 등이다.

사탄은 이미 대중문화 특히 우리의 생활 속에서 뗄 수 없는 - Rock Music, New Age Music, Pop Music 심지어 Classic Music을 통해 역사하고 있다. 물질문명의 틈바구니에 공허감, 자살 충동, 텅 빈 정신에 잘못된 영혼의 골짜기로 쏟아져 들어오는 명상 음악, 반공해 음악, 태교음악,[14] <실크로드> 류(類)의 음악[15] 등을 어떻게 방어할 수 있겠는가? 최광신씨의 통계에서 1주간 동안 세속음악을 듣는 시간이 900분(15시간)이라면, 찬송가는 38~90분 정도라니 엄청난 차이다. 여기에 그 대책과 결론은 필자의 신학대학원 졸업 논문 "개편된 한국찬송가공회 『찬송가』의 분석 및 활용에 관한 연구"의 결론부분을 참고해 제시하려고 한다.[16]

① 예배만을 위해 부르던 찬송가를 연중 교회력 및 절기에 따라 보급하고 부르도록 한다.
② 부자연스럽게 번역된 찬송 가사는 악곡 상 종지법과 맞게 수정한다.
③ 각 시대의 우수한 찬송을 표집 하여 찬송의 질적 수준 향상
④ 예배, 교육, 전도 및 선교에 의도적으로 가르치고 활용토록 한다.
⑤ 찬송가의 편집 상 예배 찬송과 복음성가는 구분하여 싣고, 찬송가 감상회 등을 개최하여 찬송의 인식을 높여가야 하겠다.

이렇게 하기 위해 찬송지도자 세미나 개최, 목회자의 교육 프로그램을 마련함이 좋겠다. 필자의 경우 매일 새벽기도회 시간에 새 찬송을 익혀가고 있다. 또 예배시간 전에 새 찬송 부르기 시간운영이나, 찬송 바르게 부르기 대회, 구역별·기관별·속회별 찬송경연대회 개최, 찬송가 가사 암송대회 등을 열어 성도들의 영혼이 살찌고 은혜가 충만한 '찬송의 생활화'가 필요하다. 최선의 방어는 최선의 공격이다. 교회로부터 위대한 영혼의 찬송들이 메아리쳐 독자들의 가정과 직장, 일터에서 영혼들을 사로잡는 '찬송의 삶'을 살아갈 때 사탄의 계략에서 이길 수 있는 것이다. 확신컨대 '찬송가'보다 뛰어난 음악은 없다고 본다.

"할렐루야! 우리 하나님께 찬양하는 일이 선함이여, 찬양하는 일이 아름답고 마땅하도다."(시편 147:1).

…… 주(註)

1) 김희성, "왜 뉴 에이지에 사람들이 매혹되는가?"(서울: 예영커뮤니케이션, 1992), p.4~6.
2) 박영호, 『뉴에이지 운동의 연구』(서울: 기독교문서선교회, 1992), p.341.
3) 김광웅, 『뉴 에이지 운동 연구』(서울: 국민일보사, 1992), p.5~6.
4) 프리메이슨$_{Freemason}$: 1717년 런던에서 설립되어 곧 유럽에 퍼진 국제적 비밀결사인데, 베일 벗은 바티칸의 비밀 『큰 바벨론』(서울: 생명의 서신, 1990), 서달석 역, p.10.
5) 최광신, 『대중음악 속에 나타난 사탄의 영』(경기: 두돌비 서원, 1992), p.94.
6) 신상언, 『사탄은 마침내 대중문화를 선택했습니다(서울: 낮은 울타리, 1992), p.11.
7) 신상언, 위의 책, p.110.
8) 최광신, 위의 책, p.29.
9) 팝음악$_{Pop\ Music}$이란 'Popular Music'의 줄임말로서 그 원래적 의미는 '대중음악'이란 뜻이다. 우리나라 대중가요, 프랑스 샹송, 이탈리아의 간소네, 미국의 컨트리 음악까지 고전음악$_{Classic\ Music}$과 대조를 이루는 통속적인음악을 가리킨다.
10) 신상언, 위의 책, p.111.
11) 최광선, 위의 책, p.96.
12) 콤팩트디스크$_{Compact\ Disc}$란 디지털 부호로 레코드 면에 기록된 신호를 레이저광선을 조사$_{照射}$하여 그 반사광을 전기신호로 되돌려 재생하는 방식의 레코드를 말하며 줄여서 C.D.라고 한다.
13) 최광신, 위의 책, P.97.
14) 태교음악$_{The\ Music\ of\ prenatal\ care}$이란 과학자, 교육자들이 태교의 중요성을 인식하고 과학적인 근거로 만들어진 건강음악 시리즈로 나타났다. 그러나 바알숭배 때 아이를 사탄에게 바치는 의식이 있었는데, 사탄의 전략이 태교음악으로 둔갑해 나타나고 있다. 예) 김도향의 태교음악$_{New\ Age\ Music}$이 있다.
15) 실크로드 음악$_{Silk\ road\ Music}$: 일본의 NHK 방송사 제작인 silk road(과거 중국이 서역과의 교류를 위하여 개척했다는 '비단길'의 음악으로 그 속에는 동양의 종교정신, 불교, 도교, 유교, 힌두교의 사상이 섞여있는 음악인데, 지극히 감미로운 게 특징인데, 바로 이것이 뉴 에이지 음악$_{New\ Age\ Music}$이다.
16) 신소섭, "개편된 한국찬송가공회 『찬송가』분석 및 활용에 관한 연구", (서울: 총신대학 신학대학원, 1989), p.79~80.
17) 김광웅, 『뉴 에이지 운동의 정체』(서울: 국민일보사, 1992), p.26, p.34.

위 글은 대한예수교장로회 총회 교육국 발행 교사 전문지인 『디다스칼로스』(서울: 대한예수교장로회 총회교육국, 1992), 겨울호, pp.60~63.에 실린 글임을 밝혀 둔다.

[부록 10] 올바른 찬송지도 실제

올바른 찬송지도 실제

1. 올바른 찬송이란?

찬송가가 시와 음악의 복합예술이라고 하는 점은 일반 민요나 가요와 같을지 모르나 찬송가는 영감으로 씌어졌다는 점과 분명히 받는 상대가 있다고 하는 일반 예술과 다르다. 존 줄리안John Julian 박사는 그의 찬송가 사전에서 19세기 말까지의 라틴 찬송가와 희랍 찬송가, 영어 찬송가, 독일어 찬송가는 총 40만 편에 이른다고 어림잡고 있으나, 20세기까지 여러 나라 말로 탄생한 기독교 찬송가는 모름지기 50만 편에 달한다고 볼 수 있다. 그러나 우리에게 전해지고 있는 찬송가는 불과 600편 내외에 불과하다. 그런데 그 가운데 올바르게 엮어져서 완전하다고 하는 찬송가는 불과 10%도 이르지 못한다고 보고 있다. 그런데 어떻게 찬송가를 올바르게 부르는 것을 기대할 수 있겠는가?

찬송가의 중요성을 이해하지 못하고 부르는 성도들이 찬송가의 뜻을 어떻게 이해하고 파악하겠는가? 만약 찬송가가 구약시대로부터 전해 내려오는 제사의 수단으로 하나님께 드리는 '찬송의 제사'히 13:15라는 것을 알았다면 소홀히 부르는 사람은 없을 것이다. 우리는 찬송가를 좀 더 연구하고 정성을 들여서 완전하고 더욱 아름다운 예술품을 하나님께 드리도록 해야 하겠다.

1) 찬송가의 뜻

A. D. 633년 스페인의 '톨레도 회의'The Council of Toledo에서 성 어거스틴St. Augustine은 "찬송가란 세 요소 즉 노래Canticum와 찬양Laudem과 하나님Deus이 포함 된다."고 하였다. 여기에서 어거스틴의 주장에 따르면 "노래로 하나님께 드리는 찬미의 제사로서 하나님을 찬양하고, 노래로 하나님께 기도하며, 노래로 하나님께 감사하는 것이 찬송가이다."라고 하였다.

2) 찬송가의 분류

찬송가에는 ① 찬양가$_{\text{Hymns of Praise}}$: 21찬 8장 "거룩 거룩 거룩", 84장 "온 세상이 캄캄하여서"(통찬 9, 96장). ② 기도찬송$_{\text{Hymns of Prayer}}$: 21새찬 213장, 631장(통찬 77장 "전능의 하나님", 348장 "나의 생명 드리니 주여", 549장 "우리 기도를") ③ 감사 찬송$_{\text{Hymns of Thanksgiving}}$; 21새찬 66 "다 감사드리세", 593장 "아름다운 하늘과"(통찬 20, 312장). 등을 들 수 있는데, 이와 같이 하나님께 드리는 찬송가에는 모두 끝에 '아멘' 코드를 붙인다. 대개의 경우 찬송가는 후렴 없이 불려지고 있고, 예배용으로 사용되는 직접적이고 주관적인 서정시이다. 20세기 기독교 찬송가집에는 기도찬송이나 간증의 노래들은 많으나 찬양가나 감사 찬송이 너무 적다.

2. 찬송가 지도법

찬송가는 세상의 예술가곡과는 다르다. 더구나 대중가요와는 비교를 시킬 수가 없다. 그러나 오늘날 건전한 찬송가 지도를 제대로 받을 시간이 교회 내에서도 전연 없는 것이다. 그저 세상 음악 실력으로 찬송가학을 들어보지도 못한 채 반주를 하고, 지휘를 하고, 또 들어서 얻은 실력으로 '지상에서 드릴 최고의 경배'를 지금 드리고 있는 것이다. 이러한 무대책인 현실에서 각성을 촉구하며 교회음악 전문가를 양성하고 지도해야 하겠다. 이미 선진국에서는 음악목사 제도를 두어 전문화하고 있다. 담임 목사의 윤번제, 행정목사, 음악목사, 상담목사, 교육목사 등 공동사고를 짜내 협동목회를 하고 있는 것이다.

(1) 교회음악지도자는 다음과 같은 자격을 자녀야 할 것이다.
① 교회음악에 대한 이해의 소유자
② 성경적 신앙의 소유자
③ 음악적 지식 및 실기의 소유자
④ 도덕적 인격의 소유자
⑤ 항상 성장하는 지도자

(2) 찬송가 부를 때의 주의 점이다.

① 가사의 내용을 알고 불러야 한다.
② 음악적으로 빠르기Tempo, 박자, 음정을 바르게 불러야 한다.
③ 감사하는 마음으로 불어야 한다.
④ 간단한 리듬악기를 도입하여 활용한다.
⑤ 올바른 가창법으로 불러야 한다.
⑥ 찬송 부르는 자는 깊은 신앙의 경지로 몰입하여 부르도록 한다.

(3) 계절 성경학교와 찬송지도

여름성경학교나 겨울 성경학교 봄 성경학교는 주일학교 교육과정과 연계하여 지도할 때 새로운 활력소가 될 수 있는 기회인 것이다. 하나의 특별한 평신도가 아니라 학생들에게 기독교 신앙의 기본인 '하나님' '예수 그리스도' '성령' 그리고 '교회생활' 등을 구체적인 어린이나 학생들의 삶에서 교육할 수 있는 절호의 기회인 것이다. 필자의 경험으로 볼 때 평상시 주일학교 시간에 못다 한 찬송지도와 음악적 훈련을 시켜 연중 찬송을 새롭게, 예배에 사용할 수 있는 밑천을 준비하도록 한다. 그래서 간이악기나 리듬악기 동원하여 큰북, 작은북 등을 구입하여 지도하면서 노방전도에 활용하고 또 지역 마을에 '전도 집회를 갖는 것으로 큰 효과를 보았다.

3. 찬송가 지도의 실제

(1) 찬송가 선곡 방법

오늘날과 같이 자료가 풍성한 시대는 이미 없었다. 교사가 마음만 먹으면 얼마든지 악보나 악기를 구할 수 있을 것이다. 그러나 홍수가 밀어닥치면 맑은 샘물을 얻기가 힘들 듯이 좋은 찬송을 고른다는 것은 참으로 힘들지만 이것이 무엇보다 중요하다. 앞서 언급한 내용 중에서 우리는 먼저 우수한 찬송가는 그 내용이 경건하고 예배에 합당한 것으로 골라야 한다. 재미있다고 흥미위주로 선곡하다 보면 예배시간에 부를 찬송이 없는 것이다. 전도용 노래나 놀이나 소창 시간에 부를 노래들이 필요하기는 하지만 그 비례를 적당히 하여 지도시간을 재치 있고 운치 있게 그리고 지도시간을 잘 안배하여 지도해야 한다.

(2) 복음찬송가 또는 복음 찬미가

이 말의 쓰임이 어색하기는 하나 "하나님의 구원역사를 이루기 위하여 사용하신 도구나 수단 즉 십자가나 구원, 보혈, 사랑, 창조의 역사 등을 찬양하는데, 그의 주인이신 하나님을 삼위일체 하나님 또는 삼위 중 한분에게 간접적으로 찬양하는 서사시를 '복음찬송가' 또는 '복음찬미가'라고 할 수 있겠다. 여기서는 '아멘을 사용하지 않는 것이 원칙이나 21새찬 535장(통찬 325장) "주 예수 대문 밖에"와 같이 복음찬송가 형식으로 진행되다가 끝에 가서 찬송가 형식으로 끝내는 경우는 '아멘'을 사용한다. 예를 들면 21새찬 "참 아름다워라"(통찬 78장), 21새찬 146장 "저 멀리 푸른 언덕에"(통찬 146장), 21새찬 254장 "내 주의 보혈은"(통찬 186장) 등과 같은 찬송들이다.

(3) 복음성가

이제까지 소개한 찬송가나 복음찬송가는 받는 대상이 아래에서 위로 올라가는 상향인데 비해 옆으로 즉 향 또는 횡향하는 성격을 띠고 있다. 즉 이 복음성가는 받는 상대가 인간들이며, 그리스도의 복음으로 구원받는 성도들이 그의 간증을 노래하거나, 성도들 또는 불신자에게 교훈과 권면, 위로를 노래에 담아 전하는 것으로 부흥집회나 복음전도 집회용이다.

예를 들면 289장 "주 예수 내 맘에 들어와 계신 후"(통찬 208장), 527장 "어서 돌아오 오"(통찬 317장) 등이다. 필자의 논문을 참고하면 한국에서 발행된 『찬송가』중에 복음성가의 비율은 합동 『찬송가』 312/558(54.9%), 새 『찬송가』 289/671(43%), 개편찬송가 182/620(29%), 공회 『찬송가』281/558장(50.4%)로 세계 여러 나라의 찬송가와 비교하여 복음성가의 비율이 높은 것을 볼 수 있다.

그러므로 현재 우리가 사용하고 있는 찬송가는 엄밀한 의미로 보다면 『성가』라고 하고 그 안에 찬송가, 복음찬송가, 복음성가로 분류하는 것이 옳은 것이다.

사도바울은 이미 엡 5:19, 골 3:16절에서 '시와 찬송과 신령한 노래'로 구분했다. 일본 복음연맹성가편집위원회 편집 『성가』(1958, 제1쇄 발행, 1987.제35쇄 발행)의 편집을 보면 제1부 시편, 제2부 찬미, 제3부 영가로 나눠 편집하였다.

(4) 어린이 『찬송가』

한국찬송가 역사에 난제가 많았다. 하물며 어린이찬송가분야는 불모지나 다름없으니 더욱 문제가 많을 수밖에 없다. 한국 초창기 주일학교 음악지도자인 장수철, 박재훈 등…… 별과 같은 이들이 개척했었으나 그 뒤로 김두완, 나운영, 오소운 같은 이들이 명맥을 이었고, 이들 대부분이 어린이를 위한 찬송가 창작보다는 그때그때 찬송가위원회의 위촉 내지 부탁으로 나온 작품들이다. 이들 중 오소운은 어린이 찬송가를 다량 작곡하고 찬송가집을 내었다. 그나마 건전 노래 부르기와 같이 발랄한 리듬과 멜로디, 또한 물밀 듯이 불어 닥친 복음성가$_{Gospel\ song}$에 그만 주일학교의 순수한 동심 속에 그윽이 울려오는 '**어린이 찬송**'들이 눌려버려 심한 위기에 와 있다고 본다. 순수한 동심 속에서 우러나오는 '동시'에 신앙의 눈물이 고이고, 기쁨의 꽃봉오리에 이슬이 맺혀 감사의 언어로 활짝 피어가는 그 순수한 마음을 담아 사랑의 하나님께 드릴 '어린이 찬송'은 만들 수 없을까?

고요한 아침이나, 시원한 그늘 그리고 산과 들에서, 황혼의 그림자를 안으며 부를 어린이만의 찬송을 위해 삶을 바칠 이는 누군가?

4. 한국교회 찬송에 대한 인식과 지도법

찬송은 "하나님을 숭상하고 찬양을 드리는 것"인데, 우리나라의 경우 찬송은 교회에서 그저 예배를 돕기 위해서 또는 주술의 효과가 있다고 믿고 그렇게 사용하는 자들이 있음은 유감스럽다. 또한 예배 전 "'준비찬송' 00장을 부릅시다."라고 자주 표현하는 경우가 있는데, 이는 잘못이다. 특히 떠들고 있는 주일학교 학생들의 주의력을 집중시키기 위해서 '찬송, 율동'을 사용하는 것은 옳지 않다. 마치 여름성경학교 강습회만 갔다 오면 유행처럼 번지는 일회성 '노래들' 율동'이나 '손 유희' 등 이제는 정리해야 할 때가 온 것 같다.

우리나라 음악교육은 편의상 가창, 기악, 창작, 감상의 4영역으로 나누어 구성하고 있으며, 초등학교의 실제 학습에서는 네 영역을 연관된 통합학습으로 운영하도록 그 방향을 제시하고 있다. 그러나 그 내용면에서는 실상 그렇지 못하다. 편의주의로 가창 중심의 교육 위주로 하고 있다. 더구나 인재난에 허덕이는 교회의 음악교육은 말할 나위도 없었다. 그러나 지금은 다르다. 인재들도 많아지고 악기나 악보들도 구하기 쉬워져 교육이 열려지고 있는 상태다.

5. 교회음악 지도자의 기초적 훈련

1) 독보력의 훈련 : 음계와 조(올림 장음계, 내림장음계, 단음계 계명 창)

2) 청음 력 : "기본음감의 훈련과 육성"
'가'(A)음을 보통 진동수 435로, 연주회고도는 440으로 청음 훈련을 한다.

3) 연주력 육성
① 악보의 해석 능력 기르기(기초 악전) ② 리듬악기 다루는 법을 익힌다.

4) 지휘법의 기초를 익힌다.
① 2박자 젓기 ② 3박자 젓기 ③ 4박자 젓기 ④ 6박자 젓기 ⑤ 혼합박자 젓기

5) 반주 법 훈련
① 건반화성
· C → Db → D → Eb → E → F → Gb → G → Ab → A → Bb → B
· C → C# → D → D# → E → F → F# → G → G# → A → A# → B
② 응용반주 : 행진곡, 원무곡형, 선율 형, 화음 형
③ 이조 법의 활용
Ab ← Eb ← Bb ← F ← C → G → D → A → E

| 완전5도 | " | " | 다장조 | 완전5도 | " | " | " |

④ 어린이 성대 보호에 대한 상식

- 변성기는 2차 성징에 의해 목소리가 변화하는 시기로 보통 12~13세경에 시작된다. 목소리가 1~3옥타브 정도 낮아지면서 음의 높이가 불안정하고, 쉰 목소리가 나오는 것이 특징이다.
- 남학생의 경우 변성기는 남 11~13세, 여학생의 경우는 11~12세라고 하나 개인차가 많다. 변성기에는 성대를 무리하게 사용하지 말고, 악기를 연주하거나 맑은 공기를 마시면서 노래하도록 하고 감기에 걸리지 않도록 조심해야 한다.

6) 기초 악전을 숙지
① 딴이름 한소리 Enharmonic 익히기
② 빠르기말과 빠르기표, 셈여림표 익히기

　　Allegro - Moderato - Andante
　　♩=120　　♩=88　　♩=72

③ 여러 가지 표 : 레가토, 스타카토, 테누토, 글리산도, 페달, 도돌이표

5. 조표와 음계

어떤 음계에 있어서 첫 음(도)의 높이가 정해졌을 때 그것을 '조'라고 하며, 이 때에 그 조에 따라 #이나 b이 붙은 것을 조표라고 한다. 각 조의 조표는 다음과 같다.

1) 조표의 종류
① 다(C)장조/ 가(a)단조　　② 사(G)장조/ 마(e)단조
③ 라(D)장조/ 나(b)단조　　④ 가(A)장조/ 올림바(f#)단조
⑤ 마(E)장조/ 올림 다(c#)단조　　⑥ 나(B)장조/ 올림 사(g#)단조
⑦ 올림 바(F#)장조/올림 라(d#)단조　⑧ 올림 다(C#)장조/ 올림 가(a#)단조

⑨ 바(F)장조/ 라(d)단조　　⑩ 내림 나(B♭)장조/ 사(g)단조
⑪ 내림 마(E♭)장조/ 다(c)단조　⑫ 내림 가(A♭)장조/ 바(f)단조
⑬ 내림 라(D♭)장조/ 내림 나(b♭)단조　⑭ 내림 사(G♭)장조/내림 마(e♭)단조
⑮ 내림 다(Cb)장조/내림 가(ab)단조

① 위에서 하얀 음표는 장조의 으뜸음 '도'(Do)의 자리이고, 검은 것은 단조의 으뜸음 라(a)의 자리이다.
② 위의 악보에서 다(C)장조에 대한 가(a)단조를 병행조라고 한다.

2) 5도권 : 조표관계를 그리면 다음과 같다. 이것을 '5도권'이라 한다.

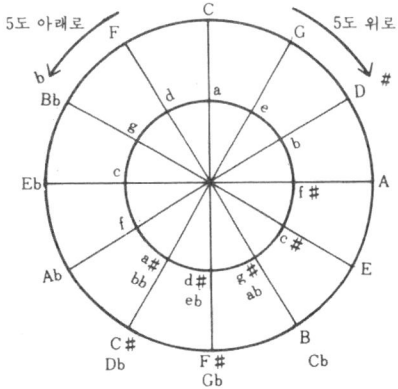

3) 조표를 손쉽게 빠르게 적는 법은 먼저 #이 붙는 자리와 b이 붙는 자리는 서로 역순임을 기억하면서 암기한다.

　　# → 파(Fa) 도(Do) 솔(Sol) 레(Re) 라(La) 미(Mi) 시(Si) ← b

4) 올림 장음계는 #표를 조표로 붙여서 생성되면 다음과 같다. 다(C)장조에서

으뜸음이 완전 5도씩 올라가면서 #이 하나씩 더 붙는다.

5) 내림 장음계는 b을 조표로 붙여서 생성되며 다음과 같다. 다(C)장조에서 으뜸음이 완전 5도씩 내려가면서 b이 하나씩 더 붙는다.

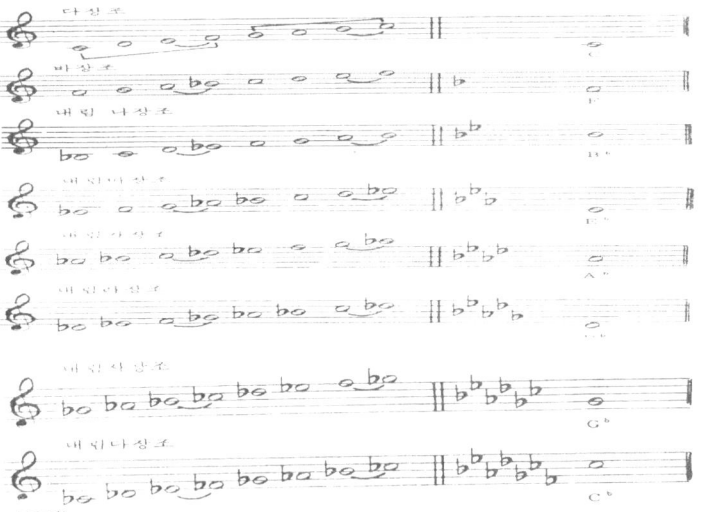

6) 옮김 계이름 부르기(이동 계명 창법)

올림표나 내림표가 붙은 조에 있어서 그 조의 음계의 첫 음을 찾아서 계이름으로 부르는 법을 '옮김 계이름 부르기' 이동도법 라고 하며, 이 같은 방법은 음의 높이를 정확하게 소리 내는 데 가장 편리하다.

(1) 조표와 으뜸음과의 관계

① 올림표가 붙은 조에 있어서는 맨 끝에 붙은 올림표를 시(Si)로 읽으면 반음 위의 음이 도(Do)가 된다.

② 내림표 계통의 조는 맨 끝에 붙은 내림표 자리를 파(Fa)로 읽고 내림표가 둘 이상 붙은 조에 있어서는 끝에서부터 두 번째 내림표가 자리를 도(Do)로 읽는다.

(2) 사이 음에 대한 계이름 부르기

① 올림표(#)는 이(i)를 붙여서 발음 한다.
    Do(도) # - Di(디)   Sol(솔) # - Si(시)
    Re(레) # - Ri(리)   La(라) # - Li(리)
    Fa(파) # - Fi(피)

② 내림표의 경우에는 에(e)를 붙여서 발음한다.
    Si(시) b - Se(세)   Mi(미) b - Me(메)
    La(라) b - Le(레)   Re(레) b - Ra(라)
    Sol(솔) b - Se(세)

7) 조옮김

(1) 조옮김의 필요성 : 어떤 악곡을 전체로 음정을 높이거나 낮추거나 하기 위하여 조를 옮기는 것을 조옮김 이조 移調 이라고 한다. 노래 부를 때 음정이 높거나 낮을 때 조를 낮게 또는 높게 옮겨서 반주하고 부르면 부르기에 수월하다.

(2) 조옮김에 필요한 조건
① 조표에 대한 이해가 있어야 한다.
② 온음 반음, 그 외의 음정에 대한 이해가 있어야 한다.

(3) 조 옮기는 요령 요즘 음악작곡 프로그램은 조표만 입력하면 바로 이조됨
① 옮기려는 새로운 조의 조표를 보표에 기입 한다.
② 원조와 새로운 조의 으뜸음을 보고 악곡의 첫 음을 기입한다.
③ 둘째 음부터 원조의 악곡대로 도수를 잘 생각하여 각 음을 기입한다.
④ 악곡이 모두 기입되면 옮김 게이름으로 불러보아 원조의 악곡대로 옮겨져 있는지를 확인한다.

⑤ 원조의 악곡 중에서 임시표가 붙은 음이 있는 경우에는 옮겨진 악곡에 무슨 임시표를 붙여야 할 것인가를 조표로 비춰보면서 생각하여 붙인다.

8) 조바꿈

악곡 도중에 변화를 주든가 곡상을 발전시키기 위하여 조를 바꾸는 일을 말하며, 조를 바꿀 때에는 겹세로줄을 긋고 새로 바꾸어질 조표를 기입하여 바꿈 하는 방법과 임시표를 사용하여 잠깐동안 조바꿈하는 경우가 있다.

조바꿈을 하는 경우에는 가장 자연스럽게 연결이 될 수 있는 걸림 조(관계 조)로 조를 바꾼다.

(1) 걸림 조(관계 조)

장음계와 단음계는 서로가 독립된 음계이지만 구 음계가 모두 온음계를 토대로 하여 이루어진 음계이므로 서로 같은 음을 가지고 있어 주 음계는 밀접한 관계를 가지고 있다. 즉 친척관계와 같은 연관성을 서로서로 맺고 있다 이것을 '걸림 조' 관계조라고 하는데, 보통 이러한 걸림 조를 거쳐서 조바꿈을 한다.

(2) 걸림 조의 종류
① 딸림 조란 '완전 5도' 위에 있는 조를 말한다.
② 버금 딸림 조란 '완전 5도' 아래에 있는 조를 말한다.
③ 같은 으뜸음조란 으뜸음을 같이하는 장조와 단조를 말한다.
④ 나란한 조(병행 조)란 조표를 같이하는 장조와 단조를 말한다.

이상과 같이 설명한 것을 그림으로 표시하면 다음과 같다.

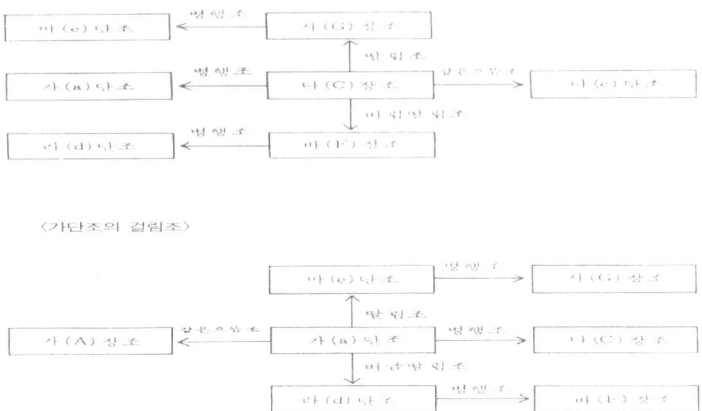

〈가단조의 걸림조〉

결언 結言

어떤 학문이든지 기초가 든든해야 그 위에 좋은 집을 지을 수 있다. '어린이 찬송가학'도 예외는 아니다. 좋은 어린이 찬송가지도를 위해서는 역사 속에 다져진 서양음악 기초 이론(기초악전 · 화성학 · 대위법 · 악식 론 · 작곡법 등)을 공부한 다음 그것과 함께 찬송시를 연구하고 교수법을 익혀 교수학습지도안을 작성하고 어린이 찬송가지도에 임한다면 훌륭한 찬송수업지도를 통하여 '하나님께 최선의 찬양'을 드릴 수 있는 밑거름이 될 것이다. 그러기 위해서는 신학교에서부터 찬송지도 전문교육이 이뤄져야 하겠다. 항상 배우고 연구하는 자세로 자기발전을 계속해 간다면 다른 사람을 잘 가르쳐 그들에게 유익을 줄 수 있으리라 믿는다.

위 글은 전국주일학교 연합회 『주교지』에 실렸던 글임을 밝혀 둔다.

[부록 11] 코드 이름 Chord Name 일람

1. 각종 3화음

2. 각종 7의 화음

(7만 붙인 것은 장3화음에 단7도를 덧붙인 것. 즉 속7의 화음을 의미한다.)

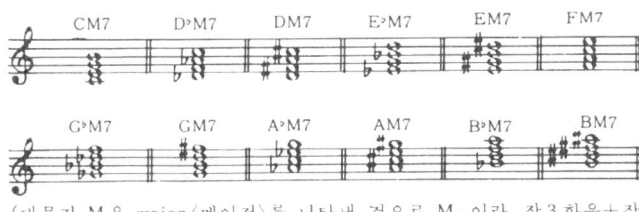

(대문자 M은 major〈메이저〉를 나타낸 것으로 M_7이란 장3화음+장7도〈장7의 화음〉를 의미한다.)

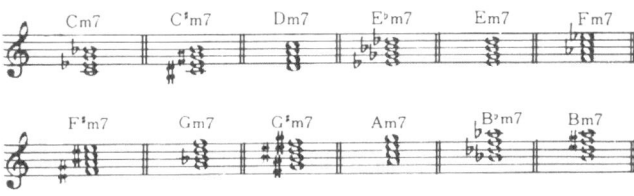

(m_7은 단3화음에 단7도를 덧붙인 것이다.)

(m_7은 단3화음에 장7도를 덧붙인 것이다. 이 코드는 CM_7^-라 적을 수 있다.)

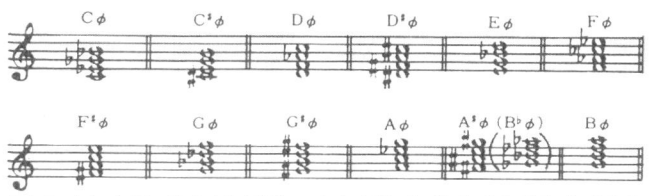

(기호 ∅ 는 half diminish〈하프 디미니쉬〉라 하며 감3화음에 단7도를 덧붙인(또는 m_7 의 제5음이 반음 내려간) 것으로 m_5^7 라 적기도 한다.)

(°7 은 diminish 7th〈디미니쉬 세븐스〉라 하며 감7의 화음을 나타내는데 사람에 따라서는 C° 와 $C_7°$ 를 모두 C° 로 나타내기도 한다.)

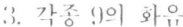

3. 각종 9의 화음

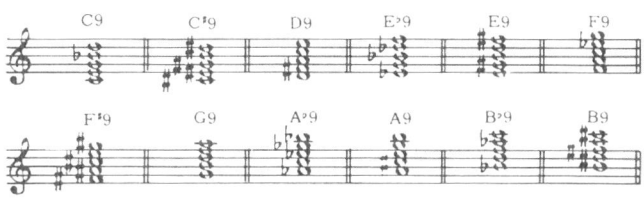

(다만 9 라고 적혀 있는 것은 속7의 화음(7th chord)에 장9도의 음을 덧붙인 코드를 나타낸다.)

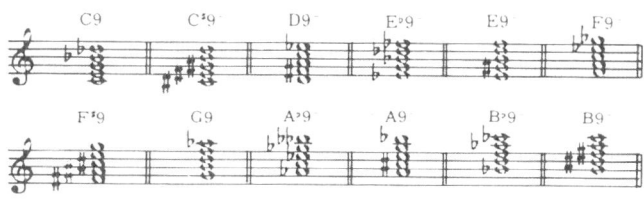

(♭9 는 위에 적은 코드의 제9음이 단9도로 된 것이다.)

(m_9는 m_7에 장9도가 덧붙여진 코드이다.)

(m^-9는 위에 적은 코드의 9도가 단9도로 된 것이다.)

(M_7에 장9도의 음을 덧붙인 코드)

(또 No. 15, 16의 코드는 전자가 장조, 후자가 단조의 으뜸화음과 딸림화음이 겹쳐진 것과 같다.)

4. 11 및 13의 화음

(다시 제 13음을 덧붙인 코드)

5. 부가 6의 화음

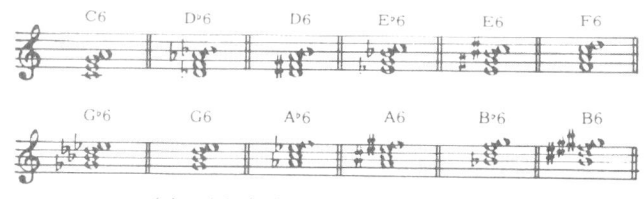

(장3화음에 장6도를 덧붙인 코드)

라) 제9도를 증9도로 하면 일종의 복합 코드로 된다.

(이것은 다음과 같이 적을 수도 있다.)

(이것은 재즈 등에서는 흔히 사용되는 코드이지만 특히 딸림화음의 기능을 확대한 사용법은 대단히 유용하다.)

참고 문헌

1. *101 More HYMN STORIES*, by Kenneth W. Osbeck, Foreword by Cliff Barrows, KREGEL PUBLICATIONS, Grand Rapids. Michigan 49501.

2. *100 Selections of Korean Hymn Vol. 3*, Composed by La, Un-Yung, Hosanna Music Press 1991.

3. 2000년도 석사학위 논문 《1915년 챵가집》, 장로회신학대학교회음악대학원, 성악전공 배은숙, 2000.

4. 2001 김찬양 동요 노랫말 모음 《세수하는 꽃잎》, 김찬양 지음, 도서출판 한국음악교육연구회, 2001.

5. 21세기 《찬송가 개발을 위한 세미나》(제4집), 1998년 1월 19일(월)~21일(수), 장소: 경주교육문화회관, 1998.

6. 21세기 《찬송가 개발을 위한 세미나》(제5집), 1998년 7월 13일(월)~15일(수), 장소: 낙산비치호텔, 1998.

7. 21세기 《찬송가 개발을 위한 세미나》(제6집), 1999년 4월 8일(목)~9일(금), 장소: 서울올림픽파크호텔, 1999.

8. 21세기 《찬송가 개발을 위한 제7차 세미나》, 1999년 11월 4일(목)~5일(금), 장소: 대전(유성) 롯데호텔, 1999.

9. 21세기 《찬송가 방향설정을 위한 제1회 공개 세미나》(제1집), 1996. 8.29-30 장소: 부산 하얏트호텔, 한국찬송가공회, 1997.

10. 21세기 《찬송가 설명회》<교단 장 초청>, 한국찬송가공회, 2001년 4월 12일, 서울 팔레스호텔 12층 코스모스 홀, 2001.

11. 21세기 《찬송가 제작을 위한 기획 세미나》(제2집), 1997년 7월 10일(목)-12일(토), 장소: 설악 파크호텔 중청봉 홀, 1996.

12. 21세기 「찬송가」 시제품 공청회 건의사항, 한국찬송가공회.

13. 21세기 「찬송가」 시제품 수정 본(상), 한국찬송가공회.

14. 21세기 「찬송가」 시제품 수정 본(하), 한국찬송가공회.

15. 21세기「찬송가」시제품 제1차 교정본, 한국찬송가공회.
16. 21세기『새 찬송가 해설집』1, 저자 김영기, 도서출판 기쁜 날, 2009.
17. 21세기『새 찬송가 해설집』2, 저자 김영기, 도서출판 기쁜 날, 2009.
18. 21세기《『새 찬송가』모두 회수하라!》한국찬송가 작가 총 연합회 세미나 및 원로음악인들의 잘못된 찬송가 오류지적 엮음, 21세기 새 찬송가 특별추진위원회, 2009.
19. *25 Most Treasured GOSPEL HYMN STORIES*, KENNETH W. OSBECK, Kregel PUBLICATIONS, Grand Rapids Mi., 49501. ⓒ 1999. Printed in the United States of America.
20. *25 Praise and Worship Favorites for easy level guiter*, Volume 4, ⓒ Copyright 2005 Word Music, a division of Word Music Group, LLC AllRight Reserved. International Copyright Secured. Printed in U. S. A.
21. *52 HYMNS STORY DEVOTIONS*, Lucy Neeley Adams, Abingdon Press Nashville, ⓒ 2000. MANUFACTURED IN THE UNITED STATES OF AMERICA
22. *A Collection of KOREAN NEW HYMNS*, KOREAN HYMNAL COMMITTEE, 1984.
23. *A CONCISE DICTIONARY OF MUSIC*, An Introductory Reference Book by Jack M. and Corinne Watson, COPYRIGHT ⓒ 1965.
24. *A STUDY ON WORSHIP AND HYMNODY FOR PASTOR AND CANTOR*, LIFE SCHOOL OF THEOLOGY DOCTOR OF EDUCATION, by Shin, So-seop, 1995.
25. *A TREASURY of HYMN STORIES*, Brief Biographies of 120, Hymn writers with Their Best Hymns, AMOS R. WELLS, BAKER BOOK HOUSE, Grand Rapids Michigan 49516, ⓒ 1945, Reprinted 1992.
26. *AMAZING GRACE 366 Inspiring Hymn Stories for Daily Devotions*, Kenneth, W. Osbeck, Kregel PUBLICATIONS, Grand Rapids, Mi. 49501, Copyright ⓒ 1990.
27. *An Introduction to CHURCH MUSIC*, by John F. Wilson, Trans., by Woon Young La & Eui Soo Cho, The Christian Literature Society, Seoul, Korea, 1974.
28. *ANALYTIC RESEARCH ON THE HYMNAL OF KOREA, -LYRICS & MUSIC BY KOREA COMPOSER-*, Written by Sang Man Park, Midwest University, 2008.
29. *ANG IMNARYONG PRESBITERYNO*, (ENGLISH AND TAGALOG HYMNAL, EVANGELICAL

PRESBYTERIAN MISSION, 1990.

30. *Anthology of Gyu Hyon Kim's creative works for vocals*, 《김규현 創作獨唱曲集》, 이우음악사, 2009.

31. *Calvin's First Psalter*, AULCUNS, Pseaulmes et Cantiques, mys en chant, A. Strasbourg 1593.

32. *Chalice Hymnal*, © Copyright 1955 CHALICE PRESS ST. LOUIS, MISSOURI, Printed in the United States of America. 7th Printing, 1998.

33. *CHRISTIAN WORSHIP A HYMNAL*, WILLIAM P. SHELTON AND LUTHER WESLEY SMITH, CHRISTIAN BOARD OF PUBLICATION, THE BETHANY PRESS, ST. LOUIS, Copyright, 1941.

34. *CHRISTMAS CANTATA, 'OH! COME EMMANUEL IN THE WORLD*, Composed by Shin, So-Seop, AGAPE CULTURE PUBLISHING COMPANY SEOUL, KOREA, 2004.

35. *CHRISTMAS CANTATA, PRINCE OF PEACE JESUS CHRIST*, Composed by Shin, So-Seop, AGAPE CULTURE PUBLISHING COMPANY SEOUL, KOREA, 2001.

36. *Companion to Baptist Hymnal*, William J. Reynolds, Broadman Press, Nashville, Tennessee, © Copyright 1976.

37. *COMPANION TO THE HYMNAL*, E. S. Bucke, Handbook th the United Methodist Book of Hymns, ABINGDON PRESS, Nashville, 1970.

38. *COMPANION TO THE UNITED STATES HYMNAL*, CARTON R. YOUNG, ABINGDON PRESS, NASHVILLE, Copyright © 1993.

39. *DICTIONARY OF HYMNOLOGY*, Origin and History of Christian Hymn Writers of all Ages and Nations, Edited by JOHN JULIAN, Volume 1. A to O., KREGEL PUBLICATIONS, Grand Rapids, Michigan 49501, 1985.

40. *DICTIONARY OF HYMNOLOGY*, Origin and History of Christian Hymn Writers of all Ages and Nations, Edited by JOHN JULIAN, Volume 2. P to Z., KREGEL PUBLICATIONS, Grand Rapids, Michigan 49501, 1985.

41. *Favorite Hymns of Praise*, TABERNACLE PUBLISHING COMPANY, Wheaton, Illinois, 60187, Printed in U. S. A. 2001.

42. *Gotteslob. Katholisches Gebet-und Gesangbuch*, Diözese Linz, Herausgegeben, von den Bisschöfen Deutschlands und Österreichs und der Bistümer Bozen-Brixen und Lüttich.

43. *Great Christian Hymn Writers*, Jane Stuart Smith and Betty Carkson,

CROSSWAY BOOKS, WHEATON, ILLINOIS 60187, A DIVISION OH GOOD NEWS PUBLISHERS, ⓒ 1997.

44. *GUIDING FOURS AND FIVES IN MUSICAL EXPERIENCES*, Susan Baker·Glennella Key·Talmadge Butler, Jordan Press with Permission of Convention Press, ⓒ Copyright 1992·Convention Press All rights reserved, Nashville, Tennessee 5167-07.

45. *History of Church Music*, David p. appleby, 『敎會音樂史』, 朴泰俊 博士 譯, 敎會音樂 專門出版 美波社, 1974.

46. *History, Culture, and Religion oh the HELLENISTIC AGE*, by HELMUT KOESTER, Fortress Press, PHILADELPHIA; Walter de Gruyter, BERLIN AND NEW YORK, 1984.

47. *HYMNOLOGY*, Thir Edition by Cho, Sook Ja·Cho, Myung Ja, Presbyterian College and Theological Seminary, Seoul, Korea, 1988.

48. *Hymns for the Family of God*, ⓒ 1976 by Paragon Associates, Inc., Nashville, Tennessee 37202. Printed in the U. S. A. 988 NEMO, 1976.

49. *HYMNS for the living church*, hope PUBLISHING COMPANY, CAROL STREAM, ILLINOIS 60187, Copyright ⓒ 1974.

50. In-Yong La, *The Selected Works*, In Commemoration of Sixty's birthday Anniversary, 『나인용 작품집』, 1996.

51. *JOSEPH HAYDN Oratorio 《DIE SCHÖPFUNG》* The Creation, German, English and Japanese Texts, Edited by Eisaburo Kioka, 1938.

52. *LUTHERAN BOOK OF WORSHIP*, TRINITY LUTHERAN CHURCH, LONG BEACH, CALIFORNIA, Published by Augsburg Publishing House, Minneapolis, Board of Publication, Lutheran Church in America, Philadelphia, Copyright ⓒ 1978.

53. *MENDELSSOHN, ORATORIO 《ELIJAH》* by Felix Mendelssohn Bartholdy, 박태준 번역, 교회음악사, 1970.

54. *MINISTRY AND MUSIC*, by Robert H. Mitchell, VOICE, 1993.

55. *MUSIC MAKING WITH YOUNGER CHILDREN* by Martha Ellen Stilwell, Roy T. Scoggins, Jr. Ruth Eaton Williams,/ Trans. by Chun Soo Lee, Jordan Press, 1983.

56. *Nepali Hymnal*, Music Edition of Nepali Hymnal Khristiya Bhajan, ⓒ

Bardan, Bardan Publishers, Kathmandu, Nepal.

57. *ORCHESTRAL TECHNIQUE*, by Gorden Jacob,『관현악기법』, 尹良錫 ·張昌煥 共譯, 學文社, 1974.

58. *ORCHESTRATION* by Dr. La Un-Young,『管絃樂法』, 羅運榮 著, 世光出版社, 1981.

59. *OUR HYMNODY*, A MANUAL OF THE METHODIST HYMNAL, ROBERT GUY McCUTCHAN, WITH AN INDEX OF SCRIPTURAL TEXTS FITZGERALD SALE PARKER, Second Edition, ABINGDON PRESS, NEW YORK, NASHVILLE, ⓒ Copyright 1937.

60. *PRAISE and WORSHIP*, HYMNAL, LILLENAS PUBLISHING COMPANY, KANSAS CITY, MISSOURI.

61. *PRAISE MY SOUL*, Cell Worship, New Best 420, Hong, Jong-Chan, 2008.

62. *PSALTER HYMNAL Handbook*, Editors: Emily R. Brink and Bert Polman., CRC Publications, Grand Rapids, Michigan 49560, ⓒ 1998.

63. *RESURRECTION CANTATA*, 《THE KING OF KINGS CHRIST OF RESURRECTION》, Composed by Shin, So-Seop, AGAPE CULTURE PUBLISHING COMPANY, SEOUL, KOREA, 2002.

64. *Science & Music*, by Sir James Jeans, DOVER PUBLICATIONS, INC. NEW YORK, first published in 1968, is an unabridged republication of the work originally published in 1937.

65. *SAMMLUNG GOSCHEN BAND 344*, Musikästhstik von Hans Joachim Moser, Walter de Gruyter & Co., Berlin, 1953. 음악교육학총서 7『音樂美學』, 한스 ·모저 著, 金晋均譯, 學文社, 1974.

66. *SING WITH UNDERSTANDING*, AN INTRODUCTION TO CHRISTIAN HYMNOLOGY, Harry Eskew Hugh t. McElrath, Illustrations Prepared by Charles Massey, Jr., BRODMAN PRESS, Nashville, Tennessee, ⓒ Copyright 1980.

67. *Singing In Tune*, Nancy Telfer, KOREAN EDITION, Trans. Kim, Yeong-Saeng, EUMAG CHUNCHU SHA EXCLUSIVE DISTRIBUTOR.

68. *TENNESSEE ERNIE FORD'S BOOK OF FAVORITE HYMNS*, Arrangements prepared for this edition by E. Charles Eggett, BRAMHALL HOUSE, NEW YORK, ⓒ copyright 1962.

69. *THE BIRTH OF A HYMN*, by KEITH SCHWANZ, Lillenas PUBLISHING COMPANY,

KANSAS CITY, MO 64141, Copyright ⓒ 1997.

70. *The Brethren Hymnal*, Authorized by ANNUAL CONFERENCE, CHURCH OF THE BRETHREN, HOUSE OF THE CHURCH OF THE BRETHREN, ELGIN, ILLINOIS, Copyright 1951.

71. *THE CELEBRATION HYMNAL SONGS AND HYMNS FOR THE WORSHIP*, WORD MUSIC / INTEGRITY MUSIC, Copyright ⓒ 1997, Printed in the United States of America.

72. *The Comprehensive Psalter*, Scottish Metrical Version with Music, Divided into Portions for Singing in Public and Private Worship, Published by Blue Banner Books, A Ministry of First Presbyterian Church, Rowlett, Texas, 2000.

73. *THE FAITH WE SING* by S. Paul Schilling(Sylvester Paul), 1904., THE WESTMINSTER PRESS, Philadelphia, ⓒ 1983.

74. *The Gospel in Hymns*, BACKGROUNDS AND INTERPRETATIONS By Albert Edward Bailey, CHARLES SCRIBNER'S SONS, NEW YORK, Copyright ⓒ 1950.

75. *THE HYMNAL for Worship & Celebration*, Containing Scriptures from the King James Version of the Holy Bible, WORD MUSIC, WACO TEXAS, ⓒ Copy Right 1986, Printed in the U. S. A. 898KP98765.

76. *THE HYMNAL*, 1940, With Supplements Ⅰ and Ⅱ, According to the use of The Episcopal Church, The Church Hymnal Corporation, New York.

77. *The Hymnal*, Ivan L. BENNETT, Chaplain, U. S. A. Army, Chairman of the Editorial Committee.

78. *The Hymns for Piano*, 『피아노를 위한 찬송가』, 교회음악전문출판 에덴문화사, 1977.

79. *THE KOREAN PSALTER*《시편찬송가》, 고려서원, 2004.

80. *The Lives of The Famous Hymn Writers by CHAI HOON PARK*, 『讚頌歌 作家의 面貌』, 朴在勳 著, 4288(1955).

81. *The Musicians*, 『21세기 음악가사전』, 배동순 김범수 편저, 음악세계, 1995.

82. *The New Century Hymnal Companion*, A Guide to the Hymn, Edited by Kristen L. Forman, The Pilgrim Press, Cleveland, Ohio, ⓒ 1998.

83. *THE PRESBYTERIAN HYMNAL COMPANION*, Linda Jo H. McKim, Westminster/John

Knox Press, Louisville, Kentucky, 1993.
84. *THE PSALMS IN METRE*, Scottish Metrical Version, Published for THE REFORMED PRESBYTERIAN CHURCH OF IRELAND by OXFORD UNIVERSITY PRESS, 1979.
85. *The Psalter*, DOCTRINAL STANDARDS, LITURGY, AND CHURCH ORDER, CHRISTIAN REFORMED CHURCH IN AMERICA, WM. B. EERDMANS PUBLISHING CO. "THE REFORMED PRESS" Publishers GRAND RAPIDS, MICH, 1927.
86. *The Study of Christian Hymnody*, Vol. 1, by Rev. Ei Ho Kim, Published by The CHI HYE WEON Publishing co. Seoul, KOREA 71 P.O.B Dong daemun, 1999.
87. *THE UNITED METHODIST HYMNAL*, Book of United Methodist Worship, THE UNITED METHODIST PUBLISHING HOUSE, NASHVILLE, TENNESSEE, ⓒ 1989.
88. *WORSHIP IN SONG, HYMNAL*, LILLENAS PUBLISHING COMPANY, KANSAS CITY, MISSOURI, Copyright ⓒ 1977.
89. *WORSHIP ITS THEOLOGY AND PRACTICE*, by J. von Allmen, Trans by Young Sup Chung, Keun Won Park, So Young Kim, Kyung Sam Huh, Press The Christian Literature Society Seoul, Korea, 1979.
90. 《가장 귀한 선물》, 교사종합백과사전, 작사·안무·그림 김찬양, 작곡 곽상엽·김민식·김은석·김자미·라종섭·이성동, 도서출판 K.C.E.M., 2000.
91. 《교회 오르간이스트를 위한 『찬송가 전주곡 집』》, 주성희 작곡, Service Music for Church Organists, 예솔, 2011.
92. 《金聖熏 작곡 건강한 가정을 위한 김성훈의 창작 OPERA BENJAMIN》, 전3막(Full Score), The Works Composed by Kim song-hun, 도서출판 디자인 CDR, 2007
93. 《金聖熏 작곡 獨唱曲集》, 도서출판 디자인 CDR, 2007
94. 《김수정 작곡 한국찬송가》제2집, 대진출판사, 1994.
95. 《김홍전 찬송가 『찬송』》, 著者, 김홍전, 평화사, 1982 초판 발행.
96. 《깨어 기도하자 주님 오신다》, 박재훈 작곡집 제2권, 기독교음악사, 1999.
97. 《나의 힘이 되신 주》, 한국교회음악시리즈 1, 우리 가락 찬송가 제1집, 문성모 작곡, 한국국악선교회, 1989.

98. 《童謠名曲集》 300曲 手錄, 現代樂譜出版社, 1965.

99. 《名聖歌曲集》第1集 -第8集, 李南哲 編, 樂苑社. 1971.

100. 《문성모 찬송가 330곡『우리가락 찬송가와 시편교독송』》, 문성모 지음, 도서출판 가문비, 2011.

101. 《복음성가 제1집》, 순복음문서출판국, 영상출판사 김성혜 발행, 1978년 초판, 1981년 8판 발행.

102. 《복음찬송》, 정안자 편집, 대구노회여전도회연합회 복음찬송 편찬위원회(음악부) 김순애 발행, 1981.

103. 《북한 찬송가,『찬송가』》(400장), 조선기독교련맹 중앙위원회, 1983.

104. 《브라가》,(306곡), 홍종찬 편저, 아가페문화사, 2001.

105. 《빛 고을 진혼곡》, 金聖熏 작곡, A BITGOEUL REQUIEM(Full Score), The Works Composed by Kim song-hun, 도서출판 디자인 CDR, 2007

106. 《새벽찬가 불러라》, 신작찬송가한상수 작시, 한국찬송가연구소, 1992.

107. 《새로운 복음성가》, 안양선 편집, 새로운 출판사, 1993.

108. 《聖架獨唱曲集》, 李宥善 譯編, 基督敎音樂社, 1977.

109. 《聖歌作曲集》1, 주성희, KOREAN SACRED SONG BOOK 1, JOO, SUNG-HEE, 敎會音樂社, 1989.

110. 《聖歌作曲集》2, 주성희, KOREAN SACRED SONG BOOK 2, JOO, SUNG-HEE, 도서출판 한가람, 1999.

111. 《聖歌合唱曲集,》, 金聖熏 작곡집,도서출판 디자인CDR, 2007

112. 《聖歌合唱曲集》第1集 -第5集, 李南哲 編, 樂苑社, 1971.

113. 《世界音樂大全集》 COMPLETE COLLECTIONS OF THE WORLD MUSIC, 器樂篇 24, 2 피아노 協奏曲集, 國民音樂硏究會, 1962.

114. 《世界音樂大全集》 COMPLETE COLLECTIONS OF THE WORLD MUSIC, 聲樂篇 1, 오페라 ·아리아 集, [소프라노], 國民音樂硏究會, 1962.

115. 《世界音樂大全集》 COMPLETE COLLECTIONS OF THE WORLD MUSIC, 聲樂篇 3, 오페라 ·아리아 集, [테너], 國民音樂硏究會, 1962.

116. 《세광혼성합창곡집》, 徐守俊 編, 세광출판사, 1976.

117. 《少年少女合唱과 女性合唱世界의 合唱》, 에이사부로 기오까 편, 보이스사, 1982.
118. 《시편찬송가》, 시편찬송 편찬위원회, 기독지혜사, 2002.
119. 《시편찬양곡집Ⅰ『여호와는 나의 목자시니』》, 신소섭 작곡, 아가페문화사, 2000.
120. 《시편찬양곡집Ⅱ『하나님이여 사슴이』》, 신소섭 작곡, 아가페문화사, 2000.
121. 《신약편 노래 모음》, 원작 오소운·연출 최영일·음악감독 나운영, 합창지도 윤학원, 하나로 미디어 발행.
122. 《新作聖歌合唱曲集》第32集, 한국교회음악작곡가협회편, 美波社, 1999.
123. 《新作讚A歌集》第30集, 한국작곡가협회 편 발행인 백태현, 未完成, 1998.
124. 《21세기 어린이 찬송가》, 한국찬송가위원회, 대한기독교서회 김상근 발행, 2001 초판 2쇄.
125. 《감리교 어린이찬송가》, 한국찬송가위원회 엄문용, 대한기독교서회, 1988년 초판발행, 1995년 개정증보, 1997년 3부 반주 초판발행.
126. 《교회학교 어린이노래집》, 오소운 엮음, 대한기독교 교육협회, 1972년 어린이성경학교 부록.
127. 《송영곡집》1, 정인준 편, 호산나음악사 정인준 발행, 1998.
128. 《송영곡집》2, 정인준 편, 호산나음악사 정인준 발행, 1998.
129. 《시편찬양》, 크리스모드 편집 제작, 1991.10 초판, 1991.11. 재판.
130. 《신작 찬송가》, 오소운 작사·작곡, 쿰란출판사 이형규 발행, 2000.
131. 《애창동요 250곡집》, 음악도서 삼호출판사 김정태 발행, 1994.
132. 《NEW 표준 어린이찬송가》(개정판), 대한예수교장로회총회 교육부 표준 어린이찬송가편찬위원회 편집, 대한예수교장로회 총회 발행, 2009.
133. 《어린이새찬송가》, 대한예수교장로회 총회교육부, 1971.
134. 《어린이새찬송가》, 대한예수교장로회 총회출판부, 1975년 4판.
135. 《그림 어린이새찬송가》, 교회음악출반위원회, 유니버살 레코드사, 차재원 발행 1981.
136. 《어린이 찬송가》, 도서출판 복음문고, 최득원 발행, 1988.
137. 《어린이 찬송가》, 한국찬송가위원회, 김소영 발행, 1989 10판 발행.

138. 《한국 어린이찬송가》 (개정증보) 침례회출판사 이상대 발행, 1989.
139. 《어린이 찬송가》, 한국찬송가위원회, 김소영 발행, 1990 13판 발행.
140. 《어린이 찬송가》, 대한예수교장로회총회 찬송가위원회 편집, 대한예수교장로회총회 출판국 발행, 1998년 23판 발행.
141. 《어린이 찬송가》, 대한예수교장로회총회 찬송가위원회, 총회출판국 발행, 1990 초판발행, 2002년 29판 발행.
142. 《어린이 찬송가》, 한국찬송가위원회, 김상근 발행, 1998년 초판 48쇄.
143. 《어린이 찬송가》, 도서출판 모퉁이돌 펴냄, 펴낸이 김상녕, 1997.
144. 《어린이 찬송가》, 한국찬송가위원회, 김소영 발행, 1989 10판 발행.
145. 《청소년 찬송가》, 한국찬송가위원회 제작 편집, 대한기독교서회 김소영 발행, 1994 초판 발행.
146. 《표준 어린이 찬송가》, 대한예수교장로회 총회 발행, 총회교육부편집, 총회출판부 제작, 1973년 초판 발행, 1995 2판 5쇄 발행.
147. 《어린이 찬송가》, 도서출판 복음문고, 최득원 발행, 1999년 3판.
148. 《어린이 새 찬송가》, 서울말씀사 출판부, 이영훈 편집, 김성혜 발행, 1996년 1판 1쇄, 1999년 1판 10쇄.
149. 《표준 어린이 찬송가》, 대한예수교장로회 총회 발행, 총회교육부편집, 총회출판부 제작, 1973년 초판 발행, 2000년 개편2쇄 발행.
150. 《표준 어린이 찬송가》, 대한예수교장로회 총회 발행, 총회교육부편집, 총회출판부 제작, 1988.
151. 《표준 어린이 찬송가》, 대한예수교장로회 총회(합동) 발행, 총회교육부 편집, 총회출판부 제작, 1992.
152. 《양식에 의한 『교회음악문헌』》, 주성희 지음, 총신대학교출판부, 2009.
153. 《오소운 작곡 어린이 성가》100곡집(부록 노래극), 보이스 사, 1975.
154. 《왕 중 왕 부활하신 그리스도》부활절칸타타, 신소섭 작곡, 아가페문화사, 2002.
155. 《정선『가톨릭 성가집』》, 새 미사 통상문 附(改訂版), 전국통일성가위원회, 가톨릭출판사, 1957초판/ 1975 26판.
156. 《주일학교 찬송가》, 대한기독교서회 조선출, 1962년 초판, 1968년 4판 발행.

157. 《찬송가 모음》 IV, 김수정 작곡, 서로사랑인쇄출판시, 2000.

158. 《찬송찬양 곡집 『다윗의 풀피리 소리』》, 신소섭 작곡, 아가페문화사, 2001.

159. 《찬양가》, 구셰쥬 강생일천팔백구십ᄉ년예수셩교회당간, 개국오백삼년갑오.

160. 《찬양가》, 예수셩교회당간, 개국오백삼년갑오. 구셰쥬 강생 일천팔백구십ᄉ년

161. 《찬양하는 자들 『테힐림』》, 홍종찬 엮음, 아가페문화사, 1996.

162. 《찬양하라 내 영혼아》, 홍종찬 편저, 최신곡 베스트 464, 아가페문화사, 1996.

163. 《찬양하라 내 영혼아》 101최신 곡, 홍종찬 편저, 아가페문화사, 2000.

164. 《청소년 찬송가》, 한국찬송가위원회 편, 대한기독교서회 김소영 1994년 초판 발행.

165. 《칼빈의 시편가 주제에 의한 피아노 변주곡 집》, 주성희 작곡, Piano Variations on the Them of Calvin's Genevan Psalter, 예솔, 2010.

166. 《칼빈의 시편찬송가 한국어판》, Calvin's Genevan Psalter, 서창원 신소섭 이귀자 주성희 공동편찬, 진리의 깃발사, 2009.

167. 《코러스 2002》, 이연수 편저, 최예찬엮음, 제작 기획 기쁨의 소리, 1997.

168. 《크리스마스칸타타 『오! 임마누엘 이 땅에 임하소서』》, 신소섭 작곡, 아가페문화사, 2003. 2004재판.

169. 《크리스마스칸타타 『평화의 왕 예수 그리스도』》, 신소섭 작곡, 아가페문화사, 2001.

170. 《표준 한영찬송가》, 김경선 역편, 도서출판 麗韻社, 1986.

171. 《하나로 마음 다해》, 김찬양 지음, 베드로서원, 1997.

172. 《한국인의 복음성가 찬양의 광장》, 최성찬 편곡, 지혜문화사, 1987.

173. 《한국찬송가 100곡선》 제3집, 나운영 작곡, 호산나음악사, 1991.

174. 《한국찬송가집》, 한국찬송가 위원회 편, 1987.

175. 《ПЕТР ИАЬИЧ ЧАЙКОВСКИЙ》 1840-1893, ОВЩАЯ Я РЕДАКЦИЯ(В.В.АСАФЬЕВА), ТОМ ШЕСТЬ ДЕСЯТ ПЕРВЫЙ, МУЗГИЗ, 1949.

176. 「健全한 地域文化 形成을 爲한 學校 小그룹 合唱活動에 關한 硏究」, 韓國敎員大學校 大學院 音樂敎育學科 音樂敎育專攻, 金忠, 1997.
177. 「기독음악저널」, 찬양하는 사람들의 전문지, 통권 9호(1996. 7월)~통권 96호(2003년 10월). 작은 우리.
178. 「박재훈의 찬송가 "눈을 들어 하늘 보라"에 나타난 시적 ·· 음악적 표현어법」, 나진규, 연세음악연구 제5집, 1997.
179. 「영혼을 오염시키는 음악들」작은책 묶음 2 , 김광웅, 國民日報社, 1992.
180. 「禮拜와 音樂」, 硏究誌, 大韓基督敎書會, 1975.
181. 「예배음악 그 경건성의 회복은 신학의 터 위에서」(이성재 박사, 한국찬송가작가 총 연합회, 2013.
182. 「예배음악」격월간 No 8, 아가페 음악선교원, 1993/3-4.
183. 「예배음악」통권 22, 아가페 음악선교원, 1996/3-4.
184. 「한국『찬송가』에 나타난 영·미 시 번역상의 문제점」, 장인식 교수, 대전 중부대학교 인문사회학부, 1999.
185. 『21세기 찬송가 연구』(누구나 알기 쉽게 쓴 21세기 찬송가 연구); 오소운 저, A Study of New Century Korean Hymnal by Sown K. Oh. 성서원, 2011.
186. 『3번만 읽으면 누구나 작곡할 수 있다』증보판, 이병옥·백기풍 편저, 도서출판 작은 우리, 1989.
187. 『개혁교회는 무엇을 믿는가?』, 서창원 지음, 진리의 깃발사, 2010
188. 『개혁주의 人名事典』, 신학자·목회자·신학도의 길라잡이, 鄭聖久 編著, 總神大學校出版剖, 2001.
189. 『개혁주의 찬송가학』, 이윤영 著, 기독교문서선교회, 1991.
190. 『敬拜讚美』, 중국 찬송가, 內部使用.
191. 『敎會 音樂史』, 신학총서 13, 김의작 교수 감수, 세종문화사, 1980.
192. 『교회 음악약사』, 원진희 저, 대한기독교서회, 1971.
193. 『교회음악 왜 타락하는가?』, 교회음악시리즈 1 이광복 목사 저, 도서출판 흰 돌, 1997.
194. 『교회음악 지도자론』, 이택희 저, 도서출판 질그릇, 1988.

195. 『교회음악개론』, 홍정수 지음, 장로회신학대학출판부, 1988.
196. 『敎會音樂論』, 김철륜 지음, 호산나 음악사, 1991.
197. 『敎會音樂入門』, 존 F. 윌슨 著, 羅運榮 趙義秀 共譯, 大韓基督敎書會 趙善出 發行, 1974.
198. 『교회음악의 재발견』, 순복음 음악연구소, 서울서적, 1992초판, 1993 3판 발행.
199. 『敎會音樂學』, 김의작 박사 저, 총신대학출판부, 1983.
200. 『교회음악학』, 신소섭 著, 아가페문화사, 2000 초판, 2003 재판.
201. 『교회음악학』, 총회교육개발원 편저, 대한예수교장로회 총회출판부, 2009.
202. 『교회음악행정』, 임영만 지음, 한국장로교출판사, 1995초판, 2쇄 1997.
203. 『國樂 通論』, 徐漢範 著, 台林出版社, 1983.
204. 『基督敎 禮拜의 原理와 實際』제12판, R. 압바 著, 許慶鈝 譯, 大韓基督敎書會, 1992.
205. 『基督敎 音樂史』, 李宥善 博士 著, 總神大學 出版剖社, 1977.
206. 『羅運榮 隨想集 』"主題와 變奏", 民衆書館, 1964.
207. 『나의 찬송을 부르라』, 찬송의 참 모습 알려주는 찬송교과서, 최혁 지음, 도서출판 규장, 1994.
208. 『單券 讚頌歌 解說集』, 문영탁 지음, 새 筍出版社, 1984.
209. 『대중음악에 나타난 사탄의 영』, 최광신 씀, 두돌비서원, 1992.
210. 『萬民頌揚』, 중국찬송가, '萬民頌揚' 聖詩編輯出版委員會印行, 1982.
211. 『목회음악론』, 김홍규 저, 도서출판 미드웨스트, 1999.
212. 목회자와 교회음악지도자를 위한 『예배와 찬송가』, 신소섭 저, 아가페문화사, 1993.
213. 『바흐까지의 音樂史』, Masterpieces of Music Before 1750, CARL PARRISH & JOHN F. OHL, 서우석/ 성의정 옮김, 수문당, 1982.
214. 『사탄은 마침내 대중문화를 선택했습니다』신상언 저, 낮은 울타리, 1992.
215. 『새로운 가정 예식』, 예배자료 21, 제2권 박근원 엮음, 대한기독교서회, 1998.

216. 『새로운 교회 예식』, 예배자료 21, 제1권 박근원 엮음, 대한기독교서회, 1998.
217. 『새로운 C C M』 CONTEMPORARY CHRISTIAN MUSIC, 양동복, 참빛미디어, 1995.
218. 『새로운 예배 시편』, 예배자료 21, 제3권 박근원 엮음, 대한기독교서회, 1998.
219. 『새로운 예배 찬송』, 예배자료 21, 제5권 박근원 엮음, 대한기독교서회, 1998.
220. 『새로운 예배기도』, 예배자료 21, 제4권 박근원 엮음, 대한기독교서회, 1998.
221. 『성경에 나타난 찬송』, 이효은 著, 예수교 문서 선교회, 1981.
222. 『성경의 음악』, John Stainer 저, 성철훈 역, 호산나 음악사, 1991.
223. 『성교예규』, 서울대교구 전례위원회 엮음, 가톨릭출판사, 1997.
224. 『世界音樂叢書』 1-50권, 音樂圖書 三護出版社, 1986.
225. 『세속음악의 교회침투 이렇게 이루어진다, 교회음악시리즈 3 이광복 목사, 도서출판 흰돌, 1997.
226. 『소년소녀 합창지도법』, 연세대학교 음악대학 교회음악과장 강신의 저, 신망애출판사, 1973.
227. 『실로폰 리듬악기 교본』, 편자 길형원, 세광출판사 박신준 발행, 1973.
228. 『알기 쉬운 작곡법』, 김희조 지음, 세광음악출판사, 1981.
229. 『알기 쉬운 편곡 법 해설』, 이교숙 지음, 세광출판사, 1969.
230. 『어린이 찬송가 해설』, 오소운 지음, 信望愛出版社 박종구 발행, 1984.
231. 『어린이 음악교육』, 마르다 엘렌 스틸웰/ 루스 이튼 윌리엄스/ 로이 T. 스크긴스 Jr. 공저, 이천수 옮김, 요단출판사, 1989.
232. 『禮拜 音樂의 理解』, 이택희 저, 도서출판 질그릇, 1991.
233. 『禮拜와 敎會音樂』, 이중태 목사, 예찬사, 1987.
234. 『예배와 찬송가』, 신소섭 著, 국제복음선교회, 아가페문화사, 1993.
235. 『禮拜와 讚頌學』, 신소섭 著, 아가페문화사, 1997.
236. 『禮拜의 再發見』,-이론과 실제 및 자료- 改訂版, 朴恩圭 著, 大韓基督敎出版社, 1991.

237. 『예배학 개론』, 정장복 著, 종로서적, 1987.
238. 『예배학개론』, 초판 7쇄, 현대인을 위한 신학강좌 8 종로서적, 정장복 著, 종로서적, 1989.
239. 『오늘의 예배론』, 박근원 지음, 대한기독교서회, 1993.
240. 『왜 뉴 에이지에 사람들이 매혹되는가?』, 반 뉴 에이지 신서 3 김희성 편역, 예영 커뮤니케이션, 1992.
241. 『위험에 처한 교회음악』, 기독교인을 위한 필독서 101, 프랑크갤릭·컬트워첼 지음(Frank Garlock·Kurt Woetzel), 홍성수 옮김, 도서출판 두풍, 1997.
242. 『유치부어린이 음악교육』, 이석출 옮김, 요단 출판사, 1987.
243. 『音樂鑑賞法』, 音樂文庫 No. 11, 世光出版社, 1971.
244. 『음악과 신학』, 노주하 지음, Music and Theology, 요단 출판사, 1999.
245. 『音樂教授法』, 現代音樂叢書, 柳德熙 編著, 正音社, 1981.
246. 『音樂大事典』, 音樂大事典 編纂委員會, 信進出版社, 1972.
247. 『音樂人名辭典』, 사전편찬위원회, 세광음악출판사, 1987.
248. 『잃어버린 시간』 1938-1944, 이경분 지음, 휴머니스트 퍼블리싱 컴퍼니, 2007.
249. 『全北의 民謠』, 全北新書 8, 김익두 편저, 社團法人 全北愛鄕運動本部, 1989.
250. 『작은 예수』, 작사 안무·그림 김찬양, 작곡 곽상엽, 쿰란출판사, 2000.
251. 『중요 교리·전례 용어 해설』, 이기창 편저, 가톨릭출판사, 1977.
252. 『讚美歌』, 일본 찬미가, 日本基督教團 讚美歌委員會, 1954.
253. 『찬송가론』, 이택희 저, 기독교음악사, 1987.
254. 『讚頌歌辭典』, -합동·개편·새찬송가 해설-, 원진희·조의수 공저, 종로서적, 1975.
255. 『찬송가 연구』 제1권, 김이호 목사 지음, 도서출판 지혜원, 1999.
256. 『찬송가의 올바른 이해』, 강신우 지음, 기독교음악사, 1983.
257. 『讚頌歌 作家의 面貌』, 朴在勳 著, 傳道社 朴在坤 發行, 4288(1955).

258. 『讚頌歌學』, 金璟琁 著, 大韓基督敎出版社, 1980.
259. 『讚頌歌學槪論』, 한국찬송가공회 추천, 도서출판 麗韻社, 1985.
260. 『찬송으로 드리는 음악예배』, 김명엽 편저, 기독교음악사, 1990.
261. 『찬양』, 저스든 콘월Judson Conwall, 배한숙 역, 두란노서원, 1989.
262. 『참여 아동극』(부모와 교사를 위한), 숲 속 나라 친구들, 이진수 지음, 양서원, 1997.
263. 『청년찬송가』 제3집, 생명의 말씀사 발행, 1970.
264. 『청소년찬송가』, 한국찬송가위원회 편, 김성호 오소운 편집, 대한기독교서회, 1994.
265. 『클래식의 거장들』, 세계 지휘자들이 남긴 불후의 명반, 음악의 친구들 편, 1996.
266. 『팝음악에 나타난 사탄의 활동』, 송동태 편저, SATAN WORKS IN THE POP, 크리스챤서적, 1987.
267. 『평신도를 위한 교회음악』, 서울서적, 1988.
268. 『한국 작곡가 사전』 III, 한국예술종합학교 한국예술연구소, 1997.
269. 『한국교회 음악사』(개신교 편), 이중태 목사 저, 예찬사, 1992.
270. 『韓國敎會 讚頌歌史』, 閔庚培 著, 연세대학교 출판부, 1997.
271. 『한국교회음악사』, 신소섭 著, 아가페문화사, 2001.
272. 『한국교회음악사상사』, 홍정수 저, 장로회신학대학교출판부, 2000.
273. 『한국성서 찬송가100년』, 한국기독교사료자료집 3, 한영제 편, 기독교문사, 1987.
274. 『한국음악학의 사회사적 구조』, 예술학 1 -한국 근·현대예술사 서술을 위한 기초연구- - 70·80년대를 중심으로- 김춘미 저, 한국예술종합학교 한국예술연구소, 1997.
275. 『한국인 찬송가의 역사』, 음악총서 13, 나진규 저, 세종출판사, 2001.
276. 『韓國傳統音樂의 硏究』, 文學博士 張師勛 著, 寶晉社, 1975.
277. 한국찬송가 발행 100주년기념 『찬송가』 신작증보판 부록 : 찬송가의 발자취, 한국찬송가공회편, 크리스천미디어 발행.

278. 한국찬송가공회가 개발한 21세기 『찬송가』에 대한 공청회시 질문 및 수정 보완 요구 사항과 대한예수교장로회총회(통)의 수정 요구사항

279. 한국찬송가전집 1 / 『찬양가』 1894, 1895/ 『찬미가』 1895/ 『찬셩시』 1895/ 『찬미가』 1897. 한국교회사문헌연구원, 1991.

280. 한국찬송가전집 10 / 『가톨릭성가』 1938 / 『찬송가』 1939 / 한국교회사문헌연구원, 1991.

281. 한국찬송가전집 11 / 『복음찬미』 1939 / 『구세군가』 1939 / 한국교회사문헌연구원, 1991.

282. 한국찬송가전집 12 / 『신편찬송가』 1942 / 『복음성가』 1946 / 『복음성가』 1947 / 한국교회사문헌연구원, 1991.

283. 한국찬송가전집 13 / 『찬송가』 1947 / 『신편찬송가』 1947/ 한국교회사문헌연구원, 1991.

284. 한국찬송가전집 14 / 『복음찬미』 1948 / 『성가집』 1949 / 『찬미가』 1949 / 한국교회사문헌연구원, 1991.

285. 한국찬송가전집 15 / 합동 『찬송가』 1950 / 한국교회사문헌연구원, 1991.

286. 한국찬송가전집 16 / 『구세군가』 1953 / 『구세군가』 1955 / 한국교회사문헌연구원, 1991.

287. 한국찬송가전집 17 / 『찬송가』 1952 / 『찬미가』 1959 / 한국교회사문헌연구원, 1991.

288. 한국찬송가전집 18 / 『학생찬송가』 1959 / 『청년찬송가』 1959 / 『주일학교찬송가』 1962 / 한국교회사문헌연구원, 1991.

289. 한국찬송가전집 19 / 『찬송가』(U N) 1950 / 『새로운 어린이찬송가』 1967 / 『육군찬송가』 1973 / 한국교회사문헌연구원, 1991.

290. 한국찬송가전집 2 / 『찬셩시』 1898/ 『찬미가』 1900, 『성회송가』 1903, 한국교회사문헌연구원, 1991.

291. 한국찬송가전집 20 / 『성회송가』 / 『성회송가』 / 가톨릭성가집 1959 / 한국교회사문헌연구원, 1991.

292. 한국찬송가전집 21 / 『찬송가』 1961 / 한국교회사문헌연구원, 1991.

293. 한국찬송가전집 22 / 『Y F C 찬송가』 1965 / 『찬송가』(해병대용) 1966 / 『신증복음가』 1924 / 한국교회사문헌연구원, 1991.

294. 한국찬송가전집 23 / 『어린이찬송가』 1968 / 『어린이찬송가』 1970 / 한국교회사문헌연구원, 1991.

295. 한국찬송가전집 24 / 『어린이 새찬송가』 1971 / 『어린이노래집』 1972 / 『어린이 새찬송가』 1973, 한국교회사문헌연구원, 1991.

296. 한국찬송가전집 25 / 『찬송가』(어린이용) 1973 / 『성해』 1973 / 한국교회사문헌연구원, 1991.

297. 한국찬송가전집 26 / 『구세군가』 1976 / 한국교회사문헌연구원, 1991.

298. 한국찬송가전집 27 / 『학생송가』 1976 / 『교회찬송』 1979 / 한국교회사문헌연구원, 1991.

299. 한국찬송가전집 28 / 『국군찬송가』 1977 / 『국군찬송가』 1983 / 한국교회사문헌연구원, 1991.

300. 한국찬송가전집 29 / 『한일찬송가』 1988 / 한국교회사문헌연구원, 1991.

301. 한국찬송가전집 3 / 『복음찬미』 1904, 『찬미가』 1905, 『찬송가』 1908, 한국교회사문헌연구원, 1991.

302. 한국찬송가전집 4 / 『찬송가』 1908 / 『예수재림찬미가』 1911 / 『구세군가』 1912 / 한국교회사문헌연구원, 1991.

303. 한국찬송가전집 5 / 『복음찬미』 1925 / 『곡조찬송가』 1925 / 한국교회사문헌연구원, 1991.

304. 한국찬송가전집 6 / 『구세군가』 1927 / 『부흥성가』 1930 / 한국교회사문헌연구원, 1991.

305. 한국찬송가전집 7 / 『신정찬송가』 1931 / 『찬송가』 1931 / 한국교회사문헌연구원, 1991.

306. 한국찬송가전집 8 / 『찬미가』 1933 / 『방언찬미가』 1934 / 『부흥성가』 1937 / 한국교회사문헌연구원, 1991.

307. 한국찬송가전집 9 / 『성회송가』 1937 / 『찬송가』 1937 / 한국교회사문헌연구원, 1991.

308. 한국찬송가에 대한 제언(1) 신소섭, "한국찬송가의 진로와 대책의 시급성",《기독음악저널》 1996년 7월 통권 제9호, pp.36~41.

309. 한국찬송가에 대한 제언(2) "한국찬송가의 진로와 대책의 시급성",《기독음악저널》 1996년 8월 통권 제10호, pp.46~50.

310. 『합창 발성의 실제』, F. HAASEMANN W. EHMANN, 김도수 역, 未完成, 1994.
311. 『합창 학 입문』, 이택희 지음, 도서출판 질그릇, 1991.
312. 『현행 개신교 통일찬송가 찬송가(1983년)해설』, 조숙자 지음, 장로회신학대학교 교회음악연구원, 1996.
313. *ХРИТСИАНСКИЕ Е ГИМНЂ*, 한국·러시아 찬송가, 교회음악사, 1993.I.

찾아 보기

CONTENTS

- 용어 찾기
- 인명 찾기
- 주제 찾기

21C『찬송가』 26,27,30,31,117,123,
  145,245,284,461
가톨릭교회 연도 294
감사(감사절) 31,32,41,43,45,50,64,81,
  89, 99, 105, 112,134,139,140,142,
  148, 192, 205, 211, 218, 237,239,
  250,264,265,328,344,346,375,378,
  379,394,395,396,397,398,399,401,
  402,403,404,405,406,408,409,411,
  412,413,414,415,416,418,419,422,
  428,431,442,452,460,464
감상 감상법 52,53,79,171,205,206
  207,287,435,436,452
개편찬송가 30,73,145,393,445
개회 찬송 216,357,378,387,395,397,
  400,402,403,405,408,411,421,449
결단, 결단의 기도 80,89,132,151,444
고난주간(고난주일) 45,86,88,99,
  117,120,139,**140,141**,211,218,219,
  270,337,348,384,386,387,395,396,
  398,400,401,402,**403**,404,405,406,
  409,411,416,419,421,422,423,424

고전 음악 76,252,257,258
곡명(Tune Name) 26,97,98,150,321
곡조(Hymn Tune) 24, 26, 27,28,29,
  30,66,79,83,84,92,93,97,98,100,
  119, 120, 123,125,127,131,134,
  186, 227, 242,244,284,285,288,
  291,302,304,308,318,324,328,330,
  353,365,370,372,414,415,424,425,
  426,430,433,434,438,446,450,457,
  461.
공회찬송가(통일찬송가) 97,140,145
  145,167,172,217,239,284,295,
  302,371,393,417,444
교송법(시편가) 48, 91, 100, 118, 239,
  244, 462
교재용 노래 53,287,288,297,298,
  324,370,426,430,433,459,461,463
교창 115,196,252
교회력 139,140,141,148,194,205,
  206,208,209,216,**217**,218,219,220,
  377,384,386,389,391,393,394,448,
  449,459,462,467

찾아 보기 563

교회음악 23,**52**,53,54,68.74,75,76,
　　　　80,81,82,83,85,91,102,121,126,
　　　　137,140,143,145,148,152,153,
　　　　160,175,189,190,191,192,194,
　　　　195,198,199,200,203,204,207,
　　　　208,209,220,221,229,239,241,
　　　　248,251,254,255,258,259,261,
　　　　263,268,274,279,285,292,364,
　　　　367,368,372,383,393,410,444,
　　　　451,453,458,462,463,464,468.
교회음악사 148, 220,239,248,251,
　　　　261,293,450,461.
귀도 아레티노　**264, 265,** 271
그레고리오 성가(chant) 23,245,252,
　　　　258,261,262,263,265,271,273,275,
　　　　276,281.
그레도(Credo)　264,265
글로리아(Gloria) 21,95,250,264,265,444
기도 응답송　124,125,196,**444**,453
기도(氣道)　**176**
기도(기도회, 기도서) 23,31,32,36,
　　　　37,40,**41**,43,44,45,47,48,49,50,
　　　　53,66,72,79,93,95,121,144,146,
　　　　147,151,216,**222**,225,226,227,
　　　　228,230,231,232,236,250,252,
　　　　253,256,264,265,270,276,297,
　　　　356,371,378,380,384,387,389,
　　　　390,395,**399**,400,403,**404**,408,
　　　　411,412,413,414,446,447,460
기도송(기도문) 41,47,48,49,**98**,**228**,250,
　　　　371,384,387,390,**399**,413,**455**.
기리에(Kyrie) 21,47,251,**264**,265

기보법　126,246,263,273,**273**,274,**369**
김두완　23,30,375,377,380,382,
　　　　385,388,391,407.
나운영　**73**,300,370,371,377,
　　　　385,388,391,392,394,407,432,
　　　　439,**463**.
눙크디미티스(Evening Hymn)　94,
　　　　234,250
대 송영　22,94,95,97,**235**,238
대림절(강림절, 대강절)　139,140,**209**,
　　　　213,219, 396,409,416,419
대위법　281,292
독일 찬송(교회음악)　**24**,47,74,
　　　　79,114,119,120,153,158,199,
　　　　251,268,270,283,**288**,289,308,
　　　　372,376,380,386,388,407,452

라틴어 찬송(교회음악)　21,23,24,46,
　　　　51, 121, 122, 140,219,221,230,
　　　　238, 243, 245, 250, 276, 288
로만 찬트　22, **257**
로큰롤　69,70,71
르네상스　52,270,**279**,**280**,281,
　　　　282,283,293
마그니피카트(마리아의 찬송) 22,
　　　　94,**231**,250
말씀 응답송 **124**,196,444,460
메시아 32,58,89,90,200,**218**,219,
　　　　224,440
메트로놈(박절기)　**181**,406
멘델스존　53,200,226,439

멜리스마 양식 **236**,245,272
모음악보(찬송가) 37,126,**229**
모차르트 29,74,265
모테트 267,275,**276**,291,292
목회(자) 141,189,190,**191**,336,460
미국 음악(찬송가, 팝) 27,69,70,
  123,124,125,199,239,297,310,
  327,386,388,430,451,460,462.
미사(미사곡) 21,29,46,47,50,**51**,
  209,230,251,**264**,**265**,280,281,289,290
민속음악 민속악기 156,158,278,294
바흐 28,53,**58**,199,209,268,282,283,286,
  291,364.
박경호 328,372,373,377,380,382,
  385,388,407.
박자 24,129,131,136,**172**,273,307,
  308,309,312,313,314,315,316,369
박재훈 27,30,75,80,346,370,372,
  373,374,375,380,382,385,391,392,
  407,430,431,**463**.
박태준 220,325,329,352,353,373,377,
  382,388,391,392,407.
반주악기 106,390,392,394,408.
베네딕투스 **22**,94,**232**,239,250
베이 시편가 **123**
복음 찬송가 133,**142**,151,293,**415**,444
복음성가 28,35,66,67,74,75,76,77,
  79,80,123,126,128,132,133,**142**,
  145,149,151,160,162,396,397,416,
  441,444,446,453,454,457,458.
부활절 139,140,141,148,192,
  200,209,**212**,217,220,374,381,
  404,406,413,422.

불란서 민요곡 26,120,261,269,**312**
불협화음 156, 271, 272, 292,
비잔틴찬송(비잔틴음악) **22**,**247**,**248**
비틀스 69,70
사도신경(신앙고백) 47,98,121,298,
  374,377,381,384,387,389,400,403
  405,408,416,418,420,423,456
사순절 139, **211**, 220
사이키 델릭 사운드 70
사죄(선언) 41, 48, 400, 421
삼성 창 22, 47, **95**, 238
삼위일체 23,95,141,142,147,199,
  213, 243, 364
상투스(Sanctus) 21,264,265,289
새찬송가 98,145,284
새찬송가위원회 **393**
서양음악(양악) 29,52,57,58,66,76,
  223,252,279,282,294,301,302,
  328,364,365,**369**,436,463
선교찬송 **409**
선법(旋法) 24,91,127,156,245,246,
  252,253,**261**,**262**,274,445
성가학교(Schola cantorum) 199,200,452
성령강림절 403,406,419
성시 교독 216
성탄절 139,**140**,148,192,200,209,
  210,217,218,219,220,404,406,
  409,413,416,419,425,442
소 송영 22,95,238
수난곡 283
스코틀랜드 시편가 25,**26**,**123**,124
스콜라 칸토룸 249,**258**

시나 고게   245,246,**444**
시므온 찬송(노래)   22,94,**234,238**
시편 교송   48,118,462
시편송(찬송) 22,**24**,25,27,28,37,41,43,
   48,50,53,85,94,95,97,98,100,106,
   107,110,111,115,**116**,**117**,**118**,119,
   120,121,122,**123**,124,125,**126**,127,
   128,129,**132**,134,144,145,165,166,
   167,176,177,196,199,230,**252**,253,
   293,294,318,321,390,**460**
시편 창(시편 낭창)   **236, 510**
시편   24,25,26,27,28,32,36,37,41,
   43,44,48,49,53,85,88,89,90,91,92,
   93,94,98,100,106,107,110,111,115,
   116,117,**118**,120,122,123,134,138,
   144,196,220,226,227,230,235,
   236,238,242,243,244,245,248,
   252,253,262,318,321,375,382,
   383,387,390,396,399,401,403,
   406,409,412,416,419,422,**462**
시편가   24,25,26,27,28,50,91,119,
   120,121,123,124,126,132,133,
   134,138,223,225,226,252,253,
   254,**294**,311,321,460
시편찬송가 24,27,117,118,119,**123**,124,
   125,126,127,129,130,132,134,
   145,223,230,253,294,**462**
신덩(신정)찬송가   29,340,365,393
신약시대 찬송   **93, 231**

신작증보판 찬송가   31,73
신편찬송가   30,98,**99**,133
아뉴스데이(Agnus Dei)   264,289
아동찬송가   325,326,**378**,394,415
아멘(송)   41,95,142,148,228,237,
   238,247,252,329,354,**444,445**
안익태   409,412
암브로시우스찬송 23,95,244,252,257
애국가   409,412
에릭 워너   226,228,229,252,253
에세네파   229
연주 형태   113,327,369,383,392,
   435,437,439,452
연주(연주자)   29,52,53,54,
   67,68,73,74,76,77,78,79,
   80,81,82,94,100,106,
   108,111,113,115,139,141,
   143,146,147,148,149,150,
   151,154,156,158,161,162,
   164,170,172,178,181,195,
   196,197,198,200,202,204,
   205,206,207,220,236,256,
   258,259,261,270,273,274,
   275,278,287,290,383,435,452
연주회(고도)   164,383
열린 예배   54,59,145
영광송   48,146,147,264
영국 시편가   **25**,28,86,98,126
영국 찬송가   28, 259, 270, 293

영창   400,406,419,421
예배   21,22,24,28,30,32,33,37,38,
    39,40,43,45,46,47,52,66,67,72,74,
    77,**85**,88,93,94,95,98,99,100,116,
    118,120,121,126,**132**,134,135,**138**,
    139,141,142,143,144,146,161,169,
    190,191,192,193,194,195,196,198,
    199,201,202,203,205,206,207,208,
    216,217,218,222,223,224,225,227,
    230,236,241,242,246,247,248,249,
    250,251,252,253,257,**264**,267,268,
    276,295,297,300,307,335,362,372,
    373,374,378,380,385,386,390,395,
    397,400,402,403,404,405,406,408,
    411,413,414,415,416,419,420,425,
    441,**443**,444,446,448,449,450,453,
    454,457,460,461,462
예배찬송   36,74,77,83,116,118,
    125,126,128,129,141,145,217,
    224,295,327,364,373,377,380,
    385,390,398,400,402,404,407,
    412,426,441,**446**,447,448, 449,
    450,**456**,457,**460**,462.
오라토리오 58,200,270,283,440,452
오르가눔(Organum) **271**,272,275
오순절   40,141,209,**213**,214,426
옥시린쿠스 **245**,246,247,444,**445**
왓츠 찬송가   28,124,407

운율(시편가) 22,24,25,26,49,50,79,
    120,125,132,133,239,258,274,
    275,276,294,367,**433**,458,461
운율시편   25,26,125,132,133,**461**
웨슬리(찬송) 28,79,80,125,407,**413**,457
유대교   22,40,94,138,144,209,
    224,225,226,236,244,246,254
유대교회(당) 100,226,244,246,254
음악형식 **433,462**
응답 송(응창) 124,125,196,**444**,453
이스라엘   32,37,38.39,40,59,64,
    81,87,106,109,110,111,112,117,
    137,231,388,407,464
입당송   21,47,48
입례 송   146,418
작곡(법) 작곡가 23,24,25,27, 28,30,
    31,52,53,54,58,75,95,98,100,
    119,121,122,124,138,144,153,155,
    158,178,191,195,230,248,265,267,
    268,273,275,276,280,281,282,
    283,292,293,305,318,319,321,332,
    340,343,354,357,358,367,368,369,
    370,373,376,377,379,380,382,383,
    384,385,387,388,390,390,391,
    405,411,419,425,426,430,431,432,
    433,436,441,446,452,453,456,461

작곡　23,24,25,26,27,28,30,31,52,
　　　53,54,56,58,74,75,78,95,98,100,119,
　　　121,122,124,138,144,153,154,155,
　　　158,178,191,195,230,248,265,267,
　　　268,273,275,276,280,281,282,283,
　　　293,295,298,424,436,441,456,461
작사　26,**27**,28,29,30,31,53,100,
　　　123,245,284,312,319,321,334,355,
　　　377,380,388,426,433,446,457,464
작스(Sachs)　104,264,265,277,278
장 운율　**433**
장수철　31,75,355,370,372,373,377,
　　　378,380,381,382,385,386,391,392,
　　　407
전도가　346
제금　81,**108**,110,112,115,117
제네바 시편가　24,25,27,123,124,225,**321**
제목차례(분류)　31,399,400,401,405,
　　　406,418,420,422,424
종교개혁시대　24,46,285,364,**468**
종려주일　36,387,396,397,400,406,
　　　411,416,419,421
주기도 송(주기도문 송)　43,47,**455**
주기도(주기도문)　43,47,98,228,
중세교회음악　45,46,52,76,127,203,
　　　253,266,267,268,269,276
즉흥연주 악곡　**156**
찬미가　29,73,95,133,296,298,
　　　365,366,367,368

찬성시(讚聖詩)　27, 29, **132**,
　　　133,150,294,**298**
찬송가(찬송가학)　21,22,23,24,26,27,
　　　28,29,**30**,31,32,35,37,51,53,54,57,
　　　58,66,72,**73**,74,75,76,77,79,80,81,
　　　83,85,95,97,98,100,101,112,116,
　　　117,118,119,121,122,123,124,125,
　　　126,127,128,129,130,132,133,134,
　　　136,137,138,140,**141**,142,145,146,
　　　147,148,**149**,150,151,153,163,167,
　　　170,172,173,193,194,196,216,217,
　　　220,223,229,230,235,245,246,247,
　　　250,259,270,284,285,286,290,295,
　　　296,301,**302**,317,324,330,351,358,
　　　364,365,**366**,370,374,390,393,399,
　　　400,405,424,428,432,460
찬송가공회　30,74,75,80,117,295,302,**393**
찬송가위원회　30,**371**,388,390,393,400
찬송가　97,98,133,302,**330**,

찬양(찬양곡 찬양대 찬양위원회)
　　　29,31,36, 37, 38, 44, 50, 54, 74,
　　　75,76,80, 81,82,83,89,94,96,98,
　　　100,107,109,112,113,114,116,117,
　　　119,121,123,134,135,138,139,
　　　141,142,143,144,146,147,148,**149**,
　　　150,151,160,161,162,189,190,191,
　　　192,194,197,198,199,200,201,202,
　　　203,204,205,206,207,208,209,
　　　216,217,220,223,224,235,236,
　　　239,241,243,247,260,268,270

찬양가　　29,31,132,133,**296**,298,302, 365,392
찬양대(원)　31,81,82,87,88,94,96,119,121, 138,139,143,**146**,147,148,149,150, 151,152,160,161,162,189,190,191, 192,194,195,197,198,199,**200**,201, 202,203,204,205,206,207,208,216, 217,223,236,241,264,265,285,323
찬양대(성가대 석, 실)　147,**207**,285,323, 328,382,383,384,439,**448**,451,453,459
참회의 시　　89,90,93,210,218,219,270
천지창조　58,200
초대교회음악　**22**,28,43,94,120,196,199,226,250
축도 송(축복 송)　42,43,151,448
축복(기도)　354,374,428,446,459,462
츠빙글리　28,47,48,79,120,287
칸티카(Cantica)　94,235
칼 오르프　153,154,155,158,452
코랄　**24**,119,121,199,230,285,286,**290**
테데움　**95**,238,244,250
펑크음악　70
포로시대 음악　40,112,230
폴리포니(다성적) 음악　73,120,264,**266**, 267,**271**,272,273,274,**275**,276,280, 281,283,287,290,291,292
표준 찬송가　53,**217**,351,394,**404**,417,418
하드 록　**70**, 71
하이든　29,58,200,439

한국찬송가공회　74,75,80
할렐루야　37,95,116,117,141,238,301, 340,384,387,389,464
합동찬송가　**30**,73,83,**133**,337,338, 393
행렬(송)　　147, 270
행진 곡　　183, 186, 187
헌금(봉헌찬송)　45,48,49,**150**,264
헤비메탈　70, 74
현대교회음악(대중음악)　35,55,57,76, 100, **136**, **293**
현제명　326,327,329,343,394,410,415
협화음 불협화음　156,**271**,292,408
호모포닉(단 음악)　73,267,283,458
호산나　　36,**95**,265,342,460
화답송(응답송)　　**124**,196,322,396,**444**, 453,462
화성(법)　73,80,119,154,156,169,206, 261,272,291,369
화성적 대위법(조성적 대위법) 281,292
회중찬송, 회중음악(찬송가)　24,81,87, 119,120,121,123,146,148,149,161, 169,172,189,191,192,193,194,195, 197,216,235,236,277,288,289,**460**
후주(후주곡)　24,80,453
히피음악　70
힐라리오(힐라리우스)　23, 91,

필자는 어린이주일학교 시절! 교회당에서 울려나오는 풍금 소리를 듣고 발걸음이
이끌려 교회에 갔다. 유년 시절 '어린이찬송가'를 배우며 자라,
어린이찬송가를 가르치는 교사로 '오르간 반주자'로, '찬양대 지휘자'로
····그런 경험과 신학대학교 신학대학원에서 주경신학_註經神學_, 예배학,
목회학 등 실천신학을 공부하고 지금까지 쌓아 다져진 음악교사 전문실력과
이론을 '**찬송가학**'에 접목시켜 집필하고,
오늘의 '찬송가학자'로서의 벅찬 사명의 길을 걷고 있다.

저자 연락처
(우) 21401
인천광역시 부평구 부일로 69, 101-1103호
(부개2동, 부개역 푸르지오 아파트)
전화 032-518-0379

판권
소유

어린이 찬송가학

2016. 1. 10 **초판 인쇄**
2016. 1. 15 **초판 펴냄**

저　자 신 소 섭
발 행 인 김 영 무

발행처 도서출판 **아가페문화사**
07010 서울동작구 사당로 214(사당4동 254-9)
등록 제3-133호(1987. 12. 11)

보급처 : 아가페문화사
07010 서울동작구 사당로 214(사당4동 254-9)
전화 02-3472-7252~3
팩스 02-523-7254
온라인 우 체 국 011791-02-004204(김영무)
국민은행 772001-04-114962(김영무)

값 25,000 원
ISBN 978-89-8424-139-8 03230

이 책 내용의 전부 또는 일부를 이용하려면
반드시, 자작권자와 아가페문화사의
서면동의를 얻어야 합니다.